Becoming a Teacher
eighth edition

如何成为
优秀的教师 （第8版）

［美］ 弗雷斯特·W·帕克（Forrest W. Parkay）
贝弗莉·哈德卡斯尔·斯坦福（Beverly Hardcastle Stanford） 著
朱旭东 译

中国人民大学出版社
·北京·

我们希望你能分享我们的信念，即教学是世界上最重要的专业。教学是令人入迷、值得从事和使人振奋的；教师能获得极大的满足，因为他（她）能使学生的未来变得不同。然而，在今天的专业问责、高风险测试以及诸如"不让一个孩子掉队"的立法氛围中，成为一名成功的教师需要高度的职业化和付出。

从教第一学年的成功，对新教师而言是个挑战。如果请任何有经验的教师来确定成功的关键因素，即使不是全部，他们中的绝大多数也都会强调指导教师的重要性。为了使你的学生在成为高质量教师的旅途上更加顺利，第8版的《如何成为优秀的教师》延续了一种较强的指导传统。

第八版

《如何成为优秀的教师》（第8版）为未来教师思考作为一名教师意味着什么提供了一种激励性的和实事求是的看法。通过其引人入胜的描述，对真实课堂的观察以及标志性的"尊敬的导师"（DEAR MENTOR）专题，本书将读者置于真正教师的情境之中，从而帮助他们决定：教学适合我吗？

展现今天的教学现实

在每部分开始的"尊敬的导师"专题，提供了那些非常成功的教师所给予的富有思想性的反馈和指导。这些导师回应了职前教师提出的问题和关切。这些职前教师与即将使用本书的学生非常类似。

一个新的"独立教学"（TEACHING ON YOUR FEET）的专题，展示了成功教师如何将课堂中的潜在问题情境转化为"可教学时刻"的案例。这些专题由在职的教师所写，阐明了专业反思和探究如何使教师应对大量的、不可预期的挑战，这些挑战正是今天学校教学的一部分。

一半以上的"教师之声：走适合我的路"（TEACHERS' VOICES：WALK IN MY SHOES）的专题内容是全新的。这些专题扼要描述了一些教师，他们的行为哲学和专业贡献反映了对通过教学而改变他人人生的承诺。这些教师领导者分享了他们的洞见、挑战和成就，并鼓励未来教师"走适合自己的路"。

在第8版中，共有13章设有新的"教师之声：对现实的研究"（TEACHERS' VOICES：RESEARCH TO REALITY）的专题。这些简短的、教师授权的专题，阐明了教师如何将章节内容应用到真实的课堂情境中，并为读者提供了教师在面对真实情境挑战时的直接见解。

每章的"课堂案例"（OPENING CASE）为学生提供了对真实情境挑战的直

接解析以及应对这些挑战的实际方法。通过研究许多教师日常处理的当下问题，向未来教师展示出课堂中的真实问题，并促使其思考可能的解决办法。

介绍技术和教学中的最新趋势

第十二章进行了全面的修订，"将科学技术融合到教学中"（INTEGRATING TECHNOLOGY INTO TEACHING）解释了教师如何能将技术融合进教学以吸引今天那些技术娴熟的学生全面参与并促进其学习。由于华盛顿州立大学戴夫·赛莱（Dave Cillay）的贡献，本章有很多关于教师如何整合技术以及转变他们的教学方式以使其学生能在任何地方、任何时间学习的案例。本章还讨论了诸如博客、维基、播客以及3D虚拟世界等当前的主题。

每章新增一个新的"行动中的技术"（TECHNOLOGY IN ACTION）专题，强调了教师如何将先进技术——从网络会议、屏幕截图到3D虚拟世界——融入教学。每个专题都由华盛顿州立大学戴夫·赛莱撰写，其中还有一个应用部分，即"尝试"（Try It Out），这部分为教师学习如何将先进技术有效融入其自身教学提供了实践性的指导。

培养满足表现标准的未来教师

《如何成为优秀的教师》（第8版）也为未来教师获得必要的技能以满足由州际新教师评估和支持联盟（INTASC）、全美教师教育认证委员会（NCATE）、全美专业教学标准委员会（NBPTS）制定的表现标准提供了指南，并为其满足《不让一个孩子掉队法案》规定的问责标准提供了指导。本书中的相关内容说明了为什么本书可以成为认证教师的理想教育指南。

本书的结构

本书的内容分为四个独特的部分。

第一部分：教学专业（第一至三章）。本部分关注于教学的专业、今天的教师和今天的学校。读完这章之后，学生们将能更好地决定对他们而言教师是否是一个好的职业选择。这部分的主题有：为什么人们选择教学、教学的好处及其挑战、专业标准在教育中的角色、成为一名高质量教师所需要的知识和技能。修订后的第一章，即"教学：你选择的职业"，强调了教学的有益的、令人振奋和令人激动的维度，并基于现实展示了教学面对的两个挑战，一是为高风险测试环境中的学生学习负责，二是为激励今天那些技术娴熟的学生而负责。大部分得到修订的第三章，即"今天的学校"，研究了今天学校里的真实世界。本章研究了影响学校、塑造学校文化的社会力量以及学校如何应对将学生置于危险之中的社会问题等议题。

第二部分：教学的基础（第四至七章）。本部分研究了教育的基础，这是每一位专业教师所必不可少的。这些基础领域包括美国教育的哲学、历史、社会、文化、政治、经济、法律等维度。第8版提供了关于哲学和历史的两章。我们发现，独立地关注每一主题是很重要的。第四章，即"美国教育的哲学基础"，介绍了主要的哲学流派以使学生能够开始构建个人的教育哲学。第五章，即"美国教育的历史基础"，鼓励学生回顾塑造我们教育体系的历史事件以使他们能更好地理解今天的教育。

第三部分：教学的艺术（第八至十二章）。本部分研究了学生特征并强调了已经得到证明的创设积极的学习环境和管理良好的课堂的策略。在这部分，读者可以了解不同发展阶段的学生的特征、作为学习者的学生、课堂生活的动态性、学校中所教的课程以及将技术融入教学。前面已经提到，第十二章已经完全修订以阐明教师如何整合技术来转变其教学模式。

第四部分：你的教学未来（第十三章）。本部分讨论了那些将会影响学生成为一名高质量教师的追求的议题和趋势，特别是教师不断扩张的领导力角色、为进入教学的成功入职期而计划、如何确立指导关系以及教师在塑造未来教育中的角色。

为教师的增补^①

为了帮助您与学生一起最有效地使用本书，我们提供了许多有用的增补。如下增补都在教师资源中心（the Instructor Resource Center）的网站上，网址为www.pearsonhighered.com。

教师资源手册

教师资源手册已经更新以反映第 8 版的变化。手册包括了一个"本章速览"（Chapter-at-a-Glance），即本章内容的组织者，使章节框架、学习目标和教学附录相互联系；一个有注释的讲座大纲，提供了案例、讨论问题和学生活动；为附加阅读提供的建议以及扩展章节学习的媒介；讲义母版，额外的讲座支持等材料。

试题库

试题库已经更新以反映第 8 版的变化。该库为教师提供了 1 000 多道题，包括多项选择题、真/假判断题、问答题、案例研究以及真实评价，并且附上了页面提示和答案反馈。

计算机化的考试项目

这组整合化的考试和评价工具是跨平台的，微软和苹果系统都能使用。

幻灯片

第 8 版为教师提供了每章对应的幻灯片，包括关键概念综述和其他图表，以帮助学生理解、组织和记忆核心概念和观点。

致　谢

弗雷斯特·W·帕克要感谢培生教育（Pearson Education）团队的许多成员，

---

① 此部分未收入中译本。——译者注

他们在本书的准备期间提供了专业的指导和支持。首先感谢我们的开发编辑埃米·纳尔逊和策划编辑梅雷迪思·D·福瑟。从修订建议、关于草稿的反馈以及修订过程的技术性协调等，从开始到结束，他们的辛苦工作让我们不胜感激。

他对副总裁兼总编辑杰夫·约翰斯顿、项目经理玛丽·欧文、高级市场部经理达西·贝茨给予特别感谢，他们都是第 8 版的坚定支持者。

他还特别感谢阿苏萨太平洋大学的南希·布拉希尔撰写了试题库并准备了教师资源手册；并特别感谢兰辛社区学院的安·塞莱克准备了本版的幻灯片。

因为她们的耐心、鼓励和理解，她们的父亲才能从 1990 年的第 1 版起就致力于本书的修订，所以弗雷斯特·W·帕克给予他杰出的女儿们安、凯瑟琳和丽贝卡诚挚的感谢和热情的拥抱。另外，华盛顿州立大学教育学院院长朱迪·N·米切尔（Judy N. Mitchell）、副院长莱恩·福斯特（Len Foster）、教育领导和咨询心理系主任菲利斯·埃德曼以及该系的教师、助教和研究助理都给予他热情的鼓励和支持。教育领导学教授盖尔·弗曼、副教授埃里克·J·安蒂尔、保罗·皮特提供了非常有价值的观点以及热情的鼓励和支持。而且，他还给予爱达荷大学的迪安娜·吉尔摩以及她的同事和学生以诚挚感谢，他们为本版提出了精彩的建议。而且，为了证明专业探究的力量，他还要将此归功于一位伟大的教师、指导者，已故的芝加哥大学教育学教授赫伯特·A·西伦。

贝弗莉·哈德卡斯尔·斯坦福感谢在本书第 8 版的准备中提供了灵感和帮助的所有人。她感谢阿苏萨太平洋大学的教务长迈克尔·怀特和副教务长罗斯·莱格勒的持续支持和鼓励。她对使用本书而开展创造性教学的同事表示敬意。

基于他们对杰出教育者简介的推荐以及对本书专题的贡献，她对她的同事和博士生表达特别的感谢。他们是梅丽莎·达比莉、谢里尔·邦纳、莎莉·格雷戈里、理查德·马丁内斯、贝斯蒂·麦金太尔、凯瑟琳·巴赛尔、托瑞雅·邦德、帕特·邦纳、南希·布拉希尔、卡罗琳·库克、盖尔·里德、罗曼·华盛顿以及艾薇·叶·坂本龙一。她感谢给尊敬的导师（The Mentor）写信的学生，他们是杰夫·泽莱戈、德文·黛拉福塞、詹姆斯·格里芬以及盖尔·夏普，并感谢那些杰出的回信的教师，他们是吉尔·纳瓦罗、卡罗琳·库克、迈克尔·克雷默以及梅丽莎·达比莉。

她感谢模范教师的写作，他们从其经验中为本书新的专题即"独立教学"提供了案例。他们是：珍妮弗·米歇尔·迪亚兹、塞尔吉奥·莫拉、伊丽莎白·布波斯、贝斯蒂·麦金太尔、朱利叶斯·罗曼·华盛顿、罗达·斯尔沃博格、埃尔默·李、莱斯利·V·戈尔、泰德·赖以及道格·奎因。她感谢她访谈过的启发其灵感的教师和管理者，他们的事例在"教师之声：走适合我的路"专题中进行了扼要介绍。他们是诺厄·蔡克纳、埃琳·麦吉、罗曼·华盛顿、菲尔·库拉斯、卡米尔·贝利沃、吉尔·纳瓦罗、弗兰尼·诺布洛赫·芬利、勒诺拉·马、迈克尔·克雷默、克里斯蒂娜、克里斯·怀特、布拉德·卡马迪特以及谢里尔·邦纳。

同事和朋友南希·布拉希尔为本版制作了精美的教师手册和试题库。她与已故的朱莉·简特兹分享了在之前的版本中的工作。朱莉的快乐精神一直与我们同在。

贝弗莉感谢并重视开发编辑埃米·纳尔逊和策划编辑梅雷迪思·D·福瑟的创造性、专业性和积极态度。对于他们的优良的工作和支持，对美林/培生教育集团的勤奋的员工不胜感激。

最后，贝弗莉感谢她的学生，在这些学生中有些才刚刚从教，有些已经成为领导学校和学区的管理者。在她的整个教学生涯中，她不断地从他们身上学习，并与他们一起成长。在这一事业中，她最大的感谢要给予她的丈夫迪克，他的热情鼓励和支持照亮了她的工作和生活，支持她从第1版一直到目前这一版。

我们也要感谢全美各地的许多人，包括我们的学生，他们使用了之前一版并为本版提供了建议和材料。我们也想要感谢下面这些审稿人，他们在本书的**发展阶段**（developmental stages）提供了简明而有益的建议。他们是苏姗·勃兰特，来自志愿者州立社区学院；詹姆斯·霍伦贝克，来自印第安纳大学东南校区；珍妮·M·赫斯，来自西肯塔基大学；莉萨·库恩克曼，来自贝克学院；拉娅·T·纳斯特，来自玛丽山学院；塞塞莉娅·简·斯普鲁伊尔，来自彭萨科拉初级学院；安妮·沙利文，来自圣彼得堡大学；珍妮·泰特，来自乔治梅森大学；凯伦·特拉普，来自宾夕法尼亚州滑石大学；南希·约德，来自阿克伦大学。

弗雷斯特·W·帕克

贝弗莉·哈德卡斯尔·斯坦福

目　录

第一部分　教学专业

第二部分 教学的基础

第三部分　教学的艺术

第四部分　你的教学未来

第一部分

教学专业

2　**尊敬的导师：**

　　自从获得商学学位并从事商业工作以来已经快十年了，最近我有一种强烈的渴望去从事教学专业。我相信，由于我在商业领域的工作经验，我能以某种方式分享我所学到的东西，并使学生对这一学科感兴趣。

　　我确定您能够理解，对我而言，挑战在于实现从有着丰厚收入的生活向作为师范生的生活的转型。我认识到教学实习和课堂观察的价值，但是这些都不允许我去满足自己的经济需求。完成一个学位所需要的时间实际上减少了拥有一份正常的全职工作的可能性。学生们如何能够花18周的时间进行教学实习？以您的经验来看，一个来自不同职业的成年人如何实现向一个致力于获取证书的全职学生的顺利转变？

　　我还担心找到第一份全职工作的问题。一旦我完成了证书所要求的所有必要的步骤，我如何找到我为之努力付出的教学工作？即使当我找到两个或三个有兴趣对我进行面试的学区，我又如何知道某个特定的学校是否正好适合我以及我是否正好适合他们的团队呢？

杰夫·泽莱戈　谨上

卡斯泰克，加利福尼亚州

3　**亲爱的杰夫：**

　　我很欣赏你对于在不久的将来即将要做出的艰难决定的诚实和坦率。你的担心是合理的，而且我也能理解你对于职业转变的有所保留。在从事小学教师的工作之前，我也在商业部门工作过。作为一名零售业的采购经理，我一年能赚大约4.8万美元；在12年前我从教的第一年，我赚了2.4万美元。从经济上讲，从教的第一年是我生命中最困难的时期。然而，与教学职业相关的内在的回报远远超过了经济上的困难。成为一名教育者，我很骄傲，而且我不后悔生命中最艰难的决定——职业改变。

　　没有办法去粉饰这样的事实，即在这18周的教学实习期间，维持生活是个挑战。到目前为止，这是我从国立大学的学生中听到的最普遍的担心。我的一些学生找到了夜间的工作。还有一些学生找到了周末的工作。还有一些学生不得不抛下面子，搬回父母那里。对我而言，我选择给学生借贷。幸运的是，你承认了教学实习的价值，所以要记住，与教学实习相关的经济压力仅仅是暂时的困难。

　　找到适合你的学校，需要一些深刻的自省和研究：我愿意和难管教的学生一起工作吗？我介意在艰难的环境中工作吗？我愿意来回跑多远？我了解学校所属的社区吗？社区支持学校吗？在你通过研究寻找合适的学校的时候，了解特定学区的招聘政策也很重要。然而，更重要的是，要了解你第一选择的学校是否在招聘。你可能必须接受一个不同地点的工作，并在将来有可能转到你的第一选择学校。遗憾的是，新教师有时接受一份工作仅仅是为了工作而工作，即使职位明显不匹配。我想使你绕过这种错误，因为有时候导致这种不匹配的因素会使教师很沮丧，结果是这些教师不仅会辞职，而且会永远地离开教学岗位。

　　你向教学工作的转型，可能会带给你一些困难，但是我希望你所知道的回报，即你将对许多孩子的人生产生影响，这将远远超过经济上的牺牲。我祝愿你在未来收获成功。

吉尔·纳瓦罗教育博士　谨上

小学教师，罗兰联合学区

国立大学核心兼职教师

第一章

教学：你选择的职业

我感觉如此充满激情，并将教学称为美妙的专业！

——萨拉·费里斯，3年级教师

"A Teacher's Voice: Lost and Found in Paradox" （2008，p. 16）

课堂案例：教学的现实 ▶▶▶

挑战：处理日常教学的挑战，并决定你是否真想成为一名老师。

这是你第一天的教学。你充满期待地进入教室。当学生们进入教室，互相轻松地聊天，你想着他们是感觉如此舒适，如此熟悉彼此。同时，你很焦虑，对自己的期待并不确定。

一周以来，你已每天用1~2个小时来复习你将与学生度过的第一天的计划。你惊讶于你已经不知花了多少时间来准备第一天。你困惑有经验的教师准备上课要花多少时间。昨晚，你醒了两次，每次你在脑海中都会重复着第一天你会做些什么。

现在你发现真正的教师是什么样的了吧。"我能适应教学的挑战吗?"你想知道。你的教师教育课程成绩很好，但把研究和理论付诸实践并不容易。现在，很难想象你会像你的学生们一样在课堂上感到舒适。

尽管感到焦虑，但你知道你已经准备好了。你肯定知道你要教的材料。想一想你是如何准备得让自己有信心。当钟声——上课信号——一响，你想："我现在是一名真正的老师。"现在，你开始了教学。

"早上好，同学们，我的名字是……"

接下来的几个小时，像飞一样。已是下午了，下课的钟声刚刚敲响。当学生们鱼贯走出教室，你可以整理一下你的第一天。很难记得发生过的一切。有些事情进行得很顺利，有些却不那么顺利。

在大多数情况下，学生似乎充满兴趣，处于学习状态。然而，在某些时候，你能感觉到他们的抵制。有些学生跟旁边人聊天，有些盯着窗外，有些毫不避讳地打了个哈欠，仿佛在说："我觉得无聊。为什么我们不能做一些有趣的事情呢?"

尽管这一天你有一个明确的计划，但你意识到教学涉及的东西很多，不能仅仅遵循计划。作为一名好老师，不仅仅要向学生展示谁是老板，不仅仅要当一个学科内容专家，而且要知道教什么和如何教。

焦点问题

1. 为什么我想教学?

2. 教学的好处是什么？

3. 教学的挑战是什么？

4. 社会对教师的期望是什么？

5. 教师的工作前景如何？

6. 我如何成为一名高质量的教师？

祝贺你决定成为一名教师！教学是激动人心的，教学是有益的，教学是令人振奋的。教师，知道他们确实会使学生的人生变得与众不同，并从中获得极大的满足。我希望与你分享我的信念：教学是世界上最重要的职业。

我也希望你承诺，当你通过你的教师教育项目时，教学会变得更深厚、更强大。最近一个实习学生与我分享她的体验，我希望你的经历会与她相似："当我进入大学，我有各种各样的主修课程：电气工程、建筑、新闻等，但直到我走进教学，我才真正感到快乐。现在，它真的成为一种激情。"

正如"课堂案例"表明，教学是一个富有挑战性但有益的职业，并不适合所有人。这本书将带你进入教学的世界，帮助你回答关于你职业选择的问题。教学到底像什么？教师的有益经验是什么？这个职业的发展趋势和问题是什么？你会在教室中遇到什么问题？成为一名高质量教师你需要知道什么和能做什么？

我相信，成功的教师知道他们为什么想要教书。他们仔细审视他们的动机，他们理解为什么要从教。起初，他们选择教学作为职业时心有彷徨。然后，本书的第一章，重点解决了上面列出的六个焦点问题，以帮助你决定教学是否是你正确的职业选择。

本书每一章的焦点问题会强调你将来能成为一名教师。对这些问题的回答将帮助你以现实为基础，了解教师、学生、教室、学校及其周边社区世界。读完这本书，你将对这个世人所知最令人兴奋的、最令人满足的、最可敬的职业有一个广泛的理解。你也就会知道教学是否是你正确的职业选择。

为什么我想教学？

回答这个问题可能有许多答案。可能你想要教学是因为当你还是一个孩子时与教师的积极体验，也可能是你看到教学在对世界作出重大贡献，及教学在帮助别人成长和发展中感受到的快乐，或者也可能是因为教师的生活令人兴奋、多姿多彩和充满刺激吸引了你。图1—1显示了教师进入这一职业的主要原因。

与年轻人共事的渴望

如图1—1所示，渴望同年轻人一起工作是教师最常提到的选择职业的原因。虽然教学可能富有挑战性，教师工资不高，大多数教师仅仅是因为他们关心学生而选择教书。教师，当他们的学生学习时，当他们使学生的人生与众不同时，将获得极大的自我满足。事实上，在一个全国性的调查报告中，47%的教师称，他们当教师所体验到的个人满足比期望的更好，也有47%的老师认为，体验到的个人满足跟预期一样（Harris Interactive，2006，p. 21）。

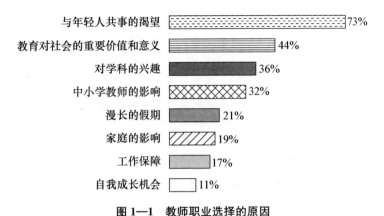

与年轻人共事的渴望	73%
教育对社会的重要价值和意义	44%
对学科的兴趣	36%
中小学教师的影响	32%
漫长的假期	21%
家庭的影响	19%
工作保障	17%
自我成长机会	11%

图1—1　教师职业选择的原因

资料来源：National Education Association，*Status of the American Public School Teacher*，2003. Data used with permission of the National Education Association ⓒ 2003. All rights reserved。

作为一名教师，你与学生的日常互动将使你们建立起十分密切的关系。日常接触会使你熟悉学生个人方面和学业上的需要。关心他们的幸福将帮助你应对教学的困难和挫折。下面这些话是一些具有很高成就的人所阐释的，教师使学生人生变得与众不同的潜力可以是无穷的：

大多数时候，梦开始于教师对你的信任。他们拉着、推着、引导着你到下一个平台，有时会用真理的厚重棍棒敲击你。

——丹·拉瑟，美国新闻评论员

工作的家长不能够对他们的孩子投入足够的关注，富有同情心的教师弥补了这样的空白。教师不只是教，他们可能是帮助年轻人成熟、了解世界、了解自己的至关重要的人物。

——查尔斯·普拉特，科幻小说家

我们回头欣赏触摸我们人类感情的才华横溢的教师。课程是非常必要的原料，但温暖是对植物生长和孩子灵魂至关重要的元素。

——卡尔·荣格，世界著名精神分析学家

像大多数教师一样，你欣赏年轻人独特的品质。你喜欢儿童的活泼、好奇、新鲜、直率和信任，或者你喜欢青少年的能力、机智、精神、独立和理想主义。像一名教师所说的那样，你想"真正让那些不总是想学习的孩子的人生变得与众不同，你想帮助学生看到自己是受过教育且能够解决问题的人"（Ferris，2008，p. 16）。

作为一名教师，你还将从满足不同学习者的需求中获得重大回报。来自全美超过上百个种族和民族的学生和有特殊需要的学生数量越来越多。所以你的课堂将因不同背景的学生而丰富多彩。为确保你可以体验到帮助所有学生学习的满足感，本书很重要的部分都是在谈学生的易变性（学生发展需要、兴趣、能力和残疾的差异）和多样性（学生性别、民族、种族、文化、宗教、性取向、社会经济地位的差异）。你对多样性的欣赏将有助于你体验让每个学生为课堂生活作出独特贡献的意义。8

可能像下面的两位教师一样，你被吸引来教书的一个可能的原因是与儿童和青年工作的特殊荣幸，不管这些学生的发展阶段或生活情况是什么样的：

你在哪里还可以经常得到拥抱，用手指作画，收到手工卡片，擦眼泪，分享微笑，摆弄松动的牙齿，分享餐厅里糟糕的食物，读愚蠢的故事，知道你正在改变世界？

回报也是巨大的，当看到一个孩子突然掌握了一个概念或写了首诗，而他原以为自己不能，正是这些时刻，让我知道我选择了正确的职业！（Harris Interactive，2001，p. 118）

对教学的热情

大都会人寿保险公司对美国教师的调查数据显示，79% 的教师"非常同意"自己热爱教学（Harris Interactive，2001）。为什么教师发现教学如此令人满意？对教学的热爱意味着什么？

对学科的热情

你热衷于教学可能是因为热爱你的学科。在"满意教学"中，艾略特·艾斯纳指出："教学提供了与他人共享你所教学科以及共享你的厚爱的机会。当你的眼睛闪烁着光芒，向学生介绍你所爱的学科，你创建了一个意义上的延伸，表达了你对所教学科的热爱。你对学科的热情，是你可以发出的最真挚和最强大的邀请"（March 2006，p. 45）。

对教学生活的热爱

也许你像许多教师一样，很喜欢学校。教师的生活吸引着你——学校的环境鼓励尊重教育，鼓励有思想的生活，在学校里每天都有机会看到学生紧张地学习。例如，阿尔伯特·爱因斯坦就后悔他没有选择教师职业：

不管你是否相信，我最大的遗憾之一是我没教学。我后悔，因为我本应有更多接触儿童的机会。年轻孩子们的天真和新鲜总能吸引我，与他们在一起给我带来了很大的乐趣。他们是如此直率地对待知识。我发现，对孩子解释自然法则总不是个难事。当你在他们的水平接触他们，你可以读到他们眼中真正的兴趣和欣赏。（引自 Bucky，1992，p. 99）

对教与学过程的热情

你对教学充满热爱，可能是因为你很高兴能帮助学生学习。迅速反应和即时教育的前景是吸引人的。也许已有专家型教师让你意识到"教学需要没有约束的即兴创作"，"教学是一个自定义的工作"（Eisner，2006，p. 45）。

菲利普·杰克逊在他的名著《教室里的生活》（*Life in Classrooms*）中描述了教学的不可预测性。"通常，进行教学是一种投机取巧的过程，无论是教师还是学生都无法明确地预测接下来会发生什么。计划永远都在走向失败，而意想不到的实现教育目标的机会则不断涌现。"（Jackson，1990，p. 166）

研究告诉我们，教师在学校的一天中可能要做将近 3 000 个低水平的决定（Jackson，1990）。大多数决定是简单和自然的，但有一些决定需要批判性思考。步入教师的思想，了解他们如何把负面的情况转变为一个学生积极的学习经验，是本书的每一章"独立教学"栏目的目的。例如，这一章的"独立教学"说明了教师如何应对一个 6 年级学生学习数学初始的消极态度，并最终使数学受到学生们的欢迎。

教师的影响

成为一名教师的梦想经常开始于早期生活。虽然很少有人是天生的教师，但他们的早期生活经历经常鼓励他们成为教师。除了父母或监护人，对孩子影响最大的成人往往是教师。也许，一段与教师良好的关系是你决定成为一名教师的催化剂。就像全美教育联合会 2002 年教师节这天的在线投票结果显示：大约 22％的受访者表示，他们认为小学或中学教师的影响可能是决定他们成为一名教师的主要原因（National Education Association，2002）。

与大多数成为教师的人一样，你更可能是受到教师人格魅力的影响，而不是作为学科内容专家的影响。也许你有一个类似萨丽娜·格雷的老师，她在执教的第一年，作了以下的自我反思性观察："我评估了自己作为一名教师的信念，问询教育应该是什么，它意味着什么，和我实际展示给学生的是什么？我的行动是否展示了我对学生的价值？所以，我成为一个更和蔼、更诚实的格雷女士。我的学生已经注意到。"（Oakes& Lipton，2007，p. 490）早期教师鼓舞人心的记忆可能引导你走到教学岗位。

服务的欲望

你选择教学可能是因为你想要服务别人。你想要让你毕生的工作有意义，而不仅仅是一份工作。一个准老师说：

> 我来教学，主要是因为我喜欢，这听起来有点老套，但是我喜欢拓展思维。看到有人因为你而思考更多的东西，也许在某种程度上他们之前从来没想过这些东西，这很不错。看到他们豁然开朗的样子，是一件很酷的事！这是值得的，不像办公室的文书工作，你明白吗？（Harris Interactive，2006，p. 19）

决定通过教学服务可能受你志愿服务经验的影响。这一章"教师之声"的诺厄·蔡克纳就是一位这样的老师。他在国外做志愿者教师的经历促使他进入教师职业。

"9·11"恐怖袭击后，据报道，袭击造成的不确定性使许多人考虑将教学作为职业。据学校官员称，袭击后的全国性反思浪潮使得寻找教师工作的人数膨胀。显然，他们将教学当作一种服务。

渴望为他人服务，回馈社会，是"为美国而教"计划的一个主要的吸引力。这是温迪·科普（Wendy Kopp）1989 年在普林斯顿大学的毕业论文的一个成果。最近一些美国最好的学院和大学的毕业生，作为"为美国而教"的志愿者，被分配到一些严重短缺科学、数学、语言艺术教师的学区，而且至少要服务两年。志愿者们要在亚特兰大、休斯敦、洛杉矶、纽约、费城，或凤凰城的研究所完成五周的暑期强化训练。经过两年的教学，"为美国而教"的教师通过国家和学校当局的考察，并参与专业发展课程，就可以获得正规的认证。在完成两年的任务后，志愿者可以回到自己选择的行业。不过，超过一半的志愿者留在教育系统，成为教师、校长和教育管理者。2008 年，5 000 名"为美国而教"的成员，在全国 26个城市和农村地区进行教学（Teach for America，2008）。

独立教学

让学生喜欢一个学科

我听到 6 年级教室后面的隆隆声，看到托尼在这儿。他脾气暴涨，将他的数学成绩单拍在桌子上，表达不满。"我讨厌数学。太无聊了！"他说。声音大到我们大多数人都能听到。

我给了他一个严厉的眼神，向他的方向走去。他变得安静。当我接近时，他装作很忙的样子。问题暂时得以解决。休息时间前，我将一个纸条放在他的课桌上。"休息时，给我几分钟时间，不会很久。"我不想让他将我们的谈话看作惩罚。

当其他人去休息时，他留在教室里，不断踱步。我向他保证我只需要几分钟，并让他坐下。我们坐在两个相邻位置，我开始询问他为什么对自己的成绩这么生气。他解释说，他不擅长数学，数学很枯燥，他没有看懂题目说的什么，作业花了太多的时间来完成。我听着，点了点头，让他知道我明白他在说些什么。我做了一些讨论，关于未来学习中掌握数学的必要性，提到数学在生活中也是有价值的。他似乎没有被说服。我感谢他抽出时间，说他可以去休息了。他冲了出去。

我下定决心，激励托尼喜欢上数学。我喜欢数学，发现数学令人舒适的一致性和美妙的惊人模式。我如何才能让数学更吸引人？尤其是 6 年级学生更乐于休息和运动。我一直相信"获得答案的第一步是提出问题"。答案来了——我可以将数学与运动结合，并提供给学生一个肌肉数学实验室。

第一个肌肉数学实验室专注于平均数、中位数和众数。我邀请学校护士到我的课堂，教学生如何测他们的脉搏。然后我让他们与同伴一起测量和记录做十个仰卧起坐之前和之后的脉搏水平。我把班级分成两队，并告诉每个团队找到他们组锻炼前后脉搏的平均数、中位数和众数。竞争增加了活动的激烈程度。很快他们都专注于测量和数学操作。

当看到他们积极参与数学，我很享受这一刻。"我热爱教学，"我想，"我可以与活泼的思想和情感互动，创造性地解决问题，促进学习，甚至改变一些学生对自己的观点！"我充满感激。肌肉数学实验室变成了每周一次的事情，持续了数个月，然后演变成一个消费者数学实验室，我使用当地的报纸和目录广告作为教材。我的学生——即使托尼也开始欣赏数学。托尼似乎很看重我在将数学变得有趣时的额外努力，我很乐意地看到他积极参与数学学习。我们的短暂谈话，取得了阶段性成果。

分析

学生的不良行为是一个深层问题的表象。花时间去理解这个问题是至关重要的。与托尼简短的谈话，显示他的行为不端（愤怒的爆发）与他缺乏对数学的兴趣有关。

激励学生是一个持续的挑战，是教学艺术的一部分。了解学生的兴趣，想出办法来利用这些兴趣可以产生帮助学生学习的创造性课程设计。

> **反思**
>
> ● 教师最初如何处理托尼的课堂违规的？
>
> ● 教师如何表明她重视托尼？
>
> ● 对托尼抱怨数学，教师还可能怎么回应？
>
> ● 你会用什么样的创意数学课让托尼不无聊？
>
> ● 想想你还是学生的时候，尤其是在校学习缺乏动力时，是什么促使你继续学习？
>
> 贝弗莉·哈德卡斯尔·斯坦福
原碧湖中学 6 年级教师

教师之声： 走适合我的路

诺厄·蔡克纳坚定了自己要成为一名教师的信念。当时，他在厄瓜多尔的基多学习了一年。作为一名教授世界史和厄瓜多尔历史的志愿者，他回忆道："我想，如果我可以成功地在那里教 12 名年龄在 12～18 岁的学生，在美国我同样可以做到这一点。"他在高中夏令营多年的辅导员和班主任经历使他对教学产生了兴趣，但在其他国家教学的经验创造了不同，他将这些不同分享给其他老师："它开阔了我的眼界，让我想激励那些一无所有的学生。"他注意到，他的厄瓜多尔学生"有学习的愿望，尽管有压倒性的经济困难"。诺厄在美国威斯康星大学取得了他的学士学位，在华盛顿大学完成了他的研究生学业，选择那里是因为沃尔特·帕克（Walter Parker），一个教育社会学研究的领袖。诺厄很欣赏帕克教育社会学研究的探讨取向和批判性思维方法。他的第一个教学岗位，包括 10 年级的世界历史，9—11 年级的西班牙语 I 和 12 年级的美国政治。

在他执教的第一年，诺厄被要求为他的大学毕业班的老师演讲。他的建议包括：

● 别为你不能控制的事情担心和恐慌，也不能因任何人分心。要有耐心，让一切成为过去。你不能解决所有的问题。（你）不能搞定第一年遇到的所有问题。

● 认真记录你在学生教学课程和专业阅读中所学到的东西。

● 反思和自我评价。反思是我研究生课程的一大关注。第一年很难找到时间写日志，但是设计一些方法——日志或（便利贴）笔记——监控事情的进展如何。我希望我在这方面会做得更好。

● 建立良好的合作关系，他们将让教学变得更轻松。让自己在课堂以外有空闲时间。少说多听。参加篮球、足球、棒球比赛和音乐会。学生真的很乐意有你加入。有幽默感非常重要，它使我们关系更亲密。我也告诉他们，我是普通人，我也会犯错。很难解释我是如何与他们建立良好的关系，这是一个个体的进程。

● 尽量不要失去你的理想。当你进入真正的工作，所有预算和裁员的压力会使你丢掉一些理想，但尽量保持一定的理想。

● 承担一个艰难的教学实习任务，将促使你更好地应对你第一年的教学压力。

● 安排时间与家人、朋友和自己一起远离工作。除跟130名学生相处之外，你还需要时间来充实自己。

诺厄社会研究的创新性教学有助于学生找到课程的意义并使他们成为积极的公民。"枪支管制"和"音乐鼓吹暴力"是诺厄使用的涉及学生的典型问题。在他的高年级班上，他让学生进入社区，采访社区人们关注的问题。学生们共同确定其中一个问题，研究它，并提出积极的计划和解决方案。然后他们把他们的想法变成一个提案（在本例中，它是民众负担得起的住房），提交市议会审议。"学生走出校门，接触公共生活，这在以前是没有的。"诺厄表示。同时，他也展现出了从教第一年的教师可以很好地完成新鲜、有激励性，甚至可以提高生命的课程。

通过完成图1—2中展现的活动，深入探索你成为一个老师的理由。答案将能反映你选择教学作为职业的可能的满意度。

探索你成为一名教师的理由。以下项目是用来描述你选择教学作为事业的动机。每个项目分5级（1＝"非常适用"，5＝"不适用"）。哪些因素对你最适用？你成为一名教师的最大理由是什么？

1. 学习的热情　　1 2 3 4 5　　7. 良好的口头和写作技巧　1 2 3 4 5
2. 学生时期的成功　1 2 3 4 5　　8. 欣赏艺术　　1 2 3 4 5
3. 良好的幽默感　1 2 3 4 5　　9. 与儿童一起工作的体验 1 2 3 4 5（营地、教堂、辅导等）
4. 对学生积极的态度 1 2 3 4 5　10. 家里其他教师　1 2 3 4 5
5. 对其他人的容忍　1 2 3 4 5　11. 来自家庭对教学的鼓励 1 2 3 4 5
6. 耐心　　1 2 3 4 5　　12. 服务的欲望　1 2 3 4 5

图1—2　为什么我想教学？

教学的好处是什么？

也许吸引你选择教学的原因是教师职业的实用性。教师的工作时间和休假是众所周知的优势，虽然大多数教师投入自己工作的时间远远超出他们实际的在校时间。然而他们的日程安排比其他专业人士更加灵活。有年幼孩子的教师，孩子不上学的时候，他们可以经常在家。几乎所有的教师，无论多少年工作经验，都有众多的假期和漫长的暑假。另外，在美国46个州近3 000所公共全日制学校的教师有3~4个小假期（National Association for Year-Round Education，2008），教师也喜欢全日制学校能够在度假淡季出游的灵活性。

工资和福利

虽然无形的回报是教学的一个显著吸引力，教师通过支持较高的工薪，希望公众了解教学的价值和地位。根据一项民意调查，美国人说一个国家的优先事项是教师素质（Hart&Teeter，2002），83％的民众倾向于增加教师的工资，即使这意味着支付更高的税。由于公众支持付给教师更高的工资，教师的薪水从20世纪

90 年代以来稳步增加。在 1990 年，教师的平均年薪是 31 367 美元；2006—2007 年度则是 50 816 美元（National Education Association，December 2007）。据估计，到 2015—2016 年度，教师平均工资将增加 5％（National Education Association，December 2007）。表 1—1 显示了 2006—2007 年度各州公立学校教师的工资排名。

表 1—1　　　2006—2007 年度教学人员和教师的平均薪水估算　　　*13*

地区和州	平均薪水（美元）	
	教学人员	教师
全美各州和华盛顿哥伦比亚特区	52 843*	50 816*
亚拉巴马州	45 528	43 389
阿拉斯加州	62 448*	54 658*
亚利桑那州	58 283*	45 941*
阿肯色州	45 509*	44 245*
加利福尼亚州	63 640*	63 640
科罗拉多州	47 987	45 833
康涅狄格州	63 769*	60 822*
特拉华州	57 375	54 680
华盛顿哥伦比亚特区	59 000*	59 000*
佛罗里达州	46 669	45 308
佐治亚州	52 403	49 905
夏威夷州	53 990	51 922
爱达荷州	42 798	42 798*
伊利诺伊州	58 903	58 246
印第安纳州	50 569	47 831
艾奥瓦州	44 738	43 130
堪萨斯州	44 348	43 334
肯塔基州	47 192	43 646
路易斯安那州	44 768	42 816
缅因州	46 216*	41 596*
马里兰州	57 882	56 927
马萨诸塞州	59 556*	58 624
密歇根州	60 198*	54 895*
明尼苏达州	51 981*	49 634*
密西西比州	41 754	40 182
密苏里州	43 796	41 839
蒙大拿州	40 943*	41 225*
内布拉斯加州	45 013*	42 044

续前表

地区和州	平均薪水（美元）	
	教学人员	教师
内华达州	47 533*	45 342*
新罕布什尔州	48 315*	46 527*
新泽西州	63 125*	59 920*
新墨西哥州	44 472	42 780
纽约州	59 839*	58 537*
北卡罗来纳州	46 410*	46 410
北达科他州	40 171	38 822
俄亥俄州	53 181*	51 937*
俄克拉何马州	44 025	42 379
俄勒冈州	51 122	50 911
宾夕法尼亚州	56 638*	54 970*
罗德岛州	59 435*	55 956*
南卡罗来纳州	47 350*	44 133*
南达科他州	36 743	35 378
田纳西州	45 503	43 816
得克萨斯州	47 584	44 897
犹他州	44 308*	40 566*
佛蒙特州	49 705*	48 370*
弗吉尼亚州	46 823*	44 727*
华盛顿州	50 517	47 882
西弗吉尼亚州	42 249	40 531
威斯康星州	52 116*	47 901*
怀俄明州	52 471	50 692

注：教学人员包括教师、校长、教学顾问或督导、辅导员、图书馆员、心理学人员及其他教学人员。
标＊号数据反映的是全美教育联合会的估算，而不是美国教育部的估算。
改编自：*Rankings & Estimates：Rankings of the States 2006 and Estimates of School Statistics 2007*. Washington，DC：National Education Association，December 2007，p. 67. Data used with permission of the National Education Association © 2007. All rights Reserved.

14   当比较各州教师工资时，请记住，更高的薪水经常与较高的生活成本、经验丰富的教师队伍和更便捷的区位相关。此外，不少地区的薪酬政策，都意在吸引最优秀的师资培训课程的毕业生，鼓励优秀的教师留在课堂上，或吸引教师进入人员短缺的学科和地区。这些政策可以将教师的工资提高数千美元。例如，南部地区教育委员会报告称，2006 年该地区各州政府提供的年度绩效奖励从 1 000 美元到 15 000 美元不等（Gaines，2007）。

教师的工资通常由从业经验和个人能力所决定，这从学生毕业学分或测评成绩可见一斑。当你成为一名教师，你可能会承担额外的职责，如带训练队，制作年鉴和校报，或在俱乐部任职，这也能够提高你的薪水。此外，学区可能会提供有限的教师暑期工作，教暑期学校或开发课程材料。此外，全国近 400 万名公立学校教师，大约有 1/4 有第二份工作，以增加他们的收入。

除了基本工资，教师得到的往往还有各种福利，如医疗保险和退休保障。这些好处各区有所不同，通常是集体谈判会议决定的。当考虑选择哪个学区作为你的第一个岗位时，要仔细研究员工福利以及工资明细表和获得额外报酬的机会。

工作保障和就业前景

经济衰退时期，美国社会其他领域经常会裁员。然而，教师在这种时候往往享受更高级别的工作保障。此外，固定任期的普遍做法有助于教师的工作保障。任期是在规定时间内，给予教师有令人满意的表现后的工作保障，通常为 2～5 年。

很明显，在不久的将来社会会为教师提供更多工作机会。由于学者所称的婴儿潮的人口回波，在未来几年，美国学龄人口有望达到 4 820 万。此外，美国幼儿园到 12 年级（K—12）的学校教师总数，预计将从 2006 年的 3 954 000 人增加到 2016 年的 4 433 000 人，增幅将达到 12％（U. S. Department of Labor，2008）。

在未来 10 年，教师的就业机会应该是非常好的。目前，许多学区用奖金和更高的薪水吸引更多来自其他国家和地区的教师。此外，少数族裔入学率的不断提高和少数族裔教师的短缺，使很多地方正在加大力度招收少数族裔教师。母语非英语的学生的数量大幅增长，尤其是在加利福尼亚州和佛罗里达州，也使得对双语教师和英语作为第二语言的教师的需求大幅增加。

针对当前一些地方的教师短缺和预期的教师退休，许多州正在实施鼓励更多大学生成为教师的政策。一些州给教师可观的签约奖金，这些奖金将在教师从教的头几年里发放。有些州采取的政策是增加国家奖学金、为教师搬迁费用发放贷款以及实施较宽松的贷款审批程序（U. S. Department of Labor，2008）。

由于良好的就业前景，更多的教师参与学校治理，公众对教育也展现出更大的兴趣，教师的供给也有望增加。教师工作前景的改善主要反映在稳步增加的教育学士和硕士学位授予数量上。同时，越来越多的人从其他领域进入这个行业。

教学的挑战是什么？

像所有的职业一样，教学也有一些讨厌的或困难的方面。弗兰克·麦考特（Frank McCourt）是一名在纽约市四个高中工作超过 30 年的教师，他退休后成为一位著名的作家。他说，一名教师需要成为"一个教官，一位拉比①，一个严格的人，一个初级的学者，一个业务员，一个裁判，一个小丑，一个辅导员，一个治疗师"（McCourt，2005）。

作为未来的教师，你应该考虑你很有可能遇到的挑战。如果你知道这些情况，就可以充分利用你的教师教育项目。要意识到教学现实将有助于发展你的个人教育哲学，打造全部教学策略，加强你的领导力，并获得研究和理论的知识基础，以指导你的行动。通过这种方式，你可以成为一个真正的专家——自由地享受许多教学成就和自我能力的信心来应对挑战。表 1—2 显示了教师在学校必须处理的各种各样的问题。本书后面的章节将解决这些问题。接下来的小节要讨论教师日

---

① 拉比，犹太教宗教领袖，通常为主持犹太会堂集会，有资格讲授犹太教教义或犹太教律法的权威。——译者注

常生活中的三个挑战：长时间工作、在高风险的测试环境下负责学生的学习，以及激励今天的技术控学生。

表 1—2 　　你认为什么是社区的公立学校必须处理的最大的问题？

	1999 教师 （%）	1996 教师 （%）	1989 教师 （%）	1984 教师 （%）
缺乏父母的支持/兴趣	18	22（1T）	34（1）	31（1）
学生缺乏兴趣/态度/旷课	13	16（3）	26（3）	20（3）
缺乏金融支持/资金/钱	9	22（1T）	27（2）	21（2）
缺乏纪律/更多控制	7	20（2）	25（4T）	19（4）
缺乏家庭环境/家庭生活的问题	6	15（4）	8（8）	4（13）
过度拥挤的学校	4	7（5T）	7（9T）	4（10）
使用药物/毒品	2	7（5T）	13（7）	5（7）
斗殴/暴力/团伙	1	7（5T）	—	—
道德标准/着装/性/怀孕	*	7	4（15T）	2（22）

注：数据相加之和大于100%，是因为多重计数的问题，而1999年的数据之和小于100%，是因为不是所有的答案都被统计。附加说明的数据表示排序，T表示指定序列的回馈数。
* 少于1%。
资料来源：Form Carol A. Langdon，"*Sixth Poll of Teacher'Attitudes Toward the Public Schools*：*Selected Questions and Responses*，" Bloomington，IN：Phi Delta Kappa Center for Education，Development，and Research，Research Bulletin，April 2000，No. 26（www.pdkintl.org/edres/resbul26.htm）。

长时间工作

　　教师的工作天数看起来很有吸引力，但教师的实际工作时间是另一回事。教师的合同不包括额外的备课和评估学生作业的时间，也不包括各类教学中的非教学任务——从课间值日到俱乐部义务赞助和指导。教师平均每周工作 50 小时，其中大约有 37 个小时是有报酬的，约 12 个小时用于无报酬的教学任务（National Education Association，2003）。

16　　　保证准确而详细地记录学生的学术进步、缺勤、迟到以及其他活动的文件，是教师最耗时的任务。其他非教学任务包括在操场上、在课外活动中、在走廊里、自修室和餐厅监督学生。参加教师会议、家长会和家庭招待会；为体育赛事取票和优惠售票。非教学工作往往是令人愉快的，并创造了非正式地与学生交流的机会，但是，这可能大大消耗教师用于教学相关任务的时间和精力。

高风险测试和加强问责

　　另一项重大的挑战，是今天的教师把重点放在高风险测试上。每一个州都规定了一个标准化的测试，以评估学生学术标准的达成情况。例如，在华盛顿州的 4 年级、7 年级、10 年级的学生必须采取基于州在读、写、听、说和数学方面的基本学术要求（EALRs）的华盛顿学生学习评价（WASL）。在得克萨斯州，学生都必须参加得克萨斯州的知识和技能评估（TAKS），学生要在英语语言艺术、数学、科学、社会研究方面满足得克萨斯州基本知识和技能（TEKS）的评估要求。

　　全国范围内，高风险测试的使用越来越多，以确定学生是否可以参与课外活动、是否增加教师和管理人员的绩效工资。同样，在国家层面上，正努力确保学校和教师更负责任。一位教师描述了她在经历了多年的教学之后感到的压力，跟踪学生每天的数学进步是最大的变化之一。

> 之前，你没有四组或五组在学数学，你不会在每节课结束时给退出卡[形成性评价]，看谁学会了，谁没有，谁需要重新讲一遍。现在，每日的工作是指出，你明天要到哪儿，谁会继续，谁会停留，谁会倒退……之前，你给大家上的每堂课，是希望大家都能理解。（Valli & Buese，2007，p.541）

2002年，美国总统乔治·W·布什履行自己的承诺，"不让一个孩子掉队"，并签署《不让一个孩子掉队法案》（No Child Left Behind Act）。一个265亿美元的综合教育改革法案要求全国范围每年在3—8年级进行阅读和数学成绩的测试。6年之后，在他的第八次，也是最后一次国情咨文中，小布什总统强调了《不让一个孩子掉队法案》的重要性，强调继续问责："6年前，我们一起通过《不让一个孩子掉队法案》，今天没有人能否认其结果……现在我们必须一起工作来增强问责，增强州和地区的灵活性，减少高中辍学学生的数量，为苦苦挣扎的学生提供额外的帮助"（U. S. Department of Education，March/April 2008，p. 1）。

根据法案，学生的成绩超过6年的时间没有提高，学校可能会失去员工。而且，这些学校的低收入家庭的学生将获得用于辅导的联邦补助金或转至另一所公共学校。同时，《不让一个孩子掉队法案》要求，到2013—2014学年末，公立学校保证所有学生能通过国家能力测试。

图1—3说明了《不让一个孩子掉队法案》的四个主要原则和四个支柱。

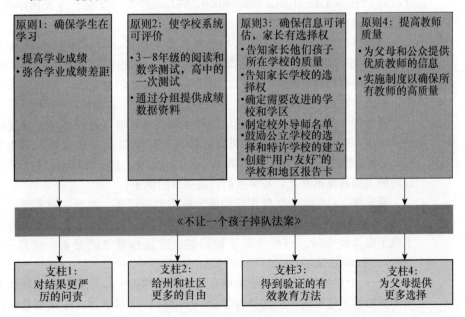

图1—3　《不让一个孩子掉队法案》的四个主要原则和四个支柱

对学校而言，《不让一个孩子掉队法案》的一个额外的关键条款是提供学生的年度适当进步的证据（adequate yearly progress，AYP）。

没有达到AYP的学校被认定为"需要改进"。第一年没有达到AYP的学校，

17

必须为那些想要注册到其他公立学校的学生提供转学。如果学校再次没有达到 AYP，就必须为包括辅导在内的补充服务提供经费。

AYP 是由机器评分测试学生的表现，数学和阅读是多项选择题。一所学校 3—8 年级至少有 95% 的学生必须参加考试。然而，学校必须做更多来提高整体的平均分数。联邦政府要求，AYP 的学生分组根据年龄、种族、民族和社会经济地位进行。压力随着要求而来，"我们有很好的教师。他们努力工作，做大量工作以迎合需求。我担心由于《不让一个孩子掉队法案》，给他们添加额外的、不必要的压力。现在考分驱动教学，比以往任何时候都更甚，《不让一个孩子掉队法案》增加了教师和校长的压力"（Abernathy，2007，p. 99）。

今天的技术控学生

对一些教师而言，了解技术如何影响学生和学校以及将科技融入教学，来得比较容易。然而，对于其他老师，可能是一个挑战。在你的教室中的学生将会成长在"一个充满电子的氛围中，这种氛围使学生以全然不同的方式吸收和处理信息"（McHugh，2005）。例如，3—12 年级的学生平均每天花费 6 小时 21 分钟使用某些类型的媒体。因为今天的学生擅长一心多用，这个数字跳到了 8 小时 30 分，其中包括近 4 个小时看电视和 50 分钟玩电子游戏，而家庭作业只获得 50 分钟的时间（Rideout，Roberts，& Foehr，2005）。

学校没有跟上快速变化的技术。"对于这个数字时代，电子媒体日益诱人，其影响力和普及性与日俱增，但大多数学校把文字作为唯一的值得研究的通信手段"（George Lucas Educational Foundation，February 9，2008）。今天的学生有 iPod、手机、摄像机、笔记本电脑和数码相机。

网站，正改变着学生的沟通与社交方式，如 Facebook 和 MySpace，YouTube 和 iTunes 等网站媒体对学生的影响无孔不入，无论是在家里、学校，或在旅行中。媒体内容通过手机、互联网、电子邮件的文本消息以及一般的娱乐（例如音乐、视频和博客）进入学校。

要保持今天的学生在校外栖居的媒体和技术环境，教师必须将科技融入他们的教学中。例如，印第安纳波利斯的帕克都铎学校黛安娜老师的学生使用 DyKnow 视觉软件在他们的电脑屏幕上分析美国文学。黛安娜将他们的作业放到教室前面的大屏幕显示器上，和学生们讨论展示的例子。

黛安娜也已经让学生使用纸和笔分析类似的段落。然而，她发现，使用软件"比使用笔和墨水更能够激发学生更深层次的回答。焦点确实很明显。有一些是关于电子媒体改变的，一些是关于屏幕的。这是心理学的分析。这是一代的事"（George Lucas Educational Foundation，2005）。

另一位已经将技术与教学相结合的教师是约翰·布莱克，他来自北卡罗来纳州北怀特维尔地区的一所选择性学校——北怀特维尔学园，布莱克意识到"学生处于媒体轰炸之中，这些完全是高新技术，他们不知道还有另外的方式。当你递给他们一本书，他们会说：'就这些吗?'"（George Lucas Educational Foundation，2005）。

约翰·布莱克使用 Moodle 软件来管理与课堂有关的对话、家庭作业和测验。他还鼓励学生使用 BlogMeister 保存博客（网络日志），这是一个专为课堂使用开发的在线出版工具。因为布莱克使用 Bloglines 从 Moodle 和 BlogMeister 链接了材料，所以所有学校的相关活动都可以在一个地方被看到。

"这是混合和匹配的一代，"布莱克说，"我将这些东西看作一种进入他们课外生活的方式。当他们看到我知道如何使用这个技术，他们想：'这一定很酷。'在布莱克的班级维基（wiki）上（这个在线软件可让用户创建、编辑、链接网页很容易），一个学生提到，我们正在'学习如何微观管理数组中的元素，同时平衡短期和长期目标'。"（George Lucas Educational Foundation，2005）

收到效果的教师认识到技术可能是一个增强学生的问询、反思和问题解决能力的强大工具。他们也意识到技术不能移植到现有的教学策略上，必须与这些策略整合。本书第十二章的目的是帮助你成为一个精通技术的教师。此外，每一章的"行动中的技术"通过真实的教师展示了技术在真实课堂的应用。这些特性还包括基于技术的学习活动设计，让你亲身体验技术整合入教学。第 18 页的"行动中的技术"部分，解释了你的学生如何创建维基，用来讨论本书所提出的问题和展现的内容。

社会对教师的期望是什么？

我们社会的普遍观点是，教师是公务员，要对人民负责。因此，社会对教师有很高的期望——有些人可能会说太高了。我们的国家最宝贵的资源——儿童和青少年委托给了今天的教师。因此，教师被期望具有先进的知识和技能及较高的学术和道德标准。尽管促进学生学业进步一直是他们的首要责任，教师也被期望能进一步促进学生的社会、情感和道德发展，保护学生的健康和福祉。越来越多的公众呼吁教师和学校解决影响学生成功的社会问题和危险因素。我们将在第三章对这一问题进行讨论。

公众的信任

教学受到高度的公众监督和控制。公众对教师作为专业人员的信任程度变化很大。公众似乎对教师的工作非常有信心。因为对教师专业化的信仰，公众在孩子事务上赋予教师相当大的权力。在大多数情况下，父母愿意让自己的孩子受到教师的影响，期望孩子服从和尊重教师。然而，公众的信任随社会和政治变革的影响而增加和减少，这些社会和政治变革导致一波又一波的教育改革。表 1—3 显示了 1983—2007 年，人们如何评价他们的公立学校，1983 年正好刚刚颁布《处于危机中的国家》（*A Nation at Risk*）。

表 1—3   当地公立学校的评级   （%）

	2007	2005	2002	2001	1999	1998	1995	1993	1991	1989	1987	1985	1983
A 和 B	45	48	47	51	49	46	41	47	42	43	43	43	31
A	9	12	10	11	11	10	8	10	10	8	12	9	6
B	36	36	37	40	38	36	33	37	32	35	31	34	25
C	34	29	34	30	31	31	37	31	33	33	30	30	32
D	14	9	10	8	9	9	12	11	10	11	9	10	13

续前表

	2007	2005	2002	2001	1999	1998	1995	1993	1991	1989	1987	1985	1983
不合格	5	5	3	5	5	5	5	4	5	4	4	4	7
不知道	2	9	6	6	6	9	5	7	10	9	14	13	17

资料来源：Alec M. Gallup, Lowell C. Rose, and Stanley M. Elan, "*The 24th Annual Gallup Poll of the Public's Attitudes Toward the Public Schools*," Phi Delta Kappan, September 1992, p. 32; Stanley M. Elam and Lowell C. Rose, "*The 27th Annual Phi Delta Kappa/Gallup Poll of the Public's Attitudes Toward the Public Schools*," Phi Delta Kappan, September 1995, p. 42; Lowell C. Rose and Alec M. Gallup, "*The 30th Annual Phi Delta Kappa/Gallup Poll of the Public'Attitudes Toward the Public Schools*," Phi Delta Kappan, September 1999, p. 45; Lowell C. Rose and Alec M. Gallup, "*The 34th Annual Phi Delta Kappa/Gallup Poll of the Public's Attitudes Toward the Public Schools*," Phi Delta Kappan, September 2002, p. 43（http://www. pdkintl. org/kappan/k0209pol. htm # 1a）; and Lowell C. Rose and Alec M. Gallup, "*The 37th Annual Phi Delta Kappa/Gallup Poll of the Public's Attitudes Toward the Public Schools*," Phi Delta Kappan, September 2005, pp. 41—57, "*The 37th Annual Phi Delta Kappa/Gallup Poll of the Public's Attitudes Toward the Public Schools*," Phi Delta Kappan, September 2007, pp. 33—48.

行动中的技术：10 年级社会研究中的维基使用

玛利亚要求她 10 年级的社会研究的学生跟踪和报告国家选举活动。她将她的四个社会研究课程班分为 28 个组，每 3 个学生一组。每组分配选举的一个方面去报道，如特定的政党、个人候选人、热点问题、媒体活动消息等。玛利亚希望学生能够共享信息，不但与四个班的其他同学，还与学校的其他学生，甚至与整个社区分享他们的发现。

除了研究选举活动，她希望学生努力去寻找共同点，并在有争议的问题上达成共识。要促进这种交流和信息共享，玛利亚需要一个不是由单一的群体或个人控制的技术工具。她需要一个让她的社会研究班上所有学生有平等的发言权的工具。她决定使用维基。

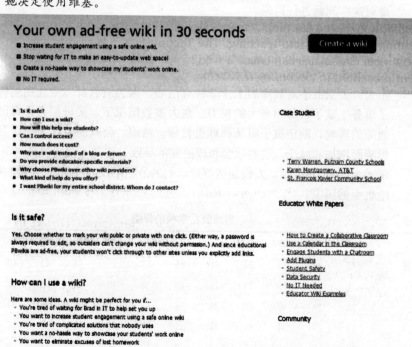

Source: PBWiki, Inc., http://www.pbwiki.com (accessed May 3, 2008). Used by permission.

维基： 发端于社会网络运动，维基遵循的逻辑是"三个臭皮匠顶个诸葛亮"。一个维基是一个网站，允许不同的作者之间协同工作。维基网站允许任何人或指定的组的成员来创建、删除或编辑网站的内容。

访问： http://pbwiki.com/education.wiki 。几个免费维基服务适用于教育者。一个简单的谷歌搜索就能看到想要的结果。虽然可以选择任何自己满意的工具，但为了讨论的目的，我们将使用维基。维基是最流行的工具之一，对教育工作者是免费的（至少在发布的时候是免费的）。根据网站创建者的观点，"维基可以快速建立你自己的免费的、托管、有密码保护的维基网站，以编辑和共享信息。像花生酱三明治一样容易"。除了创建自己的维基，还可以看到别人是如何使用维基工具来促进学生的参与。

可能的应用： 通过使用维基，学生们可以探索一本书、一个事件时间线、一次旅行等。维基可以是一个长期的探索——比如一个新成立的养护俱乐部，或一个短期事件，像你们高中篮球队去参加国家锦标赛。普特南郡一所学校的教师特里·沃伦就寻找了一种方法来展示他的学生的作业：http://pbwiki.com/content/casestudy-terrywarren。

尝试： 首先，访问 http://pbwiki.com/education.wiki。点击创建一个维基。然后完成维基表格——填写你的电子邮件地址、密码、你想创建的维基网站的名字，和创建维基网站的目的。点击提交，然后操作说明会发到你的邮箱，就这么容易。

教师能力和有效性

社会相信，有能力的、有效的教师是一个强大教育系统的重要因素。作为教师，大家会期待你熟练使用教学方法、课程材料、高级教育技术和班级管理技术。大家也会期待你对学生发展水平有全面了解、对自己的教学内容有坚实掌握。大家还会期待你了解模范的实践并显示出对专业发展的渴望，以保持并拓展高水平的技能。

教师能力和有效性包括帮助所有学习者成功的责任。尽管今天的学生来自不同的背景，但是社会期望你相信所有孩子的潜力。不管所教学生的种族、语言、性别、社会经济地位、性取向、宗教、家庭背景和生活条件、能力和残疾与否，你都有责任确保所有学生开发其最大潜能！要实现这点，你就要有一定的教学策略和资源，以建立促进学生成长和发展的有意义的学习体验。

教师责任

教师也必须"增强社会伦理——他们的公共职责和义务蕴含在教学实践中"（Hansen，1995，p.143）。社会普遍认为，尽管不同社会成员对学生应该学什么意见不一，但教师对促进学生学习负有主要的责任。作为一名教师，社会期望你知道如学生背景、态度和学习方式这些因素如何影响学业，期望你能为你的学生建立一个安全、有效的学习环境，而且你有责任给学生公平的教育机会，并保持高的专业标准。

教师的工作前景如何？

当你进入教育事业之前，可能会问自己一个问题，教师的工作前景如何？一

21

次又一次，教师供需图表为那些进入教学岗位的教师描画出一幅十分空白的画面。平时，例如现在，找到一个职位并非难事。例如，美国教育部计划小学到初中的教师数量会从 2004 年的 350 万增加到 2016 年的 420 万，增幅达 18％（National Center for Education Statistics，December 2007）。

即使在教师过剩的时期，高质量教师也能找到工作。教学是美国最大的专业之一，2007—2008 年，全国将近 3.04 亿的人口，大约 4 960 万进入公立和私立的中小学校，有将近 400 万的教师在从事对他们的教学（National Center for Education Statistics，February 28，2008）。在如此庞大的专业中，每年退休和职业的变化造成的空缺就无数。

在可预期的未来，来自不同民族和种族背景的教师和身有残疾的教师都会有特殊的机会。来自不同民族、种族和文化背景的学生和身有残疾的学生都会从与他们易于确认的角色榜样中受益。另外，来自不同群体的教师和身有残疾的教师，在一些情况下，对学生的多元和多样有更为强化的理解，这些理解可以与其他教师分享。

对不同肤色教师的需求

在 2004 年，大约 42％的公立学校学生被认为属于少数族裔，这个数字从 1972 年起增长了 20％（National Center for Education Statistics，September 2007）。在 21 世纪中叶之前，超过半数的美国学生将是少数族裔成员（U. S. Bureau of Census，2008）。在美国最大的 25 个城市中，有色人种学生代表了半数或更多的学生人群（Ladson-Billings，2005）。

与学生肤色的多样性形成反差的是，今天的教师的背景缺少多样性。在美国公立学校中，有色人种的教师约占 12％（Ladson-Billings，2005），这个比例还有望下降至不到 5％（Jorgenson，2001）。有色人种的教师短缺，部分是由于少数族裔学生通常进入美国最贫穷的学校的事实。在这些学校，学生很少获得成为教师的动机。如果他们的学校体验是负面的，他们就无法从内心对教学事业产生认同。要吸引更多少数族裔学生进入教学行列，乔根森（Jorgenson，2001）建议那些学区要：

- 优先雇用少数族裔的教育者。
- 教师雇佣考虑非传统来源。
- 加快少数族裔的应聘者的投递材料的处理速度。
- 探讨为少数族裔的候选人提供雇佣奖金的可能性。
- 开发一个教师专业辅助人员的项目。
- 了解不同民族的受雇者对这个学区的认识。
- 为有色人种教育者建立支持网络。

典型的本科教师候选人是一名年轻的白人女性，她最近刚从高中毕业，正在高校全职上学。准备从教的毕业后的个人往往更年长，包括稍微多点的有色人种和更多的男性，从教育领域以外的职业转行到教学，先前有相关教学的经验，兼职在高校学习（Feistritzer，1999）。图 1—4 表明了美国公立学校入学学生与准备教师实习的本科生和硕士生在种族和民族构成上的差异。

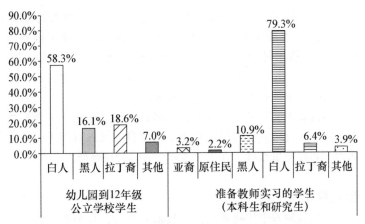

图 1—4 美国幼儿园到 12 年级公立学校学生与准备教师实习的学生的种族和民族分布

资料来源：Based on date from (1) U. S. Department of Education, National Center for Education Statistics, *The Condition of Education 2002—05*. Washington, DC：Author, 2005；（2）C. Emily Feistritzer, *A Report on Teacher Preparation in the U. S.* Washington, DC：National Center for Education Information。

对身有残疾的教师的需求

23

与人们可能想到的相反，研究表明，残疾教师可以成为有效的教师（Educaters with Disabilities Caucus, Council for Exceptional Children, 2008）。另外，如小学残疾教师阿曼达·特雷指出的，残疾教师在特殊教育学生工作中有"优势"："我有一点胜过可以走路的人，我可以看到我学生的所需，我可以看到他们面临的挣扎。没有残疾的人，他们可以读到，他们可以看到，但他们从没有经历过，他们从没有真正懂过。"（Wills, September 2007）

残疾教师也可以给不残疾的学生以启发，例如，一所磁石高中的教师特里西亚·唐宁，一名腰部以下瘫痪的竞技运动员指出，"有时，学生深陷入他们十几岁的世界，那里每件事都是危机，我已能够让学生了解，世界不只是他们的问题。我要表达的是世界充满挑战，但如果你愿意尝试克服，就会发现自己心中的太阳"（Wills, September 2007）。

在公立学校幼儿园到 12 年级，接受特殊教育的残疾孩子比例大约是 10%（Hardman, Drew, &Egan, 2007），现在对特殊教育教师的重点需求仍然在未来几十年存在。

对不同地域和不同领域的教师的需求

2001—2013 年，公立中小学入学率预计会提高超过 4 个百分点。全美各州之间的增长差别很大，西部和南部的入学率分别增长 13.2% 和 3.9%。而东北部地区预计会降低 1.8%，中西部在入学率上会无变化（National Center for Education Statistics, 2008）。你也会轻松地发现你的第一份教职与你专长的领域相关。例如，2008 年，能够教双语教育、特殊教育、英语第二外语、数学、化学或物理的求职者特别受欢迎。

我如何成为一名高质量的教师？

根据纽约卡内基公司主导的一项教师教育改革"新时代的教师"显示，"比起其他校本的因素，高质量教师对孩子的学业成就有更大的影响"。为所有学生配备高质量教师也是《不让一个孩子掉队法案》的一项关键条款。如图 1—3 所示，《不让一个孩子掉队法案》的四个原则呼唤高质量教师，即（1）有学士学位；（2）有完备的州合格证书；（3）掌握所教授的每个学科的知识。法案要求各州报告为所有学生配备高质量教师的目标进展。

你要如何实现从一名学生到一名高质量教师的转变呢？从这点来说，在你成为教师的历程中，你可以做很多事以使自己投入有利于专业化的教学，确保自己成为一名高质量教师。在这个过程中，你会逐渐融入专业标准的世界。

专业标准

为确保所有学生接受高质量教师的教学，几个专业协会和州教育部门开发了标准。这些标准反映了教师应该知道什么和能做什么。很有可能，你要报名的教师教育项目会使用其中的一套或几套标准，来评价你成为一名有效教师的进展。在培训中，你一定会不断听到州政府制定的计划，在不断变化的基础上，同时评估教师和学生。在你成为一名教师后，如果有简庆芳（Jane Ching Fung）一样的指导教师，你可能对州标准了解更多。简庆芳是本章中"教师之声：对现实的研究"的作者和洛杉矶一所公立学校的国家委员会资格认证教师。她创立了早期素养俱乐部——其学校的新教师支持网络，研究教师网络如何支持新教师在课堂中实施州标准。

那些对全美教师教育项目（也对教师不断变化的专业成长和发展）最具影响的专业标准是由州际新教师评估和支持联盟（Interstate New Teacher Assessment and Support Consortium，INTASC）、全美教师教育认证委员会（National Council for Accreditation of Teacher Education，NCATE）、普瑞克西斯考试体系（Praxis Series）：初任教师的专业评估（Professional Assessments for Beginning Teachers）和全美专业教学标准委员会（National Board for Professional Teaching Standards，NBPTS）所开发的。图 1—5 提供了这几个标准的概述。这些标准如何影响你参与的教师教育项目？你所在的州是否也为你的教师教育项目应用了一套教师专业标准？

州际新教师评估和支持联盟（INTASC）标准	全美教师教育认证委员会（NCATE）标准
INTASC 是一个由 30 多个州组成的联盟。该联盟为初任教师的认证开发了标准和评估程序。INTASC 模式的核心标准是基于 10 个证明了的有效教学的原则，与学科和年级无关。原则是基于有效教师将内容知识与教学理解整合以确保实现所有学生的学习（INTASC，1993）。 1. 学科内容知识 2. 人类发展和学习知识 3. 因人而异进行教学 4. 多种教学策略 5. 课堂动机与管理 6. 沟通技能 7. 指导计划的技能 8. 学生学习评估 9. 专业奉献与责任 10. 合作关系	NCATE 标准用于学院和大学的教师教育项目的资格认证。现在，全国 1 300 个培养教师的机构中不到一半获得了 NCATE 的认证。NCATE 标准适用于教师教育项目，不适用于教师教育学生职前项目。NCATE 相信：毕业于专业资质被认可的教育学校、教育学院或教育系的新型专业教师应该能够做到（NCATE，2002a）： • 帮助所有学前到 12 年级（P—12）的学生学习 • 根据具体专业委员会和州设置的标准开展对 P—12 学生的教学 • 基于研究驱动的知识和最好的实践解释教学选择 • 采用有效的方法对不同发展阶段、不同学习方式和来自不同背景的学生进行教学 • 对实践进行反思，对反馈采取行动，采用技术进行有效教学

续前表

全美专业教学标准委员会（NBPTS）标准	普瑞克西斯考试体系：初任教师的专业评估标准
NBPTS董事会提出为拥有丰富专业知识和有能力开展高水平教学的教师颁发专业资质证书。资质候选人递交一份档案袋，包括课堂互动视频和学生作品样本、教师的反思建议。受训过的同一领域教学的NBPTS评估者会作为资质评委，评估所有因素。NBPTS开发了五个核心主张，作为志愿美国教师资质证书的基础（NBPTS，1994）： 1. 教师对学生及其学习的奉献 2. 教师了解所教科目，并知道如何教会学生 3. 教师有责任管理和监督学生 4. 教师系统思考他们的实践，并从经验中学习 5. 教师是学习共同体的成员	基于各州对初任教师一般要求的知识和技能，普瑞克西斯考试体系按照成为教师的三个步骤评估个体发展。这三个评估的领域是学术能力评估：进入一个教师教育项目（实践1）；学科知识评估：进入职业的资格认证（实践2）；课堂表现评估：教学第一年（实践3）。实践3涉及四个领域的真实教学技能评估（Danielson，1996）： 1. 计划和准备 　● 展现内容知识和教学法 　● 展现学生的知识 　● 选择教学目标 　● 展现资源的知识 　● 设计前后相继的教学 2. 课堂环境 　● 创造一个尊重和融洽的环境 　● 建立一种学习的文化 　● 管理课堂教学过程 　● 管理学生的行为 　● 组织物理空间 3. 指导 　● 清晰和正确地沟通 　● 运用设问与讨论技术 　● 鼓励学生学习 　● 为学生提供反馈 　● 展现灵活性与责任感 4. 专业责任 　● 反思教学 　● 保持正确的记录 　● 与家人沟通 　● 为学校和学区作出贡献 　● 专业成长与发展

图1—5　教师专业标准：什么是教师应知道与能做到的？

资格认证证书

　　成功完成一个学院或者大学的教师准备项目不会自动地使你能够从事教学，在公立学校和许多私立学校教学，必须要有州资格认证证书。在一些案例中，大城市（例如芝加哥、纽约、布法罗）有它们自己的必须达到的资格认证要求。某些地方学区有另外的要求，如在这些学区教师在教学前要进行一个写作考试。

　　教师资格证事实上是教学的许可证，50个州的每个教育部门和哥伦比亚特区都设置了认证要求。资格证通常会注明执教的学段和可教授的学科领域。例如，一个人可能有资格教幼儿园到12年级所有层次的体育或艺术、中学英语、小学教育或中等教育。现在，大约2/3的州提供中学或小学高年级的教学资格认证——1987年后有所增加，当时大约一半的州提供这种认证。另外，资格证可能会列出其他专长领域，例如驾驶员培训、教练或新闻工作。如果你计划进入非教学领域，如咨询、图书馆或管理，通常需要特殊的认证。

27

教师之声：对现实的研究 ▶▶▶

早期素养俱乐部：通过合作打造卓越
简庆芳

每年，加利福尼亚州要为教学岗位雇用成千的新进教师。其中，很多人在进教室前几乎没有或从没接受过教育领域的培训。作为一名指导教师和曾经持有临时证书的教师，我关心的是这些新教育者获得适当支持和专业发展的机会，以帮助他们成为我们职业的有效成员。

我在洛杉矶市中心附近的一所城市私立学校教书，这里约85％的学生英语表达能力有限，几乎所有的学生都接受免费或减价餐券。学校超过60％的教师没有临时证书，且教学经验不足3年。尽管他们渴望学习和提高能力，但在我们这个地区和学校现场，持续的交流与合作的机会很少。

一群新教师和我创建了早期素养俱乐部（Early Literacy Club，ELC）。这是一个我们学校的教师网络。最初，早期素养俱乐部的目标是为不堪重负的新教师提供急需的教学和情感支持。

教师不只是需要读或听最好的实践经验，还需要讨论他们的教学，与同事进行持续的专业探讨。

新教师一定要有机会目睹行动中的高质量教学是什么样子，并获得关于自己教学的反馈，涉及这些专业发展形式的教师和学校通常表现出学生成绩的提高。

作为教育者，我们越博学、越成功，我们的学生就会收获越多。我的研究显示了持续的支持与合作在新教师培训和留任教师中的重要性。网络是提高我们教学实践和在舒适、无风险环境中培训新教师的一种方式。

这个网络现在是一个跨校网络，会员已增加到14个，包括国家认证委员会认证的教师、指导教师、读写与数学促进者及教师领导者，这些成员的教学经验从3周到14年不等。我们定期举行会议，现在网络聚焦在个体教师的行动研究。网络的座右铭仍是："早期素养俱乐部：通过合作打造卓越"。

问题

1. 在一名新教师步入职业的过程中，教师网络以何种方式给予其支持？

2. 为什么对教师来说"讨论他们的教学及与同事进行持续的专业探讨"是重要的？

3. 简庆芳启动了一个在校教师网络，聚焦于行动研究，为新教师提供支持。在校教师网络是否可能有其他领域的聚焦？

简庆芳现在已经从教15年了，她是教师网络政策机构的大都会成员。Ellen Meyers and Frances Rust（Eds.），*Taking Action with Teacher Research*，Portsmouth，NH：Heinemann，2003，pp. 41–62。

普瑞克西斯考试体系

43个州中有35个州提到将完成"普瑞克西斯考试体系：初任教师的专业评估"作为认证过程测试的一部分，这是美国教育考试服务中心（Educational Testing Service，ETS）在与教师、教育研究者、全美教育联合会和美国教师联合会

（American Federation of Teachers，AFT）协商后开发的一种测试。普瑞克西斯考试体系（普瑞克西斯又叫实践，是指理论联系实际）使各州能够建立一种测试系统，以满足特殊认证的要求。

普瑞克西斯考试体系取代了 20 世纪 90 年代中期的全国教师考试，现在包括三个方面：

实践 1：学术能力评估——实践 1 涵盖了所有教师在阅读、写作和数学中需要掌握的技能，不分教授的年级或科目。评估在实习教师的教育课程前期进行，计算机和纸笔测试两种形式都适用。为帮助实习学生通过实践 1 测试，ETS 提供了在线实践测试项目。另外，一个交互计算机软件系统——Learning-Plus，可为需要帮助提高基本学术技能的学生提供阅读、写作和数学方面的指导和诊断。

实践 2：学科知识评估——实践 2 测试教师教育学生要教授的学科知识。大多数情况下，实践 2 测试在完成本科课程后进行。这个测试适用于 70 多个学科领域，有每个州都需要的核心内容模块和各州可根据个别基础自行选择的其余模块。每个州可以基于多选项目或候选人建构反应模块进行评估。除此以外，实践 2 包括学习与教学原则测试（Principles of Learning and Teaching，PLT）和专业知识测试，每个测试两个小时，以评估教师专业知识。PLT 适用三个版本：幼儿园到 6 年级（K—6），5—9 年级，7—12 年级。

实践 3：课堂表现评估——实践 3 是一个基于表现的评估系统，而不是一个测试。它是从教育者庞杂的工作分析、研究综述和投入后开发的，涉及初任教师真实教学技能的评估，评估聚焦在普瑞克西斯考试体系的四个领域，在图 1—5 中进行了阐释：计划和准备、课堂环境、指导和专业责任。除此之外，实践 3 评估教师对学生发展水平和文化差异的敏感性，主要组成部分是受过训练的州或当地人士进行课上评估和前后观察访谈。观察要辅助工作方式取样，如课的计划。实践一般是在新教师从教的第一年末完成的，在评估之后，州决定是否授予其教学资格证。

州资格认证的要求

要获得教学资格证，所有州都要求候选人成功完成被认可的最终至少是学士水平的教师教育项目。该教育项目要被认可，必须通过州政府约每 5 年一次的检查。除了州层面的认可，国家层面的有将近 1 300 个项目，其中大多数都有地区资格认证，并且超过 600 个是全美教师教育认证委员会（February 28，2008）自愿寻求的资格认证。现在，所有州要求平均 6～8 个学分的监督实习教学。亚拉巴马州、科罗拉多州、爱达荷州、印第安纳州、内华达州、纽约州和弗吉尼亚州要求高级资格证书要有硕士学位；亚利桑那州、马里兰州、蒙大拿州、俄勒冈州和华盛顿特区要求资格认证后完成硕士学位或者一定具体数量的学分（Kaye，2001）。其他要求可能包括美国公民身份、忠诚宣誓、指印或体检。

获得全美专业教学标准委员会的教师资格认证可在包括爱达荷州、新墨西哥州、北卡罗来纳州、俄克拉何马州等几个州免除州许可要求。大约一半的州为来自其他州的持有有效 NBPTS 证书者颁发州许可证。需要现在支持 NBPTS 资格认证的州名单和地方行动的可访问 NBPTS 官网：http:// nbpts. org/ 。

几乎所有州现在都要求教师初始执照的测试。各州使用标准测试（通常是普瑞克西斯考试体系），或者外部咨询顾问开发的测试。州测试覆盖的领域通常包括基本技能、专业知识和一般知识。许多州也要求在职工作表现评估。

今天，大多数州不授予终身教学资格证书。一些州发 3～5 年的许可证，只有完成学士学位课程的证明，才可续期。但康涅狄格州、马里兰州、马萨诸塞州、新罕布什尔州、罗得岛州、南卡罗来纳州和威斯康星州已经开始对在职教师进行重新资格认证的测试存在相当大的争议。例如，新罕布什尔州和南卡罗来纳州要求教师在他们的学科领域和技术上寻求专业发展，以重新获得资格（Boser，2000）。

认证要求各州不同，而且它们经常修订。要了解计划去执教的州的最新要求，重要的是与教师就业办公室或所在学校或学院的认证官员保持联系。你可能也希望参考《中小学资格认证要求》（*Requirements for Certification for Elementary and Secondary Schools*，芝加哥大学出版社），其每年出版，列出各州教师、咨询师、图书馆员和管理员资格认证要求。或者你可以联系计划去执教的州的教师资格认证办公室。

现在 47 个州和哥伦比亚特区都是全美教师教育资格认证委员会各州主任州际协定 ［National Association of State Directors of Teacher Education and Certification's（NASDTEC）Interstate Agreement］ 的成员。该州际协定是一项互惠协议，在一个州获得教学资格，在另一州也将得到认可。如果你计划去执教的州与你现在学习的州不同，你应该了解是否这两个州都是该州际协定的成员。

在不断壮大的美国的私立学校、教会学校、营利性学校和特许学校的系统中教学的教师超过 464 000 名，其中许多是没有认证许可的（National Center for Education Statistics，February 28，2008）。私立学校和教会学校有学费和捐赠的大力支持，营利性学校通过私立教育公司运营，通常没有教师资格认证的要求。教师创建和运营的特许学校，尽管是公立的，但也经常无州资格认证的要求。如果学校保证学生能达到一个具体的成就水平，学校的特许状（学校创建人与资助人——通常是当地学校董事会——之间的协议）也可能免除资格认证的要求。

替代性教师资格认证

尽管更为严格的认证要求是国家趋势，关注在下一个十年满足 200 万新公立学校教师（National Education Association，2008）和吸引少数族裔成员进入教师职业，已经导致替代性教师资格认证项目的不断增长。在 1983 年，只有 8 个州提供替代性教师资格认证；到 2008 年，每个州都有一个替代性教师资格认证的路径（Feistritzer，2008）。

替代性教师资格认证项目为那些已经具有至少一个非教育专业本科学位并想成为教师的人设计。2006 年，超过 50 000 人通过替代性教师资格认证项目获得资格（Feistritzer，2008）。大多数替代性教师资格认证项目与州教育部门、学院或大学的教师教育项目和学区合作进行。例如，与学区合作的华盛顿州立大学已经有一个联邦政府资助的项目，为辅助教育者（例如教师援助）在西南华盛顿成为双语教师做准备。与现在通过传统基于高校的教育实习后直接进入教学岗位的高校毕业生相比，那些通过替代性路径进入教学岗位的人往往"比传统受训的教师更老练、更多元和更愿意教"（Feistritzer，2008，p. 126）。

小　结

为什么我想教学？

● 个人想成为教师既有内在原因也有外在原因：内在原因是想与年轻人一起共事、对教学的热情和服务他人与社会的欲望；外在原因是工作时间、假期和工作保障。

教学的好处是什么？

● 实际的好处包括学校的工作时间、假期、不断增加的薪水和福利、工作保障和在社会中受尊敬的感觉。

● 与学生群体的差异相反，今日教师的背景差异较小，因此，不同种族和宗教背景的教师和残疾教师都可以体验教学。

教学的挑战是什么？

● 教学的挑战包括较长的工作时间，满足高风险测试和《不让一个孩子掉队法案》的问责需要及理解技术对今日青少年儿童的普遍影响。

社会对教师的期望是什么？

● 社会期望教师有能力、高效，期望教师为学生成就负责，帮助所有学习者获得成功，并保持高标准的行为。

教师的工作前景如何？

● 对教师来说，工作前景是非常正向的可预期的未来。

● 教师在内容领域和地理区域的供需影响教师职位的取得。

我如何成为一名高质量的教师？

● 四套专业标准对全美教师教育项目（以及教师不断专业成长和发展）具有重要的意义：州际新教师评估和支持联盟、全美教师教育认证委员会、"普瑞克西斯考试体系：初任教师的专业评估"和全美专业教学标准委员会所分别开发的标准。

● 公立学校和一些私立学校教学需要州资格认证。一些大城市和当地学区有另外的资格认证标准。教学资格认证的要求各州不同，而且经常修订。在一些州，获得全美专业教学标准委员会的资格认证的教师，可免除州测试。

● 大多数州要求教师通过初始资格认证测试，一些州要求3～5年重新进行资格认证。

● 全美教师教育资格认证委员会各州主任州际协定成员认可在成员州中的其他州获得的教学资质。

专业反思与活动

教师日志

（1）在你的生命中，何种重要经历使你做出成为一名教师的决定？从这些经历中你学到了什么？

（2）你认为成为幼儿园到5年级（K-5）、初中（6—8年级）、高中（9—12年级）不同学段的教师的原因有不同吗？你认为成为不同教学领域的教师原因有不同吗？请对你的回答进行解释。

教师研究

（1）比较州教育委员会、全国性的标准组织和教师及学科领域组织对于教师提出的专业标准。先进入下列组织的网站，浏览关于你们学校相关州和国家标准的教育项目信息：

- 美国州教育委员会协会（NASBE）
- 全美教师教育资格认证委员会各州主任州际协定
- 全美专业教学标准委员会
- 全美教师教育认证委员会

（2）形成一个美国教师民主方面的研究问题。可以与下面的一个或多个话题相关：

- 教师态度
- 教学力量的特征
- 教师雇佣
- 教师短缺
- 教学薪水与福利

开始你对美国教育部的国家教育数据统计中心（nces.ed.gov）的数据研究，总结你的研究结果，并在班级其他人面前做一个简要的口头报告。

观察与访谈

（1）在当地学校开学第一天的课堂，观察教师在开年工作中使用了何种正向的、任务取向的策略？

（2）在当地小学、初中、高中访谈一名或几名教师，询问他们会对新任教师给出什么建议。

31

专业档案

为开始你的历程，帮助你成为一名教师，这本书的每一章包含了一些建议，以发展你的专业档案，在你成为教师的学习中，收集记录你成长与发展的证据。这个过程结束时，你就会熟练地运用档案，记录你的教学知识、技能和态度，也包括你初次执教的有价值的资源。

第一次进入档案，在教师日志入口1进入，会问询你之所以决定成为一名教师的最具影响的人生经验。登录后（或视频版本），可以讨论你成为一名教师的原因和教学对你的回馈。也可以描述你在教学中遇到的挑战。

第二章
今天的教师

你可能从来不会知道你对学生的人生所拥有的影响。

右侧页码——托马斯·布罗迪尼特兹克

课堂案例：教学的现实 ▶▶▶

挑战： 学习处理教学的复杂性与不确定性。

你是一所学校的初任教师，学校位于美国中西部地区一个拥有大约20万人口的城市中。这是寒假后的第一天，学生们刚刚进入你的课堂。到处是说笑声，学生们显然很高兴又在学校见到了他们的朋友。

你感到很骄傲，因为作为一名真正的教师已经几个月了。尽管有些起伏，但是整体上而言，你的教学职业的开端是积极的。你正在教师的角色中越来越感觉如鱼得水。看到同学们在学习中取得了明显的进步，觉得非常值得。

除了偶然的小组活动之外，到现在为止你总是使用整体教学。然而，在你隔壁的教室中，你的指导教师却在使用一种合作学习法。你观察了几次她的课，并与她讨论了合作学习的好处。现在，你决定尝试这种方法。

一大早，你为合作学习准备好了教室。五个八边形的桌子均匀地排列在教室中。每个桌子的学生将组成一组。尽管学生们将进行团队工作，但是你计划弱化团队之间的竞争。

当你的学生选择好位置，你感觉到了他们对于参与一种新的学习方法的兴奋。你也注意到，学生们似乎是根据其能力水平进行分组的——班上能力最强的学生围在一个桌子周围，而能力最弱的学生则围在另一张桌子周围。现在，你开始怀疑让学生们自由选择位置是不是一个好主意。可能你应该安排好桌子以使每个桌子都拥有不同能力水平的学生。

你意识到，与整体教学相比，合作学习是一种更为复杂的教学方法。你怀疑自己是否能处理好即将出现的不可预见的挑战。幸运的是，你的指导教师就在隔壁，而且你很自信她能帮你想清楚如何迎接这些挑战。

焦点问题

1. 谁是今天的教师？
2. 教师在课堂中是做什么的？
3. 今天的教师需要什么样的知识和技能？
4. 教学在何种程度上是一个全面的专业？
5. 教师属于何种专业组织？

29

6. 教师如何帮助构建学习共同体？
7. 教师如何参与教师合作？

谁是今天的教师？

这个问题的答案不像你想象的那么简单。今天的教师在不同年级组合的学校中教学，他们在不同的学科和专业领域教学，他们所教的学生有不同的学习需要。

教职是美国最大的职业。仅学前、小学、中学和高中教师，不包括特殊教育教师，在 2006 年总共达到 400 万人。在这些教师中，有小学（elementary school）教师 150 万、初中（secondary school）教师 110 万、高中（middle school）教师 67.4 万、学前（preschool）教师 43.7 万、幼儿园（kindergarten）教师 17 万（U. S. Department of Labor，2008）。

表 2—1 显示，与 1971 年相比，今天的教师受过更好的教育——一半以上（56％）拥有硕士学位，而且教师平均拥有 15 年的教学经验。该表也显示，今天的教师绝大多数是白人及女性。今天的课堂要比 1971 年的时候更加多元。然而，教学队伍中的多样性却和那时基本相同。

表 2—1	美国的教师	
最高学位	**1971（％）**	**2001（％）**
低于学士学位	3	0
学士学位	70	43
硕士学位或者六年	27	56
博士学位	0	1
平均工作年限	**年数**	**年数**
所有教师	8	14
男性教师	8	14
女性教师	8	14
初任教师（第一年从教）	**1971（％）**	**2001（％）**
所有教师	9	3
男性教师	10	4
女性教师	9	3
教师的学校层次	**1971（％）**	**2001（％）**
小学	49	53
中学/初级中学	19	22
高级中学	26	25
中学教师所教学科	**1971（％）**	**2001（％）**
农学	1	1
艺术	4	3
商业教育	6	2
英语	20	22
外国语	5	5

健康、体育教育	8	4
家庭经济学	5	2
工艺	4	0
数学	14	18
音乐	5	3
科学	11	15
社会研究	14	5
特殊教育	1	4
其他	0	5
种族	**1971（%）**	**2001（%）**
黑人	8	6
白人	88	90
西班牙裔、亚裔及其他	4	5
性别	**1971（%）**	**2001（%）**
男性	34	21
女性	66	79
婚姻状况	**1971（%）**	**2001（%）**
单身	20	15
已婚	72	73
丧偶、离婚、分居	9	12

资料来源：Based on data from *Status of the American Public School Teacher 2000—2001*. National Education Association，2003，pp. 5—8。

与几年前的教师相比，今天的教师也拥有更高的 GPA 和 SAT 分数。根据普瑞克西斯考试体系的开发者进行的一项研究，参加了普瑞克西斯考试且平均绩点在 3.5 或以上的教师候选人的比例由 1994—1997 年的 27% 增长到 2002—2005 年的 40%。而且，候选人的口头 SAT 分数提高了 13 分，数学成绩提高了 17 分（Educational Testing Service，December 17，2007）。

学校和年级水平的名称

美国学校的教师所教的学生，从 3 岁到 17 岁，从学前到高中。图 2—1 显示，在美国，学前、小学、中学和高中有多种年级结构。一个普遍的安排是，小学包括学前教育或幼儿园教育直到 5 年级的水平，中学包括 6—8 年级的水平，高中包括 9—12 年级的水平。一种不甚普遍的安排是，小学之后是 6—9 年级水平的初级中学，以及 10—12 年级水平的高级中学。

学前教师

根据美国幼儿教育协会（National Association for the Education of Young Children，NAEYC）的规定，学前教育（也被称为儿童早期教育，有些也称之为保育学校教育）的年龄段从出生到 8 岁。学前教师在儿童的发展中扮演着关键角色。儿童在其早期所学到的和所经历的，塑造着他们对于自我以及世界的观点，并影

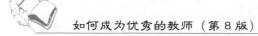

响着他们今后在学校、工作及其个人生活中的成功。

35　　如果你曾有学前教育的经历，那么你可能记得通过游戏和互动活动的学习。你的学前教师（们）最可能通过游戏强化你的语言和词汇发展（比如，讲故事、押韵游戏以及角色扮演）、提高你的社会技能（与其他孩子合作在沙箱中搭建一个小镇）、介绍科学和数学概念（在你用积木搭建摩天大楼的过程中学习平衡和数积木或者为指画而学习调色）。

36　　与年级较高的学生的教师相比，学前教师较少使用结构化的方法。学前水平的儿童参与小组课程、一对一教学，并通过诸如艺术、舞蹈和音乐等创造性的活动学习。

　　幼儿园教师也使用游戏和动手活动。然而，在幼儿园的课堂中，学术性学习变得更为重要。认识字母、数字以及对自然和科学的基本理解已被引入幼儿园阶段。

小学教师

37　　小学教师通常教一个约有25个孩子的班的几个学科，所教的年级是从1年级到6年级。在一些小学，两位或更多的教师至少在一门学科中作为一个团队教一群学生。在其他小学，一位教师可能面向许多班教一个学科——经常是音乐、艺术、阅读、科学、算术或者体育。越来越多的教师在多年龄或者多年级的课堂中教学，这些学生来自不同的年级水平。小学教师给孩子介绍数学、语言、科学和社会研究。他们使用游戏、音乐、工艺品、电影、书籍、电脑和其他工具教授基本技能。

　　小学教师要写每日课程计划，这些课程计划是基于学校或州的要求，他们还记录学生每天的出勤情况，布置家庭作业、学年论文并记录学生的考试和家庭作业的分数。每隔一定时间，他们要评价每个孩子的学术进展并为孩子的父母撰写进展报告。在进展报告中，他们要记录该学生所有的行为或社会问题以及纪律处分。小学教师也监督操场上、餐厅里以及学校其他领域的活动。

　　小学教师也需要会见学生的父母或监护人，讨论学生的进步或问题。如果一个孩子不能很好地适应学校，教师将与这个孩子、学校行政管理人员以及孩子的父母、监护人或者其他家庭成员一起努力寻找解决办法。

　　一些小学教师教艺术或音乐等学科。艺术教师要设计艺术项目、提供艺术用品并帮助孩子培养艺术技能。音乐教师教授音乐并领导唱歌小组，有时他们还指挥学校乐队。其他教师教授体育以帮助孩子培养身体的协调性。这些教师经常一周内在几所学校工作。一些小学教师与志愿小组协同工作并且/或者监督在其常规责任之外的具体项目。

　　小学教师在课堂中要经常性地与家长志愿者一起工作。他们也参加在职工作坊以学习新的教学方法和材料。另一种典型的做法是，小学教师定期地会见其他职员来讨论学校问题。

初中教师

　　与小学学习相比，初中教师要帮助学生们在科目上学得更多。大部分初中教师专门从事一个特定的学科，如英语、数学或者科学，并且他们在该学科领域一天要教几个班。也有，一些初中教师在独立的课堂中工作，面向一群学生教授所有主要的学科。

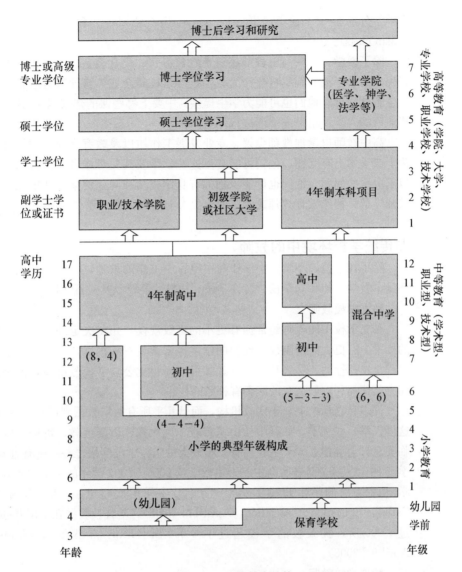

图 2—1　美国教育结构

注：成人教育项目尽管没有在上图中单独描述，但是它有可能在小学教育、中等教育、高等教育层面提供教学。上面的图反映了连续的典型类型，而不是所有的可能变化。

资料来源：U. S. Department of Education, National Center for Education Statistics. Retrieved April 9, 2008, from: http://nces.ed.gov/programs/digest/d01/fig1.asp.

在初中阶段，青少年处于人生的一个独特阶段。他们要应对许多身体的、智力的、情感的和社会的挑战。一些人迅速成熟，而另一些成长得相对缓慢。一些人可能在身体上已经成熟，但是在社会性上还不成熟。初中生有非常不同的发展需求，我们将在第九章详细讨论。初中教师要理解这些需求并善于为学生提供发展性的、合适的学习活动。

高中教师

大多数高中教师教授一个单独内容领域中的四门或五门课程。例如，一位高中数学教师可能教两个班的代数Ⅰ、一个班的三角学和两个班的几何学。一位英语教师可能教两个班的 2 年级英语、一个班的大学预修英语文献课（学生将获得

大学学分）、一个高阶英语班（one honors English class）和一个新闻班（one jour-
nalism class）。

　　除了教学，一些高中教师还负责看自习室、集合教室（homeroom）① 或者监
督课外活动。他们偶尔也会作为教师指导学校舞会或体育比赛等事情，或者陪同
学生野外旅行。他们也可能为学生提供高中要上哪些课的建议以及/或者为其高中
毕业后的大学、培训或就业进行计划。

　　高中教师也参加教师会议、专业发展工作坊以及教育会议。如果有学生在行
为上或学术上有问题，他们可能会见这些学生及其父母或者监护人以及行政人员
以解决这些问题。他们也可能识别拥有身体或精神问题的学生并把他们推荐给学
校辅导员、特殊教育教师或者其他专业人士。

非传统学校环境中的教师

　　除了在学前、小学、中学和高中项目中工作的教师，一些教师在非传统学校
环境中教学，如私立学校、特许学校、选择性学校以及磁石学校。

私立学校教师

　　私立学校中的教师经常拥有更小的班级规模，并在决定课程以及表现与纪律
的标准上有更大的控制权。他们的学生也常常更有积极性，因为私立学校的招生
过程是选择性的。尽管私立学校教师可能挣得比公立学校教师少，但是他们可能
拥有其他福利，如免费的或者有补贴的住房。

　　许多私立学校隶属于宗教机构，而且几乎所有的宗教派别都在全国开办学校。
这里仅举一些例子，如有学校由基督教、犹太教、伊斯兰教、贵格会以及基督复
临安息日会等建立。天主教拥有全国最大的宗教学校网络之一——有近 6 300 所小
学/初中以及 1 200 多所高中。天主教学校 2006—2007 学年的学生注册人数中，小
学/初中层次的学生超过了 168.2 万名，中学层次超过了 63.8 万名（National
Catholic Education Association，April 11，2008）。基督教教派在全国开办学校的超
过 1 000 所，犹太教的学校超过了 8 000 所（http://privateschool.about.com，
April 9，2008）。

特许学校教师

　　特许学校是独立的公立学校，经常由教师成立，由一个学区、州或国家政府
赋予特许状以运转。特许学校要获得批准，必须同意学生掌握预定成果的规定。
在某种程度上，特许学校的教师拥有不受应用于传统公立学校教师的许多规定约
束的自由。然而，特许学校教师必须对产出积极的学术结果负责——通常是向州
或地方学校委员会，并坚持特许合同。

　　自 1992 年第一所特许学校在明尼苏达州开办以来，特许学校运动不断扩展，到
2007 年全国范围内的特许学校已经超过 3 940 所，为超过 115 万名学生服务。特许学校
所服务的学生中有 53% 是少数族裔、54% 是低收入家庭（Center for Educational
Reform，April 2007）。你将会在第六章了解到更多关于特许学校情况以及对它们的效力
的研究总结。

---

① 学生定期接受导师指导的教室。——译者注

选择性学校教师

为了寻求教育所有学生的更好方式，解决校园中的冲突、武器及毒品问题，许多学区已经成立了选择性学校。对选择性学校或项目还没有一个唯一的普遍接受的概念（Lange & Sletten，2002）。选择性学校通常是与常规学校相区别的一种规模小的高度个性化的学校。39％的公立学区至少有一所为处于危险中的学生设置的选择性学校或项目（National Center for Educational Statistics，August 2002）。

选择性学校旨在满足处于失败和退学危险之中的学生的需求。总体而言，如果学生处于教育失败的危险时，如表现为低分、旷课、破坏性行为、停课（suspension）、怀孕或其他与提前退学相联系的类似因素，学生将被推荐到选择性学校或项目（Spring，2008）。你将在第三章了解到更多关于选择性学校的情况以及处于退学危险中的学生的特征。

由于他们经常有小的班级规模以及创造性地满足学生需求的自由，选择性学校的教师经常发现他们的工作非常令人满足。正如一位选择性学校的教师所言，"在这里，你终于拥有一种作为教师的主人翁意识。你必须一早就到并创造东西，保持工作投入，这是一种奇妙的体验"（Firestone，2008）。

磁石学校教师

磁石学校提供一种课程，这种课程关注于一个特定的领域，如行为艺术、数学、科学、国际研究或技术等。磁石学校，通常比普通学校能从更大的范围吸引学生参与，往往被用来促进自愿取消种族隔离。2004 年，许多教师在全国超过1 800 所的磁石学校任教（National Center for Educational Statistics，February 2006，p.23）。

一些证据显示，与传统学校中的教师相比，磁石学校中的教师可能拥有更高水平的自主权、对学校政策的影响力以及专业发展（Evans，2002）。托马斯·布罗迪尼特兹克是一个磁石学校专业教师的例子，他是在布鲁姆菲尔德的大都会学习中心的一位社会研究教师。受"一名充满教学热情的 11 年级的历史教师"的影响，他在 2007 年获得了由麦克林家族基金会颁发的 2.5 万美元的国家教育者奖。他也获得了富布莱特奖，包括 2000 年去中国的一次访问。他在华盛顿代表国家地理学会游说请求立法，为地理教育投入更多的经费（Woodman，October 18，2007）。

特殊领域中的教师

一些教师，不管水平如何（regardless of level），在特殊领域教学，如艺术、职业教育、音乐或者体育。其他教师在一些根据各种群体学生的学习需求而形成的不同领域教学。例如，特殊教育教师专门从事残疾学生以及/或者特殊需求学生的教学。另外一些教师专门从事第一语言非英语的学生的教学。下面将对在这些特殊领域中从教的教师的工作进行简要描述。

艺术教师

从小学到高中，艺术教师教学生视觉艺术，例如，绘画、素描、设计以及雕刻。艺术教师可能专门从事一个或多个艺术领域的教学，如插图、艺术史或者商业美术，而且有时他们可能组织学生开展艺术大赛或者为学生的艺术作品布置展览。在一些情况下，艺术教师在校际流动。

不像其他课程领域，艺术和音乐（在接下来讨论）处于一种不安全的状态。当学校面临预算削减或者为学生准备高风险测试的压力增加时，经常会考虑取消艺术和音乐。

音乐教师

音乐教师在声乐、弦乐以及培养音乐鉴赏力等方面指导学生。小学和中学的音乐教师经常指挥学校合唱团、管弦乐队或者仪仗队，以及给班级和个别学生上课。他们在音乐的技能方面指导学生，进行彩排并评价学生表现。学校的音乐教师有时带学生去音乐会现场，或者学生可能在教师的指导下在校外表演。

职业教育教师

职业教育教师（有时被称为职业/技术教育教师）培训学生在诸如健康护理、商业、汽车维修、通信和技术等领域工作的技能。2006 年约有 1.6 万名教师在初中层次的职业教育中从教，有 9.6 万名教师在高中层次的职业教育中从教（U. S. Department of Labor，2008）。他们经常教授市场需求高的领域的课程，雇主可能为课程提供支持和投入并为学生提供实习。许多职业教育的教师在设计和监督这些实习中扮演着活跃的角色。为了为特定职业或技术职业的真实世界培养学生，职业教育的教师使用动手实践的方法去教授学术和职业技能。

体育教师

体育教师所教的学生贯穿了从小学到高中的所有层次。他们教学的最终目标是向学生介绍体育活动，并在学生中培养一种终生保持身体健康的意愿。

在高中层次，体育教师经常教一个或者两个班的健康课、为一种或多种体育运动做指导或者开设驾驶员培训课程。体育教师教学生个人和团队体育运动，这些运动能促进学生的体能发展。他们组织室内和室外运动并做裁判，如排球、足球、棒球和篮球。他们教学生入门的或高阶的健美操、体操或矫正运动。他们教并展示体操和训练设备的运用，如蹦床和举重设备。

曾经有一段时间，体育教师对高度竞争性的团队运动给予了较大的强调。然而，许多学生并没有在这些运动上做得很好，并导致学生经历了心理上的落差。今天的体育教师提供了满足所有学生需求和能力的活动，而不仅仅是满足有运动天赋的学生。除了像足球、篮球和棒球这样的传统团队运动以及像游泳、摔跤这样的个人运动之外，学生还可以参加像有氧运动、羽毛球、体操、排球、高尔夫、足球和瑜伽等活动。

特殊教育教师

特殊教育教师与有各种残疾的儿童和青少年一起工作。2006 年，特殊教育教师有 45.9 万个教职。其中大约有 21.9 万名在学前、幼儿园和小学阶段工作；有 10.2 万名在初中阶段工作；有 13.8 万名在高中阶段工作。大部分特殊教育的教师在公立和私立教育机构中工作。一些教师为个人和社会救助机构或者居住式机构（residential facilities）工作，一些教师在家庭或医院环境中工作（U. S. Department of Labor，2008）。

特殊教育的教师经常专门从事与具有特定残疾的——如学习障碍、自闭症、脑损伤——学生有关的工作。特殊教育的教师必须为学生设计个性化的教育项目。特殊教育的教师与普通课堂的教师、学生父母、社会工作者、学校心理学家和其他学校职员协同工作。在第九章，你将会对特殊教育教师的工作了解得更多，并对与特殊教育有关的问题和趋势变得熟悉。

特殊教育教师经过培训能使用先进的教育技术——例如，单词预测软件、语音识别计算机、语音合成器——以帮助有特殊需求的学生学习。

随着学校变得更加包容，特殊教育教师和普通教育教师将在普通教育课堂中 41 更为紧密地一起工作。特殊教育教师帮助普通教育者改编课程材料并教他们技术以满足残疾学生的需求。他们协调教师、助教以及相关人员如治疗师和社会工作者的工作，以满足在全纳性特殊教育项目中的学生的个性化需求。特殊教育教师的大部分工作涉及与其他人的沟通和协作，包括父母、社会工作者、学校心理学家、专业治疗师和理疗师、学校管理者和其他教师，这些工作关系到孩子的健康。

特殊教育教师在多种环境中工作。一些教师拥有他们自己的课堂，仅教特殊教育学生。其他一些教师作为特殊教育资源教师并为普通教育课堂中的学生提供个性化的帮助。也有一些教师在既有普通教育学生又有特殊教育学生的班级中，在普通教育教师旁边教学。还有一些教师一天在一个资源教室中为特殊教育学生工作几个小时，这些资源教室与他们的普通教育课堂是分开的。

英语语言学习者的教师

许多教师，不管他们是否有专门化的培训，在教第一语言非英语的学生［经常被称为英语语言学习者（ELL）］。在 2003—2004 学年中，全国学校注册学生的总数的约 11％（380 万）是英语语言学习者。大多数 ELL 学生在加利福尼亚州（160 万，占该州全部注册学生数的 26％）和得克萨斯州（70 万，占该州全部注册学生数的 16％）（National Center for Educational Statistics，2006）。

在指导 ELL 学生的教师中，仅有 30％的教师接受过教 ELL 学生的训练，不到 3％的教师拥有作为第二语言的英语学位或者双语教育学位（National Center for Educational Statistics，2006）。不仅如此，正如下面这位没有接受过教 ELL 学生的训练的教师的评论所显示的，专业教师致力于教其所有的学生：“他们（ELL 学生）需要上学……我的工作是教这些孩子。如果他们不懂英语，这是我的工作。”（Valli & Buese，2007，p.532）

看到 ELL 学生作为学习者的发展是非常值得的，正如 1 年级的 ELL 教师杰奎琳·加洛指出的，“（在我的课堂中）有三种语言——西班牙语、索马里语和俄语。（现在学生们）正开始理解和参与。这开始变得有趣。他们正在开始真正与课程互动”（Blair，November/December 2005）。相似地，在高中阶段，凯伦·克里斯坦森强调他作为 ELL 学生的教师所经历的回报：“他们是好孩子。他们想学习并且他们非常合作。”（Blair，November/December 2005）

在第八章，你将对单语教师能在有 ELL 学生的课堂中使用的策略有所了解，并且你将熟悉各种不同的双语教育项目及其效能的研究。

教师在课堂中是做什么的？

首先，这个问题可能显得不难回答。从你作为学生的自身经历，你知道教师布置学习任务。他们提问并评价学生的回应。他们讲课，并且不时地向学生们展示要做什么。他们布置文中的阅读章节，然后带领朗诵或者给出一些材料上的小测验。他们为正确的答案或优秀的作业而表扬一些同学，他们刺激、惩罚，有时会让学生感到难堪，目的是希望他们的学习能够改进。在学期临近结束的时候，他们决定哪些学生通过、哪些学生没有通过。不管怎样，今天的教师的角色包括了超越课堂实际教学之外的责任。

42　　教学不仅仅是你在自己的教师身上所观察到的行为的概括。随着你在朝着成为教师的旅程上不断向前，你会发现教学涉及的不仅仅是在一群学生们面前展现出特定的行为。教师工作的一个重要组成部分是精神的，并涉及解决问题以回应课堂中出现的不可预见的事情（Martinez，2006）。

教学是一种创造性的行为，在这种行为中，教师不断地塑造和重塑课程、事件及其学生的经历。一位原先是教师，现在是一个组织的领导的人这样描述教学的创造性维度："作为一名教师，你的行为是运用你的技能和对学生的爱去想明白如何为帮助你的学生（学习）创设最好的环境的行为。"（Littky，2004，p.12）

虽然你的老师们反映出不同的个性和教学方法，但是你作为学生时的经历和其他学生的经历是相似的。我们关于教师谁好谁坏、是否容易相处、引人入胜还是了无生趣的记忆，都源自普遍的共有的经历。这些经历的普遍性导致我们断定，我们知道"教学的方式"以及教师做什么。但在一篇以"教学的方式"（The Way Teaching Is）为题的文章中，著名的教育研究者菲利普·杰克逊（Philip Jackson）指出，教学是"转瞬即逝的和短暂的"，因为由教师创设的心理条件是脆弱的（Jackson，1965，p.62）。

下面这部分研究了教学的三个维度，表明一方面教学涉及"持久的困惑、持久的困境、复杂的难题（以及）神秘的悖论"（Eisner，2006，p.44）；另一方面，教学为"拯救生命、从绝望中挽救孩子、重建希望、缓和不安"提供了机会（p.46）。有效的教师明白，他们是学生的榜样、天然的问题解决者和反思性的思想者。

作为学生榜样的教师

明显地，教师是其学生的榜样。在小学的各年级，教师被其年幼的学生当成偶像崇拜。在高中阶段，如果教师成为积极的态度和行为的榜样，那么他就有可能激发学生的爱慕。实际上，教师的教学"不仅通过（他们）说什么还要通过（他们）做什么"（Ormrod，2003，p.342）。教师是"积极的代理人，其言行改变生活并塑造未来。教师在学生的生活中能够而且确实施加大量的影响"（Nieto，2003，p.19）。

在《倾听城市孩子：学校改革和他们所想要的教师》（*Listening to Urban Kids：School Reform and the Teachers They Want*，Wilson & Corbett，2001）一书中，学生表达了对其教师的态度和行为的如下期待：

我听到教师正在谈论人，说："那些孩子无所不能。"孩子想要相信他们的教师。（p.86）

对我而言，一个好教师是这样的，他是耐心的，愿意接受这样的事实，即她能够应对有问题的学生。（p.87）

因为这是他从教的第一年，我给予他信任。他有共鸣（relates），但是他也教学……他给我们提建议。他不仅尝试去教学而且与我们相联系。（p.88）

一位高中教师解释了为什么与学生培养积极的关系是如此重要："师生之间的

关系正在成为教学的最重要的方面之一。在一个家庭破裂和冲突的世界，教师的鼓励可能是唯一使学生能够紧紧抓住并使他们自我感觉良好的东西。"（Henry et al. , 1995, p. 127）

43

教师也塑造学生对其所教学科的态度，并且通过他们的例子告诉学生，学习是终生的丰富人生的过程，它不会结束于文凭和毕业。他们的例子证实了泰戈尔先生的永恒信息，这条信息刻在印度一个公共建筑的门口："除非教师仍然自己学习，否则就不能真正教学。一支蜡烛除非自己继续燃烧，否则就不能点亮另一支蜡烛。"

作为天然的问题解决者的教师

在课堂中，教师必须对不可预期的事情作出回应，这些事情是瞬息万变的、多维的、碎片化的。而且，"教师日复一日地将他们的生命用在听众前面的讲台上，但这却并不总是被接受……教师必须精心安排大量让人望而却步的人际互动，构建一个有凝聚力的、积极的学习环境"（Gmelch & Parkay, 1995, p. 47）。

当教师在准备教学或反思之前的教学的时候，他得保持持续的审慎和理性。备课、评卷、反思学生的不当行为——这些活动通常由教师单独来做，缺乏互动教学所具备的即时性和紧迫性。当与学生面对面工作的时候，你必须能够思维活跃并对复杂的、不断变化的情况作出适当的回应。你必须灵活而且准备好去应对不可预期的事情。例如，在讨论过程中，你必须至少在两个方面起作用。第一个方面，恰当地回应学生的评论，注意其他学生的困惑或理解的迹象，规划接下来的评论或提问，并对不当行为的迹象保持警惕。第二个方面，确保学生的平等参与，评价学生贡献的内容和质量，保持讨论的聚焦和向前推进，并强调主要的内容范围。在本章的"独立教学"部分中，你能看到教师如何回应课堂中的若干不可预期的事情。

在互动教学过程中，你必须时刻意识到，你负责小组的向前推进。教师是唯一的专业人士，几乎是唯一的在直接地、持续不断地注视 30～40 位"客户"的条件下实践其技艺的专业人士。杰克逊（Jackson, 1990, p. 119）这样概括其体验："课堂中发生的事情的即时性是任何曾经负责过一屋子学生的人都不可能忘记的。"

作为反思性的思想者的教师

教学涉及在师生之间的一种独特的存在模式——这种存在模式能够体验，但却无法全面地界定和描述。在你成为教师的旅途中，将逐渐培养你的能力去倾听学生并传达一种对其学习的真实的关切感。遗憾的是，没有精确的简单易学的公式可以将这种关切展示给学生。你必须考虑你的个性和特殊天赋以发现属于你的最好的方式来表达这种关切。

教学之所以难以描述的一个原因是，教学的一个重要领域，即教师的思维过程（包括专业反思）不能被直接观察到。图2—2说明了教师的"内在反思思维"的不可观测领域如何与教师的"外在反思行为"的可观测领域相互作用并受其影响。教师的思维过程包括他们的理论和信念，关于学生及其如何学习、他们对教学的计划、教学中他们做出的决策。思维过程和行为能被课堂的物理环境或者课程、校长或社区等外在因素所限制。另外，教师的思维过程和行为可能被独特的

44

机会所影响，如参与课程改革或学校管理的机会。这种模式也证明教学的进一步复杂性，即教师行为、学生行为和学生学业之间的关系是交互的。教师做什么，不仅要受到他们在教学前、教学中和教学后的思维过程的影响，而且还受到学生行为和学生学业的影响。这种复杂性导致教学经历的独特性。

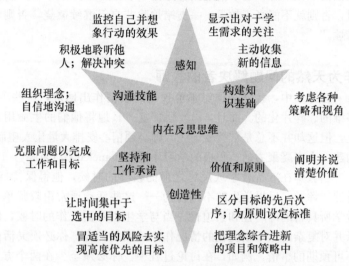

图 2—2　教学中的内在反思思维模型

资料来源：From Judy W. Eby, *Reflective Planning, Teaching, and Evaluation for the Elementary School*, 2e. Published by Merrill, an imprint of Pearson Education. Copyright 1998 by Pearson Education. Reprinted by permission. All rights reserved.

　　在本章的"教师之声：对现实的研究"中，杰夫·亨特利反思了他在马克·吐温中学一年来的教学经历，这所中学是一所位于圣安东尼奥市的城市专业发展学校。他现在是一名成功的 6—8 年级的阅读教师。亨特利认识到，在他职业的早期，应用他在教育学课上所学的东西是不容易的，"教学中的行动与反思是分离的两个世界。"值得称赞的是，他很快认识到，一个专业教师的标志是反思其课堂经历的能力。他认识到，教学是一种复杂的行为——需要思想、对他人动机的洞察力以及好的判断力。

　　促使亨特利拥有建设性的有意义的教学经历的众多原因有，他从一个为期五年的艺术硕士教学项目中（in a fifth-year master of arts in teaching program）所学习到的能力，他从学校的一位指导教师那里收到支持、指导和鼓励。在实习期结束的时候，亨特利已经在形成对教师复杂角色的理解的路上了。

45

独立教学

对同时出现的多种问题作出回应

　　在第一章的"独立教学"特辑中，托尼的爆发不是孤立发生的。29 位其他学生看到了他对自己的数学考试分数的怒气爆发。回忆当时的情况，在我走向托尼课桌并严肃地盯着他的时候，这一问题似乎暂时地解决了。然而，其他问题马上出现了。

"托尼的心烦，是因为你让他在5年级不及格。"勒罗伊喊道。这让我迅速停住。

"现在，请等一下，"我心里很不是滋味，"这是我和托尼之间的事情。"

勒罗伊和卡洛斯马上说："好吧，我们大部分都留级了。"教室里的其他男孩点点头，然后笑了起来。"我们的父母让我们留级，是因为这样我们在足球队里会有优势。"一个人喊道。听到这个，我把刚要说的话咽了回去。

隐藏了我的不满，我开始寻找处理这种情况的方法。我掂量着这些问题：托尼的怒气爆发、勒罗伊的不当评论、其他学生的起哄、我对他们父母让他们留级的原因的不赞成，以及事实上托尼，可能还有其他孩子，都认为数学是枯燥的。

在他的同学大胆说出来之后，托尼似乎不再生气——他、勒罗伊、卡洛斯、麦克和罗恩在他们的座位上坐得更高了，还互相笑着。"他们正在想象他们自己在足球队中。"我想道。我仍然需要与托尼谈谈他的生气，但是应该是私下的、后面的，而不是在他的同学面前。

勒罗伊的最初发言也没有我刚开始想得那么严重，因为他也没有通过5年级的考试。即使是这样，他的发言也需要解决。而且，我也将在后面私下里进行。

其他发言的学生实际上做了一件有意义的事情，因为现在我明白为什么我班上这么多男孩要留级。在这种情况下，去提醒他们我们之前讨论过的课堂规则是不合时宜的。

至于我的学生的父母，我知道我需要尊重他们的行为。我也怀疑，我的学生留级的原因可能要比目前我所知道更为复杂。

在最后的分析中，留下的问题是：托尼，可能还有其他学生，认为数学是枯燥的。我喜欢数学，希望我的学生也能喜欢。因此，我笑着说："好吧，明天的课将给你们证明数学并不枯燥。"

分析

教师需要对课堂中同时出现的问题做出即时性的决策。研究告诉我们，教师在一个学校日中可能做出3 000个低水平的决策。大多数问题是容易解决的，但是有一些问题需要认真地、批判性地思考。进入教师的思想，去看他们如何将消极情况转变为积极的情况，是这个特辑的目的。

在这种情况中，多种问题同时出现。教师需要考虑两种听众——个体的不当行为者和作为整体的班级。她通过使用空间关系学（走向他）和非语言沟通（严肃地盯着）来回应托尼的不当行为。当勒罗伊做出不恰当的评论时，她使用了非语言沟通（沮丧的表情）并口头交流了她的不同意。她也计划随后在私下里和这两位行为不当的学生谈话。

至于作为整体的班级，她听到了学生对于为什么他们留级的解释，而且监控着不断变化的课堂氛围，直到紧张消解。她选择了带领班级转向积极的方向，而没有提醒课堂行为的规则。并且，她无声地（她的微笑）并带着一个友好的挑战（明天的课将给你们证明数学课并不枯燥）结束了这种情况。

> **反思**
> ● 为什么教师计划私下里分别与托尼和勒罗伊谈话？
> ● 为什么教师口头表达了对勒罗伊不当行为的不同意，却没有以相同的方式对待托尼的不当行为？
> ● 是什么引导你区分同时发生在课堂中的多种问题的优先次序？
>
> 贝弗莉·哈德卡斯尔·斯坦福

今天的教师需要什么样的知识和技能？

正如人们对学校和教师持有不同的期待，人们对教师很好地教授学生所需要的知识和技能也有不同的观点。除了要精通其所教学科的知识，教师必须有沟通的能力、激发信任和信心的能力、激励学生的能力以及理解学生的教育需求和情感需求的能力。教师必须认识并回应学生中的个体差异和文化差异，运用不同的可以提高学生成绩的教学方法。他们应该是有条理的、可依赖的、有耐心并具有创造力的。教师还必须能与其他教师、支持人员、学生家长和社区成员有效地合作和沟通。

为了有效地回应教学的复杂性，你必须拥有四种知识：关于自我及学生的知识、学科知识、教育理论和研究的知识、如何将技术整合进教学的知识。下面将研究这几种形式的基本知识。

关于自我的知识

有效的教师理解他们自己，而且对学生的需求很敏感。"他们认识到，学生的个性是处于发展中的'易碎'的作品。"（Erickson，2008，p. 225）自然地，你应该尽可能地理解你的学生。然而，自我知识和促进学生学习的能力之间的关系是什么呢？如果你理解你自己的需求（并满足那些需求），你就处在一个更好地帮助学生学习的位置。教师的自我理解和自我接纳会帮助学生了解并接纳他们自己。

你对自己作为教师的自我评价，受到你在教学中可能体验到的情感的影响，例如，情感可能从极大的喜悦和满意再到焦虑或孤独。正如本章开始部分的课堂案例所显示的，当教师开始使用一种新的、更加复杂的教学策略的时候，焦虑是一种普遍的情感体验。

作为一名教师，你将在与学生一起的时间中体验到幸福、兴奋和惊喜等情感。你也可能体验到偶然的孤独或寂寞，因为你绝大多数的时间将与儿童和青少年一起度过，而不是成人。尽管教师一天的大多数时间在教室的门后，但是今天的教师有更多的机会去与他的同事一起合作，无论是成为学校改进委员会中的一员，还是开发新的课程，或者指导新教师。

关于学生的知识

毫无疑问，关于你的学生的知识是重要的。学生的特征，如天资、才华、学习风格、发展阶段以及准备学习新材料等，都是你必须知道的基本知识。这种知识的重要性很明显，某中学的一位实习教师就说道："要教好一个孩子，你必须很好地了解这个孩子……教中学需要一种特殊类型的教师,他们理解这些正在向青年阶段自我转变的孩子们的独特的能与不能。"(Henry et al.,1995,pp.124-125)在第八章,你将了解到组成今天的学校人群的多元化的学生群体情况;在第九章,你将了解到,学习者的个性化需求情况。而且,在你成为一名教师之后,你将通过附加的学习观察以及与学生的互动,扩展关于你的学生的知识。

教师之声:对现实的研究 ▶▶▶

教学中的行动与反思
杰夫·亨特利

我体验过教学行动中"卷起袖子"的感觉与我所表达的关于我做什么的更高的哲学目标之间的紧张关系。对教育而言,似乎有两种相对的世界,一种因基本的活动而沸腾,另一种却充满理念和信仰的古朴的网格。当我在台湾(一所中学)开始我的实习期的时候,在我告诉他们我们在夜校中学着的理论的时候,有经验的教师故意地笑了。"所有那些关于教育的哲学思考都是有趣的,"他们说,"但是你将发现在课堂中它是一文不值的。这就是教学。"

同时,在(大学)的研讨会上,我被要求挑战上述观点。我需要把我的哲学信念带入课堂,并在教学的时候遵照它们来做。"这是专业主义。"我的教授说。

"好的,"我想,刚出大学的我自作聪明并充满理想,"我将尝试。"

很快,我自己发现教学中的行动和反思是分离的世界。一所中学的气味,课堂旋风般的外表,那里被青少年触摸过、咀嚼过和踩踏过的事物——这些东西把纯洁的、设计好的、长期准备的理想从这座建筑中恐怖地赶走。你可能沉闷地坚守你的理念并悄悄引进来,但是不要期待奇迹。"要保持悲观,"我听到教师在关于我的宏伟理念的迟疑的建议中说道,"这样的话,当它们不起作用的时候,你就不会失望了。"

我敢每天都通过尝试在中学日常的"风暴"中反思我的深层信念,来把我的情感和理智的基础置于危险之中吗?自我保护是一个回答"不"的足够好的借口吗?

我不认为我准备好了……但是不要不把我算在内。我仍然很高兴能回到家的安全港湾,在那里我面对我内心深处所坚信的东西。我告诉自己:"我是一名教师。"我的理念完整……我坐着,反思着白天的工作,回顾一天的欢笑和泪水,它们变成让我更加优秀的工具。现在,这是所能做的最专业的事情(Henry et al.,1995,pp.106-107)。

问题

1. 当亨特利说反思今天的课堂"变成让我更加优秀的工具"时,他的意思是什么?

2. 当你成为教师之后,你将如何使用你在教师教育专业中获得的理论性知识?

学科知识

教师被假设拥有渊博的知识。不是教师的人,希望教师拥有远远超过他们自己的知识。毫无疑问,在其学科方面拥有渊博知识的教师,更有助于学生的学习。

然而,虽然学科知识重要,但是它不能转化为一种关于如何将知识传授给学生的理解,这个观点由国家教师学习研究中心实施的一项案例研究得到证明。这

48

一案例集中在玛丽身上，作为一名大学的文学专业学生，她加入了一个重点大学的教师教育项目。以任何标准来看，玛丽都是一个学科专家——她是一所规模较大的城市高中的致告别词的学生代表；所修的文学课程都是 A；对文学特别是诗歌有深入的理解。案例研究表明，玛丽对那种可以向学生展示如何精读的课堂活动的理解甚少，并得出结论："一些未来教师也许是在没有意识到他们如何学会他们所使用的、使他们成为专家的方法的情况下进入教师教育领域。在确定他们专长基础方面远离他们的学科的情况下，这些有技能的、有天赋的和可取的新成员也许会很容易出乎意料地成为那些能做但不会教的人。"（Holt-Reynolds，1999，p. 43）

学科方面的渊博知识，正如全美专业教学标准委员会（2002，pp. 10–11）提出的："承担的不仅仅是能够背出乘法表或者语法规则。（有成就的）教师拥有有时被称为'**学科教学知识**'的东西，这种理解是关于教学、学习、学生和内容的智慧的结合的产物。它包括了通过类比、隐喻、实验、实证和例证等最恰当的方式向学生展现学科内容的知识。"

如何运用教育理论和研究的知识？

关于学习者和学习的理论将指导你作为教师的决策。你将不仅知道某种策略起作用，而且还知道它为什么起作用。因为你意识到理论的重要性，你将比那些对理论不甚了解的教师拥有更广泛的可资利用的解决问题的选择。作为一个专业人士，你的最终目标是学会如何将理论知识应用于教学实际问题的解决上。

关于学生学习的研究，并不像食谱的形式那样精确地提出你应该做什么以促进学生的学习。但是，教育研究在为你提供指导实践的经验法则方面是有意义的。著名的教育心理学家李·克隆巴赫（Lee Cronbach）说："（教育研究）帮助实践者使用他们的头脑。"（Eisner，1998，p. 112）

教育研究者仍然在研究优秀教师知道什么以及他们如何使用知识。结果，许多人相信，教学的知识基础不仅包括教育研究者对教学的研究成果，而且还包括教师自身对教学的了解——经常被称为教师技艺知识或者实践性知识（Hiebert，Gallimore，& Stigler，2002；Kennedy，1999；Leinhardt，1990）。**教师技艺知识是教师在对实践的具体问题的回应中发展起来的。**

如何将技术整合进教学的知识？

作为一名教师，人们期待你知道如何将技术整合进你的教学中。而且在你的整个教学生涯中，你将被期待着熟悉最新的技术以及如何将其应用在课堂中。为了提升你使用先进技术以强化学生学习的技能，本章的"行动中的技术"部分将关注电子学习档案。电子学习档案不仅展示出最终的成果——这些成果可能是论文、艺术品、设计、音乐成绩，等等，而且它们也强调学生参与的过程以及完成最终成果的工作所经过的阶段。

使用技术以强化学生的学习，所要求的不仅仅是知道如何使用最新的硬件和软件。通过增加多媒体来进行课堂展示、运用图示去适应学生的不同学习风格、设计那些要求学生去使用作为探究工具的技术的课程，应该是教师的第二本质。

49

《不让一个孩子掉队法案》第二款 D 部分的技术部分，要求教师使用技术以"缩小学业差距"。根据对该法案实施的研究，当"高质量"的教师具备如下领域的知识和技能的时候，他们就实现了这一目标。

● 软件、网络课程、虚拟学习以及其他基于技术的学习解决方案，这些方案与标准相匹配，强化基本技能并提升学生学业。

● 数字工具，它被用来扩展和强化学习和教学，主要通过真实的、现实世界的问题解决，批判性思考，沟通和学生的成果，以及支持……通过在线课程、实践共同体和虚拟沟通。

● 形成合理的教学决策并确保学校满足"适当年度进步"的实时信息（State Educational Technology Directors Association，2005，p. 3）。

反思和问题解决

前面关于教学的基本知识和技能的讨论强调了一个事实，即教学是复杂的、高要求的。当你使用你的知识和技能以应对教学的挑战的时候，你将受到反思和一种问题解决取向的指导。正如图 2—3 所示，反思和问题解决将能使你决定如何使用关于自我和学生的知识（包括文化差异）、学科知识、教育理论和研究的知识以及如何将技术整合进教学的知识，从而为学生的学习创造最佳的条件。图 2—3 也表明，你能够应用反思和问题解决来决定使用哪种基本技能以及如何使用这些技能。

50

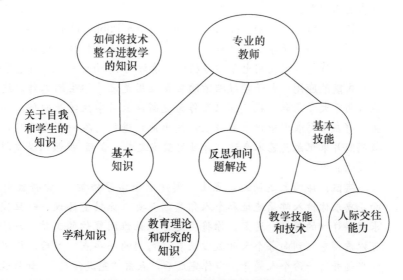

图 2—3 专业教师的基本知识和技能

行动中的技术：12 年级工业美术的电子学习档案

比尔·汤普森已经在工艺美术汽车技术项目中从教一年多了。他的学生在兴趣、性别和种族等方面非常多元化。学生的一个共同特征是，他们都为在汤普森先生班上所做的工作而自豪。他明白，他的学生不仅是在改造发动机。他们被要求解决问题，进行团队工作，并批判性地思考他们在安全、环境、个人财务等方面所做的决定的可能效果。然而，汤普森先生感到很困扰，因为学校甚至他自己的学生都将这些学生贴上"齿轮脑袋"的标签。

汤普森先生想向学校和他的学生证明，他的项目的成果远远超过造一辆漂亮的汽车。午饭的时候，他与学校的技术协调员沃森女士交谈，她建议说，他的学生可能喜欢建立一个电子学习档案来与其他人分享。她解释道，电子学习档案是一种学生工作的电子档案。学生可以上传文本、视频、音频和他们所从事的个人项目的图表，并与班上的其他同学以及更大范围的学校或者社区分享这一网址。第二天，汤普森先生向他的学生们说明，这学年所有人都被要求建一个课堂作业的电子学习档案。学生们要使用电子学习档案来记录工作、解释过程和决策、展示和讨论每个项目的工作阶段，并提供关于其团队工作的个人反思报告。他在他的办公室外面提供了一个电脑工作站，将一个称为 Epsilen 的电子学习档案网址用作主页。他还提供了一个数码相机、视频录像机和一个麦克风。

　　在整个学年，学生开始建立起电子学习档案。汤普森先生与校长分享了一些电子学习档案，而校长又将其分享给学校董事会。一些学生甚至使用他们的电子学习档案找了一份暑期工作，因为他们向未来的雇主分享了电子学习档案。

　　电子学习档案：电子学习档案是一种工作的电子资源。其目的不仅仅是展示完成的成果——这种成果可能是论文、艺术品、项目、音乐成绩等，而且还强调学生参与的过程以及完成成果之前所经历的工作阶段。学生使用文本、音频、视频和网络链接去描述他们所做的事情。一些电子学习档案允许访问者向档案的拥有者提出问题。

　　访问： http://www.epsilen.com/Epsilen/Public/Home.aspx。在该网站上可以获得免费的电子学习档案服务。如果需要更多的特征和选择，你也可以购买服务。要弄清楚如何使用电子学习档案，请访问 Epsilen——一项免费的服务。

　　可能的应用：电子学习档案的首要应用是记录学生的工作。这种工作的记录能被用于大学录取、找工作以及作为更新家长对学生学业的信息的一种途径。学生能够在书写表现中记录其成长，突出他们进行的各种研究项目，用他们工作的数码照片来记录其艺术表达，并且用叙述文本、音频/视频以及支持的图像和文件来提供环境。

　　尝试：访问上述网站，点击"创建电子学习档案"。你将被引导进入一个页面，要求你输入邮箱地址和个人信息，并要求你接受协议。一旦完成，你将被要求提供详细的信息。这里，你将决定你想让谁浏览你的工作——从私密（没有人可以看到它）到向每个人开放以及在这之间的一些点。然后，你将被要求列出你的兴趣并写一份个人简介。当你完成后，点击"完成注册"。你将收到一份电子邮件，请你确认你的注册。一旦你点击邮件中的链接，你将被提示创建密码，并且从那里开始你将被引导进入你的新的电子学习档案网页。祝好运！

教学在何种程度上是一个全面的专业？

　　人们非常频繁地使用"专业的"和"专业"两个术语，但是通常没有思考过它们的意思。"专业的"是指"拥有高度专业化的理论知识，以及把这种知识应用到他们的日常工作中的方法和技术……（而且他们）被一种高度的群内团结所联合，源于他们共同的训练和对特定学说和方法的共同坚持"（Abrahamsson, 1971, pp. 11-12）。

几位社会学家和研究教学的教育者提出了高度专业化的职业的额外特征，这些特征总结如图 2—4 所示。在进一步阅读之前，思考一下每种特征，看看这些特征是否适用于教学。然后，继续阅读关于教学在何种程度上满足这些全面专业所普遍具有的共识性的特征。我们的观点与你的一致吗？

是	不确定	否	
○	○	○	1. 专业人员被允许将基本知识和服务的垄断制度化。例如，仅有律师可以实践法律；仅有医生可以行医。
○	○	○	2. 专业人员的工作有高度自主权。他们不被紧密地监督，而且他们总有机会对其工作的重要事项做出他们自己的决定。专业自主权也意味着一种义务，包括负责任地履职，自我监督以及致力于提供一种服务，而不是满足工作的最低要求。
○	○	○	3. 专业人员在进入专业实践之前，必须经历长期的教育和/或培训。而且，专业人员在正规教育或培训之后通常还必须经历长期的入职期。
○	○	○	4. 专业人员为其客户履行一种基本的服务，并致力于其能力的可持续发展。这种服务强调智力而非身体技术。
○	○	○	5. 专业人员控制着他们的管理，进入职业的社会化以及与职业相关的研究。
○	○	○	6. 专业人员建立他们自己的职业组织，这些职业组织控制了职业的准入、教育标准、考试和认证、职业发展、道德和表现标准以及专业纪律。
○	○	○	7. 专业人员所拥有的知识和技能并不总是可以由非专业人员获得。
○	○	○	8. 专业人员拥有一种高水平的公众信任并能提供服务，这种服务明显优于那些随处都可以得到的服务。
○	○	○	9. 专业人员被赋予一种高度的声望以及高于平均的经济报酬。

图 2—4　教学满足作为专业的标准吗？

服务的制度性垄断

一方面，教师确实拥有一种服务的垄断。通常来说，只有那些被认证的专业成员才可能在公立学校教学。另一方面，私立学校中对于认证和教学的不同的要求又弱化了这种垄断（尽管在私立学校教学一般不需要州认证和教师教育课程，但是大学学位是最低的要求）。

任何关于教师可能是一种服务的专门提供者的主张，因为许多州为应对教师短缺而批准的暂时性或应急性认证措施的体制实践而被进一步侵蚀。根据美国教育部的第四次教师质量年度报告，在 2005 年，有 3.5% 的教师在释出名单上，而相比其他所有城市地区的教师（3.1%），高度贫困地区有更多的教师（5.2%）在弃权名单上（U. S. Department of Education, Office of Postsecondary Education, 2005）为了应对弃权声明书的使用，《不让一个孩子掉队法案》的目标就是让每个教室都有一位"高质量教师"（一名拥有"全部州教师认证"的教师）。而且，临时证书被专业教师组织和几个州的教育部门强烈反对。

领域外教学（out-of-field teaching）的广泛实践也弱化了教师服务的垄断。例如，在 7—12 年级的教师中，4 位中约有 1 位甚至没有在其所教学科的大学辅修学位。在高度贫困的学校，领域外教学的教师比例是 34%，低度贫困地区学校的这个比例是 19%（Education Trust，2002）。因此，教学是唯一允许非认证的个体进行专业实践的专业。

然而，反对教师宣称为一项服务的专门提供者的最重要的论据可能是这样的事实，即大量的教学发生在非正式的、非学校的环境中，而且由非教师人员所实施。每天，数以千计的人在教各种各样的"如何去做"的技能：如何滑水，如何让狗更温顺，如何做意大利面，如何调整汽车的发动机以及如何思考。

教师自主权

53

在某种意义上，教师拥有相当大的自主权。教师经常在紧闭的教室门后工作，其工作很少被另一位成人所观察。事实上，教师中的规则之一就是，课堂是各种各样的城堡，并且教师隐私是一项被严密保护的权利。尽管新教师的表现可能被督导者定期观察和评价，成熟教师一般很少被观察，他们常常享受着高度的自主权。

教师在如何组织课堂环境方面也有广泛的自由。他们可以重视讨论而不是讲座。他们可以为一些学生设定特定要求，而对其他学生则没有这样的要求。他们可以给一个班而不是另一个班分配任务。而且在地方和州官方设定的指南中，教师可以决定其所教的许多内容。

然而，也有一些对教师及其工作的限制。不像医生和律师，教师必须接受送到他们那里的所有"顾客"。仅在极少数情况下，教师可以拒绝一名分配给他的学生。

教师还必须同意教州和地方官员让他们必须教的东西。而且，与其他专业相比，教师的工作受到更高水平的公共监督。因为公众提供了"客户"（学生）而且为学校付费，所以对教师的工作有很大的话语权。不管怎样，一些专业的水准测量将在未来产生："越来越多的传统高地位的专业工作，特别是医学，将在管理者的监管下发生在官僚的或大型的组织环境中。（尽管）医生正在接受越来越多的规范，学校教师……将缓慢地打破长期确立的官僚层级并共享更多的由之前高地位专业成员所享有的自主权。"（Grant & Murray，1999，pp.231-232）

教育和培训的年限

正如社会学家阿米塔伊·埃齐奥尼（Amitai Etzioni，1969）在其对"准专业"的经典讨论中所指出的，教师的培训时间没有其他专业人士要求的那么长，例如律师和医生。教师教育项目的专业构成是所有专业中最短的——对一名高中教师而言，用于专业课程的时间仅有一般学士学位项目的15%。尽管，几所学院和大学已经开始五年制的教师教育项目。类似地，教学与美国未来国家委员会（the National Commission on Teaching and America's Future）建议，教师教育应该提升至研究生层次。如果教师教育的五年制及研究生水平的发展趋向继续下去，教学的专业地位必将得到加强。

在大部分专业中，新成员必须经历一个规定的入职期。例如，医生在开始专业实践之前必须服务一个实习期或者住院医生实习期，大部分律师在律师事务所中也是以文员（clerk）开始的。相反，教师在承担全面的工作责任之前通常不经历一个正式的入职期。实施教学应该紧跟在一个入职期之后，但是它经常是相对较短的、非正式的，并缺乏一致性。

基本服务的规定

尽管这一点得到了普遍认可，即教师提供的服务对个人和群体的健康幸福都至关重要，但是公众确实仍需要不时地被提醒这一事实。当《处于危险中的国家》等报告将我们国家的实力与学校的质量联系起来的时候，这种重要性在20世纪80年代得到更大程度的强调。

激励年轻人去学习和成长的职责能力给予教师一种意义和使命感，这在其他职业中是找不到的。一名移民到这个国家的外语教师这样描述许多教师对他们职业的感觉："我感觉我得到了满足……我是社会的有用的一员。我感到，与其他领域相比，在这一领域中我能为社会贡献得更多……我所做的工作是有益于美国社会的。"（Parkay，1983，pp.114-115）。

54

自治程度

毫无疑问，如果一个专业的成员感觉到被赋予权力，那么他们将有更高的士气。如果他们参与和工作有关的政策的决策，如果他们的专长是被认可的，他们将在其工作中投入得更多。然而，教师在自我管理方面有限的自由，已经减损了这一专业的整体地位。在许多州，许可指南由政府官员制定，不管他们是不是教育者，而且在地方层面，决策的权力通常属于地方教育委员会，而其大部分组成人员都没有教学经历。结果，教师对其教什么、什么时候教、教谁以及最极端的——怎么教，几乎没有话语权。

然而，最近的教师赋权和教学专业化的努力，正在为教师创设新的规则，并扩展了管理其工作重要方面的机会。在全国的学校中，教师正在与课程发展、职员、预算和学校的日常管理相关的决策中拥有更大的话语权。"今天的美国教师正在形成领导能力，从某种程度上而言这在过去是不需要的。"（Parkay et al.，1999，pp.20-21）图2—5显示，教师相信他们对自己的课堂中的实践有最大的影响力，例如，确定课程、为学生设定表现标准、决定他们自己的专业发展以及制定纪律政策。他们认为他们在与聘用、预算和教师评价有关的决策上影响力较小。

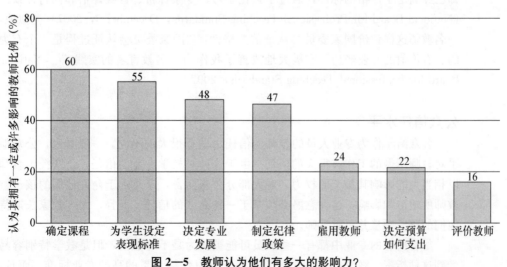

图2—5　教师认为他们有多大的影响力？

资料来源：Editorial Projects in Education，2008. *Quality Counts* (27) 18，January 10，2008，Education Week，p.34。

尽管教师们在他们认为教师所拥有的影响力的大小方面，有很大的分歧，但是，随着校长对教师更有效地促进合作的、自然式领导力的增长压力的回应，教师应该体验更大的自治。校长们越来越意识到"教学事务中的领导力应该自由地源自校长和教师二者。毕竟，教师在课堂中实施教学，他们拥有课程和教学的专长，并且他们掌握了大量的知识"（Hoy & Hoy，2009，p. 2）。

专业协会

像其他专业人士一样，教师成立了职业协会，协会关注于像专业准入、教育标准、考试和认证、职业发展、道德和表现标准以及专业纪律等议题。然而，很清楚的是，国家教师组织还没有发展到像其他专业的组织一样获得了对所在领域的控制。

专业知识和技能

专业人士被赋予一定的地位，是因为他们拥有一般不被普通公众所拥有的知识和技能。然而，在教学专业中，对成员的要求是不够精确的。尽管教育研究者在不断地努力，但是对于教学所必需的知识和技能还远未达成一致意见。这种一致性的缺失，反映在 1 300 多所培养教师的大学和学院的各种各样的项目中。

自从 1987 年建立以来，全美专业教学标准委员会已在阐明教学的知识基础以及强化专业地位方面取得了重大进展。正如你在第一章中所了解到的，全美专业教学标准委员会（其成员大多数都是教师）为那些拥有高水平的全美专业教学标准委员会认同的知识和技能的教师提供委员会认证。自 1987 年以来，全美专业教学标准委员会已经为近 6.4 万名教师授予了国家认证（National Board for Professional Teaching Standards，December 3，2007）。

据全美专业教学标准委员会主席所说："国家委员会认证是一名教师能够获得的最有声望的认证。像委员会认证的医生和会计一样，获得国家委员会认证的教师已经满足了严格的标准，通过了强化学习、专家评价、自我评估和同行评议。"（National Board for Professional Teaching Standards，December 3，2007）类似地，一名教师这样评价国家委员会认证的严格性："国家委员会认证过程是一个有力的、有价值的专业经历。它极大地改善了我作为一名教育者的实践。"（National Board for Professional Teaching Standards，2007）

公众信任水平

公众给予作为专业人员的教师的信任水平有很大的不同。一般看来，公众似乎对教师所做的工作有很大的信任。由于这种对教学专业的信任，公众授予教师以相当大的影响其孩子的权力。对大部分公众而言，家长乐于允许他们的孩子被教师所塑造和影响，这种意愿必须基于一种高度的信任。而且，大多数家长期待他们的孩子顺从并尊重教师。

尽管所有的专业中都有一些成员可能被认为是不专业的，但是教学特别容易受到这种指责。教学队伍的庞大规模使其难以保持一贯的高的专业标准。而且，教学要受到一定程度的公众监督和控制，而其他更多的已经确立的专业在传统上并没有遭受这样的监督和控制。然而，对于这些其他专业的广泛的公众信任的时代也正在结束之中。例如，针对医生的治疗失当的诉讼案数量的迅速增长，可能就是这样的一个标志，公众的信任已经被严重侵蚀。表2—2显示，公众认为教师是值得高度信任的。

表 2—2　　　　　　　　　　　你一般信任谁？

"你一般信任下面各类人说真话，还是不信任？"

	信任（%）	不信任（%）	不确定/拒绝（%）
医生	85	12	3
教师	83	15	2
科学家	77	19	4
警察	76	21	3
教授	75	19	6
神职人员或牧师	74	22	4
军官	72	26	3
法官	70	24	5
会计	68	28	3
普通男人或女人	66	26	8
公务员	62	32	6
银行家	62	34	3
总统	48	47	4
电视新闻广播员	44	51	5
运动员	43	47	10
记者	39	58	3
国会议员	35	63	3
民意测验者	34	54	12
工会主席	30	60	10
股票经纪人	29	63	8
律师	27	68	5
演员	26	69	5

资料来源：*The Harris Poll*® ＃61，August 8, 2006. Based on telephone interviews of 1 002 U. S. adults, July 10-16, 2006。

声望、利益和报酬

尽管"许多教师和学校管理者……被认为是一个更为精英的社会阶层，与美国大多数人口相比而言"（Parker & Shapiro, 1993, p. 42），这种较高的地位是基于获得的教育水平而不是财富。然而教师并没有获得与其他要求相同受教育年限的职业类似的工资。不管怎样，减小工资差距获得了大量的支持，正如第一章所提到的，83％的公众支持增加教师工资，即使这意味着要缴更高的税（Hart & Teeter, 2002）。 ⁵⁶

教师属于何种专业组织？

通过500多个全国性的教师组织（*National Trade and Professional Associa-*

tions of the United State，2008）的活动，教师不断扩张的领导力已经获得了支持。这些组织以及管理它们的大量努力工作的教师，支持各种活动以改进教学和学校。例如，通过在华盛顿和州议会大厦游说，教师协会让立法者、政策制定者和政治家熟悉了教学专业中的关键议题和问题。许多协会有教师、研究者和顾问等职员，他们出版专业的出版物、召开会议、准备计划书、参与学校改进活动、向公众传达教学的积极形象。两个全国性的组织已经领导了改进所有教师的专业生活的请求：全美教育联合会和美国教师联合会。这两个组织在获得教师的拥护方面有长期的竞争史。

全美教育联合会

在这两个组织中，全美教育联合会创办时间最长、规模最大，其成员既有教师也有管理者。在 1857 年成立的时候，最初被称为全美教师联合会，该组织由来自 12 个州和哥伦比亚区的 43 名教育者所创立（Laurence，2000）。

全美教育联合会在每个州以及波多黎各、哥伦比亚区都有分会，而且其地方分会的数量已经超过 1.4 万。在美国，大约 2/3 的教师属于全美教育联合会。全美教育联合会的 320 万成员中，超过 78％是教师；大约 12％是咨询顾问、图书馆员和管理者；约 3％是大学教授；2％左右是学院或大学的学生；约有 3％是支持人员（助理教师、秘书、餐厅员工、公共汽车司机及保管员）；约 2％是退休人员（NEA，April 29，2008）。

为了改进这个国家的教育，全美教育联合会拥有如下领域的常务委员会：合作关系、高等教育、人际关系、政治行动、教师福利、教师权益。这些委员会参与广泛的活动，包括准备有关重要教育议题的报告、传播教育研究结果、组织会议、与代表儿童的联邦机构一起工作、迫切要求更加严格的教学专业标准、帮助学区解决工资纠纷、发展路径改进人员实践、强化专业和公众之间的关系。

当前，超过 2/3 的州已经通过了某种类型的适用于教师的集体谈判法律。这些法律之间的一致性很低，31 个州之中，大部分州只有在满足特定条件的情况下才允许教师罢工。全美教育联合会公开表明支持一项能为教师与其雇主谈判建立统一程序的联邦法案。美国教育联合会仍持续专注于有关教师的问题，尤其是专业化治理领域。扩大教师的决策权的努力正在进行，这些决策权与课程、课外责任、员工发展和督导等有关。为了提升专业地位，全美教育联合会开展了多个领域的年度研究和民意调研，并为全美教育联合会的学生成员出版《今天的全美教育联合会》（*NEA Today*）和《明日的教师》（*Tomorrow's Teachers*）。

美国教师联合会

美国教师联合会成立于 1916 年。芝加哥的三个教师工会向教师发出呼吁，成立一个隶属于工人联合会的全国性的组织。印第安纳州的加里、纽约市、俄克拉何马州、宾夕法尼亚州的斯克兰顿以及华盛顿特区的教师工会，加上三个芝加哥工会建立了美国教师联合会。

美国教师联合会不同于全美教育联合会，因为它仅向教师和非管理性的学校人员（nonsupervisory school personnel）开放。今天的美国教师联合会活跃于组织教师、集体协商、培育公众关系、设计与各种教育议题相关的政策等领域。除此之外，该组织还在教育改革、双语教育、教师认证和评价等领域开展研究，也通过立法行为和技术援助来表达成员关切。

美国教师联合会有超过 140 万的会员，这些会员通过 43 个州的分会和超过3 000 个的地方分会进行组织。美国教师联合会隶属于美国劳工联合会—产业工会联合会（American Federation of Labor-Congress of Industrial Organizations，AFL-CIO），后者有 1 300 多万名会员。为了促进这样的理念，即教师应该有权在重要议题上代表他们自己说话，美国教师联合会不允许督导者、校长和其他管理人员加入。正如一份关于美国教师联合会的信息手册的声明，"因为美国教师联合会相信行动——相信'把事情做好'而不是发布报告，让其他人来'做事情'——一个强有力的、紧密结合的结构是必需的"。

不像全美教育联合会，美国教师联合会在其整个历史中，坚定不移地参与了保障教师经济收益和改进工作条件的活动。尽管美国教师联合会因为是非专业的，而且太关注于面包和黄油的议题而被批评，然而正是伟大的教育家和哲学家杜威在 1916 年拿出第一张美国教师联合会会员卡。12 年之后作为工会的一员，杜威清晰地阐明了在经济议题上的立场。

> 据说教师工会，不像更为学术性的组织，过于强调教学的经济方面。好啊，我从来没有轻视教学的经济方面，尤其不是在第一个月拿到工资单的时候。我发现，教师必须支付他们的食品杂货以及肉钱和房租，就像其他人一样。（1955，pp. 60-61）

传统上，美国教师联合会在城区是最有影响的。今天，美国教师联合会不仅代表芝加哥和纽约的教师，而且代表宾夕法尼亚、华盛顿特区、堪萨斯城、底特律、波士顿、克利夫兰和匹兹堡的教师。全美教育联合会的成员一般是郊区和农村的。全美教育联合会是两个组织中规模较大的，目前它是其对手规模的两倍。

全美教育联合会和美国教师联合会伙伴关系（The NEAFT Partnership）

几十年来，在全美教育联合会和美国教师联合会两个组织中的许多人都相信，通过两个组织的合并，才能最好地服务于师生的利益。他们相信，一个有巨大政治力量的全国性教师协会，要比两个独立的而且经常竞争的组织可以做更多的事情，以促进教学专业。但在世纪之交，两个组织之间的差异挫败了合并的周期性努力。

到 20 世纪 90 年代末，全美教育联合会和美国教师联合会两个组织之间的差异已经变得不那么明显了。全美教育联合会长期反对的集体谈判和使用罢工，现在两个组织都在使用。最终，在 1998 年，合并两个组织的一个"概念协议"由两个组织的主席共同宣布。两个组织的主席引用了以教育券计划、特许学校和其他学校私有化方式等形式的对公立教育的"攻击"作为其合并的主要原因（Bradley，1998）。在 2001 年，全美教育联合会和美国教师联合会团结讨论团队和顾问委员会（Unity Discussion Teams and Advisory Committees）融合而成 NEAFT 伙伴关系，并赞同下列目标：

● **构建关系**以增加知识、促进信任和合作，使领导和分会参与到我们在全国、州和地方层次的两个协会中。

● **开展合作工作**以更为有效地使用我们的联合资源，关注于促进儿童福利、公共教育和我们的成员。

● 从我们合作的力量中**创造价值**以强化我们抵制挑战的能力，这些挑战来自对公共教育和集体谈判怀有敌意的人。

● **明显地证明**我们改进体系的联合力量和能力，在这种体系中，我们的成员工作进一步传达我们对公共教育和工会主义的承诺。

全美教育联合会和美国教师联合会在反对《不让一个孩子掉队法案》中找到了另外的共同基础。两个组织都认为，这部法律有严重的缺陷。特别是，NEAFT相信，该法案要求学校达到适当年度进步，对公立学校是有害的。NEAFT认为，该法案没有给予那些实现了学术进步但没有达到适当年度进步的标准的学校以足够的信任。NEAFT也与其他教育协会一起工作来设计一种它视为惩罚性的高风险测试项目的替代性选择。NEAFT支持高风险测试作为一种学生和学生评价的工具，但它认为这并不是唯一的工具。

其他专业组织

除了全美教育联合会和美国教师联合会，教师的专业利益被500多个其他全国性组织代表着。在这些组织中，有几个关注于改进各个层次以及各个学科领域的教育质量。例如，卡潘（Phi Delta Kappa，PDK）是一个关注于通过研究和领导力活动来强化质量教育的教育者的国际化的、专业性的而且有声誉的联合会。该组织成立于1906年，现在拥有大约10万名成员。其成员有研究生、教师和管理者，他们分别属于640个分会。要加入该组织，申请人必须证明其高度的学术成就，必须完成至少15个课时的教育学研究生学习，必须做出对教育服务事业的承诺。该组织的成员会收到一份教育刊物《卡潘》（*Phi Delta Kappan*），该刊物一年出版十期。

另一个例子是督导和课程开发协会（Association for Supervision and Curriculum Development，ASCD），这是一个教师、督导者、课程协调者、教育学教授、管理者及其他人的专业组织。该组织的兴趣在于各个层次的学校改进。该组织成立于1943年，拥有约17.5万名会员。该组织在课程和督导方面提供专业的发展体验，传播关于教育议题的信息，并且鼓励研究、评价和理论发展。督导和课程开发协会在全国管理着几所全美课程研究院，每年为其成员提供免费的研究信息。成员会收到《教育领导》（*Educational Leadership*），这是一份备受尊重的刊物，每年出版八期。该协会也出版年鉴，每版致力于一个特殊的教育议题，也出版一些课程和督导领域的临时性的书。

还有许多为特定学科领域的教师而存在的专业协会，比如数学、英语、社会研究、音乐、体育，等等。还有一些为特定的学生人群的教师而存在的协会，比如特殊学习者、青少年以及英语能力有限的学生。

教师如何帮助构建学习共同体？

你教学的第一年的成功与否，将取决于你与学生及其家庭、你的同事、学校管理者以及你所在学校共同体的其他成员所形成的关系。理论上，所有这些群体都将一起工作以创造一个学习共同体，即一个学校环境，"在那里，教师和校长能持续地扩展他们的能力以创造他们所期望的结果，新的思维模式被培育出来，集体的渴望得到释放，人们不断地学习如何学习"（Hoy & Hoy，2009，p. 22）。埃琳·麦吉就是一名参加了其所在学校的学习共同体的教师，这位 5 年级教师的简介在本章的"教师之声：走适合我的路"栏目中。

与学生的关系

毫无疑问，你与学生的关系，将是你作为教师所拥有的最重要的（和最复杂的）关系。你与学生的关系的质量，将在很大程度上取决于你关于学生的知识以及改进你与他们的互动的承诺。正如一位初任教师所提出的：

> 当每位学生都参与并喜欢这门课时，是多么地令人惊喜。在像这样的时刻，我意识到，我正在教育真实的人，并影响他们的未来。我与我的学生真正地联系着，因为他们看到学习是有趣的。他们意识到，我也是个人，关心他们，希望他们成功。这使我的工作感到满足，而且我知道我在做合适的职业。（Hauser & Rauch，2002，p. 36）

你与学生的关系有许多维度。作为一名专业教师，你的首要责任是看到每个学生都在尽可能地学习。你需要基于相互的尊重、关爱和关心确立与所有学生的关系。没有关注到这种个人领域，你作为教师的效能将是受限的，尽管你的能力对学生的态度和行为有积极的影响。

60

教师之声： 走适合我的路

一名成功的新手教师

　　埃琳·麦吉，一位 5 年级的教师，在其从教的第二年就赢得了管理者、职员、学生和家长的尊重和喜爱。她的校长将她描述为"真正的典范"，而且拥有"整体的素质——管理、课程、热情和积极的态度"。作为一名新手教师，埃琳是如何迅速成功的呢？而且她做了什么事情，使她这么早就在其职业中赢得了好名声？

　　埃琳认为她的教师教育项目使她准备得很好。除了技能和知识，该项目为她在小学课堂中的亲手实践提供了大量的机会。其中时间最长的是，两段三个月的学生教学经历，分别在高年级和低年级。在每种环境中，她都在常规课堂教师旁边观察和工作，这位常规课堂教师在该项目是指导教师。

　　在她的 4 年级任务中，埃琳被她的指导教师所感动，并"记录着他所做的点点滴滴"。她逐渐开始教学，然后管理一天中的部分活动。每天结束的时候，她和她的指导教师会坐下来，评价事情进行得如何，这是埃琳重视的一个惯例。在早期，她自愿去做"一些额外的事情"，并被允许帮助协调一个 4 年级的体育教育项目，她利用她在大学体育教育中学到的重点来做这件事。在学生教学的最后一周，她在没有指导教师在场的情况下，上了一天的课。

　　不可预期的情况使埃琳在第二次学生教学任务中更多地自己教学。几周后，她的指导教师需要请病假。幸运的是，埃琳较早地完成了学区的文书工作（paperwork），成为一名临时教师。而且，当校长选择她作为临时教师的时候，她欣然接受这个机会。带着指导教师最初的指导，她代了接下来的四周课。反思这段时间，她说："我喜欢它！孩子们太棒了。"

埃琳的教师教育之旅并非一帆风顺。要在加利福尼亚州获得认证，教师需要通过一系列考试：加利福尼亚州基本教育技能测试、加利福尼亚州教师学科测试以及阅读教学能力评价。对她而言最难的是教师学科测试，这个考试涵盖了众多学科：阅读、语言、文学、历史、社会研究、科学、数学、体育、人类发展以及视觉和表演艺术。她需要多次参加其中某一项测试。她每周末都学得很辛苦直到通过了考试，她被从教的热情和获得教学的知识所激励。

被迫提及她开始从教时的最大挑战，埃琳承认是家长。在一群已经从教15~20年的受到好评的教师面前，她作为一名新的年轻教师感到压力很大。考虑到家长对她的不放心，她感觉就像在聚光灯下，于是她决定用她的优势之一——她的知识和对技术的使用——来获得他们的喜欢。在"Back to School Night"一课上，她做了一份PPT展示，包括学生的照片，使展示个性化并把焦点从她身上移走。她还使用了一个电脑软件项目：Easy Grade Pro，并通过它来处理她的文书工作和评分工作，她解释道："我每月准时把对学生成绩的跟踪送到学生家里，这已成为固定的事情。"家长被要求阅读和签名，并让孩子带回。"当开家长会时，就没有意外了。"埃琳的声誉逐渐增长，到其从教的第二年，校长说："家长、员工和孩子都喜欢她！"

埃琳早期的成功，是在其两位5年级教师同伴的帮助下获得的。"我的团队难以置信！他们已经从教20多年，我尊敬他们，并观察他们如何管理孩子。我们一起拥有新的和传统的理念，并将它们混合。"这三位教师定期一起为几个学科备课，每星期五他们把学生聚在一起做一些特殊的事情，比如科学小蜜蜂（类似于拼写小蜜蜂）以准备州测验或者家长的特邀讲座，这种讲座在与课程相关的主题中利用了家长的专长。

埃琳积极的态度和投入是其早期成功的关键。"我仅仅是喜欢教学——喜欢这样的想法，我有一群我可以影响其一年的学生，能够教他们学术的、个人的和社会的技能以及工作习惯，能帮他们获得成功，不仅在5年级，也包括在未来。"

与同事和员工的关系

在每个工作日，你都将与其他教师和职员互动。他们能提供许多你需要的支持和指导，正如一位新入职的教师格奥尔根·阿科斯塔说道："作为一名教师，当我遇到困境的时候，他们激励我克服这些困难。他们重新给了我希望和勇气，提醒我，我不是孤独的。"（Oakes & Lipton, 2007, p. 489）

从你的第一个教学任务开始，就要让你的同事知道，你乐意学习所有你能学到的关于你的新工作的东西，并乐意成为一名良好的合作伙伴。在大部分学校，一般都会给予新从教的教师不合意的任务（例如，那些拥有较多能力较低学生的班级），将更合意的任务（例如，优异的或者大学先修班）保留给更有经验的教师。通过证明你很高兴承担这些任务的意愿并尽你最大的努力，你将表明你自己是一个有价值的同事。

与你的同事和睦相处并在学校中促成一种专业合作的精神或同事关系，是重要的。有一些人，你愿意在他们身边；有一些人，你可能希望避免在一起。有一些教师表达了对教学的明显热情；有一些人可能认为他们的工作是痛苦和悲观的。请与这些类型的同事都保持愉快和友好的关系。微笑着接受他们的建议，然后根据你所认为有价值的建议去行动。

与管理者的关系

要对你与管理者、部门领导和督导者之间形成的关系给予特别的关注。尽管你与他们之间的联系不像你和其他教师的联系那样频繁，但是你可以做许多事以确保你最初的成功。下面的评论举例说明了新教师经常想从他们学校校长那里得到的信息：

● 我想从校长那里得到肯定，即他认为我做得不错。如果做得不够好，我想知道哪里不好以使我能处理和改正。

● 我希望每个月都能见到校长，与之讨论像"隐藏议程"、学校的文化和传统、期待和常规事务等事情，同时也期待有机会跟他发发牢骚。

● 校长应该表达他对这所学校的学生所拥有的期待。我需要知道学校评分制度的指标参数。我需要知道对课程计划的期待。（Brock & Grady，2001，pp. 18–19）

校长们很清楚作为一名从教第一年的教师可能遇到的困难，而且他准备好帮助你获得成功。然而，由于他们的时间安排很紧张，你应该毫不犹豫地积极主动地去见他们并讨论关切的议题。

你的新学校的校长是最有可能把你介绍给其他教师、管理团队的成员和职员的人。如果有助理校长或部门领导能够帮助你执行学校的规章制度、做好详细记录、获得日常用品，校长会告诉你。校长也可能在你从教的第一年中为你安排一位有经验的教师作为你的指导教师。

与家长或监护人的关系

与你的学生的家长或监护人发展积极的关系，能够显著地促进学生的成功以及你作为教师的成功。实际上，教师和家长或监护人是伙伴关系——都很关心在其关爱下的孩子的学习和成长。正如美国前任教育部长罗德·佩奇指出的，"我们需要在强有力的科学研究、家庭和幼儿园之间搭建起桥梁，并确保让家长知道孩子拥有有力的认知发展是多么关键，即使在他们进入学校之前。全国范围内的教师和家长（必须一起工作）以确保没有一个孩子掉队"（U. S. Department of Education，2001）。

你让家长或监护人熟悉学校的功能、家长—教师联合会或家长—教师组织的会议、各种社区事务以及其他社会情况，是很重要的。为了与家长或监护人形成良好的沟通，你需要对他们的需求有敏感度，比如他们的工作日程以及在家中所讲的语言。

通过保持与家长或监护人的联系，并鼓励他们参与到他们孩子的教育中来，你能显著地强化你的学生的学业发展。一项基于对将近1.7万名幼儿园到12年级学生家长和监护人的访谈的研究表明，家长参与与下列结果相联系，如更高的学生学业水平、对学校的更积极的态度、对课外活动的更广泛的参与、更少的停课和开除、更少的留级等（Nord & West，2001）。基于这样的重要发现，你花更多

62

的时间和精力去追求下述联系家长的策略就很重要了：

- 家长大声地向孩子阅读，倾听孩子阅读，并在家庭作业上签字。
- 家长在数学、拼写上引导孩子，并帮助孩子做家庭作业。
- 家长与孩子讨论学校的活动。家长能在家中教孩子。例如，按照字母顺序把书排序就是一个简单的家庭活动。一个比较复杂的活动可能是在小学科学实验中使用厨房用品。
- 提出一些与孩子功课有关的游戏或群体活动的家庭建议，这些活动是家长和孩子能一起玩的。
- 家长参与学校活动，如体育运动支持俱乐部、职业日以及音乐和戏剧等活动。
- 家长参与孩子的学习，通过让家长共同签署学习约定并作为特邀演讲者。

《美国 2000 年教育目标法案》（The Goals 2000：Educate America Act）在各州及哥伦比亚特区资助家长资源中心。为了帮助家庭参与到孩子的教育中来，这些中心提供了家长培训、咨询热线、流动培训团队、资源和图书借阅、支持小组和咨询网。美国教育部也赞助"家庭参与教育伙伴关系"（the Partnership for Family Involvement in Education）项目，这一项目旨在帮助学生发挥其作为教师/学校与其家庭/社区之间的纽带作用。

通过全美家长信息网（the National Parent Information Network，http://npin.org）也可以在网络上获取家庭参与资源，该项目先前由教育资源信息（ERIC）体系资助。全美家长信息网为家长提供了关于儿童发展、考试、与教师一起工作以及家庭学习活动等的信息。

社区关系

63

社区为年轻人的教育提供了重要支持，并决定着学校的特征，而且，社区经常通过招募志愿者、为特殊项目提供经费支持、运作家庭作业热线项目等途径帮助其学校。例如，通过"雇主的承诺"，学校—社区伙伴关系已经形成，这是一个使社区参与到支持家庭在儿童学习中的中心角色的全国性的努力：

- 汉考克金融服务集团（Hancock Financial Services）主办的"孩子来吧"（Kids-to-Go）项目，这是一个为波士顿处于学校假期中的雇员的学龄孩子提供全天督导活动的项目。
- 加利福尼亚爱迪生公司（California Edison）主办的"质量教育家长学院"（the Parent Institute for Quality Education）项目已经在东洛杉矶培训了 7 500 名家长，使其积极地参与到其孩子的教育中。
- 帕卡德（Packard）为自愿在公司的在线小学学习的雇员错开时间，使雇员的日程适应学龄儿童。
- 大学考试的"实现梦想"（Realize the Dream）项目提供了工作坊和资源使家长参与其孩子的教育。

玛莎·格罗是东洛杉矶的一名从教第一年的高中教师，从事社会研究的教学，她说：

> 我认为，教师应该与社区发展真正的关系……在课外，我经常与我的学生及其家庭互动。我做了无数次家访。我带我的学生去参加会议并与他们在社区

有关事项上一起工作……我们参加了一次教育公正联盟会议，会议关注于市中心学校的过度拥挤以及高风险标准化测试。(Oakes & Lipton, 2007, p. 414)

教师如何参与教师合作？

构建一个学习共同体的关系涉及合作——一起工作、分享决策、解决问题。作为一个动态的、不断变化的专业的一员，你的合作的努力将使你对教与学的过程的理解不断深入，并促进所有学生的学习。通过与其他人在学校管理、课程发展、校际协作和教育改革上一起工作，你将在强化教师的专业地位方面扮演重要角色。

合作的核心是专业人员之间的有意义的真实的关系。当然，这种关系不是自然发生的；它们需要付出和辛苦工作。弗兰德和布萨克（Friend and Bursuck, 2002, pp. 76-77）已经确认了合作的七个特征，现总结如下：合作

- 是自愿的；教师做出个人的合作选择。
- 是基于对等的。所有个体的贡献都被平等地重视。
- 需要一个共同的目标。
- 包括为关键决策责任共担。
- 包括对结果的共同问责。
- 基于共享的资源。每个老师都要贡献时间、专长、空间、设备或者其他资源。
- 是自然发生的；随着教师一起工作，共同决策、信任和尊重的程度会增长。

那些支持合作的基本要素的学校，是同侪学校，其"特征是关于改进学校范围的教学和学习的有目的的成人互动"（Glickman, Gordon, & Ross-Gordon, 2004, p. 6）。接下来的部分将检查教师合作的四种方式：同侪互助、在职培训、团队教学和合作教学。

64

同侪互助

传统上，有经验的教师要帮助新手教师，但是更为正式的同侪互助项目将合作的好处拓展至更多的教师。同侪互助是一种安排，教师通过观察另一位教师的教学并提供建设性的反馈来获得专业性的成长。这种实践鼓励教师在一种情感上安全的环境中一起学习。根据布鲁斯·乔伊斯等的看法，同侪互助是创设专业教育者共同体的一种有效途径，而且所有的教师都应该是同侪互助团队中的成员：

> 如果按照我们的方式，所有学校教员都应该被分入同侪互助团队中——这是定期观察另一位教师的教学并从观察另一位教师和学生们的过程中学习的团队。简而言之，我们推荐"互助环境"的发展，在"互助环境"中所有人都视他们自己为指导者。(Joyce, Weil, & Calhoun, 2000, p. 440)

通过教师之间的互相支持和合作，同侪互助项目提升了教师的精神状态和教学效能。

在职培训

今天，教师经常有助于在职培训项目的设计，这些项目鼓励合作、冒险和实验。例如，一些项目给予教师机会，与一些类似年级水平或学科领域的其他教师会面，目的是分享观念、策略和问题的解决办法。一天或一天中的部分时间被用

于这种工作坊或观点交流。教师时常被给予脱产时间，从常规职责到访问其他学校和观察实施中的示范项目。

合作性的在职培训项目的一个案例是，加利福尼亚州圣何塞的谢尔曼·奥克斯社区（Sherman Oaks Community）特许学校。每个工作日的上午11:30到下午13:00，谢尔曼·奥克斯的教师一起度过90分钟的专业发展时间。教师们讨论教学理论和实践，试图解决在他们的课堂中已经遇到或可能遇到的问题，讨论课程，寻找建议，提供鼓励或者安静地反思。正如一位教师所说："它总是很精彩，充实的东西是你的思维扩展。我感觉像一位专业人员。"（Curtis，2000）

另一个合作项目是马里兰电子学习社区（Maryland Electronic Learning Community），这是一个教师发展和支持团体，伴随着持续的合作和支持，在技术整合方面提供正规的培训。美国教育部给予部分资助，该项目是一个伙伴的联盟，他们组成一个电子学习社区，使用如数字影像、网络资源、为远程学习的双向视频和音频以及电子邮件来支持和强化中学课程和专业发展（Fulton & Riel，1999）。

团队教学

在团队教学安排中，教师共同承担两个或更多班级的责任，在他们中间划分学科领域，比如，一名教师准备数学、科学和健康的课程，而另一位教师准备阅读和语言艺术的教学。责任的划分也可能按照儿童的表现水平来进行，所以一位教师可能负责最低和最高能力的阅读小组以及中等能力的数学小组的教学，而另一位教师则可能负责中等能力的阅读小组以及最低和最高能力的数学小组的教学。

65　　　团队教学的实践经常受到学生数量和预算限制的约束。然而，随着整合课程以及对特殊知识和技能的需求的增长，使用同侪支持团队（collegial support teams）将变得更加普遍。一个同侪支持团队为教师提供了专业成长的安全区，正如一位教师所说：

> （同侪支持团队）使我更为自主地转向我希望强化的领域。因此，我获得了真正的成长，不用担心被选为"有问题的教师"。我知道了问题领域，并在我的同事的帮助下改正这些问题。（Johnson & Brown，1998，p.89）

一个团队的成员对于分配给该团队的学生的教学做出广泛的决策，例如什么时候使用大组教学或小组教学，教学任务如何划分，时间、材料和其他资源如何分配。

合作教学

在合作教学的安排中，两位或更多的教师，如一位课堂教师（classroom teacher）和一位特殊教育教师或者其他专家，一起在同一课堂教学。合作教学基于两位教师的优势，为所有学生提供促进学习的机会（Friend & Bursuck，2002）。一般情况下，合作教学安排在每天的一组固定时间段或者每周的特定几天内。在几个可能的合作教学类型中，弗兰德和布萨克（2002）确认了下面几项：

● 一位教学，一位支持，即一位教师主导教学，另一位教师协助。
● 站点教学（station teaching），课程被分为两部分：一位教师对一半学生进行其负责部分的教学，而另一位教师对剩下的学生进行其所负责部分的教学。然后互换学生，教师重复其所负责部分的课程教学。如果学生能独立工作，第三个小组可能被组织，或者一个志愿者可能在第三站进行教学。

● 平行教学，一个班被分为两半，每位教师独立地负责一半的教学。

● 选择性教学，一个班被分为一个大组和一个小组。例如，一名教师可以为小组提供补习和强化。

小　结

谁是今天的教师?

● 教师在具有不同年级结构的学校中教学，他们在不同的学科和专业领域教学，他们所教的学生有不同类型的学习需求。

● 与以前的教师相比，今天的教师受过更好的教育且更为合格。

● 除了在学前、小学、初中和高中项目中工作的教师之外，一些教师在非传统学校的环境中教学，如私立学校、特许学校、选择性学校和磁石学校。

● 一些教师在特殊领域中教学，如艺术、职业教育、音乐或体育。特殊教育教师专门从事残疾学生以及/或者特殊需求学生的教学。许多教师，不管其是否擅长培训，都从事英语语言学习者的教学。

教师在课堂中是做什么的?

66

● 教师所做的事情，超越了可观察到的行为；有效教师明白他必须同时是学生的榜样、天然的问题解决者和反思性的思想者。

今天的教师需要什么样的知识和技能?

● 教师需要四种知识：关于自我和学生的知识、学科知识、如何运用教育理论和研究知识、如何将技术整合进教学的知识。

● 关于自我的知识，影响你理解你的学生的能力；持续的反思和一种问题解决取向继续指导你的教学。

● 教师必须知道其学生的天资、才华、学习风格、发展阶段以及准备好去学习新的材料，以使其能根据学生的需求修正教学策略。

● 教育理论和研究的知识能使教师知道某种策略起作用的原因并为实践提供普遍的指导。

● 教师还要使用技术性知识，反思其课堂经历会带来教师对教学的理解。

教学在何种程度上是一个全面的专业?

● 在专业的如下九条标准中，教学对其中一些标准的满足要比其他专业更为全面：(1)服务的制度性垄断；(2)教师自主权；(3)教育和培训的年限；(4)基本服务的规定；(5)自治程度；(6)专业协会；(7)专业知识和技能；(8)公众信任水平；(9)声望、利益和报酬。

教师属于何种专业组织?

● 作为建立时间最长、规模最大的教育者专业组织，全美教育联合会在处理占其成员78%的教师的关切议题中扮演了关键的角色。

● 隶属于工会，且只向教师和非管理者人员开放，美国教师联合会做了很多事情以保障教师获得更好的经济报酬和工作条件。

● 全美教育联合会和美国教师联合会组成伙伴关系，朝着改进教学专业的共同目标而工作。

● 教师是专业协会的成员，这些专业协会为特定的学科领域和学生群体服务。

教师如何帮助构建学习共同体？

● 学习共同体包括学生及其家庭、同事和社区成员。

● 培训项目、热线、咨询网以及伙伴关系项目，都是教师可以使用的联系家长和社区成员的资源。

教师如何参与教师合作？

● 教师通过参与学校管理、课程发展、学校—社区伙伴关系以及教育改革来开展合作。

● 教师合作的四种途径是：同侪互助、在职培训、团队教学和合作教学。

专业反思与活动

教师日志

（1）回忆一位曾为你树立了榜样的教师。描述一下他对你的影响。这位教师是否对你要成为教师的决策产生了影响？

（2）你准备教哪个年级？教什么学科？你发现最吸引人的是什么？为什么？你发现最不吸引人的是什么？为什么？

教师研究

（1）在互联网上使用你最喜欢的搜索引擎，通过检索"教师的工作条件"、"教师问责"、"教师专业发展"等关键词或主题来查找信息。向你班上的其他同学汇报你的发现。

（2）回顾全美教育联合会刊发的《今天的全美教育联合会》以及美国教师联合会刊发的《美国的教师》（*American Teacher*）中几个最近的议题。比较和对比每个刊物所强调的关切或议题。在这些协会的刊物中，你发现了哪些整体上的差别？

观察与访谈

（1）就专业协会及工会的参与情况，访谈一些教师。这些教师从参与中获得了什么样的好处？

（2）访谈一位教师，了解他认为的教师必须具备的知识和技能。教师提到了哪些本章讨论过的知识和技能？他提到了本章没有讨论过的知识和技能吗？如果是这样，请解释。

第三章
今天的学校

我是一位有色人种和低社会经济处境的榜样。我的目标是我的每位学生离开课堂后都相信自己有能力进入大学。我尊重每位学生，我希望教他们以相同的方式彼此尊重，尊重他人。

——马克·希尔，一名从教第一年的高中数学教师
引自 *Teaching to Change the World*，2007，p. 27

课堂案例：教学的现实 ▶▶▶

挑战：理解学校如何被它们周围的社区环境所影响。

你是大城市中一所地处贫困、高犯罪率地区学校的教师。20 年前，学校周围由中产阶级的良好家庭组成。今天，周围的情形显示了城市衰败的迹象。这个地区大部分家庭都在走下坡路。庭院里长满了杂草；车道或街上都是损坏的车；围墙、建筑物、路标上乱涂乱写得一团糟都反映出这个地区的遭遇与衰退。

这所学校四层高的建筑建于二战末期，同样显示出被忽略的迹象。涂鸦艺术家瞄准了学校的黄色砖墙，沿街处无数的窗户玻璃被打碎。

学校里大约 1/5 的学生都来自第一语言不是英语的国家。超过 70％的学生来自接受公共援助的家庭。这所学校以低于平均成绩、高缺勤率、长期的不端行为而"闻名"整个城市。

在开学初期，你站在媒体手推车旁，拿着一台笔记本电脑和放映机，准备开始浏览一个新教学单元的幻灯片。你的学生，男孩、女孩静静地分开，平行坐成五排。在你身后的屏幕上即将开始单元内容，通过呈现四个指导性问题帮助学生组织材料。

学生坐在教室的前排准备开始学习。他们要么盯着你，要么在放映幻灯片的过程中写下教师提供的四个问题。然而，坐在教室最后面的九名学生坐立不安。他们做着各种与课堂任务不相关的行为。一个女孩在认认真真地给坐在她前面的女孩编头发。坐在她右边的一个男孩打着哈欠，然后趴在桌子上。两个男孩仔细看着窗外四个青年坐在横街的一幢破败的建筑物的门廊上。一个女孩没有经过允许就离开座位，在教室里溜达并给她朋友递了一个纸条。

正在这时，你意识到学生的行为反映了周围的环境。你有两组学生——想要学习的学生和不想学习的学生。你自己就在想："什么样的方法才能最好地应对学生缺乏注意力的情况呢？"

焦点问题

1. 在当今社会学校的角色是什么？

2. 该如何描述学校？

3. 作为社会机构的学校应是什么样的？

4. 成功学校的特征是什么？

5. 什么社会问题影响了学校，并把学生置于不利境地？

6. 学校该如何应对社会问题？

7. 以社区为基础的伙伴关系如何帮助学生学习？

学校不是存在于真空中。正如本章课堂案例所显示的，周围社区会对一所学校的日常生活产生巨大的影响。另外，学校必须对学生、家长、教师、社区、公众不断变化的期望作出反应。接下来的部分会显示当今的学校在当今社会的复杂、多面的角色。

在当今社会学校的角色是什么？

在美国社会关于不同学校角色的认识中，学术成就目标是被普遍接受的。大多数人都相信学校的主要目的是给学生提供高中以上的教育和现实工作所需的学术知识、技能。除了哲学、政治、宗教、文化信仰和思想，人们认为学校应该教授学术知识。然而，你将会在第四章讨论教育哲学时发现就学习学术内容的一般目标存在不同的观点。

一些人认为学习的主要目的应该是促进个体的成长和学生的发展。另一些人，如参加华盛顿特区 2005 年全国高中教育峰会的管理者和商业领导人认为，教育的主要目的是确保美国在全球经济中成功。峰会上一份报道中写道："为了在日益加剧的国际竞争中保持竞争力，现在高中是美国战争的前沿。"（Achieve, Inc.，2005）一年以后，在《回应变化世界的挑战：加强 21 世纪的教育》（*Answering the Challenge of a Changing World：Strengthening Education for the 21st Century*）中前美国教育部长玛格丽特·斯佩林斯（Margaret Spellings）明确地提出这一观点："高中的改革不仅仅是教育问题，同样也是一个经济问题、公民问题、社会问题、国家安全问题。"（U. S. Department of Education，2006）

学校与亲社会价值观

当美国学校教育的主要目的还在持续讨论之际，公众的确赞同学校应该教授亲社会价值观，如诚实、爱国主义、公平、文明礼貌。任何社会的健康幸福都需要诸如此类价值观的支持，它们使得来自不同背景的人们共同和谐地生活。例如，在《不让一个孩子掉队法案》中以"品德教育伙伴关系"为标题的部分呼吁教学遵循下列价值观：

- 关心。
- 公民道德和公民身份。
- 正义和公平。
- 尊敬。
- 责任。
- 信赖。

● 赠予。

对亲社会价值观的支持反映了公众的信念，学校应该在为所有人推进平等民主的理想中发挥关键作用。正如乔治·W·布什总统在签署《不让一个孩子掉队法案》时所说"我深信我们的公共学校，它们承担着给来自任何背景和地区的每一个孩子塑造心智与品德方面的使命"。本章"行动中的技术"部分解释了教师如何使用视频编辑教学生研究技能及担当社会责任的重要性。

行动中的技术：6 年级的视频编辑

研究技能单元已经是雷切尔·耶尔明 6 年级语言艺术课常年的一个支柱。她的学生刚刚从小学进入中学，他们似乎在努力跟上中学的步伐。两年前，她试验了一种新的方法教授语言艺术课。不是告诉她的学生在中学需要做什么才能成功——如时间管理、社会责任、阅读理解等——她决定让学生告诉她。

耶尔明老师把她的学生划分为四组，要求每一组都给 5 年级学生创建一个视频，凸显在中学生存的必要技能。每一组都可以使用摄像机，自由使用视频编辑软件，有足够的硬盘驱动空间来存储原始视频剪辑，保存编辑视频，并给他们一张光盘，用这张光盘存储播放的视频。

此项目开始于学生小组为他们的视频写一个"故事板"。这部分，学生要研究并选择主题，决定他们的视频顺序。这些步骤允许学生做出重要的发展决定（在耶尔明老师的帮助下）而不浪费大量发展时间。在"故事板"写好以后，学生在摄像机前表演，参观重要的地点，采访学生和员工，形成图像，选择音乐，撰写文本。然后，加载他们的原始毛片，通过 Windows Movie Maker 编辑原始材料完成视频制作。当项目完成时，耶尔明老师把完成的视频发送给周边社区中 5 年级的学生。耶尔明老师发现制作学习视频的学生比那些仅仅做报告的学生能更好地保留学习技能的信息。她也发现观看过视频的学生（观看由 6 年级学生制作的视频的 5 年级学生）会有更好的起点。

视频编辑：当你编辑视频时需要一些可获得的技术工具。你需要一台电脑，一个视频源（例如一台摄像机或者已经截取的视频），足够的硬件驱动空间储存原始材料，视频编辑的软件如 Windows Movie Maker 及创造力。

访问：http://video-editing-software-review. toptenreviews. com/。如上所述，许多视频编辑软件你都可以获得。一些是免费的，一些使用费用昂贵。这里所列的网址是一个很好的资源库帮助你探索视频编辑软件的选项和特征。

可能的应用：教师可以以各种方式编辑视频。他们使用视频给学生呈现信息，制作虚拟的实地考察历史古迹，制作学生工作汇编，允许学生以视频的形式递交研究报告，仅举几例。

尝试：耶尔明老师在学习技能课上使用 Windows Movie Maker 软件。这个工具通常与目前的 Windows 安装软件绑定在一起。为了在 Windows 环境下测试驱动此工具，先到"开始"菜单，然后选择"所有程序"，选定 Windows Movie Maker 软件。首先，加载你的视频毛片。你可以连接摄像机或者输入一个已经截取的视频剪辑。一旦把剪辑放入工作区，拖动剪辑到时间列表，所有的编辑工作都发生在时间列表里。这里可以添加音乐、质感背景、过渡效果、题目等。这个渲染的过程可能很长。所有时间列表的选项，都可以点击帮助菜单加以了解。当你已经按时间列表完成了你的工作，保存视频。现在你可以在课堂中、在网页上或者通过电子邮件展示你的杰作。

学校与年轻人的社会化

通过学校中的经历，儿童和年轻人开始社会化——他们学会负责任地参与我们国家的社会生活。在地方学校中，学生社会化的目标很明确，它们的使命声明关注培养学生成为负责任的公民、深入学习和成为国家经济中具有生产性的雇员。实际上，学校如镜子般映照着社会，它们再生产社会认为必要的知识、技能、价值观和态度。

教育是培养开明公民的主要方式。如果没有这样的公民聚集在一起，一个社会尤其是一个民主社会，就处于危险中。埃米尔·涂尔干（1858—1917）认为，每一个国家都需要社会化它们的儿童和年轻人，这位法国伟大的社会学家和哲学家在其《教育与社会学》（*Education and Sociology*）中声称："社会只有在它的成员中存在显著的同质化程度的情况下才可以存活，从一开始通过必要的相似集体生活的需求来固定儿童，教育延续并强化这种同质。"（Durkheim，1956，p.70）

在我们的社会中，学校超越任何其他机构，从民族、种族、宗教、语言、文化背景等方面同化个体，传递多数人的价值观和风俗。例如，今天1/5的学生在家说英语以外的另一种语言，他们中几乎1/3的学生说英语都困难（Oakes& Lipton，2007）。通过学校教育，来自多样化背景的儿童和年轻人学习英语，学习美国重要的节日，如美国国庆日和美国阵亡战士纪念日；托马斯·杰斐逊、亚伯拉罕·林肯、马丁·路德·金的贡献；民主社会中公民的重要性。

学校和社会变革

学校给学生提供知识和技能从而改进社会，适应社会的快速变化，于是，"教育和社会的变化彼此有着千丝万缕的联系"（Rury，2002，p.ix）。然而，并不是每个人都赞同学校应该尝试改善社会，一位美国的教育观察员写道："学校一直以来都被用来努力解决社会、政治、经济问题。政治家很容易因为社会、经济问题指责学校而不是尝试直接纠正这些问题……'改革个体而不是社会'，是那些相信学校可以结束罪行、贫穷、破碎的家庭、毒品、酗酒、无数其他社会问题的源泉。"（Spring，2008，p.32）

争议较少的是服务学习活动，这种活动通过志愿服务培养学生为其他人服务，并积极参与国家政治生活。20世纪90年代后期，一些中学开始要求每位学生完成一项服务需求以便帮助学生理解他们是一个巨大共同体中的成员，并对其负责。目前，美国第三大学校系统——芝加哥公共学校，要求"9—12年级的学生必须完成最少40个小时的服务学习才能毕业"（Chicago Public Schools，April 30，2008）。其他学校也开始把服务学习引入课程。服务学习给学生向共同体提供服务及反思、研究他们这些经历意义的机会。服务学习使得年轻人与老人、病人、穷人、无家可归者接触，让他们熟悉社区和政府存在的问题。

学校与教育机会均等

美国社会中存在足够的证据表明，特定的人群在经济、社会、教育方面没有享有均等的机会。例如，如果我们审视3~4岁儿童参与的早期教育项目，如开端计划、托儿所、入托前幼儿园——这些经验能帮助来自缺乏优势背景家庭的孩子和其他孩子相比在进入小学教育时有一个公平的起点——我们发现低收入家庭的孩子不太可能有诸如此类的机会（National Center for Education Statistics，2008）。另外，父母的受教育程度和他们孩子加入早期教育项目之间成正相关。拉丁裔美国人的孩子与白人、非洲裔美国人的孩子相比就不太可能进入这些项目（National Center for Education Statistics，2008）。

美国一直从人民的多样性中获得力量，所有的学生都应该接受高质量的教育以便他们能够作出独特的社会贡献。为了达到这个目标，联邦、州、地方开发了大量的项目从而为所有美国人提供平等教育，不论民族、种族、语言、性别或宗教。例如，《不让一个孩子掉队法案》中标题为"改善处境不利儿童的学术成绩"这一部分中宣称：

> 所有儿童都应该拥有一个公平、平等、重要的机会获得高质量教育，至少达到具有挑战性的美国学术成就标准和国家学术评估能力。此目的可以通过……满足我们国家最贫穷的学校中低成就儿童、英语能力有限的儿童、少数族裔儿童、残障儿童、印第安儿童、被忽略或有过失的儿童、需要阅读帮助的儿童……减小高成就和低成就儿童之间的差距，尤其是缩小少数族裔和非少数族裔学生间、处境不利儿童和处境优越儿童间的成绩差距。

美国有很多卓越教育一直以来以给所有儿童提供平等教育机会为目的，其他大多数国家也如此。自19世纪50年代始，美国的学校特别关注给来自多样化背景的孩子提供他们在我们社会中能够成功的教育，正如詹姆斯·班克斯（James Banks，2008，p.4）所言："在一个多元化的社会中教育应该确定和帮助学生了解他们的家庭和国家文化。为了营造和维持公民共同体而工作，教育应在民主社会中帮助学生获得参与公民行动从而制造一个更加平等与公正的社会所需的知识、态度与技能。"

该如何描述学校？

考虑到学校及其文化的差异较大，许多模式都被提出来描绘不同学校的特征。学校可以依照它们课程的关注点进行分类，如大学可能是大学预科、职业类或者普通学校。另一种观点是依照学校的组织结构划分，如选择性学校、特许学校、磁石学校。其他模式在接下来的部分将会谈及，如从隐喻的角度看待学校，学校是什么样？

学校隐喻

一些学校被比喻成工厂，学生作为原材料进入学校，通过系统的课程，作为"成品"离开学校。特伦斯·迪尔和肯特·彼得森（Terrence Deal and Kent Peterson，1999，p.21）认为示范学校"像部落和氏族，人们之间有着密切而深刻的联系、共同的价值观和传统，从而赋予日常生活意义"。其他人认为学校像银行、花园、监狱、精神病院、家庭、教堂、家族和团队。

74　　例如，在学校像家庭的隐喻中，高效的学校是一个由成人组成的共同体，他们关注学术、情感和托付给他们照顾的孩子以及年轻人的社会需求。例如，马修就帮助他教学的高中形成了良好家庭氛围，马修是一位从教一年的历史教师、学校水球队的主教练。他和他的助理教练说："我们给学生提供了一个既舒服又对他们的精神和身体具有挑战性的地方。我们使他们与大学校园、学校社区相联系……然而，我们参与的活动并不囿于此。我们也让学生运动、学会应对他们面对的酗酒、吸毒、怀孕、性病、虐童、监禁等问题。"（Oakes & Lipton, 2007, p. 358）

学校与社会阶层

尽管，普遍的共识是学校应该促进社会变革、机会平等，一些人认为学校根据不同的社会经济阶层，通过给学生呈现不同的课程和教育经验"再生产"现存的社会。例如，富裕郊区学校的学生，可能在一个设备齐全的实验室学习化学，教师带大家去一个高新技术产业区参观最新的化学研究的运用，与此同时位于贫穷城市中心学校的学生，由于学区没有资金，他们只能从过时的课本中学习化学，没有实验室开展实验，没有实地考察。

事实上，学校维持着社会中的阶层，维持着富人与穷人的差异。如乔尔·斯普林（Joel Spring, 2008, p. 75）解释说："家庭的经济水平决定教育程度。来自低收入家庭的儿童不能获得高收入家庭儿童同样高水平的教育。从这个角度讲，学校强化了社会阶层及代际模式。"并且，富裕家庭可以承担富裕学区的费用或者把他们的孩子送到私立学校。相应地，这又会增加他们的孩子上好大学的机会，最终维持或者提高其社会阶层地位。

同时，来自低收入家庭的孩子在使用英语时，倾向于形成"限制性"语言模式，而来自更加富裕家庭的孩子，倾向于形成"精致性"语言模式（Bernstein, 1996; Heath, 1983）。在许多情况下，来自低收入家庭的孩子会遭遇失谐，他们在家庭中使用的语言模式与在学校中期望使用的语言模式不匹配。这种不匹配可能"对工人阶级和非白人的孩子来说是一种严重的阻碍"（MacLeod, 1995, p. 18）。

四类学校

在美国谈论教育与社会阶层间关系的一种有用的方式是琼·安永（Jean Anyon）提出的四种类型的学校，这是她在新泽西州城市和郊区的一些小学研究中所描述的。琼·安永坚称学校通过给来自不同社会经济阶层的学生呈现不同的课程和教育经验，"再生产"着当今的社会。学生学校经历的结果是他们为了占主导地位的社会中特定的角色做准备。

她把第一类学校称为"工人阶级"学校。在这类学校中，主要强调学生遵从他们机械工作的方式，例如，完成打印工作表等机械活动。学生没有什么机会锻炼主动性、做出选择。教师可能对学生的无能进行消极、诽谤的评论，并通过巧

75　　妙和不那么巧妙的方式给学生传递低期望。此外，工人阶级学校中的教师可能花费更多的时间关注课堂管理、解决旷课、进行大量的记录。

中产阶级学校是琼·安永提出的第二类学校。这里，教师强调学生获得正确

答案的重要性，通常是单词、句子、数字、事实、日期等。学生有稍微多些的机会来做决定。大部分课堂是以课本为基础进行的。安永指出："当教师花费大量时间解释、拓展课本上所讲的内容，就没有时间分析事情是如何的、为什么发生的……在这种情况下，当要求学生具有创造性、自我表达时，相对主要的活动来说它就是次要的，或者只是丰富性、有趣的活动。"（Anyon，1996，p.191）

与前两种类型的学校不同，富裕的专业学校给予学生表达他们个性、做出各种决定的机会。在此类学校中，控制学生行为的规则更少，教师和学生很可能是通过协商讨论决定他们将做的事。

琼·安永提供了第四种学校类型的定义，精英学校：

> 在精英学校中，主要任务是形成一个人的分析思维能力。孩子被要求不断地通过问题来推理，产生在逻辑上合理、高水平的学术知识产品。（Anyon，1996，p.196）

在富裕的专业学校和精英学校中，师生关系比在工人阶级学校和中产阶级学校更加积极。教师对学生非常礼貌，很少给予直接的指令，几乎从不做讽刺、挖苦的评价。

在美国运用琼·安永学校类型的理论时，请记住极少的学校是一种单一的类型，极少的学校真正适合学校类型的各个方面。相反，大部分学校可能包含体现四种类型学校的个别课堂。也有可能一种类型的学校中有另外一种类型的学校，例如，在一所城市的工人阶级学校存在美国大学选修课（富裕的专业学校或精英学校必要的课程）。

也要记住琼·安永只研究了一个城区的一小组学校，她的标准几乎只与社会经济地位有关。例如，还有很多在贫穷市中心区域的学校，它们的文化更像琼·安永所描述的富裕专业学校而不是工人阶级学校，反之亦然。然而，不论美国的学校如何分类，它们确实反映了所服务社区的社会经济地位。

作为社会机构的学校应是什么样的？

学校是社会机构。此种由社会确立的组织机构，是为了维持和改善社会的生活方式。我们的社会确立学校结构，目的是为了教育年轻人。在过去的200年里，美国的学校已经形成了复杂的结构、政策和课程来完成此任务。

学校作为社会的反映

本章第一部分已经指出，学校映射了国家文化、地方周围的文化及其他特殊利益需求。如私人的、教区的及宗教学校通常都由小组维持，他们视学校为一种保持他们喜欢的生活方式的途径。学校也反映它们的区位。如涂尔干（1956，p.68）的研究："难道我们没有看到教育随着地区的变化而变化？……是城市而不是国家。"接下来的部分将显示，农村、城市、郊区的学校有显著不同的文化。 *76*

农村学校的环境

农村学校通常是共同体生活的焦点，通常显示出比那些城市和郊区学校更加保守的价值观和信念。一所小型农村学校可能有助于类似家庭一样的文化的发展，小型的规模可能也使得它难以给学生提供与人口更聚集、区域更大的学校相当的系列课程经验。相对之下，大型城郊或城市学校可能给学生提供更加多样的学习经验，但是这些学校可能缺乏内聚性和农村学校对共同体的关注。

城市和郊区学校的环境

学校周围环境的差异是巨大的。在大城市衰落中心或附近的城市学校通常反映了周围区域的社会问题，如吸毒、犯罪或贫穷。美国教育面临的最严重问题是此类学校的质量。全国各地——芝加哥、纽约、洛杉矶、圣路易斯、底特律和克利夫兰——能够承担得起费用的中产阶级从城市中心离开或者把孩子送到私立学校。结果，城市学校中来自低收入家庭背景的学生不断增加。

在《国家的屈辱》（*Shame of the Nation*）中，乔纳森·考泽尔（Jonathon Kozol, 2005）记录了穷困的市中心学区与富裕的郊区周边的学校之间令人吃惊的对照。他也仔细审查了两种类型学校给学生的生均花费。例如，芝加哥北部一个城郊富庶之地——伊利诺伊学区高地公园，生均基金为 17 291 美元。在这些学区中 90％的学生是白人或其他，其他 10％是黑人和西班牙及其他说西班牙语国家的孩子。而芝加哥公立学校的生均基金是 8 482 美元。在芝加哥，87％的学生是黑人和西班牙及其他说西班牙语国家的孩子，18％是白人或其他人（Kozol, 2005, p. 321）。

在考泽尔早期的著作《野蛮的不平等》（*Savage Inequalities*）中，他把富裕的温内卡特市的新特里尔中学和芝加哥杜萨贝尔中学——一所城市中心的学校进行对比，作者在这所学校教了八年书。考泽尔指出新特里尔位于"环形车道、鸟儿叽喳、白色圆柱形房子"的地区（1991, p. 62）。相对之下，杜萨贝尔中学处于"难以名状的绝望"的环境中，从学校穿过街道是"一排统一而丑陋的 16 层楼——罗伯特·泰勒之家，它构成了……城市第二贫穷的区"（1991, pp. 68, 71）。

尽管，在一些社区中能发现一些极其贫穷的区域可能以不良的方式影响学校，但在这些学校中的高效能教师有丰富的方式与学生交流，这些交流超越了物质财富的层面。雷切尔·阿穆尔（Rachel Armour, 2006），前杜萨贝尔中学的学生，罗伯特·泰勒之家的居民，描述了她所在社区的恐怖情形及一些关心型教师的积极影响。

"砰！砰！砰！"深入耳膜的枪声响起了，米基·克布阿斯黑帮和黑帮街头帮在我们破旧的楼外发生了致命的枪战。我弟弟加入了臭名昭著的黑帮街头帮——频繁向他的学校杜萨贝尔中学开枪。这两个黑帮之间的冲突比任何时候都残忍。我母亲想到看着我弟弟的讣告像我们的邻居一样贴在电梯门上就无法忍受。

我记得一位好教师鼓励过我，告诉我"黑人是美丽的"，"做你自己"。我也记得几乎把班里每位学生都称作"蠢货、傻子"的教师。教育者应该与孩子接触，把握每一次机会增强班级每位孩子的自尊。一句简单的"你真聪明"或者"你有一个聪明的头脑"比听到"蠢货、傻子"的环境对孩子的影响更深远。我们需要尊重孩子，通过更深入地理解他们内在的自我及他们对自己情景的感受。

雷切尔·阿穆尔非常幸运，她的一些教师不仅仅把她看成是一个生活在贫困区的孩子，更是一个需要认可和支持实现全部潜能的孩子。雷切尔·阿穆尔最终成为"阿穆尔成就"的创始人。阿穆尔是一家为了给幼儿园到12年级学生提供更好教育，教育者和商业人士共同工作的"综合营销传播公司"。她是一位在公共演讲、辩论术和辩论、社区服务、公共关系、广告、领导、学术成就和教育领域获得地方级、区级、国家级无数奖励的人士。另一位与对雷切尔产生积极影响相似的教师是罗曼·华盛顿，她在"教师之声：走适合我的路"中被描绘。

学校文化

尽管，学生非常相似，但是每所学校都是独特的。每所学校都有自己的文化——区别于其他学校的一套信念、价值观和传统网络、思维和行为方式。

很像共同体，一所学校有它独特的文化——一种集体的生活方式。用来描述学校文化的词包括：氛围、气质、气氛、品性。一些学校以自己像共同体一样的地方为特征，在这里，人们有共同的愿景，承诺给所有孩子尽可能提供最好的教育。其他学校缺乏统一的目的和方向，年复一年地漂泊、迷茫。还有一些学校由于内部的冲突引起了分歧，甚至可能反映了迪尔和彼得森（Deal and Peterson，1999）所谓的"有毒学校文化"。学生、教师、管理者和父母可能感到学校不能充分地满足他们的需求。一位在两所不同学校工作过的中学教师描述了两种类型的学校文化并评论说：

> 林肯中学有许多训练有素的教师和管理者。教师在他们自己中间形成了小型共同体，其中一位教师主持每月研讨会。教师感到在大型的每月员工会议上可以自由地谈论。我们也可以给予匿名反馈，向校长提问，并获得答复。

> 相对而言，杰斐逊中学在过去八年有六位校长。教师流动率很高，管理部门很难找到代课教师。许多学生坐在食堂等候问题的解决。（Oakes& Lipton，2007，p.339）

接下来的部分讨论对学校文化有显著影响的三个维度：学校的物理环境、学校的正规实践和学校传统。 78

学校的物理环境

学校的物理环境同时反映和有助于创造学校的整体文化。"学校建筑之间是否拥挤抑或杂乱地坐落在校园中，栅栏或者其他分离物把它们与大型社区分隔开。"（Ballantine，1997，p.210）一些学校处在单调的地方，抑或从审美角度讲非常平淡。地砖、混凝土墙、长又直的走廊、一排排的日光灯很难给人美感或舒适感。

有些学校非常有吸引力。它们干净、惬意、诱人，师生都为他们的建筑而自 79
豪。总之，良好的物理环境对在学校中生活的人有积极影响，它能促进学习和团结的精神。

学校的正规实践

学校的正规实践是在美国学校中接受教育的人所熟知的。带着些许期望，学生从5岁或6岁上学开始至少到16岁通常18岁，从周一到周五，9月到次年5月，延续12年。大多数时间，学生以年龄为依据而不是能力或兴趣被分配到一个年级。然而，分配到某一班级或年级，或许可以以学生的能力或兴趣为基础分班。

自足式课堂是小学至中学最传统的、最流行的安排。但在开放空间学校中，学生可以自由地在各种活动和学习中心移动。不像自足式课堂，开放空间学校有巨大的教学场域，配有可移动的墙和家具，能很容易地重组。教学分组更加灵活、易变。学生大部分工作都独立进行，有许多教师提供所需的个别辅导。

在中学、初中和高中，学生通常学习 4～5 门学术课程，由专门领域的教师教授。这种组织安排，被称为部门化，学生从一个教室到另一个教室学习课程。中学教师通常与其他教师分享他们的课堂，仅仅在计划的上课时间使用他们的教室。

学校传统

学校传统是一所学校文化中的要素，年复一年地传递而来。一所学校的传统反映了学生、教师、管理者、父母、周围社区认为什么对学校是重要的、有价值的。例如，一所学校可能在学术项目中形成了优秀的传统，另一所学校的传统可能强调行为艺术或关注运动项目。不论学校的传统是什么，其通常都是学校共同体成员感到骄傲的源泉。

从理想的角度讲，传统能把一所学校中文化的各要素结合在一起。它们结合在一起给隶属于这所学校的人们创造共同体感、身份感、信任感。传统通过故事的方式流传而得以保持，通过礼仪和仪式活动、学生制作品、奖杯和文物的长年积累、收集而成。例如，琼·韦德拉，目前担任伊利诺伊州惠顿市比雅格伦小学的校长，创立了"关心周"作为她以前任职的霍索恩小学秋季传统的组成部分。韦德拉认为关心的传统会哺育学生成功。在关心周的第一天，学生学习关心他们自己的重要性；周二，关心他们的家庭成员；周三，相互关心；周四，关心学校；周五，关心那些服务于慈善机构的人（Deal & Peterson, 1999）。

教师之声： 走适合我的路

多样化的环境中的天赋型教师

罗曼·华盛顿，中学英语、法语教师、诗人，14 年教学生涯中她在反差巨大的学校和教育背景中从事教学。她知道该给见多识广的学生教什么，他们的目标是获得全方位的学术能力，进入斯坦福、杜克或者加利福尼亚大学和常春藤联盟追求职业生涯。她也知道该如何与低希望和低信任感的学生一起工作，这些孩子来自寄养家庭、破碎家庭，他们的父母挣扎或陷入缺乏经济机会的生存环境中。

她教过的学校范围从由州委任担任一所由学生在 STA-9（斯坦福成绩测试，第九版）取得低分、"表现不佳的学校"，到由美国新闻和世界报道公认的"美国最好的中学"。后者，洛杉矶奥索斯中学（Los Osos High School），在 2008 年被称为"银牌高中"（Silver Medal High School），基于承诺与挑战、整体学术质量、为大学所做的准备等综合方面，它在全国排名前 2%。

华盛顿也在独特的教育项目中教过学。在克莱尔蒙特大学校园高校绑定项目（College Bound Program on the Claremont University Campus），她帮助那些渴望上大学但还没有准备好的学生，先在家庭中上大学。在这种多地区丰富的项目中，她在周末和学生相见，教他们每个人初中、高中英语和学习技巧与策略。

另外，她在加利福尼亚大学教学——里弗塞德内陆地区写作计划（Riverside Inland Area Writing Project，IAWP），此项目是州和国家教师专业发展网络项目的一部分，它通过加强教师的写作技能来改善他们在跨学科课程中的写作教学。对华盛顿而言，这个志愿项目很自然，因为她年轻的时候就是一位诗人，重新开始诗歌朗诵和发表是激动人心的，她把它视为平行的第二职业。凯瑟琳·汉弗莱博士，一位LAWP项目的领导者，发现了她的写作天赋，邀请她成为此项目的教师，并做她的导师。汉弗莱鼓励华盛顿把她的诗歌生活与教学生活结合起来，这样做产生了丰富的意义。在里弗塞德著名的米松酒店教师写作项目撤出后，她成为了居住地（Residence）的一名诗人，也是六周"同侪互助"暑假项目的一位促进者，帮助学习教师写作和报告的技巧。

华盛顿把她的成人教学拓展到一所地方大学中。作为一名助手，她教授教师教育项目中一门名为"教学与文化多样性"的课程。

在她所有的教学经历中，华盛顿与学生共享她在诗中表达的相同信息——"从不同的角度看待世界"、"对其他人心怀同情与尊重"、"相信世上无难事"（借鉴她导师的例子）的重要性。

课堂文化

正如学校有自身独特的文化一样，每个课堂也形成了它们自己的文化或生活方式。一间教室的文化在很大程度上取决于师生参与共同活动的方式。另外，"课堂环境和在此环境中的居民——学生和教师——永远处于互动中，系统中的任何一个方面都会影响其他方面"（Woolfolk，2007）。

师生互动的质量受环境的物理特征（教室、空间的使用、材料、资源等）和小组的社会维度（规范、规则、期望、凝聚力、权力的分配和影响）的影响。这些因素互动形成了课堂文化。重视这些课堂文化中显著要素重要性的教师更有可能创设他们和学生感到满意和促进增长的环境。例如，在2年级给学生教学的第二个月，马丁女士努力思考创建一种以积极的师生互动为特征的课堂文化。

我开始时犯了一个巨大的错误。我尝试做他们的朋友，我尝试加入他们所有的笑话中，打断教学时间。当这样做不起作用时，我却矫枉过正，当需要他们安静下来开始学习时我就朝他们大喊。我对这种情形感到不舒服，没想到自己会朝学生吼。我知道需要关注学生的感受，也意识到如果我是他们，我将会恨我。在绝望中，我求助于教育学教科书。

这对我是巨大的帮助，虽然只是一本能引导你的书。它不能帮助你确立个性，甚至为你管理课堂。你必须自己尽可能深情地、有效地做这些事。但是，我发现很难在爱学生、引导学生、与学生交谈、管理学生，但不控制他们之间找到一个中间地带。（Rand & Shelton-Colangelo，1999，pp. 8-9）

相似地，学生认为高效能教师形成了积极的、任务导向的课堂文化，而无效教师形成了消极文化。例如，一所市中心学校，提供了两种极其不同的课堂文化：

> 6年级学生认为他们的社会研究/语言艺术教师是他们可以学习、相处得很好的教师。但是，他们似乎长期跟数学科学教师斗争。学生把数学科学教师描述为：过于苛刻、没有耐心、麻木不仁。根据一位学生所说，数学科学教师"态度有问题。她一开始就希望我们那么好。她希望我们总是完美。她让我们在走廊上沿一条线走路，我们是学校唯一这么做的班级……她也是唯一一位不会重复某件事的教师。她从不在进来时面带微笑，她总是凶神恶煞。由于不重温所做的事，我们也习得了不好的态度，在她的课堂里确实什么也没学到"。（Wilson& Corbett，2001，pp.54-55）

很显然，数学科学教师与学生形成了一种对抗性、适得其反的关系，而社会研究/语言艺术教师认识到与学生形成积极关系的重要性，知道师生之间的关系能在多大程度上为学生的学习铺平道路。

成功学校的特征是什么？

就像马丁女士所述，你可能不确定在此时你通过专业教育在形成一所学校积极课堂氛围方面的能力。然而，在所有环境中和拥有各类学生的学校中有许多是非常成功的，包括城市和偏远的农村学校，为所有社会经济地位、民族、种族背景的学生服务的学校。这些学校的特征是什么？它们的成功有什么共同点？

成功的度量

首先，对于一所成功的学校意味着什么，我们必须下定义。衡量成功的一种标准自然是这些学校的学生达到了高水平，完成了毕业的要求。不论是反映在标准化测试的分数上还是其他学术学习收获的记录中，这些学校的学生是在学习。他们获得了阅读、写作、计算、计算机技能方面的能力。他们在学习解决问题，创造性、分析性地展开思考，最重要的是他们在学习如何学习。

另外一个衡量一所学校成功的有效标准是取得的成果超过了那些类似的有相应设置的学校。学生的成就超越了对他的预期。尽管周围的社会、经济环境和政治力量阻碍了学校的教育过程，但这些学校还是取得了成就。

最后，成功学校是不断改进而不是日益变得糟糕的。学校改进是一个缓慢的过程，改进中的学校——在朝向正确而不是衰退的方向——也是成功的。

学校有效性研究

20世纪80年代到90年代早期，许多研究都在辨别成功（有效的）学校的特征。成功学校的特征在一些研究项目中以不同的方式被描述。下面是这些研究结果的综合。

● **强有力的领导**：成功的学校有强有力的领导——他们重视教育，视自己为教育领导，不只是管理者或者官僚。他们监控学校中每个人的行为——教师、员工、学生和他们自身。这些领导对学校的愿景是拥有更加有效的学习环境，在朝向那个方向的过程中他们做出了关键性的决定。

● **高期望**：成功学校的教师对学生有高期望。这些教师认为所有学生，不论富裕还是贫穷都能学习，他们通过现实的、高的期望把这种信息传达给学生。

● **强调基本技能**：成功学校的教师强调阅读、写作、数学计算等基本技能的成就。

● **井然有序的学校环境**：成功学校的学习环境是有序的、安全的、利于学习的。纪律问题极少，教师可以在教学方面投入大量的时间。

● **频繁而系统的学生学习评估**：成功学校密切监测学生的学习。当困难突然出现时，能迅速提供恰当的补救措施。

● **目的感**：那些在成功学校教和学的人有一种强烈的目的感。从校长到学生，学校的每个人都以卓越的愿景为导向。

● **共治和共同体感**：成功学校的教师、管理者、员工能很好地协同工作。他们专注于创建一种不仅有助于学生学习，同时也有助于他们自己专业成长和发展的环境。

简言之，一所成功学校的文化鼓励教师在他们的专业实践中成长与发展，鼓励他们发展回应社会问题的知识和技能，接下来的部分将描述这些问题。

什么社会问题影响了学校，并把学生置于不利境地？

一系列复杂和多变的社会问题影响了学校教育。这些问题会减弱学校教育学生的能力。况且，学校作为前线防御部门在应对困难任务时经常受到指责。然而，高效能的教师知道社会问题会如何影响学生的学习，并能减少这些问题的负面影响。

最响亮地倡导学校在解决社会问题中角色的人物之一是乔治·S·康茨（George S. Counts）。他在其1932年的著作《学校敢于建立一种新的社会秩序吗?》（*Dare the School Build a New Social Order?*）中指出，"如果学校是真正有效的，它们必须成为建筑物的中心，而不仅仅是沉思、教化"（p.12）。然而，许多人认为学校不应该尝试建立一种新的社会秩序，应该只关心学术和学生的社会发展，而不是解决社会的问题。然而，关于社会问题中学校角色的讨论将继续充满活力。下面的部分审视了一些直接影响学校、教师和学生的社会问题。

识别处境不利的学生

长期生活在压力巨大、贫穷、犯罪、缺乏成人监督的情境中的年轻人的数量在不断增长。正如詹姆斯·加巴里诺（James Garbarino, 1999, p.19）在《迷失的男孩：为什么我们的孩子变得暴力，我们如何保护他们》（*Lost Boys：Why Our Sons Turn Violent and How We Can Save Them*）中指出，"在美国几乎每一个社区中，生活在有毒社会环境中的孩子越来越多"。

沮丧、孤独、无能，许多年轻人沉迷在有暴力倾向或者淫秽歌词的音乐中，或者沉迷于有暴力倾向的视频游戏、邪教中，观看无端地宣扬暴力、色情的电影和电视节目，或者在购物中心闲逛、在街上等待。一些人也转向犯罪、帮派暴力、性滥交、滥用药物。这些使很多年轻人处于学业失败、最终放弃上学的危险境地并不奇怪。国家教育统计中心（July 2，2002）已经识别出以下对当前儿童和年轻人来说的不利因素：

- 最低社会经济收入。
- 从1—8年级变换学校数次（升学到中学或初中除外）。
- 从6—8年级，平均成绩是C或者更低。
- 在8年级生活在单亲家庭中。
- 有一个或者更多的哥哥姐姐在完成学业之前辍学。
- 从1—8年级有一次或者多次**留级**（being held back）。

以性别、种族、民族、家庭收入、年龄、区域分组，学生辍学率一直处于变化之中。表3—1显示西班牙裔美国学生的辍学率2005年比其他组辍学率高，非裔美国学生辍学率比他们的白人同辈要高。数据还显示来自低收入家庭的孩子比来自中等、高收入家庭的孩子更可能辍学。处于辍学情境中的孩子往往成绩较差，学业行为表现不优。由于以前留过级，他们比同年级学生平均年龄要大，在学校也存在行为问题。处境不利的孩子需要这样的教师，他们能够意识到课堂中增强孩子作为学习者自信心的机会。珍妮弗·米歇尔·迪亚兹在本章"独立教学"中将有所展示。

表3—1   通过背景特征反映15～24岁（10—12年级）学生辍学事件率、事件数和分布（2005年10月）

特征	辍学事件率（百分比）	辍学事件数（千）	入学人口登记[1]（千）	辍学百分比	入学人口百分比
总数	3.8	414	10 870	100.0	100.0
性别					
男	4.2	233	5 515	56.3	50.7
女	3.4	181	5 355	43.7	49.3
种族[2]					
白人，非西班牙裔	2.8	196	6 897	47.3	63.5
黑人，非西班牙裔	7.3	112	1 538	27.2	14.1
西班牙裔	5.0	86	1 717	20.8	15.8
亚裔	1.6!	6!	411	1.5!	3.8
非西班牙裔超过一个种族	4.9!	12!	241	2.9!	2.2
家庭收入[3]					
低收入	8.9	137	1 544	33.1	14.2
中等收入	3.8	228	5 990	55.2	55.1
高收入	1.5	49	3 326	11.7	30.6
年龄[4]					
15～16	2.1	72	3 347	17.4	30.8
17	2.4	93	3 797	22.5	34.9
18	3.9	105	2 693	25.3	24.8
19	9.1	64	702	15.4	6.5

20～24	24.4	81	331	19.5	3.0
来自 50 个州以外和哥伦比亚特区的新近移民					
西班牙裔	5.9	25	418	6.0	3.8
非西班牙裔	5.0	22	440	5.3	4.0
第一代					
西班牙裔	5.5	40	738	9.8	6.8
非西班牙裔	1.2!	9!	759	2.2!	7.0
第二代或更高					
西班牙裔	3.7!	21!	562	5.0	5.2
非西班牙裔	3.7	297	7 954	71.8	73.2

! 谨慎解释数据，因为相对大的标准误差，评估是不稳定的。

1. 这是一个 15～24 岁在中学以前入学的人口的评估，仍然以目前入学的学生数及已经毕业的人数或者以前辍学的人数为基础。

2. 调查对象可以把自己确定为“超过一个种族”。白人，非西班牙裔；黑人，非西班牙裔；亚裔，非西班牙裔类型，由把自身认为是一个种族和不认为自己是西班牙裔的人组成。认为自己是多种族的非西班牙裔包括“超过一个种族”类型。西班牙裔类包括所有说西班牙语的种族和种族组合。由于小样本的规模，美国印第安人/阿拉斯加人也包含在总数中，但没有分开显示。

3. 低收入被定义为 2005 年所有家庭收入处于底层 20％的家庭，中等收入是所有家庭收入处于中间 20％～80％的家庭，高收入是所有家庭收入处于顶层 20％的家庭。

4. 年龄，一个人辍学，也许小一岁，因为辍学事件可能发生在 12 个月中的任何时候。

注：辍学事件率显示了 15～24 岁的学生在 10—12 年级的辍学率，在 10 月到下一个 10 月（如 2004 年 10 月到 2005 年 10 月）。辍学被定义为离开学校而没有中学证书或者相当的证书，如一般教育发展（General Education Development，GED）证书。由于四舍五入，各项数据相加可能与总数略有出入。

资料来源：U. S. Department of Commerce, Census Bureau, *Current Population Survey*（CPS），October 2005.

独立教学

“废除‘我不能’”

当我进入教室把手伸入装有学生号的罐子，想要随机抽取学生号选择一名学生大声朗读时，32 只小手突然进入空中。这是 4 年级学生新学年的第二周，也是我第一年教学的第二周。学生对可能被选上并用新的亮色的社会研究教材开始大声阅读感到非常地兴奋和热情。

“恭喜，学号三！当听安东尼大声阅读时，让我们一起跟随。”我指示说。当我从罐子中抽出安东尼的学号时，一些学生沮丧地把手放回桌上。（我的学生多少有些认为如果他们的手举得稍微偏离椅子，他们的学生号就可能魔幻般地被选中。他们天真烂漫的想法融化了我的心。）

当沉默降临课堂时，安东尼凝视着课本。他在椅子上坐立不安，开始轻轻地来回摇摆。从他的口中冒出了含糊的声音，当他开始结结巴巴地说：“加利福尼亚州……”随后脱口而出，“我读不了，迪亚兹小姐。”并咯咯地笑，他也许是想通过这种方式把他不能大声流利阅读归结于他过于尴尬。

安东尼的笑声引起了其他同学的笑声，这让我非常惊慌。我意识到安东尼是以前的留级生。然而，事实是他比班里的学生大一岁，但在阅读能力方面却落后几年，这令我震惊。作为一位初任教师，我该如何解决他几乎不能阅读的紧迫问题？

迅速地，把自己带回到 32 位学生的课堂，我立刻表扬了安东尼，试图鼓励他大声阅读，并帮助他完成一小段的剩余部分。我先不顾社会研究课课堂，而是抓住安东尼发表评论提供的机会，插入了一个关于消除来自我的学生词汇表中"我不能"这一短语的微型课。我认为，即使安东尼可能感到他不能大声阅读，但实际上他已经读了（即使是在我的帮助下）。

在我的微型课上，一名学生建议我们从班级中取消"我不能"，并共同创建一个可以取代"我不能"的短语列表。当我们在面对一个具有挑战性的任务变得沮丧时，除了"我不能"，还可以使用包括我不理解、我想我可能混淆了……我想我需要一些额外的帮助/额外的时间……很快就到下课吃午餐的时间了。当我的学生排着长队去食堂时，我听见一些学生大声叫喊："没有'我不能'的事情。"他们的声音在大厅里回荡。尽管，我们的社会研究课被耽误了，但是在提升学生的信心和尊敬，并将其填充到我们的课堂中具有很大的价值。因为，安东尼被鼓励了，而没有被嘲笑。

分析

我对安东尼关于他认为自己没有能力阅读的评价大吃一惊。我认为安东尼并不是试图幽默或搞破坏而是他感到自己真的不能阅读。我的目标是为了显示，安东尼还有他的同学能够阅读，"我不能"在我的班级没有意义。通过在我的班级废除"我不能"之后，学生可以看见知识就是力量，他们的好问、坚忍、勤奋都能对学习形成挑战，帮助他们在将来取得成功。

安东尼使用"我不能"对我而言是一个信号，准许我成为一名不仅仅围于作为一名教师应该给他的，而是满足学生更多需求的支持者。就此而言，教学不是下沉抑或上浮，教师需要走出课堂，使用更多可获得的资源，这对安东尼来说也一样。

反思

● 你需要探索什么样的资源，要利用什么资源来支持与安东尼相似的有困难的学生？

● 你如何处理一位学生不能在班级中回答问题的尴尬？

● 教师能够使用什么项目或策略来提升学生的自尊？

珍妮弗·米歇尔·迪亚兹
韦斯特蒙特小学 4 年级教师

许多年轻人花费比通常四年时间更长的时间完成中学学习，或者他们最终取得了中学毕业相当的证书（graduate equivalency diploma, GED）。然而，如果一些完成高中学业的替代性路径被考虑，它们在民族/种族之间仍然存在巨大差异。例如，2003 年，89.4％的 25 岁及以上的白人已经完成了高中教育，相比之下非裔美国人的比例只有 80.0％，拉美裔人的比例只有 57％（U. S. Census Bureau, June 2004）。

美国许多孩子都生活在自信和技能娴熟的家庭中，这能帮助他们健康成长，但许多人不具备此类条件。相形之下，他们的生活环境以酗酒或者其他药物滥用、家庭或帮派暴力、失业、贫穷、营养不良、青少年父母、学校失败等问题为特征。生活在这样的社区和家庭中的孩子存在很多问题，通常是"功能障碍"，无法得到其所需的支持和指导。《儿童计数数据》（*Kids Count Data Book*，2007）一书认为，"我们国家太多的孩子都不成功，由于危机伴随着他们，而没有家庭给他们提供帮助和支持，大部分孩子视其为理所当然。由于各种各样的原因，疾病、住房不足、药物滥用、贫穷、家庭暴力、精神健康等问题——他们的家庭已经不能满足他们的需求"（Annie E. Casey Foundation，2007）。

记住处境不利因素仅仅是潜在学术问题的迹象是很重要的。绝大部分生活在贫穷、犯罪和其他一些社会问题影响环境中的儿童和青年学业上也很成功。玛丽安·赖特·埃德尔曼（Marian Wright Edelman，April 11，2008），儿童保护基金的创始人和总裁，描述了这样的孩子是如何战胜困难的："在他们去和离开学校的路上，每天都行走在通向犯罪和暴力的鄙陋街道上，经历着严肃的考验。他们在 85 学业成绩不好的学校努力学习。他们朝向积极的目标而不顾他人的低期望……他们……战胜困难——每一天。"

处于辍学边缘学生的生活经历，教师很难想象。就像市中心一名 3 年级课堂中的师范生在下面的评论中所说，首次遭遇贫困的现实是令人苦恼的：

大约有85％的学生生活在贫困中。整个学校的人都能享受免费或减价的午餐，我感到震惊，我想是我对其他人的生活情形有些无知。

一些学生一周都穿同一件衣服。其他学生没有穿袜子就来到学校。没有铅笔、蜡笔、剪刀或者胶水。一些孩子没有早餐、午餐或者小吃。我的心每天都在流血。我发现自己开始为他们的生活烦恼。我甚至发现自己在晚上和周末都会想起这些。我意识到他们是非常聪明的孩子，但是他们的家庭生活和经济状况阻碍了他们发挥潜能。我的有些学生甚至不能完成作业，因为他们家里没有剪刀、胶水或者蜡笔。（Molino，1999，p.55）

儿童与贫穷

86

尽管美国是世界上最富有的国家之一，但它也没有在儿童贫困方面创下一个令人羡慕的记录（见图 3—1）。根据《儿童计数数据》一书的统计，8％的儿童生活在极端贫困的家庭中，40％是低收入家庭的成员。另外，2004 年有超过 726 000 名儿童生活在寄养家庭。2006 年，33％的儿童生活在哥伦比亚特区贫穷家庭，46％的儿童生活在父母没有全职或者全年雇佣的工作的家庭中。相对而言，路易斯安那州的数字分别是 28％和 43％；得克萨斯州，分别为 24％和 34％（Annie E. Casey Foundation，2007）。

虽然，美国的整体生活水平比较高，但无家可归现象仍然是一个主要的社会 87 问题。在 20 世纪 80 年代以前，无家可归大部分都局限在国家大城市中最穷的区域。从此以后，社会政策，如福利、最低收入、经济适用房等发生了变化——同时伴随着经济动荡、持续的收入分配不公——无家可归的人数不断膨胀。此外，无家可归的人开始从城市向农村地区转移，在这里单身妈妈（通常是外来农民工）和她们的孩子成为无家可归人口中的大多数（National Coalition for the Homeless，2008）。

儿童人口数（2006 年）		
	数量	百分比
18 岁以下孩子总数	73 735 562	25%
10～17 岁青少年总数	33 608 039	46%

种族和青年西班牙裔（10～17 岁）（2006 年）		
	数量	百分比
白人*	20 013 455	60%
黑人/非裔美国人*	5 061 811	15%
美国印第安人/阿拉斯加土著*	314 357	1%
亚洲和太平洋岛民*	1 316 652	4%
多于一个种族*	731 253	2%
拉丁裔美国人（西班牙裔）	6 170 511	18%

移民家庭的孩子（2006 年）	
移民家庭孩子的比例	22%

教育（2007 年）	
4 年级学生达到或超越娴熟阅读水平	32%
8 年级学生达到或超越娴熟阅读水平	29%
4 年级学生达到或超越娴熟数学水平	39%
8 年级学生达到或超越娴熟数学水平	31%

经济（2006 年）	
中间收入家庭的孩子	54 500 美元
极度贫困家庭的孩子（收入在贫困线以下 50%）	8%
低收入家庭的孩子（收入在贫困线以下 200%）	40%
低收入家庭的孩子，把超过 30% 的收入花费在住房上	66%

儿童健康（2005 年）	
儿童没有健康保险的比例	11%
没有健康保险的儿童数	8 144 000
需要特殊照顾需求的儿童百分比（2005—2006）	14%

少年司法（2006 年）	
每天拘留数和拘留的犯罪的青少年	92 854

拘留率和拘留的犯罪青少年（平均 100 000 名 10～15 岁的青少年）

美国				125	

有色人种年轻人与白人的比率	3∶1
非暴力犯罪年轻人的比率	66%
青少年犯罪拘捕率（拘捕每 100 000 人 10～17 岁的青少年）：2005	283

图 3—1 美国儿童的概况

注：*拉丁裔（非西班牙裔）。

资料来源：*Kids Count Data Book*：2007. Baltimore：Annie E. Casey Foundation，2007。

大约一半的无家可归儿童不经常上学（Cunningham，2003）。一系列的障碍使他们上学变得非常困难。首先，需要克服健康问题、饥饿、难以获得衣物和学校用品。其次，学生入学时需要提供的文件对无家可归儿童的监护人来讲是无法做到的。学区通常不愿意取消提供孩子的出生证明、免疫记录、合法监护证明等文件的要求。最后，无家可归者收容所及其他一些临时居所可能也不在正规校区的巴士路线上，使得无家可归的孩子上学、放学都很困难。无家可归孩子通常难以辨认，因为他们具有很大的流动性，也不希望被认出。

美国第一个给无家可归者尤其是儿童提供帮助的法律在 1987 年获得通过。《麦金尼法案》（最近重新命名《麦金尼文托法案》）要求各州给无家可归的孩子免费的公共教育。根据《麦金尼文托法案》，学校必须为无家可归学生入学清除障碍，也要为他们提供上下学的交通。此外，法案要求每个学区都有一个网络，它的责任是帮助辨认无家可归的孩子，从而确保他们在学校成功。

家庭压力

在一个复杂的社会中赋予家庭的压力是广泛的，难以应对。对一些家庭而言，这些压力巨大。例如，经历了经济问题、药物滥用、暴力影响的家庭结构很容易崩溃。一位名叫金伯利·米恩的教师接触了经历压力的学生家庭，在"教师之声：对现实的研究"中进行了描述。

教师之声：对现实的研究 ▶▶▶

在学校与社区间建立联系
金伯利·米恩

我选择在洛杉矶南部中心的一所学校教书。当我告诉朋友和家人我在那里教书时，他们中的许多人都非常关心我的安全。我唯一的答案是我想去一个需要更多有资格教师的学校去教学。事实上，这不是一个最安全的地方。

然而，它是我的学校，我喜欢在这里教学。当最初看见我的学生时，我全身心的关注和精力都放在了他们身上。我能够把我对学校的担忧放置一边，关注社会公正的教学。我开始对社区进行探索，作为一个班级，我们徒步旅行到图书馆、消防局，经过公园、银行和商店。这些我从来没见过但是社区的一部分，我感到自己在熟悉这个社区的过程中被赋予了更多的权力。

我及时对学生进行家访，以便让我在这个地区感到更加安全。在寒假，我拜访了 16 个家庭。简短的拜访加深了我与社区中父母的联系。我更好地理解了社区恶劣的条件如何影响着孩子和父母。父母说他们担忧街上的"黑帮"，孩子没有什么安全的地方可去，这就是不开窗和门的原因。许多家长认为学校还好，但认为社区"不安全、肮脏、充满帮派交易"。

知道我受欢迎，并被每一个学生家庭认可后，我感到自己很有力量。不论文化和种族差异，我们都希望给孩子提供最好的支持。许多父母为我祈祷，送给我最好的祝愿、给我拥抱、感激我的工作、亲吻我。

许多家庭数代在这里生活。我的许多学生的家长都毕业于此校，社区具有牢固的根。我看见来自父母、祖父母的智慧和爱，这赋予我能量和融入其中的感觉。

我总是感到社区的紧张，但是我也一直感激多年来这些家庭对我的支持。我学到很多，成长了很多。这个经历中最大的收获是人们接近我——家庭和朋友——他们曾经对社区印象如此之差，但在看到我的工作，听关于我的学生和学校对我意味着什么的故事时改变了观点。我不是唯一有此经历的人。

问题

1. 除了拜访学生的家庭，在学校与社区之间还有其他什么建立学校与社区之间桥梁的方法？

2. 对自己的经历进行反思，在你所在的幼儿园到 12 年级学校与你生活的社区之间存在哪些桥梁？

金伯利·米恩一位教 3 年级的教师。这则故事来自：Jeanne Oakes and Martin Lipton's, *Teaching to Change the World*, 3rd edition, Boston：McGrow-Hill, 2007, pp. 400-401）。

全国虐待和忽视儿童信息中心（the National Clearinghouse on Child Abuse and Neglect，NCCAN）报道说儿童保护服务（Child Protective Service，CPS）机构 2000 年调查了 300 万所谓的儿童虐待报道，涉及 500 万儿童。这些儿童当中，儿童保护服务机构确定约 87.9 万是儿童虐待的受害者。近 2/3 的受害儿童（63%）遭遇了忽视（包括医疗忽视），19% 是身体虐待，10% 是性虐待，8% 是心理虐待（National Clearinghouse on Child Abuse and Neglect，2002）。很显然，必须应对家庭环境中这些弊端的负担使家庭无法为孩子到学校学习提供准备。诸如此类的压力通常都与健康、情感问题等相关。

随着离婚率的升高，妇女成为劳动力，家庭发生了一系列巨大的改变。美国家庭再也不是父亲工作，母亲在家，家里有两三个孩子的唯一家庭类型。单身父母、继父母家庭、混合家庭、大家族的数量在过去十年剧增。

今天的家庭组成是多样化的，所以孩子所在家庭的风格也出现了多样化。由于工作的妇女和单身父母家庭数量的增长，大多数时间无人监管的孩子数量也很惊人。下午 3 点到 8 点是青少年最有可能卷入冒险、犯罪行动或者成为犯罪的受害人的时间段（Cunningham，2003）。据估计，有 600 万低于 13 岁的钥匙儿童（Hopson，Hopson，&Hagen，2002）。为了满足钥匙儿童的需求，许多学校提供课前—课后项目。

另外，许多中产阶级夫妇过很长时间才要孩子。尽管，这类夫妇的孩子也许拥有更加优越的物质条件，但他们与父母共度的时间在极度缩短。为了维持他们的生活方式，这些父母被迫花更多的时间发展自己的事业。结果，关心和照顾孩子就显得不足，持续的不良照顾最终导致深深的不安全感、感情痛苦、令人烦恼的自我意识（Comer，1997，p. 83）。为了填充来自各个经济阶层以无效育儿方式为特征的儿童数量的不断增加，学校、教师被呼吁在青少年社会化中扮演日益重要的角色。

药物滥用

今天学校面临的一个最重要的社会问题是滥用非法药物、烟草、酒精。1996年，公众对公共学校态度的盖洛普民意调查显示：学生滥用药物被认为是当地学校面临的首要问题。到 2007 年调查显示这一问题排到了第六，学生中药物滥用仍然保持在令人担忧的水平上。2006 年，密歇根大学社会研究院研究表明，65.5% 的高中生使用过酒精，31.5% 用过大麻，5.7% 使用过可卡因（见表3—2）。此外，84.9% 的学生声称他们可以非常容易获得大麻，46.5% 的学生说可以非常容易获得可卡因。

青少年中使用药剂的人在社区之间年复一年都在发生变化，但是总体上比例相当的高，令人不安。青少年使用的致幻药物包括很容易获得的粘胶、白色修正液、感应记号笔（felt marker）、大麻、兴奋剂、可卡因。药物滥用不仅会导致上瘾，剂量过大时甚至会出现风险，也与诸如艾滋病毒/艾滋病、青春期妊娠、绝望、自杀、车祸、犯罪活动、辍学等问题相关。统计数据的惊人结果显示，药物被青少年视为应对生活问题的一种方式。

表 3—2　　　　　　　　　高中学生药物、酒精滥用及药物获得（2006）

（a）高中学生药物和酒精滥用统计[a]

药物/酒精	最近使用	（%）
	12 个月[b]	30 天
酒精	66.5	45.3
大麻	31.5	18.3
其他鸦片制剂	9.0	3.8
兴奋剂	8.1	3.7
止疼剂	6.6	3.0
镇静剂	6.6	2.7
可卡因	5.7	2.5
迷幻剂	4.9	1.5
吸入剂	4.5	1.5
类固醇	1.8	1.1
海洛因	0.8	0.4

　　a. 高中学生中药物使用的自我报告也许不能代表那个年龄青少年的药物使用，因为中学辍学和旷课的学生不包含在内，这部分学生可能没有比那些待在学校的人更多地涉及药物使用。
　　b. 包含最后一个月。
　　资料来源：Bureau of Justice Statistics and University of Michigan News and Information Services December 21，2006。

（b）高中学生报告他们能够获得药物非常容易或很容易　　　　　　　　　　　（%）

大麻	84.9
安非他明	52.9
可卡因	46.5
巴比妥酸盐	43.8
克拉克	38.8
麦角酸二乙基酰胺	29.0
海洛因	27.4
冰毒	26.7
镇静剂	24.4
五氯苯酚	23.1
亚硝酸异丁酯	18.4

　　资料来源：Bureau of Justice Statistics and University of Michigan News and Information Services December 21，2006。

暴力和犯罪

　　据学校犯罪和安全统计，结合 2007 年国家教育统计中心司法统计局公布的数据显示，自 1992 年美国学校的被害率已经减少。然而，在 2005—2006 学年，12～18 岁的学生是约 628 000 宗暴力犯罪和 868 000 宗盗窃犯罪的受害者（Bureau of Justice Statistics and the National Center for Education Statistics，2007）。86%的公共学校经历过一次或更多的暴力事件。图 3—2 显示了报告给警察的公共学校中各种犯罪的类型及其比例的信息。

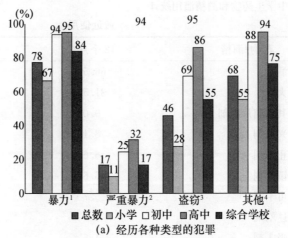

(a) 经历各种类型的犯罪

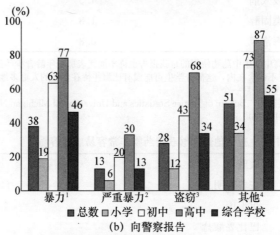

(b) 向警察报告

**图 3—2　根据犯罪类型和学校层次，公共学校 2005—2006 学年经历和
报告的发生在学校的犯罪事件的百分比**

1. 暴力事件包括强奸或试图强奸、性虐待而不是强奸，身体袭击或者持枪或不持枪的打架事件，持枪或不持枪的袭击，持枪或不持枪的抢劫，严重暴力事件也包括在暴力事件中。

2. 严重暴力事件包括强奸或试图强奸、性虐待而不是强奸，身体袭击或者持枪或不持枪的打架事件，持枪或不持枪的袭击，持枪或不持枪的抢劫。

3. 盗窃（在被人不知道的情况下拿走价值超过 10 美元的东西）给调查对象定义为"非法拿走另一个人的财产而没有经他人的同意，威胁、暴力或者身体伤害。其中包括扒窃、偷钱包和背包（如在不留意、没有暴力的情况下从主人那儿拿走），从一栋楼里偷窃，从汽车或者汽车配件偷窃、从自动贩卖机偷窃等其他所有类型的盗窃"。

4. 其他事件包括拥有一个武器或爆炸装置；拥有一把刀或者锋利的物体；分配、拥有或非法使用毒品、酒精和故意破坏公共财产的行为。

注：小学被定为最低年级不高于 3 年级，最高年级不超过 8 年级。中学定义为最低年级不低于 4 年级，最高年级不高于 9 年级。高中被定义为最低年级不低于 9 年级。综合学校包括所有这些学校的综合，从年级来讲，包括幼儿园到 12 年级的学校。这里提供学校里校长和其他对犯罪和安全问题知识丰富的人的回应。"在学校"被定义为包括对发生在学校建筑中、学校操场、学校公车中或者学校支持的实践、活动场所中的活动的回应。受访者被指示只对这些时间做出回应，如在正规学校事件或者学校活动、事件的期间，除非问卷做了其他具体说明。人口规模在 83 200 人的公共学校。

资料来源：U. S. Department of Education, *National Center for Education Statistics*, *2005—2006*. School Survey on Crime and Safety (SSOCS), 2006。

此外，美国司法部门 2002 年估计有超过 24 500 个犯罪团伙、约 775 000 名帮派成员。依照2007年学校犯罪和安全统计显示，公共学校中12～18岁之间24％的学生是他们学校中的帮派成员。相比郊区和农村学生的学校（愿意报告的学校分别是21％和16％），城市学校（36％的学校）更有可能报告学校中的街头混混。

帮派成员被许多青少年认为给他们提供一种归属感和身份感、可以保护他们以免受其他团伙侵扰、兴奋的渠道、通过卖毒品或者参与其他非法活动提供赚钱的机会。尽管，只有很少一部分学生是帮派成员，但是一小撮附属于帮派的学生会打乱学习进程，在学校制造混乱、引起其他人对物理环境安全的担忧。减少帮派活动对学校影响的策略包括识别帮派成员、实施禁止与帮派成员穿着风格相同的着装规定、迅速清除帮派涂鸦。

定期地，整个国家都会被学校发生的枪击案所吸引。于是人们开始思考暴力事件重复出现的原因是什么？然后就会出现了解青少年校园暴力起源的重新努力。国家讨论了枪械管制措施，电视、电影和瞄准就射击的视频游戏中暴力的影响，父母、学校和社区可以采取抑制犯罪和暴力的办法。90

作为学校枪击和公众对学校犯罪和暴力的担忧的一种结果，许多学校形成了危机管理计划来应对校园中的暴力事件。许多学校还让学生和学校里的每个人熟悉直接的暴力警告信号，如：

- 每天大发脾气。
- 经常打架。
- 重大的破坏行为或财产损失。
- 不断增加使用药物或酒精。
- 增加冒险行为。
- 诉诸武力的具体计划。91
- 宣布伤害他人的威胁与计划。
- 享受伤害动物。
- 携带武器。（MTV & American Psychological Association，n. d.）

此外，学生和学校全体员工被建议警惕以下长期的潜在暴力信号：

- 暴力或攻击性行为的历史。
- 严重使用药物或酒精。
- 帮派团伙或加入帮派的强烈愿望。
- 使用或迷恋武器，尤其是枪支。
- 经常威胁他人。
- 无法控制诸如愤怒类的感情。
- 逃避朋友和经常的活动。
- 感到被拒绝或孤独。
- 曾是被欺凌的受害者。92
- 学校表现较差。
- 纪律问题的历史或经常与权威发生口角。
- 感觉长期不受尊敬。
- 不关注别人的感受或他人的权利。（MTV & American Psychological Association，n. d.）

过去十年，由于国家高度重视学校枪击结果致使学校检视它们给学生、教职员、职员提供安全学习环境的能力。许多学校使用"学校安全检查表"（见表 3—3），这是从国家学校安全中心的学校安全检查簿中摘录而得的。

表 3—3　　　　　　　　　　学校安全检查表

给你学校一个彻底的犯罪防御检查。使用这个检查表作为一个确定你学校优点和缺点的指导方针。

	是	否
1. 你的学校有警察处理暴力或者肆意破坏公共财产的行动吗？（所汇报的政策必须是切实的，并得到严格执行）	_____	_____
2. 有意外事件报告制度吗？	_____	_____
3. 所有员工都可以获得意外事件报告制度吗？	_____	_____
4. 在你的学校和社区存在的问题有可获得的数据信息吗？	_____	_____
5. 学校、学校董事会和管理者能够通过对话设法处置或预期任何问题吗？	_____	_____
6. 安全纳入了学校组织吗？（安全必须被设计来适应管理的需求及成为它的一部分）	_____	_____
7. 教师和管理者意识到适合他们的法律吗？了解他们的权利，学生的权利，其他执行或尊重规则、管理、政策和法律的责任吗？	_____	_____
8. 有与当地法律实施机构建立工作关系吗？	_____	_____
9. 学生和家长意识到了期待和学校纪律守则吗？	_____	_____
10. 有形成任何真正的或偶然行为计划处理学生的破坏行为吗？	_____	_____
11. 有没有政策来补偿或起诉暴力和破坏行为的肇事者？	_____	_____
12. 教师和员工是否在暴力和破坏行为领域有在职培训及其他可获得的报告程序？	_____	_____
13. 是否有持续地监督和事故报道评估的政策？	_____	_____
14. 在标准的犯罪防御行为中是否有员工培训？	_____	_____

资料来源：Excerpted from *The School Safety Check Book* by the National School Safety Center, 141 Duesenberg Dr., Suite 11, Westlake Village, CA, 91362, http://www.nsscl.org.

欺凌

1999 年在哥伦比亚中学枪击案中 14 名学生、1 名教师殒命之后，学校暴力调查把学校恐吓问题变为中心问题。根据《学校的安全倡议》（*Safe School Initiative*），由美国教育部和情报机构合作研究得出，"超过 2/3 的案件，袭击者在事件发生之前感到受迫害、欺凌、威胁、被袭击或受伤害……许多袭击者经历了长期而严重的恐吓、骚扰。在这些案件中，欺凌的经历表现为诱发袭击学校的主要因素"（October 2000，p. 7）。

12~18 岁的学生中有约 28% 的人报告在学校过去的 6 个月中遭遇了欺凌。19% 的学生说欺凌包括被取笑；15% 的人被谣言所伤；9% 的学生说他们被推、被操、被绊、被吐口水，这组学生中 24% 的人说他们受到了伤害。79% 受过欺凌的学生说他们是在学校受到欺负的，28% 的学生说是在学校外被欺负的（National Center for Education Statistics，2007，p. 34）。

网络欺凌

随着个人电脑和电话的激增，欺凌开始出现在网络上。网络欺凌涉及利用信息和交流技术来折磨、恐吓一个人或一群人。网络欺凌通过发送骚扰邮件或者即时消息；在电子公告板上发布具有淫秽、侮辱、诋毁性的信息；或者创建网站助长、散

93

播诽谤性内容。如图 3—3 所示，青少年因特网用户的在线调查显示，34.4%的人经历过网络欺凌，12.6%的人受到身体威胁，4.8%的人担心他们的安全。网络欺凌通常均衡地发生在聊天室和计算机短信之间（Patchin & Hinduja，2006）。

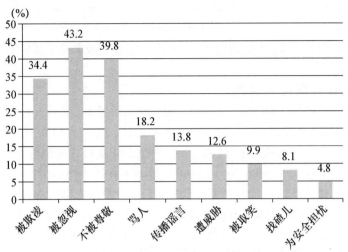

(a) 受欺凌者在线调查（青少年的样本为1 388人）

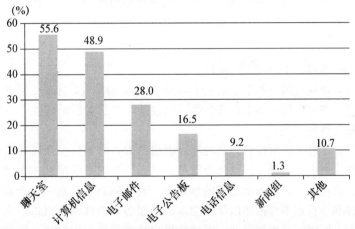

(b) 受欺凌的地点（仅仅是那些在青少年样本中被欺凌的人，样本为468人）

图 3—3 网络欺凌

资料来源：Patchin，J. & Hinduja，S.（2006）. Bullies move beyond the schoolyard：A preliminary look at cyberbullying. *Youth Violence and Juvenile Justice*，4（2），148–169.

少女怀孕

美国 15～19 岁的青少年，每年大概有 750 000 人怀孕，其中 3/4 的人都是意外怀孕（Alan Guttmacher Institute，2006）。确实，当今绝大多数青少年学生的教师预测至少一些学生已经怀过孕。

自从 1990 年的高峰过后，少女怀孕、出生、流产率开始下降，这很大程度上是由于性活跃的青少年所采取的有效避孕措施（Alan Guttmacher Institute，2006）。但少女怀孕仍然是严重的社会问题。因为女孩在青春期时身体的发育还不完全，在怀孕和生产期间会发生并发症。青少年也不太可能去接受孕期前三个月关键时期的保健，她们饮食不均衡；也不避讳对婴儿发展极其有害的物质，如酒精、烟草、毒品。"婴儿出生……对十几岁的母亲而言在生活的许多重要的方面是长期不利的问题，包括学业失败、贫穷、身体和精神疾病。就这些问题而言，青少年妈妈自身也处于危险中。"（The American Academy of Child and Adolescent Psychiatry，July 2004）由于大部分青少年妈妈都辍学，没有中学毕业证，从而限制她们获取体面的、高收入的工作机会，她们及其孩子都处于经济的最底层。

儿童和青少年自杀

各种自杀的增加令人震惊，根据疾病防控中心统计，自杀是 15～24 岁年轻人的第三大致死原因，超过了谋杀罪和意外。约 17% 的 9—12 年级学生，在过去的 12 个月中严肃地考虑过自杀，超过 8% 的学生报告说他们真正尝试过一次或者几次自杀（the Centers for Disease Control and Prevention，Summer 2007）。

在过去的 12 个月严肃地思考并尝试自杀的人群中，女生几乎是男生的两倍，超过男生四倍的女生承认自己尝试过自杀。在尝试自杀的人群中，拉丁美洲学生是白人学生的两倍，9 年级的学生是 12 年级学生的四倍，这种尝试甚至需要医护人员的救助（the Centers for Disease Control and Prevention，Summer 2007）。同时，男女同性恋是尝试自杀人员中异性恋的两到三倍。他们占青少年人群中所有自杀人数的 30%（Besner & Spungin，1995）。

⁹⁴ 学校该如何应对社会问题？

⁹⁵ 回应处境不利学生的需求，对 21 世纪的学校、家庭、社区来说是一个巨大挑战。在过去的十年中，许多学区已经采取了针对影响学生生活的社会问题的具有创新性的措施。

尽管，针对社会问题的项目都很昂贵，大部分公众还是认为学校应该给学生和家庭传递健康、提供社会服务。然而，在关于学校设施在何种程度上应被用于除满足学生教育需求之外的事情上，有不同意见。在一些个别的情况下，社会团体和学校董事会抵制以学校为基础的服务，如计划生育诊所和精神健康服务。然而，国家不断增加资金，通过各种途径给学校提供健康、精神健康、社会服务的支持已经耗尽了大部分反对意见的阻力（Dryfoos，1998）。

处于探寻解决儿童和青少年中不断增加的社会问题的压力之下，教育者发展了一系列干预计划。总体而言，这些项目的目的是针对处境不利儿童和青少年行为的，社会的、学术的矫正，以便他们能从学校经验中获得最大利益。

接下来的部分描述了五大干预项目，它们在针对儿童和青少年学术、社会、行为问题时证明了其有效性，同伴辅导和同伴调解、全方位服务的社区学校、跨专业的校本案例管理、补偿教育、选择性学校和课程。

同伴辅导和同伴调解

针对影响学生的社会问题，一些学校发起学生与学生之间的同伴辅导项目——通常由一所学校的顾问或者其他专门培训过的成人作为监督。在同伴辅导项目中，学生能够针对如学业成就低下、家庭和学校中的人际关系、药物滥用、生涯规划等问题展开。事实显示，同伴顾问和学生经验都能增加学生的自尊和解决问题的能力。

当同伴辅导与跨年龄辅导相结合，年龄小的学生就能够了解关于毒品、酒精、未婚怀孕、少年罪犯、辍学、艾滋病毒/艾滋病、自杀等相关问题。这里，小组中通常是大学生与高中生会面，或者高中生与高级初中生或者初中学生会面。在这些预防性的项目中，年龄大的孩子通常表演剧情，描绘学生面对的问题、模型化处理所呈现的情境中问题的对策。

同伴调解项目与同伴辅导项目相似。同伴调解项目关注培养课堂氛围，在这样的氛围中学生相互影响，以便能更好地接受差异，而不只是解决问题。在有些同伴调解项目中，学生参与角色扮演和模仿，从而帮助学生形成同情心、社会技能、对偏见的意识。

在加利福尼亚州长滩的约翰·马歇尔中学，我们可以找到同伴调解的例子，在那里学生通过同伴调解的学习逐渐理解文化的差异。学生通过参加同伴调解、文化多样性、容忍、冲突消解法的工作坊，开始成为"多样性大使"。此工作坊关注问题同学中的民族和种族障碍问题。"多样性大使"与长滩警局帮派组主持了关于在同伴间学校暴力的学校集会。该学校的师生宣称"多样性大使"改善了学校的氛围（Learning in Deed，2004）。

全方位服务的社区学校

为了回应不断增加的处境不利学生，许多学校正在通过整合教育、医疗、社会和人道服务服务于它们的社区。

全方位服务的社区学校通常被称为社区学校，在公共学校建筑中运转，在上学前、上学中、放学后，甚或一周七天、一整年开展活动。通常位于低收入城区，社区学校整合教育、医疗和人道服务来满足儿童及其家庭的需要。 96

社区学校涉及校区、公共卫生部门、医院和各种非营利组织的合作伙伴关系。在一所全方位服务的社区学校中，学生及其家庭可以获得健康普查、心理咨询、药物预防咨询、父母教育、育儿经、计划生育等信息。父母和社区成员也参与学校的成人教育和职业培训项目，把学校看成是解决社区问题的场所。

约有 48 项社区学校项目显示出它们有助于改善学生的成绩。这些项目也与不断提高的出勤率和减少高风险行为（如药物使用和性行为）相关。另外，由于社区学校支持家庭及家庭参与学校项目的增加，家庭功能也得到了改善（Dryfoos & Maguire，2002）。

社区学校的另一个益处是它们鼓励父母积极地看待学校，于是，父母更有可能在维持学生的学习和行为的高期望方面支持学校。社区学校也直接支持课堂中教师的工作。社区学校教育领导联盟（Education Leadership's Coalition of Community Schools，2002，p.6）指出："社区学校中承担教学的教师，我们不期望他们是社会工作者、精神健康咨询师、警官。合作组织做这件事，是要给教师提供必要的支持，帮助他们鉴别和有效应对学生的问题，通过所需的社区服务及平台连接学生及其家庭。"

跨专业的校本案例管理

为了应对处境不利学生的需要，许多学校都从社区组织和公共服务中吸取资源开发项目。其中一个为了形成新的家庭、学校、社区伙伴的关系而形成的方式被人们称为"跨专业的校本案例管理"。此种方式利用经过专业培训的案例管理者，直接与教师、社区、家庭共同工作，协同给处境不利的学生和家庭提供恰当的服务。案例管理方法是以教师、社会机构、健康服务机构的综合服务网络为基础的。

第一个跨专业的校本案例管理项目是由"处境不利学生的教学和研究中心"(the Center for the Study and Teaching of At-Risk Students, C-STARS) 运作的，该项目服务于西北太平洋的 20 个学区。中心成员包括华盛顿州立大学、华盛顿大学、基于社区的组织、华盛顿州社会卫生服务部。与教师和其他学校成员共同工作，跨专业的校本案例管理小组为满足处境不利学生的需求，要履行七项功能：评估、发展服务计划、打破与其他机构的关系、实施服务与服务合作、辩护、监督和评估、顾问。

C-STARS 也提供了以下服务的结合，这些服务是为某一社区的具体需求而定制的：放学后的教育项目、暑期教育项目、休闲活动、社会和健康服务；学生和家庭案例管理服务，提供教育机会的家长资源中心如 ESL、计算机读写、领导力培训等。这些项目的评估数据显示，学生出席率、学业成绩、学校行为方面取得了重要、明显的进步。

补偿教育

为了满足处境不利学生的学习需求，联邦政府资助的几个中小学生补偿教育项目已经形成，其中最大的一个项目是 1965 年开展的，它作为《中小学教育法案》(ESEA) 和林登·约翰逊总统"伟大社会"教育项目组成部分的"第一章"(Title I)。"第一章"[在 1981—1994 年称"第一章"(Chapter I)] 被设计用于改善来自低收入家庭的低能力学生的基本技能（阅读、写作和数学）。2002 年，ESEA 被重新授权为《不让一个孩子掉队法案》。为了支持教师满足来自低收入家庭学生的学习需求，《不让一个孩子掉队法案》包括补偿教育服务的规定。《不让一个孩子掉队法案》中的补偿教育服务规定给合适的孩子的家长选择私人导师的机会和资金或者其他学术支持服务，从而帮助儿童在学校成功。

参与"第一章"项目的学生通常是在"撤退项目"中被教授。在此项目中他们离开常规课堂，进入单独的或者以小组形式组织的额外教学。"第一章"项目的教师通常有辅助者，有普通课堂教师没法获得的课程材料和设备。

关于"第一章"项目有效性的研究还没有结果，一些研究中表明的取得的成就在其他研究中却没有被发现。最近的研究已经发现此项目在早期阶段对学生成绩的积极影响，但这些影响往往会在中间年级消失。"第一章"项目和其他补偿教育项目如学前开端计划、为了所有学前和小学学生的成功、中学生攀登极限的一些评论，认为它们是最好的临时应急措施。这些评论坚称，如贫穷破碎的家庭、滥用药物、犯罪等社会问题都加剧了糟糕的学校行为，而这些行为本应该减少。

选择性学校和课程

由于各种社会问题，为了满足处境不利学生教育失败的需求，许多学区都形成了选择性学校和课程。这些项目被设计来针对人们关心的学校中存在的暴力、武器、毒品问题，从而减少学生的高风险行为。仅有 40％的学区给处境不利学生提供了选择性项目。2000—2001 学年，65％的学区中只有一所选择性学校，不能满足人们对选择性学校的需求（Kleiner，Porch，& Farris，2002）。

选择性学校通常是一所与普通学校分离的小型的、高度个性化的学校。在其他情况下，选择性学校被组织成校中校。选择性学校项目通常提供矫正教学、职业培训和个性化的辅导。因为它们通常班级规模较小，选择性学校的教师可以更密切地监督学生的进步，当问题出现时，做出更快捷的反应，更加深入地理解学生的需求。

例如，布法罗选择性中学服务于纽约布法罗公共学区 7~12 年级处境不利的学生。为了触及在普通学校中不成功的学生，布法罗项目提供了个性化教学、小型化的班级规模和各种丰富的递送项目，学校成员把它们描述为"支持性、非强迫性、非传统的设置"。在参与项目至少四个星期之后，大部分学生都被期望能回到常规学校。学生必须取得 600 分（根据出勤率、准时、态度、行为和表现）才能回到常规学校。

选择性学校的另一个案例是纽约锡拉丘兹的比尔德选择性学校。学生针对重要的社区问题，如饥饿、家庭暴力、刑事司法制度、种族主义、性别问题，展开。在与社区替代中心、社区联合重建之间建立伙伴关系后，学生开始维护城市西南侧的一个花园和蔬菜园、一年发行两次与学生生活主题相关的报纸《比尔德新闻》（*Beard News*）。学生也参与到以他们自愿活动为基础的课堂学习经历中（Learning in Deed，2004）。

课外活动

98

减少青少年中高风险行为的一种方法是参与课外活动（out-of-school-time，OST）。课外活动支持和促进年轻人的发展，是由于它们把：（1）年轻人置于一个安全的环境；（2）阻止年轻人参与违法行为；（3）教年轻人普通而具体的技能、信念和行为；（4）提供年轻人与同辈和导师之间建立关系的机会（Simpkins，2003）。当年轻人没有被监督或可能被吸引去参加危险行动的情况下，课外活动项目会给他们提供成长和发展的机会。

通常，生活在贫困中的儿童不像其他孩子有同样的机会参与音乐和舞蹈、运动项目及其他课外活动。学生每周在课外活动中花费 1~4 个小时，相比那些没有参加此类活动的学生来讲，49％的人不太可能使用毒品，37％的人不太可能成为青少年父母。然而，2002 年城区课外活动项目只能满足 25％的人的需求（Little & Harris，2003）。

选择性课程

当教师不在选择性学校背景中工作时，许多高效率的常规教师形成了选择性课程来满足处境不利儿童的独特学习需求。例如，许多教师把学生的学习与他们社区的商业、公民、文化、政治部门相连。理论依据是将处境不利学生与学校之外的世界相连，将会促使他们看到相关的教育。

以社区为基础的伙伴关系如何帮助学生学习？

前面的章节审视了学校已经形成的干预项目，这些项目试图确保儿童和青少年在行为、社会和学术方面最适宜的调整以便适应学校的经历。本部分描述一些学校最近形成的、创新的、以社区为基础的伙伴关系，以便防止社会问题阻碍学生学习。

社区作为学校的资源

为了帮助学校解决影响学生的社会问题，许多社区都发挥着精神劝导的作用，最近博耶建议："也许随着时间的流逝人们会意识到，每个社区，不仅是一个学校机构，还是一个儿童机构。目标是一体化的学生服务，并给儿童在每一个社区建造一个友好的、支持性的环境。"（Boyer，1995，p. 169）在社区和学校、个体、公民组织之间建立伙伴关系，或者商业企业选择一所学校，或者被一所学校所选择，它们协同工作都是为了学生的成功。此类项目的最大目标是给学生提供更好的学校经历、支持处境不利学生。

公民组织

为了发展额外的资金来源，许多地方学区已经与对改善教育机会感兴趣的社区小组建立了合作伙伴关系。一些小组给学校筹钱，如美国犹太人委员会和城市联盟为匹兹堡学校筹集资金。一些伙伴接受或赞助学校，并通过提供资金、资源或者服务来丰富教育项目。

一个例子涉及菲尼克斯（亚拉巴马州）学校与社群组织的伙伴关系。学生与公民组织协同工作来提升学生、社群成员关于重要健康问题的意识。卫生保健科学与技术部（The Healthcare Science and Technology Department，HST）和西部地区的医疗/牙科协会教授预防保健技能，包括给所有菲尼克斯学校系统中幼儿园、1年级和特殊教育的学生教授洗手、口腔卫生知识。与公民组织共同工作，学生开发、准备了培训项目中要使用的所有材料。另外，为了给社区提供关于糖尿病的教育项目，学生与组织合作给社区提供血糖筛查（Learning in Deed，2004）。

志愿者导师计划

导师是当前以社区为基础的伙伴关系中，对处境不利学生而言的一个趋势。父母、商业领导、专业人士和同伴志愿者与临近地区学校的学生共同工作，目标可能包括预防辍学、高学业成就、改善自尊、健康决策。关于生活方式问题，"故障排除"通常发挥重要作用，尤其是被毒品交易、帮派竞争、意外暴力和犯罪困扰的社区。导师通常也是成功的榜样。

一些导师项目瞄准了特定的群体。例如，华盛顿特区关心黑人（Concerned Black Men，CBM）组织，全国有15个分会，针对市中心非裔美国男青年。在各行各业超过500名非裔美国人和各界人士参与此组织，并担当区域学校学生的CBM导师。他们的目标是为年轻人树立积极的成人男性榜样，因为许多青少年都只与母亲或者外祖母及在缺少男性教师的学校生活。迄今，CBM在社区的参与下，给予学术和非学术的环境中以高学术成绩、动机、领导力为基础选出的超过4 000名年轻人现金奖励和奖学金。

"CBM志愿者导师"每天上课、接受培训，承担教师助手的角色，贡献材料、安排实地考察、给钥匙儿童运行课后项目。许多志愿者开始的时候和1—2年级的学生一起工作，一路看着这些孩子经历他们的小学阶段。项目的良好结果使得它成为其他学校导师项目的典范。

公司教育合作伙伴关系

商业涉入学校有许多形式。例如，包括贡献学校所需的资金或物质材料，给员工时间参观课堂，采纳一个学校项目，资助飞行员计划和教师发展，提供教育上使用到的企业设备和专业知识技术，职员参与，学生奖学金项目和为了学校改革的政治游说。在商业的拥护与私人部门努力之外的延伸，还包括给处境不利的青少年提供工作的主动权、教师在职项目、学校管理者管理培训、少数族裔教育和能力开发，甚至是校舍建设。

由商业支持的学校试验关注于满足特殊地域需求而创立品牌学校、实验学校或选择性学校。例如，在明尼阿波利斯（Minneapolis）的米尔斯基金会（Mills Foundation）提供了创建明尼阿波利斯联盟选择性学校（Minneapolis Federation of Alternative Schools，MFAS）的主要资金。它是多个学校组成的小组为那些在正规学校项目中没有取得成功的学生提供服务而设计的。上 MFAS 学校的学生的目的包括在恰当的时候返回正规学校、从中学毕业、为高等教育或工作做准备。

除了给教育提供更多的资源，主要的行政人员和他们的雇员贡献了更多的时间。最近的《财富》（Fortune）调查显示，83％被调查的高层管理者说他们积极地参与教育改革，在 1990 年这一比例是 70％。在纽约，伊士曼·柯达的工厂，数以百计的雇员担当地方学校的助教或导师。在一些辍学预防计划中，男女商人领养个别学生，到学校去看他们、和他们每周吃一次饭、见他们的家庭成员、把他们带到自己的工作现场。

学校作为社区资源

从对学校的传统认识转移，即学校应该为社区的多种目的提供服务。它们不仅要关注儿童和年轻人的发展，也要关注他们的家庭，从而学校最终提高学生的学习能力。如博耶（Ernest Boyer，1995，p.168）所说："在学校和校外生活之间没有任意直线可画。每所学校都应该带头组织问讯处（一个连接学生与家庭的儿童社区安全网络，以便支持区域的机构）、诊所、家庭支持、辅导中心和宗教机构。"

学校之外

许多学校和学区都通过在惯常的学校生活之前、之后和暑假期间提供教育、休闲项目服务于它们的社区。很快，教育政策制定者认识到常规学校约 180 天的时间不是满足学生学习需求的最好安排。正如 RCM 研究公司——一个研究教育变革中问题的非营利组织指出，"从历史的角度讲，时间像胶水黏合公共学校系统中的传统——卡内基学分，**平行班级**（equal class periods），暑假期间没有学校教育，12 年的教育——结果，时间的使用已经变得不可侵犯。'我们总是以这样的方式干活。'时间如何来使用，更多地与行政便利有关，而不是从教育的角度讲什么对学生是最好的"（RCM Research Corporation，1998）。

学校长期的提议、有教育意义的周末、针对学生教育和发展需求的课后项目都受到了社会问题的影响。根据国家全年教育协会提供的数据，在 1992 年整年1 646 所全年学校为 130 万名学生提供了服务；到 2007 年，2 764 所全年学校为超过 200 万学生提供了服务。例如，在得克萨斯州奥斯丁，学校可以参与一项可选择性拓展年（Optional Extended Year，OEY）项目，允许它们在阅读和数学方面给处境不利留级一年的学生提供额外的教育。学校参与可选择性拓展年项目可以从四个上课时间选项中选择：（1）拓展日；（2）拓展周；（3）全年教育中的短假；（4）暑期班（Idol，1998；Washington，1998）。

超越常规学校日的拓展项目也针对父母的需求和工作世界的要求。作为一位密苏里州的小学教师，"我的许多学生在每天结束时就开始闲逛，他们问我能为我做什么。由于通常没人在家，所以他们害怕回家或者花时间在街上"（Boyer，1995，p. 165）。

放学后的教育和休闲项目被设计出来是为了：（1）当孩子可能卷入反社会活动中时给他们提供监督；（2）给孩子扩大视野和增强他们的社会化提供丰富的经验；（3）改善孩子的学术成就，而不是在常规的学校时间内实现他们的潜力（Fashola，1999）。博耶认为，学校应该让它们的计划适应工作场所的规则，以便父母能够更多地涉入孩子的教育中。企业也应该给孩子家长更灵活的工作安排。借鉴日本的模式，博耶建议学年的开始可以是一个假日，以便父母能够参与开幕典礼、庆祝典礼，庆祝学年结束也同样如此。

几年后，在美国夏威夷放学后项目（After-School Plus Program，A＋）已经给幼儿园到 6 年级的学生开始提供从下午 2 点到 5 点之间丰富的项目。儿童可以自由地开始艺术创作、运动、戏剧表演或者家庭作业，形成一种"多元感"，或者"归属感"。目前，已经有 178 处项目场所服务于约 22 000 名学生（National Governors, Association & NGA Center for Best Practices，2002）。从 20 世纪 70 年代中期开始，比尤纳维斯塔的一些学校就依据日历上的四季，包括一项可选择的夏天的丰富项目来操作运转。比尤纳维斯塔的主管人预计：尽管一些学生要花费更多的时间升入下一年级，但此地区每年节省维持成本将超过 10 万美元（Boyer，1995）。

一些研究显示，拓展日和学校校历对成就有积极的影响（Center for Research on Effective Schooling for Disadvantaged Students，1992；Gandara & Fish，1994），但是约翰·霍普斯金大学的"处境不利学生教育研究中心"（Center for Research on the Education of Students Placed at Risk，CRESPAR）得出结论说"放学后项目中什么发挥最大作用的问题没有直接的答案"（Fashola，1999）。依照处境不利学生教育研究中心的说法，很少有就放学后项目对测量影响的研究，如成就或者反社会行为的减少满足了研究设计的最低标准。然而，处境不利学生教育研究中心通过有力证据发现了有效的放学后项目的四个元素：员工培训、项目结构、项目有效性评估、包含家庭和孩子的计划（Fashola，1999）。

社会服务

为了回应不断增长的处境不利和暴力倾向的儿童和青少年人数，许多学校给学生、家庭和他们的社区提供了一系列社会服务。接下来 3 个女孩的评论强调了为处境不利青少年提供急需的支持服务的重要性，因为她们可能逐渐变成具有侵略和暴力倾向的人，徒劳地尝试支撑自己脆弱的自尊，应对生活中的痛苦。这 3 个女孩都在学校或附近参与过暴力冲突，经常酗酒和使用非法药物。15 岁的玛丽受到过父母的身体虐待，她 14 岁时就被强奸。琳达 15 岁，在 4 年的时间里受到一位家庭成员的性骚扰，她长期忍受父亲在身体和心理上的虐待。14 岁的珍妮沉迷于死亡和自杀，她渴望加入帮派。

当你在吸食兴奋剂时，你仅仅在大笑，你不想打别人因为那太难了……你很舒服……你只是想坐在那儿，你身体的每一个部位都像是停止了工作……这对上学来说甚至是件好事。去年我一直都感觉飘飘欲仙，我记得我过去常常坐在班上，干我的事，因为我不想教师碰我。但是，今年我就不及格了，因为我没做自己的事，因为我再也没有飘飘欲仙的感觉了。（玛丽）

我只是知道我有许多的仇恨……就是这个珍妮，在她对我大发议论之后，我对她完全恼怒了，现在我只想用东西猛烈地敲她的头。我想向她开枪或者别的什么，我想杀了她……如我可以侥幸成功地杀了她，我就会杀了她。我也可能不会杀她，但是也会让她不好受。我只是想教训一下她。我会打得她屁滚尿流。她把我气惨了，我只是想给她两个黑眼圈。然后我就好了。我会强辩到底的。（琳达）。

我喜欢打架，我非常兴奋。我喜欢毒打别人时的力量感。就像如果我打他们，我就赢了。我自我感觉良好。我感觉自己就像……不害怕任何人，从而感觉很好。我的朋友害怕许多人，我的反应是"噢，耶"，但是我不害怕他们……所有初中 8 年级的人都害怕我，他们甚至不知道我，也害怕我。这使我有权力感。（珍妮）（Artz，1999，pp. 127，136，157）

尽管一些人认为学校不会提供社会服务，但是像玛丽、琳达、珍妮一样处境不利学生人数的增长表明，这种趋势可能会持续。在西雅图，公民投票要求一定比例的税收留下来给小学阶段的孩子提供服务。在佛罗里达州棕榈滩的官员创建了针对 16 个区域的儿童服务局，从降低辍学率到更好的儿童保育，从父母支持小组，到育婴，到特殊需求学生的项目，政府开始着手实施大量的项目使社区和儿童获益。

小　结

在当今社会学校的角色是什么？

● 尽管关于学校角色的争论仍在持续，美国许多人认为学校对学生社会化，从而聪明、建设性地参与社会负有责任。

该如何描述学校？

● 学校可以依照它们课程的关注点和组织的结构进行分类。

作为社会机构的学校应是什么样的？

● 作为有助于维持和改善社会的社会机构，学校像一面镜子，反映了美国的文化和周围地方的文化。学校通常再生产现存的社会阶级的机构，维持穷人、富人的差异。

● 学校的物理环境，如自足式课堂、开放空间管理、部门化等元素有助于一所学校品性和文化的形成。相似地，每间教室都形成了自己的文化，都受到物理环境和小组社会维度的影响。

● 成功学校的三个观点已经被提出：（1）它们的学生表现了学习的高水平；（2）它们的结果超过了相对的学校；（3）它们在不断改进而不是变糟。

成功学校的特征是什么？

● 研究识别了有效学校的七种特征：强有力的领导、高期望、强调基本技能、

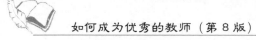

并然有序的学校环境、频繁而系统的学生学习评估、目的感、共治和共同体感。

什么社会问题影响了学校，并把学生置于不利境地？

● 以极端家庭压力、贫穷、犯罪和缺乏成人监督为特征的家庭生活经验使越来越多的儿童处在辍学的风险之中。处境不利的少数族裔学生可能必须与无法理解的障碍抗衡，如语言障碍、与同学和教师间的冲突、种族主义和歧视。

学校该如何应对社会问题？

● 学校已经形成了针对社会问题的五大有效干预和预防项目：同伴辅导和同伴调解、全方位服务的社区学校、跨专业的校本案例管理、补偿教育、选择性学校和课程。

● 自1965年以来，一系列联邦政府资助补偿教育项目已经为改善来自低收入家庭低能力学生的基本技能提供了教育服务。

● 许多学区已经形成了选择性学校或者校中校提供高度个性化的教学，并为在常规教育中没有成功的学生提供支持服务。同时，高效能的教师修改他们的技术，形成选择性课程满足处境不利学生的需求。

以社区为基础的伙伴关系如何帮助学生学习？

● 学校通过提供上学前、放学后教育的、休闲的项目，通过提供卫生和社会服务给它们的社区提供资源。另外，社区和合作伙伴可以通过各种形式的支持帮助学校解决阻碍学生学习的社会问题。

专业反思与活动

教师日志

（1）学校在美国再生产现存阶级和社会结构的证明是什么？什么证据证明来自低社会经济阶层的学生没有为向上层阶级流动准备好？

（2）使用安永的四种学校类型理论（工人阶级、中产阶级、富裕阶级、精英阶级），描述你所上学校的类型。这些学校在哪些方面有助于（或无益于）你在美国社会向上层流动？

教师研究

（1）在互联网上搜集关于儿童或青少年的反映健康、安全、你所在州的福利的数据。州政府数据库是开始的最好地方。把你的研究缩小至以下领域：

● 儿童时期的贫穷和无家可归。
● 学生的营养和健康。
● 少女怀孕。
● 学校中的欺凌。
● 虐待儿童和忽视儿童。
● 学生滥用酒精、药物和烟草。
● 学校暴力和犯罪。
● 旷课。
● 青少年犯罪。
● 儿童和青少年的自杀。

（2）进入全美教育联合会主页。在这里，点击链接 NEA 的立法行动中心。在这个网址上，搜集联邦或州立法关于针对满足处境不利学生的教育需求的信息，发送邮件给国会，或者其中一个你的州的立法委员解释就立法而言你的位置。

观察与访谈

（1）参观一所学校，就在他们的学校中影响学生的社会问题采访几位教师。教师们如何应对这些社会问题？从他们的角度而言，什么资源会更加有效地应对这些问题？

（2）采访你社区中的一位社会工作者。根据他的观点，学校和社会服务机构之间存在哪种类型的关系？

专业档案

访问几个针对处境不利儿童和青少年需求的组织的网站，针对处境不利学生的一个社会问题汇编一系列材料（出版物、教学策略、视频、培训材料等）。

第二部分

教学的基础

104 **尊敬的导师：**

我是加利福尼亚大学的一名本科生。我计划去初级学校从教，并希望成为一名幼儿园教师。在我准备明年春季毕业期间，基于您对教学的热情和作为教育者的经验，我有几个问题希望得到您的回答。

正如薇薇安·斯图尔特在其文章中所说，"成为世界公民"，"未来就在这里。它是多民族的、多文化的、多语言的"。我相信您会同意，理解并接受课堂内的多样性已经成为教师的一项重要责任。我特别想听到，在您的课堂变成一个更加多元化的学习者共同体的时候，你的经验和应对方式。

幼儿园学生的发展性和社会性水平相对较低，因为他们的受教育生涯才刚刚开始。考虑到这一点，您是如何教这么小年龄的孩子们关于学习的重要性和价值的呢？您是如何教这些孩子们与那些外表、行为和想法都与其不同的学生互动的呢？这又是如何促进不同种族、文化、背景、宗教的学生之间的理解和接受的呢？等等。

我对有机会去培养一个真实的多元的学习者共同体感到很兴奋。您和您的学生有什么参与性的活动或课程来庆祝您的课堂内的这种多样性吗？最后，您使用过什么策略来帮助那些母语不是英语的学生吗？

非常感谢您乐于分享您的洞见、建议和鼓励。作为一名未来的教育者，我期望从您作为一名成熟的幼儿园教师的经验中学习。

德文·黛拉福塞　谨上

105 **亲爱的德文：**

你正在进入一个美妙的职业，但是也正处于一个挑战性的时期。作为一名幼儿园教师，你将负责我们年龄最小的学生的教育。他们渴望学到字母、数字、植物、动物、写字以及更多的东西。

你问到关于在我们今天的学校中，教师所面对的满足种族的、文化的、语言的多样性的孩子的挑战。这确实是一个挑战，但是我们必须为所有的孩子提供平等的学习机会。刚刚过去的几年里，在我的班上有许多双语儿童，而且还有一些孩子只说中文普通话、阿拉伯语或者西班牙语。我甚至还有一个学生，在家中是双语，但是在学校却保持选择性沉默。

我发现，马上教非英语口语的学生一些关键的短语，如"卫生间"或者"我的名字是"，是有帮助的。而且，我学会了如何用他们的母语说早上好，这使我可以在早上用一种熟悉的短语来问候他们。让所有孩子感受到欢迎和被重视，是重要的。

在幼儿园，有很多互动的机会是不需要说同一种语言的，所以，许多幼儿园致力于强化语言和概念的发展，以使所有的学生忙于学习一些与语言相关的东西。

我发现，成功应对多样性的方式与我们应对课堂内其他问题的方式一致：我们交流。我喜欢使用图画书作为班级讨论的起跑器。许多图画书现在突出了种族的、文化的多元特征。通过它们，我的学生能看到书中与他们长得一样或者说着他们的语言的人物。

另外一个主意是，买一盒有不同颜色的蜡笔。我的学生在看到与他们肤色匹配的蜡笔时，就会很兴奋。

最后，去了解你的学生的家庭。当你对于你的学生的家庭的文化更为了解的时候，你将更能有效地处理任何出现的问题。

幼儿园的学生以其自身的方式接受其他人。他们的接受是自然的，而且支持和鼓励他们的思维方式很重要。他们一般不会关心，另一个孩子是否说不同的语言或者有不同的肤色或头发。在学习的时间内，孩子们可能忙于不同的技能，但是在空闲和休息时间，他们仅仅是快乐的幼儿园孩子。

幼儿园的孩子有其独特性。你为年少的儿童提供积极机会的热情，将是对本职业的精彩的加入。欢迎从事教学。

一起从教。

卡罗琳·库克

幼儿园教师，沙尔小学，拉文大学儿童发展兼职教授

第四章

美国教育的哲学基础

> 我努力给学生创造机会，让他们成为改革中的活跃分子，这可以让他们更清晰地认识到自己是谁、什么是重要的。我也会和学生的家庭、社区以及其他一些教育者合作，这样的教学可以塑造、改变、影响个体每天的决定，转而也会对社会的其他方面产生影响。
>
> ——金伯利·米恩，3年级教师
> 引自 *Teaching to Change the World*，2007，p. 491

课堂案例：教学的现实 ▶▶▶

挑战：清楚地表达你的教育哲学，并且决定哪些知识是最有价值的。

你的指导教师普什科夫老师在隔壁教室教社会研究。她用她所谓的"批判与社会公平"方法教学，也就是说，她希望她的学生对现状提出质疑，想让他们意识到自己在改进世界中所能担当的重要角色。

她的学生经常参与围绕社会议题的小组设计、模拟、角色扮演和课堂辩论。此外，普什科夫老师还不时地组织学生们采取行动解决当地社会问题。上周，作为帮助城市无家可归者活动的一部分，她的学生用周末时间在附近一个施粥场帮忙。

普什科夫老师的一些同事对她的方法表示怀疑。他们认为她的教学"过于政治化"，并且认为她让学生们相信他们可以改变世界的做法是在给学生帮倒忙。他们还指出，家长想要孩子学习传统的基础，而不是如何成为社会活动家。

今天，在教师餐厅里，你加入了普什科夫老师和其他两个教师的讨论，他们正在讨论写作教学的策略。"我的学生们确实在无家可归者救济处深受触动，"普什科夫老师说，"现在他们正在努力写出上周在施粥场的体验。他们有许多话要说。其中两个孩子甚至计划把他们的论文投到报纸的社论版。"

"学生从这种活动中真正学到了什么呢？"普什科夫老师对面的老师问，"我不认为我们的学生应该给编辑写信，跟所有这些事情搅在一起。我们只需要教会他们写作就行了。之后，如果他们想要关注消除贫穷、犯罪或其他什么，那是他们的决定。"

接着，这位老师看向你，问："你怎么认为？"

焦点问题

1. 为什么哲学对教师很重要？
2. 哲学的本质是什么？
3. 什么决定了你的教育哲学？

4. 哲学的分支有哪些？

5. 教学的五个现代哲学取向是什么？

6. 哪些心理学取向影响了教学哲学？

7. 你怎样发展你的教育哲学？

正如本章的课堂案例所揭示的，教师们在回答关于他们工作的至关重要的问题时，会有彼此冲突的观点。教育的目的应该是什么？什么知识是最有价值的？教师应该鼓励学生发展什么样的价值观？应该怎样对学习做出评价？这些问题可能很难，但教师们必须对它们做出回答。要回答这些问题以及与之相类似的问题，教师就要使用哲学。

为什么哲学对教师很重要？

今日的学校反映了国家的建立者和一代代移民带到这个国家来的愿望、价值观和哲学基础。理解塑造了美国教育的哲学思想是作为一名专业人员的你所受教育的重要部分。这种理解将使你"想清楚（你）正在做什么，并且在一个个人和社会发展的更宽广的语境下看到（你）正在做什么"（Ozmon & Craver，2007）。

然而，你可能还是困惑：了解教育哲学有什么价值？关于教育哲学的知识能帮你成为一个更好的教师吗？对教育哲学的理解将在三个方面提高你的专业性。首先，教育哲学知识能帮你理解影响学校的复杂政治力量。当人们用政治行动影响学校，他们的行为反映了他们的教育哲学。其次，哲学如何影响学校的知识能帮你更有效地对当下的改革方案做出评价。如果你了解学校是如何发展，以及当下的提案是如何可能与先前的变革努力相关联的，你就有更好的条件去评价改革。最后，对哲学是如何影响教学的意识是教育中专业性的体现。

此外，哲学能够揭示可能被用作专业活动的向导的原则。有些教师不同意这一看法，他们认为哲学反思对教学的实际行动毫无作用（当然，这种论调本身就是一种教育哲学）。然而，正如伟大的教育哲学家约翰·杜威（John Dewey，1916，p.383）所言，关心教育就是关心哲学："如果我们愿意把教育视为形成受教育者对自然和人类的智识和情感方面基本倾向的过程，那么哲学甚至可以被定义为**教育的一般理论。**"

哲学对学校也十分重要。大多数学校都有一个哲学的陈述，朝着教师、管理者、学生和家长所期望的方向努力。一所学校的哲学实际上是对学校价值观的一种公开表达，以及对其所要达到的教育目标的描述。一所学校的哲学是如此重要，以至于学校评估机构在评估学校时，部分基于该校是否达到了之前其哲学陈述中预设的目标。

哲学的本质是什么？

109

哲学关注存在、知识和行为的基本原理。宗教通过超自然启示得到真理，而哲学家运用理性的力量寻找关于人生的基本问题的答案。哲学家用一种小心翼翼、循序渐进、提问—回答的方式拓展他们对于世界的理解。同时，他们通过非常严苟的语言、语言学技术的使用和概念分析，试图描述我们生活的这个世界。

"哲学"一词可能是从希腊语"爱智慧"直接翻译而来。哲学是理解世界的一系列观点。放眼全世界，著名的哲学家有苏格拉底、柏拉图、亚里士多德、阿奎那、笛卡儿、约翰·洛克、大卫·休谟、让·雅克·卢梭、康德、黑格尔、约翰·斯图尔特·密尔、卡尔·马克思、约翰·杜威、让·保罗·萨特，以及阿德勒。他们毕生致力于人生重大问题的思考：什么是真理？什么是现实？什么样的人生值得追寻？

什么决定了你的教育哲学？

用最简单的话说，你的教育哲学由你关于教育的信仰组成，即指引你专业行为的一系列原则。不管有没有认识到，每一个教师都有自己的教育哲学——一系列关于人类如何学习、成长，以及一个人应该学习什么以获得一个好的生活的信念。专业的教师会认识到教学从根本上说是一个哲学问题，因为教学关注**应该怎样**。

你作为一个教师的行为表现与你关于教与学、学生、知识和什么值得知道的信念密切相关（见图4—1）。不管站在什么立场上看这些关于教学的维度，你都应该注意到不停地反思你确实相信什么以及你为什么相信它的必要性。比如，如果你的教师教育项目是被全美教师教育认证委员会认证的（美国大约一半的项目都是它认证的），你将被要求学习基于全美教师教育认证委员会标准的教育哲学："（教师）候选人理解并且能够应用关于……教育的哲学基础的知识。"（National Council for Accreditation of Teacher Education，2002，p.196）

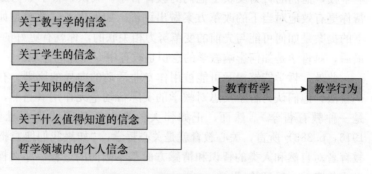

图4—1　教育信念和教学行为

关于教与学的信念

你的教育哲学中最为重要的组成部分之一是关于教与学的信念。也就是说，作为一个教师，你主要的角色是什么？是向学生传授知识，然后在他们运用知识发展技能的过程中指导他们的实践？还是培养基于个人兴趣、经验和理解的自主学习者？第一种观点强调知识的传递，而第二种强调学生为主体的知识的建构。（第十章中，你将更进一步了解如何基于教与学的建构主义视角发展教学策略。）

传递观强调学生行为的改变。学习意味着在多种刺激和反应之间建立联系。换句话说，学习是外部力量的结果。而建构主义观强调学生个体的经验和认知，当个体经验导致了思想或行为的改变，学习才真正发生。也就是说，学习很大程度上是个体内部力量的结果。图4—2可以帮你测试自己关于教与学的信念。

在每一组关于教师角色的陈述中，圈出最能反映你的立场的答案。记住，没有正确的答案，也没有哪个答案比其他的更好。

建构主义的观点		传递的观点
"我主要把我的角色视为一个促进者。我尽力为我的学生提供机会和资源，让他们去发现和建构自己的概念。"	VS	"都很好，但除非你用一种结构化的组织呈现材料，否则我的学生不会学好这门课。解释、告诉学生如何做事情以及安排特定的实践是我的工作。"
完全同意　比较同意	不确定	比较同意　完全同意
"让各种类型的活动都在教室里进行是个好主意。一些学生也许会根据他们读到的一个剧本创设场景，其他学生则可能会做一个微型版本的布置。保证逻辑正确很困难，但成功远比失败重要。"	VS	"给全班同样的任务更为实际，一则有明确的方向，二则这可以使任务在学生的注意力集中时间和日常课程计划之内完成。"
完全同意　比较同意	不确定	比较同意　完全同意
"教学最重要的部分是鼓励学生'意义建构'或思考。而内容是其次的。"	VS	"教学最重要的部分是课程内容。课程内容来自社会对儿童需要知道和做到的事情的判断。"
完全同意　比较同意	不确定	比较同意　完全同意
"学生开始对学术工作感兴趣是关键——兴趣和努力比他们置身其中的特定内容更重要。"	VS	"虽然学生的动机确实有用，但动机不会驱动学生所学的内容。学生在课本中学到历史、科学、数学和语言技能更为重要。"
完全同意　比较同意	不确定	比较同意　完全同意

图4—2　你的立场是什么？

资料来源：Adapted from Jason L. Ravitz, Henry Jay Becker, and Yan Tien Wong. *Constructivist-Compatible Beliefs and Practices Among U. S. Teachers.* Center for Research on Information Technology and Organizations, University of California, Irvine; and University of Minnesota, July 2000.

关于学生的信念

你关于学生的信念将对你如何教学产生重要影响。每一个教师都会在大脑中形成一个关于学生是什么样子的影像——他们的性情倾向、技能、动机水平和预期。你关于学生是什么样子的信念来自你个人独特的生活经历，尤其是你对年轻人的观察和你关于人类成长和发展的知识。

消极的学生观会使师生关系建立在恐惧和威压之上，而不是信念和帮助。极其消极的学生观将有不能给学生提供充分的结构和指导，以及不能传达足够高的预期的风险。归根结底，真正专业的教师——有一套经过深思熟虑的教育哲学的教师——认为，虽然学生学习和成长的资质各个不同，但他们都**能够**学习。就关于学生的信念来说，教师向学生传达积极的态度和他们**能够**学习的信念，至关重要。

关于知识的信念

教师的知识观直接关系到他们如何教学。如果教师把知识看作科目或者许多彼此不相关联的事实的总和，那么学生将非常可能耗费很多时间用一种简单的、死记硬背的方式学习那些知识。回想你自己的学习经历，也许你当时必须记住 50 个州的首府、演讲的八个部分的定义、化学元素周期表，等等。

另有一些教师更加概念化地看待知识，他们认为知识由能使我们理解和影响我们周围的环境的大概念组成。这样一个教师会希望学生能够解释立法决策是如何在州的首府里做出的，对演讲的八个部分的理解是如何使写作生动的，以及化学元素是如何根据它们的原子序数分组的。

最后，在关于学生对自身经验日益增进的理解是否是一种合理的知识形式问题上，教师有不同的信念。关于自身和个人经验的知识与关于某一门科目的知识不同，但对于完整而富足的人生来说，个人知识是不可或缺的。本章的"行动中的技术"专题讲述了一位教师，他坚信外语的学习应该超越对语法结构知识的吹毛求疵和对单词的死记硬背。对这位教师来说，学生从国际交流中得到个人知识是外语学习的一种有效目标。

关于什么值得知道的信念

关于应该教什么，不同教师有不同的想法。倾向于教学的知识传递观的教师认为，最重要的事情是让学生掌握阅读、写作、计算和口头交流的基本技能，这些技能是他们获取未来职业成功的必需品，并且，让学生为工作世界做准备是学校的职责。另一位教师认为，最有价值的内容需要从经典著作中找寻。通过掌握来自科学、数学、文学和历史的伟大思想，学生做好应对未来世界的准备。又有一位倾向于持教学的建构主义观的教师，他最关心的是学生学会如何推理、有效交流和解决问题。掌握这些认知过程的学生已经学会了如何学习——这是对一个未知的未来的最现实的准备。最后，还有一位教师关心学生作为一个全人的发展，他教会学生成为自我实现的人。如此，课程内容需要对学生有意义，尽可能地有助于使学生成为一个成熟、完满的人。如你所见，关于什么样的知识最有价值这个问题，没有一个简单的答案。你关于教与学、学生、知识，以及什么值得知道的信念是你的教育哲学的基础。

行动中的技术：11 年级语文课上的网络会议

近五年来，路易丝·赵在林肯高中教高级汉语语文。她的方式是部分报告以及许多许多的练习。只要可能，她尽量让母语为汉语的人在班里讲话，但这往往采用课堂报告的形式。这种报告并没有达到她预期的效果——她想让学生跟汉语演讲者进行大量的一对一对话。

赵老师生于上海，至今，她还有很多亲戚住在那里。她一般用各种在线交流工具跟他们联系，但直到有一天，她走进房间，看到她 13 岁的儿子正用视频电话跟她在上海的表妹聊天，她忽然想到了教室难题的解决办法。第二天，她找到校长，表达了她的想法。校长同意了她的想法之后，她开始开展她的课堂方案。

通过她家里的关系，她联系到一位在上海的高中老师李老师。他教中国学生英语。两位老师商议后决定让他们的学生用 Elluminate 每周见一次，每次一小时。Elluminate 是一个网络会议软件，通过这个软件，人与人以及团体与团体之间可以在网上用文本、音频、图片等形式交流。恰好当地的社区学院刚刚买进一个 Elluminate 网络会议的许可，作为它社区拓展服务的一部分，这个社区学院允许服务范围内的学校使用它的 Elluminate。赵老师和李老师班上的同学将一一结对，在一小时的 Elluminate 时间中，前 30 分钟说汉语，后 30 分钟说英语。两位老师会对这一过程录音，以便以后回看这些对话，给学生提供反馈。

赵老师意识到要让这些设想实现，她还有很多事情去做。她需要列出每周的重要事项，协调时间；给两边的学生配对，确保他们能不断交谈；还要创设适合一对一谈话的环境。

幸运的是，学校的计算机实验室非常现代，每个电脑都配备了头戴式耳麦。戴上耳麦，实验室里 20 多个其他学生的声音就听不到了，他们之间不会相互干扰。设备和技术有了，她要做的第二件事是解决时间问题。她没有办法让这件事在标准的上学时间内完成，于是她决定让学生们自愿参与。让她惊讶的是，她所有的学生都愿意参加第一次会话。每个周四的下午 4 点，她的学生都会去计算机实验室，点开 Elluminate 会话，与他们远在上海的同伴联系。而此时，上海的孩子们正坐在电脑前，享受他们第二天上午 7 点的时光。这个新鲜事是学生们首先讨论的。尽管只有半学期，学生们每周都不会错过与地球另一边的朋友交流的机会。

网络会议：网络会议允许个人或团体在网络上通过视频和/或音频取得联系。人们坐在电脑前，与网络另一端的人进行实况同步的会话。另一端的人可以是同一栋楼里的，也可以是另外一个国家的。要进行网络视频会议，你需要一个 USB 视频输入装置、一个麦克风、合适的电脑音频和视频卡、视频会议软件或插件，以及一个足以承受网络会议的网络连接。

访问：http://thinkofit.com/webconf/index.htm。

这个网站提供了许多网络会议操作的详细说明。

可能的应用：教师们已经把网络会议用于辅导学生、与家长沟通、把演讲者引进教室、获得专业发展机会，以及与全国的同事取得联系。

尝试：如果你想让学生参与网络视频会议，有许多选择。打开上面列出的网址，你就能免费临时试用其中的许多软件。Windows Messenger 就是其中一种简单的网络会议软件。你只需要打开软件，点击"开始视频会话"，输入你想联系的人的电子邮件地址，就可以与他取得联系。

哲学的分支有哪些？

113

为了给你提供更多工具，使你形成和澄清自己的教育哲学，这一部分对教师主要关注的哲学领域做了概览：形而上学、认识论、价值论（伦理学、美学和逻辑学）。这其中的每一个领域都聚焦于一个困扰了世界最伟大的哲学家们几个世纪的问题：现实的本质是什么？知识的本质是什么？真理是可以获得的吗？人以什么价值为生？什么是善和恶？美的本质是什么？什么样的推理过程会得出有效的结论？

形而上学

形而上学关注尽可能理性和全面地解释现实的本质（相对于现实的表象）。什么是现实？世界由什么组成？这些是形而上学的问题。形而上学也关注存在的本质，探寻诸如此类的问题：存在意味着什么？人类在万物中处于什么位置？形而上学的这些及其类似问题是教育哲学的精髓所在。正如一位教育哲学家所言，**"'人在宇宙中的位置'是教育哲学家永恒的话题"**（"Man's place in the cosmos" is the constant problem of the philosopher of education）（Bertocci，1956，p.158）。又或者，如两位教育哲学家所说的，"我们在教育理论中的终极关注在于所有哲学问题的根本：形而上学，关于最高实在的学问"（Morris & Pai，1994，p.28）。

形而上学与教育有着重要的关联，因为学校课程的建构基于我们对于现实的了解。而我们对现实的了解又受到我们关于世界的疑问的推动。实际上，在学校应该教什么的任何一种观点背后，都有其特有的现实观，即对形而上学问题的一系列回答。

认识论

第二个主要关注教师的哲学问题组叫作认识论。这些问题都聚焦于知识。什么知识是正确的？认识是如何发生的？我们如何知道我们知道？在相反的知识观之间，我们如何取舍？真理是永恒的吗？还是说真理是随情况而变化的？什么知识最有价值？

你怎样回答面向所有教师的认识论问题将对你的教学有重要影响。首先你需要决定你所教的内容里什么是正确的，其次你必须决定在你把这些内容教给学生的过程中，哪些方法最合适。即便一个很随意的认识论问题的思考都会揭示，认识世界的方式有很多种，这其中，至少有五种是对教师有意义的。

（1）**基于权威的认识**——比如，来自圣人、诗人、神父或统治者的知识。在学校里，教科书、教师和管理者则是学生的权威来源。每天，我们把不知道名字的专家作为权威知识的来源："**他们说到世纪中叶我们将会有去火星的载人飞船。**"

（2）**基于神启的认知**——例如，以超自然启示形式存在的知识，它们来自远古人类的太阳神、古希腊诸神，或者犹太—基督教的神。

（3）**基于经验主义（经验）的知识**——例如，通过感知、通过非正式的方式聚集起来的指导我们日常行为的经验数据而获得的知识。我们说经验是最好的老师的时候，就是这种认知模式。

（4）**基于理性和逻辑分析的认知**——例如，来自逻辑性的思考过程的知识。在学校里，学生学着运用理性思维完成一些任务，比如解决数学问题、从观点中查明事实、维护或反驳一个特定的观点。许多学生还学会用科学方法来推导和分析经验数据。运用这种方法，问题得以确定，相关数据收集上来，基于数据形成假设，然后假设得到实证检验。

（5）**基于直觉的认知**——例如未经理性思考而得到的知识。直觉来自我们已有的知识和经验，并让我们对当下所处的情境有即时的理解。直觉让我们觉得我们知道，但是我们不知道我们是怎么知道的。

价值论

接下来的这一系列哲学问题关注价值。教师关注价值"因为学校教育不是一个中立的机构。学校的思路表达了一系列的价值"（Nelson, Carlson, & Panlonsky, 2000, p. 304）。

在所有价值论问题中，教师必须回答的有：教师应鼓励学生采取什么价值？什么样的价值提高我们的人文主义？一个真正受过教育的人应该持有什么样的价值？

价值论强调这样一种事实：教师不仅具有对于学生所获知识量的兴趣，也有对因那些知识而成为可能的生活质量的兴趣。如果不能学以致用，那么即便再丰富的知识，也不能使个人受益。我们怎样定义生活的质量？什么样的学习经历对生活质量最有益？所有教师都必须面对由这些问题带来的一系列后果。

伦理学

当价值论思考什么是价值，伦理学思考：什么是善和恶、正确与错误、公正与不公正？

伦理学知识可以帮教师解决很多课堂困境。很经常地，教师在不能收集到所有相关事实，以及没有任何一种行动方针是完全正确或完全错误的情况下解决问题。例如，一个学生的学期论文抄袭了，如果严厉地惩罚有可能防止其他学生抄袭，那么这个教师应该给这个学生记不及格吗？或者教师应该遵照自己认为这个学生会有长期发展的预感，让学生重做作业，而承担其他学生可能会就此认为抄袭也没什么不良后果的风险？再比如，为了提高全班总体成绩，一个小学数学老师把两个捣乱的小女孩分开，其中一个放到远低于她能力水平的数学小组里，这种行为是公正的吗？

当难以决定行动的正确方式时，伦理学能为教师提供思考问题的方法。伦理学还能帮教师理解"伦理的思考和决策都不只是遵循规则"（Strike & Soltis, 1985, p. 3）。本章的"教师之声：对现实的研究"讲述的是一位教师处理一个伦理困境之后的收获。

美学

价值论的分支——美学关注与美和艺术有关的价值。虽然我们期待教音乐、艺术、戏剧、文学和写作的老师能定期让学生对艺术作品的质量做评价，但我们会很轻易地忽略掉美学在所有课程领域中的角色。著名教育哲学家亨利·布劳迪曾指出，艺术是必需品，不只是"挺好"（Harry Broudy, 1979, pp. 347-350）。随着美学预期的提高，学生会在生活的所有方面发现更多的意义。

美学还可以帮教师提高他的效力。教学可以被看作一种艺术表达，因此可以根据美和质量的艺术标准来衡量教学。这样，教师就是艺术家，其表达媒介是自发、即兴和创造性的师生之间的邂逅。

逻辑学

逻辑学是思考推理过程、识别使思考者得出正确结论的规则的哲学领域。公众几乎都认为教育的关键目标是教学生如何思考。教学最常让学生掌握的两种逻辑思维过程是演绎的思考和归纳的思考。演绎路径要求思考者从一般到特殊；归纳推理则从特殊到一般，学生从分析具体案例出发，最终达成对一般命题的接受。归纳性教学经常被称作发现式教学——学生发现或创造他们对于某一主题的知识。

117

或许使用归纳路径教学的最有名的教师要数苏格拉底了。他的教学方法被我们称为苏格拉底法，这种方法主要是他与学生之间的哲学对话（辩证逻辑）。苏格拉底式提问主要具有如下特征：

- 讨论的领导者只提问题。
- 讨论是系统化的（不是任何人都可以自由加入的）。
- 领导者的问题引导讨论。
- 每个参与者都努力"深入内部"，探究所讨论的话题的复杂性。

苏格拉底的遗产深深扎根于许多老师的脑海中，这些老师用苏格拉底式提问鼓励学生反思他们自身。图 4—3 呈现了"苏格拉底式提问清单的艺术"。

下面的列表可用来培养学生训练有素地质疑。学生可以轮流在小组里领导苏格拉底式讨论。在此过程中，部分学生需要观察领导讨论的那些学生，之后，用下面的准则向他们提供反馈。（在讨论过程中，所有学生都应该有一份下面的准则。）

1. 提问者是否每次都用另外一个问题对前面的问题做出回应？

2. 提问者是否明确了讨论的目标？
（讨论的目标是什么？我们正试图完成什么？）

3. 提问者是否寻求了相关信息？
（你的观点基于什么信息？什么经历使你确信那一观点？）

4. 提问者是否合理或有效地对推论、解释和结论提出质疑？
（你是怎样得出那个结论的？你能解释下你的推理过程吗？有没有其他可能的解释？）

5. 提问者是否聚焦于关键思想或概念？
（你的主要观点是什么？你能解释一下那个观点吗？）

6. 提问者是否注意到令人质疑的假设？
（你的假设到底是什么？你为什么做这个假设？）

7. 提问者是否质疑了内涵和结论？
（你说……的意思是什么？你在暗指……吗？如果人们要接受你的结论并据此行动，需要了解这背后蕴藏着什么内容？）

8. 提问者是否唤起大家对内在于多种答案中的立场的注意？
（你从什么视角看待这个问题？有没有其他的我们应当考虑的立场？）

9. 提问者是否让讨论始终围绕中心问题？
（我不太清楚你提问的问题是什么，你能解释一下吗？请记住我们正在试图解决的问题是……）

10. 提问者是否在必要的时候呼吁对内容做出澄清？
（请多讲一些导致这个问题的情况。在这种状况里发生了什么？）

图 4—3 苏格拉底式提问清单的艺术

资料来源：Richard Paul and Linda L. Elder. (2006). *The Thinker's Guide to the Art of Socratic Questioning*. Dillon Beach, CA: Foundation for Critical Thinking, p. 10.

下一部分，我们将探讨教学的哲学取向，它们是在回应上面说到的几个哲学分支的过程中发展出来的。

教师之声：对现实的研究 ▶▶▶

美元和分数
马库斯·古德伊尔

　　在因为一个学生的期末论文半数是抄袭的而给了她50分之后，马库斯·古德伊尔老师面临一个两难的困境。这个分数给了这个学生持续六周的69分（比及格分70少一分），这让那个女孩没有资格参加体育比赛。然而，在会见了女孩失落的家长，了解到女孩的父亲有严重的健康问题之后，马库斯开始反思他到底做得对不对。

　　大约一周以后，我向我的校长寻求建议。要是换做他，会怎样做呢？我还咨询了我的部门主任。他们从不愤世嫉俗，因此我信任他们。"给她分数，"他们说，"把着分数线不放不值得。他们会把你告到教育委员会，让你看起来像恶棍。他们会用显微镜审视每一分。你就给她分数让她及格吧。"

　　在分数变更表上，我填了"教师失误"。这样一来，这个学生就有资格参加比赛了。她参加了那年的州赛。我想问她："你将跟你的对手说什么呢？你又如何面对那些没有抄袭的同学？"但我隐忍了我的骄傲，收起了我道德上的优越感，甚至平息了我对那些因权利遭到阻碍而威吓教师和学校管理者的家长的愤怒。因为我一开始并不知道她父亲的健康问题。如果这个女孩一开始就告诉我她觉得父亲可能会死去，我会给她更多时间做论文，允许她做更多补救工作，帮助她。我应该帮助她的。

　　一部分的我认为我为体育比赛而降低学术要求，一部分的我又想要因为她家长的行为而惩罚那个学生。但我学到了重要的一课：永远都要想到学生的优点。

　　因为我确实犯了错误，我在那篇抄袭的论文上犯了一个大错误——我对我的学生做了最坏的假设。我本应该给学生一个坦白和重写论文的机会。现在我知道了，要表扬学生做得好的地方，而不是惩罚他们做的不好的地方。一些学生可能需要面对他们所犯下的错误，但那永远都不能成为我作为一个教师的关注点。那会毁了我，让我陷入对于学生、老师、整个教育系统都在走向地狱的痛苦与愤怒之中。每个人都会在课堂里犯错误，即使是我。而那正是课堂的用途所在。如果我始终自负和专制，那么错误只会使我变得毫无价值和满心怨恨。像一个单室学校的暴君，或者像大厅里的犬儒主义者。

　　那次家长会面也让我意识到，分数不能给学生的教育带来价值。通过我的考核、州的成就测验，甚至跳级测验，都只不过是这个世界经济观的表现。这些东西把人类行为和感觉简化成一系列数字——考试分数或者大学课程的价格。这些东西作为外部收获出现，而最大的收获永远都是内在的。在分数之外，我还可以给学生以尊重、信任、自信以及信念。他们需要成为成人，需要我把他们当成成人。

　　为什么我要用其他的方式对待他们？

　　通过上面这些思考，我终于意识到，我的教学是为了学生，而不是为他们的家长，不是为我的同事，甚至不是为我自己，或者为每个月末的薪水。我为学生而教，教他们从他们的错误以及从他们教师的错误中成长起来。

他们中的一些人会的。我知道。

问题

1. 根据他对于抄袭事件的叙述，古德伊尔对下列教育哲学要素的观点是什么：关于教与学的信念？关于学生的信念？关于知识的信念？关于什么值得知道的信念？

2. 为什么古德伊尔决定修改学生的分数？你是否同意他的做法？为什么？

3. 你开始教学时，可能会遇到什么伦理困境？你会怎样解决？

马库斯·古德伊尔在得克萨斯州圣安东尼奥市奥康纳中学从事教学工作。该部分节选自：Molly Hoekstra（ed.），*Am I Teaching Yet*？*Stories from the Teacher-Training Trenches*，Portsmouth，NH：Heinemann，2002，pp. 70-75。

教学的五个现代哲学取向是什么？

*118*在回答关于形而上学、认识论、价值论、伦理学、美学和逻辑学的问题的过程中，五个关于教学的彼此联系的主要哲学取向发展起来。所有教师都必须尽力把握住它们。这些取向或观点包括：永恒主义、要素主义、进步主义、存在主义和社会重建主义。接下来的部分是这些取向的简要描述，按照从教师中心到学生中心的顺序（见图4—4）。每一处描述都包含一个教师的肖像样本，被描述的教师在行为中展示了其特定的哲学取向。

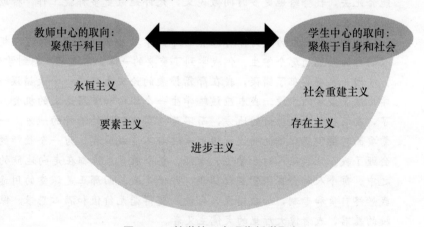

图4—4　教学的五个现代哲学取向

永恒主义

顾名思义，永恒主义认为真理是永恒不变的。永恒主义者主张，教育的目的是让学生获得那些不变的原则或伟大的思想。他们也认为，多少世纪以来，自然世界和人类本性基本上不曾改变，因此，那些伟大的思想将持续在解决任何时代的问题上最具效力。此外，永恒主义哲学还强调人类的理性思维的能力，智识的培养让人类成为真正的人类，从而与其他动物区别开来。

永恒主义者认为，课程应强调学生在人文和科学方面智识的发展。要精通文化，学生须接触人们在这些领域中创造出来的最优秀、最重要的著作。具体到每门课程的领域内，则只需要回答一个问题：学生们是否获取了代表人类在该领域内最高成就的内容？因此，高中英语老师应该要求学生阅读梅尔维尔的《白鲸记》（*Moby Dick*），或者莎士比亚的任何一部戏剧，而不是当今畅销榜上的小说。同样地，学科学的学生应该学习三大运动定律或者三大热力学定律，而不是建立一个航天飞机的模型。

永恒主义教育哲学家

罗伯特·梅纳德·哈钦斯（Robert Maynard Hutchins，1899—1977）和莫蒂默·阿德勒（Mortimer Adler，1902—2001）是最为著名的两位永恒主义教育哲学倡导者。作为芝加哥大学的校长，哈钦斯（1963）开发了一套本科生课程，研究名著，并在小研讨会上讨论这些经典。哈钦斯的永恒主义课程基于他关于教育的三个假设：

（1）教育必须促进人类持续不断地追寻真理。正确的东西将永远正确，且放之四海而皆准，也就是说，真理是普遍和永恒的。

（2）因为头脑的工作是智识性的且聚焦于思想，所以教育也必须聚焦于思想。 *119* 培养人类理智是教育的本质功能。

（3）教育应激励学生对重要思想深思熟虑。教师应把正确和批判性的思考作为他们的基本方法，并要求学生也这样。

与哈钦斯一样，著名的教育哲学家莫蒂默·阿德勒也在组织西方名著课程上作出了巨大贡献。通过对从柏拉图到爱因斯坦的100部经久不衰的经典著作的研究，名著计划试图达到永恒主义的主要目标：教学生成为独立和批判性的思考者。课程的要求很高，它关注经久不衰的知识，而不是时事或学生的兴趣。

永恒主义教师的肖像

从20世纪80年代中期开始，伯恩斯坦老师就在中学教英语。在学生，甚至教师群体中，她以高要求著称。正如一位学生曾说过的，"在伯恩斯坦老师的课上，你不会浪费时间"。

20世纪90年代早期，她过得很艰难，因为学生强烈坚持学习所谓与他们相关的科目。作为一个东部的一流大学的毕业生，伯恩斯坦老师接受的是经典的、博雅的教育，她拒绝在她的课上降低学生关于文学经典著作的要求，比如《贝奥武夫》（*Beowulf*），以及乔叟、狄更斯和莎士比亚的作品。

一个学生这样总结她的课堂管理思路："她不会让你应付；她从不吝惜给你压力。她让你明白，她是教的而你是学的。"伯恩斯坦老师认为，若要获得好的教育，那么努力和艰苦的工作是必不可少的。因此，她几乎不给学生作弊的机会，同时，她也不理会学生们对学习负担的公开抱怨。

当谈到经典对于正在为21世纪的成人生活做准备的学生的价值时，伯恩斯坦老师非常兴奋。

> 在给学生以应对终其一生所要遇到的主要问题的洞察力上，经典是无可匹敌的。虽然过去的两个世纪中，我们的文明获得了巨大的技术进步，但我们作为人类的生命质量却并未得到那么大的提高。莎士比亚或狄更斯对人类状况的观察始终具有力量。

要素主义

与永恒主义相似，要素主义是一种产生于对进步主义的批判的保守的教育哲学。要素主义创始人威廉·巴格莱（William Bagley，1874—1946）是哥伦比亚大学师范学院的教育学教授。巴格莱建立了一个要素主义教育社会，为了传播这一社会的思想，他还创办了教育期刊《学校与社会》（*School and Society*）。

120

要素主义认为，我们的文化有共同的核心知识，学校有义务用一种系统的、纪律化的方式把它们传授给学生。与永恒主义强调外部真理不同，要素主义强调社会成员所需要获得的基本知识和技能（经常叫作"基本要素"）。

根据要素主义哲学，学校教育应该是实践性的，为学生提供为未来生活做准备的有效指导；学校不应试图影响或制定社会政策。对要素主义的批评认为，这样一种受传统束缚的学校教育取向将会造成对学生的灌输，并消灭变革的可能性。要素主义者回应称，如果不遵循要素主义的路径，学生将会在与社会可接受的准则背道而驰且需要秩序规范的人文主义和行为主义课程里被灌输。

要素主义教师的肖像

塞缪尔斯老师在主城区贫困区域的一所初中教数学。六年前他来到这所学校之前，他在一所农村小学教书。

中年且精力旺盛，塞缪尔斯老师以努力工作和专注著称于全校。当谈及让"他的"孩子们为高中和未来生活做准备，他对孩子的承诺尤其明显："现在的许多老师都放弃了孩子，"他悲伤地说，"他们对学生不做什么要求。如果我们现在不推着孩子获得他们在以后生活中需要用到的知识和技能，我们就辜负了他们。我主要的目的就是能够看到孩子们获得他们日后所需的基本要素。"

许多人都已经知道塞缪尔斯老师不赞同一些年轻的、更加人文主义取向的老师们所使用的教学方法。例如，在最近举办的一个教师会议上，他公开批评一些教师"让学生做自己的事"以及花时间"表达他们的感觉"的做法。他号召所有教师把精力投注在让学生更好地掌握科目内容——"孩子们将来需要知道的东西"上，而不是帮学生适应学校生活中的人际关系。他还提醒所有人"孩子们到学校是来学习的"。他指出："如果教师根据一直都起作用的卓越有效的路径，而不是基于时尚和标新立异的所谓创新的路径来使用方法，那么所有的学生都会学到东西。"

塞缪尔斯老师的学生已经接受了他教学的严肃方式。毫无意外地，他的课堂是有秩序和有条理的。每个课时都遵循标准路线。学生们安静地进入教室坐下，不带任何玩笑和恶作剧，而学校里其他的课堂往往是以玩闹开始。上课的第一件事是发下并评讲前一天的作业。接着，塞缪尔斯老师讲授当天的课程内容，通常用15~20分钟的时间来讲解如何解决特定的某一类数学问题。他的迷你演讲非常生动，他宽广的音域和生动、自然的表达流露出他对教学内容的兴奋以及他对学生能够学到东西的信念。在大组教学里，塞缪尔斯老师充分使用白板以及几何画板等软件，还会使用大算盘、不同大小和形状的彩砖等教具。

进步主义

进步主义基于教育应该是儿童中心而不是教师或学习内容中心的思想。约翰·杜威20世纪二三十年代的作品为进步主义观点的传播作出了巨大贡献。简单地说，杜威的进步主义哲学基于下面三个主要假设：

（1）课程内容应该来自学生兴趣，而不是学术科目。

（2）有效的教学应考虑到学生的整体以及他的兴趣，并需涉及认知、情感、 *121* 心理领域。

（3）学习从本质上是主动的，而不是被动的。

进步主义策略

进步主义哲学主张现在正确的知识未必将来也正确。因此，让学生为未知的未来做准备的最好方式就是赋予他们问题解决的策略，这将使他们在人生的不同阶段发现有意义的知识。进步主义取向的教师给学生在决定他们的学校经历方面相当大程度的自由。然而，与许多人的揣测相反，进步主义教育并不意味着教师的教学没有结构，或者学生可以为所欲为。进步主义的教师以学生的现有程度为起点，通过日常的班级授课，引导学生看到他们将要学习的科目能提高他们的生活品质。

在一个进步主义取向的课堂里，教师的角色是一个指导者或资源提供者，其最基本的职责是促进学生学习。教师帮助学生学习对他们来说重要的东西，而不是给他们传递一系列所谓永恒不变的真理。基于这一目的，进步主义教师尽可能多地为学生提供复制日常生活的经历。学生有很多机会进行小组合作解决问题，这一过程中，小组，而不是教师被视为重要的。

进步主义教师的肖像

巴坎老师在城市富裕地区的一所中学教社会。他35岁左右，大男孩般帅气，经常穿休闲装去工作——卡其色裤子、软底鞋、运动衫。看起来他跟学生们相处得很好。巴坎老师喜欢在教室里给学生尽可能多的自由。因此，他的教室分为兴趣和活动中心两部分，大部分时间，学生们自由选择他们想待的地方。教室后面一个角落里有个图书角，收集了许多平装或硬皮的书，还有一把简易椅子和一块小地毯；另一角则布置成一个项目区，有一个工作台，上面放着地球仪、地图、大画板和各式各样的画画材料。教室前部的一个角落是小媒体中心，那里有一台电脑、显示器、激光打印机、DVD/VCR。

巴坎老师努力与学生建立一种温暖的、支持性的关系。他是学生的朋友，并对此深感骄傲。"我实在是喜欢我教的这些孩子，"他轻声柔和地说，"他们基本上 *122* 都是好孩子，他们确实想要学习，只要我们教师能保持他们的好奇心，并且不强迫他们去学。这取决于我们这些教师能不能利用他们的兴趣。"

今天巴坎老师课上的参观者能明显感觉到他对学生的尊重。他真诚地关心每个孩子的成长和天性。由于大部分时间里学生都分成小组在教室里的各个活动角学习，巴坎老师就把自己的时间均分到几个小组。他在小组之间走动，看起来，他把自己当成了每个小组的一个平等参与者。例如，其中一个小组在制作地球仪，许多学生正兴高采烈地向他解释他们如何计划把画好的平面世界地图转移到已经做好的纸球光面上。巴坎老师很认真地听完学生讲话，还祝贺他们很聪明地设计了这个计划。他跟学生说话时，用的是一种实事求是、对话的口吻，好像在与其他成人说话似的。

通过为学生创设合适的体验——实地考察旅行、小组项目、模拟活动、角色扮演、网络浏览等，巴坎老师喜欢把教科书上的知识尽可能多地带到生活里。他认为，作为一个教师，他最基本的职责就是让他的学生为未知的未来做好准备，而在早年就学会解决问题，是对这一未来的最好准备。

　　每十年，知识总量的增长都是令人震惊的。现在我们教给学生的、以为是正确的东西，将来有可能是错误的。因此，学生需要学会如何学习，成为能解决问题的人。此外，学生还需要辨识什么问题对他们是有意义的。学会解决其他人的问题并没有多大意义。要在课堂里实现这些，教师就得愿意带领学生用他们的生活作为学习科目的基点。这要求教师愿意把课堂建立成一个民主、封闭的学习者共同体，这些学习者到这儿的主要目的就是学习。当你作为一个任务管理者强迫孩子去学习，你是不能创造出这种课堂氛围来的。如果你信任他们，让他们设定自己的方向，他们会做出相应的回应。

存在主义

　　存在主义是独特的，因为它关注个人经验。当其他哲学都在发展识别和理解**所有**现实、人类存在和价值的共同点的思想体系时，存在主义却与之相反，它为个人提供了一种思考**我**的人生、什么对**我**是有意义的、什么对**我**是正确的等问题的思路。总体来说，存在主义强调创造性的选择、人类经验的主观性，并把人类存在置于任何关于人类本性或现实的理性计划之上。

　　让·保罗·萨特（Jean-Paul Sartre，1905—1980）是著名的法国哲学家、小说家和剧作家，他的作品对存在主义思想的传播起到了最为重要的作用。根据萨特（1972）所说，每一个体首先存在，然后他必须决定这一存在意味着什么。为这一存在赋予意义的任务是个体自己的，没有一个现成的哲学信仰体系能够告诉个体他是谁。决定我们是谁取决于我们每一个人。萨特认为，"存在先于本质……首先，人存在，出现，登台，只有这之后，才定义他自己"（1972，p.98）。

123　　根据存在主义的观点，人生是没有意义的，宇宙对人们身处其中的情状漠不关心。此外，"存在主义者（认为）太多人错误地强调了乐观、善和美——所有这些都制造了一种关于存在的错误假象"（Ozmon & Craver，2007）。利用我们所拥有的自由，我们每个人都应致力于为**自己的**人生赋予意义。正如被认为是"当今卓越的美国教育哲学家"（Ayers & Miller，1998，p.4）的玛克辛·格林（Maxine Greene）所言，"如果我们要从共享的角度理解这个世界，我们就必须了解我们的人生，澄清我们的现状"（1995，p.21）。人类事业中最能对此有帮助的就是教育。因此，教师必须赋予学生选择的自由，并为他们提供能帮他们发现自身人生意义的经历。与许多人的想法不同，这种路径并不是说学生可以做任何他们想做的事。逻辑学表明，自由是有规则的，个体必须尊重他者的自由。

　　存在主义依据两个标准评判课程，首先，是否对个体意义的追求有帮助；其次，是否能使个人感知达到格林所说的觉醒水平。如格林（1955b，pp.149-150）所言，理想的课程给学生极大的自由，并要求他们提出自己的问题，探寻自己的疑惑，得出自己的结论："感觉到自己在途中，在一个永远都有清算和新机会的可能性的地方——如果我们想让他们意识到自己的处境，使他们明白并命名他们的世界，这是我们必须向年轻人传达的。"本章"独立教学"部分描绘了一位持存在主义观点的教师如何使学生更为"清醒"并找到他人生的意义。

存在主义和后现代主义

　　20世纪80年代起，后现代主义哲学取向日益得到关注。后现代主义与存在主义有很多相似之处。后现代主义思想对课程内容和一些教师的教学策略产生了影响。

后现代主义者对许多教科书中所体现出来的形而上学思想——或者说对"现实"的解释——提出挑战。他们认为，这些课本体现的是现实的"历史建构"观，这种观念提高了社会中一些个人和群体（比如白人），却把其他人（例如有色人种、女性、非熟练工）边缘化了。

后现代主义教育家批判学校课程采用优势群体的视角，却忽略了其他的"声音"。例如，他们指出，一些历史课本从欧洲中心视角出发，说哥伦布"发现"了一个"新世界"。然而，远在哥伦布到达之前就居住在现在的美国的土著居民肯定有不同的视角，因为他们在欧洲人手上遭受了疾病、种族灭绝和被迫同化。

类似地，后现代主义取向的英语教师指出，学生被要求阅读的大多数文学作品都是"已故的白人男性"（如莎士比亚、梅尔维尔、霍桑）写成的。学生少有机会听到代表女性、有色人种和来自发展中国家的作者的"声音"。

总之，后现代主义者认为不存在绝对真理。后现代主义拒斥科学、客观和对现实解释的确定性。此外，后现代主义也质疑那些声称对所有群体、文化、传统或种族都正确的解释。与存在主义相类似，后现代主义强调对个体正确的东西。现实建立在我们对世界对个体的意义的解释基础之上。后现代主义强调具体的经验胜过抽象的原则。

后现代主义之所以"后"是因为它拒绝"现代"的观点，现代主义认为存在科学的、哲学的和宗教的真理，而后现代主义者认为许多真理、许多不同的声音需要得到关注。

后现代主义者主张，知识是在人们的大脑中发明和建构的，而不是像现代主义者所认为的，是发现的。因此，教师教和学生学的知识没有必要与现实相联系。相反，知识由人类建造。知识、思想和语言被人们创造出来，不是因为它们的正确性，而是因为其有用性。

125

根据后现代主义的观点，现实只是个传说。现实只存在于能感知它的人的大脑里。因此，没有任何一种现实可以自称真理，因为现实仅仅是人们的创造物。

124

独立教学

开启大门

阅读世界先于阅读文字。

——保罗·弗莱雷 唐纳多·马塞多
Literacy：*Reading the Word and the World*，1987

据说，数学，尤其是代数，是最伟大的守门员。确实，它让大多数学生都打消了对高等教育的渴求。我在一所主要由有色人种的学生（75％西班牙人，8％非裔美国人）组成的学校教数学。在这里，50％～60％的学生能在四年里通过努力毕业，这部分学生中，又有不多于20％的人会去拿一个四年的大学学位。不用说，作为一个拥有墨西哥血统的人，我学数学及教数学是个人努力的结果。

几年前，我带领学生在校园里边走路边学习几何。我们正在学习形状和角。学生们画下学校的建筑和它们的特点之间的几何关系并描述出来。我那样教学的目的是想让他们不仅仅发现数学的用处，而且认识到数学对于那些能驾驭它并内化为自己的东西的人的解放性的力量。我想给他们以跨越数学障碍、获得一种拥有更多选择机会的人生的能力。当我的学生们四散开来去探究我们学校的建筑几何学时，两个男孩子问我能不能回教室。他们认为这个活动没有意义，觉得很无聊。

我没有让他们回到教室搞破坏，而是问他们，在一堆客观、固有的物体比如楼房之外，看到了什么。他们对我奇怪的问题哑口无言，问我："你是什么意思？""看看你们周围，谁在学生用完午饭之后打扫你们留下的垃圾？又是谁正坐在办公室里做教育决策？"说完那些话之后，我再也无须多言。当看到看起来跟他们差不多的一些人正在打扫校园时，他们已经非常明白我的意思了。

分析

作为教师，要看出我们是否让那些托付给我们的年轻的心灵有所改变是很困难的。我们也许在短时间内看不到我们种下的种子开花，但多年之后的某一天，我们终会看到那颗种子终于开花了。几年后，当时两个觉得我的活动没有意义的学生之一回来看我。他已经是加利福尼亚州立理工大学的大一新生了。谈话间，我们的话题回到全班在学校里学几何的那天。他问我还记不记得我说过的话。我回忆起故事的大概，却惊讶于他引用的我的话："在这个世界上，有两种人：拥有这个建筑的人，和打扫它的人。你的教育将决定你会成为他们中的哪一种。"虽然我已经忘了我曾对他说过这样的话，他却很显然已经把这些话内化了。当他离开时，一个灿烂的笑容绽放在脸上，他说："比起脖子以下的部分，我更愿意使用它以上的部分。"

我猜想，那些我们种下的种子也许会在某一个时刻生下根去，并在这根上最终生发出学生的个性。正是这一微小的希望，点燃了我们教师的心灵和精神之火。当我们开始相信这一点，我们就成为了学生希望与梦想的守护者。

反思

- 还有什么关口性的科目会限制学生人生的选择，如果他们没有掌握这些科目？
- 如果是一个非墨西哥血统的教师，应该如何在不冒犯学生的前提下处理好类似的情形？
- 教师可以邀请什么样的演讲者激励学生坚持学习那些现在看起来对他们没什么意义的内容？

塞尔吉奥·莫拉
蒙特克莱尔高中

存在主义教师的肖像

从八年前弗雷德·温斯顿开始在一所郊区中学教英语开始，他就对他教给学生的东西的价值感到困惑。虽然能够看到他所教知识和技能的有限的实际用途，弗雷德感觉在帮助学生回答关于人生的最紧要的问题上，他所做甚少。同时，弗雷德也承认，他已经对遵循教育委员会局限的、没有想象力的课程指导感觉厌倦。

接下来的八年里，弗雷德逐渐发展出一种教学风格，强调让学生发现自己是谁。他依旧教那些经州政府授权的成就测验所涵盖的内容，但他强调，学生应该运用从他那里所学到的东西去回答关乎他们自身的重要问题。例如，现在他常常布置鼓励学生反思以得到更多自我知识的写作作业。他经常从指定的文学作品出发，与学生们做价值澄清讨论。他还尽可能给学生制定自己的阅读和写作计划的自由。他唯一的要求是学生必须有意义地参与他们所做的事情。

弗雷德还敏锐地注意到，学生正试图抓住的问题也是他自己所要回答的，即使他已经 30 多岁了。经过深思熟虑、字斟句酌，他把学生要达到的目标总结如下：

> 我认为孩子们应该认识到，人生中真正重要的问题都没有确定的答案。他们应该质疑所有人——那些声称有答案的教师、哲学家或有组织的宗教成员。作为人类，我们每一个人都面临找到**我们自己**对这些问题的答案的核心任务。我的学生知道我正面临与他们同样的问题。但我认为我已经很好地教会了他们，他们知道我的答案不可能是他们的。

弗雷德的教学路径大概可以总结为他的车尾贴："质疑权威。"与他的同事不同，他希望他的学生能批判和质疑地看待他教给他们的东西。他还鼓励他们深入而勇敢地思考人生、美、爱和死亡的意义。他评估教学有效性的方式是看学生能够以及愿意对他们所面临的选择更有意识的程度。

社会重建主义

如这个词所暗含的意思，社会重建主义主张学校应该在变革或重建现有社会秩序的过程中起引领作用。社会重建主义创始人西奥多·布拉梅尔德（Theodore Brameld，1904—1987）在关于二战后时代的两个基本前提之上建立了他的哲学：（1）我们生活在一个危机重重的时代，最明显的事实是人们现在有能力在一夜之间把文明化为乌有；（2）人类同样有智识、技术和道德上的潜能，去创造一种"丰裕、健康和人道"的世界文明（Brameld，1959，p. 19）。在这个关键时刻，学校应该成为计划和指挥社会变革的主导力量。简言之，学校不应该只是**传递**关于现存社会秩序的知识，它们还应该寻求对秩序的重建。

社会重建主义和进步主义

126

社会重建主义与进步主义教育哲学之间有明显的联系。二者都为师生之间以及生生之间的活跃互动提供机会，都倡导把社区——如果不是整个世界——带进教室。学生经历往往包括实地考察旅行、各种基于社区的项目，以及与教室之外人们交流的机会。

社会重建主义的课程强调各种社会改革的需要，并且，尽可能地允许学生有参与改革活动的亲身体验。教师们认识到，他们能够在控制和解决这些问题上起到重要作用，因此，他们和他们的学生都不需要像卒子一样被危机冲击。

根据布拉梅尔德和乔治·康茨（1932 年著有《学校敢于建立一种新的社会秩序吗?》）等社会重建主义者的观点，学校应该教给学生应对世界重大危机的办法：战争、经济衰退、国家恐怖主义、饥饿、自然灾害、通货膨胀，以及持续加速的技术进步。逻辑上说，这种教育的结果应该是世界范围内民主的最终实现（Brameld，1956）。除非我们积极智慧地利用现有知识创造这种世界，否则我们就将面临危险，世界的破坏性力量将掌控未来人类的生存环境。

社会重建主义教师的肖像

在她教社会和历史的城区中学里，玛莎·珀金斯拥有社会活动家的美誉。她给人的第一印象是随意和悠闲的，柔和的声音和温暖的笑容下，藏着她对于世界性问题的强烈信念，从国际恐怖主义和饥饿到空间的和平使用，从所有人工作的需要到全球共同体。

20 世纪 70 年代，还是个中学生的玛莎参加了好几个反对越南战争的抗议活动。这也开启了她对社会公正需要的日益关注。像那个时代的许多年轻人一样，玛莎精力十足地参加了一门让学生理解这些不公正以及识别那些可能将他们从社会中消灭的力量的课程。中学毕业之前，玛莎就已经形成了一个更加健康、公正的社会的愿景，并且她发誓，要终生尽她所能，使那个愿景成为现实。

玛莎强烈意识到让学生学习社会问题、发现他们在这些问题上所能做的事情的重要性。"如果我让学生面对一个社会问题而我们却最终对它无所作为，这简直是不道德的，"她说，"作为教师，我的职责之一是提高学生对于人类问题的敏感性。我希望，当他们离开我的班时，都有一种在让这个世界更加人道的问题上能有所作为的意识。"

为了达成她作为教师的目标，她往往不得不处理一些争议性的问题——在她同事的班里，这些问题是极力避免的。她认为，如果她逃避这些问题，那么学生就不会学到如何解决问题与争论。

> 我不害怕争论。当面对不同意见时，许多教师确实退回到更加"中立"的学术科目的安全区里去了。然而，我尽量让学生看到它们如何能运用学科知识为社会公正作出贡献。目前，我已经得到校长的大力支持。她在课堂上要讨论的很多争议性问题上都很支持我：本来要建在这儿的核电站、死亡的权利、在城市的贫困地区拥有财产的外居地主。

还有两个哲学取向也可以算作社会重建主义——批判教育学和女性主义教育学。这两个取向对一些教师所强调的课程内容和使用的教学策略产生了重大影响。接下来是对这两个取向的简要描述。

批判教育学

跟社会重建主义非常相似，批判教育学关注教育如何促进社会公正，尤其对那些不享有权力和影响带来的社会地位的人。批判教育学教学生识别与理解社会不公正的复杂性。它给他们"优化自身和强化民主、创造一个更加平等和公正的社会，并因此在一个进步的社会变革进程中部署教育的工具"（Kellner，2000）。

保罗·弗莱雷（Paulo Freire，1921—1997）是批判教育学的提倡者之一。他的童年在巴西中产阶级的舒适生活中度过。然而，当他的父亲在 1929 年经济危机中失去军官工作后，他陷入了贫困（Smith & Smith，1994）。这一段经历"使他在 11 岁时发誓，要把毕生精力投入与饥饿做斗争的事业中去，这样其他的孩子就不用体验他当时所经历的困难挣扎"。也让他理解他所描述的失去产业者的"沉默的文化"（Freire，1970，p. 10）。他把贫苦人民在试图提高生活质量时所遭遇的困难归结为贫困的物理环境，以及对他们不能搬离困境的深刻感受。弗莱雷还认为，

127

深深扎根于政治和教育系统的家长主义导致了机会的不平等。"他们（穷苦学生）不是被鼓励以及武装起来认识和回应他们世界的现实，而是陷入一种境况中，在其中，这种批判意识和反应是不可能的"（Freire，1970，p. 11）。

弗莱雷认为教育，尤其是读写能力，是提高生活质量的最佳途径。受到包括萨特、圣雄甘地、马丁·路德·金等在内的许多哲学家、心理学家和政治思想家的影响，他在1959年博士学位论文里建立了他的教育哲学。他的博士论文为其享誉世界的著作《被压迫者教育学》（*Pedagogy of the Oppressed*）奠定了基础。该书的关键前提假设是"人们的交互作用极难逃脱各种压迫；由于阶级、种族或性别的原因，人们倾向于成为压迫的受害者和/或作恶者"（Torres，1994，p. 181）。他的教育路径"倡导用对话和最终的觉悟启蒙——批判意识和觉悟——战胜统治和压迫关系"（Torres，1994，p. 187）。

弗莱雷把他的教育学与他描述为"银行业务"的教育概念相对比——教师把他们的知识"存入"空的"账户"（他们的学生）。弗莱雷为巴西北部贫困、不识字的成年人所做的工作取得了巨大成功，以至于他被视为现行政治秩序的威胁，他被监禁并最终放逐他乡。

女性主义教育学

根据一位女性主义教育学拥护者和一位印第安纳小学教师的观点，学校"为占统治地位的意识形态和信仰的力量服务"（Scering，1997，p. 62）。为了确保由白人男性的信仰和视角统治的社会中所有学生的成长和福祉，"女性主义教育学对社会对维持男性理性的统治地位的效率和客观性的强调提出了挑战……学校在维持不平等的社会、文化、政治和经济现实中的角色是（女性主义教育学）的核心议题"（Scering，1997，p. 62）。因此，女性主义教育学的目标是创造关怀的共同体，以使尊重差异、协同工作的学习者共同致力于所有阶级的民主的实现。

贝尔·胡克斯（bell hooks，她的名字中没有使用大写字母）是女性主义的一位主要倡导者。根据胡克斯的观点：

> 女性主义教育——女性主义课堂——是，而且应该是一个有斗争意识、公开承认理论和实践的结合、师生共同努力战胜已经司空见惯的疏远和异化的场所……最重要的是，女性主义教育学应使学生参与到让世界"更加真实"的学习进程中。（hooks，1989，p. 51）

在《教学越界：教育作为自由之实践》（*Teaching to Transgress*：*Education as the Practice of Freedom*）一书中，胡克斯（1994，p. 12）指出，教育应被视为"自由之实践，（并且）比以往任何时候都更严重的是……教育者被强迫接受那些塑造了我们社会教学实践的偏见，并创造认知的新方式、知识分享的不同策略"。胡克斯（2003，p. xv）还主张，课堂应该是"一个维系生命和开阔思维的地方，一个师生合作解放关系的地方。"

女性主义教育学的拥护者指出，不同的声音和认知的不同方式在由欧洲中心、家长制的课程所统治的教室里往往不会得到承认。胡克斯（2003，p. 3）倡导"认知方式的非殖民化"。

凯瑟琳·麦金农（Catharine MacKinnon）也是一位知名的女性主义教育学倡导者，她是研究性骚扰的法律定义的学者。麦金农（1994）指出，我们社会中，什么被视为**真理**是由当权者决定的："拥有权力意味着一个人说'就是这样'，事情就那样发生了……没有权力意味着当一个人说'就是这样'，事情却不是那样发生的。"这制造了有声的沉默，觉察到缺席的存在，信任那些被剥夺社会信誉的人，批判性地融入传递简单事实的背景，对弱势者政治的认识论具有必要性。

哪些心理学取向影响了教学哲学？

除了本章前面提及的五个教学哲学取向，还有一些教学思想也为教学哲学的形成提供了基础。这些综合性的世界观成为许多教师组织教学实践路径的基础。关于教学的心理学取向首要关注的是对与有效学习相关状况的理解，即什么驱动了学生的学习？什么环境最有益于学习？在众多心理学取向中，对教学哲学产生影响的主要有人文主义心理学、行为主义和建构主义。

人文主义心理学

人文主义心理学强调个人自由、选择、意识及责任。正如这个名称所暗含的，人文主义也关注人类的成就、动机、感觉、行动和需要。根据这一取向，教育的目的是个人的自我实现。

人文主义心理学从人文主义哲学发源而来。人文主义哲学在欧洲文艺复兴和宗教改革期间获得发展，其基本信念是个体通过应用他们的智力和学习掌控自己的命运。人们"成就自己"。现世人文主义认为，人类生存的状况不是预先注定的，也不是由神干预的，而是与人类本性和人类活动有关。

129 　20 世纪五六十年代，人文主义心理学成为教育改革的哲学基础，这场改革立足于通过自我实现激发学生的全面潜能，提高学业成就（Maslow，1954，1962；Rogers，1961）。根据这一哲学取向，教师不应强迫学生学习；相反，他们应创造一种信任和尊重的氛围，允许学生决定他们学习的内容和方式、质疑权威、积极主动地"成就自己"。如著名心理学家卡尔·罗杰斯（Carl Rogers）所言，教师应该是促进者，教室应该是"使学习的好奇心和自然渴望能够得到滋养和促进的地方"（1982，p. 31）。通过对学生无偏见的理解，人文主义教师鼓励学生学习和成长。

人文主义教师的肖像

十年前，卡萝尔·亚历山大开始在一所小的乡村中学教学，她喜欢这个职位，因为学校的小规模可以方便她与学生和他们的家长建立亲近的关系。她的教学风格是人道主义的，师生之间是开放式的人际关系。她的学生信任她，经常就一些对青春期早期的孩子来说很普遍的问题向她咨询，她以此为傲。卡萝尔和学生之间的这种密切关系还表现在，她以前的学生经常跑回来拜访她并寻求她的建议。

卡萝尔还给学生形成自己的学习体验的机会。如她所说："我鼓励学生给我反馈，告诉我他们在教室里的感觉。在他们学习之前，他们必须感觉良好。此外，我逐渐意识到，学生应该帮助我们（教师）做计划。我学会了向他们询问他们对什么感兴趣。'你想做什么？''你想怎么做这件事？'。"

卡萝尔的大部分教学都是用课堂讨论的方式，她鼓励学生公开表达他们对于正在学习的科目内容的想法和感觉。卡萝尔与学生的交流互动显示了她创造交流环境的能力，在这个环境中，学生会感到安全并愿意分享。在讨论过程中，卡萝尔认真听取学生的表达，并且不断用认同他们贡献的方式解释他们的观点。她不断做出简短回应，表达她支持和鼓励学生继续讨论，比如，"我明白了，你能再多解释一下吗？"，"这个想法很有意思，接着讲"。

当卡萝尔没组织全班讨论的时候，她多半正在她建立的合作学习小组之间游走。每个小组自己决定如何组织起来以解决某一特定的学习任务，例如研究一种应对某一环境威胁的策略，或者分析一首关于兄弟关系的诗歌。"我认为，学会合作、互助，以及接受不同的观点对学生来说非常重要。"卡萝尔说。

行为主义

行为主义基于人类行为是设计的结果，而不是偶然发生的。行为主义者认为，说人类有自由意志其实是一种错觉。虽然我们好像看起来在自由活动，实际上，我们的行为是由环境中那些塑造我们行为的力量决定的。"我们是我们所是的样子以及我们做我们所做的事，不是因为任何来自人类意志的神秘力量，而是因为不能掌控的外部力量把我们拘禁在一个顽固的网络中。不管我们还是其他的什么，我们都不是自己命运的主人或灵魂的舵手"（Power，198，2，p. 168）。

行为主义心理学的创始人

约翰·沃森（John Watson，1878—1958）是行为主义心理学的主要发起者，而斯金纳（B. F. Skinner，1904—1990）是行为主义心理学最著名的推动者。沃森首先宣称人类行为由特定的刺激和反应组成。在一定程度上，他的新学习概念建立于俄国心理学家巴甫洛夫（Ivan Pavlov，1849—1936）的经典实验之上。巴甫洛夫注意到，每当快到喂食的时间时，他做实验用的狗就分泌唾液。巴甫洛夫在给狗喂食时响铃，经过这样几次之后，他发现只用铃声（条件刺激）就可以让狗分泌唾液（条件反射）。沃森确信，所有的学习都遵循这一经典的刺激—反应模型（现在叫作经典或S型条件反射）。有一次，他吹嘘："给我一打健康的婴儿，一个由我支配的特殊的环境，让我在这个环境里养育他们，那么我可以担保，我可以把他们其中任意一个训练成为任何一种人物——医生、律师、艺术家、大商人，甚至乞丐或强盗，而不论他的天赋、爱好、倾向、能力，以及他父母的职业和种族如何。"（Watson，1925，p. 82）

斯金纳超越了沃森的基本刺激—反应模型，发展出一种更加综合的条件作用论——操作性（或R型）条件反射。操作性条件反射的基本观点是，满意的反应是有条件的，而不满意的反应则没有。换句话说，"高兴的事对我们的行为有激励或强化作用"（Skinner，1972，p. 74）。因此，教师可以按照以下四个步骤让学习者做出预期行为：

（1）把预期行为实在化（可观察和测量）。

（2）建立一种程序，记录特定的行为和发生的频率。

（3）为每一种行为设计一种合适的强化刺激。

（4）确保学生在每次表现出预期行为时都能及时得到强化刺激。

行为主义教师的肖像

简·戴在西部一所大约500人的城镇学校教4年级。今年是她在这所学校的第五个年头。过去三年，她都在开发和完善一种教学的系统路径。去年，她的成功得以确证，因为她的学生在州的年度基本能力测验中得了最高分。

她的基本方法是个别化教学，学生在她所拼合起来的模块中自己掌握进度。模块涵盖五大主要领域：阅读、写作、数学、科学概论和拼写。现在她正创建第六个模块——地理，但得明年才能建好。她设计了一个复杂的积分系统，以跟踪学生的进步和激励他们达到更好水平的成就。学生们积累起来的积分可以使他们参与各种课堂活动：自由阅读、玩教室里的各种游戏和字谜、在艺术角画画，或者在教室里一两台个人电脑上玩电脑游戏。

简已经让学校里的几位同事也转向她的行为主义路径，她还十分渴望跟任何愿意了解她系统教学路径的有效性的人交谈。每当谈到这个话题，她就异常活跃："真的非常简单。只要你告诉学生你希望他们知道什么，然后在他们学习之后给予奖励，他们就会做得更好。"

谈及学校里其他同事所使用的教学方法，简批评不止。她知道一些老师用试误法教学，"不知道他们要干什么。"她对那些谈论教学"艺术"的人也毫无耐心。与他们不同，她作为教师做的每一件事都力求精密，还要有清晰的目标感。"通过对学习环境的仔细设计和管理，教师能够得到他想要的结果。"她说。

建构主义

与行为主义相对，建构主义关心学习的过程，而不是学习的行为。根据建构主义，学生运用认知过程**建构**他们对于学习材料的理解，这与他们**接收**教师传递的知识的观点相对。建构主义倡导学生中心而不是教师中心的课程和教学。学生是学习的关键。

与行为主义关注直接可观察的行为不同，建构主义者关注学生的心理过程和学习策略。我们对于学习的理解是认知科学发展的衍生结果。认知科学研究学生思考和记忆时的心理过程。通过借鉴语言学、心理学、人类学、神经生理学和计算机科学的研究成果，认知科学家正在开发人类思考和学习的新模型。

用建构主义观组织教学的教师知道，学习是一个主动的、意义建构的过程，学习者不是知识的被动接收者。实际上，学生在一直不停地了解他们周围的活动。因此，教师必须理解学生的理解，并认识到，学生的学习要受到其固有知识、经验、态度和社会交往的影响。第十章会对建构主义教学的共同要素做进一步分析。

建构主义教师的肖像

莉萨·桑切斯在西部一个大城市做中学英语老师。教室的四壁都被学生们的作品所装饰起来——诗歌、画，以及反映写作的不同阶段（构思、修改及最后的草稿）的学生作文。

莉萨教的8年级学生正四人一组分成五组，把《罗密欧与朱丽叶》（*Romeo and Juliet*）翻译成现代英语。每组各负责一幕。随后，各组学生将设计布景和临时服装，选择一个场景进行表演。莉萨指出，学生需要根据他们对莎士比亚戏剧的理解，决定最适合每个角色的服装。"我想让他们理解在今天罗密欧和朱丽叶是如何相关的。"

当学生正逐字逐句讨论最合适的翻译时，莉萨就在小组间来回巡视。当学生协同努力理解莎士比亚语言的意思时，她让学生澄清问题，并鼓励他们。

在那堂课的末尾，莉萨解释了她的教学路径："我的教学绝对是学生中心的。

我尽力给他们创造一个民主的教室环境。我的学生都主动地创造他们自己的意义和知识。在小组里，他们做了许多工作，他们学着提问、调查、假设和探索。他们必须在已知的知识和新知识之间建立联系。"

你怎样发展你的教育哲学?

在阅读了前面五种教育哲学和三种教学的哲学取向之后，也许你会感觉没有任何一种哲学完全符合你想成为的那种教师的观点。或许每一种路径里都有一些要素，它们看起来适合你自己正在形成中的教育哲学。不管是哪种情况，都不要认为你需要确定一种教育哲学，以便在它之上建立你的教学生涯。现实中，极少教师只遵循一种教育哲学。如图4—1所示，教育哲学只是教师所设定的专业目标的一种决定因素。这些目标还受到诸如政治动力、社会力量、家庭或共同体预期，以及经济状况的影响。例如，本章中"教师之声：走适合我的路"讲述了菲尔·库拉斯的生活经历——包括大量的世界旅行——是如何影响他的教学路径的。

大部分教师采用了**一种折中**的教育哲学，也就是说他们杂糅了两种或更多的哲学，变成自己的教育哲学。图4—5可以帮你找到最符合你关于教育目标、课程和师生在学习中的角色的信念和价值的哲学。从完成图4—5的过程中所得到的自我认识和本章所提供的哲学概念可以为你提供一个很有用的学习下一章中美国学校的历史发展的框架。例如，你将看到在不同的历史时期，各种教育哲学取向是如何繁盛和沉默的——殖民地时期，永恒主义和存在主义塑造了学校；之后，20世纪20年代到30年代，进步主义；50年代到80年代，要素主义；60年代，人文主义和社会重建主义；90年代以及21世纪的前十年，建构主义。

下面的问题帮你澄清你的教育哲学。阅读左边的陈述，并从右边量表中5"非常同意"到1"非常不同意"之间，选择一个最切合你想法的数字圈出来。	非常同意			非常不同意	
1. 课程应强调基本知识，而不是学生的个人兴趣。	5	4	3	2	1
2. 所有学习都是外部环境控制的结果。	5	4	3	2	1
3. 教师应强调倡导问题导向、民主教室的跨学科主题。	5	4	3	2	1
4. 教育应强调个人意义的追求，而不是一套固定的知识。	5	4	3	2	1
5. 教育的终极目标是永恒、绝对和普遍的：发展理性的人，培养智识。	5	4	3	2	1
6. 学校应主动把学生卷入社会变革去改革社会。	5	4	3	2	1
7. 学校应该传授基本技能，而不是人文主义理想。	5	4	3	2	1
8. 最终，人类行为将被科学定律解释，证实不存在自由意志。	5	4	3	2	1
9. 教师应该是指导学生探究的促进者和资源，而不是行为的管理者。	5	4	3	2	1
10. 最好的教师鼓励学生的个人反应，发展自我意识。	5	4	3	2	1
11. 课程对每个人来说都应是一样的：通过演讲或讨论的方式传达西方文化的智慧。	5	4	3	2	1

133

134

	非常同意				非常不同意
12. 学校应该引领社会的根本变革，而不是传递传统价值观。	5	4	3	2	1
13. 学校的目标应是确保学生对生活和工作的实践准备，而不是鼓励个人发展。	5	4	3	2	1
14. 优秀的教师创建环境去控制学生的行为和测量预期学习目标的达成。	5	4	3	2	1
15. 课程应来自学生的需要和兴趣，因此，它不应是预先制定的。	5	4	3	2	1
16. 帮助学生发展个人价值比传递传统价值观更重要。	5	4	3	2	1
17. 最好的教育主要由对人文学科经典著作的揭示组成。	5	4	3	2	1
18. 教师让学生参与到批判和变革社会的活动中比教他们名著更重要。	5	4	3	2	1
19. 学校应强调纪律、努力，以及对权威的尊重，而不是鼓励自由选择。	5	4	3	2	1
20. 人类学习可以被控制：任何一个人都能通过教育成为一个科学家或者一个窃贼，因此，个人选择是个神话。	5	4	3	2	1
21. 教育应该通过解决眼下的问题促进个人成长，而不是强调为遥远的未来做准备。	5	4	3	2	1
22. 因为我们生而个性不完全，因此个人成长应是教育的核心。	5	4	3	2	1
23. 人类本性是永恒的，其最突出的品质就是理性的能力，因此，智识应该是教育的核心。	5	4	3	2	1
24. 学校复制了伪装成传统价值观的种族和性别歧视。	5	4	3	2	1
25. 教师应有效地传递知识的共同核心，而不是拿课程做实验。	5	4	3	2	1
26. 教学主要是管理学生行为以达成教师的目标。	5	4	3	2	1
27. 教育应该让学生参与民主活动和反思。	5	4	3	2	1
28. 学生应在选择他们学习的内容和方法上有明显的参与。	5	4	3	2	1
29. 教师应为经典作品的永久性作出贡献。	5	4	3	2	1
30. 学习应引领学生参与社会变革。	5	4	3	2	1
31. 总体来说，学校应该且必须向学生灌输传统价值观。	5	4	3	2	1
32. 如果思想不能被科学证实，那么就应该被当作迷信和废话而忽略。	5	4	3	2	1
33. 教师的主要目标是创造一个环境，在其中，学生在一定的指导下通过对自身经验的反思进行自学。	5	4	3	2	1
34. 教师应该为学生创造个人选择的机会，而不是塑造他们的行为。	5	4	3	2	1
35. 每个时代和社会，教育的目的都应该是相同的，而不是因教师而异。	5	4	3	2	1
36. 教育应引领社会改进，而不应把自己局限于基本技能的训练。	5	4	3	2	1

135

136

哲学问卷计分表

在下面的空格里，填上每个陈述后你所选择的数字，然后加总，把分数填到最右边"总分"一格。最终分数最高者即是你的教育哲学。

要素主义

要素主义是对进步主义的回应，持一种保守的哲学观。强调学校应传递智识和道德标准。课程核心应是精华的知识和技能。学校教育应是实用的，不影响社会政策。要素主义是一种强调事实的回归基础运动。学生应该学习纪律、努力和对权威的尊重。有影响的要素主义者包括威廉·巴格莱、里科弗（H. G. Rickover）、亚瑟·贝斯特（Arthur Bestor）、威廉·贝内特（William Bennett）；赫希（E. D. Hirsch）的《文化修养》（*Cultural Literacy*）即属于要素主义。

$$\frac{\quad}{1}+\frac{\quad}{7}+\frac{\quad}{13}+\frac{\quad}{19}+\frac{\quad}{25}+\frac{\quad}{31}=\frac{\quad}{总分}$$

行为主义

行为主义否认自由意志，主张行为是外部力量的结果，外部力量使人类按照预期的方式产生行为。行为主义与经验主义相联系，后者强调科学实验和观察；行为主义者质疑形而上学的观点。行为主义者用自然科学家寻找统治自然事件的经验法则的方法寻找统治人类行为的法则。教师的角色是确定行为目标、建立强化以达成目标。有影响的行为主义者包括斯金纳、巴甫洛夫、沃森和本杰明·布卢姆（Benjamin Bloom）。

$$\frac{\quad}{2}+\frac{\quad}{8}+\frac{\quad}{14}+\frac{\quad}{20}+\frac{\quad}{26}+\frac{\quad}{32}=\frac{\quad}{总分}$$

进步主义

进步主义关注儿童而不是科目。学生的兴趣是重要的，思考、感觉和实践的整合是重要的。学习者应积极主动，通过反思自身的实践学习如何解决问题。学校应帮助学生发展个人和社会价值。因为社会一直在变化，新思想对美好未来的创造非常重要。有影响的进步主义者包括约翰·杜威和弗朗西斯·帕克（Francis Parker）。

$$\frac{\quad}{3}+\frac{\quad}{9}+\frac{\quad}{15}+\frac{\quad}{21}+\frac{\quad}{27}+\frac{\quad}{33}=\frac{\quad}{总分}$$

存在主义

存在主义是一种高度主观的哲学，强调对生活的个人的和情感的承诺的重要性。强调个体选择胜于理性理论的重要性。法国哲学家萨特宣称"存在先于本质"。人们首先出生，之后每个人都必须通过人生中的选择定义他自己。有影响的存在主义者包括萨特、克尔凯郭尔（Soren Kierkegaard）、海德格尔（Martin Heidegger）、加布里埃尔·马塞尔（Gabriel Marcel）、阿尔贝·加缪（Albert Camus）、卡尔·罗杰斯（Carl Rogers）、尼尔（A. S. Neill）和玛克辛·格林。

$$\frac{\quad}{4}+\frac{\quad}{10}+\frac{\quad}{16}+\frac{\quad}{22}+\frac{\quad}{28}+\frac{\quad}{34}=\frac{\quad}{总分}$$

永恒主义

教育的目的是确保学生获得关于西方文化伟大思想的知识。人类是理性的，并且这种能力需要发展。智识的培养是值得接受的教育的最高特权。每个领域内，最高水平的知识都应是课程的核心。有影响的永恒主义者包括罗伯特·梅纳德·哈钦斯、莫蒂默·阿德勒和艾兰·布鲁姆（Allan Bloom）。

$$\frac{\quad}{5}+\frac{\quad}{11}+\frac{\quad}{17}+\frac{\quad}{23}+\frac{\quad}{29}+\frac{\quad}{35}=\frac{\quad}{总分}$$

重建主义

重建主义主张，学校应该引领社会重建。学校的任务不只是传递知识，它们还有变革社会的职责。在倡导社会行动主义方面，重建主义超越了进步主义。有影响的重建主义者包括西奥多·布拉梅尔德、保罗·弗莱雷和亨利·吉鲁（Henry Giroux）。

$$\frac{\quad}{6}+\frac{\quad}{12}+\frac{\quad}{18}+\frac{\quad}{24}+\frac{\quad}{30}+\frac{\quad}{36}=\frac{\quad}{总分}$$

图 4—5 哲学问卷

资料来源：罗伯特·莱希为《如何成为优秀的教师（第三版）》所准备的。经作者许可使用。

137

教师之声： 走适合我的路

"如果你尊重你的学生，他们也会尊重你。"

菲尔·库拉斯是亚利桑那州塞多纳市红石中学 9—11 年级的历史和文学教师。他很感激他的同事，把他从教第一年的顺利归功于他们。2004 年秋季，他在北亚利桑那大学攻读硕士学位的同时，也在红石中学实习，由一位经过认真挑选的经验丰富的教师担任他的指导老师。菲尔先是观察，一段时间后才开始上课。他教得很好，以至于到了春天，有一位老师需要休假的时候，校长问他能不能做一个长期的代课老师。菲尔同意了，并把这与他的实习结合起来。从第一天开始，对所有事情负责，这对菲尔来说简直是一场"洗礼"，他解释说，如果没有同事们的帮助和支持，他做不好那些。

丰富的经历背景是菲尔教学能力优秀的一个原因。上大学之前，菲尔在美国军队服役八年，在那里，他学了俄语，还在德国执行了两次任务。退役后，他依靠《退伍军人权利法案》去了亚利桑那大学，拿到人类学的本科学位。在五大洲旅行、探索世界的经历使菲尔有了一种关于世界的好奇心，这种好奇心激发了他的教学之路，他希望把这份好奇心传递给他的学生。

回到美国后，菲尔决定读一个教育的硕士学位。这不是个简单的决定，因为它意味着又有两年的学校生涯，他需要承受作为学生的负担。但他决定"加油"，并把这一步称为"信心的飞跃"。当问及为什么想当教师时，菲尔简单地说："我父母和其他人也曾问过我这个问题。我不知道要告诉他们什么。我只是觉得这是对的。教学不那么像我会去做的事情，但我几年前就知道了我想教学。"

现在为止仅仅做了半年教师的菲尔已经完全意识到，即使是一个新教师，也是非常忙碌的。在他的授课之外，他还在北亚利桑那大学读在职的历史硕士学位。他还是新生的篮球教练，同时被选为低年级活动的主办者。后者意味着他要监督低年级的毕业舞会。"跟筹办婚礼似的！"他大声嚷嚷。而且，作为"新娘的父亲"，他面临的最大挑战是为舞会筹集和管理资金。

菲尔对新教师的主要建议是，尽可能地熟悉能够满足英语学习者需求的教学方法论和评价手段。"我在教室里所遇到的最大挑战就是有效满足这些学生的需求。诀窍在于在他们参与所有课堂活动的过程中，同时教会他们内容和语言。"

菲尔鼓励新教师尊重学生。"如果你尊重学生，他们也会尊重你。这是一个优秀教师做好一切工作的前提。"

最后，菲尔还建议新教师把他们自己看作阅读和写作的教师，而不管内容如何，这是他硕士期间一位教授反复申述的。菲尔眼前的目标是找到更有效的写作教学方法。他希望他文学课上的学生为内容而阅读，但也希望他们能审视写作本身，从作者的角度看待作品，以提高他们自己的写作。

当为他第一个整年的教学备课时，菲尔利用了他硕士阶段在一些书上学到的概念，包括亨利和罗斯玛丽的《开学的头几天：如何成为一个高效的教师》（*The First Days of School: How to Be an Effective Teacher*）、巴里的《结束之后》（*After The End*），以及詹姆斯的《准备好写作教学》（*Preparing to Teach Writing*）。他也期待再次加入学校的批判友人社团，社团的 6～12 个教师每周聚在一起，讨论他们教学中的问题和改进学生学习的努力。来自这个社团以及红石中学其他教师的合作和支持的精神对菲尔在教学上早期的成功至关重要。

小 结

为什么哲学对教师很重要？

● 关于教育哲学的知识使教师理解影响学校的复杂政治力量，更有效地评价当下的改革方案，以及获得专业化的成长。专业教师不断为争取一种对基本哲学问题的更加清晰、有解释力的答案而努力。

● 大多数学校都有描述其教育价值和目标的哲学陈述。

哲学的本质是什么？

● 哲学，意为"爱智慧"，它关注对人生基本问题的思考：什么是真理？什么是现实？什么样的人生值得追寻？

什么决定了你的教育哲学？

● 教育哲学是一系列关于教育的信念，一套指导专业行为的原则。

● 教师的教育哲学由个人关于教与学、学生、知识和什么值得知道的信念组成。

哲学的分支有哪些？

● 哲学分支及其所关注的问题是：（1）形而上学（现实的本质是什么）；（2）认识论（知识的本质是什么以及真理是可获得的吗）；（3）价值论（人应该以什么价值为生）；（4）伦理学（什么是善和恶、对与错）；（5）美学（什么是美）；（6）逻辑学（什么样的推理过程会得到有效的结论）。

教学的五个现代哲学取向是什么？

● 永恒主义——学生应获得永恒的伟大思想的知识。

● 要素主义——学校应该用一种纪律化和系统的方式，教给学生核心的"要素"知识和技能。

● 进步主义——教育的目标应基于学生的需要和兴趣。

● 存在主义——面对一个全然冷漠的宇宙，学生应该获得一种能使他们对自己的人生赋予意义的教育。与存在主义相类似的后现代主义主张没有绝对真理，并拒斥科学、客观以及对现实的解释的确定性。

● 社会重建主义——为回应当下的重要社会问题，学校应在创造一种新的社会秩序方面起引领作用。批判教育学与社会重建主义类似，它关注教育如何促进社会公正，尤其对那些在社会中没有权力和影响力的人。女性主义教育学也跟社会重建主义相仿，认为在欧洲中心、家长统治的课程之下，不同的声音和不同的认知方式往往不会在教室里得到认可。

哪些心理学取向影响了教学哲学？

● 人文主义——人生而为善，教育应关注个人需要、自由和自我实现。

● 行为主义——通过对教育环境的仔细控制并施以合适的强化技术，教师可以让学生做出预期的行为。

● 建构主义——教师应该"理解学生的理解"，并把学习看作学习者主动建构意义的过程。

你怎样发展你的教育哲学？

● 大多数教师发展一种折中的教育哲学，而不是只用一种教育哲学来教学。

● 专业教师不断为争取一种对基本哲学问题的更加清晰、更有解释力的答案而努力。

专业反思与活动

教师日志

（1）回想在中小学阶段，你最喜欢的一位老师。本章所描述的教育哲学或教育的心理学取向中，哪一种最好地概括了那位老师的教学路径？描述一下那位教师在活动时的样子。那位教师如何影响了你的教育哲学？

（2）本章涉及许多教育哲学家的工作。进一步研究后，选择其中一位，写一篇日志，描述这位哲学家的工作如何影响了你的教育哲学。

教师研究

（1）许多组织影响了美国的教育政策和实践。访问两个或更多下面的组织，比较反映在它们与教育相关的目标、财务状况和政治活动里的教育哲学：

替代性公立学校公司（APS）

美国教师联合会（AFT）

全美教育联合会（NEA）

芝加哥教师工会（或其他市教师组织）

全国家长和教师委员会（PTA）

父母即教师（PAT）

得克萨斯州教师联盟（或其他州的教师组织）

（2）浏览 American Philosophical Association（APA），NOESIS Philosophical Research Online，EpistemeLinks：Philosophical Resources 等网站的主页，或者 Guile to Philosophy，编制一个网络出版物、联盟及会议材料的列表，用于你进一步的教育哲学探究。

观察与访谈

（1）采访两位教师，看他们如何回答在本章最开始提出的问题：教育的目的应该是什么？什么知识最有价值？教师应该鼓励学生发展什么价值？应该怎样测量学习？在两位教师的回答中，你注意到哪些相同点和不同点？

（2）让当地学校的一些教师填写图4—5中的哲学问卷。比较一下相对于你的填写，他们的回答如何。

专业档案

每个月准备一段陈述（写或录像），解释下面的一个关键要素（见图4—1）。五个月后，你将会得到一篇对每一系列信念的陈述。

- 关于教与学的信念。
- 关于学生的信念。
- 关于知识的信念。
- 关于什么值得知道的信念。
- 哲学领域中的个人信念。

在整个教师教育课程学习过程中，尽可能修改你的简短陈述。教师教育项目结束后，回顾你档案里的材料，继续做适当的修改。对你的教育哲学进行完整的解释的能力将成为你找工作时的明显优势。

第五章
美国教育的历史基础

学校课堂的真实所在在于其本身，并且与社会的兴趣是一致的。

——霍勒斯·曼

Twelfth Report，1848

课堂案例：教学的现实 ▶▶▶

挑战：理解历史如何影响了当今学校的教育。

这是你参加教学的第一年，你和其他的老师在教师休息室谈论高风险测试和教师的责任。这场讨论的缘由来自昨晚总统的电视讲话，在讲话中，总统强调了教育的重要性以及美国的未来。

"我认为总统知道我们教师面临的挑战。"一位老师说道。

"是啊，看到对教师的正面的、诚实的评价总是好的，"另一位说道，"总统的意思好像是'让我们站在教师身后，给他们更多的支持。他们所做的工作对美国很重要'。"有两位老师点头表示同意。

第三位在批考卷的老师抬起头，"是啊，"他说，"我认为人们开始看到学校的问题并不在于学校本身。这些问题反映了多年来的社会现实。"另两位老师表示同意。

一位年末打算退休的老师开始说话了。她坐在沙发的另一头。大家都认真地听着，也许他们想要表示她的话是有分量的。

"我已经教了25年书了，"她说，"我开始教书的时候，我们没有现在的问责制。我们的工作是教孩子。我们就是为了教，孩子呢，信不信由你，就是为了学。"

说着，她合上教师的记录本，里面有学生们在上个月州学业成就考试中取得的成绩。"10年前，联邦政府开始插手学校的教育。今天的教学完全变样了，我们常常想接踵而来的考试，不知道学生的表现会如何。孩子们有州规定的考试，国内成千上万的孩子不得不参加。我真不知道联邦政府插手教育会有什么好结果。"

"联邦政府为我们教师做了什么好事吗？"她问道。

你说呢？

焦点问题

1. 教育的历史为什么很重要？
2. 美国殖民地时期（1620—1750 年）的教育是什么样的？
3. 在革命时期（1750—1820 年）有什么样的教育目标？

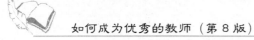

4. 州公立学校如何在斗争中获胜（1820—1865 年）？

5. 义务教育如何改变了学校和教学（1865—1920 年）？

6. 进步时期（1920—1945 年）的教育目标是什么？

7. 战后（1945 年到现在）教育有什么变化？

教育的历史为什么很重要？

在《理性生活》（*The Life of Reason*）一书中，乔治·桑塔亚纳（George Santayana）说道："那些忘却过去的人注定要重复过往的历史。"同样，1952 年和 1956 年的总统候选人阿德莱·史蒂文森说："只有我们知晓从过去到现在走的路才可能清楚明智地描绘我们的未来。"对教师来说，这些说法清楚地意味着：过去对学校教育有影响，一位卓越的教师要在历史中学习。他们知道过去的做法并没有消失殆尽，而是塑造着现在和将来的教育。如果我们不了解过去，就无法理解现在的教育。今天的教师必须知道过往的教育，这样他们才有可能引领改进未来的教育。

现在美国公立学校和私立学校的教育体系反映了美国的历史，那些开国者和一代又一代前来定居的人所持的价值观以及他们的追求。因此，不回顾美国教育的历史而获得对美国教育的理解是不可能的。熟悉美国历史上对教育产生重要影响的事件成为教师职业训练的一部分。

可能，你依然心存疑问，了解美国教育的历史有什么价值。那些知识能够帮助你成为更好的老师吗？首先，对重大教育事件的了解能够帮助你对当今的改革提议做出更为有效的评价。如果你知道学校是如何发展的，现在的提议和以前的改革之间有什么联系，你就能够对未来的改革做出更好的评价。其次，对先前的教育事件如何塑造现在教学的意识是教育职业素养的一个重要标记。

正如有效的民主需要觉醒的公民，一定的职业也需要有知识的从业者。这章"教师之声：走适合我的路"中的卡米尔·贝利沃，就认为历史的学习是教师职业知识的组成部分。

这一章主要回顾美国教育历史上的六个时期。每个部分将从作者的视角关注对美国的教育产生过最重要的影响的社会力量、事件和人物。

美国殖民地时期（1620—1750 年）的教育是什么样的？

美国殖民地时期的教育根植于英国的文化。最初来这个国家定居的人设法发展一种和英国相似的双轨制的学校体系。如果社会下层的孩子上学学习，在小学阶段，他们学习阅读、写作、计算的基本课程并且接受宗教的教育。来自社会上层的孩子有机会进拉丁文法学校，接受为进入大学预备的教育，主要学习拉丁文和希腊文的经典作品。

最重要的是，殖民地时期的课程强调宗教的目标。一般而言，在殖民地，没有宗教生活和世俗生活的区分。迫使清教徒忍受在新大陆定居的艰难困苦的宗教力量在学校的课程中得到体现。小学教育的一个最主要的目标是学会阅读，这样就能够读懂《圣经》和宗教的教义，并得到自救。

144

教师之声： 走适合我的路

　　卡米尔·贝利沃把她对历史的喜爱和成为历史老师的志向归功于她高中时期"非同寻常"的历史老师——他的父亲。夏天，他带卡米尔·贝利沃参观东海岸每一处内战的战场，在课堂上，他让他们读迈克尔·沙拉（Michael Saaran）曾经获得普利策奖的关于盖茨堡战役的历史小说——《杀手天使》（*The Killer Angels*）。这本书是她最喜爱的书之一。他爸爸永葆青春也是卡米尔想要成为老师的理由。"孩子们使得他年轻，给他能量和幽默感。"

　　为了成为历史老师，卡米尔进入新罕布什尔大学一个包括研究生论文和一年实习期在内的五年制项目中学习。在大二的时候，学生被要求花两周的时间在学校里观察并尽早决定他们想要成为老师的愿望是否现实。卡米尔对那一整年的实习心怀感激，因为在那段时间里，她学会了制造评测的工具，发现课堂中并未传授的教学方法，意识到书面作业的重要性，如法庭出席记录般的重要性。

　　她在新罕布什尔的一个小学校：科尔布鲁克学院中教了四年的历史。后来，由于她的丈夫读研究生的缘故从新英格兰来到弗吉尼亚的诺福克。做了一周"糟糕的服务员"后，卡米尔在诺威尔高中得到了一个教职，这是一个有着多样种族的学校，大多数是非裔学生。现在是卡米尔在诺威尔的第五年，她喜欢这个学校，喜爱她的学生，和她自己上的课：美国历史、世界历史、政府以及美国历史的大学预修课程。

　　转换学校意味着她需要重新建立声誉，并取得学生和同事的信任。多年来，卡米尔自然而然地走上领导职位，指导新教师，为学校的俱乐部提供建议，包括国家荣誉学会和基瓦尼俱乐部。她被选入美国历史教师奖学金项目。在这个三年制的合作项目中，优秀的历史教师和泰瓦德社区学院的教授结伴探讨当地的历史并设计融合当地历史和历史标准学习的课程。

　　卡米尔为新教师提供了不少建议。首先，在新入职的时候，卡米尔希望她能够知晓更多的内容：她发现直到开始教书的时候，才发现所知甚少。"知道教学内容、后面的历史并知道如何去教是成功课堂的关键。如果你不知道你讲的内容，学生就不会尊重你。"她建议道。

　　其次，因为教书是累人的，卡米尔建议教师每个星期应该离开学校一天。"不要改作业，不要开电脑，退一步想想。"她告诉新教师他们的生活并不仅仅是教书，他们的学习同样也不能荒废。

　　卡米尔是一个"不富有但是很丰富"的老师。她喜爱学生并珍惜彼此之间的关系。他们中的一些人面临着生活的挑战。和学生在一起的时候，她试图帮助他们集中学一些东西，让他们笑，同时感觉安全，远离任何让他们不愉快的事情。她很高兴看到自己对历史的喜爱在学生的身上得到回应。至少，她希望在将来的某一天，当她的学生带着孩子开车经过宾夕法尼亚的时候，会停下来游览盖茨堡。这样，他们就可以把卡米尔父亲在她心中培养的对历史的爱传达给他们的下一代。

教师的地位

在殖民地学校教书不需要什么资历，酬劳也很低，因此教师的地位很低。但随着年级的增加以及相应教职所需的教育更多，人们对教师会更加尊重。因为大多数的小学教师所受的教育仅仅是小学的水平，他们成为最不被尊重的教师。极少数初中的教师被赋予最高的地位。

根据丹·罗蒂（Dan Lortie，1975）的说法，殖民地时期的教师"特殊但又在阴影之下"。因为教师、牧师，他们都是受过教育的，所以他们是"特殊"的，应该有高尚的道德。但教师又在"阴影"之下，因为他们从属于社区中的权力精英——牧师。教师们额外的职责反映了他们边缘化的地位："教师们敲响教堂的钟声……打扫……教授《圣经》的课程，有时候接替患病牧师手头的工作。那些希望成为教师的人不得不接受外界对他们道德行为的严密监视。"（Lortie，1975，p. 11）。

对教书投下又一个阴影的是社区的"真正"的工作：农业劳动。"农业劳动"是最重要的，尽管教师多由男性担当，但当夏季来临，需要男人们在田里工作的时候，妇女就被招募为教师来替代他们的位置（Lightfoot，1978，p. 47）。

殖民地的学校

位于新英格兰的殖民地（马萨诸塞湾、新罕布什尔、康涅狄格）有这样的共识：教堂、州和学校是相互联系的。结果，在这些殖民地成立了市镇学校，在校的孩子们学习基本的阅读写作以便学习经文。信奉严格的宗教纪律和简单的宗教仪式的清教徒对这些学校有重要的影响。

清教徒对学生的看法包含了这样的信仰，人天性是有罪的。甚至儿童时期天真的玩乐也被认为是有恶魔作怪的怠惰。救赎的途径在于学会抑制个人的本能，并能尽快成为大人的样子。

为了快速成长，老师不得不时时纠正孩子，并抑制他们的天性。就如一个历史学家所说，"在殖民地的新英格兰时期，关于全部教育的想法是孩子是有堕落天性的小大人"。学校的日常规范既严苛又教条。纪律非常严格，不服从或者是违反规则的行为将会受到脾气暴躁、资质低下的教师的严厉惩罚（Rippa，1997，p. 30）。

中部的殖民地（纽约、新泽西、宾夕法尼亚、特拉华）则更加多样。爱尔兰、苏格兰、瑞典、丹麦、荷兰和德国人根据自己的宗教信仰建立了社区学校。中部殖民地的英格兰教、路德教、辉格派、犹太教、天主教、长老会和门诺派人倾向于建立他们自己的学校。在新教徒占多数的南方殖民地（弗吉尼亚、马里兰、佐治亚、北卡罗来纳、南卡罗来纳），富有的种植园主相信教育的主要目的是为了宗教，为他们的孩子进入欧洲的大学做好准备。大多数的农民没有受过正规的学校教育，非洲奴隶的孩子只受过服侍他们的主人所需的训练。

没有哪一种学校教育是所有的殖民地都有的。最普遍的学校是妇孺学校、阅读写作学校，还有拉丁文法学校。

妇孺学校

妇孺学校为男孩提供最初的教育，为女孩提供常常是一生中仅有的教育。这些学校办在寡妇和家庭主妇的家中，家长们给这些学校以少量的资助。妇孺学校中，通常在厨房上课，孩子们在几个星期到一年的时间内学习阅读、写作和算术的基础。女性可能会学缝纫和基本的理家技巧。学生们通常从角贴书中的字母表开始学习。角贴书在中世纪的欧洲得到发展，它其实是字母表，封面是用母牛的角制成的，薄而透明。"这层牛角封面保护羊皮纸不受磨损，撕裂，或被小手弄脏。"（Urban & Wagner，2004，p. 43）字母表和牛角封面被固定在桨状的木头上。学生们常用一根皮带穿过木头上的孔从而把角贴书挂在他们的脖子上。

阅读写作学校

在阅读写作学校里，男孩们接受他们的父母在家里所不能给予他们的教育，或者是他们在妇孺学校中无法学到的知识。阅读课基于《圣经》、宗教教义，或是1690年首次印刷的新英格兰读本。读本用押韵的对句向孩子们介绍了字母，第一个对句是这样的：

> 自亚当堕落（In Adam's fall）
> 我们都有罪（We sinned all）

最后一个对句说道：

> 撒该他　（Zaccheus he）
> 爬上树　（Did climb the Tree）
> 被上帝看见　（His Lord to see）

读本中大量严厉的宗教告诫告诉孩子们生活中应有的正确的行为。

拉丁文法学校

波士顿的拉丁文法学校创建于1635年，为这个新国家的未来领导人提供大学预备的教育。4月的一个群众集会上，波士顿的居民决定"我们请求我们的兄弟菲利蒙·颇蒙特成为校长和我们一起教育孩子"（Button & Provenzo，1983，146 p. 17）。拉丁文法学校，相当于现在的初中，以欧洲的经典学校为榜样。男孩们在七八岁的时候进入拉丁文法学校，从此他们开始准备进入哈佛学院（1636年建成）。从哈佛毕业后，他们会在教堂担任领导职位。

最初，文法学校是七年制的，后来改为四年制。拉丁文法学校的教育质量高于妇孺学校和阅读写作学校。除此之外，拉丁文法学校的老师认为学生已经在上述的两种学校里学过读写。

拉丁语和希腊语是这些学校的主要科目，算术在1745年才开始。学生被要求读拉丁文学作品，在诗歌和散文中使用拉丁语。并配合使用希腊语。如同下列的描述，课程和讲授的方式都是很严格的：

> 在大多数的拉丁文法学校中，学习长达七年之久。显而易见，学校每周上六天课，持续整个寒冬和炎夏。一天通常从上午六点到十一点，从下午一点到四点或者五点。男孩们在凳子上坐很长的时间，用操练的记忆方法，或者死记硬背。在反复的背诵中，学生练就对特定的问题给出明确的答案。不允许课堂讨论。拉丁文法学校继承了英国学校的严格纪律。急躁的校长为了一个不怎么令人满意的背诵出手打人并不是一件罕见的事情。学校对打架、撒谎、诅咒、打牌或投掷骰子予以惩罚。（Rippa，1984，p. 43）

把殖民地时期的拉丁文法学校如何对待学生与这章下面即将提到的老师如何

对待没有动力学习的、情感有问题的学生进行对比。

独立教学

努力是值得的

"没有挣扎就没有进步。"弗雷德里克·道格拉斯（Frederick Douglass）的话不仅对历史适用，对教学也适用。我最初成为教师的时候，以为我一进入教室就能马上鼓动我的学生们都喜欢上历史。事实上，尽管我有幸教到一些取得进步并最后喜欢上历史的学生，我也为那些学习之外的事情而挣扎。实际上，我遇到的最大挑战就是那些没有学习动力的学生。

我记忆中印象特别深刻的是一位没有学习动力的学生。弗兰克（并非真名）在期中的时候入学，那时我课上得很顺利，所有的学生都已经习惯了我的授课方式和程序。弗兰克头发很长，几乎盖住了整个脸庞，低着头，很少用眼睛直视我。我很快意识到弗兰克不仅没有学习的动力，而且情绪很糟糕。他很忧郁，有时缺课，当我问他问题的时候，他通常耸耸肩膀说："我不在乎。"他赶不上学校的进度，对我在学生没能交上作业而说的鼓动人心的演讲无动于衷。我决定帮助弗兰克。我在课后的补习中给他以个人关注。

为了确保弗兰克得到恰当的帮助，我和学校的心理医生交换了看法。她见过弗兰克后认为，我帮助弗兰克的最好办法就是听他讲话，对他和他的生活表示出真诚的兴趣。我决定忽视他不合群的行为并把他当作班上最有趣的学生来对待。

辅导课是了解弗兰克最好的场合。开始的时候，他很安静、瑟缩。最初几次的辅导课很机械：我和他一起复习功课，他做他的作业。上课的时候，我尽量把内容和他的生活联系起来，把历史和他的生活联系起来。尽管这比较花时间，但是他慢慢开始敞开自己的心扉，告诉我他的生活和家庭。我听着，并把他的经历和课联系起来。

两个月的辅导课后，我看到弗兰克的心情好多了。他还是很害羞，但是他开始在课堂上回答问题并表示出对美国历史的兴趣。在学年快结束的时候，弗兰克参加了 8 年级的典礼。令我感到惊讶的是，他给了我一张卡片，那天晚上我看了卡片，内容很简单，他对我的友善表示了感谢。

分析

最初，我认为我在学习上帮助了弗兰克，但是我逐渐意识到我也帮助了他这个人。对弗兰克而言，比历史课更有意义的是老师表示的关注和友善。作为教师，我们始终应该记住，学生首先是人，善意能够帮助孩子成功。没有动力的学生对老师来说是个挑战，但是如果你精心照料并且帮助他在生活中取得进步，那么所有的努力都是值得的。

反思

● 为什么和学校的心理医生联系是明智的？

● 老师可以用其他什么策略和懒怠、不合群的学生沟通？

● 初中和高中的老师如何表扬学生，而不会让他们遭到同龄人的嘲笑？

伊丽莎白·布波斯
拉帕马中学

义务教育的起源

现代人知道，义务教育的法律规定父母或者是在入学年龄段的孩子的监护人，必须要把孩子送到学校接受教育。但是在殖民地时期，情况并非如此。

普遍意义上的义务教育源自《马萨诸塞州 1642 年法案》，有人认为这是殖民地的第一个教育法（Urban & Wagoner，2004）。在这之前，父母可以决定是送他们的孩子上学还是留在家里。殖民地的教堂和市民领袖，却认为教育不再应该是件自愿的事。他们注意到很多孩子受到的职业教育是不够的。并且，他们意识到有组织的学校会加强和保有清教徒的信仰。

清教徒想把教育作为公民应尽的责任。马萨诸塞州的大法庭在 1642 年颁布了一条法律，要求每个城镇确定年轻人是否会读写。社会上那些"不会阅读和理解宗教原则和国家大法的孩子或者是学徒"（Rippa，1997，p.36），他们的父母和师傅有可能被罚款，也有可能失去孩子的监护权。

尽管《马萨诸塞州 1642 年法案》没有授权建立学校，却表明了孩子的教育受到当地市民的关注。1648 年，法庭修改了 1642 年的法律，提醒那些小镇的领导者们"孩子的良好教育对社区最有好处"。某些家长和师傅对孩子和学徒"过于宠爱，使得他们玩忽职守"（Cohen，1974，pp.394-395）。作为这个国家的第一个教育法，该法案具有里程碑的意义。

《马萨诸塞州 1647 年法案》，通常被称作《老迷惑者撒旦条例》（因为教育被认为可以保护不受魔鬼欺骗），规定了建立学校并给予学校支持。具体的做法是，有 50 户或者以上的市镇派人教"学生读和写"。"孩子家长或主人，或是居民"要付给老师工资（Rippa，1997，p.36）。这个法案要求 100 户及以上的地方建立拉丁文法学校，为孩子们以后进入哈佛学院做好准备。没能按照这条法律去做的市镇要付 5 英镑的罚款。

148

对义务教育的支持后来随着 1785 年《西北法令》的颁布而扩展开来，这条法令为了教育的目的把联邦的土地授予了州。《西北法令》把西北部的土地（现在的伊利诺伊州、印第安纳州、密歇根州、俄亥俄州、威斯康星州和明尼苏达州的部分地域）划分为 36 平方英里的区域，其中 16 平方英里的土地为公立学校用地。

非裔美国人和印第安人的教育

美国革命结束后，将近 5 000 万的非裔美国人是不会读写的奴隶（Button & Provenzo，1989）。在大多数情况下，那些能够读写的人是被他们的主人教会的，或是通过教堂的小型项目学会的。一般而言，识字的印第安人和墨西哥裔人是在修道院接受了这方面的训练。1704 年，伊莱亚斯·诺（Elias Neau）在纽约城开办了第一所非裔美国人学校。该学校受到了英格兰教会的赞助，这所学校教非裔美国人和印第安人如何阅读，并借此对他们进行改造。

其他非裔美国人和印第安人的学校是贵格会举办的，他们认为奴隶制是道德的罪恶。尽管为非裔美国人而建的贵格会学校早在 1700 年就出现了，其中最为著名的是安东尼·贝内泽（Anthony Benezet）于 1770 年在费城办的那所。他相信非裔美国人"明智、有人性、合群、有能力，有和白人那样改善和提高自己的能力"（Button & Provenzo，1989，p.45）。各学校以在东北部费城开办的学校为样本，印第安人的学校也以慈善企业的形式建立起来了。

贵格会也成立了印第安人学校作为慈善组织。在 1819 年，新设立的印第安人事务办公室首次批准了为保留地学校提供的联邦基金。联邦的介入对于项目和入学无甚助益，例如 1901 年，每 4 000～5 000 纳瓦霍学龄儿童中只有 300 人入学（Button & Provenzo，1989，p. 276）。

从 17 世纪到 20 世纪末，学校被种族隔离。最早的学校种族隔离的官方依据是马萨诸塞州高级法院在 1850 年做出的决定。当罗伯特一家想把女儿莎拉送到位于波士顿的白人学校时，法院的判决是："平等，但隔离。"学校是可以去的，所以罗伯特也不能控告不公平（Roberts v. City of Boston，1850）。然而，从最初开始，学校就是不平等的，学生的教育机会也是不平等的。

当国内战争来临前，奴隶制和奴隶教育的立场越发强硬。尽管废奴人士为自由或者是逃跑的奴隶开办了学校，南方各州却认为教奴隶读和写是罪恶的行径。内战结束后，迎来了解放，南方通过自由人机构为先前的奴隶开办了学校，但是种族歧视还是美国社会的重要特征。

¹⁴⁹ 在革命时期（1750—1820 年）有什么样的教育目标？

革命时期的美国教育的特点是欧洲的影响普遍减弱。尽管根植于欧洲的宗教传统继续影响课程，这个年轻的国家发展农业、造船和商业的需要也对课程施加着影响。那时，从欧洲来的最早的定居者被新的一代所代替，这一代人是从美国新的土壤中成长起来的。这种新的、纯美国的认同随着市政府的成立而得到进一步的加强。在书和报纸中越来越多地提到了新国家的生活，这个新国家正在远离欧洲向西推进。1776 年的美国独立战争表明美国脱离了欧洲。

独立之后，许多领导人担心新国家内乱会威胁到整个国家的幸福。这些领导包括本杰明·富兰克林、萨拉·皮尔斯、托马斯·杰斐逊和诺亚·韦伯斯特。为了保护斗争得来的自由，教育体系的成立成为必须。通过教育，人们变成更加聪慧的宪政民主的参与者。

本杰明·富兰克林的学院

本杰明·富兰克林（1706—1790）设计并创建了费城学院，一所在 1751 年开始运行的私立的初中。这所学校代替了旧式的拉丁文法学校，有着更加开阔、实践的课程，英语代替拉丁语成为语言科目。这所学校和以往的学校相比更有民主基础。尽管学院一般是私人出资、私人掌控的，但他们却是世俗的并常常接受公共财政支持。大多数的学院是公共的，因为无论宗教信仰，任何人都可以交费入学（Rippa，1997，p. 65）。

富兰克林在 1749 年用拉丁文写的提议《关于宾夕法尼亚年轻人的教育》（*Relating to the Education of Youth in Pennsylvania*）中讲道："年轻人的良好教育受到所有年龄的有识之士的推崇，因为教育是家庭幸福和国家幸福的基础。"（Franklin，1931，p. 151）

富兰克林对年轻人教育的倡导要求有广泛的学科，这些学科反映了永恒性、要素性的教育哲学倾向：英语语法、作文、文学、经典和现代的语言、科学、写作和绘画、修辞和口才、地理、各类历史、农业和园艺、算术和计算以及机械。

萨拉·皮尔斯的女子学院

英语学院通常被称为人民的学院。1855年，这些学院在国内纷纷成立，数目达到了顶峰，总共多达6 185所，共招收学生263 096人（Spring，1997，p.22）。除了萨拉·皮尔斯在康涅狄格州利奇菲尔德成立的女子学院（1767—1852年）之外，其他的学校通常是男子学院。皮尔斯与两名学生在家中餐厅开始了她的学院，这个学院最后拥有140名女生，分别来自美国各州和加拿大（Button & Provenzo，1989，p.87）。

总体而言，17—18世纪的女孩所受的正规教育很少，受教育的目的也完全不同于男孩。如同以下皮尔斯学院的使命陈述，相比于永恒性课程，要素性课程更适合女孩：

> 我们的目的不是要造就有学问的淑女，或是擅长抽象推理的人，或是在科学领域深究的学者，但是妇女可以有发挥其作用的职位，虽然不那么辉煌，也不那么卓越。在这个位置上，她的职责有极其重要的作用。这个地方就是家，这些职责包括减轻她父母的劳作、缓解其伴侣的疲劳以及促进下一代的教育。（Button & Provenzo，1989，p.88）

一些妇女就读于最早成立于19世纪的女子中等学校，这些学校的主要任务是培训女子进入高校并服务于家庭之外的公共事务。妇女的就业随着社会改革的不断进行而得到改善，妇女渐渐获得政治上的平等地位，其中包括她们在20世纪获得的选举权。1821年由教育家和诗人埃玛·威拉德（Emma Willard，1787—1870）成立的托利学校，成为美国的第一所女子大学。

托马斯·杰斐逊的哲学

《独立宣言》的起草人，托马斯·杰斐逊认为普通人的教育是捍卫自由最有效的方式。如同历史学家亚历山大·瑞普（Alexander Rippa）指出，"美国的国家领导人很少有这样为理想而奋斗的，也许没有人曾经这样坚定不移地认为公共教育是自由的基石"（1997，p.55）。

杰斐逊出生在弗吉尼亚州夏洛茨维尔的一个乡绅家庭，在威廉-玛丽学院接受了教育，这所学院是美国建国后成立的第二所大学。从此，杰斐逊成了这个国家极富影响力的人物之一。在33岁时，他起草了《独立宣言》，担任过弗吉尼亚法院的法官、弗吉尼亚州长、驻法大使、国务卿、副总统，曾担任过两届美国总统。在他一生中，他全身心地投入教育。他能说流利的拉丁文、希腊语和许多现代的语言。他深受英国哲学家约翰·洛克的影响，英国的宪法思想以及法国教育家的作品对他也产生了深刻的影响。

杰斐逊致力于人类的自由，对任何形式的独裁和集权深感厌恶。他曾说："我在上帝的祭坛前发誓，反对任何形式的专制。"（Rippa，1984，p.68）在他那个时代，杰斐逊在教育和文化领域发挥着决定性的影响。他是美国文艺科学学院的成员，是美国哲学家协会的主席。

杰斐逊感到，如果一个社会要获得自由，就必须支持公共教育。1779年，他在呈给弗吉尼亚法院的议案中提出知识广泛传播的必要性。这个计划要求州立小学免费教白人孩子连续三年的读、写和算术，而他们的父母无须承担学费。除此

150

之外，创建 20 所州立的文法学校，其中经由选择的部分穷人孩子免费接受上限长达六年的教育。杰斐逊的计划有些偏离富兰克林的实用性倾向，因为文法学校教给孩子们学术性更强的科目：英语语法、希腊文、拉丁文、地理和高级算术。

杰斐逊没能说服议员接受他议案中建立统一公共学校的体系提议。但是，他通过亲自创立的弗吉尼亚大学把许多教育的理想付诸实践。他有生之年的最后一段时间用于大学的建设，在 1824 年 3 月，也就是他 81 岁生日的前一个月，他亲眼目睹大学招收了 40 名的新生。

诺亚·韦伯斯特的拼字课本

在美国独立战争后的那些年，美国印刷了好几种教科书。作家和出版商认为教科书是提升民主理想和文化独立的一条主要的途径。为达到这个目的，美国的教科书充斥着爱国主义和道德的教条。诺亚·韦伯斯特的《基础拼字课本》（*Elementary Spelling Book*）和《美国英语词典》（*The American Dictionary*）是最为流行的书本。

出生在康涅狄格州的诺亚·韦伯斯特（1758—1843）是一位成功的律师、作家、政治家和校长。1783 年，他首次推出题名冗长的拼字课本：《英语语法基本原理》（*A Grammatical Institute of the English Language*）。以后的版本改名为：《美国拼字课本》（*American Spelling Book*）和《基础拼字课本》。韦伯斯特的拼字课本又被戏称为"蓝色拼字书"，因为早期的课本以浅蓝色的纸张为封面，后面的版本则是用亮蓝色。

在拼字课本简介中，韦伯斯特说明了他的目的是帮助老师交给学生"语言的基础、宗教的思想道德以及国内的经济"（Button & Provenzo，1989，p. 65）。自始至终，这本书都在强调爱国和道德的价值。简短、易记的信条教孩子们要满足他们生活中的所有，努力工作，尊重别人的财产。告诫读者要"喜爱可靠的理性胜于空虚的机智"、"别让玩笑侵蚀了礼貌"。韦伯斯特教读者在学校如何表现：

> 在学校大声说话的人学不好自己的功课，也不让其他的人学好自己的功课。那些安静的人会变得明智，获得更多的爱和善意。
>
> 躲避撒谎的孩子、讲坏话的孩子，因为他很快会带给你耻辱。（Commager，1962，pp. 61-63）

韦伯斯特的读本非常流行，很快销售了 2 400 万册。历史学家亨利·斯蒂尔·康马杰（Henry Steele Commager）这样评论："需求量是这样大……没有任何其他的世俗的书本能够这样广泛流传，影响如此深刻而持久。"（1958，p. 12）据估计，有超过 10 亿人读过韦伯斯特的书。

韦伯斯特的拼字课本触及了众多的主题，被认为是小学课程的第一本指导书（*Johanningmeier*，1980，p. 65）。韦伯斯特是内战后的教育领袖，对美国的语言有深刻的影响，"他为定义这个新的国家作了很多贡献"（Urban & Wagoner，2004，p. 79）。

州公立学校如何在斗争中获胜（1820—1865 年）？

美国第一所州立高中是于 1821 年成立的波士顿经典英语学校。学校在 1824

年更名为英语高中，这所学校的成立标志着美国州公立学校漫长而缓慢的斗争的开始。那些支持免费公立学校的多是城市居民、非纳税人、民主领袖、慈善家、人道主义者、各类学校协会的成员和一般工作人员。反对的一般是乡村居民、纳税人、贵族和保守团体、私立学校所有人、保守宗教团体、南方人以及非英语居民。公立学校的代言人是霍勒斯·曼（Horace Mann），他雄辩又有说服力。

霍勒斯·曼的贡献

霍勒斯·曼（1796—1859）是一名律师，马萨诸塞州的参议员，州教育委员会的第一秘书。他作为公立学校运动的杰出人物而闻名。公立学校运动的成果是我们拥有了现在免费、公立、地方控制和管理的小学。霍勒斯·曼不遗余力地说服人们相信为所有人建立的免费学校体系是符合所有人的利益的。

152

> 免费的学校体系无论贫穷和富有、自由和依附，也不论那些通过各种途径在这个尚且蒙昧的世界中想要抵达天堂的人。不需要金钱，不需要标价，学校为所有美国的孩子开启大门，摆放好桌子。（Mann，1868，p. 754）

学校的改进

1837 年，霍勒斯·曼出任州教育委员会秘书。那时，马萨诸塞州的学校的条件非常简陋，霍勒斯·曼立马在他的新职位上改进学校的质量。从他提交的 12 份年度报告中，从他编辑的公立学校的期刊中，他的教育理想为国内外所知晓。

在他大量印刷的第五个报告中（1841 年印刷），霍勒斯·曼告诉有钱的保守阶层支持公立学校是他们获得自我保护和保险的最廉价的方式。他问道："你在哪里能够发现像我们的公立学校一样能够给予如此良好和综合的教育体系，犹如警觉而有效的警察，能够保护一个人所有的财产、权利和品性？"（Rippa，1997，p. 95）

在他印刷的第七个报告（1843 年出版）中，曼赞扬了他参观过的普鲁士的学校做法，那些学校采用的是瑞士知名教育家裴斯泰洛齐的人本主义教学法。

师范学校

在 19 世纪 30 年代后期，霍勒斯·曼提出了一个我们今天认为理所当然的提议。他认为，教师应该受过高中以上的教育才能从事教育工作。他们应该在专业的项目中受训。法国人建立师范学院培养老师。霍勒斯·曼以及其他在这个时期颇有影响的教育家，如凯瑟琳·比彻（Catherine Beecher，1800—1878），她的妹妹哈里特·比彻·斯托（Harriet Beecher Stowe，1811—1896）写了《汤姆叔叔的小屋》（*Uncle Tom's Cabin*），认为在美国也需要类似的教育。她发起确保女子和男子享有同等教育、招收女子进入教师行业的运动，为建立培养教师的公立学校的发展作出了重要的贡献（Holmes & Weiss，1995）。

美国第一所公立师范学校在 1839 年 7 月 3 日成立于马萨诸塞州的莱克星顿。课程包括一般性的知识课程、教育学和在师范学院的附属学校的教育实践。1849 年，雷克塔·林肯·沃尔顿（Electa Lincoln Walton，1824—1908），一位 1843 年从师范学校毕业的学生，成为行政长官，也是第一位管理国家师范学校的女性。沃尔顿精力充沛，坚信自己能够成功，就如同她在期刊中说的：

> 很多人觉得女性不会有什么作为。我想告诉他们女性能够经营好一个师

范学校并把它打理得很好……我会成功的……我不会沦为妇女无力管理一个大型机构的例子。（Holmes & Weiss, 1995, p. 42）

当霍勒斯·曼在1848年从秘书的职位上退休的时候，他的关于"教育是达成人与人之间的平等——是社会的平衡机制"（Mann, 1957, p. 87）的信念给美国教育造成了深远和广阔的影响。马萨诸塞州建立了公立学校的稳固的体系，也为在其他的州建立免费的公立学校开了先河。

牧师威廉·霍尔姆斯·麦加菲读本

牧师威廉·霍尔姆斯·麦加菲（Reverend William Holmes McGuffey, 1800—1873）或许是对孩子们在学校里应该学什么的最有影响力的人物。著名的麦加菲读本在数量上远远超过了诺亚·韦伯斯特的拼字课本。据估计，1836年后，六卷本系列共售出1.22亿册。六卷本系列的难度从1年级到6年级递增。书中的一些故事如《狼》《好管闲事的马蒂》《仁慈的兄弟》等强化了努力工作、诚实、真理、服从和慈善的美德。

麦加菲读本之外的早期的初级读本用阴沉而悲观的眼光来看待童年时期。尽管如此，它们仍对成千上万的美国读者有着宗教、道德和伦理的影响。从《劳动的尊严》《铁匠的村庄》《富人的儿子》等故事中，读者领会到满足和安宁胜过世上的财富。麦加菲读本除了为正确的生活提供指导，也教会无数的孩子和儿童如何阅读和学习。

贾斯廷·莫里尔的赠地学校

公立学校运动和西进运动刺激了公立高等教育的发展。1862年，由佛蒙特州的国会议员莫里尔（Justin S. Morrill, 1810—1898）提出的《莫里尔赠地法案》，把国家的土地给州，并任由它们租售以筹集资金建立农业和机械学校。每个州按照在国会的参议院和众议员代表的人数，获得每人30 000英亩的土地补助。

最后，通过出售1 700万英亩土地所获得的750万美金拨给了赠地学院和州立大学。1862年的《莫里尔赠地法案》为联邦政府积极推进高等教育创立了先例。1890年第二个《莫里尔赠地法案》为赠地学院提供了更多的联邦资金。

义务教育如何改变了学校和教学（1865—1920年）？

从美国内战结束到第一次世界大战为止，公立学校向西稳固推进，向南从新英格兰到中部亚特兰大各州。1852年从马萨诸塞州开始的《义务教育法》到1900年，已经在32个州普及，到1930年，《义务教育法》的普及已经覆盖美国所有的州。

由于《义务教育法》的实施，小学入学儿童人数有了大幅增长。1869年至1870年，只有64.7%的5~17岁孩子到公立学校就读。1919年至1920年，比例上升到78.3%。2004年至2005年，达到91.7%（National Center for Education Statistics, 2008）。高中阶段的招生人数尤其值得一提。从国家教育统计中心获得的数据（March 25, 2008），我们看到从1880年到1920年，美国的人口增长了108%，高中的入学人数增加了1 900%！

随着公立学校的普及，学校体系开始有了今天学校的组织特色：集中控制、州县的权力加强、城市监督、教学和行政分离。弗雷德里克·泰勒（1856—1915）是一位工程师，也是科学管理的创始者，在他的著作的影响下，学校的官员开始借鉴商业管理原则和技术并开始了改革。比如说，他们相信自上而下的管理技巧不仅应该用于工厂，也应该用于商业。

154

非裔美国人的高等教育

在《超越奴隶制》（*Up from Slavery*）一书中，布克·T·华盛顿（Booker T. Washington，1856—1915）描述了他如何从位于西弗吉尼亚州的家中一路走 500 英里到弗吉尼亚州的汉普敦师范和农业学院上学。这是全国第一所为非裔美国人创建的高校。从汉普敦毕业后的第四年，华盛顿回到学校成为学校的第一位非裔美国教员。

华盛顿坚信教育能够改善非裔美国人的生活，就如改善白种人的生活一样："贫穷和无知对于黑人的影响就如它们对白人的影响一样。但是天已经破晓，教育将带来大光明。"（Rippa，1997，p. 122）华盛顿在 1880 年帮助建立了塔斯克基学院，一所为非裔美国人而建的位于亚拉巴马乡村的学校。对于华盛顿来说，学院在争取种族平等方面起着关键的作用。

> 塔斯克基学院的理念是教育从民间开始，教育随着人们的需要而不断扩大。当一个种族的知识、经历、文化、品位和财富增长的时候，他们的需要变得越来越多样化。为了满足这些需要，如同教育在白人中的发展，教育也会在我们的阶层中慢慢发展起来，造就从事各类职业和商业的男女。（Button & Provenzo，1989，p. 274）

不是所有的非裔美国人都有华盛顿一样的哲学和目标。杜波伊斯（Willam E. Burghardt DuBois，1868—1963），第一位获得博士学位的非裔美国人，也是全国有色人种促进协会（The National Association for the Advancement of Colored People，NAACP）的奠基人，就曾对华盛顿的教育观点提出质疑。在他的著作《黑人的灵魂》（*The Souls of Black Folks*）中，杜波伊斯批评那些暗含非裔美国人应该接受低下地位，成为手工劳动者的教育项目。杜波伊斯呼吁对非裔美国人人口中的"前十位富有才华"的人进行教育，帮助他们在社会中的领导职位上发挥作用。

幼儿园

内战后，幼儿园教育开始普及。以德国进步主义和人文主义教育家弗里德里希·福禄贝尔（Friedrich Froebel，1782—1852）的理论为依据，幼儿园是"孩子成长的园地"，强调孩子在接受小学正规教育前的自主活动和自我发展。玩耍、游戏、故事、音乐和语言练习等活动为孩子今后的教育和社会发展打下坚实的基础。自 1837 年创立首个幼儿园以来，福禄贝尔研发了以孩子为中心的课程资料，并在美国和世界的幼儿园中推广开来。

玛格丽特·舒茨（Margarethe Schurz，1832—1876）是福禄贝尔的学生，于 1855 年在她的家乡——威斯康星州的沃特成立了全美第一个幼儿园。她的小规模的幼儿园课堂用德语进行教学。1860 年，霍勒斯·曼的妹妹伊丽莎白·帕尔默·皮博迪（Elizabeth Palmer Peabody，1804—1891）和美国作家纳撒尼尔·霍索恩（Nathaniel Hawthorne）在波士顿成立了第一所用英语授课的私立幼儿园。

最初，幼儿园是私人资助的。但在 1873 年的圣·路易斯、苏珊·布洛（Susan Blow，1843—1916）建立了第一个在美国得到普遍认可的公立幼儿园。她成立的幼儿园以她曾经访问过的德国幼儿园为样本。她的幼儿园取得了成功，到 1879 年，总共有 131 名教师活跃在幼儿园的 53 个班级里（Button ＆ Provenzo，1989，p. 169）。

美国教育局报告称 1873 年国内共 12 个幼儿园，72 名教师，1 252 名学生。到 2006 年，公立幼儿园的招生人数达到 2 599 000，私立幼儿园的招生人数达到 353 000（National Center for Education Statistics，March 25，2008）。

教学专业化

在 19 世纪后期，专业教师组织开始对美国的学校的发展产生影响。在 1857 年成立的全美教育联合会，1916 年成立的美国教师联合会，为教师职业化、增加教师工资和福利做了不遗余力的工作。全美教育联合会在 1892 年任命了十人委员会，1893 年的十五人委员会分别为中学和小学的课程提出建议。1913 年，全美教育联合会任命中等教育重组委员会重新审视初中课程和个性特征之间的关系。

十人委员会

从 1892 年到 1893 年，全美教育联合会的负责人拨款 2 500 美元成立十人委员会，召开了 9 次会议。会议主要集中在高中课程中的下列科目：（1）拉丁文；（2）希腊语；（3）英语；（4）其他的现代语言；（5）数学；（6）物理、天文、化学；（7）自然历史（生物、植物、动物学）；（8）历史、政府、政治；（9）地理（地理、地质、气象）。十人委员会认为高中的基本功能是招收富有才智的学生并为他们的人生做好准备。他们的提议强调人文、语言和科学。

十五人委员会

十人委员会的报告激起了热烈的讨论，1893 年全美教育联合会任命了十五人委员会来审视小学的课程。1895 年十五人委员会的报告认为，为了和高中作为大学预备教育的概念功能一致，在小学的课程中应该纳入拉丁、现代语言和代数。此外，课程主要围绕五门基本学科：语法、文学、算术、地理和历史。

中等教育的重组

全美教育联合会在 1913 年任命了中等教育重组委员会。在 1918 年发布的委员会报告《中等教育的主要原则》（Commission on the Reorganization of Secondary Education）中，号召课程的设计要考虑到学生学术能力的个性差异。七项教育目标或"主要原则"为不同水平的学校教育设定了重点：健康、基础知识和能力的掌握（阅读、写作和计算）、家庭中有用的一员、假期、公民素养、休闲时间的有效利用和道德品质。

妇女对教育的影响

20 世纪早期，对教师的需求大量增加。由于大量的需求、工作的流动性，越来越多的妇女成为教师，教学的性质变了。人们对教师既尊敬又怀疑，教师开始远离他们为之工作的社区。在威拉德·沃勒（Willard Waller，1932）的经典作品

《教育的社会学》（*The Sociology of Teaching*）中，他认为这种"距离"是教师和社区之间"不可捅破的面纱"。然而，"女性，作为……美德的载体，是强调道德发展的教育体制的理想教师"（Spring，2005，p. 145）。

妇女作为"二等公民"（Spring，2005，p. 145），在 20 世纪早期教育政策的制定中发挥着重要的影响。部分是由于妇女争取选举权的运动导致了她们获得投票的权利。1909 年至 1915 年芝加哥学院的负责人埃拉·弗拉格·扬（Ella Flagg Young，1845—1918）；芝加哥教师联合会的领导凯瑟琳·戈金（Catherine Goggin）和玛格丽特·黑利（Margaret Haley）在芝加哥学校的管理中发挥了重要的作用（Spring，2005）。另一个芝加哥人和富有远见的教育领袖，简·亚当斯（Jane Addams，1860—1935）成立了为贫穷的移民教育服务的社会和教育中心——赫尔馆之家，在《民主和社会伦理》（*Democracy and Social Ethics*）一书中，亚当斯借助她作为社会工作者曾经受到的训练，发展了社会教育的理论，把学校和其他的社会服务机构联系起来。在 1931 年的诺贝尔颁奖典礼上，亚当斯被称为"走在国家前列的女人"（Rippa，1997，p. 142）。

进步时期（1920—1945 年）的教育目标是什么？

从第一次世界大战结束到第二次世界大战，美国的教育深受进步主义哲学思想的影响。进步主义基本哲学信念是生活向着良好的方向发展，应该相信人们总是按照自身的兴趣行动，教育要关注学生的兴趣和实际的需要。

在 19 世纪末和 20 世纪初，进步主义的支持者们倾向于进行教育改革以提高人们的生活质量。1919 年，进步主义教育协会成立。在接下来的 20 年中，协会投身于把进步主义理论付诸课堂的实践。他们相信他们所做的能够改变社会。

使进步主义分子走在一起的并不是单一的教育哲学。大体上而言，他们反对专断的教学模式、完全依赖课本的教学风格、背诵或者死记硬背、教室和社会相对隔绝、靠恐惧和体罚维持的教学纪律。

进步主义学校的教师的作用是指导者而不是监工。他们先是组织学生参加一些和他们自然的兴趣相互联系的活动。然后，他们帮助学生达到更高程度的理解。这样的教学方式要求很高："进步主义学校的老师要有天赋，也要受过良好的教育，他们不仅要对孩子有直觉的理解，也要有广泛学科领域的知识以便意识到孩子已经从经验的层面上升到了新的理解。无论是历史、科学、算术还是艺术。"（Ravitch，1983，p. 47）

约翰·杜威的试验学校

如同在第四章中提过的一样，能对进步主义理论进行最为有效的综合并具有说服力的是杜威，他出生于达尔文的《物种起源》发表的那年，20 岁从佛蒙特大学毕业。后来他在约翰霍普金斯大学获得博士学位，在思想上深受心理学家威廉·詹姆斯（William James）的影响。

1894 年到 1904 年，杜威担任芝加哥大学哲学系、心理学系和教育学系的主任。从 1904 年直到 1930 年退休，杜威是哥伦比亚大学哲学系的教授。杜威的文章对学校的教学产生了深远的影响。在他的名著《学校和社会》（*The School and*

Society，1900）和《孩子与课程》（*The Child and the Curriculum*，1902）中，杜威认为学校和社会是相互联系的，教师首先要从心理的层面了解孩子的世界，然后再到以人类的知识为代表的逻辑层面。

在芝加哥大学期间，杜威和他的妻子艾丽斯成立了试验学校用以检验课堂上的进步主义原则。1896 年学校开办的时候，有 2 名教师和 16 名学生。到 1902 年，学生人数达到 140 名，有 23 名教师和来自 10 所大学的研究生助教。4～14 岁的学生组成 8～10 人的小组合作学习一些传统的科目，如烹调、编制、缝纫、木工和金属加工（Rippa，1997）。

杜威担任指导，他的妻子担任校长职务，这个学校成了名副其实的检验杜威思想的试验学校。学校是如此特别以至于历史学家劳伦斯·克雷明（Lawrence Cremin）认为是"美国历史上最有趣的教育尝试"（1961，p.136）。学生除了得到有意义和相关的教育，杜威的学校有两个目的："（1）展示、检验、证实和批评杜威的理论和原则；（2）对事实和原则进行提问，而非成为死板的规则。"（Mayhew & Edwards，1936，p.3）

杜威的试验学校的特别之处在于完全以孩子为中心。课程的设置根据孩子们的天然兴趣。教职工在学生的带领下前进。举个例子，"学生们可能对牛奶感兴趣，老师会引导学生到生产的源头，参观化工以及牛奶的传送。学生小组可以参观当地的牛奶场，在课堂上发展一个有关牛奶的项目，在小组学习中，学生学会化工、经济、算术、社会历史和合作"（Spring，2008，pp.300-301）。

玛丽亚·蒙台梭利的方法

杜威的思想为进步主义教育在美国的发展奠定了基础。欧洲的进步主义教育家同样发明了新的影响美国教育的方法。意大利的玛丽亚·蒙台梭利（Maria Montessori，1870—1952）就是非常重要的一位，她深受卢梭思想影响，认为孩子们智力、体力和精神的发展与适当的教育活动有关。

在蒙台梭利为学前儿童在罗马开办的学校里，教师根据学生的发展水平和学习的兴趣创设学习环境。根据蒙台梭利的方法：

> 孩子们的智力、社会和道德的发展必须经历几个"敏感的时期"。这些敏感时期包括语言、运动、音乐和秩序。大人的核心角色是……认识这几个敏感的时期，然后引导孩子学习以促进上述几方面的发展。（Cossentino & Whitcomb，2007，p.117）

使用蒙台梭利的方法的教师运用制定的材料和身体的联系来发展学生的知识和技能。学生可以用这些资料，也可以不用这些资料。材料唤起学生的兴趣，兴趣促使学生学习。通过个性化的教导，学生学会自我约束，增强了自信心。蒙台梭利的思想传遍了整个世界，到 1915 年，在美国大约有 100 所蒙台梭利学校（Webb，Metha，& Jordan，1999）。现在，蒙台梭利的材料和活动是美国公立学校中儿童早教课程和基础课程的标准组成部分。

进步主义教育的衰微

到第二次世界大战前夕，进步主义教育运动越来越受到大众的批评。"人们似乎相信美国的公共教育体系和国家的需要不一致。结果，大家不加区分地把这种愤怒指向进步主义教育。"（Hartman，2008，p.1）认为进步主义教育的方法造成了学校教育的不少缺陷。1955年，进步主义教育协会停止了工作。帕特里夏·A·格雷厄姆（Patricia A. Graham，1967，p.145）注意到协会在1919年成立的时候，"进步主义教育意味着教育中好的一面；35年之后，进步主义教育被认为是美国教育问题的所在"。

　　尽管持续的时间不长，进步主义运动无疑对美国的教育产生了影响。很多现代学校的做法都能在进步主义时代的试验中找到源头：提问或发现式的学习法、以个人步调为主的讲授方法、实地学习、灵活的计划、思想开放的课堂、不分级 158的学校、小组活动和校本咨询项目等。

移民和少数族裔的教育

　　在19世纪末20世纪初，美国学校人口的多样性大大增加。拉丁美洲、东欧、南欧人跟随着如爱尔兰和德国这样的西欧和北欧移民的脚步来到美国。和印第安人的教育一样，移民教育的目标是尽快融入说英语的盎格鲁-撒克逊社会，因为这个社会通常不欢迎种族和民族与他们不同的外来者。

　　对传统文化的保护也陷入危险。在一些地区，学校会因说西班牙语或者模仿他们未被同化的父母而惩罚古巴和波多黎各孩子。在其他一些地方，部分群体，如亚洲人被排斥，这些种族聚居并建立独立的学校以保护其传统文化。

　　印第安人在1924年获得了美国公民的身份。由于被限制在保留地上，再加上几十年的强行同化令印第安人的文化遭到破坏，也没有提供给他们什么成功的教育项目。联邦政府强行把部落的孩子放进严酷、军营一样的机构设法把他们同化进主流文化（King，February 3，2008）。

　　1928年，名为《印第安人的管理问题》（*The Problem of Indian Administration*）的报告提议应该对印第安人的教育进行重组。这篇里程碑式的报告提出在印第安人的社区建立学校，对他们的寄宿制学校进行改革。在这章的"教师之声：对现实的研究"中，一位教师强调了在课程中肯定印第安学生身份的重要性。

　　玛丽·麦克劳德·贝休恩（Mary McLeod Bethune，1875—1955）是倡导印第安人教育权利的先驱。贝休恩是南卡罗来纳州先前一个奴隶的第15个孩子，她在一所长老会为自由人开办的学校里上学，在康科德的巴巴斯科第学院读完了大学。后来她在芝加哥的圣经学院继续学习。1904年，她带了1.5美元的积蓄去了代托纳比奇海岸，在那里创立了代托纳师范和工业中学来培训黑人女孩。

　　学校就办在贝休恩租来的破旧的楼里。最初，包括自己的儿子在内，她只有6个学生。为了把学校维持下去，贝休恩和她的学生卖甜土豆饼、煎鱼，并在附近 159的宾馆举办音乐会。1923年，学校和在位于佛罗里达州的杰克逊威勒男子学院合并，一年后成为了贝休恩-库克曼学院。

　　贝休恩是非裔年轻人教育权利的雄辩的代言人。在20世纪30年代的大萧条时期，她被任命为国家青年委员会（National Youth Administration）董事会的成员。那些年，年龄在16~24岁的2 100万名年轻人中有24%的人辍学和失业。当贝休恩谈到非裔年轻人的需要时，罗斯福总统在国家青年委员会中新成立了一个少数族裔办公室并请贝休恩做主任。

贝休恩对于教育的投入在她的评论中可见一斑。在《黑人教育期刊》（*Journal of Negro Education*）（Collier-Thomas，1982）中，她说道："如果有一名黑人男孩或女孩没有机会证实自己的价值，我就坐立不安。"作为国家青年委员会的主任，她使得 15 万名非裔年轻人进入高中，其中 6 万人从大学毕业。

教师之声：对现实的研究 ▶▶▶

土著教师需要支持
克丽丝廷·秀特丽

我上学的时候，一位一起学习的白人女生问我毕业后有没有可能找到工作。我回答说，因为我是美国土著，又是一名女性，所以毕业后应该马上可以找到很好的工作。"太好了，"她说，"你把两个劣势都变成了优势！"我吃了一惊，没有想到现在我还需要为我自己的身份辩护。

在美国，大多数土著孩子的老师也是土著。但如今在工作岗位上的土著教师还不到 18 000 人。

为招收更多的老师，我们需要开发新的课程来肯定我们作为美国土著的身份。比如说，小学的孩子需要学习正确、真实的美国历史。

我上学的时候，学校不教美国土著的历史。当老师片面地讲述美国历史时，我不得不忍受白人同学脸上惊恐的表情。我为自己的祖先感到抱歉，他们设法保卫自己的土地不受白人的侵略。

美国要面对土著教师缺乏的问题，我希望我的儿子，还有其他土著人的儿子和女儿意识到他们能够实现自己的想法，因为他们所受的教育能够满足他们的需要。

问题

1. 秀特丽说教师需要开发能够"证实"美国土著人的身份的课程，那些能够证实多元文化身份认同的课程有什么样的特点？

2. 如果仅有的教学材料已经过时，并且歪曲了美国历史，教师应该怎么做？

* 克丽丝廷·秀特丽是明尼苏达州芳德拉部落的成员，她是当地新闻和艺术报纸《圆圈》（*The Circle*）的撰稿人。这篇文章选自 2000 年 1 月 20 日的进步媒体项目专栏。

第二次世界大战以及联邦对教育的不断介入

第二次世界大战后，国内的状况导致联邦政府为一些教育项目提供资金。《兰哈姆法案》（1941）是其中的一个，主要提供以下资金：（1）美国教育人员办公室为军工厂培训工人；（2）在军队或是联邦项目工人所在地建设学校；（3）为工人家庭的父母照看孩子。

另外一个有广泛影响力的教育支持项目是《军人再调整法案》（Servicemen's Readjustment Act），但这个法案更广为人知的名称是《退伍军人权利法案》。富兰克林·罗斯福总统在 1944 年签署生效。《退伍军人权利法案》为在学院、大学和特殊学校里的老兵提供学费、房间和住宿费。同样，法律后来也为在朝鲜战争和越战中的老兵提供教育。《退伍军人权利法案》不仅刺激了美国学院和大学的发展，也改变了高等教育学生群体的特征。总体而言，退伍的老兵比没有服过役的学生年龄更大也更认真。

战后（1945 年到现在）教育有什么变化？

从 20 世纪到 21 世纪，很多长期存在的教育趋势依然延续着。这些趋势可以被归结为三类，见表 5—1。与此同时，第二次世界大战结束后的几十年见证了美国教育的一系列深刻的变化。这些变化提出了三个有待回答的问题：（1）在这个文化多元的社会里，如何才能让每个人享受到完全平等的教育机会？（2）在我们国家的学校里应该传授怎样的知识和技能？（3）应该如何教授知识和技能？

表 5—1　　　　　　　　　　　　美国教育的三种趋势

美国化：
- 欧洲的教育机构和教育模式的美国化
- 英语语言课本和课程的美国化
- 通过教育同化移民或是其他人
- 基于道德启蒙和实用主义的教育目标
- 与学生发展和儿童福利相关的教育目标
- 与在资本主义社会中获得成功相连的教育目标
- 与成为民主社会的公民相连的教育目标

民主化：
- 义务、免费、世俗、有公共资金支持的教育的稳步发展
- 保持州、地方和父母对上学和学校的控制
- 在美国宪法之内保护教师和学生的权利
- 反映了两党选举制下教育改革的变化
- 儿童早期教育的持续扩展
- 高等教育和成人教育机会的扩大
- 教育机会向"其他"美国人的延伸（妇女；种族、民族、少数族裔；残疾人）

专业化：
- 教学作为职业的专业化
- 教师组织和协会的专业化
- 学校管理模式化的科学和官僚化
- 教师资格标准的提高
- 教师教育机构和项目的持续发展
- 对教和学的研究以及理论的应用
- 教师作为专业人员工资和地位的提高

20 世纪 50 年代：国防教育和废除学校种族隔离

教师和教育在 1957 年引起了公众的注意，因为苏联向太空发射了第一颗人造卫星。受了惊吓的美国人马上把太空技术的落后怪罪于美国的教育体系。苏联人率先进入了太空，他们认为是"因为美国的学校长期处于忽视智力发展的进步主义教育的影响下"（Hartman，2008，p. 176）。比如说，与欧洲国家相比，美国的学生不太学科学、数学和外语。

从我们今天的观点来看，"20 世纪 50 年代可以说是美国和苏联教育体系之间的一场战争——每个国家都设法为了发展军事技术培养最好的科学家和工程师"（Spring，2008，p. 221）。在公众看来，美国保护自己的能力和学校的教育质量直

接相关。就像海军副上将里科弗在 1959 年的《教育和自由》（*Education and Freedom*）一书中说道："教育是我们的第一条防线。"（1959）

在接下来的 10 年中，联邦政府拨款数百万美元进行教育改革，这些改革反映了要素主义的教育哲学观念。通过 1958 年美国《国防教育法》（National Defense Education Act of 1958）的条款，美国教育办公室开始资助研究、科学创新、数学、现代语言并提供指导。他们的工作带来了新的数学、科学项目，把人类学、经济、政治和社会学融合成新的社会科学项目，并重新点燃外语教学的兴趣与创新。教师在暑假的学习中，经过培训学会使用新的方法和材料。学校有了购买新设备的资金，研究中心也成立了。1964 年，国会把法案延长了 3 年并在法案第三条中增加了为提高阅读、英语、地理、历史和公民教学所需要的资金。

在 20 世纪 60 年代的改革中，公立学校的入学率急剧增加。20 世纪 50 年代，有 2 500 万个孩子入学；1960 年，有 3 600 万人入学；1970 年，大约有 5 000 万人入学。但是随着出生率的下降，这个趋势在 20 世纪 70 年代后期就戛然而止了。在 1979 年秋季，有 4 150 万名学生在幼儿园到 12 年级中学习，比上一年减少了 106.9 万人，也就是下降 2.5%（Rippa，1984）。

20 世纪 60 年代的课程改革运动并没有取得改革支持者们所期待的效果。只有一小部分教师在联邦资金支持的项目中获利。至于一些新的材料，比如说新版的数学，教师认为新的教学方法没有考虑到课堂教学的实际情况。后来发现很多新的材料都是由没有课堂经验或者课堂经验很少的人研发的。因此，在 20 世纪 60 年代，很多教师对这些新事物置之不理，而是沿用一贯的教学方式。实际上，教师们抵制教学改革的趋势一直持续到现在，如同黛安娜·拉维奇（Diane Ravitch）所说：

> 20 世纪 60 年代开始工作的教师经历了失败的革命。一个接一个的运动来了，达到高潮，又消散。亲眼目睹了课程改革运动、自由学校运动、最低能力运动和最近的回归基础运动后，老教师如果再遭遇又一场新的"拯救"学校的运动时，暗暗地想，"这也会成为过眼云烟"，也是情有可原的。（Diane Ravitch，1985，p. 303）

第二次世界大战之后，学校的种族隔离开始解除。在 1954 年 5 月 17 日，美国最高法院废除了自 1850 年来曾为隔离白人孩子和黑人孩子正名的"隔离但平等"的法律原则。在对全国有色人种促进会代表堪萨斯一个家庭提出的诉讼的回应中，大法官厄尔·沃伦宣布"仅仅是因为种族原因把上学的孩子和其他同龄和同资历的孩子隔离开来会唤起从未有过的关于自身社会地位的自卑感"（Brown v. Board of Education of Topeka，1954）。

高等法院的判决并未马上废除学校的种族隔离。尽管在一年后，法院命令以"慎重的步调"开始废除进程，国内的学区还是掀起了反对学校合并的运动。在一些学区，领导者遵循克制和合作的精神，和平地废除学校的种族隔离。另外一些学区则成为反对者发动抵制、集会和暴力的战场。

20 世纪 60 年代：反贫困战争与"伟大社会"

以肯尼迪政府的富有行动力的精神和远大的希望为标志的 20 世纪 60 年代带来

了喜迎变化的社会气氛。教室通常是教育理念的试验场地，也是鼓励创造力的地方，犹如回到了进步主义时代。教师们按要求进行了下列的革新：发起了开放教育运动，组建教学团队，实行个性化辅导，接受了整合日概念，采用灵活的计划以及不分级的学校。这些结构、方法和课程的变化意味着这样的信念：教师是有能力的。

20 世纪 60 年代的教师形象因为出版了若干教育家的书而得到了提升。这些教育家深受进步主义教育哲学和人本主义心理学的影响。这些书包括：尼尔 (A. S. Neil) 的《夏季法案》(*Summer Bill*，1960)，西尔维娅·阿什顿-沃纳 (Sylvia Ashton-Warner) 的《教师》(*Teacher*，1963)，约翰·霍尔特 (John Holt) 的《孩子怎样失败》(*How Children Fail*，1964)，赫伯特·科尔 (Herbert Kohl) 的《36 个孩子》(*36 Children*，1967)，以及纳森·科佐 (Jonathan Kozol) 的《在年轻时候死去》(*Death at an Early Age*，1967)，这些书给了读者一个局内人的视角来看教师，以及教师认为孩子是如何学习的。

肯尼迪和约翰逊政府在反贫困运动中投入巨资，因为教育被认为是制止贫穷从一代向另一代传播的关键。反贫困战争开发了方法、材料以及项目，如早餐和中餐补助、领先项目、跃进项目、就业工作团等帮助那些贫困、处于劣势的孩子。

反贫困战争比预想的更难取胜。40 年后的项目的结果是复杂的。参加过领先项目的孩子在进入公立学校后学得更好，但是学业上的成就随着时间的流逝不复存在。尽管就业工作团帮助不少年轻人避免了终生失业，许多毕业生最终流浪街头，被纳入失业和犯罪统计数据中。1965 年 4 月，低收入家庭的孩子因为国会通过的《中小学教育法》而获得支持。作为约翰逊总统的"伟大社会"项目的组成部分，法案根据校区贫困孩子的人数予以拨款。结果，那些常常不得不应对学习成绩低下、纪律涣散、逃学、教师流动率高等问题的贫困地区的学校获得了大量的帮助。

1968 年，《中小学教育法》的第七条得到修正，也就是《双语教育法案》。这条法案为"语言能力受限"的低收入家庭的孩子提供帮助。法案没有说明什么是双语教育，法案为地方学区提供资金"发展新的、富有创造力的中小学项目"来满足不会说英语的孩子的需要。第七条通过后，有关人士就双语教育的最终目标展开了激烈的辩论：是帮助孩子实现英语课堂的顺利过渡？还是帮助这些孩子保持他们的文化和教育？第八章对辩论双方进行了详细的回顾。

20 世纪 70 年代：问责制与机会平等

20 世纪 70 年代，入学率、学习成绩下降，公众对公立学校也失去了信心。同时，新的教育政策要求国内实现教育平等。苦于很多的美国孩子学业成绩一直不好，父母、市民团体、政策制定者发起了回归基础运动，并要求不断加强教师问责制。

在 20 世纪 70 年代，许多学校不得不对付财政危机。公立和私立学校的入学率自从 20 世纪 40 年代以来一直在上升，但在整个 70 年代却减少了大约 500 万人 (National Center for Education Statistics，March 25，2008)。由于招生人数下降，学校得到的资助也在减少。又由于大家对学校失去了信心，因此增加学校资金投入的请示常常得不到选民的支持。

许多家长成为教育积极分子来应对危机。他们寻找或成立替代性学校，或者加入已经放弃学校改革的约翰·霍尔特领导的家庭教育运动。家长们相信，与公立学校的教师相比，他们能够给孩子提供更好的教育。那些把孩子留在学校的家长要求实行教师问责制，这种制度限制教师授课的灵活性并增加他们的批改工作。教师被迫接受成为一个基础阅读者，接受对他们加以防范的全部课程计划，这里暗含的信号是：教师的独立教学是不被信任的，对教师的信任走到一个低点。

此外，在 20 世纪 60 年代末和 70 年代早期，越来越多的年轻人开始质疑学校教了什么，他们是怎么教的。成千上万的人起来反对当权派因为他们对越南不宣而战，发动了这场不道德的战争。与此同时，对国内少数族裔受到的压迫却熟视无睹。在对这些或那些社会不公正的存在寻根究底之后，一些好战的年轻人把原因归咎于学校的课程。在他们看来，学校的课程与当下迫切的问题的解决没有关系。

作为对批评者的回应，学校拓展了课程并设立了多样的教学方法。然而，在带来这些变化的同时，学校渐渐意识到他们离其他的人越来越远：纳税者指责学校花费过于铺张，宗教团体质疑学校给孩子树立的价值观，回归基础运动的倡导者指控学生没有学会如何阅读、写作和计算；市民们对在校时间、毒品和暴力的不断增加感到担心。

除了对学校和教师的攻击之外，20 世纪 60 年代和 70 年代的改革所取得的进步一直持续到今日。与过去相比，现在有更多的年轻人高中毕业，更多的教师接受过高级的培训，教学方法和材料更加多样化，也更适合学习者。

对那些被教育系统边缘化的人而言，20 世纪 70 年代通过的联邦法案带来了成功和鼓舞：禁止性别歧视的《教育法修正案第九条》（Title Ix of the Education Amendment Act，1972），《印第安人教育法案》（Indian Education Act，1972），《残疾儿童教育法》（Education for All Handicapped Children Act，1975），《印度支那移民难民援助法案》（Indochina Migration and Refugee Assistance Act，1975）。

1975 年生效的《教育法修正案第九条》规定，"在任何接受联邦资助的教育活动和项目中，任何人不能因为性别的缘故而被排除在外，得不到益处，或是遭受歧视"。

国会在 1975 年通过的《残疾儿童教育法》（公共法律 94—142），为残疾儿童提供了大量的机会。法案（通常被称为《随班就读法案》）明确规定了大量适当的程序来保障有特殊需要的儿童在最宽松的教育环境中得到免费和适当的教育。根据法案的条款，家长为孩子安排教育项目。第九章就满足残疾学生需要的教育项目展开了讨论。

20 世纪 80 年代：大辩论

前 20 年对于学校的批评一直持续而且升级直到 20 世纪 80 年代的前五年。里·舒尔曼（Lee Shulman，1987）认为 80 年代实际上是一个"攻击教师"的时代。1983 年，国家卓越教育委员会发表了报告《处于危机中的国家》，随后全国展开了如何提高学校质量的大讨论。《处于危机中的国家》和其他关于美国学校的报告提出证据说明学校没能达到目标。以下是《处于危机中的国家》中的第一段的节选，说明了那时的报告惯用的语气：

> 我们的国家正处于危机之中。我们曾经在商业、科学、工业和技术革新上取得的辉煌已经被我们的竞争者取代……我们社会的教育基础现在正被平庸的潮流所侵蚀。它威胁着我们国家和人民的未来。（National Commission on Excellence in Education，1983）

作为对报告的回应，提出了更多的课程改革建议。莫蒂默·阿德勒的《派迪亚计划》（*Paideia Proposal*，1982）呼吁建立以经典为基础的永恒主义的核心课程。欧内斯特·博耶在为改进教学写的《高中：美国中等教育报告》（*High School：A Report on Secondary Education in America*，1983）中，建议在高中加强学术核心课程。这个为卡内基基金会提出的建议后来被广泛采用。1986 年，美国前教育部长威廉·贝内特在《詹姆士·麦迪逊高中》（*James Madison High*，1987）中呼吁高中建立永恒主义的课程。自从卡内基委员会关于青少年发展的报告《转折点：为美国年轻人进入 21 世纪做好准备》（*Turning Points：Preparing American Youth for the 21st Century*，1989）发表后，活跃在中学的教育家开始创立小型的学习社团，不再盲从，而是找出一条提高孩子自尊心的路径。在 20 世纪 80 年代，席卷全国的形形色色的报告对美国的教育产生了无法磨灭的影响。

20 世纪 90 年代：教师领袖

20 世纪 80 年代开始的改革动力一直持续到 90 年代，与此同时教学也发生了很大的变化。教学和学习方法的革新有助于应对各种挑战，如多样化、激烈的国际竞争、公立学校缺乏支持、学校的去中心化和放松管制（见图 5—1）。教师们走出教室，在学校结构调整和教育改革中担任领导角色。我们在第十二和第十三章详细地论述了这些角色。教师通过与学生、校长、父母和私立学校的教师合作改变了教师职业的性质。

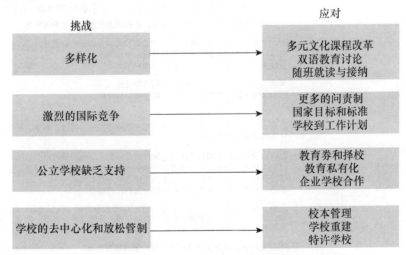

图 5—1　20 世纪 90 年代：教育趋势

如一位高中教师在 20 世纪 90 年代末说的："我看到变化在发生，不是一夜之间发生，变化还将继续。在 60 年代我刚开始教书的时候，我从来没有想到会发生这么大的变化。"（Grant & Murray，1999，p. 212）

新世纪：平等，卓越，问责制

安大略教育学院的国际教育发展中心的使命陈述中有一段话很好地把握了在新世纪第二个十年中的教学所处的世界——这是一个"以新技术、多元文化、新的行政和管理办法，教与学的复杂的知识为特征的变化急剧的世界……"这章中

的"行动中的技术"说明了在安大略教育学院使命陈述中提到的富有技术含量的、复杂的教学环境。

如图 5—2 所示，当你成为教师后，对美国历史的了解会促进你的工作。左边的年表明确了未来几十年教育和重点有关的三个主题：所有学生的平等，卓越，教师和学校的问责制。

宗教导向	1620	重点在于学习宗教教义和阅读圣经的基本技能。课程也包括勘测、航海、簿记。主要是精英教育。
	1636	成立了拉丁文法学校（大学预科），如同哈佛和耶鲁学院，重点放在拉丁文、希腊语、神学、哲学、为进入法律界和宗教界做好准备。
	1647	《马萨诸塞州1647年法案》规定每50户或以上有一名读写教师，100户及以上的市镇有一名拉丁教师。妇女为履行宗教和家庭的职责进行基础学习。
	1700s	公立学校教阅读、写作、基础数学（数数、加、减），为学生以后的工作和学徒生涯做好准备。
政治导向	早期 1750s	学院为学生开设基础课程（绘图、勘测、航海、会计等）培养学生成为商人和工人。
实用导向	1821	最初的公立学校教学生基本的技能、历史、地理、健康、体育训练。
	1860	第一个英语幼儿园成立，注重成长、活动、玩耍、歌唱和故事。
	1874	包括高中在内的免费公立学校强调职业教育、阅读、写作和算术。
大众教育	1893	十人委员会声称高中以进入大学为目的，高中课程应该注重智力科目，如人文、语言和科学。
	1918	中等教育重组委员会关注个性差异，课程设置注重七个主要的原则。
	1930s& 1940s	进步主义教育运动强调课程以学生需要和兴趣为基础。家庭经济、健康、家庭生活、公民和木工科目进入学校课程。
	1957	苏联人造卫星使科学、数学和语言得到了关注。
卓越行动	1960s 中期 1970s	要求选修课与广泛的备选科目之间有相关性 回归基础运动强调阅读、写作、数学和口语交际。
	1983	报告《处于危机中的国家》呼吁"五个新基础"——英语、数学、科学、社会科学和计算机科学。
	1985	在各阶段倡导严格的核心课程，努力提高标准，保证质量。
	1989	在卡内基委员会发表的关于青少年成长的报告《转折点》中，建议创建学习型社区，为中等阶段的学生设立核心学术项目。乔治·布什总统召开了50个州州长参加的教育峰会。
	1990	乔治·布什总统公布2000年目标，确立了6个教育目标：入学准备；高中毕业率；学生成绩和公民素养；科学和数学，成人读写与终身教育；安全，守纪和没有毒品的学校。
	1994	比尔·克林顿总统签署《2000年目标：美国教育法案》（Goal 2000:Educate America Act）。
	1995	比尔·克林顿总统成立美国国家信息基础设施（计划），鼓励学校和"信息高速"相连。
	1996	比尔·克林顿总统发起教育技术行动计划。
高风险测试：学校和教师的问责制	1999	比尔·克林顿总统签署《学童教育卓越法》（Educational Excellence for All Children Act），重新授权了《中小学教育法》（Elementary omd Secondary Education Act）。
	2002	乔治·W·布什总统签署《不让一个孩子掉队法案》。
	2013	到2013—2014年，公立学校要保证所有的学生通过州学术能力测试。

图 5—2 美国教育年表

美国为自己设定了颇具野心的教育使命。在未来的几十年实现这些理想困难重重，但是历史表明理想是可以实现的。在 380 多年的历史中，我们的教育体系从只能为小部分人提供最低限度的教育发展成能为大多数人提供最大限度教育的教育体系。显而易见，21 世纪的头十年已充分表明我们的国家致力确保所有的孩子享受到高水平的教育，并对这一承诺矢志不移。

行动中的技术：12 年级运算课上的屏幕截图

任何时候，学生都在德·威茨先生的运算课上努力着。课本、教学以及课文的网站都很好，但是他还有别的需要。德·威茨先生需要与他的课直接相关的东西。他需要更多的支持，与学生展开进一步的讨论，也需要更加个性化和灵活的东西。大多数学生在大多数情况下能理解他在课上使用的材料。但是，会出现这样的情况：教了一个学年的"数学"，一些学生"无法理解"。

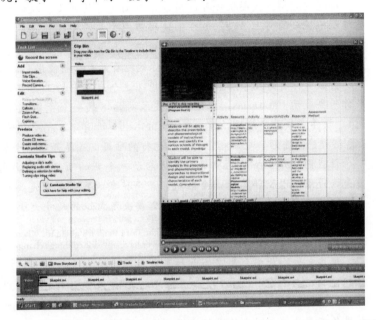

资料来源：Techsmith Corporation. Http：//www.techsmith.com（accessed July 6，2008）. Used by permission。

他使用的课本有一张辅助的 DVD，通过这张 DVD，学生能够看到运算题目和解答的例子。他认为，这是非常有用的。

在德·威茨先生上网搜索教育辅助工具时，他找到了一款免费的网络计算工具。该工具让学生输入难题并完成方程的计算。但是，这个工具不太好用，没有技术支持也没有说明。他用来教学生使用工具的时间比教学生运算的时间还要长。他需要某种学生有困难就可以求助的东西，学生可以一而再，再而三使用的东西。

开始，他拍下自己留在电脑上的工作，但是这不管用。声音不好，图像质量也很差。况且，为每个学生的问题搭建录像设备很费时间。

德·威茨先生感到沮丧，他给课本出版商发了个邮件，问他 DVD 上的计算机屏幕为什么录得那么清楚。他了解到出版商使用了一种叫作 Camtasias 的软件。

与负责教育技术建设的珍妮·西萨有过简短的会话后，德·威茨先生在他办公室的电脑上下载了这个软件。现在，如果有学生到他的办公室请教运算问题，他就会打开免费的网络计算工具，戴上耳机，打开 Camtasias 软件，然后和学生一起使用。结束后，他把文件存为网络文件并发布到班级的网页上。学生任何时候、任何地点都可以浏览这个文件。这个解决方式不仅在技术上帮助了学生，也强化了他在课堂上教给他们的运算概念。

屏幕截图：作为一项工具，在加入声音、文字和图表之后，屏幕截图能够帮助你记录下自己在计算机屏幕上的活动。这是一种形成习惯的方法，易于使用、经济，而且在电脑屏幕上会有及时的辅导、例子以及导航。用这个工具，你需要 1GB 的存储器、一张声卡、一张显卡、耳机和话筒。

访问：http://www.techsmith.com/products.asp。这个技术网站提供了好几款屏幕截图软件。还有其他一些教育人士运用的免费软件。找到这些工具最容易的方法是搜索"截图，免费软件"。

可能的应用：截图软件可以用来记录浏览过的网页、软件教程，以及其他你想展示给观众的网上活动。教师们使用截图软件开发教程来帮助学生使用特定的软件。比如说，在以下的尝试这个专题中，我没有在课文中用文字加以说明，但是我用这个软件工具进行截图，这样你就能看到我如何使用 Camtasias 软件。

尝试：你有好几个屏幕截图的选择。这个专题中的工具只是其中的一种。如果你想要展示 Camtasias，你可以从技术网站下载一个免费试用的版本（如上所列）。软件下载并安装后，点击桌面 Camtasias 的图标，或是开始菜单中的 Camtasias 链接。点击后，电脑指示打开已运行的项目，或是开始一个新的项目。

让我们打开一个新的项目。在你启动一个新的项目之前，需要做一些决定。首先，是录下电脑屏幕的一个区域，一个特定的窗口，还是整个屏幕？答案主要是看你想要建立什么样的项目。你也需要决定录像的尺寸大小。大的图像比较容易看，但是文件会很大，难以在网上传送。在你决定项目的声音之后，你就可以继续了。

现在，点击你想要截下的电脑屏幕——周围出现一个方框。如果这部分正是你想要的，点击 Camtasias 指示上的"记录"。录完之后，点击"停止"并存下文件。如果你喜欢这个文件，可以创建一个新的文件形式，如 Quicktime 或者 Flash；如果你不喜欢，先对文件进行编辑，然后再创建新的文件形式。

---

169 **小　结**

教育的历史为什么很重要？

- 为了引领未来的教育，教师有必要理解教育历史。
- 教育历史是专业知识的一部分。

美国殖民地时期（1620—1750 年）的教育是什么样的？

- 殖民地时期的教育模仿英国的双轨制，主要目的是为了推广宗教。
- 殖民地时期的教师地位低下，但年级越高，教师越受人尊敬。
- 美国的义务教育源自两个殖民地时期的法律：《马萨诸塞州 1642 年法案》和《马萨诸塞州 1647 年法案》。

● 美国革命结束后，会读写的少数非裔美国人和印第安人在教堂赞助的、实行种族隔离的学校内接受了教育。

在革命时期（1750—1820年）有什么样的教育目标？

● 革命时期，欧洲对美国的影响日益削弱，本杰明·富兰克林、托马斯·杰斐逊、诺亚·韦伯斯特的思想塑造了新民主国家的教育。

● 妇女教育仅限于为家庭生活做准备。

州公立学校如何在斗争中获胜（1820—1865年）？

● 霍勒斯·曼是建立州支持的免费公立学校的有力倡导者，他认为教师应该在师范学校接受训练。

● 六卷本的麦加菲读本包括道德故事，强调美德，是当时孩子们在校学习的大部分内容。

● 1862年通过的《莫里尔赠地法案》，为学院提供联邦的土地，这是联邦政府介入教育的一个先例。

义务教育如何改变了学校和教学（1865—1920年）？

● 公立学校的普及和入学人数的急剧上升使科学管理的技术在操作中得到运用。

● 塔斯克基学院的创立人布克·华盛顿相信教育能帮助非裔美国人和白人和平共处，而杜波伊斯认为非裔美国人应通过教育走上领导岗位，而不是甘居人下。

● 幼儿园开始普及，模仿并应用德国教育家弗里德里希·福禄贝尔的以孩子为中心的课程。

● 全美教育联合会和美国教师联合会成立，实现教学的专业化，增加教师工资和福利。

● 全美教育联合会任命了十人委员会和十五人委员会分别为中学和小学的课程献计献策。

● 全美教育联合会任命中等教育重组委员会重新从学生的个性差异角度审视中学的课程，并为不同水平的学习设立了"七项主要原则"：健康、基础知识和能力的掌握（阅读、写作和计算）、家庭中有用的一员、假期、公民素养、休闲时间的有效利用和道德品质。 *170*

进步时期（1920—1945年）的教育目标是什么？

● 约翰·杜威设在芝加哥大学的试验学校是进步主义教育的典范，为孩子提供符合他们兴趣和需要的课程。

● 进步主义教育家蒙台梭利开发符合年龄特征的材料和教学策略，这些材料和策略在美国和世界各地得到了广泛的应用。

● 在第二次世界大战开始时，进步主义教育在批评声中走向衰弱。

● 由于移民的到来，学校招生呈现多样化的特征，教育目标是让所有的移民迅速融入盎格鲁-撒克逊的英语文化。

战后（1945年到现在）教育有什么变化？

● 1957年苏联发射的人造卫星点燃了美国教育改革的火焰，尤其是在科学、数学和语言教育方面。1954年，最高法院做出了决议，学校开始以"慎重的步调"解除种族隔离。

● 20世纪60年代，创新性课程和教学方式在很多课堂得到使用。1965年的

《中小学教育法》，也是约翰逊总统的反贫困战争和"伟大社会"计划的组成部分，为改善贫困孩子的教育提供了联邦资金支持。

● 20 世纪 70 年代，由于担心考试的分数不断下降，公众批评学校，要求实行问责制。这个时期通过了一系列联邦的法律来保证所有孩子有公平的教育机会。

● 20 世纪 80 年代的报告《处于危机中的国家》以及其他的报告指出美国学校面临的问题并展开了如何改善学校的辩论。

● 为应对当今面临的教育挑战，教师在学校重建、学校管理、课程变化和其他方面的改革中起着领导作用。

● 在今后的几十年内，有三个教育主题将继续占优势：平等，卓越，学校和教师的问责制。

专业反思与活动

教师日志

（1）本杰明·富兰克林提出教育是幸福的"不容置疑的基础"。你在多大程度上同意和反对他的意见？

（2）根据这章的内容，请说出在美国教育历史上出现并一直延续到现在的几个大的教育趋势。这些趋势在教育政策和教育实践中是如何得到反映的？这些趋势在过去和现在曾有什么明显的表现？未来这些趋势可能以什么样的面目出现？

教师研究

（1）找出一个教育趋势或教育问题，就其根源和对现在的影响到网上搜集资料。比如说，关于学校体罚的辩论。其他研究领域包括：

税收支持的学校

解除学校种族隔离

进步主义教育

高等教育

儿童早教

妇女平等教育机会

移民教育

教师教育

教育技术

读写能力

随着知识的积累，找出过去和现在的联系。根据笔记写成一篇报告并和同学分享研究的发现。

（2）通过互联网仔细搜索曾在本章介绍过的教育界的先驱者，仔细研究他为教育作出的贡献。

观察与访谈

（1）采访当地学校的老教师和行政人员，请他们评论发生在职业生涯中的，他们曾经观察到或者是经历过的教育变化。把他们的评论和本章对二战后的教育的描述和讨论进行对比，他们认为什么事件对教育的影响最大？

（2）参观当地的博物馆，观察美国教育历史早期的文物。做好观察记录，并向同学描述这些文物。

专业档案

准备录制当地学校变迁或是当地人关注话题的口述史。你可以采访有经验的教师、行政人员、学校董事会成员，也可以采访社区中的其他人。

在采访以前，准备好访谈问题。访谈结束时，请被访者提供他知道的其他相关信息。

第六章

美国学校的管理与财务

　　事实的真相在于，教育改革是一项政治议题，是通过政治原因推动的。唯一真正的权利在于政治参与。

——一名州工会代表（教师）

引自 Penny Ann Armstrong，*What Teachers Expect in Reform*：
Making Their Voice Heard，2008，p. 111

课堂案例：教学的现实 ▶▶▶

　　挑战：理解教育政策如何影响教师和学校。

　　在你计划的时间内，你恰好进入了教师的休息室。你立刻发现你认识的四名教师在进行激烈的讨论。

　　"看看《不让一个孩子掉队法案》，它证明了联邦政府是如何成为大财团的一个人质，"程仪说，他是一名体育老师，"大财团控制了学校。"

　　"我不明白你为何这样说，"亚历克斯说，他是一名科学老师。

　　程仪继续说："现代高科技工业担心国际竞争，所以，他们给联邦政府施加政治压力，然后联邦政府就压迫我们教授工业竞争所需的技能。"

　　亚历克斯笑着说："这听起来太牵强了，几乎像一个阴谋。"

　　金问道："《不让一个孩子掉队法案》和大财团有什么关系？"她是一名英语老师，然后喝了一口水。

　　"《不让一个孩子掉队法案》强制要求测试英语和数学，"程仪继续说，"没说艺术和音乐吧？文学和历史呢？因为这些学科不会使我们在国际市场上更具竞争力。"

　　安妮塔说："程仪的观点很好。"她是学校的四名老教师之一，本校咨询委员会的主席。"当大财团进入学校时，它有很强的政治影响。相信我，当一个商人在本校（site-based）咨询委员会中说话时，我们只能听。"

　　程仪点着头说："这就是它运作的方式。"

　　安妮塔问道："还记得当商会的主席来参加我们的 9 月服务（September in-service）的活动时，说起学校教育是如何生产产品的。在她眼中，我们生产的'产品'就是拥有基本技能的工人。"

　　程仪激动地说："的确如此，在这个国家，教育实际上是由大财团控制的。"

　　金叹气说："拜托，你们两个已经把教育中的一切事情都政治化了。亚历克斯是对的，在学校内部没有工商业部门的议程展现的机会。"

160

亚历克斯说："就是的，记住《不让一个孩子掉队法案》是政治家研制出来的，并且是我们选举了他们，这对我而言很民主。我是说……是我们人民控制着学校。"

程仪说："等一下，《不让一个孩子掉队法案》是真的有大财团推动的。"

安妮塔突然插话："是的，想一想《不让一个孩子掉队法案》的最终目标，它是真的要为民主社会培养公民吗？不是。真正的目的是培养良好的工人，良好的消费者——那些能够使经济繁荣的人。" 174

程仪说："是的。"

金说："好吧，但是我依然认为你们在使事情变得紧张，为什么我们不问问新来的教师呢？你怎么想的？"

这四名教师看着你，等待你的回应。你说什么呢？

焦点问题

1. 为什么你需要懂得教育政治学？
2. 当地社区是如何影响学校的？
3. 在管理学校中，州有什么权力和影响？
4. 地区教育服务部如何服务学校？
5. 联邦政府是如何影响教育的？
6. 美国的学校是如何被资助的？
7. 在公平和卓越之间，资助有什么趋势？
8. 私有化运动会如何影响教育的公平和卓越？

为什么你需要懂得教育政治学？

关于这一点，在你的师范教育体系中，可能你最关注的是教学的挑战——如何创造一个积极的课堂氛围；确保所有的学生学习；学会与他人合作，例如教师、州长、家长等。相对于遇到这些挑战，理解教育政治学是如何影响学校管理的，似乎就不那么重要了。然而，"对于每个公民，包括教师、学生、学校管理者和被选举出的官员，理解关于公共学校的功能的深层次的争论，都是十分重要的"（Spring，2008，p.10）。

也许你认为，政治和教学应该保持分离。然而，教育不是（而且也永远不会是）与政治无关的。学校政策源自政治环境，这是一种生活现实，而且"学校变革在本质上是一系列的政治法案，而非解决问题的技术方案"（Cuban，2003，p.59）。

在当前的美国，很多复杂的政治力量影响着学校管理（见图6—1），正如本章开篇的课堂案例所说明的。一般而言，政治学是指在组织内部人们如何运用权力、影响和权威对他人施加压力，使其按自己所想的方式行动。教育政治学是指人们如何运用权力、影响力和权威对学校系统或学校内部的教学或课程实践施加影响。很明显，通过政治方面的智慧和参与，你将可能会有很多收益。以下的例子就说明，几名教师是如何通过他们关于教育政治学的知识获益的：

● 两名教师，是一个贫穷地区的学校的地方学校理事会的成员，他们组织了父母志愿者，以帮助减少学生逃学、改善学生对学校的态度。

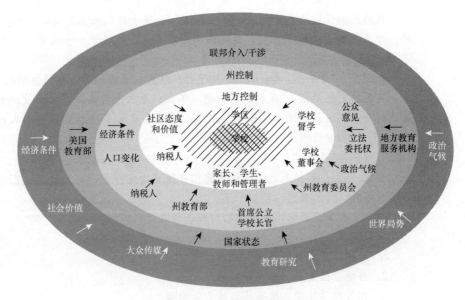

图6—1　政治对学校的影响

● 三名高中英语老师获得了一笔国家资助，用来开发人文课程，他们的项目申请书中包括了来自教育委员会主席和校长的推荐信。

● 几名教师挨家挨户散发关于他们学校特别需要重建和改造的项目信息；两个月之后，选举人支持赞助这个项目。

在诸多群体之中，如果想在教学职业生涯期间力争影响教育政策，至少有十个群体需要明确：

（1）**父母**——关心控制当地学校，因此高质量的教育项目就能提供给他们的孩子。

（2）**学生**——关心那些涉及表达、着装、举止自由的政策，以及可选择的课程的政策。

（3）**教师**——关心他们在学校改革中的角色，提升工作条件，雇佣期限，以及其他专业问题。

（4）**管理者**——关心提升领导力，因此不同的利益群体，包括教师，都能在参与管理学校、研发优质教育项目中共同分享。

（5）**纳税人**——关心在决定学校的财政支持方面，在当地、州和国家之间保持一个适当的准则。

（6）**联邦政府、州和当地政府**——关心学校操作层面的、法院命令、指导方针、法律方面的强制力等实施贯彻方面的问题。

（7）**种族群体**——关心对每一个人的平等教育机会的有效性，还关心围绕着管理资格、雇佣周期、评价等相关的法律问题。

（8）**教育理论家和研究者**——关心改进各个层次的学校，用理论的、基于研究的视角作为基础。

（9）**企业部门**——关心从学校接收的毕业生，应有知识、技能、态度和价值观来帮助一个组织实现它的目标。

（10）**特殊利益群体**——关心前进中的教育改革反映特殊的信仰、哲学和经济方面的观点。

教育政治学的五个维度

图 6—2 说明了影响教师的教育政治学的五个维度。第一，它是否是联邦立法，例如《不让一个孩子掉队法案》或者一个当地学校的债券问题（school bond issue），在联邦、区域、州和本地区等层面的政策都会影响教师。第二，教育者、公民、政策制定者以了促进教育项目发展的政策进行游说，其中反映了他们自身的教育哲学。第三，在一个社区内，给学校的资源分配额很容易成为一个政策问题，正如众所周知的原因，每个人都对学校的债券问题进行了表决。第四，通常，作为一种关于教育的政治观点的博弈的结果，教师和学生的法定权利和责任在持续不断地变化。第五，当今教育中最热门的政治性问题之一是，追求更高标准；实行强制测试以确保学生掌握了那些标准；呼吁问责以确保学校、教师和教育管理者能够达到目标。

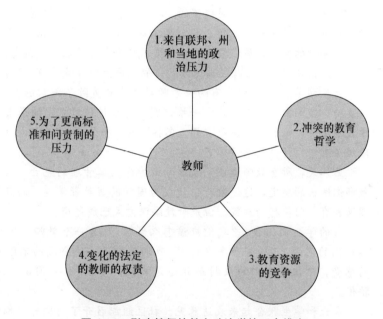

图 6—2　影响教师的教育政治学的五个维度

事实上，可以毫不夸张地说，教育政治学能够把一名教师置于火线上（in the line of fire）。例如，本章中"教师之声：对现实的研究"，描述了一名教师在公开地表达他对由学校董事会强制推行的教育改革的不同意见之后，是如何进入火线之内的。

以下本章的四个部分考察教育政治学如何在当地、州、地区和国家的层面上影响学校和教师。

当地社区是如何影响学校的？

宪法并没有写明公共教育的问题，美国宪法第十修正案将创造和管理学校系统的法定权力作为基本的权力赋予州。除此之外，正如我们在图 6—1 中说明的，即使没有法律的赋权各种不同的个人和群体，也会激烈地竞相影响那些拥有法定

权力运作学校的人。

美国宪法第十修正案赋予州立政府所有联邦政府没有保留的权力，而且对各州行使权力不加阻止。相应地，州就设立了地方学区，并给予它们公共学校的日常运行管理的责任。作为统一学区的结果，地方学区的数量已经从 1939—1940 年的 117 108 个，降至 2005—2006 年的 14 166 个（National Center for Education Statistics，March 25，2008）。

教师之声：对现实的研究 ▶▶▶

被扔入狼群
约翰·弗利金杰

2003 年 1 月 6 日，从圣诞休假中回到我的学生中间使我很兴奋，而且特别高兴的是，可以开始亨利·戴维·梭罗思想的年度探索了。我们从《论公民的不服从》（*Civil Disobedience*）开始。

很快，我的学生们由对梭罗的 19 世纪冗长风格的憎恨转变为对他杰出的思维能力和奇妙的思想感到惊讶。快到周末的时候，年轻人们开始解释亨利·戴维·梭罗的先验的概念，展示给我的事物是我整个教学生涯中从没想过的。

然后出现了 A—B 时段编课方式。取代每天给学生上课 50 分钟，我们只能每隔一天见到学生 90 分钟。有两位老师对全体教员做了民意调查：149 人反对，13 人支持。我们拿了调查结果和一堆证明"时段编课方式"的愚蠢的研究报告去找学校董事会，他们的反应是"那又怎样"的一个耸肩："我们就是要把你们放在时段编课表中，讨论结束。"

第二天，所有教师都戴了黑丝带来悼念校本管理的死亡。校本管理是一线的教师们做出的决定，这使蒙特伍德成为国际的蓝丝带学校，而且校本管理是我们国家教育部门推行的政策。但是时段编课方式已成定局。

我的学生们问我："我们应该怎么做？"作为一个教师，我用一个问题来回答他们的问题："梭罗会怎么说？"他们深挖了《论公民的不服从》。"表达我们的感受，不仅是我们的权利而且还是我们的责任。"他们说。我真为他们感到骄傲。

家长和学生联合起来表达意见。社区组织召开了两次会议都突然中断了。之后，我听到一名学生退出的谣传。我在我的板子上写下"不退出！"第二天，1 000 名学生集结在学校前，他们反复地朗诵和摇摆着他们的标语，和平地表达他们的不满。社区惊恐地感觉受到了威胁，他们报警了。100 名穿着防暴服的、带着头盔的警察来了，使一个和平的抗议变成了暴乱，狼牙棒的气氛弥漫在清新的 1 月的空气中。之后，校长告诉我们，这次暴行"完全是教师的错误"。第二天早晨，我发了一封邮件，表扬了我的 99.9% 的学生的行动。我因这次事件而责怪傲慢的社区办公室。保安出现在我的门口，我被告知要向校长办公室做报告。因为不恰当地使用了社区的邮件，我被停职了。现在国家已经开始注意我们的学校了。

当晚，我在走廊里中了与区政府有密切联系的地方电视的埋伏。我拒绝发表意见。然后从 10 点钟的新闻中看到，我正从前门向外窥视。"造谣煽动暴乱的教师拒绝与我们通话。"我的邮件也被念出来，被他们编辑的听起来像是支持暴乱和呼吁更多的暴力。

然后我开始收到来自斯坦福、麻省理工、哥伦比亚和圣母院的电子邮件，来自我以前的学生。"爱默生、梭罗和他们改变人生的哲理是我们出现在这里的原因。"他们说。

在接下来的学校董事会上，一个家长举证了一摞证明我的教学影响力的信件。家长和学生们举着标语板："把我们的老师还给我们。"我努力忍住眼泪，但是失败了。

当我 80 岁的时候如果有人问我这一生做了什么，我会想起那些举着标语板的学生们。我会抖抖衣衫骄傲地说："我是一位教师。"

这就是把我们两个扔向狼群的权势。我被暴露在一群豺狼中间，感到无比冰冷。由于我的保护者，我幸存下来了。我的第一站是得克萨斯州立教师协会。一个奥斯丁的律师跳上飞机赶上厄尔巴索的周五晚上地区会议。他悄悄地做笔记。他注意到，每次会议上，那里的人们是支持我的。每当我走进潜在的地区官员的埋伏，都会有两个几乎用生命来保护教师的工会代表陪同。现在，我已经在上个月回到教室给孩子们上课了。

问题

1. 如果一个学校或地区的大多数教师反对学校董事会强制执行的改革，他们应该怎么做？

2. 尽管教师们 149∶13 票反对新课表，为什么学校董事会还要强制执行时段编课方式？

3. 这个事例以何种方式支持了以下的观察"政治……是典型的非道德的，通常是秘密的，而且经常是不合理的。它不合理是因为它的目的在于牺牲组织的利益为个人或小团体谋利"（Hoy & Miskel，2001，p. 28）？

约翰·弗利金杰在得克萨斯州厄尔巴索的蒙特伍德高中教英语。前述的事例是摘自他发表在全美教育联合会杂志（*NEA Today*）上的文章，2003 年 5 月，第 7 页。

地方学区

由于人口结构的原因，地方学区之间差异很大，例如适龄儿童的人数；父母的受教育程度、职业和收入水平；运行预算；教师人数；经济资源；学校建筑的数量等。有些学区为非常富有的社区服务，有的则设在很贫穷的贫民区旁或者乡村地区。这些学区的运作中包括 335 所仅有一名教师的小学（National Center for Education Statistics，March 25，2008），也包括在人口密集地区的许多现代的多层建筑的校园。 178

其中，最大的一个学区的运作极其复杂。纽约城市学校体系中拥有将近 100 万的小学生（来自 190 个国家），将近 6.6 万教师（这个数字超过了在辛辛那提、明尼阿波利斯市、俄勒冈州的波特兰市、萨克拉门托、西雅图和圣路易斯等地的学生数量），超过 1 200 所学校，并且每年的教育花费超过 120 亿美元。纽约城市学校系统，由学校的名誉校长组监管，包括 32 个社区学区，每个学区有自己的主席。表 6—1 列举了一些挑选出来的数据，包括 10 个美国最大的学区，和 2004—

2005 学年的学区行政管辖区。

179   表 6—1   挑选出来的数据：10 个美国最大的学区
                                 和 2004—2005 学年的学区行政管辖区

上报的学区名称	城市	州	郡县	学生数量[1]	全职具有同等价值的教师[2] (equivalent teachers)	2003—2004 学年完成学业的人数[3]	学校数量[4]
上报的学区	—	—	—	11 270 624	614 484	520 117	16 328
纽约城市公立学校	布鲁克林	纽约	国王	986 967	65 803*	39 539*	1 205
洛杉矶联盟	洛杉矶	加利福尼亚	洛杉矶	741 367	35 186	29 621	721
波多黎各教育部门	圣胡安市	新墨西哥	圣胡安市	575 648	43 054	31 946	1 523
芝加哥城市学区	芝加哥	伊利诺伊	库克	426 812	25 260	16 745	634
戴德县学区	迈阿密	佛罗里达	迈阿密戴德	368 933	20 086	18 599	381
克拉克县学区	拉斯维加斯	内华达	克拉克	283 221	14 222	11 389	307
布罗华县学区	罗德岱堡	佛罗里达	布罗华	274 591	15 271	14 192	272
休斯敦独立学区	休斯敦	得克萨斯	哈里斯	208 945	12 009	8 520	304
希斯堡县学区	坦帕	佛罗里达	希斯堡	189 469	11 975	9 380	257
费城城市学区	费城	宾夕法尼亚	费城	187 547	9 838	10 331	270

* 2001—2002 年的数据。

1. 全职具有同等价值的教师（FTE），是一种根据工作任务量而计算时间的形式，作为全职工作的一部分。它的计算是，用总的雇佣时间除以每天正常工作所需要的时间，所得的天数。FTE 不是按人头计算，比如，2 个一半工作时间的雇员算一个 FTE。

2. 包括高中学位证书获得者，还有其他高中的完成者（例如，出勤证明），但不是高中同等证明（例如，一般同等文凭）。

3. 学校总数可能与一般公开的数据不同，因为排除了关闭的、没有活力的和未来的学校。

4. 总数不包括没有数据的学区。

注：这些数据包括 50 个州的，哥伦比亚学区、波多黎各学区，四个非本土地区（美属萨摩亚、北马里亚纳群岛联邦、关岛、美属维尔京群岛），印度教育局，国防部的附属学校（本土的和海外的）。

资料来源：National Center for Education Statistics（April 2008）, *Characteristics of the* 100 *Largest Public Elementary and Secondary School Districts in the United States*：2004—05，pp. A-4, A-5.

　　学区的组织结构也通常不同。相对于那些小的学区，巨大的城市系统可能包含好几个学区，更倾向于拥有复杂的角色和责任的分配。图 6—3 是关于一个拥有 2 万名小学生的学区的组织结构的图表。

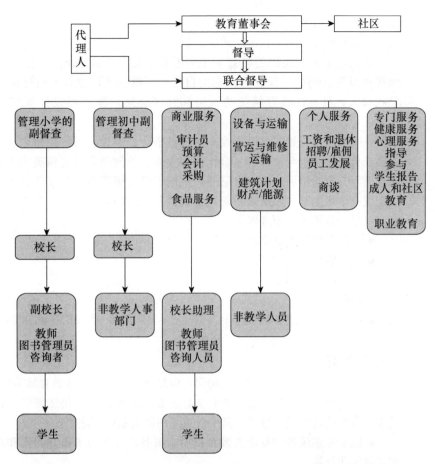

图6—3　一个中等规模的学区（有2万名学生）的典型的组织结构

学校董事会

一个学校的董事会，就像一个州的代理人一样，负责下列事宜：由督导（superintendent）批准教师、管理者和其他学校的人事雇佣；提出组织的和教育的政策；决定评价项目和人事的程序。

在多数社区，学校董事会的成员通过普选而来。然而，在有些城市地区，学校董事会成员由市长选择。学校董事会的成员至少代表性地服务3～5年，而且他们的任期通常是交错排列的。为了形成最适宜的规模，学校董事会通常由5～15名成员，通常建议5～7名为最佳。在城市地区的学校董事会成员通常是有收入的，但在大多数地区是无偿的。 *180*

一个关于城市学校董事会成员的调查发现，52％是女性，48％是男性。此外，城市学校董事会成员的构成并不反映进入城市学校的学生多样化的增长——57％的学校董事会成员是白人，30％是非洲裔美国人，4％是亚洲或其他黑人群体。这个调查还揭示了，城市学校董事会的成员构成与一般人口构成不同：约15％是商业领导人，9％是律师，将近7％是企业家，多于1％的是医生（Council of Great City Schools，October 2005）。

几乎所有的学校董事会会议都对公众开放，事实上，很多社区都提供收音机和电视覆盖的服务。开放的会议给家长和感兴趣的公民表达自己的关切的机会，同时可以得到更多关于社区问题的信息。

学校董事会在美国的教育系统中占有至关重要的地位。虽然学校董事会遭到很多批评，例如，没有培养它们自己关于教育的议题，不情愿从它们的社区寻找投入，没有以教育精英的视野和社区交流，没有同教育督导建立积极的关系。

一些州已经开始采取措施改革学校董事会。例如，阿肯色州为它们的学校董事会成员提供关于与社区建立合作伙伴关系、如何拥有教育精英的专业视野、团队建设等方面的培训。西弗吉尼亚州重构了学校董事会，而且学校董事会成员必须完成一个聚焦于"经纪人和管理有效性"方面的培训。一个关于学校董事会的研究发现，有效的学校董事会：

- 关注学生学业成就；
- 基于需要分配资源；
- 关注投资的回报；
- 使用数据；
- 投入到他们服务的社区中。（Ward & Griffin，March 21，2006）

学校的督导

虽然学校董事会的运作很不相同，但是督导是决定学区教育政策的关键人物。虽然教育董事会给了督导很大的权力，但是他的教育政策仍然需要教育董事会的批准。督导的具体职责很多。其中最重要的职责是以下这些：

- 以专业建议者的身份为教育董事会服务，并且为了提升课程和教学的项目制定政策建议等。
- 作为雇员、专业的监督者、非教学人员（清洁工、自助餐厅人员等）而行动。
- 在社区和学校的关系中作为学校的代表，向社区解释教育董事会的政策。
- 在学区之内，为了学生的安置和交通而研制政策。
- 准备每年的学校预算，并且拥护学校董事会通过的预算。

督导和他的学校董事会如何一起工作，与学区的规模密切相关。在相对大的学区中，督导和学校董事会更倾向处于冲突状态。但是在较小的学区中，当学校董事会反对督导的时候，学校董事会更加高效。在大的学区中，学校董事会自身的分歧使它较为不易于成功反对督导（Wirt & Kirst，1997）。

181

督导需要具有良好的技能从而恰当地回应诸多他们需要关注的外部政治压力，而且冲突是无可避免的。有效的督导证明，他们能够同时扮演三种角色：政治家、管理者和教师。这是一个要求很高的职位，而且人员流动很快，例如，在 1980 年至 1995 年之间，纽约城市学校系统已经换了 10 名校长（Hurwitz，1999）。

家长的角色

在学校的管理中，家长可能不是法定的参与者，但他们的确在教育中扮演着重要角色。成功学校的一个重要特征是，它们与家长建立了亲密的工作伙伴关系。

那些家长或者监护人支持和鼓励参与学校活动的孩子，在学校中也有明显的优势。例如，在这章的"独立教学"部分，描述了一个课堂的纪律问题，这几乎导致了教师和几个学生的家长的接触，因为这些学生欺负一个特殊教育的学生。幸运的是，这名教师在不联系家长的情况下，有能力解决这个问题。

在全国范围内，家长通过参与学校的顾问和校本咨询活动，对于学校的重组和改革作出了重要贡献。除此之外，很多团体，如家长—教师委员会（the parent-teacher association，PTA），家长—教师组织（parent-teacher organization，PTO），或家长顾问咨询团（parent advisory council，PAC）等，给了家长在他们感兴趣和认为重要的问题上和教师交流的机会。通过这些团体，家长能以各种方式参与到学校的生活中——从为学校的政策提供建议到提供学校十分需要的志愿者服务，或者发起学校改进运动的活动如募资。

通过家长的参与，私立学校、教会学校、营利学校和特许学校的数量正在增长，他们正在影响着教育的特征。此外，很多家长在推进择校、教育券制度和在家上学运动方面成为活动家。

一些家长甚至加入了资金充足的保守的智囊团中，他们坚持复杂的国家主义倾向，目的在于把公立学校中的、他们发现有异议的实践活动和材料全部移除。非营利组织"美国式公民"（People for the American Way，May 25，2008）发表报告指出，在1990年和2000年之间，有6 364次审查挑战，其中71%是针对学校或学校图书馆中的材料。挑战的主要问题下面详细列出：

- 1 607次是挑战"色情"材料；
- 1 427次是挑战那些被认为有"冒犯性的语言"的材料；
- 1 256次是挑战那些被认为不适合孩子年龄的或"不适合该年龄组"的材料；
- 842次是挑战那些带有"神秘主义的主题或者倾向于神秘的或恶魔崇拜"的材料；
- 737次是挑战那些被认为"暴力"的材料；
- 515次是挑战那些带有同性恋主题或"倾向于同性恋"的材料；
- 419次是挑战那些"倾向某一宗教信仰的观点"的材料；
- 317次是挑战那些包含"裸体像"的材料。

独立教学

"哭泣声可以被听到"

在长长走廊的末端的哭泣声可以被听到，当我被吸引逐渐接近18号教室时，哭泣声逐渐增大，伴随着哭泣声，是几个学生熙熙攘攘地走进教室的吵闹声——一个戳着另一个，大声地笑和说话。安杰尔是最后一个进入教室的学生。他抽噎着、说着蹩脚的话，告诉我，他刚才因为是特殊教育的儿童而在操场上被嘲弄。"特殊的埃德"是他的同学给他起的绰号。我的心跳加速，脸颊绯红，就如我听到"熊妈妈"的感觉一样，我想要保护这名有特殊需要的学生免受残忍的标签的伤害。

182

"这次是谁？"我问，安杰尔回答了他已经无数遍说出的名字：马修，劳尔，兰迪。通常，我已经走向这三个 5 年级的学生，首先温和地，然后用不太高兴的态度问他们为什么这么做。每次，我问"如果你是安杰尔，你感觉如何？""你怎么能这么做呢？"他们给了我想听的答案，但是他们的行为没有任何改变。再一次地，安杰尔的哭声先于他进入教室——他的退缩。

当我考虑我的下一步的时候，几个选择看起来有效：

● 再一次面对作恶者；
● 私下里和安杰尔谈谈，消除他的疑虑；
● 叫这群男孩的家长。

然后，我顺手打开窗户，让一些新鲜的空气进来，一个新鲜的主意出现了：为什么不给安杰尔一些应对这些言语攻击的策略呢？我之前怎么没想到呢？也许，我想成为把学生照顾得很周到的人。这是令人钦佩的，但是我在走错路了。如果我交给安杰尔一些应对的策略，他很可能自己结束欺负，此外，他可能就掌握了解决未来问题的技能。

我的第一项工作是让安杰尔懂得，他在操场上所经历的嘲弄，是想要使他不高兴。如果他变得沮丧了，他的"敌人"就赢。说服安杰尔并不是容易的事情，因为有班级的其他成员也在扮演使他痛苦的角色，我们慢慢扫除了那些被伤害的感觉，并且开始重建安杰尔的信心。我教给孩子们的、当他们面对侮辱性的标签的时候，可以应用的策略包括：

● 变嘲弄为幽默；
● 什么也不说，笑笑然后走开；
● 在每一句侮辱性的话后面，重复"哇"。

每一个策略都倾向于缓和这种由其他学生挑起的欺凌的情境，使安杰尔能够成为"赢家"。

现在，我可以说，冲突变得缓和而且以恰当的方式结束了。安杰尔是个好运动员，最初，他是毫无准备地运用这些策略的，他们继续他们的嘲弄，但是安杰尔反复讲他的"哇"。

然后，几周后的一天，他进入教室并且说他拥有了一个"完美的课间"。当安杰尔和全班同学分享他的经验的时候，他的同学是持鼓励和支持的态度的。他们也承认在不同的场合遇到过嘲讽，并说他们也许会在防御策略中试试"哇"。

分析

通过这件事我学到了很有价值的一课，教授学生处理嘲讽的策略是十分重要的。提供给他们有价值的、终身的技能，教会他们去调整他们自己的冲突。现在，当我感觉到"熊妈妈"模式又出现的时候，我知道是教学或再次教学的时机了，对于坚持自我有重要价值的一课。

教学提供了教授一生中最重要的课程的机会，我时常感激我的学生比如安杰尔，他们提供给我这样的机会。

反思

● 当学生嘲弄他的同学的时候，指导教师应该如何判断他们是否应被干涉？

- 教师还能如何教会学生坚持自己呢？
- 可以运用什么策略来处理欺凌行为，增加儿童之间的友善行为呢？

贝斯蒂·麦金太尔

特殊教育老师

巴兰卡小学

学校重建

这个国家的很多学校，在学校如何被当地所控制方面，正在发生令人兴奋的变化，为了改进学校的表现，使管理系统的权力分散，增强教师的专业地位，一些学区正在重建它们的学校系统。重建还有很多其他名称：共同治理，非集权化管理，教师赋权，专业化，自下而上的政策制定，校本规划，校本管理，分权领导，共同做出决定。这些途径如果有什么共同点的话，那就是全都允许那些最了解学生的人——教师、校长、助教、监护人、图书管理员、秘书和父母——在做出如何满足学生需要的决定中拥有更大的自由。

《重建和实质学校改进的手册》（*Handbook on Restructuring and Substantial School Improvement*）是在美国教育部的支持下，由学术发展研究所研制的，在成功地重建学校中，有如下"指标"：

- 一个团队结构被正式纳入学校改进计划和学校管理政策中。
- 一个有领导力的团队，由校长、教学团队的领导教师、其他关键的专业员工构成，并定期会面（一月两次或更多，每次会议一小时）。
- 领导团队定期查看学校表现数据，汇总班级观察数据，并用这些数据做出关于学校改进和专业发展需求的决策。
- 教师个人的专业发展包含对有效教学指标的强调。
- 家长政策、活动和项目都有利于培植"家庭课程"。
- 学校需要保持有一个中心数据库，包括每个学生的考试成绩、设备信息、人口信息、出勤率、行为指标，还有其他对教师有用的数据。（Walberg，2007，pp. 119-120，122-123，127）

本章中的"行动中的技术"，描述了一个有领导力的教师团队增加了学生接触最新近的技术的途径，学生们通过和校长合作共同建立一个第二生活"岛"，这是一个 3D 的虚拟世界，在其中学生可以和其他学生互动，建构虚拟的环境。

校本管理

一个经常运用的重建学校的方式是校本管理（school-based management，SBM）。大多数校本管理项目有三个相同的要素：

（1）以前，权力和决策通常由督导和学校董事会掌握，现在分散给教师、校长、家长、社区成员，还有本校的学生等。在校本管理的学校里，教师能够直接参与关于课程政策、教科书、学生行为的标准、员工发展、晋升和保留政策、教师评价、学校预算、教师和管理者的选择等决策中。

（2）在每个学校，一个做出决定的整体（是我们所知的董事会、内阁、校本小组或理事会）——由教师、校长和家长——共同制定校本管理的计划。

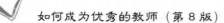

（3）校本管理项目运作，获得了学校督导的全力支持。

本章的"教师之声：走适合我的路"中记录了一位第一年当教师的吉尔·纳瓦罗，他为他的学校的校本咨询和其他校内的改进导向的委员会提供了领导力。

184

行动中的技术：在7年级，虚拟世界连接班级

坎迪斯·兰德尔知道她的学生喜欢电子游戏。事实上她已经在她的历史课堂中包含了一些电子游戏的指导，而且她的学生很感兴趣。但是她能够得到的免费的和不是很贵的电子游戏教学都具有限制性，也就是说，各种游戏中的项目只包含特定的行动和反馈。这对于基础性和程序上的课程是足够的，但是她很难找到那些能够处理更深层次概念的、支持灵活的批判性思维的应用程序。于是她进行研究，发现一个可替代的办法，和电子游戏有所不同——虚拟世界。虚拟世界允许学生独自或组队去探索感兴趣的空间，支持学生们彼此互动，建成结构、环境和/或有机体。

她建立了她的虚拟化身（她自己的3D代表作），并开始探索"第二人生"（Second Life）——一个在线的3D虚拟世界。她发现了一些可以用在课程中的岛状区，但真正收益发生在她向其他老师展示第二人生之后。展示之后，产生了一系列的有深度的对话，教师们说服校长为学校也采购一个岛状区。他们还决定，英语老师李先生，数学老师桑切斯女士，艺术老师赫默先生，技术老师苏珊女士和兰道尔女士都将在一个试点活动中进行参与。

185

他们都同意，他们将用下个月的时间使用第二人生作为虚拟教室。在该月，他们和他们的学生将参与第二人生的活动，这些活动将囊括一些概念和学习结果——这些都是要在那个月里各自的课堂上完成的。他们会形成一种新的混合教室形式，在这种教室中，教师们可以用相关的学科内容和共同的主题进行具体的学科训练。这种方式允许教师个人使用连接起来的学科问题或通常的主题，去处理特定的学术问题。

老师们都同意，第一个活动是关于中世纪英国的一课。在桑切斯女士的数学课中的学生，被要求在学校的第二人生岛中建造一个城堡。赫默先生的学生创造了专题图形，例如家庭徽章，人物肖像和风景地貌。李先生的学生在岛状区里发表了散文似的要求，那就是学生不能彼此说话，除非他们"正确地说"（speak correctly）。兰道尔女士的学生研究了围绕着中世纪的城堡可能发生的活动的类型。

然后他们设定了个体的学生能够想到的一系列的角色。那里有一个城堡堡主和他的夫人、男傧相们、骑士、一个治安官，等等。每个学生都扮演一个角色，并要求恰当地互动。

活动获得了极大的成功。这件有趣的事逐渐传开了，这些学生都掌握了数学、历史、英语和艺术，学校里的其他学生和教师开始访问学校的中世纪社区。还有一个传闻，旁边中学的一个学生听说这项活动在进行，试图组织了一个军队来摧毁城堡。

虚拟世界：虚拟世界，例如第二人生，是在线的、三维空间的，参与其中你可以探索、互动和创造。此外，虚拟世界提供的极好的视觉效果、社会性的联系，使得它对教育的潜在影响会迅速增加。想象一个在视频游戏机上的电子游戏——没有目标、没有行动/反作用程序在其中。现在，你制定规则和目标，建造

一些建筑物，决定喜欢什么和如何交流。

访问：http://secondlife.com。在这个网页上，你可以读到关于产品的信息，学到其他人是如何运用第二人生的，并下载。

可能的应用：教师已经成功地运用了虚拟世界帮助学生参观了活火山，见证了精神分裂症，走过了凡·高画中的场景，探索了太阳系。学生们经历了在西方城镇的后内战时期，经历并以医疗服务提供者的身份回应了自然灾害，见识了在工作的人工智能，并在雅典被授予了公民权。

尝试：最受欢迎的虚拟世界在此时是第二人生。试一下，访问以上列出的网站，下载软件。你可以创建一个用户账号，这就代表了 3D 中的你自己，以虚拟化身的形象被人认识。仔细选择你的名字，因为在第二人生中，它会一直跟随你。你一旦拥有了名字，就决定了你想看什么——你的性别、种族、身体类型、头发（或者没有），衣着和手势。你的虚拟化身完成之后，你要体验一下指南，在那里你学习如何走路、购物、飞行和聊天。指南体验完成，你就开始自由地过第二人生了。

教师之声：走适合我的路

186

　　当吉尔·纳瓦罗被美国海军陆战队后备役号召、被派去伊拉克服役的时候，他正在攻读博士学位，并在一所附近的大学教课。他从事四五年级的教学也已经是第八九个年头了。

　　当他在伊拉克的时候，他注意到，一些他的海军同事没有从家里收到信件或电子邮件，所以他请他的学生或支持者帮忙。他的一个朋友，把吉尔在海军陆战队的照片贴在她大学的教室中，她的研究生和老师们都来签名，每个班级都认领一名战士。由于吉尔的寻求帮助，孩子们的电子邮件和关怀的包裹使得海军不同了。这样的领导能力和热心来帮助人们彼此联系，在吉尔的教学生涯中，早就轻车熟路了。

　　像今天的许多人一样，吉尔·纳瓦罗在尝试几个职业之后，发现了他对教育的热爱。在获得了工商管理的学位，并在一个私企工作四年以后，吉尔发现他喜欢工作的某些方面，但是这使他干涸。在那段时间里，加利福尼亚州首先启动了班级规模的裁减，这使得学校面临严重的教师匮乏。当他的一个朋友邀请他去和校长谈谈一个可能的教学岗位的时候，他被这个机会吸引过去了，因为他很喜欢曾经的一个工作，即在一个大学的暑期项目中工作，工作对象是 8 年级的潜在的辍学者。吉尔说："我享受这样类型的工作，可以帮助学生们变得更好。"所以，他要求并且拥有了一个教学职位。

　　吉尔热爱他的工作，"这比一个职业多太多了，教师工作的回报，由很多个小时构成"。一边教书，吉尔还学了相关教学资格和硕士课程。

　　吉尔对于领导力的倾向，从他最初的教学生涯就显现出来了。他在教学的第一年，就成为了家长教师协会的会计，利用他的商业背景为协会制定了一个预算方案。他指导那些仅以为他是会计的家长，帮助他们提升信息技术的能力。他相信在这个过程中，家长会发现"学校并不是一个很可怕的地方"。吉尔还参与了学校的各种委员会，包括校本咨询委员会、技术委员会和冲突解决委员会。

吉尔尽可能地学习他的新专业，他在教育方面的学习最终使他获得了博士学位，这强化了他的教学，为他开启了新的职业之路。他们让吉尔在大学教书，与那些即将教学的学生分享他的经验和知识。他十分杰出的教学，到目前为止说明了一些专业发展的现实性和可能性。

吉尔建议新教师，每年设定一些新的挑战，并学会"如何更聪明而非更努力地工作"。他鼓励教师多学习些情感智能，"我希望有人告诉我，情感部分是多么重要"。他推荐丹尼尔·戈尔曼（Daniel Goleman）的书，《情商：为什么情商比智商更重要》（*Emotional Intelligence：Why It Can Matter More Than I.Q.*）。吉尔与他人分享的时候，他说，他面对学生的情感，就如面临他的海军同事的情感需要一样，都是一种力量。

芝加哥学校改革

校本管理的先驱者之一是芝加哥城市公立学校。多年以来，芝加哥城市公立学校系统面临着一系列的问题：很低的学生成就、不定期的教师罢工、预算危机、头重脚轻的中央管理机构、在城市内部正在衰减的学校，这似乎超越了多数改进的努力。为了回应这些问题，一个有55名成员的委员会，包括商业的、教育的和社区领导者，他们研发了一个学校改革计划。在该群体的要求下，成立了一个地方学校理事会（local school council），每个理事会服务于城市超过550所的学校，理事会的大部分成员是学校孩子的家长。

1988年12月，伊利诺伊州立法委员会通过了《芝加哥学校改革法案》，"一系列大胆的、具有原创性的改革，吸引了全国的注意力，由于芝加哥学校面临的很多问题也是这个国家的其他学校所同样面临的"（Russo，2004，p. v）。法案中的一些条款如下：

- 学校预算由一个地方学校理事会控制，它由6名家长、2名社区成员、2名学校雇员和校长组成。
- 地方学校理事会有权力雇佣和解雇校长。
- 由于地方学校理事会成员部分是来自教师和校长，所以它有权力为当地学校制定一个提升计划。
- 雇佣新教师，应以他们的绩效为基础，而非前任的特权。
- 校长发现教师有不令人满意的行为并正式通知45天后，可以调离教师。
- 一个由教师组成的专业人士建议委员会，对于课程和教学应该有建议的责任。

《芝加哥学校改革法案》颁布的最初六年里，很少有具体的改进。1995年，被学区慢性难治的财政问题、在提升学生学业成就方面的无力挫败，伊利诺伊州立法委员会给了芝加哥市长理查德·戴利接管芝加哥城市公立学校的权力。戴利组建了一个五人小组"委托人改革委员会"，还指定了一名首席执行官，首席执行官宣称"要在当地掌控和中心办公室控制之间保持平衡"（Hendrie，1999）。

187

很多人认为，芝加哥改革的努力是对于"如何提升一个城市学校系统的斗争"（Hendrie，1999）的一种延续。但实际上市长的管理团队和以家长为主导的地方学校理事会之间的摩擦变得越演越烈，因为每个报告中总有一个地方学校理事会的成员乱用他的权力。

虽然在管理芝加哥城市公立学校中存在冲突，但是这个项目还是在一定程度上提升了学生的学业成就。1990年，城市1/3的学校中，不到1/4的8年级学生通过了8年级阅读的国家标准。到了2000年，多于1/3（36.4％）的学生达到了该标准（Hess，2000）。数学分数提升得更多——从1990年，小学生稍微多于1/4的合格率，到2000年的将近一半（Hess，2000）。在高中方面，19岁学生的毕业率稍有增加，19岁学生的辍学率有所下降（Miller，Allensworth，& Kochanek，2002）。

虽然上述改革有所收获，但收获并不具有一致性，例如，这个城市中表现最差的一批学校，几乎没有什么改善（Rosenkranz，2002）。此外，《芝加哥学校改革法案》的目标是芝加哥城市公立学校在五年之内能够达到国家标准，但该目标并未达到。

虽然该实验取得了一定的成果，但芝加哥实验显然是一个激进的尝试，即给家长赋权并使他们成为学校管理的全职合作者。在反思《芝加哥学校改革法案》的成就的时候，学术成员的主席表示，在他多年的改革中发现：

> 《芝加哥学校改革法案》有三个主要的成就。第一，财政稳定，这就可以营运一个学校系统而不用担心资金问题。第二，财政稳定使整个团体稳定。因为我们有合同，没有罢工，我们知道学校每年都会存在，人们对整个系统有信心。第三，我们有一个贯穿始终的学术项目，解决了学生的需要。（Buckney，2004，p.159）

在管理学校中，州有什么权力和影响？

在当地学校控制的基础之上，州对于学校也有重要的影响力。自20世纪90年代以来，州对于教育政策的影响稳步提升。例如，每个州（除了艾奥瓦州）都有州层面的学术标准，并且每个州都强制推行标准化考试，以评估学生的学业的掌握程度。目前，22个州要求学生从高中毕业的时候，能够达到州要求的最低分数。还有4个州，将在2012年实施毕业考试（Education Commission of the States，April 20，2007）。此外，20多个州给予州教育委员会一项权力，即强行干涉在学术方面"破产"的学校，这些学校一般都是作为一个整体而言，学生分数过于低的学校。

为了回应美国教育的危机，很多州都投入了极大的主动性来提升教育，例如：
- 提升学业标准；
- 给教师更大的责任；
- 在毕业前的教师教育过程中测试学生；
- 经常性地评估学生所掌握的基本技能；
- 对于继续雇佣的教师，专业发展是一个重要的标准；
- 对有经验的教师重新认定资格。

正如之前提到的，美国宪法第十修正案允许州在其边界内组织和管理教育。为了实现持续维持和支持学校的责任，州设定了几个权力：
- 为了支持学校而征税、决定对当地学区的资助的权力；

- 设定课程的权力，在有些州，还有审核教材的权力；
- 决定教师资格证的最低标准的权力；
- 建立认可学校的标准的权力；
- 通过法律的权力，这些法律是更好地维持和支持学校必需的。

为了实现这些权力所带来的任务，很多州采用了不同的组织结构，但是更多数的州都采用了类似于图6—4的等级式结构。

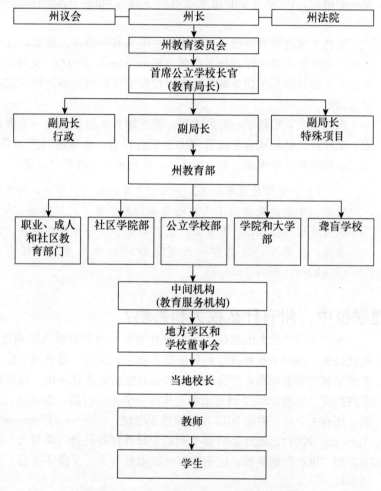

图6—4　一个典型的州学校系统的组织结构

州政府在教育中的角色

在每个州之内，各种不同的人和机构都在教育系统的运作中起作用。尽管州政府有所不同，但在每个州之内，州议会、州法院和州长对教育都有直接的、至关重要的影响。

议会

几乎在每个州，议会都要为这些事情负责，即建立和维持公共学校，决定本州的基本的教育政策。在诸多政策中，议会可能决定的是以下这些：

- 州教育委员会是如何被选举出来的，他们的责任是什么；

- 首席公立学校长官是如何被选举出来的，他的职责是什么；
- 州教育部如何发挥功能；
- 州如何被划分为本地的和地区性的学区；
- 如何组织和资助高等教育；
- 当地学校董事会如何被选举，他们的权力有哪些。

此外，议会还可能决定，如何用税收来资助学校，什么可以或者不可以被教授，学年和每天上学时间的长度，义务教育包括多少年，州是否有社区学院和/或职业的/技术的学院。议会还可能制定一些问题指向的政策，如学生出勤率、入学标准、晋升、教师认证、教师任期和退休以及劳资双方代表进行的谈判。

州议会制定的其他政策还可能适用于本州的非公立学校，比如，关于健康服务、建筑结构、安全、学校午餐服务、教科书和学生考试等的政策。总而言之，州议会可以通过相关法律，为理性地监督非公立的教育机构提供依据。

州法院

长久以来，人们认为州法院只是支持议会的权力，即议会拥有的提出并应用于学校的法律的权力。但是，州法院必须做出判断，即这种权力不与州宪法或联邦宪法相冲突。记住这一点十分重要，即州法院的角色不是研制法律，而是对专门的教育情境的法律进行法理方面的裁定。

也许，再也没有其他的州法院像肯塔基州高级法院这样，在教育方面有如此大的影响了。1989 年，法院裁定，州的整个学校系统都"不恰当"，州教育督导和州教育机构作为问题之一被点名，肯塔基的学校被指效率低下，有失公平，法院裁定学校系统是"违反宪法的"。州法院通知州长和州议会重新为本州教育研制一个新的系统。州长和州议会指定了一个 22 人的特殊任务小组，然后，制定出了 906 页的《肯塔基州教育改革法案》（Kentucky Education Reform Act，KERA），1990 年通过立法。《肯塔基州教育改革法案》要求，截至 1996 年，每个学校都应成立一个校本管理理事会，它在以下八个领域具有制定政策的权力：课程、雇员工作时间、学生作业、日程安排、学校空间、教学问题、纪律和课外活动。每个理事会由三名教师、两名家长（由其他家长选举）和校长组成。

《肯塔基州教育改革法案》引人注目地在州范围内使资助均等化，有些学区在资助学生方面取得了可观的成绩。"在低收入的或者是几乎没有什么产权价值的学区，每个学生（学生们）应与那些富裕的学区的学生一样，也享受很高的教育支出。"（Hoyt，1999，p.36）此外，教师工资和生师比也提升到了国家平均水平。然而，在用考试分数测量、学生学业成就或毕业率等方面并没有得到提升（The Kentucky Institute for Education Research，2001）。

州长

尽管在州与州之间，州长的权力变化很大，但如果州长愿意的话，他在本州之内可以对教育产生很大的影响。州长可以在州层面指定和/或调离教育者，在有的州，州长甚至可以指定本州的首席公立学校长官。除了北卡罗来纳州，*190* 在每个州之内，州长都可以使用他的否决权去影响议会通过某部关于教育的法律。

州长在以下这些方面也具有非常大的影响，因为他们向州议会提交教育预算建议案，而且在很多州内，他们可能被委任，为了教育可以使用任何州财政的累计余额。在本州内，州长还能在涉及课程和教学的问题上产生重要影响，事实上，只要在国家范围之内都可以。例如，罗伊·罗默（Roy Romer），科罗拉多州的前任州长在组织成立 ACHIEVE（美国的一个无党派、非营利的独立教育改革组织，致力于与州一起，提高学术标准和毕业要求，改善评估，提高责任感）中发挥了积极作用，这是美国州长和企业领导者为提升学业标准及提出学校问责体系所做的一项努力。此外，全美州长协会（National Governor's Association，NGA）在教师教育和学校变革方面很活跃。

学校的州接管

自 2001 年的《不让一个孩子掉队法案》通过以后，"州接管"就成为一种干涉方式，可以运用到那些长期以来低学业成就的学校和学区。费城学区，成为了整个国家最大的被接管的学区。2002 年，宾夕法尼亚州对长期的低学业成就感到沮丧，尤其是费城学区，已有将近十年的财政危机，该学区拥有这个城市的 20 万学生。州政府用指定的学校改革委员会（school reform commission，SRC）取代了费城的九人学校董事会，该学校改革委员会包括州长指定的三名成员和市长指定的两名成员。然后，学校改革委员会雇了一名新的 CEO，出于诊断性的目的，他立刻展开了全面的改革，包括实施学区范围内的通识课程和实行一系列的频繁的基准评价。

更有争议的是，学校改革委员会采用了"多元提供者"的模式，结果它变成了管理部门，管理学区中最低表现的 45 个小学和初中、7 个营利组织和非营利组织，还包括 2 所本地大学。为了支持它们的工作，这个私人经理还给了它们额外的生均教育经费。

2002—2006 年，费城私营学校学生的学业成就并没有超越本学区的其他学生取得的学业成就。"关于州接管的问题，结果是引起歧义的：州接管学区之后，在学区范围内学生的熟练百分比增加了，但是在大多数的案例中，在过去四年中，与州内的其他低学业成就的学校相比，总数的增长速度不比那些学校快。"（Gill，Zimmer，Christman，&Blanc，2007）

州教育委员会

州教育委员会，在州议会的权力下运作，是本州最高的教育机构。除威斯康星州外，每个州都有一个州教育委员会。很多州有两个独立的委员会，一个负责小学和中等教育，另一个负责高等教育。

决定州教育委员会的成员的方式，各州各不相同。在一些州，州教育委员会的成员由州长指定；在其他一些州，州教育委员会的成员通过大选一并选举。对于选举还是指定哪一个更好，人们意见并不统一。有人认为，选举州教育委员会的成员，可能导致他们更关心政治而非教育。也有人指出，选举可以更好地使他们意识到学校本应服务的公众的意愿。更喜欢指定州教育委员会的成员的人们说，指定增强了这种倾向，即人们是基于功绩被选择的而非政治因素。

州教育委员会一般具有的监管和建议的职能如下：

- 确保当地学区拥护法定的教育政策、规定和规则；

- 设定签发和撤销教学资格和管理证书的标准；
- 建立认可学校的标准；
- 恰当地管理本州的教育拨款；
- 开发和实施一个系统，该系统旨在收集报告和项目评估所需要的教育　*191*
数据；
- 向州长和/或州议会提出教育建议；
- 明辨本州的短期和长期的教育需求，并为满足这些需求做出计划；
- 听取教育政策实施过程中产生的所有的争论。

此外，少数几个州教育委员会还成立了州层面的教科书采纳系统。在采纳系统中，委员会选择每个学科领域中的一些版本，并且让州内所有学校为之评价等级。之后每个学校和教师从清单中选择他们的教科书。例如，北卡罗来纳州建立了一个由 23 人组成的教科书委员会，其中有教师、校长、家长和一个当地的督导。以学习的课程标准作为评价教科书的基础准则，被选择的教科书会持续五年被放在州教科书清单上。

州教育部

每个州的教育项目由该州的教育部实施，州教育部处于首席公立学校长官的领导之下。州教育部有很宽广的系列责任，切实影响每个学校、学区和州内的教师教育项目。通常而言，州教育委员会更关心政策制定，而州教育部更侧重这些政策的日常实施。

联邦政府 1965 年颁布的《中小学教育法》（见第五章），带来了州教育部的一个重要发展阶段。这个法案和它随后的修正案要求，本地申请联邦资助的项目，需要首先从州教育部获得批准，这些资金可用于创新项目、弱势儿童的教育、残疾儿童、双语的和移民的学生等。

今天，州教育部的职责包括：（1）认证教师；（2）在学区之间分配州和联邦政府的资助；（3）在州内向公众汇报教育的情况；（4）确保学区遵守州和联邦的指导；（5）认证学校；（6）监管学生交通和安全；（7）在州内，支持提升教育的研究和评价项目。

也许自从 20 世纪 80 年代以来，在州的控制下，稳步增长的最显著的指标是现在州能够为大多数的学校提供资助。很明显，州教育部的权力和影响还会继续增强。

首席公立学校长官

首席公立学校长官（也就是我们所知的，在很多州中被称为教育局长或公立教育督导），是州教育部的首席管理人员，是州教育委员会的领导。在全国的 25个州，州教育委员会指定首席公立学校长官；在 15 个州，该职位是由普选决定的；剩余 10 个州，州长指定某个个人承担该职位（Council of Chief State School Officers，May 26，2008）。

尽管首席公立学校长官的特定职责在各州各不相同，但大多数该职位上的人有以下几个职责是相同的：

（1）作为州教育部的首席管理人员和州教育委员会的主要管理者而工作；

（2）选择州教育部的人事成员；

（3）向州教育委员会建议相关的教育政策和预算；

（4）阐释公立学校的法律和州教育委员会的政策；

（5）确保遵守公立学校法律和政策；

（6）调节本州内的关于学校运作方面的争议；

（7）安排研究、会议和任务小组去找出教育问题并提出解决策略；

（8）向州长、议会、委员会和公众报告教育的状况。

地区教育服务部如何服务学校？

当思考学校是如何被管理的、政治资源的压力是如何施加给它们的时候，可能想到了三个层面的影响来源：当地、州和联邦层面。但是，还有一个额外的控制来源——地区的或起媒介作用的机构。这个教育管理的中间单位，或者称为地区教育服务部，是需要理解的最小的州立公立学校系统的分支。通过这个中间单位，当地学区就能够获得支持性的服务，包括经济上的、后勤方面的、学区不能为自己提供的服务。

今天，大约一半的州有各种形式的中间或地区的单位。平均每个单位由20~30个当地学区组成，覆盖约50平方英里的地区。这个中间或地区的单位有很多不同的名字：教育服务区（华盛顿州），区教育办公室（加利福尼亚州），教育服务中心（得克萨斯州），中间的学区（密歇根州），多区教育服务单位（内布拉斯加州），合作教育服务董事会（纽约州）。

中间单位的最初角色是在员工发展、课程发展、教学媒介几个领域直接为学区提供服务。这个中间或地区的单位也在学校改进运动的特定目标领域中帮助学区，例如，双语教育、职业教育、教育技术、资优生和残障学生的教育。虽然中间单位监视学校，确保它们遵守州的和当地学区的教育指导，但事实上，通过鉴定和满足学区层面的需要，地区教育服务部对学区产生巨大的影响。

联邦政府是如何影响教育的？

自从美国诞生起，联邦政府就对教育的特征有着最重要的影响。这一层级的政府常被认为代表国家的力量和财富，直接与学校的质量相关。高质量教育的重要性，早已被重视，例如，美国最高法院的相关规定，在美国宪法第一修正案中支持教师和学生的言论自由权；在美国宪法第十四修正案中规定，每个公民都有权利享有平等的教育机会。

联邦计划

在美国历史中，联邦政府采用了有进取心的计划在几个方面来影响教育，例如，在苏联发射第一枚人造卫星"伴侣号"之后，联邦拨款增强学生的科学、数学和外语教育。在二战期间，联邦政府也资助了几个教育项目。其中一个是1941年颁布的《兰哈姆法案》，规定为以下这些类别的项目提供资助：（1）由美国教育人事部门培训军工厂的工人；（2）在军事人事部门和为联邦项目工作的人员居住地建学校；（3）为父母工作家庭的小孩提供儿童保健。

联邦政府在支持教育方面的另一个有影响的、有力的项目是《军人再调整法案》，就是人们通常熟知的《退伍军人权利法案》，由富兰克林·罗斯福总统 1944 年签署，该法案为数百万退伍军人在学院、大学和技术学校中提供了学费、教室和黑板。随后，为了保障朝鲜和越南战争中的退伍军人的教育收益，相类似的法律也随之通过。《退伍军人权利法案》不仅促进了美国的学院和大学的发展，而且还使高等教育对年纪大的和非传统意义上的学生开放。

　　联邦政府的行政的、立法的和司法的机构通过以下四种方式影响教育：

　　（1）**运用道德劝说**——为国家开发一个愿景和提升教育的目标，例如，罗德·佩奇，曾在乔治·W·布什政府中出任教育部长，他发起了《不让一个孩子掉队法案》和蓝丝带学校项目，以奖励那些公共的或私人的幼儿园到 12 年级的学校，无论是在本州之内学业成就方面很卓越，还是被证明在学生的学业成就方面取得巨大进步的（U. S. Department of Education，2002b）。

　　（2）**提供无条件援助**——如果学校系统采用了联邦政府赞同的项目、方法或课程，就直接资助它们。

　　（3）**管制**——如果一个学校系统在遵守保障平等的教育机会的相关法律章程的时候，存在失误，就停止联邦资助。

　　（4）**资助教育研究**——鉴别然后资助那些与联邦的教育目标密切相关的研究项目。

　　联邦政策的影响

　　总统关于教育的立场能够对教育产生具有深远意义的影响。例如，里根总统和乔治·W·布什总统缩减了联邦管教育的程度。克林顿总统的治理，在确保平等的教育机会方面，使联邦政府成为了更活跃的角色。在乔治·W·布什总统的两个任期，《不让一个孩子掉队法案》被提出并且实施，这将长期对我们国家的学校产生重要的影响。

　　在 2008 年的总统预选中，三个重要的候选人意识到向选民阐明他们的教育立场的重要性。以下是他们对《不让一个孩子掉队法案》和教师工资的评论：

　　克林顿

　　我们可以比《不让一个孩子掉队法案》做得更好。这部法案没有为我们的教师、家长着想，最重要的是没有为孩子着想。

　　我们教师力量匮乏是因为我们缺乏对教师的尊重。我相信，我们需要提升教师的基本工资，并且为那些工作在高需要学校的教师提供奖励。

　　奥巴马

　　（教师们）感觉被《不让一个孩子掉队法案》背叛了，并感到沮丧。若不从根本上对其进行改变，我们就不应该再实施它，因为《不让一个孩子掉队法案》，我们丢下了更多。

　　我们可以找到新的增加教师收入的方式，而非强迫他们，而非建立在一些武断的考试分数的基础上。这就是我们如何去缩小学业成就差距。

　　麦凯恩

　　《不让一个孩子掉队法案》是一个好的开始。在它经过多年的考验和实践后，现在我们已经了解到，它其中有些东西急需修正。

　　在美国的教育中，选择和竞争是成功的关键。也就是说，奖励优秀教师，

发现不合格教师让他们另谋职业。（Hawkins-Simons，May 8，2008）

给总统的建议

一个总统能如何影响教育呢？《给下任总统的信：对于公共教育中的真正危机，我们能做什么》（*Letters to the Next President*：*What We Can Do About the Real Crisis in Public Education*）一书可以反映出一些情况（Glickman，2004），这是一本刚好先于 2004 年总统选举问世的书。编辑介绍了一系列的超过 35 封的信，信的来源包括学生、熟练的教师、校长、家长、教育学者、政策制定者，而且，通过整理得出对下任总统的以下建议：

> 下任总统先生或女士，当清晨醒来的时候请阅读这些信件，当您白天乘坐飞机奔向下一个竞选站的时候，请阅读这些信件，还有此时此刻。请深思熟虑地、求真务实地，但请站得直、发音清晰地、坚定地对待它，因为它将是你的行程的重要部分——也就是为了每一个孩子的教育，就如在美国民主的面前人人平等一样，给他们同样的设施。（Glickman，2004，p. 6）

在他为同一本书写的序言中，演员比尔·科斯比（Bill Cosby）刚从马萨诸塞州立大学得到了教育博士学位，他更坦率：

> 我确定，美国总统可能从来没有去过一所贫穷的被忽视的公立学校——在那里，书都已经缺页了，墙有油漆脱落，孩子们画画或写字都没有工具，并且那里没有可供做作业或阅读故事的图书馆。这些是质量最差的教室、最穷的公立学校，在这些地区，每年有更多的裁员，一直都在缩减开支。
>
> 这次，在那些困境之上的是一个新的困境——为了更多测试、要求、更多没有资助的项目等大量的命令，在缩减着预算——这造成了最富有的孩子和最贫穷的孩子之间更巨大的教育鸿沟。
>
> 有钱人来到质量低劣的学校，安慰自己说，钱并不是问题。但是钱对美国人是如此重要，以至于离开它没有任何东西能够维持下去，从我们的国家安全到通信系统，从我们的航空公司到高速公路。相信这一点吧：学校表现不好、很多学生缺乏学业成就，这的确是钱的问题。我们需要钱来使优秀教师感到无忧，更新教学方法、技术和供给，还需要钱来换取时间。时间，是一个很珍贵的商品，教师需要它来与学生、家长、校长和公民沟通并做出计划，这样他们才可以教学，孩子们才可以学习。
>
> ……我们可以解决这些困境，回到教育的本来面目：热心的、有智慧的、值得信任的和知识渊博的成人，他们会确保每个学生能够学习。（Cosby，2004，pp. xii-xiii）

联邦教育部

除了支持教育研究、宣传研究结果、管理联邦资金，联邦教育部建议总统，为全国教育政策建设一个平台。例如，在 2008 年，联邦教育部部长玛格丽特·斯佩林斯要求立法来强化《不让一个孩子掉队法案》并总结了它的影响："幸亏有《不让一个孩子掉队法案》，我们终于诚实地面对我们的学校……

并且意识到我们还有很长的路要走。《不让一个孩子掉队法案》在全国范围内，从将近10万所学校中鉴别出了2 300所学校，这2 300所学校已经连续运营了5年或者更多年，而且每年都不达标。"（U. S. Department of Education，April 22，2008）

美国的学校是如何被资助的？

195

在美国，给所有适龄儿童提供免费的公共教育是一项昂贵的、复杂的事情。今天的学区就像大企业一样，必须给那些拥有不同民族、种族、社会、文化、语言和个人背景的学生提供服务和设施。所以，"在美国，公立学校的财政问题是，而且在可以预见的未来还将是，一个巨大的工业……"（Baker，Green，& Richards，2008，p. v）

教育服务和设施的经费已经在快速地增长了，而且预计到2016年继续增长（见图6—5）。2006年公立小学和中等学校的总教育经费是4 496亿美元，生均教育经费是9 154美元（National Center for Education Statistics，April，2008）。图6—6表明，公立学校的教育经费是如何分配的。

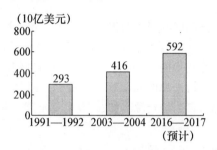

图6—5　实际和预期的公立小学和中等教育的投入，2003—2004选举年，1991—1992学年和2016—2017学年

资料来源：*Projection of Education Statistics to 2016*，*Figure L.* Washington，DC：National Center for Education Statistics，December 2007。

公平资助的挑战

赞助一个与美国免费公立学校系统一样巨大的企业并不容易。设计一个既能够公平地分配支持学校的税费，又能为所有的学生提供平等的教育服务和设施的体系，被证明是困难的。

资助的一个额外的挑战是，"（在美国）不是一个国家教育系统，有50个州系统，需要从当地、州和联邦资源中获得收益"。经费在学校、学区和州之间的分配十分不平等。正如图6—6显示的，71%的教育经费用于教学和学生支持服务，同时一个重大的比例（29%）用在营运和管理方面。

此外，学校的财政支持看起来总也赶不上持续增长的学校营运成本的增长，如这些因素的影响——通货膨胀、增加入学率、更新年久的设备的需要等。不足为奇的是，根据连续4年（2004—2007年）的关于公众对公立学校态度的盖洛普民意测验的结果显示，"缺乏财政的支持/资助/钱"是当地学校面临的首要问题。

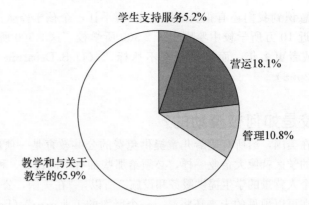

图6—6　当前美国的公立小学和中等教育的教育经费的分配，
依据功能的百分比：2006 财年

资料来源：*Revenues and Expenditures for Public Elementary and Secondary Education*，*School Year 2005–06（Fiscal Year 2006）*. Washington，DC：National Center for Education Statistics，April 2008，Figure 3。

经费的来源

从当地、州和联邦资源获得的收益的总和，被用来资助美国的公立小学和中等教育。正如图 6—7 表明的，2004—2005 学年学校收到的资助，44％来自州，从本地和其他来源获得的占 46.9％，9.2％来自联邦政府。自 1980 年以来，学校几乎得到了州和本地来源的同等程度的资助。但是，在这个数据出现之前，学校的大部分收益都来自当地资源，如在 20 世纪早期，几乎所有的学校收益都是来自当地的财产税。

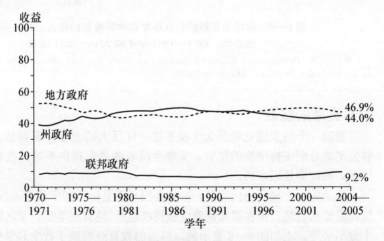

图6—7　美国的公立小学和中等教育收益的百分比，依据资金的来源划分：
1970—1971 学年至 2004—2005 学年

资料来源：Digest of Education Statistics：2007. Figure 9 and Table 162. Washington，DC：National Center for Education Statistics，March 2008。

很多因素都影响教育的收益，包括在本地、州和联邦层面的税率，在每个层面的计税基数的规模，在每个层面的为了分配资源需求的竞争。此外，对教育的资助还被以下因素影响：

● 通货膨胀率；

● 国家经济的健康；

● 国家财政赤字的规模；

● 纳税人对通过限制财产税而筹集金钱的反抗，例如议题 13，对于加利福尼亚州和俄勒冈州的财产税的限制；

● 人口在规模和分布上的变化；

● 学校资助的诉讼能使资金均衡化，并确保教育机会。

地方经费

在地方层面，大部分学校的经费来自财产税，它由学区内财产的价值决定。财产税是对不动产进行评估，在有些地区，也会对汽车、家具和家庭设施、股票和证券等个人财产进行评估。在很多社区，增加税收是一个热门的问题，用这些税来满足营运当地学校的不断增加的支出，或者资助急需改进的项目。

虽然财产税为当地学区的收益提供了稳定的来源，但是在税收如何决定方面还有一些不公平。例如，商业和工业经常一边利用当地的资源和服务，一边避免支付较高的税，它们会选择坐落在税收最低的区域。此外，公平的市场通常很难评估财产的价值，而且，一个社区内的团体有时会对评估师施加压力，以确保对他们财产的税收尽可能的低。大多数州都有为了学区而设定的、法律明确规定的最低财产税的比率。在很多学区，税率的增长需要选民的批准。一些州的税率没有设置上限或最高的限制，有的州有最大限制。

州的经费

大多数州对教育的投入都来自营业税和所得税。营业税是加在所有物品的成本中的，例如一般的商品，汽油、娱乐、酒和保险。所得税的征收对象是个人（在很多州）、商业和工业。

正如之前涉及的，州对于公立学校运营所需的资源的贡献几乎达到 50%。**美国州政府补助**就是一个州给它的城市和乡镇的钱。表 6—2 比较了 2006 财年的一些州从本地、州和联邦资源获得的教育经费，与总的教育经费。

表 6—2　　美国的公立小学和中等教育的收益和收入的百分比贡献率，依据资源和州或者管辖区，2006 财年

州或者管辖区	收入（千美元）				百分比贡献率（%）		
	总计	当地[1]	州	联邦	当地	州	联邦
美国[2]	$520 643 954	$230 939 051	$242 151 076	$47 553 827	44.4	46.5	9.1
阿拉斯加州	1 712 601	416 227	1 005 181	291 193	24.3	58.7	17.0
加利福尼亚州	63 785 872	19 048 880	37 847 078	6 889 913	29.9	59.3	10.8
哥伦比亚特区[3]	1 201 091	1 054 392	—	146 698	87.8	—	12.2
佛罗里达州	24 816 807	12 518 858	9 795 679	2 502 270	50.4	39.5	10.1
马萨诸塞州	13 850 962	6 571 045	6 507 612	772 305	47.4	47.0	5.6
密歇根州	18 978 793	6 158 717	11 259 666	1 560 410	32.5	59.3	8.2
内华达州	3 696 968	2 474 464	958 743	263 761	66.9	25.9	7.1
纽约州	46 776 452	23 533 105	19 859 481	3 383 866	50.3	42.5	7.2
俄亥俄州	21 106 426	10 285 836	9 217 115	1 603 474	48.7	43.7	7.6

续前表

州或者管辖区	收入（千美元）				百分比贡献率（%）		
	总计	当地	州	联邦	当地	州	联邦
得克萨斯州	39 691 436	21 496 767	13 421 855	4 772 813	54.2	33.8	12.0
华盛顿州	9 759 939	2 948 407	5 933 610	877 922	30.2	60.8	9.0
威斯康星州	9 726 952	4 053 773	5 086 692	586 486	41.7	52.3	6.0

1. 当地投入包括间接投入。
2. 美国的总计，包括 50 个州和哥伦比亚特区。
3. 哥伦比亚特区只有一个学区，所以，与其他州没有可比性。
注：部分数据是四舍五入所得。
资料来源：*Revenues and Expenditures for Public Elementary and Secondary Education*，*School Year 2005-06 (Fiscal Year 2006)*. Washington, DC：National Center for Education Statistics，April 2008，Table 1。

198

联邦的资助

联邦政府在提供教育资源方面的角色是有限的。正如图 6—7 表明的，联邦政府承担的美国公立小学和中等教育的经费，在 1979—1980 年达到了最高值 9.8%，然后就开始下降，1989—1990 年下滑至 6.1%。在 1980 年之前，联邦政府直接忽略州，支持通过各种联邦机构控制的当地项目，例如，经济机会办公室（领先项目、移民教育、坚持到底教育项目），劳工部［收获工作、《全面雇佣训练法案》(Comprehensive Employment Training Act，CETA)］。

自从里根政府（1980—1988 年）以来，联邦政府补助迅速以固定拨款的形式直接给州，这笔钱州或当地教育机构可以随意支配，几乎没有限制。1981 年的《教育巩固和促进法》(Education Consolidation and Improvement Act，ECIA)，给予各州使用联邦教育资助的一种广泛的选择。《教育巩固和促进法》明显地削减了联邦对教育的资助，但是也因此使州对教育的资助更多了。

虽然，学校的经费中只有一小部分来自联邦层面，但为了满足特殊学生群体的教育需要，联邦政府也制定颁布了补充性的项目。这些项目通常全都涉及权利。最重要的赋权是 1965 年的《中小学教育法》，小布什总统在 2002 年将其作为《不让一个孩子掉队法案》再次授权。方案的第一个标题的法案给那些拥有很多来自低收入家庭的学生的学区，每年 10 亿美元。另一些赋权法案包括《职业教育法案》(1963)、《人类发展和培训法案》(1963)、《经济机会法案》(1964)、《双语教育法案》(1968)、《印第安教育法案》(1972)、《残疾儿童教育法》(1975)。

联邦政府还对学前教育项目提供资金，例如领先项目。最初项目起源于 1964年的《经济机会法案》，旨在给贫困的孩子提供学前教育。随后，领先项目产生，提供给那些父母在贫困线上的儿童。领先项目的经费在 1999 年是 46.6 亿美元。1998 年国会再次赋权，领先项目在当年，使约 83 万儿童和他们的家庭受惠。1994年的《领先项目法案修正案》(The Head Start Act Amendments) 中，还设立了为孕妇、3 岁以下贫困家庭的儿童服务的早期领先项目。

在公平和卓越之间，资助有什么趋势？

学校严重依赖于财产税的支持，这一事实已经导致了学校间的财政不公平。

相对于穷的学区，富有的学区可以为每个学生投入更多钱。所以，在有些州内，最富的和最贫穷的学区之间的不公平程度可能会很大，一个学区的征收财产税的收益的能力，可能是其他区的几倍还多。此外，"富有的非裔美国人、白人、亚洲人和西班牙人可以选择住在有足够优秀的公立学校的学区"（Spring，2008，p.95），但穷人家庭就没有这种选择。所以，来自贫困家庭的学生，更不容易获得以下这些教育机会和资源：

- 学前教育项目；
- 高质量教师；
- 有挑战性的课程；
- 高标准；
- 最新的技术；
- 现代的设施。（Spring，2008，pp.95-96）

乔纳森·科佐尔（Jonathan Kozol，2005）发表的《国家的耻辱：美国种族隔离教育的复辟》（*The Shame of the Nation：The Restoration of Apartheid Schooling in America*）中令人信服地分析了在学校资助方面的不公平。例如，下文比较了五个美国的主要城市的生均教育经费和在富裕的近郊的花费（在城市中，黑人和西班牙人入学率范围在72%～95%，在富裕的近郊为8%～20%）：

- 芝加哥（＄8 483）……高地公园和迪尔菲尔德，伊利诺伊州（＄17 291）
- 费城（＄9 299）……劳尔梅里恩，宾夕法尼亚州（＄17 261）
- 纽约市（＄11 627）……曼哈塞特，纽约州（＄22 311）
- 底特律（＄9 576）……布隆菲尔德山，密歇根州（＄12 825）
- 密尔沃基（＄10 874）……枫之谷印第安纳山，威斯康星州（＄13 955）

（Kozol，2005，pp.321-324）

生均教育经费上这样的差异导致乔尔·斯普林（Joel Spring）断言："教育经费的统计说明了一种制度上的种族主义的罪恶形式。"（Spring，2008a，p.94）

税收改革和重划学区

在20世纪70年代，几个法院首先开始计划纠正资助的不公平。1971年，加利福尼亚的塞朗诺案（Serrano v. Priest），成功地证明了教育花费和财产财富的这种关系违反了州的、提供平等的保护和教育的义务。加利福尼亚州高级法院判定，一个孩子的教育不应该依据"他的父母或邻居的财富"。法院还认定，我们不能期待很低税基的社区产生像更富有的社区的收益。然而，法院没有禁止用财产税来资助教育。

1973年，美国联邦高等法院决定，圣安东尼奥独立学区诉罗德里格斯案（San Antonio Independent School District v. Rodriguez）中，财政不平等来自不平等的税基，这不违宪。联邦高等法院的判定，改变了一些地方法院的判定，即学校财政建立在当地财产税的基础上是违反宪法的。

暂不考虑法院的挑战的混乱结果，在过去的15年中，很多州立法委员会实施了学校财政公平的改革。一些州（如加利福尼亚州、夏威夷州、新墨西哥州、华盛顿州、西弗吉尼亚州）设置了全额拨款项目，其中为所有的学区和学校设定了同样的生均教育经费水平。

其他州采取了新的资助方式来扩大它们的收益基础。水平的经费通过销售税、香烟税、州的彩票收入、第二住宅的财产税等增加了。择校计划也是众多解决途径中的一种。在教育经费方面最引人注目的变化，发生在 1993 年的密歇根州，通过了提案 A，计划内容是：从当地财产税中大幅削减教育经费，但从州的消费税中增加了教育经费。

因为每个州在其边界内都有权决定学区的数量，达到公平的资助的一个通常做法是重划学区，以期在学区范围内缩小资助教育的差异程度。重划学区不仅使经费平均了，如果小的学区能合并，还会减少了管理和营运学校的成本。并且在大的学区里，生均的教学、供需、设备的成本，通常更低。此外，更多的资源能够支持更大的学区提供更广泛的课程和可以吸引更有资质教师的高薪资。

纵向公平

其他州也发明了多种途径来提升纵向公平，也就是说，根据合理的教育需要来分配资金。所以，额外的支持就给了那些为以下类别的学生服务的项目，即来自低收入家庭背景的、有限英语能力的、资优生的，或者需要特殊教育或职业教育的。纵向公平建立在这样的假设之上，"某些不一样的学生应该得到不一样的资源"（Baker，Green，& Richards，2008，p. 98）。

此外，无条件援助是指州拨款的资金，用来支付特殊教育需要的学生的教育成本。经费调整也导致了州内的教育成本的差异，例如，由于乡村的隔离导致更高花费，或者在城市中居住的成本更高。一些州甚至进行了定期的地区生活成本分析，用来决定如何调整生均教育经费。

择 校

在美国，学校控制的最痛苦的挣扎之一是以择校为中心的问题。择校是指允许父母为他们的孩子选择进入的学校。择校项目中尤其热点的一个问题是，允许父母选择一个私立学校，学费由公共教育经费中支出全部或部分。根据 2007 年公众对公立学校态度的卡潘/盖洛普民意调查，如果政府负担全部的学费，67%反对，33%支持这样的择校项目。如果政府支付部分学费，48%反对，51%支持（Rose & Gallup，2007）。

关于择校项目能否在实际上促进公平与卓越的争论还在持续。择校的支持者认为，给予父母更多的选择，会促使公立学校依据自由市场的压力进行调整——低行为表现的学校将必须改善或者关闭。他们还强调，那些父母现在只能送他们的孩子去质量差的学校、有时有危险的、城市内部的学校，将很可能会送他们的孩子去别处。此外，一些支持者把选择作为一种方式，该方式可以减少那些不太稳定的学校官僚机构、教师联合会的影响。

反对者则认为，择校可能会给公立学校带来灾难性的影响，并且导致学生被依照人种、收入和宗教进行分类。他们还论证说，择校通过从公立学校抽取资金，将会变相资助富人，还可能扩大穷学区和富学区之间的差距。

其他批评者主张，择校可能导致学校间的隔离，因为择校使学校致力于争夺教育补助和最有才能的、好管理的学生。一项对三个城市学校系统相互竞争所产生的影响的研究得出这样的结论："竞争没有迫使学区在实质上改变它的系统、治理、管理或运作。"用一个在两所学校的观察者的话说，"教师还是像去年一样，在他的班级里有 30 个孩子，这与十年前是一样的。他们还是以同样的方式进行教学。（教育券）并不影响他们做什么"（Hess，2002，p. 198）。

教育券制度

一种已经产生了很多争议的、为了保证教育公平的途径就是分配教育资金的教育券制度。依据教育券计划，家长将得到政府援助的教育券，用它获得他们选择的学校的教育服务。

教育券制度最早是在 50 年多前由米尔顿·弗里德曼建议的，他是著名的保守经济学家，诺贝尔奖得主。弗里德曼相信由企业运作的学校会比政府运作的更好。"如果我们有一个自由选择的系统，那么我们还应该有一个竞争的、创新的系统，这将会改变教育的特征……变革必须通过来自外部的竞争实现，而且获得竞争的唯一途径是使家长拥有选择的机会成为现实。"（Friedman，2003）

教育券计划中最具争议的是，允许家长从公立和私立学校（世俗学校、教会学校、营利学校和特许学校）中选择，其他的计划则只允许家长选择公立学校。教育券计划需要家长和监护人仔细为孩子的教育经历考虑。

关于教育券的争论会周期性地成为全国新闻。在 1999 年，佛罗里达州第一个为在公立学校中失败的孩子提供州支付的学费，给他们选择其他的公立、私立或教会学校的机会。然而，2006 年一名佛罗里达州的法官判定该项目因将税收付给了教会学校而违反了佛罗里达州宪法（Bush v. Holmes，2006）。但是，在 2002年，最高法院判定教育券项目没有违反宪法上的政教分离（Zelman v. Simmons-Harris，2002）。大多数法院的说法是家长在世俗和宗教学校之间拥有足够的一系列选择，这些教育券计划并没有违反美国宪法第一修正案中反对宗教确立的禁令。

教育券项目的评价

在不同的州大约有 12 种不同的教育券项目。每个项目都有不同的规则来控制它的规模、范围和团队参与率。"为了区分那些大的、普遍适用的和杰出的项目与小的、吝啬的和局限性的项目，有些时候需要他们艰难地通过一些法定管理文件。"（Enlow，2004，pp. 1—2）米尔德曼和罗丝·弗里德曼基金会在 2004 年发表了《为教育券打分：为美国的择校项目排名》（*Grading Vouchers：Ranking America's School Choice Programs*）。

该报告用三个标准评价和排序国内的教育券项目：符合条件领取教育券的学生有多少（有资格的学生），教育券值多少钱（购买力），有多少和什么类型的私立学校供家长选择（有资格的学校）。在每个种类中，为每个项目制定一个字母等级，最终排序是以三种等级为基础的。这些标准反映了弗里德曼关于教育券制度的观点："无论收入或其他条件如何，所有学生都可以 100％地运用州和地方的援助去上公立和私立学校，相对于政府干预这已经是很大的自由了。"（Enlow，2004，p. 2）

在报告中，最好的教育券项目是佛罗里达州的麦基奖学金（McKay Scholarship），平均学分绩点 3.6，相当于 A－，而得分最低的教育券项目是艾奥瓦州的个人税收抵免，平均学分绩点 1.76，相当于 C－。密尔沃基的教育券项目是全国最古老的项目，为低收入家庭服务，得到 C。科罗拉多州的教育券项目是最新的，得到 B（2003 年，丹佛法院判定科罗拉多州的教育券项目是合法的）。

另一项研究——国内历时最长的有关教育券的研究——从 1998 年开始评估的克利夫兰教育券项目。这个纵向研究是对 1 000 名使用教育券的克利夫兰学生从 1 年级开始跟踪研究，从而判断与他们在公立学校就读的同龄人相比，在私立学校就读的他们是否表现得更好。这些教育券学生要与 5 000 名公立学校学生作比较，公立学校的学生被分为四组：（1）那些申请了教育券但被拒绝的；（2）那些得到了教育券但没有使用的；（3）那些使用了教育券 1～2 年但后来回到了公立学校的；（4）那些选择绝不申请教育券的。

以下是在克利夫兰教育券项目中的一些发现：

● 在开始的三年中，公立学校的学生获得的学术成就平均下来比教育券项目的学生好一些。但是过了最初的三年，他们之间已经没有一致性或者在统计意义上的明显区别了。

● 尽管有教育券的支持，许多有资格进入教育券系统的低收入家庭还是因为私立学校的费用太高而拒绝送孩子去读。此外，私立学校有限的数量和参与度进一步阻止了家庭使用教育券。

● 当低收入家庭拒绝加入的时候，他们未使用的教育券很可能被那些非少数的、更富有的和已经进入私立学校的学生使用了（Metcalf, 2003）。

显而易见的是关于择校的争论在可以预见的未来将会继续，渐渐地，对择校的支持会更多——目前，接近半数的州允许一些形式的跨学区转学，允许学生在家所在学区之外的公立学校入学。事实上，格兰特和默里（Grant & Murray, 1999, p.235）指出："可以想象的是到 2020 年将有 1/4 的学生可以选择想去的学校，无论是私立还是公立学校。"

教育商业联盟

为了开发额外的资助教育公平和卓越的资源，很多当地学区和私营企业建立了联盟关系。企业可以提供学校所需的资金和物质材料、赞助体育团体、授予奖学金、为试点项目和教师发展提供现金补贴，甚至建造学校。在教育商业联盟的类型中，全美科学与数学联盟（National Alliance of State Science and Mathematics Coalitions, NASSMC）是国内最大的州际教育商业联盟网络，是一群领导美国企业的 CEO 们的商业圆桌会议，是商会的合作伙伴，提供幼儿园到 12 年级教育的私人支持，包括全部部门，总计约每年 36 亿美元（Hills & Hirschhorn, May 2007）。图 6—8 显示出"伙伴关系的结果"带给教育商业联盟最大的收益是劳动力储备。

教育商业伙伴关系的一个例子是通用电气的邦德大学（GE's College Bound），一个三个学区范围的 5 年 1 亿美元的项目。专注于降低成绩差异和增加能上大学的低收入学生的数量。在其与肯塔基州杰斐逊县各个学校的合作中，"通用电气有效利用了公司的志愿者来召集教师、联合代表、咨询顾问和学区员工；与外界的教育专家联合建立教育的建议委员会；通过人力资源、管理、IT、安全和其他服务来提升学区的能力"（Hills & Hirschhorn, May 2007, p.15）。

在美国为教育提供赞助最大金额的是盖茨基金会。基金会已经为 1 500 多家各国的学校提供了 10 亿美元以上的赞助。在盖茨基金会的资助下芝加哥新开了 100 所新学校，纽约更有 200 所之多。基金会优先考虑的是城市地区高中的改革和帮助

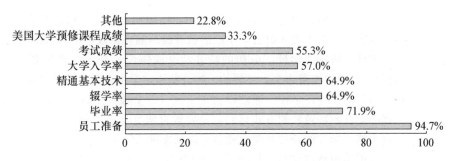

图6—8　教育商业联盟的合作伙伴关系的最大的产出利益

资料来源：*Business Coalition Leaders Speak Out on Education*. Charlotte, NC: DeHavilland Associates, June 2007, p. 4. Survey conducted during May 2—18, 2007, of 529 business coalitions working at the local, state, regional, and national levels。

学校开发学术严谨的课程。该基金会为芝加哥学校系统提供了2 100万的奖金以使课堂变得更严格（Hills & Hirschhorn, 2007）。来自盖茨基金会的一封公开信强调，教育商业联盟在全美范围内改进贫困社区高中中可以扮演重要的角色：

> 在美国，那些开始上9年级的学生，只有1/3能够在高中学习到在大学中或在工作中取得成功所需要的技能。大量的落后学生是非洲裔和西班牙裔。
>
> 我们在美国高中的工作……涉及很多的合作者，从草根社区组织一直到国家政策制定者。改变高中需要来自家长、老师、学校管理者、学区、一系列投身于学校改革的组织和政府各层面领导者的努力，来为每个学生的大学、工作和成为公民做好准备。

如果美国的学校要在未来的挑战中获得成功，他们将需要一些资助以达到为不同背景的学生提供高质量教育经历的水平。虽然很多资助学校的新途径已经开发出来，但是在全美所有学校具有公平与卓越教育的特征之前还有很多工作要做。

私有化运动会如何影响教育的公平和卓越？

过去十年中最引人注目的改革之一就是特许学校和营利学校的发展。两个都是开发出来用以弥补公立学校的缺陷的选择。像很多人知道的那样，在很多不同层面——管理、安置员工、课程、资金和问责方面私有化运动已经不再像学校了。在1998—2004年，私营企业经营的学校数量从13所增长到53所，而私人管理的学校从135所增长到463所（Molnar, Wilson, & Allen, 2004, p. 9）。

特许学校

在1991年，明尼苏达州通过了全国首个特许学校法案，需要8个由教师创建和运营的学校，这些结果本位的学校可以从大多数州的规则和制度中解脱出来。圣保罗城市学院在1992年9月成为第一所国家的特许学校。从那时开始，截止到2007年全国范围内正在经营的特许学校的规模已经达到4 000余所，拥有150万学生（Center for Educational Reform, April 2007）。

特许学校是独立的、创新的、结果本位的公立学校。正如《每周教育》（*Education Week*, 2005）指出的，基础特许教育概念很明确："允许教师团体或其他想要成为教育者的人申请开办学校的许可，给他们和公立学校同样多的钱，并把他们从削弱和扼杀了大多数公立学校的教育改革的官僚政治中释放出来。"

要开一所特许学校，最初的特许状（或协议）是由学校的创办者和赞助人（通常是当地学校董事会）签署的。特许状指定学生在离开学校之前的学习成果应该是精通的。特许学校，通常以自主学区（一个很多学区推行的区别于其他可供选择的学校的特色）的方式运营，是要教育所有学生的公立学校。如果入学申请超过了特许学校的开放名额，就会用画画来挑选学生。

依据美国特许学校（U. S. Charter Schools，May 28，2008）的说明，多数特许学校的目的是：

- 为所有学生增加学习和获得高质量教育的机会；
- 为家长和学生在公立学校系统内创造更多的选择；
- 在公共教育内提供一个学业负责制系统；
- 鼓励教育实践革新；
- 为教师提供新的专业机会；
- 鼓励社区和家长参与公共教育；
- 显著改进公共教育的手段。

因为特许学校原来是被设计成促进新的教学策略的发展以用于其他公立学校，将来可以被证明为促进教育改革和教师职业化的有效形式。特许学校还给教师们史无前例的对学生需求快速反应的领导机会和能力。

特许学校的研究

在美国教师联合会写的报告《特许学校合格吗？特许学校的10年尝试》（*Do Charter Schools Measure Up? The Charter School Experiment After 10 Years*）中指出，到2002年中，特许学校没有达到倡议者要求的标准，以下是特许学校的缺点：

- 特许学校助长了学生中的种族隔离；
- 特许学校的教师相对于公立学校的教师经验少、工资低；
- 在成绩测试中，特许学校的学生一般不比同级别公立学校的学生成绩好，甚至常常更差；
- 特许学校并没有坚持他们做出的承诺——以规则赋予的自由换取更高的责任；
- 特许学校本来应该去做新的课程和教室实践活动，但是它们被证实并没有比其他公立学校更有创新性。（American Federation of Teachers，2002，pp.5-6）

另一项关于特许学校的研究比较了150所特许学校和其他公立学校的4年级学生在2003年全国教育发展测试（National Assessment of Educational Progress，NAEP）中的阅读和数学分数。结果表明特许学校的学生在阅读和数学成绩方面比其他公立学校的学生差。然而，同一种族或民族的学生的成绩和其他公立学校的差不多。总的来说，NAEP测试发现，不考虑学生来自哪些学校，有不到1/3的学生数学和阅读成绩达到了联邦标准的精通（U. S. Department of Education，Institute for Education Sciences，2004）。

还有一个2004年的研究表明特许学校的学生在阅读和数学上比有可比性的其他传统学校的学生做得更好。研究者比较了特许学校和邻近有相同种族构成的学校，结果显示在州考试中特许学校学生阅读成绩达到优秀的比例高出5.2%，数学成绩优秀率高出3.2%。

不考虑这些特许学校的效力的不同结果，很少有特许学校因达不到学术标准 *205* 而关闭，取而代之的是"低入学率、设施问题、金融不正当行为或管理不善"（Hess，2004，p.509）。到2002年，在2790所国家级特许学校中有194所（6.95%）关闭了，但只有0.005%是因达不到学术标准而关闭的。

营利学校

目前教育中最热的问题之一是把公立学校转为私人的营利的公司去运营的实践，私有化运动的支持者相信私人运营的学校更高效，他们削减支出并将产品最大化——学生的学业成就。但是，反对者更关心的是，营利而不是学生的学业成就才是营利学校背后的真正目的。营利教育公司在幼儿园之前到12年级之间在2001年就收入了580亿美元（Eduventures，2003）。营利学校的反对者还指出，学区没有足够的警惕性去规范私人教育公司。

爱迪生教育公司

鉴于教育改革在美国进展缓慢，克里斯托弗·惠特尔，第一频道（Channel One）的创始人，在1992年向爱迪生项目投入了30亿美元——这是一个雄心勃勃的计划，计划截至2010年建立一个1000所营利学校的全国网络。从2001—2002年度开始，爱迪生项目，现名为爱迪生教育公司已经成为最大的投资幼儿园到12年级私营管理学校的公司，在22个州和哥伦比亚特区拥有133所学校，拥有74000名学生（Edison Schools，Inc.，2004）。

据报道，1999年爱迪生教育公司的"绝大部分"学生的学业成绩稳步提升。17个爱迪生教育公司已经能够建立学业成就的趋势图，14个已经被公司认可为"积极"或"很积极"，有3个学校报告说被贴上了"弱"的标签（Walsh，1999b）。

然而，在一份分析由爱迪生教育公司在前一年所公布的结果的报告中，美国教师联合会声称，爱迪生教育公司夸大了很多学校取得的成绩，而对其他学校所造成的不良影响轻描淡写。报告指出"总的来说，爱迪生公司的结果低劣"（American Federation of Teachers，1998，p.10）。

教师拥有的学校？

理查德·K·维德在他的书《教师能否拥有他们自己的学校？卓越教育的新策略》（*Can Teachers Own Their Own Schools? New Strategies for Educational Excellence*，Richard K. Vedder，2003）中建议了一种营利学校的新模式。维德认为营利公立学校可以从竞争和开发保证教育质量的划算的方法中获益。此外，这些学校能够获得额外的资金和变革学校系统的专业知识。

维德的方法是在以下几项运动的基础上成型的：英国的撒切尔政府委员会住房私有化、拉丁美洲的私有化改革、美国的公司员工持股计划。他建议教师、管理者和其他教育利益相关者变成学校的所有人，因此可以在这个过程中得到可观的金融资助。这种私有化改革可以为所有学生的教育提升开拓出划算的新道路。维德相信，掌握在教师、管理者和家长手中的、能够得到可观金融援助的学校，可以生成有较高家长参与度的、创新高效的、充满活力的学校共同体，而这对培养教育精英必不可少。

206

　　一个教师拥有的学校的典型例子是弗吉尼亚州的乔治·华盛顿社区学校，一个 9—12 年级的大学预备高中。学校的使命是"整体教育计划的发展和实现是为每个学生的天赋和聪明才智准备一个有深度的、丰富的、专门的进入大学的环境——强调真正的知识应用，而不仅仅是吸收知识"。学校的教师在课程和教学方法中有灵活度。结果，像"阴谋论"、"政治地理学"、"海洋探险"类的课程也被提供，作为对传统课程的补充。

小　结

为什么你需要懂得教育政治学？
- 理解教育政治学是专业知识的重要形式。
- 父母、学生、教师、管理者、纳税人、联邦、州和当地政府、种族群体、教育理论家和研究者、企业部门和特殊利益群体都会对教育施加政治影响。
- 政治学是指在组织内部人们如何运用权力、影响和权威对他人施加压力，使其按自己所想的方式行动。
- 教育者运用校内政治去影响校内的教学和课程的实践。
- 影响教师的教育政治学的五个维度：（1）来自联邦、州和当地的政治压力；（2）冲突的教育哲学；（3）教育资源的竞争；（4）变化的法定的教师权责；（5）为了更高标准和问责的压力。

当地社区是如何影响学校的？
- 学区，规模、组织结构、人口和财富，负责学校管理和运作。
- 学校董事会，成员通常是被选举出来的，为一个学区制定教育政策的；很多人认为学校董事会应该改革，变得消息更灵通、更负责。
- 督导，是当地学区的主要管理者，拥有一系列的复杂的责任，而且必须能在多变的政治环境下与学校董事会还有其他人保持很好的合作。
- 通过家长教师协会或家长教师组织，一些家长参与到当地学校的活动和改革努力当中，一些家长与私立学校合作，还有一些则积极促进教育中可供选择的其他路径，像择校、教育券制度和在家上学。

在管理学校中，州有什么权力和影响？
- 州立法委员会、州法院以及州长通过设定州内事关教育的政策显著影响了教育；有一些州通过立法允许它们可以接管那些学术失败的学区或个人学校。
- 州教育委员会，是州内最高教育机构，管理教育和给州长以及其他人提供重要的教育政策建议。
- 州教育部实现那些与教师认证、州和联邦资助的分配、强化州和联邦的指导原则、学校资格认可和为了提升教育的相关项目的研究和评价等的政策。
- 首席公立学校长官，监管本州内的教育，与州长、立法委员会、州教育委员会和公众合作沟通，提供为了提升教育的领导力。

地区教育服务部如何服务学校？
- 地区教育服务部，在美国大约一半的州都存在的中间教育管理单位，为两个或更多的学区提供员工发展、课程发展、教学媒体和项目评价方面的帮助。

联邦政府是如何影响教育的？

207
- 联邦政府通过在州的层面上提供一般的和无条件援助、建立和加强标准和规程、指导和宣传来影响教育。

● 国家立法机关、联邦和州最高法院还有总统通过道义的劝告显著影响了学校的改进，为国家级项目提供无条件援助，以确保学校系统遵守法定章程，并资助教育研究项目。

● 美国教育部支持和宣传教育研究，管理联邦教育津贴，帮助总统开发和促进国家级教育议程。

● 有时候，联邦、州和地方政府在教育中的角色是有矛盾的。

美国的学校是如何被资助的？

● 学校通常被来自当地州和联邦层面的财政资助，并且现在大部分资助都来自州层面。当地资助主要通过财产税实行，但是很多情况下，这会导致税收不足地区学校资助的不公平。

● 资助学校的一大挑战是发展一种公平的税收方法以支持教育。

在公平和卓越之间，资助有什么趋势？

● 学区之间的不平等经常反映了对用于支持学校所征收的课税的不同。

● 许多州议会颁布税费改革，包括全额拨款项目，把所有学校和学区的生均教育经费统一。一些州议会已经通过重划学区达到了更高程度的平等——重新划分学区边界以降低资助方面的不平等。

● 一些州议会达到了纵向平等，通过提供额外的资助或者无条件援助，用来支持有特殊需求的学生的教育。此外，一些学区或学校得到了来自私人部门或公司的额外资助。

● 择校和教育券制度是提供给家长用来满足其自由择校需求的两个处理办法，然而这两个办法却备受争议。

私有化运动会如何影响教育的公平和卓越？

● 特许学校和营利学校，都是私有化运动的产物，都是对公共学校暴露出来的缺陷的回应。

● 特许学校是独立的、创新的，是由一些教师、家长，或者其他获得学区、州、联邦政府特许的人建立的结果本位的公立学校。

● 研究特许学校的结论很混杂，有些研究表明特许学校的学生胜过其他学校的学生，然而有些研究结果则正好相反。

● 很少有特许学校因为达不到学术标准而关闭；约有 7% 的学校因低入学率、设施问题、金融不正当行为或管理不善而关闭。

● 爱迪生教育公司是私营管理公司运营的营利学校的典型代表。

● 由教师、管理者以及其他股东所拥有的营利学校已经被证实是改善教学质量的有效形式。

专业反思与活动

教师日志

（1）正如本章指出的那样，很多个人或团体都相信自己在学校管理中发挥了重要作用。按程度排序（从最大的影响到最小的影响），你认为下列哪一个个人或团体应该控制学校：学生、教师、管理者、家长、学校董事会、当地学区、州政府、联邦政府。学校教学中是否存在一些领域应该被这些个人或团体控制？比较你和你同学的排序，你注意到哪些不同？

（2）假如你将要建立一所特许学校。你认为这所学校会与社区里其他学校有哪些不同？如果要说服家长把孩子送到你的学校，你要对他们怎样说？

教师研究

（1）用你常用的搜索引擎去访问几个特许学校的网站。它们有哪些相同点？它们又有哪些不同？

（2）访问美国教育部特许学校的网站，点击关于特许学校的国家政策的链接。这些特许学校有什么不同？有什么相同之处？

观察与访谈

（1）以图 6—2 为指南，访谈当地学校的一名教师，了解关于他（她）对施加于教师身上的政治影响的认知。让他（她）选择一种影响并描述其是如何普遍地影响学校的。

（2）访谈一位教师让他（她）按程度排序（从最大的影响到最小的影响），以确定以下哪一个个人或团体应该控制学校：学生、教师、管理者、家长、学校董事会、当地学区、州政府、联邦政府。教师的观点和你的观点相比如何？

专业档案

想一想你所在社区中能够成为学校良好合作伙伴的候选企业或团体，选择其中一个做一份你能观察到的合作计划，列明这种合作关系的性质、活动和利益。

第七章
美国教育中的道德与法律问题

宪法、法规、法庭法律（或判例法）共同构成了公立学校赖以生存的首要法
律基础。

——克恩·亚历山大和 M·戴维·亚历山大，
American Public School Law，*Seventh Edition*，2009，p. 2

课堂案例：教学的现实 ▶▶▶

挑战：理解学生着装和装扮的合法权利。

曼达是一名你班上的中学生，她崇拜哥特式摇滚明星并开始像他们一样着装。她曾经美丽的长发现在已经剪短，除了随意留下垂到肩膀的几缕。最近，她使用了柔软、味道清甜的粉色发胶来涂抹头发，这使得她的头发看起来从黑色逐渐变成红色。

今天，她穿着一件从当地二手商店买来的旧晚装和黑色的长筒袜，棕色的眼睛周围画着浓浓的眼妆，深红色的唇膏胡乱地涂在她薄薄的嘴唇上，这让她的脸看起来很僵硬，几乎有些古怪。

自从她开始这样着装打扮后，其他的同学开始取笑她，她适应力很强，并且看起来能很好地处理这个情况，但是她在你班里制造了一种日益严重的混乱。

其他一些女同学开始模仿她的风格。今天，你注意到詹娜类似的穿戴方式，她金色的短发将到后面，仿佛刚步出淋浴间一样。她穿着一件黑色超短紧身裙，还有一件似乎可以在黑暗中发光的亮绿色的涤纶宽松衬衫。

詹娜在教室周围闲逛，消磨时间，她的微笑表明受到别人的注视令她感觉很快乐，一些学生指着她取笑，詹娜瞪着他们，最后悄悄地坐到了曼达后面的座位。她们的同学继续在座位上咯咯地笑个不停。

"好了，同学们，"你开始说，"让我们安静下来，拿出你们昨天晚上的家庭作业。"

但是这个星期一比往常更难让你的学生们集中注意力，显然曼达与詹娜的装扮已经扰乱了整个班级的纪律。

当你继续上课的时候，你很想知道自己是否有权利与曼达和詹娜谈谈，要求她们改变衣着打扮，还是她们有权利在学校里想穿什么就穿什么？

焦点问题

1. 为什么你需要了解教育与法律？

---

2. 为什么你需要一套职业道德规范？
3. 你作为一名教师的合法权利有哪些？

212

4. 你作为一名教师的法律责任是什么？
5. 学生和家长的合法权利是什么？
6. 学区的合法权利有哪些问题？

上面的案例与肯塔基州一所中学不允许学生穿蓝色牛仔裤进校类似。一名女孩的父亲提起诉讼，声称学校衣着规定侵犯了女儿的着装自由以及自己管理孩子穿着的权利。这个案子最后按程序上诉到美国联邦上诉法院，法院判决这个学生穿蓝色牛仔裤的权利不是"需要加强保护的根本权利"。另外，原告也不能够证明学区衣着规定缺乏合理的基础。法院总结认为学生的要求仅仅是一种"她作为中学生表达个性的普遍和模糊的需求"（Blau v. Fort Thomas Public School District, 2005）。

为什么你需要了解教育与法律？

在你的教师教育项目学习中，理解法律如何影响学校与教师可能看起来并不重要，但是，联邦与州政府制定的法律与法院的判决会影响到你作为一名教师的生活。当你带着学生去实地考察时，你有些什么法定责任？如果有学生在你的课上受伤，你需要承担责任吗？家长可以阻止你使用其认为具有攻击性的课程材料吗？从书本和杂志上影印教学资料的时候，你必须遵循什么样的指导原则？如何保护你和学生在网上发布的材料的版权？这些仅仅是你作为教师可能遇到的一部分法律问题。没有对这类问题的法律层面的认识，你就会缺乏保护自己和学生权利的能力。本章考察了影响教师、管理者、学生及其家长的权利与责任的道德和法律问题。

为什么你需要一套职业道德规范？

作为教师，你的行为不仅仅取决于法律规定，也取决于你知道什么是应该做的。你必须做合法的并且是对的事情。一组特定的价值观会指引你，承担一次深入持久的专业实践任务可以使你具备教师角色的特征，你需要接受高标准的职业道德规范并据此来调整自己的行为模式。

现在，教学专业并没有一套类似希波克拉底誓言的统一**伦理规范**，该誓言是法律规定所有医生从业时需要遵守的。然而，最大的教师专业组织，全美教育联合会，有一个针对其会员的伦理规范，包括如下声明："教育者承担坚持最高道德标准的责任。"

合乎道德的教学态度与实践

213

教学是一项道德的事业。一个教师有义务在行动时恪守道德准则，遵循那些他所知的最适合的职业行为。对学生最有价值的，并不是教师提供了确定什么是道德以及什么是不道德的经验法则。行为符合道德规范比遵守规范或者不违反法律要重要得多——这意味着促进学生的学习和成长，并帮助学生认识到自己的潜能。本章"独立教学"论证了一名教师如何通过改进他的行为来促进一名"问题"学生的学习和成长。

不道德的行为破坏了良好师生关系形成的基础，即相互信任与尊重。把评定等级作为一种惩罚形式、在教室里大发脾气或者在测试中有意欺骗学生都是一些不道德行为的例子，你也一定能从自己作为学生的经历中回想起其他这样的例子。

班级和学校中的道德困境

作为教师，你可能会在班级和学校中遇到**道德困境**。你有时将不得不在并不知晓所有事实的情况下，或并没有单一对错标准的情况下采取行动。在这些时候，很难决定什么样的回应可能是道德的。恰当地应对教学中的道德困境常常需要教师具备透过其短期效应看到长远影响的能力。

应对道德困境的一个重要方面是确认一个人行动可能产生的影响。例如，思考以下三个基于实际案例研究的问题，根据给出的信息，你会怎样应对每种情况？你的行为可能产生的影响是什么？

（1）如果一篇文章中出现了对一位老师和一名学生的讽刺，高中文学杂志的主办者是否应该拒绝登载这篇文章？即使这是某位崭露头角的作家所写得非常好的文章。

（2）一位阅读教师为了提高整个班级的成绩而将两个捣蛋的学生分开，并将其中一个安排在低于其阅读水平的小组里，他这样的行为是合理的吗？

（3）一位化学教师是否应该因为一次实验室爆炸而惩罚一名学生（基于间接的、不确定的证据）？即使这样果断迅速的惩罚可能会阻止类似事件的发生并由此保证所有学生的安全。

以上的问题没有"正确"答案，你要尽量在每个案例中做出"最好的"决定。专业伦理领域的著名学者肯尼思·A·斯特赖克（Kenneth A. Strike）认为一个"好的"、合乎道德的决定具有以下特征：

（1）该决定有证据支持。由这些证据可以推断，在适当的努力下，遵循这个决定比其他方式更有可能达到合适的结果。

（2）这个决定旨在达成其理应针对的目标。

（3）从道义上而言，这个决定能够被实施。

（4）这个决定已经合理地达成。（Strike，2007，p. 113）

214

独立教学

对待有些学生应该打破常规

马克·吐温曾经说道："只凭一句赞美的话我就可以活上两个月。"这句话同样适用于今天的大多数学生。当其他办法都不奏效时，给学生一个"特例"。尝试在那些目中无人、失礼的学生身上找出一些积极的东西。当你这样做的时候，你的教学（和生活）可以更加轻松和富有成果。

当我还是一名初任教师的时候，在第一天教学之前，我去咨询学校里一些富有经验的教师，希望得到他们的指点。令我感到惊讶的是，他们都告诉了我同样的话："在圣诞节之前不要微笑。"这个建议并没有令我非常安心，特别是因为这并不符合我的个性。尽管他们并不真正能说到做到，但他们对严格要求学生且不要和学生建立友谊这一点抱有坚定的态度。在我最初的几周教学之后，我完全明白了他们要表达的意思，即使我并不完全同意他们的理念。

当确定学生们理解了班级的规则和我对班级的期待后，我开始了第一周的教学。正如在许多初中高年级班常见的那样，我在每个班级中都遇到了几个翻着白眼、说着俏皮话捣蛋的学生。我板着脸让这些学生意识到我是认真的。在和这些学生谈话之后，只剩下一个学生仍然和我对着干，他叫约翰尼。

接下来的两个月里，约翰尼与我在几个不同场合都产生了分歧。约翰尼是那种需要关注的学生，他对发生在班级里的每件事都有自己的看法。他不会用"不"来简单对待一个答案，并且他有着一段抗争（班级规则）的历史。每次我们产生分歧，我会把他送到教导室，打电话给他的家长，希望能有好的效果。但是第二天我会遇到更强烈的反抗和更负面的态度。在重复了好几次这样的过程之后我决定改变自己的策略。为什么这个学生会让我如此头疼？我做错了什么？我以为严格要求是开始这一学年工作的必然选择，但老实说，这几乎消耗了我所有的精力。是时候去寻找更好的方法来处理约翰尼的问题了。

在与管理层和约翰尼的其他几位老师交谈之后，我认识到不止我一个人遇到了这样的问题。除了一位老师以外，其他人都在与约翰尼的交往中遇到了问题。令我吃惊的是，这位例外的老师和我一样是一名初任教师。我必须知道她是怎么做到的。当我问她是如何"对付"约翰尼时，她只是简单地说："对待有些学生需要打破常规。"她解释道，有些学生会对行为后果做出反应，而另一些不会，约翰尼属于后者。他需要以一种"打破常规的方式"来获得成功。

第二天，我把约翰尼从教室叫出来单独谈话。我告诉他这不是他遇上什么麻烦了，我只是想要和他谈谈。我问他我有哪些方面让他不喜欢，他回答说："你对待我像其他所有老师一样。"当我问他希望怎样被对待的时候，他说："不知道……带着尊重。"我接着告诉他，要得到别人的尊重，首先你得尊重别人。然后他说了一句令我震惊的话："你需要采纳你自己的建议。"那一瞬间，这两个月的教学生涯在我的眼前浮现，我无言以对，在一阵尴尬的沉默之后，我让他回到了教室。我长时间努力地反思自己是如何对待学生们的，并且得出了结论，当我表现出十分严厉的态度的时候（不带微笑），对于我的大多数学生是有效的，但这时候我对某个特定学生来说表达的却是不尊重——特别是约翰尼。

接下来一天的课上，我因为这次谈话向约翰尼表达了感谢。他看起来对我的反应十分惊讶。我跟他开玩笑说，他告诉我的建议可以赚大钱，并且为我之前在班级里对待他的方式而致歉。我告诉他，他是一位天生的领导者，同学们在班级里都尊敬他。我确信他可以运用自己在同学们中的影响力做好事并说服他们采取恰当的行动。我敢说这些话对他来说意义重大。从那天起，约翰尼与我建立了一种相互尊重的关系。最重要的是，我拥有了一位很有影响力的支持我管理班级的学生。

分析

关于班级管理的知识不能完全从教科书上学到，也要在实践经验中学习。没有一种适用于所有学生的单一的班级管理方法，每个班上都会有对于教师的班级管理反应不同的学生。如果你赋权给一名学生，使他成为教室里的领导者并且让他以一种合适的方式开展工作，你在管理班级时就能获得支持。

反思

● 我赞成和反对其他教师提出的关于班级管理相关建议的理由是什么？

● 列举一位可能成为班上受关注的行为失范学生的特征。

● 是否还有一些策略能够被教师用来对那些长期表现不良的学生产生积极影响？

● 班级管理中有普遍适用的方法吗？请解释说明。

朱利叶斯

8 年级自然科学教研室主任

拉斯帕尔马斯中学

你作为一名教师的合法权利有哪些？

我们所拥有的每一种自由，都伴随着对他人和对我们生活的社会的相应的责任。只要有一个以上的个人生活在这个星球上，就有必要用法律来明确个人的权利和责任。对教学来说，权利与责任之间的必要平衡也许比任何其他行业更重要。教师拥有与其他公民同样的权利，然而，教师必须"在美国宪法、各自所在州的宪法以及州和联邦的判例法和成文法的法律界限内行事"（Essex，2008，p. xi）。教师的主要合法权利见图 7—1。

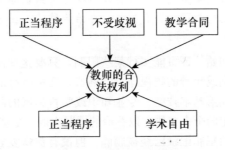

图 7—1 教师的合法权利

学校对教师的限制权力有限，因为教师的**正当程序**权利是不容侵犯的。像所有公民一样，教师受到保护，免于被当权者任意对待。一个校长即使不认同某教师的方法也不能突然解雇这名教师。一个学校董事会也不能仅仅声称教师的校外政治活动对教育过程是"颠覆性"的，就要求教师辞职。如果缺少充足的证明文件证明教师的表现"确实差"，又没有足够的时间来判断其是否满足明确提出的绩效评估标准，那么教师就不能因表现"差"而被解雇。

资格认证

例如，假设佩姬·埃尔南德斯是一名初中英语教师，所在州法律具体规定：教师必须提供满五年的成功教学的经验证明，才能进行教师资格证的更新。去年是佩姬从事教学的第五年，她的校长给了她一个不尽如人意的表现评级。佩姬的校长告诉她，她的教师资格证不能更新。校长的做法正确吗？

216

佩姬的校长所提出的教师资格证不能更新的理由是错误的。根据所在州法律，教师资格证不能更新的理由有：不成功的表现或无法完成一学年教学。表现被判断为令人不满意并不能成为理由。各州法律不同，对不成功的表现的界定也不同，不过，如果佩姬在其他的州教学，她的校长可能是正确的。本章"教师之声：走适合我的路"的部分重点描述了一个教师在路易斯安那州完成了她的教师教育课程，然后去加利福尼亚州考取教师资格证的事。

符合一个州初始认证所有要求的教师，不能被随意否决其资质。"然而，获得一个资质并不能保证保留权利。"（Imber & van Geel，2005，p. 212）资质被撤销的原因必须与工作相关，并表明教师无法令人满意地履行职责。在这方面，一个常被提及的加州教师的例子，其证书被撤销的原因是某人承认与教师的同性恋关系。法院裁定，教师的同性恋行为不会妨碍此教师的表现，并要求恢复其资质（Morrison v. State Board of Education，1969）。

当法院支持拒绝聘用并终止同性恋教师的权利时，其实这些决议已受到了很多因素的影响，比如与学生发生性行为或者在公众场合的猥琐行为（Imber & van Geel，2005）。美国14个州和哥伦比亚特区立法规定，在就业上禁止因性取向而歧视（LaMorte，2008，p. 246）。现在，对地方教育系统来说，"因性取向而拒绝雇用或解雇同性恋，即使不是不可能，也是很难的事"（LaMorte，2008，p. 247）。

教师不受歧视的权利

曾在刑事审判中因持有大麻和可卡因认罪的乔治，在他的犯罪记录被删除后，他的教职并没有恢复。乔治声称，他因为过去经历而受到歧视。他是正确的吗？

各州对初始认证可能实行某些限制，只要这些限制不涉及对种族、宗教、民族起源、性别或年龄的歧视即可。例如，几乎所有的州都要求，申请教师资格证要通过一个涵盖基本技能、专业知识或学科领域的测试。初始资格认证也可以合法地包括特定的个人素质。以乔治的情况为例，是基于路易斯安那州的一个案件，尽管该男子的犯罪记录已经被删除，但没有被恢复教职。法院坚持认为，上述记

217

录的删除并没有抹杀他犯了法这个事实，也没有消除这个教师"道德堕落"的行为（Dubuclet v. Home Insurance Company，1995）。

在就业上**不受歧视**的权利是受到1964年《民权法案》第七章的保护，其中提及：

雇主的以下行为应视为非法雇佣行为：（1）因种族、肤色、宗教、性别或原国籍，而不雇佣，或拒绝雇佣，或解雇任何个人，或对个人的补偿、条款、条件或雇佣的特权上歧视对待。（2）因种族、肤色、宗教、性别或原国籍，以任何方式限制、隔离、区分员工或应聘者，造成其就业机会被剥夺或可能被剥夺，或者影响其作为一个雇员的地位。

教师之声：走适合我的路

弗兰尼·诺布洛赫·芬利接受了一份卡特琳娜岛女服务员的暑期工作，离开加利福尼亚海岸，踏上了改变人生的冒险。她爱上了郁郁葱葱的植物、海上的落日、悠闲的生活方式、没有汽车和岛上这个小社区的居民的友好。暑期之后，她知道自己要回去了。

那年秋天，她回到路易斯安那州立大学，完成了教育学专业大学 4 年级的课程。她一开始本来攻读医学预科，但发现自己"讨厌读生物学的书"。于是，在学校的职业生涯发展中心进行了一个职业测试，在教师职业上获得了高分。之后，她换到了教育学专业，决定成为一名数学教师。她在路易斯安那州教育实习并毕业，然后回到卡特琳娜岛，找到一份教职工作。

回到岛上的第一年，她经常代课，并为获得加州颁发的教师资格证开始参加州政府要求的额外测试和培训。她知道自己值得花时间和精力去突破这些法律障碍，以达到目标。

全职受聘不到三年，她就迅速获得成功。她既教初中，又教高中学生，还是个人决心提升自己项目（AVID）①教师，帮助中等成就学生获得进入四年制大学和从大学毕业所需的知识和技能。

她的校长反映，弗兰尼的学生在加州学术标准测验（Standardized Testing and Reporting，STAR）中表现不错，而且她的三个大学预修课程（Advanced Placement，AP）的学生全部通过了 AP②测试。"我们今年的 AP 微积分入学人数增加了两倍。其他的高等数学课程也增加了招生数量，我相信是因为她的作用。"弗兰尼当选了数学系主任。

AVID 选修课是她最喜欢的。该项目专为平均学分绩点 2.5 到 3.5 的学生设计，复习研究技能、大学的研究、大学招生的研究，（并）改进他们的写作。每天前 45 分钟上课，每周两次辅导。辅导学生以小组进行，每组专注于一个问题，每个小组成员都要带着自己的想法和疑问。首先，组内同学互相帮助，然后高年级同学介入帮忙。通常学校里都有大学生来协助项目，但岛上没有一所大学，高年级学生就承担了这个工作。

对于想当教师的人，她的建议是："坚持，不要害怕寻求帮助，发现别人在课堂管理中的长处，并观察他们，然后创建自己的课堂。"

弗兰尼四年前的决定显然已经帮助到她的学校、数学系和学生们，但同时也丰富了她的生活。她喜欢大自然，喜欢跑步、徒步旅行、皮划艇，也喜欢生活在这闲适的社区里。执教学校的越野车队也是她的一种享受。但最重要的是，她赏悦与学生相伴："我喜欢与孩子们打交道——他们使我年轻。"

①个人决心提升自己项目全称 Advanced Via Individual Determination。美国中小学课程体系有 Honor（荣誉课程）、Regular 或 Standard（合格或标准课程）、Gifted Talented（资优生课程）、Advanced Placement（大学预修课程）和 Special Education（特殊教育）等，其中 AVID 属于荣誉课程，是美国具有 30 多年历史的高校预备项目，为低需求的学生发展而设计，主要致力于通过学习策略和习惯培养帮助因各种外因造成的成绩中等偏下学生走入高校，或完成高校学业。全美超过 5 000 所高中加入了 AVID 项目，参加项目的 95% 的学生升入了大学。——译者注

②所谓 AP 即"Advanced Placement"的缩写，即大学预修课程，一些大学承认这些课程的学分。——译者注

教学合同

教学合同代表着教师与教育委员会之间的共识，合同生效，必须包含以下五个基本要素：

（1）**邀约与接受**（offer and acceptance）——学校董事会发出正式邀约，受邀约人接受合同条款。

（2）**当事人有法定能力**（competent parties）——学校董事会不能超出州政府授予的权限，教师要符合受雇条件。

（3）**薪酬**（consideration）——承诺给教师的报酬。

（4）**法律主体事宜**（legal subject matter）——合同条款不能违反法律和社会公共利益。

（5）**正确的形式**（proper form）——合同应遵守合同法。

在签订教学合同之前，必须仔细研读并确定签署人员为教育委员会或董事会的恰当的成员。对于说明中任何不清楚的地方都可以提问。任何附加的非教育责任都应该写到纸面而不只是达成口头共识。因为教育委员会的所有政策和相关规定都会成为合同的一部分，所以必须首先阅读所有可获得的教师手册或者学校政策指南。

下面的例子可以告诉你仔细阅读合同和要求澄清的重要性：

> 维克托·明一年前在一个有30万人口的城市开始当中学英语教师。当知道校长分派他做英语诗歌俱乐部的协助者时，他感到十分忐忑。俱乐部要求每周一次校外集会。维克托拒绝协助该英语诗歌俱乐部，声称他所签订的合同只规定了他必须保证其校内常规教学任务。那么，维克托有义务去协助这个俱乐部吗？

就像教师的课堂责任和附加责任之间的合理联系一样，教师除了常规的教学工作量之外，也可能需要完成特定任务，即使其没有被明确写在合同之内。这些任务也可能包括学校周末活动监管。尽管维克托的合同中没有具体提及要协助俱乐部，但是这种职责是其常规教学任务的合理附加。

当学校官方分配给教师附加的任务，这些任务又不是教学工作的合理延伸，法庭在判决时则往往倾向于上诉的教师。例如，学校命令一位受雇的美国历史教师额外充当篮球教练的角色，在上诉时，法院不会支持上述行为（Unified School District No. 241 v. Swanson，1986）。

终身教职聘任与免职的正当程序

终身教职是一种为教师个体提供职业安全感的政策，可以（1）防止其因不充分的理由而被免职；（2）在被免职时，提供其正当程序。教师经过一段时间，通常是2~5年，令人满意的教学之后，当地学区①可授予该教师终身教职。多数情况下，终身教职不能在不同的学区间转换。

---

① 学区是美国教育管理的最基层单位，类似于我国的基层教委或教育局。——译者注

下面的案例强调了终身教职对教师职业生涯的重要性：

> 一个教师被学校解雇，因为学校董事会发现其是同性恋者。该教师上诉，称自己被解雇是武断的，违反了他被授予的终身教职的条款。另一方，学校董事会坚持认为作为一名教师，他的行为是不适当的。学校解雇这名教师的做法是否公正？

219

这个案例是个真实事件，法院裁定，对此教师的解雇是不公正的（Burton v. Cascade School District Union High School No. 5, 1975）。法院宣称，学校董事会无法给出解雇该教师的"合理和公正的理由"，违反了此教师作为终身雇员的权利。此教师被判补偿合同未付余款和额外的半年薪水。但是，另一个相似的案例中，法院维持了对教师的解雇决定，因为他的性取向成为父母投诉和学生评论的目标。法院裁定，此教师不能再有效履行其教职（Gaylord v. Tacoma School District No. 10, 1977）。

实行授予教师终身教职不是没有争议的。一些批评家指出，教师终身教职政策使得想要解雇一些不称职教师的做法很难实现，并且在其他领域中，终身聘用制度对绩效标准的高要求使雇员很难获得职业安全感。然而，总体而言，法院的立场是：终身教职使教师避免卷入"特殊利益群体和政治派系"，因此可以使其免于不当干扰，而履行其专业责任。这样，教育体系才能改善，学生才能从公平教育中受益（Essex, 2008, p. 271）。

现在，几乎每个州都有关于终身教职的法律，其中明确了教师可能被**解雇**的合理理由。然而，什么才算合理理由，各州都有不同。法院已经裁定的解雇理由有：（1）不服从；（2）不胜任或不称职；（3）玩忽职守；（4）行为不得体；（5）颠覆活动；（6）服务需求的减少和紧缩；（7）生理或心理健康；（8）年龄；（9）造成或怂恿破坏；（10）从事非法活动；（11）使用攻击性语言；（12）个人形象；（13）性相关活动；（14）政治活动；（15）吸毒或使用麻醉品。

解雇终身教职教师，应遵循一系列的系统步骤，以使教师获得正当程序，保障宪法赋予其的权利不受侵犯。正当程序涉及对教师指控的细致入微、步步相扣的查验。大多数的州提出的程序都遵守以下九个步骤：

（1）教师要被书面告知控诉理由。

（2）要给教师适当应对的充分时间。

（3）教师要被告知控诉证据及证人名单。

（4）在法庭审理之前，要有公正裁判的听证会。

（5）教师有权请法律顾问出席。

（6）教师（或法律顾问）可以举证或交叉质询对其不利的证人。

（7）学校董事会的决定必须基于听证会上的证据和发现。

（8）听证过程及记录要保留。

（9）教师有权对不利裁决上诉。

尽管存在上述步骤，应该注意的是，正当程序是一个"动态的概念……很大程度上要根据具体事件、相关法律、判决所处的特定历史时间以及判决法官的个人偏好等方面结合来看"（LaMorte, 2008, p. 7）。以下的案例将会表明这些观点：

220

米切尔先生在一所小城市的小学担任了近四年的教师，获得终身教职也将近两年。这时，他经历了一场突然和痛苦的离婚。几个月后，他离婚那段时间遇见的一个女人搬进了他租的房子。

这一学年的余下时间，他和那个女人住在一起。在此期间，他没有得到任何暗示表明他的生活方式是教师职业不能接受的，他的教学表现仍然令人满意。然而，在年底的时候，米切尔先生被告知，他因不道德的行为被解雇，也就是说因为他与一个女人未婚同居。学校董事会要求听证，米切尔先生介绍了他的情况。学校董事会无论如何还是坚持要辞退他的决定。学校董事会解雇米切尔先生是合理的吗？

虽然，曾经教师可以很容易地因与异性未婚生活而被解雇，但"在如今的环境下，淫乱教师、未婚怀孕教师或未婚同居教师的解雇很少会在法院起诉"（LaMorte，2008，p. 240）。因为学校董事会并没有证据表明，米切尔先生所谓的不道德行为对他的教学有负面影响，他的解雇可能不会提诉法院，除非他的行为扰乱了整个社区。此外，米切尔先生可以控诉，受美国宪法第九修正案保护的他的隐私权遭到了侵犯。总体而言，似乎解雇米切尔先生的决定是武断的，只是基于学校董事会的集体偏见。然而，教师应该知道，法院常常认为，无论在校内还是在校外，教师应该是世人的行为榜样，当地社区应认定其"可接受"的行为。

教师也有权利组织和参加教师组织，而不必担心被解雇。此外，大多数州都通过了**集体谈判**①法案，要求学校董事会与教师组织协商合约。通常，一个地区中拥有多数成员的教师团体，在集体谈判中可被授权代表教师。

大部分集体谈判协议的重要组成部分是教师有提出**申诉**（grievance）和正式起诉其雇主的权利。教师不能因提出申诉被解雇，他有权向一个中立的第三方提出不满。通常情况下，负责协商集体谈判协议的教师工会或专业协会将为提出申诉的教师提供免费的法律顾问。

集体谈判协议不授予教师的一项权利是罢工的权利。像其他公共部门雇员一样，在大多数州，教师不具备进行罢工的合法权利。罢工教师有被解雇的风险（Hortonville Joint School District No. 1 v. Hortonville Education Association，1976）。然而，当教师罢工发生时，学校董事会不可能替换所有罢工教师。

学术自由

一所选择性高中的处境不利学生的教师使用了一种叫 Learnball 的课堂管理与激励技术。这名教师把全班分成小组，让学生选出组长，决定课堂规则和分级练习，并制定奖励，包括在教室听广播和用泡沫球投篮。学校董事会下令教师不要用 Learnball 方法。教师是否有权继续使用这种教学

---

① 也称为劳资谈判。——译者注

方法？

这个案例是基于匹兹堡一个教师的真实事件。教师状告学校董事会，以防止学校董事会推行政策，在课堂上禁止使用 Learnball。教师提到**学术自由**的原则，并声称教师有权使用学校官员可能会反对的教学方法和材料。然而，美国一个区法院支持学校董事会的政策，反对使用 Learnball（Murray v. Pittsburgh Board of Public Education，1996）。

法院虽然认为教师有学术自由的权利，但权利并不是绝对的，而必然是对社会利益的平衡。事实上，教育法律专家迈克尔·拉莫特（Michael Lamorte，2008，p. 223）认为，学术自由的概念"对教师来说，不再像过去那样具有强大的防御力"。要想这种防御获胜，"就必须向世人证明：教师恪守州和地方课程指令；就年级水平和课程遵循公认的专业规范；探讨公众关注的问题；在没有先例或政策时，表现专业和诚信"（p. 223）。

著名案例

一个涉及学术自由的具有里程碑意义的案件是约翰·斯科普斯案件。1925年，田纳西州一位生物教师约翰·斯科普斯挑战了田纳西州法律。州法律规定，在公立学校均不得讲授"任何否认人是神创的《圣经》教义，而代之以人是由一类较为低等的动物演化而来的说法"，否则即为非法。斯科普斯认为达尔文关于人类起源的理论有其科学价值，州要求的《圣经》创世说侵犯了他的学术自由。

约翰·斯科普斯案件吸引了全国的关注，被称为"猴子案件"。起诉斯科普斯的是号称"三寸不烂之舌"的威廉·詹宁斯·布赖恩，一位著名的律师、政治家和总统候选人。辩护律师是克拉伦斯·达罗（Clarence Darrow）。

斯科普斯坚信学术自由，他的学生有权了解科学理论。在他的回忆录《风暴中心》（*Center of the Storm*）中，他表达了自己的观点：

> 反感那些限制了教师宪法赋予的自由的法律。这样的法律存在的本身就好像一个胆小鬼的脑袋上面支着一个球杆。正如立法者虔诚地宣告，扰乱学术自由的立法无法保护社会。他们通过限制自由，帮忙将学校成为机器人工厂，最终，产生的是没有思想的机器人，而不是现在比以往任何时候都迫切需要的个人主义的公民。（1966，p. 277）

"猴子案件"以 11 天激烈、雄辩的证词告终，斯科普斯定罪为违反《巴特勒法案》（the Butler Act），被判罚款 100 美元。这一判罚后来被田纳西州最高法院来了一个技术性反转。

由于斯科普斯案件的影响，围绕进化论的教学争议不断。例如，在 20 世纪 80 年代，许多州宗教原教旨主义者赢得了裁决，要求科学教师给予神创论和进化论同等的教学时间。但是，最高法院在爱德华兹诉阿奎拉德（Edwards v. Aguillard，1987）案中裁定，这种"平衡对待"法律是违宪的。法庭上原话是："因为路易斯安那州的《神创法案》（Creationism Act）的主要目的是促进一个特定的宗教信仰，该法案赞同宗教违反了美国宪法第一修正案。"

1999 年，关于进化论的争论再次出现，当时，堪萨斯州教育委员会从州科学标准中删除了关于进化论的教学和宇宙起源的讨论。而 2001 年，新当选的堪萨斯州教育委员会投票，在州科学标准中恢复了进化论。同样，在 2006 年，进化论在俄亥俄州成为公众辩论的话题，当时，俄亥俄州教育委员会投票删除了州科学课程标准中鼓励学生"批判性分析"进化论的声明。

另一个案例表明教师学术自由的权利是狭窄的和有限的，这就是 1989 年的克里泽克诉西塞罗-斯蒂克尼乡高学区案件（Krizek v. Cicero-Stickney Township High School District No. 201）。在该案例中，一个地区法院否决了一名教师的做法，她被解雇，因为她给学生放是映了一部 R 级电影《昨夜情深》（*About Last Night*），将该电影视为与桑顿·怀尔德的戏剧《我们的城镇》（*Our Town*）同等的现代例子。尽管教师告诉她的学生，如果他们或他们的父母反对，可以不看这部影片，但是她没有直接与他们的家长沟通。法院认为，尽管教师试图考虑学生和家长的反对意见，但教师的教学方法是有问题的，电影的长度表明其放映不只是疏忽错误或仅仅是口误。

比起教师本身的学术自由权，一些案件更关注学校建立课程的权利，还有一些案件也聚焦了教师对教学材料的使用。例如，在 1987 年、1988 年莫泽特诉霍金斯县教育委员会案件（Mozert v. Hawkins County Board of Education）中，田纳西州的一群父母反对他们孩子的教师使用"现世人文主义"（secular humanist）的材料。在 1987 年史密斯诉莫比尔县学校委员会委员案件（Smith v. Board of School Commissioners of Mobile County）中，624 名家长和教师提起诉讼，指控在亚拉巴马州莫比尔县公立学校使用的 44 本历史、社会研究以及家庭经济学教科书，鼓励不道德，破坏了父母权威，并充溢着"人文主义"的信念。在这两个案件中，法院支持学校设立课程的权利，即使面对父母的反对。在 1987 年的史密斯诉莫比尔县学校委员会委员案件中，第 11 次开庭时，法院提道："事实上，鉴于这个国家宗教观点的多样性，如果标准仅仅是与特定宗教的信仰不一致，可以在公立学校被教授的内容将少之又少。"

各州的权利和学术自由

上述案件尽管如此，但对于教师的自由与州要求教师遵循一定的课程方针的权利冲突的情况，法院还没有制定相关指南。例如，同样的联邦法院，听说有一个类似的案件，一名高中教师在讨论社会禁忌词时，在黑板上写了一个有关性交的粗俗的词。法院回避了学术自由的问题，而是裁定教师不能被解雇，因为法规所授权给教师的自律是模棱两可的、不符合宪法规定的。然而，法院确实认为，公立学校教师传统的学术自由权利说得再好也只是"合格"，以及"教师的权利必须让位于具有更大宪政意义的引人注目的公共利益"。

法院重新审查该项决定时也表示，"这里没有显示出，校方在了解到教师正在使用他们不赞成的教学方法和采用不适合学科教学的方法之后，不会任意暂停教师的教学，直到该教师同意停止使用该方法"（Mailloux v. Kiley, 1971）。

尽管有些教师已经成功地援引学术自由为教学争议问题的基础，但是另一些教师则没有。他们因忽略有关性、一夫多妻制、种族和宗教之类的教学争议问题的指令而被解雇。虽然法院一直无法澄清学术自由的界定，但也已经明确表示，州确有合法的权益决定教给敏感的孩子什么内容。

实习教师是否拥有与教师同等的权利?

实习教师与认证教师具有同样的法律地位吗?来看下面的案例:

> 梅格·格兰特期待着在沃克夫人的高中英语课做八周时间的实习教师。她知道沃克夫人是可能指导她的最好的指导教师之一。梅格非常渴望努力表现。
>
> 在沃克夫人的高年级班,梅格计划教《美丽新世界》(*Brave New World*)。沃克夫人告诉她,这本书是有争议的,有些家长可能会反对。她让梅格考虑,如果他们的父母反对《美丽新世界》,就另外选择一个学生能够学习的题目。梅格认为,沃克夫人屈服于保守的父母们的压力,所以她决定继续前进,教这本书。
>
> 两个星期后,梅格被叫到校长办公室,在那里,一个愤怒的父亲对她说: "你没有权利来教我女儿这种共产主义的垃圾,你只是一个实习教师。"梅格应该怎么办?她与完全认证教师具有同样的权利吗?

在一些州,一个像梅格这样的实习教师,可能具有与完全认证教师同样的权利和责任;在其他州,她的法律地位可能就是一个未经授权的访问者。对梅格来说,最谨慎的行动是向这位父亲道歉,并保证,如果将来有任何争议性书籍的任务,将提供其他选择。另外,梅格应该了解到,对于实习教师来说,指导教师的意见是多么重要。

"实习教师的法律地位,对实习教师和合作教师来说,是一个长期存在的问题"(Wentz,2001,p.55)。一项研究发现,只有 40 个州立法保障实习教师的教学权威,没有一个州的法定条款来规范实习教师的解雇、实习教师的分配,或者拒绝实习教师教学的权利(Morris & Curtis,1983)。然而,实习教师应该意识到,他们和认证教师一样,存在潜在的责任。

关于实习教师的一个争论是,在学校里,他们是否可以替代合作教师甚至其他教师。遗憾的是,许多学区没有关于这种做法的政策。然而,根据在一个特定状态下的法规,实习教师在下列条件下可以替补:

- 暂时缺少代课教师。
- 实习教师在学校进行的学生教学任务已经达到了指定的最少课时。
- 学校的指导教师、校长和大学导师认为实习教师有能力成功地处理教学职责。
- 实习教师相邻教室的班级认证教师,或实习教师同一教学团队的成员外出,并同意在必要时帮助实习教师。
- 学校校长或校长代表随时可到课堂。
- 实习教师的任何顶岗服务不获得报酬(该条在某些司法辖区只是参考)。

(Dunklee & Shoop,2002,pp.89—90)

鉴于实习教师所面临的模棱两可的状态,你在开始实习之前,了解相关教学的法律知识,并且对自己的权利和责任有个清晰的认识是很重要的。表 7—1 是由学校法律专家朱莉·米德和朱莉·安德伍德提出的建议,可以参照。

表7—1	对实习教师的法律建议

对实习教师的法律建议

1. 阅读手头上的教师守则，与合作教师讨论其中的内容。确保自己理解了其中的要求和禁例。
2. 充分讨论学校安全规章制度，在紧急情况下，假设课堂被完全掌控之前，一定知道自己该做什么。
3. 清楚意识到与任何活动有关的潜在危险，并采取相应行动保护儿童免受危险。
4. 在要教授课程之前，一定要知道学区对这个课程实行的控制是什么。是否有些特定的课本和/或方法，是学区政策要求或禁止的？
5. 学生记录一定是用来为促进和熟悉自己的教学服务的。确保学生信息将被严格保密。
6. 无论你是实习教师还是付酬教师，你与学生之间的任何问题都应记录下来，以防以后被要求提供相关细节。

资料来源：Julie Mead and Julie Underwood，"A Legal Primer for Student Teachers," *in* Gloria Slick (ed.)，*Emerging Trends in Teacher Preparation：the Future of Field Experience*. Thousand Oaks, CA：Corwin Press，1995，pp. 49-50.

224 你作为一名教师的法律责任是什么？

教师当然需要对满足教学合同的条款负责。就如先前所提到的，教师需要为那些并不包括在合同中但与其教学合理相关的职责负责。这些职责中，可能包括俱乐部赞助、餐厅、自习室或操场的职责；学生的学业咨询的职责；保存档案的职责。

教师也对分配给他们的学生的安全和健康负责。虽然并不指望教师能够完全控制年轻的、精力充沛的学生的行为，但是当学生的受伤是由老师的疏忽所导致时，老师就对学生的受伤负有责任。本章的"教师之声：对现实的研究"表明一位教师在一次实地考察旅行中对学生的安全和健康的关注。

避免侵权责任

路易斯安那州的一位8年级的科学教师离开她的班级几分钟，到学校办公室取一些表格。当她离开后，她的学生们继续做一些实验工作，其中包括使用酒精燃烧装置。遗憾的是，一个女孩在尝试重新点燃有缺陷的燃烧器时受伤了。那么，教师要为这个女孩的伤势负责吗？

以上描述的事件确有发生（Station v. Travelers Insurance Co.，1974）。审理这一案件的法院判决，这位教师在学生处于危险条件之下时未能提供适当的监督。法院注意到，当学生操作具有潜在危险的物品时，教师的足够关心是需要的，并且当学生暴露在他们并未意识到的危险之中时，就需要更多的关心了。

有时，教师可能会担心承担他们的行为所导致的损害赔偿。有关补偿那些由他人疏忽所导致的个体损失的法律分支被称为侵权法。"侵权法处理……导致伤害、故意伤害、诽谤、诋毁的疏忽行为，以及建筑或土地的缺陷所造成的伤害。"（Imber & van Geel，2005，p. 5）

根据**侵权责任**法，疏忽的且未能行使法定职责的个体可能被要求向受伤一方支付损害赔偿金。总体而言，法庭所运用的行为标准是"一个理智的人依据情况慎重地行动"(Imber & van Geel, 2005, p. 268)。然而，教师比普通公民持有更高的标准，并且某些学科的教师（例如，物理教师、化学教师和车间教师）甚至持有更高的标准，因为他们的课堂教学中牵扯到更高的受伤风险。表7—2呈现了数个案例，案例中学生受到伤害，并且教育者违背了他们的关心职责。

表7—2　　　法庭就校方没有达到"照看标准"而引起的失职行为的裁定节选　226

1. 木工指导者允许学生在没有保护措施的情况下操作锯床，导致学生指关节受伤严重。博宾诉州政府案（Borbin v. State, 506 So, 2d 888 , La. App. 1987）。
2. 由于校方没有提供保护性器材，对于比赛监管不当，一个学生在校内足球赛期间肩部关节脱位。洛塞灵顿诉约翰·A·科尔曼天主教高级中学案（Locilento v. John A. Coleman Catholic High School, 525 N. Y. S. 2d 198 , A. D. 3d Dept. 1987）。
3. 一个11岁的学生在游戏时脑部受到严重一击，受伤严重，但一个多小时都没有得到医疗急救。巴思诉［芝加哥市］教育委员会案（Barth v. Board of Education, 490 N. E. 2d 77 III. App. 1st Dist. 1986）。
4. 一个8岁小女孩由于老师桌上点着的蜡烛引起了化妆品着火，烧伤严重。史密斯诉圣路易斯大主教案（Smith v. Archbishop of St. Louis, 632 S. W. 2d 516 , Mo. App. 1982）。
5. 一个12岁的男孩在学校里踢球时，从天窗坠下身亡。斯特布诉科科里克学区案（Stabl v. Cocolico School District, 534 A. 2d 1141, Pa. Cmwith. 1987）。
6. 一个男孩在操场玩耍时，跌入一个杂草丛生、扔有垃圾及其他废品的洞里，受伤严重，原因在于没有校方在场告知危险的情况。迪恩诉［塞瑟尔郡］教育委员会案（Dean v. Board of Education, 523 A. 2d 1059, Md. App. 1987）。
7. 一个女生在去上课的路上，手往门上的玻璃板推了一下，结果造成了严重的永久性受伤。比拉斯卡诉水堡镇案（Bielaska v. Town of Waterford, 491 A. 2d 1071, Conn. 1985）。
8. 一个高中生在体育课上进行橄榄球比赛时，由于老师监管不当，球员用力过猛，把其甩到了地上，受伤严重。海曼诉格林案（Hyman v. Green, 403 N. W. 2d 597, Mich. App. 1987）。

资料来源：Nathan L. Essex. *School Law and the Public Schools: A Practical Guide for Educational Leaders*. Boston: Allyn and Bacon, 1999, pp. 100, 126. Copyright © by Allyn and Bacon. Reprinted by permission.

疏忽

与早前提到的路易斯安那州法庭所作的裁决相反，法院已经明确，有许多导致学生受伤的事故是教师无法合理地预见到的。比如，当一个学生在操场上向另一个学生扔一块石头，击中了那个学生的眼睛，教师在操场职责方面不会被认为是疏忽的。当教师走过一群男生之后，一个男孩扔了一个小石块，小石块击中了地上的大石块，反弹到另一个男生的眼睛里。法院判定"在学生的行为与其同学的受伤之间的时间如此之短，以至于教师没有机会去阻止伤害发生，因而不能说教师的疏忽是学生受伤的直接原因"(Fagen v. Summers, 1972)。在另一个案例中，法院判定一个纽约的教师不可能预料到她让学生捡起的纸袋中会有破碎的瓶子，并弄伤了学生 (West v. Board of Education of City of New York, 1959)。在两个近乎相同的案例中，法院判定一个行为记录良好的班级的教师，当她暂时离开教室去参与她的日常职责时，不能被要求能够预料到一位学生会被其同学扔过来的一支铅笔所伤 (Ohman v. Board of Education, 1950; Simonetti v. School District of Philadelphia, 1982)。

教师之声：对现实的研究 ▶▶▶

打开通向可能性之门

玛丽·汉森

作为一名加利福尼亚州南部大都市的 3 年级教师，我已经努力不仅仅做我学生的"老师"（the teacher）或"女教师"（*la maestra*）——我已经尝试去做一名能够提供比阅读、写作以及数学课更多内容的指导者。我的大多数学生来自低收入家庭，在这样的家庭中，他们关于自身社区地位的观念，不仅仅由他们的经济地位所决定，也由这样的事实所决定：他们的课外活动十分有限，而且许多我们认为理所应当的事情对他们而言是不存在的（比如，有专门的一天，可以"带你的女儿去工作"）。所以我抓住任何机会带社区成员到我的班级中来，与我的 3 年级学生分享他们的经历。

今年，我非常幸运地请到一位国际青年成就组织（Junior Achievement，JA）的志愿者上了关于商业方面的四节课：经营城市、银行、报纸和餐厅的事务。同学们如此全身心地投入到最后一个单元的学习中，以至于我们开始沉浸在成为餐厅经理的事务中。这位国际青年成就组织的志愿者安排我们到当地古镇的一家意大利餐厅——Bucca di Beppo。对于学生们而言，这将是看到真正的餐馆究竟如何运作的好机会！

我必须承认，对于这次旅行我是有所准备的。我们的志愿者非常有信心，而我考虑的事情是：那些沸腾的水壶和锋利的物品边忙碌的 40 只小手，或者有人脱口而出的令人尴尬的评论，但是我只插手了地区交通的事，然后祈求好运。我给他们明确的提醒，他们应该洗手并注意他们的礼仪。我提醒学生他们代表着学校。

在餐厅中，助理厨师查维斯先生在门口欢迎我们。步入尚未营业的餐厅（他们通常只在晚餐时间营业），每一个孩子都睁大了眼睛。这个餐厅以布满墙面的照片著称，非常令人着迷。成百上千的照片，每一张都传达着意大利文化的方方面面：家人们吃着一堆一堆的意大利面，罗马教皇的照片，罗马的雕塑和喷泉。在最初的震撼消退之后，学生们穿过厨房，在餐厅最大的座位区就座。奇迹般地，他们变成了好奇的餐厅小专家。

很快地，（我们的参观结束了）我们不得不回到巴士上。查维斯先生很舍不得我们离开，因为还有很多的问题没有解答。他叫住了厨房的一个工人，"带这些比萨走！"下一件事情我知道了，我们带着餐厅给每一位孩子的礼物回到车上，是 20 个比萨。我疲劳地倒在前排的座位上，意识到我们已经经历了整个旅程，期间没有小意外，没有学生手指烫伤，没有令人尴尬的评论，我比我曾经所能想象的还要自豪。

在我们狼吞虎咽地吃完比萨，喝完半箱的瓶装水之后，开始互相讨论，谈论我们学到的东西。3 年级的学生谈论着如何准备一顿饭才能获取利润。他们谈论着低温冷冻柜及如何能购买一个价格不菲的。他们谈论所见的很多东西，包括墙上的照片。而我最喜欢的部分是他们开始谈论可能性。在这次实地考察旅行之前，我数不清曾经有多少次听这些低收入家庭的孩子们谈论他们在 18 岁时将会从事的低工资的、没有出路的工作，而他们的父母正在从事着低工资的、没有出路的工作。至少有四个孩子继续谈论着将来要去厨师学校，不止两个人认为到餐厅修理冰箱和冷冻柜是很棒的事。布伦达曾经不止一次告诉我她长大以后要像她的母亲那样去打扫房子，她现在告诉我当她18岁时，会去 Bucca di Beppo 餐厅找一份像意大利面主厨这样的工作。"我想我必须从做助手开始，"她带着严肃的目光说道，"但我能变得更好！"她笑着跑出去休息了。

反思

1. 尽管有潜在的责任问题，汉森女士的学生们是如何从这次经历中受益的？

2. 假设汉森女士的一位学生在餐厅的厨房中被锋利的物品割伤，在什么样的情况下，汉森女士不用对学生的受伤负责？在什么样的情况下，汉森女士是需要对学生的受伤负责的呢？

3. 当安排实地考察旅行时，一名教师应该遵照怎样的步骤才能使自己为学生的受伤负责的可能性最小化呢？

玛丽·汉森是加利福尼亚州帕莎迪纳市统一学区的一名全国委员会资格教师 (National Board Certified Teacher)。这篇故事摘自她发表在阿德里安娜·麦克·克里舍的《优秀教师的感人课堂故事》的片段 (*Powerful Classroom Stories from Accomplished Teachers*, Thousand Oaks, CA：Carwin Press, 2004, pp. 156-159)。

当法庭认为一个案件涉及侵权责任，就需要检查证据，以决定责任方（学区、管理者或教师）是否有疏忽行为。如果学校管理者被认定是有责任的，那么必须呈现下述各项：

（1）一项法定职责。

（2）违反职责的方面。

（3）在教师指导和由此引起的学生受伤之间的因果联系，这通常被作为"直接原因"。

（4）损失和破坏的实际情况。(LaMorte, 2008, p. 423)

作为教师，你应该警惕那些可能引起一个或更多学生意外受伤的环境条件。你对你的学生负有职责，当学生因你的**疏忽**而受伤时，你需要承担责任。但是，你承担的职责仅扩大到这样的情况：你未能给学生足够的关心致使他们遭受伤害，而这种关心是理智的人都会给予的。一份涉及教师侵权职责的法院案件审查表明，大部分的案件至少包含以下要素之一：

● 监督不足。

● 指导不充分。

● 对学生缺乏药物治疗，或药物治疗不当。

● 非法公开关于学生的诽谤性信息，比如，泄露包含有对学生负面评价的学校记录。

由于可以购买责任保险，教师对他们未能防止学生受伤的潜在责任的忧虑降低了。很多教师专业组织将提供责任保险项目作为成员福利的一部分。教师也可能购买个人的责任保险单。此外，大约一半的州的学区免除了学区雇员所犯的侵权责任 (LaMorte, 2008, p. 425)。

教育渎职

自20世纪70年代中叶以来，一些申诉人就已经在他们的教育渎职诉讼中提出，学校应该对学业显著失败的学生负责。在第一个类似案件中，彼得·W·多伊的家长控诉圣弗朗西斯科联合学区失职，因为它允许他以5年级的阅读水平从

227

高中毕业，而这一不利条件将使他不能在成人社会中工作。尤其，他们控诉"被告的学区、它的代理人和雇员失职地、粗心地未能在阅读、写作之类的基本学习技能上提供给申诉人足够的指导、引导、咨询和/或监督，尽管学区有职权、责任和能力（这样去做）。"因为教彼得的老师们的工作失职，彼得的家长向其索要 50 万美元的赔偿金。

在评价彼得和他的家长的要求时，法院指出声称的伤害不在侵权法的范围内，并且很多导致学业成就失败的因素超出了学校职责或控制。法院并未保留学校对彼得学业失败的职责，并澄清如果保留的话就会为潜在的极端结果树立先例："在学校执行学术功能时，保留（学校）可起诉的照顾义务，将使它们面对无数不满的学生和家长的侵权责任要求，这些要求是真实的或想象的……就公共的时间和金钱而言，最后的结果将给学校和社会造成数不尽的负担。"（Peter Doe v. San-Francisco Unified School District，1976）

报告虐待学生的行为

法律要求教师报告虐待学生的行为。地方的、州的以及联邦的儿童福利机构鼓励教师敏锐察觉学生的表现和那些可以暗示出其遭受身体、情感或性虐待等症状的行为。表 7—3 呈现了可能的儿童虐待的身体和行为指标清单。许多社区通过其警察部门或公共和私人机构，提供适合儿童的教育项目，从而在儿童虐待方面教育他们，并向他们说明如何获取帮助。

228　　表 7—3　　　　　　　　　儿童虐待和忽视的身体和行为指标

身体虐待的预兆
身体指标
● 脸上、颈部、上臂、臀部、大腿或后背下方有无法解释的不同类型或形状的青肿、条痕，表明有人对幼儿使用工具（如皮带扣、电源线），幼儿尚处于不同阶段的康复中，且经常发生在幼儿缺席、周末或假期。
● 无法解释的烫伤或香烟烫伤，尤其是在手掌、脚底、腹部、臀部；浸入式的烧伤在手上和脚上产生的"长袜"或"手套"的分界；在臀部或生殖器官位置有圈状的烫伤。
● 绳索烫伤。
● 表明拖延治疗的感染烫伤；烫痕的形状为一般的家庭器皿或用具。
行为指标
● 行为极端（冷淡、攻击、退化、抑郁）。
● 对家长或看护者的不合适的或过度的恐惧。
● 反社会行为，例如，药物滥用、旷课、跑开、害怕回家。
● 对伤害的不可信或前后矛盾的解释。
● 幼儿异乎寻常地撒谎，同时仔细检视周围。
● 异乎寻常地害羞；谨慎的身体接触。
性虐待的征兆
身体指标
● 撕裂的、弄脏的或有血的内衣。
● 频繁的、无法解释的颈部疼痛；泌尿器官的感染。
● 身体方面的抱怨，包括生殖器官的疼痛和发炎。
● 性传染疾病。
● 外生殖器、阴道或肛门部位的青肿或流血。
● 怀孕。

行为指标
<ul><li>被害人揭露性虐待。</li><li>退化行为（吮拇指、尿床、害怕黑暗）。</li><li>混乱的或引诱的行为。</li><li>情绪不正常的睡眠类型（反复梦魇）。</li><li>对性问题有不寻常的、与年龄不符的兴趣。</li><li>不穿内衣或外衣。</li><li>学习成绩突然下降；旷课。</li><li>走或坐有困难。</li></ul>

情绪虐待的征兆
身体指标
<ul><li>饮食失调，包括肥胖和厌食。</li><li>语言混乱（口吃、结巴）。</li><li>在语言或运动技能的获得方面发展迟缓。</li><li>体重和身高大幅低于平均水平。</li><li>幼儿头上有扁平的秃的斑点。</li><li>神经混乱（发疹、喉头炎、脸部抽搐、胃痛）。</li></ul>
行为指标
<ul><li>习惯失调（咬、摇摆、猛撞）。</li><li>残暴的行为；通过伤害儿童、成人、动物来获取快乐；通过被虐待获得快乐。</li><li>与年龄不符的行为（尿床、弄湿、弄脏）。</li><li>行为极端：过度顺从—苛求；性格孤僻的—攻击性的；冷淡的—亢奋的。</li></ul>

忽视的征兆
身体指标
<ul><li>糟糕的个人卫生，包括寄生虫、疥癣、严重的或未治疗的尿布癣、褥疮、体味。</li><li>斜视。</li><li>不合适的衣着：缺少了衣服的关键物品（内衣、袜子、鞋子）；穿着过多或相比天气条件穿衣太少。</li><li>未治疗的伤害或疾病。</li><li>缺乏免疫力。</li><li>长久暴露在自然环境中的指标（过量的晒斑、昆虫叮咬、寒冷）。</li><li>身高和体重显著低于年龄水平。</li></ul>
行为指标
<ul><li>异于寻常的学校出席率。</li><li>长久的缺席。</li><li>长久的饥饿、疲劳或嗜睡。</li><li>乞讨或收集剩饭剩菜。</li><li>承担成年人的职责。</li><li>报告家中没有看护人。</li></ul>

229

　　宪法第四修正案的担保人的免受非法的搜索和逮捕，并且有时候，家长和监护人已经提出一种违背宪法第四修正案的行为，宣称学校员工不应该通过问询和测试学生来判断是否发生儿童虐待行为。在一个宾夕法尼亚的案件中，法院总结认为学校问询学生有关可疑的虐待情况没有违反宪法第四修正案。根据法院所述，宾夕法尼亚州的《儿童保护服务法》需要教师和管理者决定是否"有理由相信"学生已经被虐待（Picarella v. Terrizzi，1995）。

　　学校通常在处理可疑的虐待案件时有一定的程序，其中包括学校校长、一名护士和报告的教师。由于被报告的虐待行为将进一步危及儿童的幸福安宁，因此需要谨慎和敏感。

遵守版权法

信息技术的持续发展导致了一系列涉及版权法的教师责任，这些版权法涉及复印件、录像带和电脑软件。国会通过增加合理使用的原则修正了1976年颁布的版权法。虽然合理使用的原则不能被精确地定义，这大致如马库斯诉罗利（Marcus v. Rowley，1983）案件中阐释的一样，也就是说，一个人可以"以合理的方式使用具有版权的材料却没有（版权持有者的）许可"，只要这种使用没有减少其作品的需求量和著者的收入。

为"推动国家版权法进入数字化时代"，《数字千年版权法》（Digital Millennium Copyright Act，DMCA）修正了1998年的版权法。它使规避模块化复制的手段（例如，加密和解密）成为违法的，这些手段控制着人们对受版权保护的作品的使用。然而，根据法规，为了让教育机构就是否愿意获得作品的使用权做出善意的决断，他们可以回避这些保护措施。

关于在网络上能够获取的大量材料（以文本、音频、视频和图示的形式），教师必须考虑适用于这些材料的版权法和规定。遗憾的是，版权法并未能为使用网络上能获取的智力成果提供指导方针。在任何情况下，教师应该知道他们在网络上浏览到的材料是已经出版的，以及知道正当地使用这些材料的原则。

复印件

为了阐明涉及教师从书本和杂志上复印教学材料的正当使用原则，国会支持一系列由教育者、作家、出版者开发的指导原则。这些指导原则允许教师单份复制用于教学和科研的受版权保护的材料，但是它们对多份复制有更多的限制。对作品的多份复制必须达到简短、自发、累积效果的测试要求：

● 简短意味着短篇幅的作品能够被复制。诗歌或者其他不能超过250个单词，对更长作品的复制不能超过1 000个单词或者这个作品的10%。一本书或者一篇文章中只有一个表格或图片能够被复制。

● 自发性的标准意味着教师在进行复制时没有时间请求版权所有者的准许。

● 累积效果的标准限制在某一课上使用复制，也限制了在一个学期中对同一个作者、书本或者杂志的材料复制。另外，每个班级每个学期不允许超过九例多次复制。

录像带

电视广播教师制作的录像带使用指导原则于1981年由美国国会发布。教师在班级使用的录像材料仅能在录制后的最初10天内被使用一次。为了加强对学生学习的指导和评估，录像带的额外使用是有限制的，并且必须在其录制后的45天内抹掉录像带。

电脑软件

随着电脑技术在学校的激增，教师们面对一个新的道德和法律问题——支持涉及电脑软件的版权法。在电脑硬盘驱动上违法地拷贝软件——实际上，是盗取他人的智力成果——是非常容易的："富有伦理道德的人去索取并且/或者给予他人违法的软件拷贝是很普遍的。"（Schwartz & Beichner，1999，p. 193）因此，作为一名教师，在涉及计算机软件版权上，成为一个道德行为的典范是很重要的。正如你不会允许学生去剽窃抄袭他人文本材料或者上交不是由他们自己完成的作业，你在有关计算机软件的使用上应该遵循同样的行为标准。

软件发布者已经开始担心对他们所有版权材料的滥用。有限的学校预算和软件的巨额花费导致了未经授权的软件复制。为了探讨这个问题，版权法在1980年被修订，从而将正当使用原则运用于软件。相应地，作为一名教师，你可以现在备用一份程序复件。如果你做了多份软件复制，将违反正当使用原则，因为软件很容易被购买，并且多份拷贝将大幅地减少软件的市场。软件发布者们对允许学校使用他们的软件有不同的观点，并且你应该注意到自己所购买使用的每一个软件程序的许可类型。

计算机网络程序实施的增长——就是说，在网络系统文件服务中储存计算机程序的拷贝版，以及在网络中使用计算机程序——也为软件发布者们所考量。这一实施尚未在法院得到检验。然而，随着更多的公立学校发展计算机网络，网络软件的相关问题将更多地在法庭上得到探讨。

近来，版权法正被加以修改，以反映正当使用原则在数字资料中的应用。目前，有两个关于合法性的问题没有得到版权法的解答，因为其涉及计算机软件在教育中使用，以下为两项合法性：（1）在实验室的多台电脑上停止一个程序；（2）擅自更改程序以用于计算机网络。版权法澄清了决定是否对版权材料构成正当使用或侵权的四个因素：一是使用的目的和性质，包括这样的使用是出于商业目的或者出于非营利的教育目的；二是版权作品的性质；三是被使用并与版权作品整体关联的部分的数量和实质；四是使用对版权作品价值的潜在市场的影响。

电子邮件和网络

随着通过电子邮件发送文件的大幅增长，版权法已经扩展到网络空间中。网上发布资源可能包含着一个著者（们）的声明，即这些资源受版权保护，以及不可以在未经准许的情况下被复制。在其他的案例中，材料可能包含着一个如下的声明："准许承认通过电子渠道或者其他方式自由地分发这些材料，但需要保持其非常完整且未经修改地提供，这些材料是公开承认的，并且不收取任何费用。"

如果这些材料没有限制地在网络上被发布，有人可能会认为是作者自己取消了版权的特权。然而，如果这些材料被复制，就应该在材料中体现恰当的信用和引证。这一章的"行动中的技术"部分解释了虚拟实验室怎样帮助学生理解生物学、天文学、化学以及物理等学术领域。如果学生们从这些地方使用材料来写作论文和报告，他们应该确认引用了他们信息的来源。

行动中的技术：9年级生物课的虚拟实验室

231

每年这个时候，赖吉德夫人的学生们就开始感到紧张。她教授9年级的科学导论教程，同学们会在接下来的几周里解剖青蛙。同时，在每年的这段时间里，许多她的学生们带来了来自家长的请求准许学生离开课堂的便条。赖吉德夫人能够证明那些没有参与青蛙解剖活动的学生与他们在高中科学中日渐下降的学业表现直接相关。她需要一些东西来帮助她的学生们明白这门课的概念，同时使他们与剖开青蛙的粗鲁行为撇清关系。

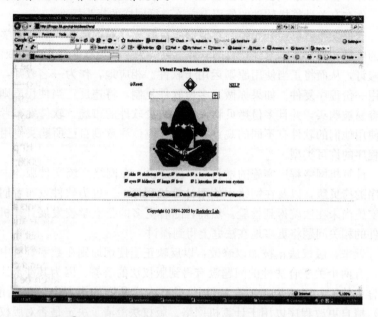

于是赖吉德夫人开始了一个解剖青蛙的网络探究并且发现了一些选择。这个网络是非常方便用户的，可通过网页进入，并且免费。在得到家长允许之前，她决定在其后来的课堂中使用虚拟实验室（一种重复生物实验室中的活动的软件程序）。第二天，她带着学生们来到了计算机实验室，请他们打开网页浏览器，导航到解剖青蛙的网页，然后请他们解剖虚拟青蛙。少数学生评论说"恶心"和"粗俗"，但是学生们操作得非常好。他们每个人将青蛙保存在福尔马林中，解剖它，并且能够恰当地识别器官和结构。

接下来的一周，到了向学生们家里发送解剖真正青蛙的许可信的时候了，她发现更多的学生计划参加。她还发现她的学生为参与真正的解剖行动做了更充分的准备。他们知道做什么、怎么做，以及对这个行动的预期是什么。她认为有一天这样的虚拟实验室将确实可以代替真正经验的需要——花费更少，并且不再有甲醛的气味。

虚拟实验室：虚拟实验室重复了发生在生物实验室中的活动，并且在没有设备需求、供应和危险材料的条件下提供了基本所需的学习成果。虽然虚拟实验室的效果在实践中存在争议，毫无疑问的是它们将更受欢迎，并结合了工业技术的改善，对于教师们而言是一个很有前景的发展。这些实验室通常以交互动画的形式，学生们做决定、实现操作、并选择工具，动画程序还能给予恰当的反馈。一些虚拟实验室使用视频、图示和音频补充学习材料。

访问：http://www.sciencecentral.com/。这个网站不断地更新新的工具和用户评价。

可能的应用：教师们已经成功地使用了虚拟实验室帮助学生们理解生物学、

物理学、天文学以及化学。一些虚拟实验室允许学生们练习适当的河流恢复技术，探究人类尸体，并进行尸体解剖，以及结合复杂的要素，去看这些要素是怎样相互影响的。

尝试：打开网站并访问：http://www.sciencecentral.com/，点击生物学链接。然后以网络搜索引擎进入"虚拟青蛙"。将会出现一些选择，挑选一个看起来最有吸引力的选项。

以下指导方针适用于在未获得版权所有者许可的情况下，决定在多大程度上 *232*
某个传播媒介可以被认为是正当使用的：

- 多媒体播放——最多达到10%或者3分钟，无论哪个更少。
- 文本——最多10%或者1 000个单词，无论哪个更少。
- 诗歌——整首诗歌最多可以使用250个单词，但是一位诗人不能超过三首或者任何选集中不同的诗人不能超过5首。对于更长的诗歌，250个单词可被使用。
- 音乐、歌词和音乐视频——最多10%但是不能超过30秒，任何的变动都不能改变原有的基本旋律或者作品的特征。
- 插图和照片——一位艺术家或摄影师不能超过5幅图片。
- 固定数值数据——最多10%或者2 500个条目，无论哪个更少（Green, Brown, & Robinson, 2008, p.120）。

网络出版

世界上成千上万的教师及他们的学生在网络主页上发布材料。教师和学生产生的材料受版权保护，其中包括在未经允许的情况下不能被随意复制的声明。此外，教师应该注意在发布材料中不能包含使一些人认出班级中的孩子们的信息。孩子们的姓氏从不应该被发布，也不应该发布带有任何可识别信息的儿童照片。

学生和家长的合法权利是什么？

作为一名未来的教师，有义务对学生的权利有所了解。自20世纪60年代以来，学生常面临着他们所察觉到的教师和学区对其行为的非法限制。

言论自由

1969年的廷克诉莫伊内斯独立社区学区案（Tinker v. Des Moines Independent Community School District）或许是在有关学生**言论自由**的案例中被引用得最为频繁的。最高法院在廷克裁决，当13岁、15岁和16岁的三名学生被禁止在学校佩戴黑色臂章以抗议越南战争时，他们具有的美国宪法第一修正案中的言论自由权被否定了。法院裁决认为，不论是学生还是教师，都不能被剥夺在校园门口演讲或表达自由的权利。此外，法庭并无证据表明行使这种权利干预了学校运行。

审查制度

在学生言论方面常引起争议的一个主题是学生出版物。1988年以前，法院对此界定比较清晰，学生的著作权受到宪法的保护，唯有当其对学校的运行构成了干扰和实质性的威胁，即该出版物对学校构成了诽谤或者被认为是粗俗和淫秽的出版物时，那么该出版物就会受到控制。然而，学校的官员如果觉得有必要采取这种控制方式从而维持学校的秩序，则可以使用"事前**审查**"，要求学生在出版前将著作递交给学校。

在这些指导方针下，学生时常能够成功地捍卫他们的言论自由。例如，高中生在学校报纸中放置广告反对越南战争的权利得到了支持（Zucker v. Panitz，1969）。学生分发避孕信息的权利以及关于吸食大麻的法律在尚利诉东北独立学区案（Shanley v. Northeast Independent School District，1972）中得到了支持。其他的案件也支持了学生出版有关批判教师、行政官员和其他学校人员的专著的权利（Scoville v. Board of Education of Joliet Township High School District 204，1970，1971；Sullivan v. Houston Independent School District，1969）。

然而，在 1988 年 1 月，最高法院在黑兹尔伍德学区诉库尔迈耶案（Hazel-wood School District v. Kuhlmeier）的 5－3 裁决中，背离了早期的廷克案的决定，并给予公立学校官员大量的权力审查由学校资助的学生出版物。该案件涉及密苏里州中学校长对名为《光谱》（*Spectrum*）的校报进行的文章审查，这些文章的主题是有关少女怀孕和离婚对学生的影响。校长认定这些文章是不合时宜的，因为它们或许会指认哪些是怀孕的学生，并且向青少年提及性行为和避孕是不合适的。一些学生在报纸工作人员中散发自己的文章，然后对学区进行起诉，他们宣称自己具有的宪法第一修正案中的权利已经受到了侵犯。

对于黑兹尔伍德学区诉库尔迈耶案的主要著作，拜伦·怀特法官（投票支持廷克案的主流观点）认为学校官员可以禁止"语言不符合语法、肤浅的写作、研究不足、存在偏见、粗俗或亵渎的、不适合不成熟观众的言论"。怀特同时指出廷克案关注学生的"个体表达"权利，密苏里州的案件涉及学校资助的出版物，这些出版物是学校课程的一部分，并且支持"学校的出版许可"。根据怀特的描述，"只要学生的行为与合法的教育事务合理地相关，教育者通过在编辑上控制学生在学校资助的表现活动中呈现的言论风格和内容的方式，就没有违反第一修正案"。

一个关于尝试控制名为《坏阿斯特拉》（*Bad Astra*）的秘密学生报纸的案件有不同的结果。华盛顿兰顿市的五位高中生在没有学校资金支持和权威人士的知识指导的情况下，自费创立了一份四页的报纸。《坏阿斯特拉》收录了一些批评学校政策的文章、一项对教师的模拟调查评估，以及一些诗歌精选。学生们在一个高年级班的烧烤活动上散发了 350 份报纸，活动是在学校操场举行的。

发完报纸后，校长将谴责的信件放在了五位学生的档案中，学区也确立了一项新的政策，即被有意散发 10 次以上的、由学生所写的、非学校赞助的材料，应接受预先审核。学生在联邦地方法院提出起诉，宣称这侵犯了他们的第一修正案权利。但是，法院裁决新政策"充分地体现了宪法"。为了坚持该政策的违宪性，学生们于 1988 年在第九巡回法院提起了上诉并胜诉。该法院裁定《坏阿斯特拉》并未在学校实行合理编辑控制的范围内。

着装规范

在与学生权利相关的问题中，很少会产生诸多关于着装规范与发型的法庭案件。法院在审理这方面案件的要求促使最高法院的雨果·L·布莱克法官进行观察，他不相信"联邦宪法会强加给联邦法院关于监督公立学校学生所应留的头发长度这种负担"（Karr v. Schmidt，1972）。与布莱克法官的观察一致，最高法院再次拒绝对下级法院的裁定进行审查。

一般来说，法院指出，学校的着装规范只要清晰与合理即可，并且要告知学生。然而，当这种规范的合法性受到挑战时，法院的裁定在很大程度上表示如果学生的穿着是庄重的，不对教育过程造成阻碍，那么学校就无法限制。

然而，私立学校的学生并没有廷克诉莫伊内斯独立社区学区案所提供的第一修正案的保护措施，因为私立学校并非隶属州政府。结果是，私立学校的学生被要求穿制服，并且"在学生权利上存在分歧，一般通过运用合同法对学生的出勤率进行管理，达成协议，从而使问题得以解决"（LaMorte，2008，p. 117）。

曾经，教育者对学生仪表的关注限于发型和不庄重的着装。然而，正如迈克尔·拉莫特（Michael Lamorte，2008，p. 175）指出的，当今的教育者或许关注"描绘暴力的T恤、毒品（如大麻与大麻叶）、种族主义言论，或者如巴特·辛普森的特征；撕裂的、宽松的或下垂的裤子或牛仔裤；有光点的运动鞋；彩色的丝质大手帕；棒球帽或其他类型的帽子；头皮刻字，色彩鲜艳的头发，奇特的发型，或男性的马尾辫；暴露的内衣；马尔科姆的X标志；数码随身听、手机或呼机；双肩背包；文身，非正常颜色的口红，穿鼻或耳环一对；装饰的牙套"。

由于帮派团伙和仇视团体的暴力行为在过去的十年中更加普遍地在公立学校出现，因此，当法院权衡学生表达自我的权利和学校当局维护安全和非破坏性环境的权利时，其裁定更加普遍地倾向于学校（LaMorte，2008，p. 175）。这一平衡在杰格林诉圣贾辛特统一学区案（Jeglin v. San Jacinto Unified School District，1993）中得到明显的体现。在该案例中，学校禁止穿附有文字、图片以及学院或专业运动团队徽章的服饰的着装规范遭到挑战，因为它违反了学生的表现自由。法院承认规范侵犯了小学生和中学生的权利，但并不包括高中生的权利。据了解，现存于高中的帮派，穿着运动服饰恐吓学生和教师。法院认为对学生权利的剥夺并没有显示混乱一定发生，只是存在的事实合理地引导着学校官员预测巨大破坏的发生。

在科罗拉多州李特尔顿的科伦拜恩高中的1999年枪击事件发生后，该事件引起了14名学生和1名教师的死亡——其中包括两名枪手，这两名枪手都是一个称为"风衣黑手党集团"的成员——许多学区对学生的着装规范进行了更多的限制。枪击事件10天后，一名支持学校勒令一位穿着印有"维根"（一位不吃动物产品的素食主义者的名字）T恤的学生停学的法官，谈到"自从两名学生在科罗拉多州的枪击事件中穿军用防水短上衣后，帮派服装变得让人尤其不安"。在阿肯色州的琼斯博罗市，四名学生和一名教师在往年被枪杀，一群自称为"风衣黑手党集团"的男孩和女孩被停学了10天（Portner，1999）。

为了降低学校的破坏与暴力行为，当前一些学区要求年轻的学生穿制服上学。1994年，拥有90 000名学生的加州长滩的学校第一个要求从学前到8年级的学生穿校服并使其制度化。目前，亚拉巴马州伯明翰市、芝加哥布、俄亥俄州代顿市、加利福尼亚州奥克兰市以及圣安东尼奥等地区的公立学校要求小学生穿制服。在2002—2003学年的初始，当学校委员们以8：1投票赞成在175所学校范围内实行校服政策时，孟菲斯市采取了措施，成为美国第一个要求所有学生穿校服的城市地区（Richard，2002b）。

当前，有一半的州确立了在学区内强制穿校服的要求，并且"据估计显示，未来几年内，有 1/4 公立学校的学生会穿校服"（LaMorte，2008，p. 178）。法院也支持强制性的校服政策。例如，一所法院刚对一名父亲进行了裁决，他挑战纽约市从学前至 8 年级统一穿着校服的政策。这名父亲声称同意该条款将会使自己的女儿更加出色，然而纽约市教育委员会指出该政策将会"促进更有效的学习环境的形成；促进学校的团结和荣誉感；增强学生的表现；培养自尊；消除品牌竞争；能使穿着简单化和家长花费最小化；教会学生在工作场所恰当的着装和礼仪；帮助提高学生的行为和纪律"（Lipsman v. New York City Board of Education，1999）。

停学和开除的正当程序

235

1971 年的 2 月和 3 月，在全市动荡的时期，共有 9 名学生受到俄亥俄州哥伦布市公立学校系统 10 天的停学处分。一名学生在校长面前对一名警察进行了人身攻击，该警察正试图制止一名学生对学校礼堂的破坏。另一名学生被停学是由于他参与了扰乱餐厅而导致学校财产受损。所有的 9 名学生都依据俄亥俄州的法律被停学。一部分学生和他们的家长能够有机会在停学实施前参加讨论会，但 9 名学生中没有一人具有申诉机会。9 名学生都对学校系统提出了起诉，声称自身的宪法权利被剥夺。

在一项存在严重分歧的 5∶4 的决定中，最高法院裁决学生拥有受教育的合法权利，这种"产权"只有通过使用程序化的合理过程才能得以废除。法院坚持认为停学行为对于被停学的孩子们是人生中的"严重事件"，学校不能以任意的方式强加在孩子身上（Goss v. Lopez，1975）。

类似戈斯诉洛佩斯案的案件使每个州概述了关于学校官员对学生行使停学和开除的程序。在短期停学（由法院裁定，开除出学校 10 天及以下）的案件中，合理的程序步骤在某种程度上具有灵活性，主要由违规的性质和停学的长短所决定。然而，正如表 7—4 所示，长期的停学（超过 10 天）和开除要求更全面的正当程序过程。纪律上要求将具有破坏性的学生转移到另一所学校，只是为了满足他的需要，并不被认为是一种开除行为（Alexander ＆ Alexander，2009；LaMorte，2008）。

为了应对不守规矩的学生扰乱他人学习行为的增加，一些地区和州授予教师停学学生 10 天的权力。例如，俄亥俄州辛辛那提市和佛罗里达州戴德郡的教师已经通过协商达成协议，即教师被赋予权威从而使那些破坏的学生从课堂中离开，然而，由地区的行政官员来决定学生如何被约束。1995 年，印第安纳州成为授予教师停学学生权力的第一个州。第二年，纽约州州长提出议案，如果学生有"对抗学生、教师和学区员工的犯罪行为；持有或使用枪、刀和其他危险武器进行威胁；损害学区财产；损害教师或其他员工的个人财产；无视教师或管理员的命令，不停止破坏行为"的情况，便允许教师将学生从课堂中开除出去 10 天（Lindsay，1996，p. 24）。

表 7—4　　　　　　　　　　　停学和开除的正当程序

停学

1. 关于现有的管理学生行为的规定，学校必须充分地通知学生和家长。这些规定必须被清楚地传达给所有受其实施影响的人。

2. 汇编包括如下信息的一份记录：

    a. 被指控所犯的违法行为。

    b. 被指控犯法行为的时间。

    c. 被指控违法行为发生的地点。

    d. 违法行为的目击者。

    e. 先前为补救被指控的违法行为所作的努力。

3. 至少向面临搜查的学生提供某种类型的通知，随后进行一次非正式听证会。

4. 应该向学生提供对其控诉的口头和书面通知，学校当局所具有的支持控诉的证据，以及一次反驳控诉的机会。

5. 由于永久开除不是计划中的，因此不需要在发布通知和实际的听证会之间有所延迟。在大部分案例中，学校官员也许会在通知之后马上与学生非正式地讨论被指控的不良行为。

6. 在听证会期间，学校官员应该倾听问题的每一方。学生应该有足够的时间未经打断地呈现他们这一方对问题的观点。

7. 应该通知家长或监护人听证会之事，并向他们提供由听证会所产生的行动的书面通知单。书面通知单至少包括：

    a. 对学生的控诉。

    b. 描述支持控告的证据。

    c. 停学的天数。

    d. 关于是校内停学还是校外停学的决定。

    e. 学生返回学校之前，必须达成一个其他条件的清单（例如，和家长或监护人的会谈）。

    f. 通知家长或监护人可以向人事主管或被指派者上诉停学决定的一个声明。

8. 应该电话通知家长或监护人停学决定，接着迅速向他们邮寄书面的通知，最好在听证会的当天用挂号信寄出。

开除

1. 学生、家长或法定监护人应该被告知，学校或区的特殊违法行为政策可能会导致学生被开除。他们也应该被告知他们享有美国宪法第十四修正案的权利，其中涉及实质性的、过程化的正当程序。

2. 如果发生严重不良行为，可能需要采取严厉的惩罚方式，学生具有获得书面控告通知和一场公正的听证会的权利。书面通知必须在实际的听证会之前很好地被提供给学生和家长或监护人。

3. 至少应该考虑以下程序化步骤：

    a. 控告的书面通知。

    b. 一场公正的听证会的权利。

    c. 检查证据的权利。

    d. 为学生呈现证据的权利。

    e. 法律咨询的权利。

    f. 呼叫证人的权利。

    g. 交互盘问和对峙的权利。

    h. 反对自证其罪的权利。

    i. 上诉的权利。

合理的搜查与扣押

你有理由相信学生藏有毒品，也许在他的储物柜中还有危险的武器。作为一名教师，你是否有权利搜查学生的储物柜，扣押任何非法或危险的物品呢？

根据第四修正案，如果没有搜查令，市民便免受搜查和扣押。然而，随着吸毒在学校及学校相关的暴力表现中的升级，涉及学校中搜查和扣押的合法性的案件正在增加。这些案件阐明了面对上述描述的情形时可以遵循的指导方针。

1985 年新泽西州诉 T. L. O. 案件（New Jersey v. T. L. O. ）中有一位 14 岁的名为 T. L. O. 的学生，她的教师发现她在休息室中吸烟。教师将这名学生带到了校长办公室，于是校长要求看她钱包里的物品。当打开钱包时，校长发现了一盒香烟和看起来类似吸毒用具的物品，上边写着"欠我钱的人"。T. L. O. 被逮捕，之后被指控为犯罪。

一年之后，T. L. O 被判缓刑，她上诉声称在她钱包内发现的证据是违反宪法第四修正案的，违法的搜查玷污了她对兜售大麻的供认。美国最高法院认为该搜查是合理的。该法院特别提出了对搜查合理性的双层判断标准：（1）学校的官员对学生侵犯法律或学校政策必须是合理的怀疑；（2）搜查必须在合理的范围内使用合理的方法进行。

另一个案件专注于使用训练的警犬对印第安纳州海兰市 2 780 名初中生和高中生开展搜查。在 2.5～3 个小时内，六支由德国牧羊犬组成的队列嗅了嗅学生。牧羊犬一共提醒了指挥者 50 次。17 名搜查员刚开始便通过牧羊犬发现了啤酒、吸毒用具和大麻。被选出来的另外 11 名学生（其中包括 13 岁的黛安娜·多伊）都在护士的办公室内进行光身搜查。原来黛安娜在某个比较热的早晨与她的小狗一起玩，警犬对其他小狗在戴安娜衣服上留下的气味做出了反应。

黛安娜的父母后来提起了诉讼，指责他们的女儿被非法进行搜查。法庭裁定使用警犬进行搜查并非不合理，在指导教室里扣留学生也并未违反第四修正案的要求。然而，法院认为对学生的光身搜查是不合理的，指出学校工作人员并没有证据表明黛安娜藏有违禁品，因为在进行光身搜查之前，她按照要求清空了自己的口袋。黛安娜获得了 7 500 美元的损失费（Doe v. Renfrow，1980，1981）。

有关学校事务的搜查和扣押等方面的案件始终主张，学校的储物柜是学校而非学生的财产，如果存在合理的原因，可以被学校当局进行搜查。此外，如果学校当局合理怀疑或许会发现非法或危险品，那么学生便会被警犬进行嗅觉识别。最后，法庭"会增加对学生进行光身搜查的教师的支持，尤其是针对年轻学生……然而，个性化的怀疑会导致侵犯性的搜查"（LaMorte，2008，p. 171）。

总之，法院已经尝试在学校的信息获取和学生的私人权利中寻求平衡。为了使他们免受与搜查相关的法律的挑战，教育者应遵循学校法律专家所提出的指导方针：

- 在学年伊始，通知学生和家长对储物柜和个人进行搜索的程序。
- 对任何搜查都基于"合理的怀疑"。
- 与其他工作人员进行任何一项搜查。
- 避免对学生群体的光身搜查或大规模搜查。
- 在学校中进行搜查前，要求警察拥有搜查令。

一些学校使用药物测试作为体育赛事的观众或校际参与人员的要求，或者将其作为一种纪律手段。一个 1988 年的法庭案件支持对随机选取的学生运动员做尿液的药物检测，因为这些检测都是确定的，如有问题，运动员只会被暂停一段时间不能参赛，而不会有纪律和学业上的惩罚（Schaill v. Tippecanoe School Corp.，1988）。类似地，美国最高法院撤销了下级法院的裁决，并声明学区的愿望是通过具备合理的干涉程度，要求对学生运动员的尿液进行随机测试，从而减少药物的使用（Acton v. Vernonia School District，1995）。一些学区已经尝试对教师进行强制性的药物测试。迄今为止法院支持在帕乔格—梅德福教师委员会诉帕乔格—梅德福联盟自由学区教育委员会案（Patchogue-Medford Congress of Teachers v. Board of Education of Patchogue-Medford Union Free School District，1987）中所提出的决定，即对教师的药物检测侵犯了第四修正案中关于禁止非法搜查的条款。

隐私

1974 年以前，学生和家长不允许查阅学校的档案。1974 年 11 月 19 日，国会通过了《家庭教育权和隐私权法案》（Family Education Rights and Privacy Act，FERPA），该法案赋予 18 岁及以下和 18 岁以上的学生家长查阅学校档案的权利。每所公立或私立的教育机构必须遵循这项法律，即众所周知的《巴克利修正案》（Buckley Amendment），否则将会失去联邦政府的资金保障。

在《巴克利修正案》的指导下，学校必须做到以下几点：

（1）告知家长和学生他们的权利。

（2）为学生和家长提供关于可获取的教育档案有哪些类型以及如何获取它们等信息。

（3）允许家长或学生审查档案；请求修订；如果修订不被允许，则要求进行听证；如果有必要，增加他们自己对档案的解释。

（4）没有家长或学生的知情同意书，不透露个人的身份信息。

（5）允许家长和学生查阅学校披露的档案。

《巴克利修正案》实际上阐述了学校必须遵守的最低要求，许多州和学区已经超越了这些最低的准则，给予学生查看其档案的权利。例如，许多高中现今允许 18 岁以下的学生查看他们的教育记录，弗吉尼亚州从小学到中学的所有学生都能保证查看自己的档案。

免责条款

一些免责条款是《巴克利修正案》所允许的。例如，教师的成绩册，由教师撰写以供其独自使用或与代课教师分享的精神治疗记录、文件或档案，或者学校执法单位的私人笔记，一般都不受检查。

克里斯特亚·法尔弗对让学生对他人的作业进行评分（同伴互评）的行为提出了挑战，因为这会让她的三位孩子感到尴尬，并且导致评分的错误，此时《家庭教育权和隐私权法案》的规定在 2000 年便得到了国家的关注。地区法院不同意并且支持学区的决定，坚持认为同伴互评是一种普遍的学校实践。然而，第十巡回法庭上诉推翻了这项决定，裁定同伴互评的行为侵犯了学生的隐私权，因为成绩进入了教师的成绩手册，因此适合对"教育档案"的界定（Favlo v. Owasso Independent School District，2000）。然而，最终该案件被移交到最高法院，以 9：0 的结果裁定《家庭教育权和隐私权法案》并不是打算保护日常课堂作业中的成绩，学生可以评定其他人的作业（Owasso Independent School District v. Falvo，2002）。

课堂中的摄像头

2003 年，当密西西比州的比洛克西市成为全美第一个在课堂中使用摄像头监控学生活动的城市时，另一个与隐私相关的问题便随之产生。在这之前，一些学校使用摄像头对走廊、食堂、礼堂和停车场进行监控。

一些观察者担心在教室中使用摄像头会干扰学习活动，并且会被滥用。另一些人认为，摄像头的使用会侵犯教师和学生的隐私。然而，尽管有 500 个摄像头早在学年初的时候就已安置在教室中，一名比洛西市的学区官员指出，"学生、家长和教师对此完全不在意"（Lewis，2003）。

学生不受歧视的权利

法律对学校进行约束，从而避免学生在种族、性别、宗教、残疾、性取向、婚姻状况或感染艾滋病毒等对学生构成任何威胁的方面受到学校的歧视。学校面临着一个趋势，即需要制定更多经过深思熟虑的、公平的政策来应对普遍的少女怀孕现象。

对于已婚、怀孕或成为父母的学生，法院已明确规定：上述情形的学生或许无法区别对待。得克萨斯州 1966 年的一个案件中，一名 16 岁的母亲证实学校会在自愿的基础上，为已婚或怀孕的学生提供独立的班级或选择性学校。然而，这个地区并未要求这些学生到独立学校中去，也不会让她们参加成人学校或夜校的学习（Alvin Independent School District v. Cooper，1966）。

法院对于已婚、怀孕或成为父母的学生是否能参与课外活动的态度有了大转变。1972 年以前，参与这些活动被认为是特权而非基本权利，对他们的限制也得到了法院的支持。然而，1972 年时，田纳西州、俄亥俄州、蒙大拿州和得克萨斯州的案件通过了让已婚的学生（其中一个案件中学生已离婚）参与到活动中来（Holt v. Sheldon，1972；Davis v. Meek，1972；Moran v. School District No. 7，1972；Romans v. Crenshaw，1972）。自那时起，已经普遍取消了对这些学生参与课外活动的限制。

在 20 世纪 80 年代，许多学区卷入了一项有争议性的话题，即如何为感染艾滋病的年轻人提供学校教育，以及感染了艾滋病的学校工作人员是否被允许继续在学校里工作。自那时起，法院在进行与艾滋病相关的案件裁定时都立足于压倒性的医学证据之上：患有艾滋病的学生不会成为传播疾病的"重大风险"。"迄今为止，对于感染艾滋病的学生法院已显示出高度的敏感性，主要倾向公立学校的这些学生"（LaMorte，2008，p. 362）。例如，1987 年三名血友病兄弟患者通过输血感染了艾滋病毒，从而要求被限制在家中。对这种要求，一名佛罗里达州学区的法官进行了阻止（Ray v. School District of DeSoto County，1987）。

为了阻止艾滋病的传播，许多大城市（如纽约、洛杉矶、旧金山和西雅图等）的学校系统已经启动了向高中生分发避孕套的项目。纽约市散发避孕套的项目最初并不需要父母的同意，1993 年该项目受到了挑战（Alfonso v. Fernandez）。法院裁定该项目是一个"健康问题"，各地区不能在未经父母同意下分发避孕套。法庭坚持认为该项目违反了第十四条修正案中在父母看来"养育孩子的正当权利"的合理性。但是，该项目并未侵犯父母或学生的宗教自由。然而，三年后，美国最

239

高法院拒绝审查马萨诸塞州高级法院的裁决。马萨诸塞州的裁决支持一所学校董事会的决定，在中学厕所旁设立安全套贩卖机，允许初中和高中学生从学校护士那获取避孕套（Curtis v. School Committee of Falmouth，1995，1996）。

学区的合法权利有哪些问题？

很明显，法律延伸到当今美国教育的方方面面。媒体每天都提醒着我们，这是一个诉讼的时代；学区在法律问题上已不像以往般受到诸多庇护。体罚、性骚扰、宗教言论和在家教育都涉及学区的合法权利问题。 *240*

体罚

体罚的行为在美国教育中经历了漫长而富有争议性的历程。当前，关于使用体罚的政策在州与州之间，甚至地区与地区之间都存在很大差异。

批评者认定，体罚"既非必要也非有效应对学校中不良行为的一种措施"（Slavin，2000，p. 391），一些人认定这种措施"守旧、残忍、不人道，是一种不合理的行为状态"（LaMorte，2008，p. 154）。尽管对它的有效性存在诸多争议，体罚仍然普遍存在。然而，当前几乎有一半的州和许多学区已经禁止实施体罚，其他许多地区对其使用也有所限制（Alexander & Alexander，2009；LaMorte，2008）。

关于体罚的案件影响最广的是 1977 年最高法院所裁决的英格拉哈姆诉赖特案（Ingraham v. Wright）。1970 年 10 月，在佛罗里达州的戴德郡，高中生詹姆斯·英格拉哈姆和罗斯福·安德鲁斯在用船桨划船。两名学生都受到了船桨的伤害，英格拉哈姆的伤势更为严重。英格拉哈姆由于对教师的指导反应过慢而受到责罚。他拒绝摆出"划桨姿势"，两名校长助理把他按到桌子上，校长给了他 20 鞭子。结果是，英格拉哈姆"产生血液肿块需要就医，而且他在几天内都无法上学"。

法院在裁决英格拉哈姆案时考虑了两个重要的问题：第八修正案中对残暴和非常规惩罚行为的禁止是否适用于学校中的体罚？如果不适用，第十四修正案中的正当程序条款是否应该为学生在接受处罚前提供保护？关于第一个问题，法庭以尖锐对立的 5：4 裁决第八修正案并不适用于学校中学生接受训导，只适用于犯下罪行的人。关于正当程序的问题，法庭声称"我们得出的结论是，正当程序条款不需要进行公告，公立学校在实施体罚前需要进行听证会，因为这种行为需要授权并受到习惯法的制约"。法院同时指出了英格拉哈姆受到船桨鞭打的严重性，认为在这种案件中，学校人员"需要在孩子受伤害方面承担责任，如果该行为是恶意的，他们还可能会受到刑事处罚"。

虽然最高法院支持体罚的合宪性，全国许多地区已经制定了禁止使用的政策。在使用体罚时，学校人员必须慎重考虑是否符合由其他关于体罚的案件中得出的标准：

- 对有可能导致体罚的行为进行明确警告。
- 有证据表明其他措施无法产生预期的行为改变。
- 请求向父母提供一份书面声明，包括关于惩罚原因的解释和所有目击者的名字。
- 惩罚必须满足合理性标准——惩罚必须在合理和人道的范围内实施。

● 惩罚必须满足诚信标准——进行惩罚的人员其动机不是恶意的，不能肆意或过分地施加惩罚。（Dunklee & Shoop, 2002, p. 127）

性骚扰

241

虽然很少有受害者报案，但在一项全国的调查中显示有 80% 的学生遭受过性骚扰，而且有 1/3 的学生表示他们"经常"受到性骚扰（American Association of University Women, 2002, p. III-2）。另一个调查显示 64% 的同性恋、双性恋和变性学生（LGBT）担心他们的安全问题。而在学校，大约有 2/3 的人曾遭受性骚扰（Kosciw & Diaz, 2006）。最近，有九个州有反欺凌法案都特别提及性别取向（Robinson, 2008, p. 58）。

除了对异性的骚扰外，同性骚扰，对 **LGBT 学生**（同性恋、双性恋者和变性学生）的骚扰，在很多学校都是个问题。自 20 世纪 90 年代中期以来，很多学区都面临着男女同性恋学生的起诉，这些学生声称校方没有保护好他们免受言语和身体上反同性恋的骚扰。

在弗洛斯诉摩根山联合学区案（Flores v. Morgan Hill Unified School District, 2003）中，很多学生声称他们的学校对于他们所经受的持续了 7 年的反同性恋骚扰的反应有所失当。在学校管理中，教师和校方管理者都没有将学区的反骚扰和反歧视政策付诸实施。法院宣布，"根据已有的充分证据，陪审团可以认定被告人对原告是有意歧视，这违反了平等保护条款"。最终，学区同意向 6 个学生支付 1 100 万美元作为赔偿。

而另一方面，法院勉强认为除非骚扰是可预见并且是可阻止的，并且他们是有意去干预的，否则学区不负有责任。在以下这些情形中，学区对于所造成的损害是免责的：学生借助录像对女生衣帽间和洗澡间进行长达两年以上记录（Harry A. v. Duncan, 2005）；一个学生蓄意对另一学生猛打一拳（Mohammed ex rel. Mahammed v. School District of Philadelphia, 2005）；一个学生因其祖先的种族问题受到语言上的骚扰（Yap v. Oceanside Union Free School District, 2004）。

而关于与教育者有关的学生性骚扰，法院一般的判法是，如果在学区知道或者应该知道的情况下，学区是负有责任的。在富兰克林诉格温特县公立学校案（Franklin v. Gwinnett County Public Schools, 1992）中，最高法院认为学区是有罪的，因为学区管理者们知道一个教师已多次性骚扰一个学生却没有采取措施阻止他。法院判定学生可以根据 1972 年教育法修正案的第四项收集性骚扰的伤害。然而，在格柏诉拉戈·维斯塔独立学区案（Gebser v. Lago Vista Independent School District, 1998）中，最高法院判定对于一个以学区的名义有权制定正确措施的校方人员来说，如果他已经真正注意到，并且故意对教师的不断行为保持漠视，那么学区对于师生性骚扰所造成的伤害是负有责任的。

随着由教育者引起的对学生性骚扰报道的增多，一些教师对于在工作中与学生的密切关系感到不安。甚至有报告称有一小部分教师担心会被那些生气、愤怒的学生冤枉。正如一个学校督导指出的，"问题在于学校人事部门的态度在改变，因为有很多在全国范围内出现的（性骚扰）的案子。我认为，我们所有人在处理学生问题，以及与学生们和员工们要说些什么和做些什么时，我们都极其小心"（*Spokesman Review*, 1993, p. 1A）。为了说明这个问题，许多学区建议要有教师可以遵循的指南，教师用于表达对于学生的关注、给予学生鼓励，并对他们的成功表示祝贺。

宗教自由

在美国，关于宗教在学校里的恰当角色的争论持续成为有关美国教育性质和目的的最激烈的讨论之一。大量的学区发现它们自己卷入了法律问题中，诸如有关学校祷告、《圣经》阅读、教科书、神创论、智能设计、圣诞颂歌、宗教文学的分布、新世纪信仰、世俗人文主义、宗教节日、校舍用于宗教会议，以及宗教在道德教育中的作用等。一方面，保守的宗教团体希望能在公共学校中保留祷告和基督教的宗教习俗；另一方面，世俗自由主义者认为宗教与学校课程无关，并坚持认为公立学校不应该推动宗教发展。此外，一些中立者认为，学校教育不该参与宗教教育，但学校应该教一些关于宗教的知识。

进化论与神创论以及智能设计

学校里涉及宗教自由的最热门的问题是关于科学课上的进化论的教学。学校法律专家克恩·亚历山大以及 M·大卫·亚历山大（2009，p390）解释了这些年学校在如何努力减少进化论教学和促进神创论教学中所做的改变。

> 基督教原教旨主义在公立学校科学教学中将《圣经》书籍中创世纪的解释加入其中的努力经历了几个阶段的演变：从州直接禁止达尔文进化论教学内容，到将宇宙创造的教学作为一门科学，再到将创生论和进化论同等对待，最后到最近的智能设计运动。

法律规定

法院已有一些案子处理与第一修正案中政教分离原则相关的一些学校活动。正如迈克尔·英伯与泰尔·范·吉尔所指出的，"到目前为止，最普遍反对宪法的学校项目是它不能尊重国家与宗教之间的隔离墙"（2005，p. 21）。在那些里程碑式的案例中有一个案子（Engel v. Vitale, 1962），最高法院裁定在每天上学前，在老师在场的情况下做祷告是违反宪法以及第一修正案的，并认为，"议会不能通过任何法律承认宗教或禁止宗教自由活动"。法官雨果·布莱克在宣布法院的裁决时说道："政府没有职责组织官方祷告行为，也不能组织美国民众团体背诵由政府实施的宗教项目。"

次年，美国高等法院又裁定《圣经》阅读和背诵主祷文是不合宪法的（School District of Abington Township v. Schempp, 1963）。学区认为除非这些宗教活动是被允许的，宗教世俗化（政教分离的宗教）（a religion of secularism）才能建立起来。在回应学区这一论断时，法院认为："我们当然认为如果国家坚决表明反对宗教或对宗教表示敌意，国家可能不会建立宗教世俗化，因此与那些信教的人相比，（国家）会更偏爱那些不信教的。但是，我们不认为这个决定具有任何效用。"

为了确定一个州是否违反政教分离原则，法院提到了莱蒙诉库兹曼案（Lemon v. Kurtzman, 1971）中的决定。在这个案例中，美国最高法院驳回了罗德岛立法机关的提议。这个提议是给非公立学校中的教授世俗课程的教师提供年薪 15％的薪酬增补。宾夕法尼亚州立法机关通过偿付某些世俗课程的教师的薪酬、教材和教学物资等方式给非公立学校提供经济增补。根据莱蒙诉库兹曼案中的三部分检验法，政府性行为"必须（1）有一个世俗的立法目的；（2）法律主要的或首要的影响必须是既不促进也不限制宗教；（3）法律不得助长政府过分卷入宗教"（LaMorte，2008，p. 42）。虽然自1971年以来一些最高法院的法官对此进行了猛烈批判，但这个所谓的**莱蒙测验**没有被推翻。表7—5是美国最高法院有关宗教和学校的一些案例节选。

表7—5　　　　美国最高法院涉及宗教和学校的案例精选（按时间顺序为序）

埃珀森诉阿肯色州案（Epperson v. Arkansas, 1968）：由于一个国家不能因为宗教信仰否定学生获取科学信息的权利，最高法院推翻了美国的反进化论的法令。

威斯康星州诉约德案（Wisconsin v. Yoder, 1972）：如果阿米什人能够为其儿童提供一个结构化的职业培训课程，最高法院决定免除8年级以上的阿米什儿童的强制学校出勤率。

米勒诉艾伦案（Mueller v. Allen, 1983）：最高法院赞成明尼苏达州对送小孩去非宗教的小学或初中学校所产生的费用实行税收减免。

华莱士诉杰弗里案（Wallace v. Jaffree, 1985）：最高法院宣布亚拉巴马州的学校在亚拉巴马州莫比尔县发起的默哀活动无效。

爱德华兹诉阿奎拉德案（Edwards v. Aguillard, 1987）：最高法院驳回了路易斯安那州的在进化论和神创论上投入相同时间的请求。

斯通诉格雷厄姆案（Stone v. Graham, 1990）：最高法院判决肯塔基州法律授权公立学校在教室中张贴《十诫》违反了宪法第一修正案中确立的宗教条款。

韦斯特赛德社区学校教育委员会诉默根斯案（Board of Education of Westside Community Schools v. Mergens, 1990）：最高法院支持《平等机会法》（1984）的合法性，该法允许学生宗教团体在非教学时间在公立中学开会。

佐布瑞斯特诉卡特林那山麓校区案（Zobrest v. Catalina Foothills School District, 1993）：最高法院判定用公共资金支付教区附属学校的手语翻译者不违反宪法第一修正案。

亚哥斯提尼诉费尔顿案（Agostini v. Felton, 1997）：最高法院的决定推翻了阿奎勒诉费尔顿案（Aguilar v. Felton, 1985）的判决，阿奎勒案的判决禁止公立教会学校的雇员向教派机构提供辅导教学。亚哥斯提尼案规定聚焦于1965年的《中小学教育法》的第一条，即要求向教会学校的学生提供类似的服务。

米切尔诉赫尔姆斯案（Mitchell v. Helms, 2000）：最高法院允许将政府经费用于为宗教学校提供教学材料。

圣塔菲学区诉无名氏案（Santa Fe Independent School District v. Jane Doe, 2000）：最高法院判决得克萨斯州学区政策违反了宪法第一修正案所建立的条款，因为该政策允许志愿者学生发起和领导在足球比赛前的祈祷。

好消息俱乐部诉米尔福德中心学校案（Good News Club v. Milford Central School, 2001）：法院判决公立学校不能拒绝基督教团体在学校的非工作时间聚会，如果一个地区允许社区团体使用学校场地，那么它就不能拒绝基督教团体的使用。

自20世纪90年代中期开始，低一级的法院已经有很多起案子都是关于同一个问题，即父母对于培养孩子的权利是否意味着他们可以决定孩子的课程和学习活动与他们的信仰是相容的。

毫无例外，法院已驳回一些家长权益控告学校的案子。根据美国地区法院支持学校就艾滋病集会一事的裁决，那些权利"不包括在公立学校限制信息流通的广泛权利"（Brown v. Hot, Sexy and Safer Productions, Inc., 1996）。在一个相似的案例中，父母反对马萨诸塞州学区的一项政策，该政策对那些提出要求的初中生和高中生派发避孕套。美国最高法院驳回了父母权利的起诉，他们认为这是有违第一修正案中宗教自由的："父母没有权利按照他们自己的宗教或道德偏好去要求学校活动。"（Curtis v. School Committee of Falmouth, 1995）

在科学课堂里用智能设计理论代替神创论的教学的努力也同样被法院驳回。以备受全美关注的基茨米勒诉多佛地区学区案（Kitzmiller v. Dover Area School

District，2005）来说，此案中联邦法院驳回了宾夕法尼亚州多佛地区教育委员会在课堂中对智能设计的教学。法院认为智能设计不是科学：

我们发现，智能设计在三个不同层次上有所欠缺，而其中任何一个都足以得出结论说明智能设计不是科学。它们是（1）智能设计祈求并允许超自然因果关系，这违背了几个世纪以来科学的基本准则；（2）对于智能设计的核心问题，即其不可削减的复杂性的争论，它使用的是同样漏洞百出、缺乏逻辑编造而出的二元论，而这在 20 世纪 80 年代造成了创造科学的毁灭；（3）智能设计对于进化论的负面打击已被科学界所驳斥。

学校宗教活动指南

在 2003 年，美国教育部出台了联邦指南要求各学区允许师生参与宗教活动，包括在学校祷告。如果学区违反规定，或者不能书名承诺他们会遵守指南，学区将可能失去联邦教育经费。以下是该指南中包含的几点：

● 学生可以"在休假、午餐时间或其他非教学时间，看《圣经》或其他经文，饭前祷告，以及与同伴祈祷或学习宗教材料"。

● 教师不能歧视那些"在作业、艺术作品、及其他书面或口头任务中表达自己宗教信仰"的学生。

● 在某些环境中，学校可以就宗教事由准许家长为学生缺课请假。

● 教师以及其他学校教职人员"当以代表国家（意志）行使其校方职权时"，不能鼓励学生或者与学生一起参与祷告活动。然而，教职人员不在校期间或午餐时间，可以自由与其他职员集会进行祷告或诵读《圣经》活动。（*NEA Today*，2003，p. 13）

在家教育

随着公众不断提高的问题意识，一些家长在家教育子女成为学校面临的一个问题。大部分的在家学习者认为，在家教育可以为他们的孩子创设机会，提供基于宗教价值的课程。很多在家学习者不是因为宗教教条驱动，而是因为他们关注到诸如学校暴力、糟糕的教育质量或者同伴压力等一些问题。据估计，目前美国有超过 200 万的学生在家接受教育，并且这个数字以每年 12% 的速度递增（La-Morte，2008，pp. 27-28）。

虽然在家上学在全美各州以及哥伦比亚地区都是合法的，但是对其如何管理、资源是否分配等方面差异很大。在大多数的州里，在家学习者必须要证明他们的教育与那些公立学校的教育是一样的，都符合在新泽西诉马萨案（New Jersey v. Massa，1967）中设立的标准。另外，对他们还有额外的要求，如包括：参加标准化测验，最少教学课时，上交考勤和教学计划，遵循课程最低要求，以及对于家长及监护人的最低学历要求等（LaMorte，2008，p. 28）。

法律对于在家教育的支持已经比较复杂。1998 年，马萨诸塞州法院判定当地督导进行的家访并不能有效证明校方对于在家教育计划的支持（Brunelle v. Lynn Public Schools，1998）。1993 年和 1994 年，要求在家教育的教师获得州资格认证的法律被南达科他州和堪萨斯州推翻。类似的法律在艾奥瓦州和北达科他州也被推翻。然而，联邦区法院支持西弗吉尼亚州的一个法案，该法案裁定如果孩子在标准化测试中成绩低于前 40% 的学生成绩，那么他们的在家教育就认为是不合格的（Null v. Board of Education，1993）。在艾奥瓦州，强制性在家教育的报告在州诉里韦拉案（State v. Rivera，1993）中得到支持。在该州的在家学习者必须递交课程大纲和每周教学计划，并且提供用于课程方面的时间。马里兰州的一项关于要求州层面监控在家教育的法律得到了支持，尽管有父母称州提供的课程提倡无神论、不信教以及进化论（Battles v. Anne Arundel County Board of Education，1996）。在家教育者愿意让他们的孩子参加课外活动或者其他校外活动，但法院没有表示赞同（例如，Swanson v. Guthrie Independent School District No. 1，1998）。

从以往有关在家教育的案例来看，学校法律并非一成不变。相反，学校法律一直在改进和变化之中。本章对于法律问题的回顾使我们清楚地认识到，法律涉及较少专业生活的方方面面。我们所处的时代是一个诉讼时代，教师不再像以前一样可以自由决定关上教室大门后可能发生的一切。

这一章对于学校法律的回顾解答了一些教师在教育学生时的普遍权利和义务，这可能引发了你对于其他一些问题的思考。学校法律是不断在变的，而且各州有关教育的法律都有所不同，所以你可以看看你所在的州的相关教育法律的新近出版物。

小   结

为什么你需要了解教育与法律？

● 联邦和州的法规和法院的决定影响着教师的日常生活，并且教师拥有学校法律的知识，以保护他们自身和学生的权利。

为什么你需要一套职业道德规范？

● 职业道德规范指导教师的行为，帮助他们看到自身行为的长期结果，而不是短期结果，并且帮助他们积极应对教室中的伦理困境。

● 伦理决定（1）受证据支持，（2）指向应该指向的结果，（3）能够道德化地应用，及（4）是合法达到的。

你作为一名教师的合法权利有哪些？

● 正当程序的权利保护教师免受学区和教育官员的主观对待，这些对待涉及资格认证、不受歧视、合同、终身教职、解雇和学术自由。

你作为一名教师的法律责任是什么？

● 教师对达到教学合同条款负责，包括保障学生的安全和健康。

● 三项有关教师的法律责任是：避免侵权责任；辨识儿童虐待的身体和行为指标，并报告可疑的虐待案例；注意针对教室中教学材料的版权法。

学生和家长的合法权利是什么？

● 一般来说，如果学生的言论自由扰乱了教育的过程或与学校的使命不一致，那么这种行为就要受到限制。

● 没有正当程序，学生既不能被停学，也不能被开除。

● 法院已经提出一种"对学生进行搜查和扣押行动"前双管齐下的测试方法：（1）学校官员必须有合理的怀疑，即学生已经侵犯了法律或学校政策；（2）搜查必须针对违规的性质采用合理与恰当的方式进行。

● 在《巴克利修正案》下，学生有权检查他们的学校档案，学校在没有经过学生的书面同意前不能向第三方提供学生的信息。

246

● 学校不能对学生的种族、性别、宗教、残疾、婚姻状况或感染了例如艾滋病等传染性疾病有所歧视。

学区的合法权利有哪些问题？

● 当某情况符合其他有关体罚的法院案例的标准时，一些州和学区允许使用体罚。

● 如果校方对同僚或教职人员所报告的学生性骚扰情况不予应对，校方要承担责任。而如果校方没有采取措施保护同性恋学生免遭反同性恋者的性骚扰，校方也要承担责任。

● 宪法第一修正案有关政教分离的原则已在很多法院的案件中得到执行，这些案件涉及在公立学校的宗教自由。在 2003 年，美国教育部出台指南，对学校范围内的宗教活动作出说明。

● 在家教育在各州都是合法的，虽然大多数要求在家学习者证明其教学与公立学校的一样。

专业反思与活动

教师日志

（1）阅读全美教育联合会的《教师道德规范》（Code of Ethics for Teachers），这在网上就有。根据第一准则，教师对学生的义务，描述你所观察或经历过的你认为教师可能违反第一准则的情况。而第二准则，教师对职业的忠诚，描述教师有可能违背这一准则的情况。作为一名教师你的道德行为的目标是什么？

（2）对于你班上来自非基督教背景的学生，比如伊斯兰教、犹太教、佛教或对世界持自然主义宇宙观认为世界没有超自然神秘元素等这些宇宙观，你该如何适应这些学生？

教师研究

（1）访问美国律师协会网站，你可以看到它的期刊，法院审判的一些资料，以及对一些判决的分析。至少完整阅读一个本章中提及的案例。阅读之后，想想你是否同意法庭的裁决？为什么？

（2）访问全美教育联合会和美国教师联合会网站。看看这些网站能提供给教师的与本章讨论的法律问题相关的法律信息有哪些？

观察与访谈

（1）就教师的法律权利问题访谈一位资深教师。请这位教师举例说明，在什么情况教师熟悉其法律权利是重要的。

（2）就教师的法律责任问题再访谈一位资深教师。请这位教师举例说明，在什么情况下教师熟悉其法律责任是重要的。

专业档案

247

就教育中的一个法律问题对一组学生、教师或家长进行调查。你可以就以下这些法律问题进行提问：

● 是否应该取消教师任期制？教师任期制是否改善了学生可获得的教育质量？

● 应该在何种情况下对教师的教学以及教学方法进行规定？

● 是否应该允许家长对其子女进行在家教育？

● 如果孩子在学校表现不佳，家长对于教育弊端的指控是否合法？

- 应该在何种情况下对学生的言论自由进行管制？
- 学校是否有权力对（学生）着装进行规定？对学生的发型进行规定？以及对校服进行规定？
- 体罚是否应该被禁止？如果允许体罚，那么应该在何种情况才能（对学生）体罚？
- 学校如何应对性骚扰问题？
- 对于吸毒问题，学校是否可以在学生中进行强制性药物检测？对教师是否也要如此？
- 学生是否可以看到他们自己的学习档案？他们的父母以及监护人是否可以看到？
- 作为防治艾滋病的项目之一，学校是否可以对高中生发放避孕套？是否需要得到父母的同意？

你的调查报告应包括以下这些人口学信息：性别、年龄、是否有子女在校上学、受教育程度等。在分析你的调查结果时，应考虑这些变量间的不同。

第三部分

教学的艺术

尊敬的导师：

我毕业于大学的戏剧学专业，而且多年来在艺术领域小有成果。在结婚并生子之后，我决定安定下来并找一份"真正"的工作。目前我正在致力于我的认证，并在丰塔纳联合学区进行教学实习。基于我的艺术背景，我自然想成为一名戏剧教师。然而，由于预算或者考试分数等方面的原因，这个学区没有一所学校提供那种全天的戏剧训练班。因此，我每天教三个时段的英语和两个时段的戏剧。您对像我这样的所教学科不是其第一选择的人有何建议？

而且，我心中明白，每个孩子都有学习的能力；以一种可以激发其兴趣并在他们中间创设一种对知识的渴求的方式，来鼓舞、激励和促进学生是我作为一名教育者的职责。而这往往是说起来容易做起来难。您有哪些技巧来激发孩子们的兴趣吗？您是如何激励他们的？

最后，我所参加的认证项目的课程在如下方面是成功的，比如让我准备好如何写教学计划、实施学生评价、处理课堂中的多样性，等等；但是，他们没有教过任何关于查点考勤、记录成绩、写推荐信或者什么时候适合会见家长的技巧。似乎所有的焦点在于课程准备，而不在于培训管理一个成功的课堂所需要的基本技能。新教师有很多的责任，这些责任从没有在大学的课程中遇见过。新教师应该去哪里获得这些基本技能呢？

非常感谢您抽时间读这封信并给出专家建议。对于您的支持，我不胜感激。

詹姆斯·格里芬　谨上

亲爱的詹姆斯：

尽管你可能不仅仅从事戏剧班的教学，但是你作为一名有戏剧专业背景的教师，你带给你的英语班级很多优势。你知道，学生需要英语、历史、科学、数学、体育以及商业等多学科来塑造一种成功的生活——他们的"成果"——可能是将我们所学习的所有单一的领域整合为一个统一的目标。让你的创造性成为每天的一部分。你的经验能帮你以不同的方式激励学生。

是的，大学教师培训经常缺乏实践教学的基础知识。但是你可以采取几个步骤去探索你自己的方式。阅读一下你的教师手册并列出问题。学校的每一位教师都可以提供一种成功的教育环境，而且总是急切地想将其实现。

下面，我列出了帮助我成为一名教师并一直支持我从事教学的几点：

● 意识到你不是教一门学科；你在教有生命的、有创造性的、有发展性的人。与其友善并倾听他们，尊重他们。

● 使你的课堂为学生提供一种安全的环境。然后，学生才能感到舒适而不是带着被责备的恐惧去尝试新的事物。他们将会学到，在某些事情上的失败是一种重要的学习过程。

● 充分准备；为一个小时的课程准备一个半小时的材料。

● 寻找机会去观察课堂外学生的表现——去参加体育赛事、音乐演出或者艺术展览；在学校里散散步。请他到别的老师的班上坐坐。做一次运动教练；共同主办一个俱乐部。

● 积极主动地寻求你的同事和管理者的帮助。

● 会有一些你不能影响的学生。但是要相信其他老师能影响他们。

● 做好教育笔记将使你得到管理者的青睐，他们的成功取决于你履行你的职责。

我相信，教学更多的是一门艺术而不是科学。每年，我们都接触到被证明是有用的关于学习和教学科学的新的知识。然而最后，你不是与一件能够容易成形的产品一起工作；你正在帮助有生命力的、情绪化的人，他们的生命是唯一的，他们的需求迫使教师即兴发挥，基于他自身的知识和经验。

迈克尔·克雷默

第八章

今天的学生

大部分移民学生来自低收入家庭，（他们的）父母几乎不会说英语，几乎没有 251接受过高中教育。我必须为他们学习数学提供支持，比如他们逐渐获得英语技能，而且我必须帮助学生把他们的家庭文化与学校文化联系在一起。

——泽巴·帕洛米诺（Zeba Palomino），从教第一年，高中数学教师，

引自 *Teaching to Change the World*，2007，pp. 401–402

课堂案例：教学的现实 ▶▶▶

挑战： 形成有凝聚力的课堂气氛——促使学生把他们自己视为一个有凝聚力的群体，而不是根据种族形成的几个小团体。

入学第一天，学生只是进入教室中，有闲话、玩笑以及友善的嬉戏。

这一年，你已经为合作学习建立起你的课堂。五张八角桌均匀地分布在教室中，围坐在每张桌子周围的学生组成一个组。虽然学生在组内学习，但你要避免强调组间竞争的重要性。相反，你最终要让整个班级把自己当作一个统一的整体。

随着学生选择坐在哪张桌子周围，你注意到他们形成了四个不同的种族群体。欧裔美国人坐了两张桌子，非裔美国人、拉丁裔美国人和亚裔美国人分别坐剩余三张桌子。

"欢迎来到我的课堂，"你开始讲话，"让我们一起来度过愉快的一年!"

学生逐渐安静下来并注意你。你接下来简要概述了本学年学生在你的课堂上将要学到的东西。之后，你让每一个学生向全班介绍他自己。

当学生介绍他们自己的时候，你在想，学生何以如此显而易见地选择种族作为他们选择桌子的标准。你优先让学生选择桌子。你意识到，由你来安排座位可能将学生按种族扎堆儿的趋势最小化，但那样就与你想要营造的民主的课堂气氛相悖。而且，你预感，不管你指定座位与否，学生间的相互作用仍然体现种族身份的影响。

你还意识到，接下来的几天你要为新学年定个基调。这期间你怎样才能鼓励学生尽可能跨种族地互动交流？这个学年你怎样做才能一直加强这个由不同种族的学生构成的班级的凝聚力？

焦点问题

1. 多样性在美国文化中怎样体现？

2. 平等的教育机会意味着什么？

252

3. 双语教育意味着什么？

4. 什么是多元文化教育？

5. 怎样理解多元文化教育中的性别因素？

本章开头的课堂案例表明了教师意识到教室内的多样性、差异性有多么重要。作为教师，你需要与来自不同群体、不同文化背景的学生有效交流。你会有其家庭情况与理想的传统家庭迥异的学生，还可能有来自双族裔家庭、收养家庭、继亲家庭、同性恋家庭或者移民家庭的学生。"今天大约有一半的儿童将在单亲家庭中度过他们的部分童年，超过 1/3 的儿童将与继父或继母生活。一半以上的婚姻以离婚收场，2/3 的离异女性与 3/4 的离异男性将会再婚。"（Heilman，2008，p. 9）

在多元文化的课堂中，我们不可能为来自不同群体的学生提供不同的课程——这过分强调了学生之间的差异。然而，你可以开发一种肯定每一个学生的文化的课程，这种课程能够增强他们对美国文化丰富多样的意识和欣赏之情。

本章考察了美国文化的多样性，以及使所有学生享有平等的教育机会面临的挑战。作为教师，专业发展的一个目标是把文化多样性看作优点而予以保护并重视，而不是视之为不利条件。美国始终从人民的多样性中获取力量，全部学生都应该接受高质量的教育，使他们能够为社会作出独特的贡献。

多样性在美国文化中怎样体现？

自第二次世界大战结束起，美国少数族裔的占比不断增长。如图 8—1 所示，2007 年，有 3 790 万移民在美国生活。移民研究中心（Center for Immigration Studies，2007）的研究表明，移民占美国居民的 1/8，而且每年有 150 万 ～160 万人移民美国。移民研究中心（2007）阐述了为不断增长的美国移民提供平等的教育机会所面临的挑战：

现在移民的孩子（18 岁以下）占学龄儿童的 1/5，其中有 1/4 处于贫困中，近 1/3 没有健康保险，这给这个国家的学校带来了巨大的挑战……如此多的移民生活在贫困中，接受福利计划的资助，或者没有健康保险，原因并不在于他们的法律地位或不愿工作，而在于许多移民的受教育程度很低，其中 31% 没有完成高中学业。

此外，人口统计局（Census Bureau）估计，到 2025 年，美国青年将有一半白种人，一半少数族裔；到 2050 年，将没有哪一个群体在成年人中占大多数。

当然，在学校里，美国日益增强的多样性也有所反映。在 2007 年，41.3% 的公立学校学生被认为属于少数族裔，与 1972 年相比增长超过 19%（National Center for Education Statistics，2007-09）。这一增长在很大程度上源自拉丁裔学生比例的增加。在 2007 年，拉丁裔在校生在公立学校中占 19.2%，与 1972 年相比，增长超过 13%。2007 年非裔在校生在公立学校中占 17.3%，比 1972 年增长 2% 以上。来自其他种族和少数族裔的学生比例也有所增长，从 1972 年的 1% 增加到 2007 年的 5.7%（National Center for Education Statistics，2007-09）。

253

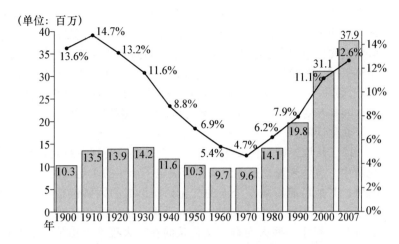

图 8—1　1990—2007 年间美国移民的数量及百分比

注：1900—2000 年间的数据，源自十年进行一次的人口普查。2007 年的数据，源自 3 月的人口调查（Current Population Survey，CPS），这一数据不包括那些住在集体宿舍的人。为了可以与之前的调查数据相比，在 2007 年人口调查数据基础上增加了 60 万居住在集体宿舍的移民。

资料来源：Center for Immigrant Studies（2007）. *Immigrants in the United States*，2007：*A Profile of American's Foreign-Born Population*. Washington, DC：Author. Retrieved on June 8, 2008, from http://www. cis. org/articles/2007/back1007. htm♯author.

　　在校生种族和民族构成的变化增加了公立学校中语言和文化的种类。学生背景的差异提供了强化学习环境的契机。然而，这些差异也给学校提出了挑战。例如，国内许多地方对双语计划和双语教师的需求都有所增加。除了少数几个学区，各学区都面临少数族裔教师严重短缺的问题。而且，有必要开发考虑到所有学生的需求和背景的课程及策略，不管他们的社会阶层、性别、性取向、民族、种族以及文化认同如何。

文化的意义

　　如第三章所述，学校的一个使命是维持美国的文化。但什么是美国的文化呢？是否有一种适合于国家每一个成员的单一文化？回答这一问题之前，我们必须界定文化一词。简言之，文化是一群人共用的生活方式。它由影响其群体的传统和行为的价值观、态度及信仰构成，文化也是看待和影响世界的方式。曾经有这样一种看法，美国就像一个熔炉，各种民族文化在其中都能融为一体。但是，民族和文化的差异在美国依然存在于生活的某些方面。以沙拉盘比喻美国的文化多元性更为准确。也就是说，各种文化的特点被保存下来，而不是融入一种文化中。或者，像一位专栏作家基于美国混血儿持续增加而评论的那样，"与其说美国这个熔炉将要做出一碗温和的、单一的粥，不如说是加了很多香料的浓郁的炖菜"（Stuckey，May 28，2008）。

文化的维度

　　在美国，文化团体根据宗教、政治、经济以及地理区域等因素的不同而有所区别。例如，新英格兰的地域文化与美国东南部各州显著不同。同样，加利福尼亚人与艾奥瓦人在文化上截然不同。

　　然而，每个美国人在文化上确实拥有一些共同的因素。多元文化教育专家詹姆斯·班克斯（James Banks）把这种共同拥有的文化称作"国家钜文化（national macroculture）"。除了是国家钜文化的成员，美国人还是族群的成员。一个族群由较大的文化中的个体组成，这些个体共同拥有自定义的种族或文化认同，以及一系列信仰、态度和价值观。一个族群中的成员通过身体素质和社会属性与其他群体相区别。你也应该意识到，族群的组成可能随着时间的推移而改变，而且不只群体间具有变化性，群体内通常也具有同样多的变化性。

文化认同

除了从属于国家钜文化，每一个个体还参与到一系列各有习俗与信仰的亚文化群中。总体来说，这些亚文化群决定了个体的文化认同——关于他是谁的整体感觉。其他可能影响一个人的文化认同形成的因素包括年龄、种族认同、特殊情况、语言、性别、性取向、收入水平、信仰及价值观。这些因素的重要性因人而异。对于一些人而言，文化认同在很大程度上由他们的职业决定；对于另一些人而言，文化认同取决于民族特性；还有一些人，文化认同由宗教信仰决定。

记住，你今后的学生将有他们自己的复杂的文化认同。对于他们中的一些人而言，这些认同可能使他们觉得与学校传递的态度、期望和价值观相背离。作为教师，理解学生不同文化认同之间微妙的差异是一个挑战。你需要创造一种使所有学生都能感到与学校体验有联系的学习环境。

一些学生可能具有个人主义的文化背景，而另一些学生可能具有集体主义的文化背景。个人主义文化强调个体及其成功和成就。集体主义文化则倾向于强调群体成员，强调一种"我们"的感觉，而非"我"（Greenfield，1994；Hofstede，2001；Rothstein-Fisch & Trumbull，2008；Triandis，1989）。"自我实现是众多个人主义文化的理想，而在集体主义模式下，个体必须要符合群体，群体意识才是理想"（Waltman & Bush-Bacelis，1995，pp. 66-67）表 8—1 比较了个人主义文化与集体主义文化，有助于理解不同文化背景的学生如何看待课堂生活。但是要记得，每个人都有既属于个人主义又属于集体主义的价值观和观点。这两种文化类型代表的是"作为一个整体的……文化群体呈现出的普遍倾向"（Markus & Kitayama，1991，p. 225）。

表 8—1　　　　　　　　　个人主义与集体主义文化比较

个人主义文化 （美国、加拿大、西欧、澳大利亚）	集体主义文化 （许多亚洲、非洲及南美文化）
个人独特性，自主性	对团队和家庭的忠诚
独立，自力更生和个人成就	互相依赖，合作和团队的成功
自我表现	遵守团队的准则
个人选择	团队共识
平等关系	等级关系
任务取向	团队取向
个人幸福	团队幸福
自尊	谦逊

语言和文化

文化扎根于语言，这导致了社会中不同群体之间的冲突。某些群体支持保护民族文化，但他们认为非英语人群要想在美国社会发挥作用必须要学英语。那些希望保存语言多样性的人与希望把英语作为国语的人之间存在冲突。

许多争论的焦点在于双语教育——把两种语言作为教学的媒介。为了巩固学生的民族认同，使他们既精通英语，又精通本族语言，双语教育被开发出来。双语教育促进了主流文化的同化作用，使本族语言和文化整合为一种新的文化。一些人强烈反对任何形式的双语教育，而另一些人则认为双语教育是一种教学生英语的短期方法而予以支持。

显然，语言多样性是美国文化多元性的一个重要因素。许多学生来自不说英语的家庭。2005—2006 年，大约有 510 万英语能力有限的学生进入公立学校，占总入学人数的 9.7%（National Clearinghouse for English Language Acquisition，2008）。英语能力有限的学生理解、阅读以及说英语的能力有限，英语不是他们的第一语言。从 1995—1996 学年到 2005—2006 学年，英语能力有限的学生数量增加了 57% 以上（National Clearinghouse for English Language Acquisition，2008）。在各州中，加利福尼亚州公立学校的英语能力有限的学生最多（24.9%），紧随其后的是亚利桑那州（16%）、得克萨斯州（15.7%）、佛罗里达州（8.3%）、纽约州（6.9%）（National Center for Education Statistics，2006-10）。各州报告显示，全国范围内英语能力有限的学生使用的语言达 400 多种，其中有 76% 的人称西班牙语是他们的母语。某些地区报告英语能力有限的学生特别多，图 8—2 表明，整个美国，英语能力有限的学生数量都在持续增长。本章的"行动中的技术"阐释了教师怎样运用文本—语音（text-to-speech）程序来教英语能力有限的学生。

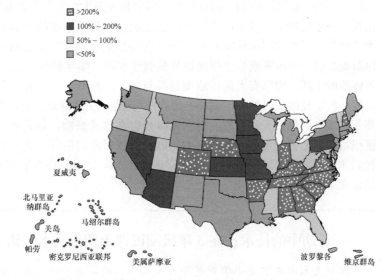

图 8—2　1995—2006 年英语能力有限的学生增长的数目

资料来源：National Clearinghouse for English Language Acquisition. (2008). *The growing numbers of limited English proficient students*：*1995/96—2005/06*. Washington，DC：Author. Retrieved from http://www. ncela. gwu. edu/policy/states/reports/statedate/200rLEP/GrowingLEP_0506. pdf。

1996 年底，加利福尼亚州奥克兰学区通过一项黑人英语（a blend of the words *ebony* and *phonics*）的决议，之后学生的语言模式成为了全国性的争论焦点。这项决议认为，黑人英语是该学区 2.8 万名非裔美国学生中许多人的第一语言，要求他们接受黑人英语教育，并建议一些学生可接受州政府和联邦政府的双语教育或把英语作为第二语言的教育。

批评这项决议的人指出，黑人英语是一种非标准的英语形式，或者说方言，并不是一门外语。另一些批评者担心师生们可能会被教授黑人英语。在这场激烈的全国性争论之中，该地区修订了这一决议，不再要求学生接受其第一语言（或英语方言）的教育。取而代之的是，该地区将会实施一种新的计划，以促进学生从既有的语言模式向精通标准英语转变。其他的英语方言及其在课堂中使用也不时引发争论，如奇卡诺（Chicano）英语、阿卡迪亚（Cajun）英语、夏威夷克利奥尔（Creole）英语（经常被称为混杂英语）。

多元文化主义的含义

多元文化主义强调了从不同的文化参照系看世界的重要性，认可并尊重全国甚至全球范围内的丰富的文化。多元文化主义断言，有必要设立这样一种学校：在学校中，各种与种族、民族、性别、性取向、残疾以及社会阶层相关的差异都被认可，所有学生都被视为充实教学过程的宝贵资源。此外，多元文化主义的核心目的在于，为学生在文化多元的世界生活做准备。这种世界观"与文化融合或'熔炉'的比喻——希望少数族裔放弃他们的传统，融入或并入主流社会或主流文化中——形成鲜明的对比"（Bennett，2007，p. 4）。

对于教师而言，多元文化主义还意味着在其他文化中积极探寻能够增进理解和欣赏其生活方式的经验。为了给学生提供这种跨文化的体验，一些教师教育计划开发了文化渗透体验活动，让未来的教师在教学实习时生活在他们的学生所在的社区或邻近地区。例如，阿拉斯加—费尔班克斯大学的阿拉斯加未来教师项目，在长达一年的教学实习中，让学生生活在偏远的阿拉斯加的土著村庄。印第安纳大学的学生可参与到海外实习和印第安人保留地项目等文化渗透计划中。通过在保留地、另一个国家或格兰德河边界的教学实习，学生经历了另一种带有文化渗透体验的生活。印第安人保留地项目参与者、亚利桑那州皮农市纳瓦霍印第安保留地一所学校的实习教师玛丽莎·邱吉尔写道："在保留地生活，我最喜欢的就是那儿的学生。他们非常有趣，喜欢来学校、在这儿磨蹭，也喜欢学习，与他们交流很愉快。他们会告诉你他们的文化以及在保留地的生存方式。他们的生活观与我们非常不同。"（Indiana University，March 14，2008）在教学实习结束后，邱吉尔留在了那所学校当教师。

行动中的技术：在 3 年级阅读课上使用文本—语音程序

凯利夫人在威尔逊小学教英语为第二语言的学生学习英语。虽然她清楚一对一指导在任何课堂中都很重要，但她发现她的学生英语熟练程度差别很大，以至于个别学生无法较长时间地接受她的指导。她喜欢给每个学生个别指导，教他每个单词的发音，与学生一起阅读，当他遇到不认识的单词时给予帮助。但这种方式存在的问题在于，指导每个学生所需要的时间较多，而每天的时间有限。

凯利夫人知道，对于英语为第二语言的学生来说，边读边听很重要。当学生跟着她一起阅读时，她会站在教室的前面，朗读给学生听。问题是每个学生的英语熟练程度不同，假设学生有困难的时候会毫无顾忌地说出来（在大班中罕见），那些口语更加熟练的学生在她给予有困难的学生指导时会迫不及待地抢答出来。

为了解决这个难题，凯利夫人在其课堂上引进了文本—语音程序（文本—语音程序利用合成的电脑语音朗读电脑屏幕或电子文档中的文本）。如今，学生坐在计算机前面，跟着文本—语音系统朗读，正在朗读的文本会高亮显示。学生用这个程序时可以选择一种动人的声音：男性或者女性，年老的或者年轻的，温和的或者威严的。

凯利夫人发现，文本—语音程序给学生提供了所需的个性化指导，改善了他们的阅读能力、词汇记忆及发音。例如，听学生朗读时，她标出了对于特定学生而言发音困难的单词，并为每个学生写了一个词汇表。接下来，学生把这些单词输入到文本—语音程序，听单词的正确发音。每名学生都能按照其需要的次数来听单词。她的学生把文本—语音程序视为第二教师，他们会在读给凯利夫人听之前确认发音。

文本—语音程序： 文本—语音程序是一种把电子文本转化为数字声音的程序。文本—语音程序读取文本，再把这些话读给听者。文本声音转换的方式有两种，一种是使用者导向，一种是作者导向。使用者导向的方式需要文本—语音程序的使用者标注出需要转换的文本，可通过高亮文本或上传电子文本到文本—语音程序中来完成。作者导向的方式需要网站、游戏或文本文件的作者标注那些要发声的文本。目前有几个文本—语音程序可用，其中最流行的程序采用真人发声。

访问： http://www.naturalreaders.com。NaturalReaders 网站提供文本—语音软件免费版下载，并有操作演示。

可能的应用： 教师使用文本—语音程序校对学生的写作，在上下班的路上用 iPod 听学期论文，帮助那些有阅读障碍或视力障碍的学生，为学生制作电子图书，改进作为第二语言的英语教学。

尝试： NeoSpeech、TextAloud 和 NaturalReader 是三种最流行的文本—语音转换产品。所有这些产品在他们的网站上都有演示。例如，NaturalReader 网站提供 e-mail、PDF、Word 以及网络浏览器中的文本—语音转换操作演示。尽管文本—语音程序有很多种，但大多数文本—语音程序的网站都提供较好的文本—语音转换介绍。

族群性和种族

258

理解族群性和种族之间的差别，有助于教师通过各种有意义的途径给学生提供反映民族和种族多样性的教育体验。族群性是指一种"有关民族意识、文化、身份的共同感觉，以及共同的语言和方言"（Banks，2009，p.16）。

另一方面，种族是一种依据生物学特征区分人类的主观概念。然而，人类学家"反对把种族的概念作为科学有效的生物学的范畴……反而认为'种族'是社会建构的范畴"（Mukhopadhyay & Henze，2003，p.670）。

尽管种族概念被提出，但是由于人类的多样性以及随时间推移而发生的基因重组，没有任何一个种族被普遍接受。因为许多遗传因素肉眼看不见（例如DNA），知名人类学家阿什利·蒙塔古（Ashley Montagu）认为，根据选择测量的遗传特征的种类和数量，"种族"可能仅有 3 种（黑种人、高加索人种和蒙古人种），或者多达 300 种。蒙塔古在其经典著作《人类最危险的神话：种族的谬论》（*Man's Most Dangerous Myth：The Fallacy of Race*）中写道：

> 不可能像某些人类学家及其他人那样试图对种族进行某种分类。实际上，考虑到不同群体的起源，人类通常是……不同群体杂交的……生理特征的"重叠部分"便是通常划分的惯例。（1974，p. 7）

混血儿身份

为了反映美国种族身份的现实情况，2000 年人口普查的问卷有所变动，以便混血人种可以选择"一个或多个种族"作为其种族身份。此外，"西班牙牙人/美籍西班牙人/拉丁美洲人"这一类允许调查对象在以下选项中进行选择：墨西哥人，墨西哥裔美国人和奇卡诺人；波多黎各人；古巴人；以及"其他"西班牙牙人/美籍西班牙人/拉丁美洲人。与此类似，自我界定为"亚洲人或太平洋岛屿族裔"的调查对象有如下选择：印度人、中国人、菲律宾人、日本人、韩国人、越南人、"其他"亚洲人、夏威夷原住民、关岛人或查莫罗人、萨摩亚人和"其他"太平洋岛屿族裔。

2000 年人口普查统计了 310 万对不同种族间的夫妻，占已婚夫妇的 6％。大约有 730 万美国人，占美国总人口的 3％，认为他们自己属于两个或多个种族。41％的混血人口年龄在 18 岁以下（Navarro，2008-03-31）。据估计，多种族美国人的数量的增长速度是白种人数量增长速度的 10 倍（Stuckey，2008-05-28）。对于混血儿来说，他们的身份认同受以下几方面的影响：他们在何处被抚养、怎样被抚养、其他人怎么理解他们、他们长什么样子，以及他们最认同的文化特征。

当参议员奥巴马被民主党选为 2008 年大选候选人时，混血儿得到了更多的关注。奥巴马的母亲是堪萨斯州的白人，而父亲是黑人，来自肯尼亚。一名自认为是非裔美国人、印第安人和白人的教育者说："我认为奥巴马把这些美国深色人种的报道推到了最前线。或许，我们有关种族问题的讨论将会进一步深入。"（Navarro，March 31，2008）

显然，种族和民族身份在美国变得更加复杂。我们知道，"种族和民族身份的含义要追溯到社会和历史环境，它们随着时间的推移有所变化，有时其变化之快犹如服装潮流的变换"（Coughlin，1993）。例如，来自日本的第三代移民可能称自己是日裔美国人、美国人或亚裔美国人。此外，显而易见的是，"随着时间的推移，特定的种族获得或失去了其意义"（Coughlin，1993），民族和种族标签的使用和群体身份的表现在很大程度上是自己选择的、随意的。

259　　美国社会有许多族群，每个人至少属于其中的一个。然而，詹姆斯·班克斯指出：

> 当一个个体与特定的族群共享价值观、行为模式、文化特征以及身份认同时，他就是该族群的一员。许多个体有多重的族群身份；另一些人则认为他们是"美国人"，而不是从民族的角度来定位。个体的族群身份随着生命周

期、经济和社会地位以及环境的变化而有明显不同。

少数族裔的含义

为了理解少数族裔的重要含义，有必要记住一点，虽然严格意义上少数族裔是指任何人数少于总人口半数的群体，但在美国的某些地区，"少数族裔"实际上是多数。然而，比数量本身更为重要的是要评估在这个社会中，有多少群体一直在为获得全部的教育、经济、政治和社会机会而斗争。少数族裔群体以外，在美国的公共生活中，传统意义上权利匮乏的人有移民、穷人、儿童和老年人、母语为非英语的人、少数派宗教人士、妇女、女同性恋、男同性恋、双性恋以及变性人。就教育质量而言，最受歧视的群体有非裔美国人、说西班牙语的美国人、美国印第安人、特殊学习者、残疾人和妇女。越来越多的迹象表明，许多来自这些群体的学生仍接受这种未达到标准的教育，这种教育满足不了他们的需要，不能让他们充分而平等地参与美国的生活。

少数族裔和学术成就

在没能掌握阅读、写作和数学的最低技能的学生中，少数族裔所占的比例极不相称。据估计，高中退学的学生中，少数族裔学生比其他学生多2～4倍。此外，"全国许多学校中，种族和语言属于少数族裔的学生在特殊教育中占有很高的比例，而且休学率和辍学率之高极不成比例"（Bennett，2003，p.18）。

从1999年到2005年，少数族裔学生参加跳级考试的人数比白人学生参加的人数增长得多（National Center for Education Statistics，2007-09）。此外，完成高中学业进入大学继续接受教育的少数族裔学生在持续增加。尽管有这些增长，但发展是不均衡的，许多教育成绩测试表明，学业成绩差距存在于白人学生与讲西班牙语的美国人、黑人、美国印第安/阿拉斯加原住民之间。例如，在2005年的国家教育进步评价的阅读测试中，4年级和8年级学生中达到"熟练"及以上水平的亚裔或太平洋岛屿族裔和白人的比例，比达到相同水平的美国印第安/阿拉斯加原住民、黑人及讲西班牙语的美国人的比例更高（National Center for Education Statistics，2007-09）。

当我们认为少数族裔学生的学业成绩较低时，注意到这一点很重要，即少数族裔家庭的贫困率更高，研究表明，对学生的学业成绩影响最大的因素是社会经济状况，而不是种族、语言或文化（Coleman et al.，1966；Jencks et al.，1972；Jencks & Phillips，1998；National Center for Education Statistics，1980）。如果贫困儿童承受着诸如在犯罪猖獗的地区生活、在破旧的家中居住或者饥肠辘辘地去学校这些压力，那么可以理解，对于他们而言，很难学习好。

刻板印象和种族主义

教师应该扩充有关学生所具有的多元文化背景的知识，并欣赏这些文化，同时他们也应该防止对那些文化形成刻板印象和过度概括。刻板印象是把某些行为 *260* 特征归于一个群体的全部成员的过程。在某些情况下，模式化观念的形成以有限的关于刻板化群体的经验和信息为基础，而这些模式化观念的正确性不会被质疑。

然而，在任何拥有丰富的文化遗产的文化群体中，都存在着相当大的多样性。例如，生活在同一社区、上同一所学校的波多黎各儿童看起来可能都很像他们的教师，可实际上，他们非常不同。可能一个来自讲西班牙语的家庭，庆祝波多黎各节日；而另一个儿童可能只会一点西班牙语，只庆祝大多数人的文化中的节日。

教师除了要警惕他们自己或其他人可能持有的刻板印象，还应该学会识别一种称为个人种族主义的偏见性信念，即某个种族或族群优于其他种族或族群。在美国，种族主义的一个明显特点"是许多白人认为自己比有色人种及其群体优秀，因此他们运用权力阻止有色人种得到威望、权力以及他们持有的特权"（Gollnick & Chinn，2009，p.63）。教师还应该识别机构性种族主义，机构"以明显的种族主义（即明确拒绝为有色人种提供服务）或者固有的种族主义（即通过那些没有专门指向排斥有色人种，但却导致种族隔离产生的政策）方式运转"（Randall，2001）。

考虑到种族概念的任意性，詹姆斯·班克斯提出，"在大多数社会中，种族的社会意义要比认定的群体间生理差异更为重要"（2009，p.71）。遗憾的是，许多人认为种族的概念非常重要。如果你坚信"人群可依据其生物特征进行有效划分，这些可辨别的群体承袭特定的决定其行为的心理、人格和文化特征"（Banks，2009，p.72），那么你也持有种族主义观念。当人们把这种观念作为压迫其他群体的依据时，他们就是在践行种族主义。

作为教师，你无法根除社会上的种族主义或刻板印象。但你有责任让所有学生明白，你们的课程和教学没有任何形式的种族主义和刻板印象。你需要对自己的文化态度和价值观进行评价，确定你自己是否对其他文化群体有刻板印象。

阶层和社会经济状况

"教育者通常面临的批评最多的议题是社会阶层和贫困问题。"（Gollnick & Chinn，2009，p.339）今天，18%的美国儿童生活贫困（Cauthen & Fass，2007）。近1 300万儿童所在的家庭收入低于联邦政府的贫困线——四口之家每年21 200美元（National Center for Children in Poverty，2008）。然而，众所周知，家庭需要两倍于联邦政府的贫困线的收入才能使收支相抵。这个收入水平的家庭被认为是低收入。美国有39%的儿童，大约2 800万，生活在低收入家庭（National Center for Children in Poverty，2008）。

不同州之间，生活在联邦政府贫困线及以下的儿童比例差别很大。如图8—3所示，贫困儿童的比例从新罕布什尔州的6%到密西西比州的29%不等。贫困儿童的比例也因种族/族群而不同。例如，图8—4的左图表明，美国印第安儿童中有40%生活贫困，而白人儿童中只有10%。但右图显示，白人儿童构成了美国贫困儿童中的最大群体。

贫民区学校或贫困的乡村社区学校的教师可能发现，几乎所有的学生都来自贫困家庭。对于儿童而言，贫困可能导致沮丧、较低的社交性和/或进取心、成问题的关系以及捣乱的课堂行为（Eamon，July 2001）。贫困可能对儿童的学习能力产生阻碍，导致产生社会、情感和行为问题。

261

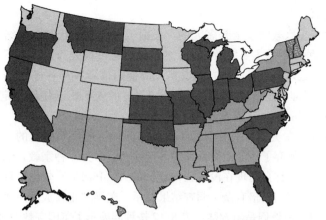

■ 20%及以上(13个州)：亚拉巴马州、阿肯色州、亚利桑那州、佐治亚州、肯塔基州、路易斯安那州、密西西比州、新墨西哥州、纽约州、田纳西州、得克萨斯州、西弗吉尼亚州、华盛顿特区。

■ 15%~19%(17个州)：加利福尼亚州、佛罗里达州、伊利诺伊州、印第安纳州、堪萨斯州、密歇根州、密苏里州、蒙大拿州、北卡罗来纳州、俄亥俄州、俄克拉何马州、俄勒冈州、宾夕法尼亚州、罗得岛州、南卡罗来纳州、南达科他州、威斯康星州。

■ 10%~14%(19个州)：阿拉斯加州、科罗拉多州、康涅狄格州、特拉华州、夏威夷州、爱达荷州、艾奥瓦州、缅因州、马里兰州、马萨诸塞州、明尼苏达州、内布拉斯加州、内华达州、新泽西州、北达科他州、犹他州、弗吉尼亚州、华盛顿州、怀俄明州。

▨ 低于10%(2个州)：新罕布什尔州、佛蒙特州。

图8—3 2006年各州及华盛顿特区的儿童贫困率

资料来源：Sarah Fass and Nancy K. Gauthen, *Who Are America's Poor Children? The Official Story*, November 2007, National Center for Children in Poverty. New York：Columbia University—Mailman School of Public Health, p. 2。

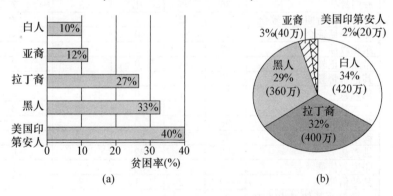

图8—4 (a) 2006年不同种族/族群的儿童贫困率
(b) 2006年不同种族/族群的贫困儿童数量

资料来源：Sarah Fass and Nancy K. Gauthen, *Who Are America's Poor Children? The Official Story*, November 2007, National Center for Children in Poverty. New York：Columbia University—Mailman School of Public Health, p. 2。

迈克尔·哈林顿（Michael Harrington）在其经典著作《另一个美国：美国的贫困》（*The Other America：Poverty in the United States*, 1962）中提出，有一种贫困文化。哈林顿的书促使肯尼迪总统和约翰逊总统发起了本书第五章提及的反贫困大战。根据哈林顿的观点，贫困文化常常世代相传。因此，对于贫困家庭的儿童而言，接受充分的教育越来越难。"由于贫困儿童接受充分的教育和职业训练的困难日益增加，因此贫困世代相传。"（Spring, 2008b, p. 405）

宗教多元主义

今天的学校在宗教问题上是多元的。根据美国宗教现状调查的结果，美国居民可以归为12种以上的主要宗教传统，相应地，也可被分为几百个不同的宗教群体。总的来说，近八成（78.4%）的成年人说他们信奉各种各样的基督教派，约5%的人有其他信仰，还有差不多1/6（16.1%）的人不属于任何特定宗教（The Pew Forum on Religion & Public Life，February 25，2008）

调查还发现，在美国，宗教信仰不仅是多元的，还是不固定的。例如，大约28%的美国成年人放弃了伴随他们长大的信仰，而信奉另一种宗教，或者根本不信教。调查还发现，声称自己现在没有任何信仰的人（16.1%）要比声称自己儿时不信奉任何宗教的人多出两倍有余。调查结果显示，美国"正在成为一个新教国家。"接近51%的美国人说他们是新教徒。表8—2按种族展示了美国宗教的多元化。

表 8—2   **美国的宗教多元化与种族**

	非讲西班牙语的人				拉丁美洲人（%）	数量
	白人（%）	黑人（%）	亚洲人（%）	其他/混血（%）		
总人口	71	11	3	3	12	35 101 000
新教徒总数	74	16	1	3	5	18 753 000
福音派新教徒	81	6	2	4	7	9 380 000
新教主流教派信徒	91	2	1	3	3	7 383 000
历史上的黑人新教信徒	2	92	0	1	4	1 990 000
天主教徒	65	2	2	2	29	7 987 000
摩门教徒	86	3	1	3	7	571 000
耶稣基督后期圣徒教会	87	2	1	3	7	547 000
耶和华见证会	48	22	0	5	24	212 000
东正教徒	87	6	2	3	1	358 000
希腊东正教	95	3	0	1	2	167 000
其他基督教徒	77	11	0	8	4	126 000
犹太教	95	1	0	2	3	671 000
犹太教革新派	95	0	1	1	3	309 000
犹太教保守派	96	1	0	1	2	218 000
穆斯林*	37	24	20	15	4	1 030 000
佛教徒	53	4	32	5	6	405 000
印度教信徒	5	1	88	4	2	255 000
其他信仰	80	2	1	13	5	436 000
一神教及其他自由主义信仰	88	2	2	5	4	291 000
新世纪	84	1	0	10	5	113 000
未入教的	73	8	4	4	11	4 955 000
无神论者	86	3	4	2	5	499 000
不可知论者	84	2	4	4	6	817 000
未入教的神职人员	79	5	4	4	8	1 971 000
未入教的僧侣	60	16	2	5	17	1 668 000

因四舍五入，各行的总和可能不是100。

问题：你是拉丁裔血统吗，如墨西哥人、古巴人或其他拉丁裔的出身？（如果是拉丁裔人，问：）你是拉丁裔白人、拉丁裔黑人还是其他种族？（如果是非拉丁裔，问：）你的种族是？你是白人、黑人、亚洲人还是其他？

* 出自 "Muslim Americans: Middle Class and Mostly Mainstream," Pew Research Center，2007。

资料来源：The Pew Forum on Religion & Public Life (February 25, 2008). *The U. S. Religious Landscape Survey*. Washington, DC.: Author, p.44.

如第七章所述，在美国，不同的宗教团体对学校的预期不同。基于各地方社区的宗教构成，性教育、进化论和（或）智能设计教学以及教科书中的自由主义观点等方面成为社区和学校间争论的关键。在美国这种宗教多元的社会，"教育者最好知道所在社区和学校的宗教群体。在这种情况下，他们会注意并尊重所有学生的宗教信仰，大幅提高自己在课堂中的作用"（Gollnick & Chinn, 2009, p.281）。

平等的教育机会意味着什么？

为所有学生提供教育机会意味着教师和学校要促进每个学生的全面发展，而不考虑其种族、族群、性别、性取向、社会经济状况、宗教信仰、才能或是否残疾。更具体地说，教育者通过不断评估他们提供给每个学生的课程及教学体验的适当性来实现这一重要使命。在本章的"教师之声：对现实的研究"部分，新教师克瑞斯塔·巴克斯坦德描述了她所在学校的教师探究性小组是如何完成该任务的。

接下来的部分回顾了在为不同群体的学生提供平等的教育机会问题上已经取得的进步，并提供了多元化课堂的教学方案。有研究表明，在美国社会，特定的学习风格可能与特定的族群有关（Bennett, 2007；Hale-Benson, 1986；Shade, 1982），针对某一群体的教学方案正是基于这一研究得出的。但是，这些方案不应让你想当然地认为，来自某一群体的学生全部以一种特定的方式学习。如多元文化教育专家克里斯蒂娜·I·贝内特（Christine I. Bennett）所言：

> 某些学习风格与族群有关的观念喜忧参半。喜的是，我们认识到，某些少数族群较低的学术成绩有时可归因为教与学的风格的冲突，而不是智力低下。这样，对于学生的学习需要而言，教师改变其教学风格可能更为有效。忧的是，在旧的刻板印象被强化的同时，还可能形成新的族群刻板印象，如"黑人靠听觉来学习"、"亚洲人擅长数学"、"墨西哥裔美国男人不能向同辈的女教师学习"以及"纳瓦霍人不提问、不参与讨论"。（Christine I. Bennett, 2007, p.69）

263

欧裔美国人在我们的综述中不予考虑，不是因为这一群体的学生通常享有平等的教育机会，而是因为这一群体在历史上代表的是主流文化。在一定程度上，这一群体决定了学校中的课程和教学实践。

264

教师之声：对现实的研究 ▶▶▶

每个学生的平等的教育机会
克瑞斯塔·巴克斯坦德

参与"探究性小组"为我提供了与其他同事一起反思的机会。我是"星期三探究性小组"的一员，在星期三的12:15—15:00与其他人会面。在这段时间，培训过的"探究性代课教师"教我的班级。我们组由7位教师、学校护士和1位现场协调员组成。组成教师涵盖各个年级，从幼儿园到5年级，以及特殊教育教师和双语教师。组员的教学经验，从刚入职的到教龄超过10年的都有。现场协调员是一个"校外的重要朋友"，三次探究性小组会议他都要作为小组的推动者参加。

在探究活动中，我可以同一群通常没有机会坐下来与之交谈的教师一起反思我的教学实践。讨论的主题通常围绕着我们学校的两个"基本问题"展开：
（1）为确保不公平的学生学业成绩模式不复存在，我能做些什么？（2）为确保课堂中有学生及其父母的声音，我能做些什么？然而，讨论的主题极其多样：种族和民族问题，创立并支持一个学习共同体，批判教育学，教会宽容、纪律、学校建筑、家长参与，以及教会"成长与发展"。小组还阅读和讨论专业文章及书籍，并以行动作为讨论的结果。例如，在一次会议中，我们达成共识要注意我们在课堂上怎样运用"选择"。另一次会议中，我们就课堂上怎样要求学生达成共识。每达成一个共识［小组将会遵守的］，我们都会在下一次会议中汇报我们的行动结果。这样就为讨论创造了一个新的起点。

作为小组中最年轻的成员，我绝不会让自己感觉是经验最少的。我的观点和意见被听取采纳。即使我认为所有组员都不会接受我的观点，我依然觉得表达自己的观点没什么不对。因为这是我作为正式教师来到学校的第一年，对我而言，探究性小组是一个表达我的观点的好地方。在规模小且温馨的环境中，我交流得更自在。这一经历为我在安全的环境中反思并寻找自己的"声音"提供了契机。

我给我所在的探究性小组提供了我最近的饱含理论色彩的课程。作为反思性专业人员，这种理论依据确实影响了我的发展，因为我能够从多种视角要求和评估我的课堂。我有机会与小组成员分享书籍、文章以及我的研究论文。在我的付出中表现出来的积极反应和兴趣，使我在小组中感觉更舒服，更有被包容的感觉。

个人反思

1. 当你考虑你教的形形色色的学生时，你最关心什么？
2. 你现在具有哪些知识和能力，能够让你在课堂上满足不同学生的学习需要？
3. 你还计划培养哪些知识和能力？你会怎样培养？

克瑞斯塔·巴克斯坦德是新入职的教师，教幼儿园、1年级和2年级。之前她参与编写了 *Teaching to Change the World*, 3rd Edition（by Jeannie Oakes and Martin Lipton. Boston：McGraw-Hill, 2007, pp. 372-373）。

然而，就像我们讨论过的群体，欧裔美国人不是一种单独的、完整的文化。具有不同民族传统的美国人，如英国的、波兰的、德国的、意大利的、爱尔兰的、斯洛伐克的、俄罗斯的、瑞典的等，常常在宗教、政治传统、信仰和价值观方面截然不同。他们的个人民族认同可能（也可能不）会被来自他的出身国的新移民加强。尽管如此，欧裔民族依然比其他民族更彻底地为美国主流社会所接纳。

265 教育与非裔美国人

美国人口统计局 2007 年人口统计显示，超过 3.01 亿美国居民中，非裔人口占近 3 900 万。据美国人口统计局预测，到 2050 年，非裔美国人有望增加到 6 140 万，将占全国人口总数的 14.6%。与白人相比，非裔美国人发生诸如失业、犯罪、滥用毒品、贫困、住房不足、辍学等社会问题的概率更高。奴隶制废除后，受种族主义、歧视、贫困、犯罪、失业与就业不足等问题的持续影响，非裔美国人改善生活品质的努力，一连好几代都停滞不前。

20 世纪 60 年代到 70 年代的民权运动清楚地表明，在那之前，非裔美国人为美国社会生活的许多方面所不容，包括获得良好教育的权利。例如，据 1976 年美国人权委员会所做的一份报告显示，20 世纪 30 年代美国南部学区白人学生的教育经费是黑人学生教育经费的 18 倍之多。

废止种族隔离的时代

针对非裔美国人最为明显的歧视也许是学校隔离与教育机会不平等。如第五章所述，"隔离但平等的学校"这一理念被用来证明种族隔离的正当性。直到 1954 年，全美有色人种促进会代表堪萨斯州的一个家庭提起公诉（Brown v. Board of Education of Topeka, Kansas），人们才断然抛弃了"隔离但平等"的观念。

琳达·布朗的父母认为，他们 4 年级的孩子在托皮卡市的种族隔离学校所接受的教育是一种低劣的教育。他们要求将琳达转入白人学校学习，在遭到拒绝后，他们诉诸法律。美国最高法院最终做出了具有划时代意义的判决，认定种族隔离学校是一种本质上的不平等，并且违反了宪法第十四修正案关于保障平等的条款。法官宣称，凡是美国公民都享有教育机会平等的权利。

由于民权运动的推动，现在非常多的非裔美国人已跻身为中产阶级。优惠政策的出台使许多非裔美国人获得了商业、医药、法律和教育等行业的高级职位。例如，2007 年美国人口普查局所做的报告指出：

● 130 万名 25 岁及以上的非裔美国人获得了高级学位（如硕士、博士学位，以及医学、法律方面的学位），1996 年达到这一教育水准的非裔美国人仅有 68.3 万。

● 2005 年秋季，有 230 万非裔美国人走进大学校园，比 15 年前增加了大约 100 万。

● 26％的非裔美国人从事管理工作、专业性工作以及相关工作，其中 4.49 万人为内科或外科医生、8 万大学教师、4.83 万律师、5.24 万高级管理人员。

美国学校种族隔离的回潮

据一份哈佛大学关于美国学校种族隔离的研究报告显示（Orfield & Yun, 1999），美国在持续向种族多元化国家发展的同时，学校自 1990 年以来却有恢复种族隔离的迹象。这份报告的结论如下：

● 拉丁裔人在种族隔离最为严重的学校上学。

● 20 世纪 80 年代末以来，南方学校恢复种族隔离的情况在持续。

● 随着非裔和拉丁裔人搬往郊区，他们进入了种族隔离的学校，特别是在城市地区。

● 20 世纪 70 年代，非裔学生占很高比例的州在废止种族隔离方面取得了进展。然而，1980 年到 1996 年，各州学校种族隔离都有所增加。 *266*

● 除了那些为白人学生而设的种族隔离学校外，其他种族隔离学校有贫困高度集中的倾向。这种情形对学生的学业成绩有消极影响。

种族隔离有死灰复燃趋势的一个原因是，最高法院的判例取消了对学区致力于废止种族隔离的司法监督。例如，道尔诉俄克拉何马市公立学校教育委员会案（1991），弗里曼诉皮茨案（1992），布朗诉联合学区 501 号案（1999）。此外，在密苏里州诉詹金斯案中（1995），最高法院判定，只有在非裔学生实实在在因取消种族隔离而受益时，堪萨斯市的学校才有必要通过磁石学校保障消除种族隔离。最高法院的这一判决，使得几个大的学区的许多要求消除种族隔离的诉讼都如此结案了。

非裔美国学生的学习需求

有关学生学业成绩影响因素的研究指出，学校里民族单一化，并且不重视少数族裔学生的多元化需求（Banks，2009；Bennett，2007）。就非裔学生而言，学校课程难以满足他们的学习需求，这可能导致高辍学率和较低的学业成绩。例如，有研究显示，重视合作而非竞争的教学策略通常使非裔学生（和墨西哥裔学生）取得更高的学业成绩（Aronson & Gonzalez，1988）。此外，已有研究表明，由于许多非裔学生是在口语传统中成长的，通过听说活动他们会学得更好，比如，大声朗读和听录音带（Bennett，2006）。然而，不能就此推论，所有的非裔美国学生通过听说练习就能学得更好。

下面的案例讲述的是，一个 12 岁的在数学和阅读方面有学习障碍的非裔学生斯蒂芬，怎样因老师照顾其学习需求而取得了进步。由于斯蒂芬所在的学校未能通过《不让一个孩子掉队法案》所要求的适当年度进步（AYP）的考核，为满足不同文化背景学生的教学需求，教师们开始接受在职培训，校长也启动了课后辅导计划。

> 斯蒂芬参加了课后辅导计划，在阅读和数学方面得到直接指导。老师了解到斯蒂芬对天文学很感兴趣，于是从增强可读性的角度，向斯蒂芬提供了与天文学相关的教材和教辅材料。整个数学课程侧重应用性，斯蒂芬接受数学辅导后进步非常明显。结果是，斯蒂芬领会了数学知识在不同情境中的实际应用。例如，参加课后辅导计划的教师围绕与天文学相关的主题设计数学问题。经过几个月的直接辅导……斯蒂芬的阅读理解和字词识记能力都得到了提高。（Obi-akor，2007，p. 36）

非洲中心主义学校

为了解决非裔和其他少数族群学生由于种族隔离所遭遇的教育不公问题，很多社区采取了一种仍存有争议的做法，即用校车把学生送到其他社区去上学，进而尝试设立更加多样的民族或种族班。并且，部分非裔美国人近年来开始呼吁建立非洲中心主义学校。这种学校为非裔学生集中开设非裔美国人的历史和文化课程。支持这种做法的人士认为，在学校开设非洲中心主义的课程，并以强化非裔美国人社区为基础，就能更有效地满足非裔学生的教育需求。

267

近年来，全国各地涌现出了不少私立非洲中心主义学校和黑人学院，其中有很多得到了越来越多的信仰伊斯兰教的非裔美国人的支持。在这些学校，课程强调非洲人民与文化，强调非裔美国人的历史和成就。教学方法通常是为基于文化的学习方式而设计的，比如，集体回答、运动学习、社会交往等。贝蒂·沙巴兹国际特许学校是芝加哥的一所从幼儿园至 8 年级的学校，也是一所非洲中心主义学校。这所学校 3/4 的学生来自贫困家庭，但是学生在州统考中的整体成绩高于学区平均水平，并且 2004 年通过州统考的沙巴兹学生是 2000 年的两倍多（Heffter，2007-08-27）。

在另一所非洲中心主义学校——西雅图的非裔初级学院——教师利用非洲手鼓帮助学生学习地理。下面这段话很好地表达了学院的使命："非裔美国学院以满足非裔美国人及他们孩子的需求为目的，为他们提供学术的、非洲中心的教育——为满足他们的情感需要而培养他们，同时帮助他们发展积极的社会和文化技能，让他们成为未来的领导者。"（June 9，2008）

教育与拉丁裔美国人

在美国，人口数量增长最快的是拉丁裔人，约占总人口的 14.8%，据估计，全国可能另有 500 万讲西班牙语的非法移民。到 2050 年，拉丁裔人有望达到 24.4%，超过 1 亿。

拉丁裔人中，有的自称是拉丁美洲人、奇卡诺人，有的则声称祖先是墨西哥人、波多黎各人、古巴人、中美洲人、南美洲人。加利福尼亚州、得克萨斯州、新墨西哥州、亚利桑那州、科罗拉多州 5 个州的人口中，10% 是拉丁裔。许多州已立法只准讲英语，并且采取措施限制拉丁裔移民的受教育权利。1983 年之前，6 个州有英语语言立法。然而，由于像"美国英语"——由已故加利福尼亚州参议员 S. I. 亚卡瓦（S. I. Hayakawa）于 1983 年创立——这类政治运动组织的活动，截至 2008 年，共推动 30 个州通过了只讲英语的法律（U. S. English，2008）。为使英语成为美国的官方语言，"美国英语"还定期游说国会进行立法。最近，英语作为官方语言的 2008 提案，于 2008 年 4 月递交到了众议院。

社会经济因素

尽管部分讲西班牙语的移民来美国，是希望能摆脱在本国的贫困生活，但也有许多人因为在美国有亲戚，或者想利用美国的商机而移民的。由于这些讲西班牙语的移民缺乏工作技能，并很少受过教育，因而难以适应在美国生活的复杂性和其他很多要求。

社会经济因素影响着一些拉丁裔人的教育，例如，移民农场工人的孩子的教育。在美国，估计大约有 100 万移民农场工人，其中 70% 多是讲西班牙语的。所有移民工人中，辍学率为 90%，并且 50% 尚未读完 9 年级就辍学了（Bennett，2007）。移民孩子受到语言障碍、因贫失学、难以保障的学校出勤率等问题的严重影响。一些州为改变这一群体，开始适当实施教育干预计划。

讲西班牙语学生的学习需求   *268*

如果教西班牙语学习者的教师对他们的学习需求不敏感，那么对于他们而言会发生什么呢？克里斯蒂娜·I·贝内特描述的一名英语水平有限的学生杰西的事例很好地回答了这一问题。

> 和家人从波多黎各移民到纽约市的那一年，杰西·马丁内斯才 6 岁，聪明又漂亮。在杰西准备学习用母语阅读和写作时，却突兀地被安排在一间只说英语的教室。身在其中，他拥有的口头交际工具（西班牙语）没有一点儿用处。杰西和他的老师相互不能交流，只因他们操着不同的语言，并且都不会说对方的语言。杰西觉得自己有点笨，或者说有些反应迟钝，老师则感觉他在文化上处于不利地位，没法给他帮助。尽管如此，老师和学校行政人员却允许他坐在那儿，原因是法律规定他应该上学。（2007，p. 6）

贝内特同样很好地捕捉到了很多以西班牙语为母语、英语水平又非常有限的学生所处的困境："英语水平极其有限的学生通常处在个人语言与社会政治氛围的冲突中，例如，一方面是巩固母语认知技能的需要，另一方面则要把标准英语当作最应该想要学的和最受尊崇的语言。"（2003，p. 271）

来自西班牙语背景的学生，其学习英语的动机强度因族群的不同而变化。居住在西南部的墨西哥裔学生也许会保留西班牙语，以便与墨西哥的家人和朋友联络。而新近移民来的古巴裔学生或许对学习新国家的语言抱有更强的动机。至于他们具体想学什么，则取决于周围成年人的影响。如果他们的父母、监护人、朋友、亲戚已经学会了英语，并且会讲两种语言，那么他们就会有同样的动机。许多认为同化的价值高于传统文化的拉丁裔人则赞同只用英语教育。

不管怎样，很多在说西班牙语的家庭中长大的孩子，英语水平非常有限，这显然导致他们在求学时困难重重。为了满足这些学生的需求，联邦政府资助的双语二元文化项目，鼓励教师们把二元文化知识看作学校课程的桥梁。稍后会在本章中对双语教育进行详细分析。

教育和亚裔美国人及太平洋岛屿族裔

亚裔美国人以及太平洋岛屿族裔有 1 400 万人，占美国总人口的 4.4%。美国人口统计局估计亚裔以及太平洋岛屿族裔的人口将增加到 1 800 万（占总人口的 5.4%），并在 2050 年增加到 3 300 万（占总人口的 8.0%）（U. S. Census Bureau, 2008）。这是一个极其多元化的人群，包括了至少 34 个民族，并且说超过 300 种语言或方言（Asian Americans/Pacific Islanders in Philanthropy, 1997），包括了来自南亚国家的，主要是孟加拉国、印度、巴基斯坦；来自东南亚国家的，包括中南半岛国家（老挝、泰国、印度尼西亚、马来西亚、越南）以及菲律宾，东亚国家和地区，包括中国、中国香港、日本、朝鲜半岛以及中国台湾；太平洋诸岛，包括夏威夷、关岛、萨摩亚岛。大约 51% 的亚裔及太平洋岛屿族裔人口居住在美国西部（US Census Bureau, 2008）。

历史、文化及社会经济因素

三个最大的亚裔美国人群体分别是中国人（占亚裔总数的 22.6%）、菲律宾人（占 18.3%）和日本人（占 7.8%）（Le, 2008）。虽然这些群体间有显著的差异，但"他们都是来美国追寻美国梦，满足了劳动力需求，同时也成为阻止亚洲人继续移民美国的反亚洲人运动的受害者。（他们）在美国社会经历了巨大的经济、教育及社会的波动和成功"（Banks, 2009, p. 398）。

1849 年加利福尼亚淘金热带来了第一批亚洲移民——在矿场、铁路、农场工作的和计划返回家乡的中国人。早期的中国移民在新的国家普遍遭到歧视，1869 年到 1880 年，旧金山、洛杉矶和丹佛爆发了反中国人的骚乱。为此，国会在 1882 年通过了 1902 年之前禁止中国移民的移民法案。中国人被迁至保留自己的传统语言、宗教信仰，并且建立了紧密联系的城市社区或中国城。近年来，许多往社会上层发展的具有专业技能的华裔美国人同化到市郊社区中。与此同时，来自中国内地及中国香港的工薪阶层新移民则居住在重建的中国城。

日本移民从 19 世纪后期开始来到夏威夷和美国本土。日本移民主要在农业、渔业、铁路、工业领域，尽管遭到种族歧视，但是他们迅速融入了美国社会中。比如，旧金山教育委员会在 1906 年开始对所有日本学生实行隔离；1924 年的《移民法案》终止了日本移民活动，直到 1952 年得到解除。在第二次世界大战期间，美国和日本处于战争关系。为了应对"黄祸"战争狂，1942 年到 1946 年期间美国政府拘留营拘禁了 11 万日本裔美国人，他们中的大多数在美国出生。二战后，日本发展了世界上领先的经济和技术力量。毫无疑问，这一成就是近年来日本移民到美国数量减少的一个因素。

菲律宾人在 20 世纪 20 年代开始移民到夏威夷以及美国本土从事田间劳动。同样，他们也遭遇到种族歧视。国会于 1934 年通过了《泰丁斯－麦克达菲法案》，该法案限制移民美国的菲律宾人为每年 50 人。第二年，富兰克林·罗斯福总统签署了遣返法令，该法令为自愿回国的菲律宾人提供免费运送。早期移民美国的菲律宾人大多数只接受过很少的教育，收入也很微薄。近年来的移民越来越多地从事专业和技术工作，他们也希望在美国能比在菲律宾获得更适合自己所受的教育和培训的职业（Banks，2009）。

教师对亚裔美国学生的关心

亚裔美国人给人以勤奋、认真、尊重权威的固有观念，被很多人看作模范少数族裔（Fong，2007）。实际上，42.9％超过 25 岁的亚裔美国人拥有学士或者更高的学位，而白人的这一数据为 25.3％（Le，2008）。尽管这种刻板印象不可靠，但亚裔父母们的确更倾向于要求孩子尊重权威并重视教育。然而，根据报告《一个看不见的危机：亚太裔美国青年的教育需求》（*An Invisible Crisis：The Educational Needs of Asian Pacific American Youth*），对于很多亚裔美国学生来说，这种形象是一种不利的神话。因为学校令他们失望，这些学生更可能掌握了基本的语言技能就毕业，甚至辍学，加入帮派，或者从事低收入的职业，生活在美国社会的边缘（Asian Americans/Pacific Islanders in Philanthropy，1997）。家人经常向孩子施压，希望他们通过努力获得学业上的成功。同时，跟父母生活方式和理念发生冲突的亚裔年轻人数量也在上升。亚裔美国人社区的领导们表达过对年轻人辍学率的增加、学校暴力、学习成绩下降的担忧。比如，中南半岛裔美国人面临巨大的文化冲突。美国文化接受的价值观和行为，如约会、彼此赞赏，是中南半岛裔学生和他们父母之间矛盾的来源（Fong，2007）。

教师们需要对文化冲突敏感，这些冲突可能会给亚裔美国学生带来学校适应 *270* 和学业成绩方面的问题。教师需要意识到：

> 在美国学院和大学里，对相对较高比例的亚裔优等生的固有印象和嫉妒可能让非亚裔美国父母以及学生、教师忽视很多东南亚裔美国人在学校中所面临的较强的文化冲突。（Bennett，2007，p. 173）

为了帮助亚裔美国学生适应美国文化，梁秋基于自己作为中国移民在学校的经历，给教师提出了如下建议：

> 他们（教师）应该（对移民后裔学生）具有更多的耐心，因为对一个人而言，身处一个新的国家和学习一门新的语言会很困难。要有耐心。如果教师认为某个移民后裔学生没有希望，这个孩子会想："好吧，如果帮助我的老师都认为我什么都不行，那么我可能也会自暴自弃。"（Igoa，1995，pp. 99-100）

类似地，杨冬基于她自己作为越南移民的教育经历提供了以下建议：

> 尝试让他们跟你交流。不只是每天的对话，还要关注他们的心声。尝试让他们说出来，因为这对于孩子来说很艰难。他们不信任别人——我曾经历过这样不信任别人的艰难时期，而且我因此感觉没有安全感。
>
> 把一个不会说英语的移民儿童置于一个常规的美国学生的教室，不是一个好做法。这会吓到他，因为一切都是那么不同。开始阶段，教师应该慢慢引导这些儿童，并给他们提供能学到如何去适应并了解美国社会和风俗的特殊课程。（Igoa，1995，p. 103）

教育和印第安人及阿拉斯加原住民

印第安人以及阿拉斯加原住民在西半球定居的时间超过 12 000 年。今天，他们占美国总人口的大约 1.5%，有 290 万人（U. S. Census Bureau，2008）。这个群体包括了 517 个国家承认的以及 365 个州承认的部落，每个部落都有自己的语言、宗教信仰和生活方式。前六个最大的群体分别是切罗基族，超过 729 533 人；纳瓦霍族，298 197 人；拉丁印第安人，180 940 人；乔克托族，158 774 人；苏族，153 360 人；齐佩瓦族，149 669 人（U. S. Census Bureau，2008）。

大约 53. 83 万印第安人生活在主要位于西部的 275 个保留地。按照从高到低排名，印第安人以及阿拉斯加原住民最多的五个州分别是加利福利亚州、俄克拉何马州、亚利桑那州、得克萨斯州和新墨西哥州（U. S. Census Bureau，2008）。虽然大多数印第安人居住在城市，但很多人还是跟保留地的原住民保持着联系，以这种方式加强自己的文化认同。

在美国，印第安人是一个不断模糊种族和民族认同的例子。例如，在认定一个人是否为印第安人上存在着争议。"一些纯种的印第安人并不认为具有 1/4 原住民血统的人是原住民，而另外一些人接受 1/128 的血统。"（Bennett，2007，p. 152）与此同时，大多数印第安人接受具有 1/4 部落血统的人成为他们的一员，美国人口统计局则把任何自称为原住民的人当作他们的一员。研究印第安人和阿拉斯加原住民的专家阿伦·赫斯菲尔德（Arlene Hirschfelder，1986）指出，已经得到确认的印第安居民定义就有 52 种。1924 年，印第安人被宣布为美国公民，自 20 世纪 30 年代起，印第安部落获得承认拥有独立的、自治的领土。

271

历史、文化以及社会经济因素

或许与其他少数族裔相比，印第安人更多地忍受着对其语言和文化的系统的长期的消灭行动。疾病、种族灭绝、在保留地的监禁，以及数十年的强行同化破坏了印第安文化。直到 2000 年，美国政府才正式为印第安事务局在历史上的种族歧视和非人道行为——包括屠杀、强制部落搬迁以及尝试消灭印第安语言和文化——道歉（Kelly，2000，p. 1）。

在 1492 年，印第安人拥有 20 亿英亩的土地，而目前他们只拥有 9 400 万英亩的土地，约占 5% 的美国领土（Bennett，2006）。今天，印第安人的失业率、贫困率以及缺乏教育的程度在全美国处于最高水平。但是从 20 世纪 70 年代开始，掀起了一个保护和恢复印第安传统语言、技能以及领土的热潮。

印第安人有数百种语言，人类学家将这些语言划分为六个主要语系（Banks，2008）。部落中的长者能流利地说他们原始的部落语言，而年轻的部落成员通常说一种所谓的保留地英语。印第安人繁杂的语言背景，给他们的教育带来挑战，这种挑战还因不同的印第安部落的人口规模差异而加强。这个人口规模的范围从超过 70 万的切罗基人，到 200 人左右的亚利桑那州苏佩人。印第安人的多样性导致的一个结果是，有人认为"并不存在印第安传统、文化或价值系统这种东西。纳瓦霍、切罗基、苏以及阿留申儿童之间在地理和文化背景上的差别，就如同他们与在纽约或洛杉矶长大的儿童之间的差别"（Gipp，1979，p. 19）。

目前，居住在保留地的印第安儿童的教育由联邦政府的印第安事务局管理。1972 年《印第安人教育法案》以及 1974 年的修正案增补了印第安事务局的教育方案，对部落提供直接的教育援助。该法案致力于通过以下途径促进印第安人的教育：给学区提供资金，以满足原住民青少年的特殊需求；给印第安部落、州以及当地教育机构提供资金，以改善青年和成人教育；给学院和大学提供资金，为印第安学校培训教师；给印第安学生提供资金，帮助他们上大学。

关于印第安人认知方式的研究

在关于对印第安人最好的教育方式问题上出现了很多争论。例如，班克斯指出："从20世纪20年代起，关于印第安人的教育政策一直在强烈的对于民族自决的同化主义与文化多元主义之间徘徊。"（Banks，2006，p. 42）不管怎么说，很多印第安人以及阿拉斯加原住民基于文化的学习风格跟其他学生的学习风格不同。传统的印第安儿童教育普遍鼓励他们发展一种全面的、关系密切的、共享的世界观。"他们从视觉上着手解决任务，似乎更愿意通过行动前的仔细观察来学习，更愿意在他们的自然环境中进行体验性学习。"（Swisher & Deyhle，1987，p. 350）为了保证印第安学生在学校的学习经历与他们的文化背景保持和谐，贝内特提出了如下指导方针："对印第安学生来说，有效的学习环境不是选拔个体，而是经常给教师提供私下跟个体及小群体交流的机会，同时提供安静的、不间断的探索机会。"（2003，p. 212）

印第安人越来越多地在设计多元文化计划，以保存他们的传统文化和认知方式。虽然这些方案有时被认为是强调反同化的分离主义，但对于很多印第安人来说，这是关乎他们生存的问题。比如，明尼阿波利斯市设立地球之心（Oh Day Aki）特许学校，以保护北部平原印第安语言和文化。在齐佩瓦和达科他，印第安教师在学校提供双语教学。学生被鼓励穿传统服装、实践传统艺术，如击鼓和舞蹈（Oh Day Aki，2008）。

在阿拉斯加西部偏远地区的阿拉斯加原住民学校，以及位于俄克拉何马州史迪威地区玛丽埃塔独立学区的切罗基学校，文化保护是首要关心的事。在阿拉斯加，长者走进教室教儿童如何剥海豹的皮，今天已经很少有孩子能在家接受这种教育了。为了保持切罗基语言的活力，俄克拉何马州塔尔萨附近的洛斯特城学校的学生学习切罗基语，这种语言是很多濒临灭绝的印第安语言中的一种。在俄克拉何马州，10万切罗基人中只有8 000人能流利地说他们的民族语言，而且其中大多数人年龄超过45岁（Burns，2003）。

双语教育意味着什么？

双语教育计划的开发是为了满足那些第一语言非英语的学生的学习需要，为他们提供两种语言的教学。不管这种教育方式运用得如何，对于学生而言，所有双语计划的一个结果就是变得精通英语。学生们也被鼓励掌握双重文化，也就是说，能够在两种或更多种语言和文化群体中有效发挥作用。

1968年，国会通过了《双语教育法案》，这项法案要求小语种的学生同时接受其母语和英语教育。为响应该项法案，各学区实施了一系列质量和效率差异很大的双语计划。结果，许多家长提起诉讼，称双语计划没有满足其子女的需要。

1974年，最高法院接到了一个由旧金山1 800名中国学生提出的集体诉讼（Lau v. Nichols），他们指控，因为他们不能理解英语，所以他们无法学习。这些学生被分到全英语班级，而且没有学习英语的专门辅导。陪审团意见一致，判定联邦政府资助的学校必须弥补那些"不得不体验完全不能理解的课堂经历"的学生的语言缺陷。同年，国会通过了《平等教育机会法》。在某种程度上，这项法案开启了一个新时代，学区必须"采取适当措施克服妨碍学生平等参与教学活动的语言障碍"。

大多数双语计划是为拉丁裔美国学生服务的，对精通第二语言的双语教师的需求在不断增加。其实，许多学区给双语教师提供额外的薪水。

双语计划极为不同。事实上，"任何有关双语教育的讨论都首先应该明白，对于教授小语种的学生而言，双语教育既不是一个单独的计划，也不是一种一致的'方法'"（Ovando, Combs, & Collier, 2006, p.8）。目前在美国有四种类型的双语教育计划可用于给510万小语种学生提供特殊辅导（见表8—3）。

表8—3　　　　　　　　　　　　双语教育计划的四种类型

> **浸入式计划**：学生在只说英语的课堂中学习英语及其他科目。有时，借助能讲学生的母语的助手的帮忙，或者让学生听同样内容的用其母语朗读的录音磁带。
>
> **转换式计划**：学生接受母语的阅读课，以及作为第二语言的英语课程。一旦他们熟练掌握了英语，便被安排在只讲英语的课堂中，他们的母语不再被使用。
>
> **撤离型计划**：学生定期与英语学生分开，以便他们可以接受英语课程或使用母语的阅读课。有时这也被称作隐蔽的英语计划。
>
> **保留型计划**：为了保留学生的母语及本土文化，从幼儿园到12年级一直提供英语教学和母语教学。学生学习双重文化。

关于双语计划的研究和争论

有关双语计划有效性的研究是混杂的（Golnick & Chinn, 2009）。一些研究的结果表明，双语计划几乎没有影响学业成绩（American Institutes of Research, 2003；Hakuta, 2001a, 2001b）。另一些研究发现，精心设计的双语计划确实提高了学生的学业成绩，优于单一语言的教育方案（Crawford, 2004, 2007；Krashen & McField, 2005；Nieto, 2002）。

在美国，围绕双语计划展开了相当多的争论。支持双语教育的人持以下观点：

- 如果用他们的母语教他们阅读和写作，学生能够更好地学习英语。
- 双语计划允许学生用母语学习，而不是等他们掌握了英语后再学习。
- 学生在母语上的更高的发展能力为学习英语和学术内容提供了重要的认知基础。
- 第二语言学习具有积极意义，说西班牙语的人学习英语和说英语的人学习西班牙语应该是同样有效。
- 双语计划支持学生的文化认同、社会背景及自尊。

另一方面，反对双语计划的人提出如下观点：

- 不应该期望公立学校提供所有学生的母语教学，学校不能聘请可能只教几名学生的教师。
- 双语教育的代价高。双语计划使教职员工和资源从英语学生身上转移。
- 如果学生把更多的时间用于英语，他们将会更快地学习英语。

- 双语计划强调群体间的差异和隔阂。双语计划鼓励的是分离，而非同化与团结。
- 双语教育对英语作为国家的第一语言，是一个威胁。

对单语教师的建议

尽管双语教育在美国的未来并不明朗，但教师必须继续满足小语种学生的需要。既说英语又说他们的母语的教师能够更好地满足这些需要（Snipes，Soga，& Uro，2007）。然而，这常常是不可能的，单语教师将会在课堂上发现，英语能力有限的学生越来越多。以下课堂策略对单语教师和双语教师都是有用的：

- 了解每名学生的语言能力。
- 确保教材反映了恰当的文化体验。
- 证明材料选择的成功。
- 不断试用新教材，直到你发现了最适合你的特定学生的教材。
- 平稳过渡到新的教材。
- 确保了解学生的文化及传统，以保证教材的适当性和适用性。（Ariza，2006，pp. 110-111）

其他使教材适合于英语能力有限的学生的建议有：

- 开发你自己的辅助教材。
- 教材用磁带录音，这样学生可以反复听，直到弄明白。
- 提供口头回答问题的替代方式（如使用预先安排的信号，给学生可以举起的卡片、旗子，或者其他能够用来代替说话的指示物）。
- 为那些语言水平较低的学生改写文本，精简阅读材料。
- 在阅读之前，给学生概述阅读材料。
- 教学生使用黑体标题、斜体字、小标题及转折词（宁可、最后、然而、尽管等）的意义。
- 减少需要学生完成的页数或项目数。
- 把任务拆分成小的子项目。
- 取代相似的、较简单的任务。
- 为所有学生制订学习指南。（Ariza，2006，p. 110）

什么是多元文化教育？

多元文化教育致力于使所有学生——无论其社会经济状况、性别、性取向、民族、种族或文化背景如何——都享有平等的在学校学习的机会。而且，学生不是在真空中学习，他们的文化使他们倾向于用特定的方式学习，多元文化教育也是基于这样的事实提出的。多元文化教育承认，当前的学校实践为一些学生提供了，且继续提供，比其他群体的学生更多的学习机会。前面提供的建议都是多元文化教育在实践中的例子。本章的"教师之声：走适合我的路"介绍了一位获奖的特殊教育教师勒诺拉·马，她能够挖掘每个学生的潜能。

教师之声：走适合我的路

2008 年度洛杉矶乡村教师勒诺拉·马是鼓舞人心的。她是一个有着 30 年教龄的经验丰富的特殊教育教师。她的校长这样描述她：

> 她是一位模范教师，她教各种有学习障碍的学生，就好像与教其他普通儿童没什么不同一样。她是镇定自若的、鼓舞人心的，并且深受学生家长和同事喜爱。她能尊重地、有技巧地应对大部分麻烦的、有挑战性的学生。

2008 年，在她的 3～5 年级全日制特殊教育课堂（special day class）上有 16 名有不同疾病的学生。"两个人患有自闭症，一个聋儿，一个在吃或咀嚼方面有健康问题，而且几乎所有人都有视觉、听觉、感觉运动方面的缺陷。此外，一半以上的学生注意力不能集中，即患有多动症，一个被诊断出情绪紊乱，还有两三个也有需要看医生的情绪问题。"

她被要求描述两个特殊教育案例，一个是特别有挑战性的，一个是充满希望、令人振奋的。勒诺拉讲述了乔和丽塔（不是他们的真名）的故事。乔是一个新来到她的课堂的 3 年级学生，被诊断为情绪紊乱。他很容易沮丧、不安，而且极易发脾气。勒诺拉解释说："学会解读面部表情、身体语言以及紧张情绪可能是一种预防他情绪爆发的方法。此外，经常提醒他日常学习中将要发生的变化，或者提前让乔了解他将要学习的新技能，能帮助他预知变化、防止消极反应。"和他一起教学是件棘手的事，"他今年两次破坏了我的课堂，扔东西、翻倒家具，生气地大喊大叫，乱踢。"

开始的时候，只要他的行为对其他人无害，勒诺拉和她的教学助理便忽略其行为。保持视线不离开乔，勒诺拉示意其他同学不要去管他。如果他的愤怒上升到可能会伤害到他自己和其他人的时候，教学助理就会把教室清空，勒诺拉将温和地去"安抚他，使他平静下来，然后再向他打听情况"。

这种挑战性的行为需要教师冷静、对儿童的持续尊重、耐心、教师中另一个成年人的帮助，以及校长、学校心理专家等学校职员的支持。随着时间的流逝，在勒诺拉富有天赋的教育和其他人的帮助下，乔有了很大的进步。

丽塔也是一个成功的例子。她来到勒诺拉的全日制特殊课堂教育时上 3 年级，一直待到 5 年级。"她来的时候被诊断为高功能自闭症，具有自闭症学生的典型特点。"她在阅读上达到了这个年级应有的水平，数学能力却落后一两年，并且在社会情境中表现出很多缺点。常规课堂的教师非常担心她，因为她不管是在教室里还是在操场上都是一个人。

在全日制特殊教育课堂上，勒诺拉鼓励丽塔积极参与，并且每次她为班级作了贡献时都会表扬她。"我给她提供一个没有风险的地方，增强她的自信，她在社交上逐渐成长。"她开始自己组织一些事情，为同学做祝愿卡片，并且为勒诺拉做一张有其他同学签名的生日卡片。丽塔被安排教全班同学艺术课程，并且饰演全体 5 年级学生向家长的汇报演出中的一个有台词的角色。最近的三年一次的检查结果表明，丽塔"不再表现出自闭症学生的典型特征，被再次诊断表明她只是有学习障碍。我们建议她从全日制特殊教育课堂转到限制更少的环境中"。

对于准备在正规课堂上当教师的人而言，勒诺拉建议他们应该是"有组织的、有准备的、灵活的、多才多艺的、思想开明的，并且不只有一种策略或活动。他们一定要有一个强大的行为管理系统"。

对于将来从事特殊教育的教师，勒诺拉建议他们应该"有可预知的、统筹安排的计划，积累赞美的话和积极的评语，并营造一个没有风险的氛围供孩子们重新树立自尊、自信，再次相信他们自己。这样一来，他们就可以在其能力所及的范围内，学习他们要获得成功所需的技能"。对勒诺拉而言，尊重也是一个关键要素。她说："我尊重学生，也希望他们尊重我、尊重彼此。"

她给特殊教育教师提供了一个明智的建议："我认为，与学生尤其是家长们建立信任和融洽的关系非常重要。在家庭与学校之间形成一个开放的、持续交流的系统是必要的。做足准备工作，并通知家长参加年度个别化教育计划会议，能使会议顺利进行，并且反映你的专业水准。"

不难看出为什么勒诺拉是一位获奖教师，并且受到家长、同事和领导的高度评价。她对所有孩子及其学习潜力的尊重和信任，对那些交给她照顾的儿童来说，是宝贵的财富。

随着多元文化主义在美国学校越来越流行，有关多元文化教育的必要性及目的的争论涌现出来。"多元文化教育有时因关注群体间的差异性而不是相似性而受到指责。另一方面，它因不恰当地专注于阻止许多群体公平地参与社会的权利和施加压力而备受批评。"（Gollnick & Chinn, 2009, p. 8）尽管多元文化教育正面临一些挑战，但有关学校怎样更有效地解决多样性的公共对话和争论是有益的，这说明我们这个社会在创造一种吸收了多种群体价值观的文化的道路上，取得了实实在在的进步。

多元文化教育的维度

詹姆斯·A·班克斯认为："多元文化教育是一种看待现实的方式和思考方式，并不只是有关各个民族、种族及文化群体的内容。"（Banks, 2006, p. 8）更具体地说，多元文化教育的概念由五个维度组成：（1）内容整合；（2）知识建构过程；（3）偏见减少；（4）公正教学法；（5）赋权（empower）的学校文化和社会结构（见图8—5）。当你通过教师教育计划而取得了进步，最终开始为多元文化课程准备课程材料和教学策略时，请记住，整合源自多种文化群体的内容仅仅是多元文化教育的一个维度。

多元文化教育促进学生对其文化的积极的自我认同和自豪感，对不同背景的人的接纳，以及批判性的自我评价。此外，多元教育能够提醒学生，也可能是在他们的老师指导下，去促进社会公正并采取行动抵制学校内的偏见和歧视。例如，学生可以通过邀请他们参与课外、课后活动来防止少数族裔学生的边缘化。

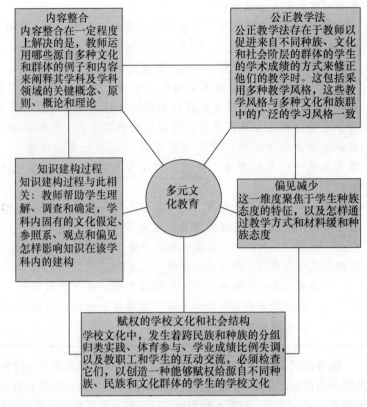

图 8—5　多元教育的维度

资料来源：Reprinted with the permission of James A. Banks, from James A. Banks, *An Introduction to Multicultural Education* (*4th edition*), 2008. Boston：Ally & Bacon, p. 32.

多元文化课程

276　　　作为教师，你将会教那些以前没有充分的教育机会的学生——来自美国的众多少数种族、少数族裔的学生，来自低收入家庭或社区的学生，具有超常能力或残疾的学生，女同性恋、男同性恋、双性恋或变性的学生。你面临的挑战是，向所有学生伸出双手，告诉他们，他们是有价值的能够学习的人。下面关于 12 岁的伊薇特的案例说明了这一挑战。

277　　　伊薇特 12 岁，与她的哥哥和妹妹住在市里的一套公寓中。伊薇特和她的哥哥出生在波多黎各，她的妹妹出生在美国。两年前伊薇特的父母把家搬到了美国。

　　　三个月前，伊薇特转学到你的班级。显然，这种变化对她来说很难。你认为，如果她参与更多，她会变得更好。然而，她似乎害怕犯错误，尤其是在阅读和语言艺术学科。

　　　伊薇特似乎信任你，所以你决定今天放学后和她谈谈。她通常在教室中等他哥哥来，再走回家。

　　　你以这样的问题开始："学校怎么样？"

　　　当她回答时，一开始是胆怯的，之后越来越坦率、自然，你意识到伊薇特依然在努力适应美国生活的挑战。她想念她生活在波多黎各的奶奶。她还说她英语说得不够好，担心如果她在课堂上毫无顾忌地说英语会遭到其他孩子的取笑。你还知道，由于严重的头痛和胃病，伊薇特经常旷课。你问伊薇特，她的家长是否会来参加下一次的家长会，伊薇特告诉你他们大概不会来，因为他们不会说英语。 *278*

你怎样才能让伊薇特参与更多的课堂活动？你能采用哪些方法来帮助她提升阅读、表达和写作的技能？你怎样才能让伊薇特的父母感觉在学校轻松自在？

作为教师，你将开发一门提升学生对美国文化丰富多元的意识和欣赏的课程。多元文化课程针对所有学生的需要和背景，无论他们的文化认同如何。如班克斯所说，多元文化课程"使学生获得有效的关于族群特征的概括及理论，学习他们在过去和现在的经历中有哪些异同……关注一系列在种族特征、文化经验、语言、历史、价值观以及现在的问题等方面不同的群体"（2009，p.16）。提供多元文化教育的教师拥有下列观念：

- 文化差异有其长处和价值。
- 学校应该成为体现人权和尊重文化与群体差异的表率。
- 面向所有人的社会正义和平等应该在课程设计和传授中占据最重要的位置。
- 维持民主社会所必备的态度和价值观能够在学校中得到促进。
- 学校教育能够提供知识、技能和意向（价值观、态度和承诺）来帮助不同群体的学生学习。
- 教育者与家庭及社区一起工作能创造一种支持多元文化主义的环境。

在开发多元文化课程中，你应该对怎样让你的指导材料和策略更具包容性保持敏感，以便反映那些以前在学校里应该教什么及怎样教的争论中，沉默的或被边缘化的文化观点或"声音"。有办法的教师注意到那些曾经没有被听到的声音，不是在做表面文章，而是真心希望课程更具包容性。本章的"独立教学"部分描述了罗曼·华盛顿怎样把课程内容与学生的文化背景联系起来。

独立教学

279

可以做到！

当多元文化主义被削减为二元文化的时候，当学生问为什么在文学作品中有更多群体没有被描绘的时候，你会怎么做？从清教主义到奴隶叙事，从先验论到哈莱姆文艺复兴、现代主义、垮掉派诗人、后现代主义以及黑人艺术运动，学生接触了无数种关于美国生活的观点。有一天马里奥问："为什么每件事都分黑和白？"梅利莎接着问："在这些故事中，墨西哥人在哪里？他们不在吗？为什么我们读不到关于他们的故事？"

当我准备教令人痛苦的、很容易获取的小说《人鼠之间》（*Of Mice and Men*）时，马里奥和梅丽莎提出的问题浮现在我的脑海里。根据先前的经验，我知道学生会喜欢伦尼，讨厌克里。我们会认定孤独和孤僻的主题。我们将要探讨"美国梦"的概念，就像乔治说的那样。我们会有一个模拟审判，陪审团将决定在某些情况下执行安乐死是否是可原谅的。然而，如果这是全部所说的和所做的，我们仍然会被留在路边，和墨西哥移民工人一起，等他讲故事。

今年我的英语课上有一半的拉丁裔、只能说很少英语的语言学习者。我希望从另外一个方面吸引他们。我回忆起凯撒·查韦斯（Caser Chavez）的遗著，这将给我提供我所需要的文化、历史以及文学上的联系。虽然他在《人鼠之间》发生的时代并不是个积极分子，当时他只是个孩子。他在学校过得并不愉快，因为他是一个已经搬过35次家的移民工人的孩子。而且，他只会说西班牙语。在学校，学生不说英语时会被打指关节。我告诉我的学生，尽管有如此多的挑战，查韦斯还是成为了一个伟大的为移民工人呐喊的演说家和积极分子。

我们思考，如果他在小说中故事发生的时代已经成为一个积极分子，他可能会有哪些不同。我们阅读了他的一些引文，并把它们与小说的角色和矛盾联系起来。最后，我们解构了一张凯撒·查韦斯的拼贴画，在这张画中，他的脸、衣服以及背景都由在田野中和平示威的移民工人构成。拼贴画中的所有形象都象征着查韦斯的生活的重要方面。我让学生们写下他们看到了什么、他们认为它象征了什么。菲利普问："我可以得到这张我们正在描绘的图片吗？我真的很喜欢它。"我用食品工人工会的口号回复他说："可以做到！"

分析

由于时间限制及资源有限，多元文化教育应该是什么样的常常以最低限度和二元文化告终。教所有的文化是不可能的，但重要的是，在课堂上，我们至少尝试包含有代表性的文化。关于凯撒·查韦斯的一课，拓展了课堂的文化边界，验证了学生的观察和要求。这可用于鼓励他们，在将来当他们觉得未被充分代表的时候，就大胆地说出来。

反思

● 教师怎样创造一个令学生感觉舒适的支持环境来讨论对课程中的文化的关注？

● 如果资源并不容易获得，教师可以通过其他哪些方式把多元文化背景和内容融入课程中？

罗曼·华盛顿
洛斯奥斯高中的英语老师

多元文化指导材料和策略

为了营造真正具有多元文化的课堂，教师必须选择适当的指导材料，准确描绘族群的作用，并反映多元化的观点。教师还必须认识到"每年出版的有关族群的书籍等材料是由一些不适当的、不准确的、基于主流的没有敏感性的观点写成的"（Banks，2009，p.108）。以下是一些选择多元文化教学材料的准则：

● 书及其他材料应该准确描写族群的观点、态度和情感。

● 虚构的著作应该具有强烈的民族特征。

● 书本应该描写所有学生都能认同的那些背景和经历，还应该准确反映族群文化及生活方式。

● 民族主题的书的主角应该具有族群特征，但也应该面对普遍存在的冲突和问题。

● 书中的例证应该准确，有族群敏感性，并且在技术上处理得很好。

● 有关族群的材料不应包括种族主义的观点、陈词滥调、用语或词汇。

● 真实材料应该在历史方面准确。

● 涉及多民族的资源和基础课本应该讨论与民族历史相关的主要事件和文献。

（Banks，2009，pp. 109-110）

280

明尼苏达州塔慕地区 1 年级的齐佩瓦印第安教师伊温尼·威尔森指出，对学生及其家长而言，教师愿意去学习其他文化非常重要：

> 团体中的人知道你是否努力去理解他们的文化。学生也能看到这一点，开始参与其中——参加议事会或参与其他的文化活动——向人们证明了，这是一位努力学习我们的文化的教师。

全心全意地参与跨文化体验，将会帮助你在图 8—6 所示的在多元化社会中成功教学所必需的八方面得到发展。通过这八方面知识和技能的发展，你将为满足所有学生的教育需要做好准备。

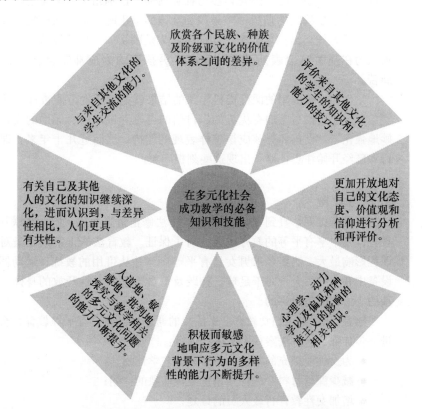

图 8—6 在多元化社会成功教学的必备知识和技能

资料来源：Forrest W. Parkay and Henry T. Fillmer, "Improving Teachers' Attitudes Toward Minority-Group Students: An Experimental Approach to Multicultural Inservice," *New Horizons Journal of Education*, November 1984, pp. 178-179。

怎样理解多元文化教育中的性别因素？

尽管性别以多种方式影响学生的学习是显而易见的，但性别作为多元文化教育的一个维度可能不够明显。然而，"在文化上民主的课堂也会考虑到性别差异"（Oakes & Lipton，2007，p. 277）。例如，一位刚入职的高中科学教师在下面的评论中强调了课堂中性别差异的重要性。

> 我对所有学生都报以很高的期望，而不只是男生。如果我让一个男生算出一道科学难题，然后把答案告诉给一个女生，那么我就无意中传递了一种信息，即我不认为女生能够自己算出来。女生很容易被声音更大、更积极的男生湮没，这时，我鼓励女生积极参与。我鼓励女生提问，帮助他们用科学的方法寻找答案。我鼓励她们去思考，为什么从事科学事业的男性比女性多。（Oakes & Lipton，2007，p. 278）

性别差异

男女之间的文化差异在某种程度上是由社会对他们的传统期待形成的。家庭、媒体、学校及其他拥有权力的社会力量，凭借性别角色的刻板印象，迫使男生和女生的举止符合特定的方式，而不管他们的能力或兴趣。如第三章提及的，学校的目的之一是使学生社会化，参与社会活动。性别角色社会化过程的一个特点就是传递给学生特定的期待——男孩和女孩的举止应该是什么样的。女孩被认为应该玩玩具娃娃，男孩玩卡车。女孩被认为是顺从的，男孩被认为是活跃的。女孩被认为在痛苦时会表达感受和情感，男孩被认为应抑制自己的感受，不承认痛苦。

学生在学校使用的课程资料导致的结果就是，学生可能被社会化为特定的性别角色。通过描写更加有优势的、自信的男性和被动的、无助的女性，教科书巧妙地强化了对女孩和男孩应该怎样表现的期待。然而近几十年来，课程资料的发行人已经开始注意，避免出现这些刻板印象。

性别与教育

第五章提到，直到1972年通过教育法修正案第九条，妇女在联邦政府资助的教育计划中享有平等的教育机会才有了保证。教育法修正案第九条对学校的体育课程影响最大。法案要求男女具有平等参与并从可用的教练、运动器材、资源及设备中获益的机会。对于足球、摔跤及拳击等不向女性开放的身体接触项目，单独的小组训练是允许的。

随着1974年《妇女教育公平法》的通过，女性享有平等教育机会的权利得到进一步加强。这一法案规定了下列内容：

- 为女性而扩充的数学、科学和工艺学计划；
- 减少课程材料中的性别角色刻板印象的计划；
- 增加女性教育行政人员的计划；
- 为少数族裔、残疾和农村女性提供教育和就业机会的特别计划；
- 帮助学校职员提升女性的教育机会和事业抱负；
- 鼓励更多的女性参与体育活动。

尽管《妇女教育公平法》颁布后有所改革，但 20 世纪 90 年代早期的几个报告都批评了学校在测验、教科书以及教学方式中对女生微妙的歧视。对课堂中教师互动作用的研究似乎指向对女生的无心的性别偏见。其中受美国大学女性协会委托的《欺骗少女，欺骗美国》（*Shortchanging Girls，Shortchanging America*，1991）和《学校怎样欺骗了女生》（*How Schools Shortchange Girls*，1992）两项研究声称，女生在数学和科学上并未得到鼓励，而且与女生相比，男生的智力发展更多地得到教师关照。

然而，在 20 世纪 90 年代中期，一些性别平等的研究得出了更混杂的结论。密歇根大学的研究人员瓦莱丽·李（Valerie Lee）、陈香磊和贝基·A·斯默登（Becky A. Smerdon）1996 年通过对 9 000 名 8 年级男生和女生的学业成绩和投入的数据分析推断出，"性别差异的模式并不一致。在某些情况下，女性更被偏爱；在另一些情况下则男性更被偏爱"。相似地，芝加哥大学的研究人员拉里·赫奇斯（Larry Hedges）和艾米·诺维尔（Amy Nowell）在他们的研究——长达 32 年对男女生进行智力测验——中发现，尽管男生在科学和数学方面比女生好，但他们在写作方面"相当不利"，并且在阅读理解中的得分比女生低（Hedges，1996，p. 3）。

另有研究以及对早期的关于教育中的性别偏见的报告更细致的分析提出，男生，而不是女生，被学校忽视得更严重（Gurian，2007；Sommers，1996，2000）。大量文章，还有美国公共电视台以《男孩的战争》（*The War on Boys*）开播的系列节目，对美国大学女性协会早期的报告《学校怎样欺骗了女生》提出了质疑。其他评论不重视学校中的性别偏见，认为这是激进女性主义虚构的谎言。克里斯蒂娜·霍夫·萨默斯（Christina Haff Sommers，1994）颇有争议的著作《谁篡夺了女性主义？女人怎样背叛了女人》（*Who Stole Feminism? How Women Have Betrayed Women*）是第一批提出这一观点的一个；接下来还有朱迪斯·克莱恩菲尔德（Judith Kleinfeld，1998）的《学校欺骗女生的神话：欺骗的社会科学》（*The Myth That Schools Shortchange Girls：Social Science in the Service of Deception*），以及凯茜·扬（Cathy Young，1999）的《停火！为何女人和男人一定要加入实现真正平等的战争》（*Ceasefire! Why Women and Men Must Join Forces to Achieve True Equality*）。

2008 年，当美国大学女性协会发布《女生在哪里：教育中性别平等的真相》（*Where the Girls Are：The Facts About Gender Equity in Education*）时，一些人提出再次发动性别战争。报告通过考查过去 35 年在标准化测试中不同性别、种族、族群和家庭收入的学生的得分情况发现，家庭收入，而非性别，与学术上的成功关系最为密切。对 SAT 和 ACT 等测试分数的分析令美国大学女性协会得出以下结论：

> 这个报告的核心信息是一个好消息。总的来说，在各种族/族群以及家庭收入水平层面，女生和男生在大多数教育成绩测验上都有进步，而且大部分学业成绩差距在缩小。过去几十年，女生和男生在教育上都获得了明显的收益，并没有证据表明男生尤其面临着危机。如果有危机存在，那么这是非裔与拉丁裔美国学生以及低收入家庭的学生的危机。（American Association of University Women，2008-05，p. 68）

图 8—7 呈现了美国大学女性协会关于 1994—2004 年不同性别、种族/族群学生的 SAT 测试表现的研究发现。

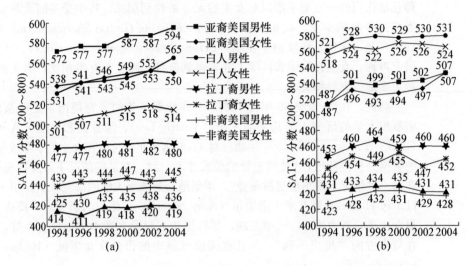

图 8—7　(a) 1994—2004 年不同性别和种族/族群的 SAT 测试数学平均分；
　　　　　 (b) 1994—2004 年不同性别和种族/族群的 SAT 测试口头/批判性
　　　　　 阅读平均分

　　资料来源：AAUW Educational Foundation analysis of unpublished data provided by the College Board；*Where the Girls Are：The Facts about Gender Equity in Education.* American Association of U-niversity Women. (2008)，pp. 40–41，Figures 16 and 17. Washington，DC：Author.

女同性恋、男同性恋、双性恋和变性人

　　除了性别偏见，一些学生受到性取向上的歧视。为了帮助所有学生发挥其全部潜能，教师应该了解男同性恋、女同性恋及双性恋学生的特殊需要，因为"每所学校都有一个看不见的男同性恋和女同性恋的少数群体，这些学生的需要通常是未知的、未满足的"（Besner & Spungin，1995，p. xi）。一项关于 120 名 14～21 岁的同性恋的研究发现，只有 1/4 的人说他们能和学校辅导员讨论他们的性取向问题，不足 1/5 的人认为他们能确认支持他们的人（Tellijohann & Price，1993）。而且，一个类似的关于同性恋青年的研究称，80% 的参与者坚信他们的教师对同性恋持否定态度（Sears，1991）。

　　基于 10% 的社会成员可能为同性恋的估计，一所有 1 500 名学生的高中可能有多达 150 名男同性恋、女同性恋和双性恋学生（Besner & Spungin，1995；Sto-ver，1992）。全美教育联合会、美国教师联合会和几个专业组织已经通过了推动其成员和学区肯定这些学生的特殊需要的决议。

　　美国第一个针对男同性恋、女同性恋和双性恋学生的辍学预防方案在洛杉矶学校体系中实施。该方案即通常所说的 Project 10，它关注于教育、预防自杀、预防辍学、为同性恋学生创造一个安全的环境，以及艾滋病教育（Uribe & Har-beck，1991）。1993 年，马萨诸塞州第一个通过了禁止歧视男同性恋和女同性恋的师生的教育政策。在马萨诸塞州的一所高中，经学校批准，同性恋和异性恋的学生成立了同志联盟（Gay-Straight Alliance）这一学生组织，给学生提供了一个讨论性取向问题的安全场所（Bennett，1997）。

2003 年，约有 100 名学生进入哈瑞·米克（Harvey Milk）学校，这是美国第一所为男同性恋、女同性恋、双性恋及变性的学生设立的公立高中。这所学校位于纽约市的一个办公大楼中，它的校名取自加利福尼亚州选出的第一位同性恋官员——旧金山监事会委员——的名字。这位官员任职不到一年便被暗杀。纽约市还倡议，为多达 2 000 名的男同性恋和女同性恋学生举办艺术与音乐、咨询与支持服务等课外活动（Ferguson，2003）。

　　同性恋学生可能面临与上学有关的问题和安全危机。男同性恋、女同性恋和双性恋的青年遭遇的敌意可能令他们感到困惑、孤立甚至自暴自弃。教师和其他学校职员能提供大量的必要支持。见多识广、有分寸并具有关怀品质的教师在帮助全体学生开发其全部潜力上能发挥重要作用。教师应该明白认可多元观点的重要性，创造包容的课堂环境，鼓励学生尊重他们自己与其他人的差异，关注来自各个群体的人对社会作出的贡献。

284

性别平等的课堂和课程

　　尽管关于男生和女生在学校遭遇的偏见的研究和争论必定会继续下去，但显然，教师必须鼓励女生和男生尽最大可能地发展其能力，并给他们提供没有性别偏见——隐蔽的基于性别的偏袒或歧视——的教育。

　　下面是营造性别平等课堂的基本准则。遵守这些准则将有助于教师"应对各种广泛存在于学校组织机构、选择教的课程、采用的学习策略、持续的教学以及与学生非正式交往中的不平等的习惯"（Stanford，1992，p. 88）。

- 在与女生、男生的交往中意识到差异。
- 提升男生在阅读和写作方面的学业成绩，以及女生在数学和科学方面的学业成绩。
- 减少幼儿自己强加的性别歧视。
- 讲解什么是性别歧视和性别角色的刻板印象。
- 促进女生和男生的合作。

小　结

多样性在美国文化中怎样体现？

- 第二次世界大战以来，美国少数族裔人口所占的比例在不断增长。到 2025 年，美国青年将有一半白种人，一半少数族裔；到 2050 年，将没有哪一个群体在成年人中占大多数。目前，几个州和许多市区的大多数学生来自传统意义上的少数族裔。
- 文化是一群人拥有的共同生活方式，包括信仰、态度、习惯、价值观及实践。
- 族群性指的是共同拥有的种族或文化认同，以及一整套信仰、价值观和态度。种族的概念用于以生物学特性和特征来区分人群。少数族裔是一群拥有某些特点的、在数量上要比占大多数的群体少的人。
- 认为自己是混血儿的人不断增加，表明种族和民族认同在美国变得更加复杂。

● 与欧裔美国人和亚裔美国人相比，某些少数族裔的学生学业成绩较低，这反映出社会经济状况和学业成绩之间的密切联系。

● 刻板印象是把某些行为特征归于一个群体的全部成员的过程，通常以有限的关于刻板化群体的经验和信息为基础。个人种族主义是一种认为自己的种族或族群优于其他种族或族群的偏见性信念，制度性种族主义指那些导致种族不平等的法律、风俗和习惯。

平等的教育机会意味着什么？

● 平等的教育机会意味着教师要促进所有学生的全面发展，不管其种族、民族、性别、性取向、社会经济状况、能力或是否残疾。

● 教师通过了解少数族裔学生的文化和语言背景及学习方式来满足他们的需要。

● 尽管美国的多元化不断增强，但自 1990 年起学校有恢复种族隔离的趋势。

双语教育意味着什么？

● 双语教育计划提供使用学生母语和英语的教学。双语计划的目的在于让学生在两种或多种语言/文化群体中有效发挥作用。双语教育有四种方式，即浸入式、转换式、撤离型及保留型计划。

什么是多元文化教育？

● 多元文化教育的五个维度是内容整合、知识建构过程、偏见减少、公正教学法以及赋权的学校文化和社会结构。

● 有效的多元文化材料和教学策略包括族群的作用和反映多元文化的观点或"声音"那些"声音"曾经在社会中保持沉默或被边缘化。

怎样理解多元文化教育中的性别因素？

● 男生和女生在社会中的行为受性别歧视、性别角色社会化以及性别角色刻板印象影响。

● 最新研究表明，家庭收入，而不是性别，与学术成绩的关系最为密切。

● 教师通过创建性别平等的课堂和课程，提供安全的支持性的学习环境，为学生提供一种没有性别偏见的教育。

专业反思与活动

教师日志

（1）那些可以有效地教与自己文化背景不同的学生的教师有什么特点？其中哪些特点可以通过教育或培训来获取或得到进一步发展？

（2）你的文化认同是什么？你认同哪种亚文化，这对你的文化认同有何影响？

教师研究

（1）从非裔美国人、拉丁裔美国人、亚裔美国人和太平洋岛屿族裔以及印第安人和阿拉斯加原住民这些群体中，选择一个你不属于的群体，收集国家教育统计中心有关这一群体的学业成绩水平、教育程度和辍学率的数据。学业成绩水平和教育程度提高了多少？辍学率降低了多少？

（2）访问美国大学女性协会的网站，下载 2008 年的报告《女生在哪里：教育中性别平等的真相》。这一报告呈现了不同性别、种族、族群和家庭收入水平学生的学业成绩。这些数据对教师有什么启示？

观察与访谈

（1）如果可能，参观一所有文化或社会经济背景与你不同的学生就读的学校。观察后，你对这些学生有什么感受和问题？你的感受会如何影响你的教学及教学效果？你怎样才能回答的你的问题？

（2）采访一位在上述活动中所选学校的教师。他在学校教学中特别满意的是什么？他遇到了哪些与多样性有关的重要问题，是如何处理的？

专业档案

准备一份教学生多样性的本地资源的有注解的目录，开设多元文化课程，促 *286* 进不同群体间的和谐、平等。每一条目，都要有注解，即辅导材料及其有效性的简要介绍。你个人设计的目录中的资源应该可以从你所在大学的图书馆、公共图书馆、社区机构等本地渠道得到。这些资源可能包括以下类型：

- 电影、视频、录音磁带、书籍和期刊论文。
- 旨在改善参与者对多样性的态度的模拟游戏。
- 来自某团体的励志演说家。
- 民族博物馆和文化中心。
- 致力于促进多种群体间相互理解的社团和机构。
- 在多样化领域的培训和工作室。

第九章
满足学习者的个性化需求

我喜欢孩子，他们如此有趣且迷人，并且当他们学习的时候，其效果令人惊叹。

——《仅有教师知道的教育》一书中的一位教师的话

What only Teachers Know About Education，2008，p. 156

课堂案例：教学的现实 ▶▶▶

挑战：激励有天赋的学生充分发挥其潜能。

你正在关注八期高中班（eighth-period high school class）的一名学生里卡多的不佳表现。不可否认，里卡多很聪明。10 岁时，他的斯坦福—比奈量表 IQ 测试得分是 145。去年，他 16 岁时，得分是 142。里卡多的父亲是医生，母亲是教授。他的父母都非常清楚学习的价值，愿意给里卡多任何必要的鼓励与帮助。

整个小学阶段，里卡多一直表现出色。老师说他非常优秀，完成作业非常认真。进入高中后，父母和老师都期望他能继续有出色的表现。但是，在高中的前两年，里卡多似乎难孚众望。现在，高三已过去了一半，里卡多的英语和几何没有及格。在学校的社会化方面（the social side of school），里卡多看起来调整得不错。他有很多朋友，也说自己喜欢学校。

今天，你与里卡多作一次面谈，以探究他为什么会在这两门课上不及格。通过谈论昨晚的篮球比赛，你开始了会谈，并提到你在比赛中看到了里卡多。

几句评论后，你转换了话题。"那么，里卡多，谈谈你的英语和几何吧。看起来你可能通不过这两科。"

"我只是不想学习，"里卡多说着，整个身子都窝进椅子里，竭力传达出一种毫不在乎的态度，"此外，学习也不能让我在这里自由自在。"

"什么意思，'不能让你在这里自由自在'？"你问。

"我刚来这里时，同学们说我是'疯子'，你知道，因为我在课堂上就完成了作业！他们感觉这很好笑，因为在这里我会努力完成所有的作业并努力得'A'。我认真学了，他们就总瞧不起我。所以，我厌倦了！"

焦点问题

1. 学生的需要如何随他们的发展而变化？
2. 学生在智力方面如何各不相同？
3. 学生的能力和缺陷怎样各不相同？
4. 什么是特殊教育、随班就读和全纳教育？
5. 如何在你的全纳班里教好所有的学生？

就像前面里卡多的课堂案例所显示的那样，当你成为一名老师后，你必须懂 *290* 得并理解学生独特的学习和发展需要。你必须愿意了解学生的能力和不足，探讨学生的特殊问题，关注学生的三大发展水平——童年期、青春期早期和青春期后期。正如下面这段学生的话所表明的那样，了解你要教的那个年龄段的学生的智力和心理发展水平是至关重要的：

> 对我来说，好老师就是能理解学生的人。如果老师知道学生是怎么想的，就更容易教好这个班。我的意思是，如果你看见这些孩子是死气沉沉的，常识就会告诉你最好改变策略，你知道吗？如果所有的孩子都像僵尸一样看着你，常识会告诉你，你做错什么事儿了。（Michie，1999，pp. 143-144）

了解学生整个学龄阶段的兴趣、困惑或问题的发展变化，将有助于你更好地为他们服务。这一章探讨了学生的需要如何随着他们的发展而变化，以及他们的需要如何反映出他们各不相同的智力、能力和缺陷。

学生的需要如何随他们的发展而变化？

发展是指所有人在其一生中——从受孕到死亡——发生的可以预见的变化。记住学生的发展速度各不相同是很重要的。例如，在一个班里，有些学生比别人更高大，生理上更成熟一些，有些学生的社会化发展更早一些，有些学生则能在更抽象的水平上思考问题。

经过不同发展阶段后，人不断进步，日益成熟，并学习完成他们日常生活所必须完成的各种任务。人的发展有各种不同类型。例如，随着儿童的生理发展，他们的身体会发生很多变化。随着他们的认知发展，他们的思维能力迅速发展，使他们可以运用语言和其他的符号系统来解决问题。随着他们的社会发展，他们学会了和其他人——个人或团体——更有效地互动。随着他们的道德发展，他们的行动开始反映出对平等、正义、公平、无私等道德准则的更高的欣赏。

因为没有两个学生的认知、社会和道德发展是按照完全相同的方式进行的，教师需要用灵活的、动态的，最重要的是有用的观点来看待这三个发展方面。通过熟悉认知、社会和道德发展的模型，从学前到大学，各个阶段的教师都能更好地为他们的学生服务。这三种模型是皮亚杰的认知发展模型、埃里克森的心理发展模型和科尔伯格的道德发展模型。

皮亚杰的认知发展模型

让·皮亚杰（Jean Piaget，1896—1980），是著名的瑞士生物学家和哲学家，对儿童进行了广泛的观察研究。他得出结论，儿童的推理不同于成人，甚至对这个世界有不同的感知方式。皮亚杰推测，儿童就像科学家那样，通过与环境积极的相互作用来学习，他提出儿童的思维经历了前后相继的四个发展阶段。根据皮亚杰的认知发展理论，人与人之间这四个阶段的发展速度是不同的。

在学龄阶段，儿童的发展经历了前运算阶段、具体运算阶段和形式运算阶段；但是，由于学生是作为个体和整个环境相互作用的，因此每个学生的认知方式和 *291* 学习都是独特的。根据皮亚杰的观点：

教育的根本目的是要培养能做新的事情，而不只是重复前代已经做过的事情的学习者——这样的学习者是有创造力的、善于发明的人，是发现者。我们需要的是积极活跃的学生，他们能早早学会自己发现问题，这靠他们自己的自发活动，也靠我们为他们组织起来的材料；他们能早早学会区分什么是证实了的，什么只是他们的第一想法。（Ripple & Rockcastle，1964，p. 5）

　　表 9—1 基于皮亚杰的研究以及更多最新的研究列出了逻辑思维的发展过程以及伴随思维能力发展的适合的教学方法。

表 9—1　　　　　　　　　　　　**不同年龄水平的逻辑思维能力**

年级	年龄的典型特征	建议的方法
幼儿园到2年级	● 表现出类属能力（Emergence of class inclusion）。 ● 在简单任务中表现出对守恒的认识（例如，液体和数量的守恒）。 ● 解释和证明逻辑推理结论的能力日益增强。	● 利用具体的操作和体验说明概念和观点。 ● 用多种方式进行对物体分类的操作，例如通过形状、尺寸、颜色和质感。 ● 在早期的数学教学中，判断儿童是否掌握了数量守恒，例如，问他们刚刚重新放置的一系列物体是否比刚才多了或少了。
3—5年级	● 在更具挑战性的任务中表现出守恒意识（如质量守恒）。 ● 偶尔表现出抽象思维和假设思维。 ● 与具体物体联系时，具有理解简单分数（如 1/3、1/5、1/8）的能力。	● 一边利用具体的例子、图片和动手操作活动，一边进行口头解说。 ● 让学生从事简单的科学调查，关注相似的物体或现象。 ● 利用日常生活用品来介绍简单分数（如比萨的片数、厨房的量杯等）。
6—8年级	● 对抽象的、假设的或与事实相反的情况进行逻辑推理的能力日益增强。 ● 在成年人提供了如何操作的提示后，有能力验证假说，以及分离或控制变量。 ● 理解和运用比例关系的能力日益增强。 ● 具有解释谚语、谚语中的数字和其他形式的比喻性语言的能力。	● 提供各种学术性学科的抽象的核心概念和原则，但在某些方面又要使它们具体化（如和日常生活经验相联系解释重力，展示原子示意图）。 ● 要求学生利用简单分数、比率或小数完成数学作业。 ● 让学生推测一些著名谚语的意思（如，三个臭皮匠，顶个诸葛亮 [Two heads are better than one]；小洞不补，大洞吃苦 [A stitch in time saves nine]）。
9—12年级	● 在数学和科学方面的抽象思维能力比在社会科学中更强。 ● 在科学方法方面日渐精通（如形成或验证假说，分离或控制变量）。 ● 更加精通于解释比喻性语言。 ● 形成关于政府、社会政策以及社会所应变革方面的理想主义（但基本不现实）的想法。	● 深度研究特定话题，引入复杂的、抽象的解释或理论。 ● 让学生在科学实验室或科学公正项目（science fair projects）中自己设计实验。 ● 让学生推测一些不太熟悉的谚语的意思，如，种瓜得瓜，种豆得豆 [As you sow, so shall you reap]；慎重行事是更好的勇气 [Discretion is the better part of valor]。 ● 鼓励学生讨论有关社会、政治和伦理的话题，就这些话题提出多元观点。

埃里克森的心理发展模型

埃里克·埃里克森（Erik Erikson，1902—1994）的心理发展模型描绘了从婴儿期到老年期的八个阶段（见表9—2）。每个阶段都以个体情绪和社会发展的一种心理危机为中心。埃里克森用一种两极对立的方式表述这些危机，例如，在第一个阶段，婴儿期，心理危机是信任 vs 不信任。埃里克森解释说，婴儿期的主要心理任务是培养起对世界的信任感，但并没有完全放弃不信任感。在信任和不信任的两极较量中，朝向更积极一端的推动力被认为是健康的，同时养成一种美德。在这个例子中，如果信任获胜，伴随养成的美德就是希望。

表 9—2　　　　　　　　　　　　　埃里克森心理发展的八个阶段

阶段	大致年龄	心理"危机"	描述	"基本力量"（危机恰当解决后出现的积极结果）
1. 婴儿期	出生到18个月	信任 vs 不信任	婴儿需要得到抚养和爱，如果得不到，他会变得不安，没有信任感。	动力（drive）和希望
2. 儿童早期	18个月到3岁	自主 vs 羞愧	身体技能发展——如厕训练、走路、说话、自己吃饭，是这一阶段的中心。没有适当地解决这一"危机"的话会使儿童产生羞愧感和困惑感。	自制、勇气和意志
3. 学龄初期	3～6岁	主动 vs 内疚	儿童通过游戏和合作学习发展技能。"危机"没有恰当解决的话导致内疚感和恐惧感。	目的和方向
4. 学龄期	6～12岁	勤奋 vs 低劣	儿童获得新的技能和知识；培养其成就感。"危机"没有适当解决的话，会让儿童感觉能力不足、低人一等。	能力和方法
5. 青春期	12～20岁	同一性 vs 角色混乱、身份迷乱	青春期关注的是身份澄清，发展与同伴或其他人的社会关系，努力解决道德问题。"危机"没有适当解决的话，会导致儿童的自我怀疑和自我认知问题（self-consciousness）。	忠诚和挚爱
6. 成年早期	20～35岁	亲密 vs 孤独	成年早期通过朋友关系寻求友谊和爱，以及和"重要的他人"建立亲密关系。"危机"没有适当解决的话，会导致孤独感，与他人保持距离。	爱和归属
7. 成年中期	35～65岁	生育（Generativity）vs 自我专注或停滞	成年期要关注家庭关系、为人父母和创造性的有意义的工作。"危机"没有解决好的话，会导致停滞感和疏离感。	关爱和生产
8. 成年晚期	65岁以后	自我调整 vs 绝望	老年期主要关注生命的意义和目的，一生的成就和贡献，接纳自我及自己的成就。这一时期的危机没有解决好的话，会导致失败感，轻视社会，惧怕死亡。	智慧和接纳

在1994年以91岁高龄去世前不久，埃里克森提出了人类生命循环圈的第九个阶段——超越老年阶段（gerotranscendence），其中一些人在精神上超越了他们身体和官能日益萎缩的现实。在埃里克森的《生命周期的完成》（*The Life Cycle Completed*，1982）增订本的最后一章中，他的妻子、终生的同事，琼·M·埃里

克森（Joan M. Erikson，1901—1997），描述了第九个阶段的挑战：

> 绝望，这一困扰第八阶段的状态，是第九阶段最亲密的伴侣，因为人们
> 几乎不可能知道这一阶段会发生什么紧急情况，什么机能会突然消失。这威
> 胁到人的独立性和控制力，削弱了他的自尊和自信。此时，曾经给他坚定支
> 持的希望和信任，不再是往昔的坚强支撑。用信仰和谦卑面对绝望可能是最
> 明智的做法。（1997，pp. 105-106）

本章后面讨论儿童期以及青春期早期和晚期学生的问题和关注点时还会回到
埃里克森的心理发展模型。要更详细地了解这一意义重大、非常实用的发展理论，
可阅读埃里克森的第一本书——《儿童和社会》（*Childhood and Society*，1963）。

科尔伯格的道德发展模型

293

根据劳伦斯·科尔伯格（Lawrence Kohlberg，1927—1987）的观点，人们决
定对错的推理过程是经由三种发展水平逐渐发展形成的。每一水平下，科尔伯格
又分为两个阶段。表 9—3 显示，在水平Ⅰ——前习俗水平——个体主要是根据
自己的个人需要或者别人要求的规矩来决定什么是对的。在水平Ⅱ——习俗水
平——道德决定反映出个体希望得到别人表扬，或者符合家庭、社区、社会期望
的愿望。水平Ⅲ——后习俗水平——个体已经形成了不同于世俗价值观的、基于
理性和个体选择的价值观与准则。

表 9—3 　　　　　　　　　　科尔伯格的道德推理理论

Ⅰ　道德推理的前习俗水平

儿童积极服从社会文化准则，以及好与坏、对与错等标签，但他们是根据行动的直
接后果（惩罚、奖赏、获得赞美等）来解释这些道德准则的。

阶段 1：惩罚和服从定向
行为的物理后果决定了它的好或坏。
避免惩罚和服从权威是非常重要的。

阶段 2：工具主义和相对主义定向
正确的行为是能满足个体自身的需要，偶尔也能满足他人的需要。
互惠性就是"你抓了我的后背我也要抓你的"。

Ⅱ　道德推理的习俗水平

维持个体的家庭、团体或国家的期望被认为是非常重要的事，而不考虑行为的后果。

阶段 3：人际协调或"好孩子"定向
好的行为是那种让别人高兴或帮助别人以及得到别人认可的行为。

阶段 4："法令和秩序"定向
以服从规则维护社会秩序为目标。正确的行为就是承担责任、尊重权威。

Ⅲ　道德推理的后习俗、自治或原则水平

除了服从团体权威外还会努力根据合法性和应用性来定义道德原则

阶段 5：法定的社会契约定向
正确的行动是根据整个社会一致达成的权利或标准来定义的。这就是美国
政府和宪法的"官方"德性。

阶段 6：普遍的伦理准则定向
正确的行动是符合良知，而良知是运用逻辑性和普遍性原则后自我选择的
道德准则。

资料来源：Lawrence Kohlberg，"The Cognitive-Developmental Approach to Moral Education，" in
Forrest W. Parkay，Eric J. Anctil，and Glen Hass（Eds），*Curriculum Planning：A Contemporary
Approach*，*8th Edition*. Boston：Allyn and Bacon，2006，P. 138. The original version appeared in
Journal of philosophy，70（18），1973，631-632。

科尔伯格表示："超过 50％的青春期后期的学生和成人能够进行完整的正式推理（例如，他们能够运用其智力进行抽象推理，形成假设，并通过现实检验假设），但是这些人中只有 10％的人表现出原则水平上（阶段 5 和 6）的道德推理能力。"（2006，p.139）此外，科尔伯格发现道德判断上的成熟与 IQ 或语言智力并不是高度相关的。

科尔伯格的模型也受到批评，因为它关注的是道德推理而不是实际行为，而且它倾向于采用男性视角看待道德发展。例如，卡罗尔·吉利根（Carol Gilligan）表示，男性的道德推理倾向于强调个体的权利，而女性的道德推理强调的是个体对他人的尊重。在她的著作《不同的声音：心理学理论与妇女发展》（*In a Different Voice：Phychological Theory and Women's Development*，1993）中，吉利根提到，不同于男性取向的"正义伦理"，妇女首要的道德呼声是"关怀伦理"，强调对他人的关怀。这样，当面临道德两难时，女性倾向于根据利他主义和自我牺牲而不是权利和规则提出解决办法（Gilligan，1993）。

问题是，道德推理能教吗？你可以帮助儿童发展使他们能够按照平等、正义、关怀和同情等道德准则生活吗？科尔伯格提出下面几点以帮助儿童内化道德准则：

（1）将儿童置于更高一级的推理阶段。

（2）将儿童置于一种与其现在的道德结构相矛盾的或容易产生问题的情境中，使他不满足于现在的水平。

（3）结合前两个条件，创造一种交流和对话的氛围，其中冲突性的观念可以以公开的方式进行比较。（Kohlberg，2006，p.145）

进行价值观和道德推理教学的一种方法是品德教育，一种促进核心价值观教学的活动，它认为核心价值观是可以通过课程大纲（course curricula），特别是在文学、社会研究和社会科学等课堂上直接教授的（Power et al，2008，p. xxxvi）。对老师来说，培养学生的品德没有固定的方法。但是，在科罗拉多州科伦拜恩高中 14 名学生和 1 名教师被枪杀后的社会热议中，著名的社会学家阿米塔伊·埃齐奥尼（Amitai Etzioni，1999）说："如果学校要避免更多的科伦拜恩现象发生，学校最应该培养年轻人两种关键的行为品格：把冲动转化为亲社会行为的能力，和对他人的同情。"图 9—1 列出了教师可以用来建设道德的班级共同体的 12 个策略。

（1）**教师作为关怀给予者、示范者和指导者**：用爱和尊重对待学生，鼓励正确的行为，修正错误的行为。

（2）**充满关怀的班级共同体**：教育学生相互尊重和关爱。

（3）**以品德为基础的纪律管理**：利用规则和后果来培养学生的道德推理能力、自制力和对别人的普遍尊重。

（4）**民主的班级环境**：利用班级会议鼓励学生共同制定决策，共同承担责任，使班级保持最佳状态。

（5）**通过课程培养品德**：将学术科目中富含伦理价值的内容作为价值观教育的载体。

（6）**合作学习**：培养学生欣赏他人、与人合作的能力。

（7）**职业良知**：培养学生的学术责任感以及认真做好工作的习惯。

（8）**伦理反思**：通过阅读、研究、写作和讨论发展学生的道德认知能力。

（9）**指导解决冲突的方法**：教育学生如何公正地解决冲突，而不要采用威胁

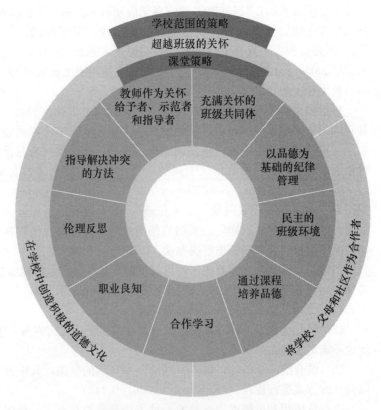

图 9—1　品德教育的 12 个综合方法

资料来源：Thomas Lickona. Center for the 4th and 5th Rs. （2008）. Cortland, NY：SUNY Cortland School of Education. Retvieved from http://www. cortland. edu/character/12pts. asp。

或暴力手段。

（10）**超越班级的关怀**：利用榜样示范法鼓励学生的利他行为，并提供为学校和社区服务的机会。

（11）**在学校中创造积极的道德文化**：培养促进核心美德养成的富有关怀的学校共同体。

（12）**将学校、父母和社区作为合作者**：让父母和整个社区加入学校中，共同合作努力培养良好品德。

很多学校，如巴斯、缅因、伍德斯托克、康涅狄格的海德学校都强调课程中特定的道德价值观。学校教育的核心是五个词：好奇心、勇气、关爱、领导力和诚实正直（Stengel & Tom，2006）。俄勒冈州尤金市的肯尼迪中学实施了"第二步计划"。有老师描述它是"一种全校范围内实施的教育学生掌握与人交流、解决问题和在共同体中合作的技巧的课程。学生要懂得责任和诚实的重要性……另外，每一单元开始的一大部分内容都在强调同情"（DeRoche & Williams，2001，p. 163）。本章的"教师之声：对现实的研究"，介绍了一所强调品德教育的学校——瑞沃学校——的情况。

马斯洛的需求层次模型

学生的发展水平也会因为他们的生理和心理需要是否得到很好的满足而有所

不同。心理学家亚伯拉罕·马斯洛（Abraham Maslow，1908—1970）提出了一种
需求层次模型（见图 9—2），指出人首先是被生存和安全等基本需求所驱使。当这
些基本需求被满足后，人就会自然寻求满足更高级的需求，其中，最高级的需求   *297*
是自我实现——最大化地发挥自己的天赋、才能和潜力。例如，安全需求得到满
足的学生会有更强烈的友谊、爱和归属的需求。如果寻求满足各种需求的努力受
挫，个体全面、健康的发展就会失调、中断或延迟。

图 9—2 马斯洛的需求层次

注：四个低层次的需求也被称为匮乏性需求，因为当这些需求被满足时，其动机就会减弱。然而
当成长性需求被满足时，其动机会随之增强。

资料来源：Based on Abraham H. Maslow, *Toward a Psychology of Being*, 3rd Edition. New
York：John Wiley & Sons, 1959；and *Motivation and Persinality*, 3rd Editisn. Boston：Addison-
Wesley, 1987。

从马斯洛的需求层次看，学生需求的满足情况极为不同。许多家庭缺乏满足
孩子基本需求的充足资源。有些学生来自那些整天为生计奔波的家庭，他们可能
得不到确保他们在学校成功的支持。他们又累又饿地来到学校，可能集中注意力
听课都有困难。另一些孩子可能不愁吃穿但却感到不安全、被疏远，或者缺乏爱，
他们可能会通过在情感上从身边的活动中退出来，来寻求自我保护。

教师之声：对现实的研究 ▶▶▶

价值观：隐性课程
琳达·伊雷

不管教师是否有意识，他们总是在传授价值观。一所学校的文化也会通过它
的职员、父母和学生对待彼此的方式，以及学校纪律管理、决策制定的政策传达
出价值观。在瑞沃学校——一所约有 160 名学生的学校——我们努力构建一种完
整的学校文化，强调通过读写算等显性课程和价值观等隐性课程来培养学生良好
的品性。

在瑞沃学校，我们几乎不讨论品德——也没有宣传价值观的海报或板报——

因为我们知道最有效的品德教育是身体力行我们希望在学生身上看到的价值观。我们努力组织好学校的每一个环节——从评价到奖赏，从决策制定到纪律维护——来鼓励和培养学生的品德发展。

中学几年是要找到学生的不足，帮他们实现从小学到中学的转变。所以，我们希望学生跨越这一边界的方式是了解选择、结果、自由和责任。学生说他们注意到我们的纪律管理体系是与众不同的，因为我们会像对待成年人一样对待他们，即使有时候他们做的不像成年人。我们相信学生天生具有为自己做出好的决策的能力——只是需要长时间的实践。

学生也知道学校有赖于他们，需要他们完成学校的繁杂事务，为学校提供服务，策划学校的会议和活动。当学校环境能满足学生寻求意义感和归属感的需要时，学生也就更倾向于和他人合作，关注共同利益。

在我们整个学校，隐含信息非常清晰：我们深深地尊重我们的学生，不仅仅因为他们是我们的学生，更是因为所有的人都有权以这样的方式被尊重。我们的这一意义重大的观念并不新颖。我们只是把它们作为隐性课程纳入我们的整个学校文化中，将它们转化为日复一日的实践应用。我们所说和所做的每一件事都是在进行品德教育。

个人反思

1. 你能举出例子来支持伊雷的观点——"不管教师是否有意识，他们总是在传授价值观"——吗？

2. 回想一下你曾就读的学校，你从这些学校里学到了什么价值观念呢？

上述内容节选自琳达·伊雷的文章 "Values：The Implicit Curriculum," in *Educational Leadership* 60 , No. 6 (Match 2003)：69-71。

儿童期的发展压力和任务

在埃里克森看来，学龄期的儿童要努力获得勤奋感，战胜低劣感。如果成功，他们就会感到自己有能力，相信自己能做好事情。如果什么事情让孩子感到自己低人一等，如果他们尝试新事物时遭到了失败，如果他们苦苦努力仍不能获得成功的感觉，那么他们就会感到不能胜任。

这个阶段的儿童要获得所需的勤奋感需要认真游戏、掌握新技能、制造产品，成为工作者（being workers）。当他们最初来到学校时，他们就被定位为要努力取得新成就。（一些幼儿班老师希望他们刚到学校就能学习阅读，如果做不到的话，老师就会失望！）对于刚刚上学的孩子来说，工作的想法是很有吸引力的，这意味着他们长大了，能做这样的事情了。

儿童期是一段无忧无虑的时期呢，还是一段有压力的时期？显然，答案取决于每个儿童的生活环境和个性特征。有一项研究调查了 6 个国家 1 700 多名 9 年级第二学期儿童所感觉到的有压力的事件。卡鲁·山本（Karou Yamamoto）和他的合作者发现，最有压力的事是"威胁到了一个人的安全感，招致一个人被诋毁，感觉很尴尬"（1996，p. 139）。其他的研究也显示，钥匙儿童，例如那些整天或一天的部分时间被独自留在家里或交给别人看管的儿童，会有严重的压力。

298

青春期的发展压力和任务

很多心理学家相信，青春期包括两个不同的阶段：早期从 10～12 岁一直到 14～16 岁，后期大约从 15～16 岁到 19 岁。虽然这一连续的发展阶段在每个个体身上都存在，但是随着每个个体从儿童期到成年期的转换，青春期的心理话题——应对变化和寻求同一性——在形式和重要性程度上是各不相同的。

在埃里克森的人类发展的八阶段模型中，同一性 vs 角色混乱（identity vs role diffusion）是青春期的心理危机。虽然寻求同一性对青春期早期和晚期而言都是关键的社会心理话题，但是很多人相信，埃里克森的同一性 vs 角色混乱的阶段更适合于青春期早期。在这一时期，青少年利用他们新发展的思维能力，开始整合形成一种更加清晰的个人同一性。埃里克森的角色混乱是指青春期儿童需要扮演各种各样的角色。

根据埃里克森的理论，当青少年能把自己和同伴、和学校、和某一目标建立起密切关系的时候，他们的忠诚感——这一阶段的美德——就明确而有力了。在这个阶段，青少年有时对人或事是忠诚的、尽心尽力的，有时会让他们的父母很沮丧或很警觉，有时又会期望过高，做白日梦。

在青春期晚期，对同一性的寻求从依赖别人转向自我依赖。在青春期晚期，年轻人还需要继续努力加强身份同一感，但是，当他们这样做时，他们会越来越少地关注同伴的反应，越来越多地考虑自己对什么更重要的判断。虽然青春期晚期也拥有很多人生兴趣、才能和目标，但是他们还是共享一种获得独立的愿望。比起儿童来，他们更像成年人，更渴望利用他们新获得的力量、技能和知识去实现自己的目标，如通过婚姻、为人父母、获得全职工作、接受高中后教育、从事一种职业，或到军队服役。

有证据显示，今天的青少年比较脆弱。一项研究提出了青少年成长为健康的成熟的成人需要掌握的 40 项"发展财富"（积极的人际关系、机会、技能和价值观），并调查了 100 万学生，结果显示："平均而言，年轻人对他们长成健康的、关爱的、负责任的成人所需的这 40 项财富的拥有量还不到一半……这一统计结果在城市、乡村和郊区都相对比较一致。"（Search Institute，2002）此外，"绝大多数美国成年人——2/3——不由自主地用一些尖刻的否定的词语来描述年轻人，如野蛮的、粗鲁的、不负责任的。有一半的人甚至把这样的描述用在更小的孩子身上"（Scales，2001，p. 64）。关于青少年值得警惕的现象包括：学习成绩下降和留级、意外事件、人身侵害行为、犯罪活动、派别争斗、抑郁症、纪律问题、辍学、吸毒、饮食失调、杀人、乱伦、卖淫、离家出走、逃课、自杀、早孕、蓄意破坏、传播性病。

作为老师，你能做些什么来帮助青少年全面发展他们的潜能呢？要防止那些可能使他们处于危险处境的问题，需要的是一种有活力的、有创造力的和多面向的方法。表 9—4 提供了一些帮助孩子养成能够胜任的感觉、积极的自我认识和比较自尊的方法，同时也提供了一些干预方法，防止或解决那些给孩子带来危险的问题。

299

表 9—4　　　　　　老师能做些什么来帮助青少年发展

---

1. 提供机会并鼓励学生发展能够胜任的能力
- 提供一种学生敢于尝试错误的学习环境。
- 布置一些学生可以成功完成但有一定挑战性的任务。
- 对学生怀有现实的但较高的期望。
- 传达相信学生能够成功的信念。
- 让学生努力实现自己选择的目标或计划，鼓励学生的勤奋精神。
- 给学生提供机会，让其承担特殊的责任。
- 安排年龄大一点的学生和年龄小的学生一起工作。
- 奖励勤奋和胜任的能力。

2. 促进积极的自我认识和更加自尊的发展
- 多表扬，少批评。
- 严肃认真地对待学生和他们的工作。
- 维护学生的尊严。
- 设计鼓舞士气的个人或团体活动。
- 提供机会让学生互动，合作完成任务。
- 教导并示范对人类多样性和个体性的接纳。
- 建立对个体或团体成就的认可和奖励机制。
- 支持学生努力获得独立，并适当表达独立。

3. 防止或解决给学生带来危险的问题的干预措施
- 提供一个学生感觉安全的体系化的学习环境。
- 有效地主导和管理课堂。
- 提供机会讨论爱好、价值观、道德、目标和后果。
- 教导并示范批判性思维、制定决策和解决问题。
- 教导并示范亲社会的态度和行为，以及解决冲突的方法。
- 给学生和家长提供那些需要他们特别关注的学科的信息。
- 鼓励家庭参与。
- 代表学生求助，与人合作，多多咨询，建立联络。

学生在智力方面如何各不相同？

除了发展方面的不同，学生的不同还表现在智力上。遗憾的是，考试得分，有时候是智力量表（IQ）得分，由于它们很方便，长期使用，因此，被人当成是对学生智力水平的准确测量工具了。什么是智力？如何重新定义智力使之符合其表现形式的多样性？

300

尽管人们提出了很多关于智力的定义，但这个词好像还没有被完全定义。一种观点是智力是学习的能力。就像戴维·韦克斯勒（David Wechsler）——广泛应用于儿童和成人的韦氏智力量表的编制者——说："智力的操作性定义是有目的地行动、理性思考以及有效应对环境的一系列整体的或全面的能力。"（1958，p.7）下面是关于智力的其他一些观点：

- 它是适应力，包括改变、调整一个人的行为以成功地完成新任务。
- 它与学习能力有关。智力高的人比智力低的人能更快、更容易地掌握信息。
- 它包括运用先前的知识有效地分析和理解新情况。
- 它包括多种不同的思维和推理过程的复杂的相互作用和协调。
- 它具有文化特定性。在一种文化下属于智力的行为在另一种文化下就

不一定是属于智力的行为。（Ormrod，2006，p. 153）

智力测试

我们现在使用的智力测试可以追溯到 1905 年由法国心理学家比奈（Alfred Bi-net）和西蒙（Theodore Simon）编制的量表。他们二人是一个总部设在巴黎的委员会的成员，该委员会的任务是找到一种方法能识别出那些在学习上需要特殊帮助的孩子。1908 年，比奈修订了这个量表，该量表在 1916 年被斯坦福大学的心理学家刘易斯·特曼（Lewis Terman）改编来测试美国儿童。特曼的测试被进一步改编，特别是美国军队，将其改编成可以适用于大规模群体的纸上测试。那些年，这种智力测试的使用持续升温。大约有 67% 的人的智力在 85～115 之间，这被看作正常的智力范围。

个体的智力测试不久就受到心理学家以及那些特殊教育领域人士的重视，因为它有助于判断儿童的优势和劣势。但是，目的在于把学生按照智力水平进行分组的团体智力测试受到越来越多的批评。

团体智力测试受到批评是因为测试的术语和任务是有文化偏向的，主要是来自白人中产阶级的经验。这样，这种测试更能评估学生对课堂或文化上的某些特性的掌握情况，而不能说明他们总体上有多聪明。当以智力测试得分为依据，一大群非洲裔美国儿童被分到了特殊的智障班时，这种抱怨成了一种正式的、合法的挑战。1971 年，他们的父母向当地法院起诉，并想尽各种办法一直上诉到联邦法院，最终联邦法院在 1984 年作出了支持他们的裁决。在这个著名的案例，即拉瑞诉罗尔斯案（Larry P. v. Riles，1984）中，法庭宣布智力测试是有歧视和文化偏见的。但是，在另一个案例——PASE 诉汉农案（PASE v. Hannon，1980）中，伊利诺伊州法院判定，当智力测试与其他评价方式——如教师观察——配合使用，用来达到安排学生的目的，并不算歧视。虽然批评之声仍有，但心理测量专家们一直在试图设计没有文化偏向的智力测试。

多元智力

许多心理学家相信，智力是一种确保人在如下几个领域进行心理运算的基本　301
能力：逻辑推理、空间推理、数字能力和言语意义。还有一些心理学家相信"传统的智力定义是不完全的，因而也是不充分的。一个人获得成功的能力有赖于通过保持分析能力、创造能力和实践能力的平衡，充分发挥他的力量，修正或补充他的不足"（Sternberg，2002，pp. 447-448）。例如，霍华德·加德纳（Howard Gardner）相信，人类至少拥有八种不同的智力形式，"每一种智力都反映解决问题或制造那些在一种或多种文化情境中被认为是有价值的产品的潜能。每一种智力又代表了人类精神活动形式的不同特色"（1999，pp. 71-72）。结合别人的理论以及对专家、神童和其他特殊人士的研究，加德纳在《智力的结构》（*Frames of Mind*，1983）一书中，最早提出了人类拥有七种智力：逻辑—数理智力、语言智力、音乐智力、空间智力、身体—运动智力、人际交往智力和内省智力。在 20 世纪 90 年代中期，他又提出第八种智力，那就是自然观察智力。在《受训的智力》（*The Disciplined mind*）（Gardner，1999，p. 72）中，他指出"人类还有可能表现出第九种智力，即存在智力——一种提出并思索关于生命、死亡和终极现实

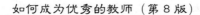

的倾向"和第十种智力，心灵智力。根据加德纳的观点，每个人都至少拥有八种智力（见表9—5），但是，每个人的这八种智力的组合是独特的。

表9—5　　　　　　　　　　　　　　　八种智力

> **逻辑—数理智力**确保个体能运用并理解抽象的关系。科学家、数学家和哲学家都依靠这种智力。那些靠棒球统计数据活着（"*live*" *baseball statistics*）的学生，以及那些无论是自己做事还是在学校活动中总喜欢在系统考虑解决办法之前先仔细分析出问题的构成要素的学生都具有较强的逻辑—数理智力。
>
> **语言智力**使个体能够通过语言与人交流理解世界的意义。诗人是能熟练运用这种智力的典范。那些喜欢韵语、双关语，总有故事要讲的学生，以及那些能迅速掌握其他的语言——包括手语的学生都展示出语言智力。
>
> **音乐智力**使人能创造声音，用各种声音交流并理解它的意义。作曲家和演奏家清楚地表现出这样的智力。那些看起来特别容易被教室外的鸟叫声吸引的学生，以及那些总是喜欢用笔在桌子上敲打出各种复杂的节奏的学生也具有这样的智力。
>
> **空间智力**使人能感知视觉或空间信息，转化这些信息，并从记忆中再创造视觉图像。高度发达的空间智力是建筑师、雕刻家和工程师等工作所需要的。有些学生总是最先翻看教科书中的图表、统计图以及图片，有些学生在写文章前总喜欢把他们的想法画成结构网（"web" their ideas），还有一些学生喜欢在他们的笔记本空白处画一些细致复杂的图案，这些学生都有较强的空间智力。
>
> **身体—运动智力**使个体能运用自己身体的各个部分来创造产品或解决问题。运动员、外科医生、舞蹈家、编舞者和手工艺者都是在运用他们的身体—运动智力。这种智力在有些学生身上表现得比较明显，比如那些喜欢体育课和舞蹈的学生，那些喜欢通过制作模型而不是写报告完成作业的学生，以及那些经常把纸揉成一团，并能准确地投进教室那边的垃圾筐里的学生。
>
> **人际交往智力**确保个人能识别并区分出别人的感情和意图。教师、父母、政治家、心理学家、售货员等都依赖这种智力。那些在小组活动中格外兴奋的学生，那些能注意并对朋友和同学的情绪做出反应的学生，以及那些能机智地让老师相信他们需要更多时间才能完成作业的学生都展示出较强的人际交往智力。
>
> **内省智力**帮助个体识别自己的感情，准确了解自己的智力模型，并利用对自己的了解来决定自己的生活。虽然很难评价谁拥有这种智力以及拥有的程度，但是，在有些学生身上能找到证据看到这种智力的存在——他们好像特别能充分利用自己的优势，非常清楚自己的不足，他们自己做的每一个决策都经过深思熟虑。
>
> **自然观察智力**使人们能区分、分类并利用环境的特征。农民、园丁、植物学家、地质学家、花卉研究者、考古学家都展示出这种智力。那些能命名并说出身边每款汽车的特征的学生也有这样的智力。

302　　　　加德纳的多元智力理论对教师非常重要。就像罗伯特·斯莱文（Robert Slavin）指出的，"教师必须避免考虑学生聪明还是不聪明，因为有很多方法可以让他们变聪明"（2000，p.130）。有些学生在人际交往智力方面很有天赋，表现出天生的领导力。有些学生表现出很高的某些研究者所说的情绪智力——识别并管理自己的情绪的能力（Salovey & Feldman-Barrett，2002；Salovey，Mayer，& caruso，2002；Salovey，Sluyter，1997）。在那些几乎听不懂课的学生（the minimally informed observer）身上也能发现音乐、运动和机械等方面的能力。因为这些能力经常无法测量，也不被看重，很可能无人关注而被浪费掉。

但是，请记住加德纳在《智力的结构》出版14年后的反思：

> 多元智力可能是吸引人的，但是它对胆小的人和总想快速修复问题的人来说是没有意义的。在对多元智力的思想和实践进行了初步试验后，实践者认识到，多元智力本身不是目的。说一个人有一个多元智力班或多元智力学校是没

有意义的——人们应该问的是："多元智力为了什么？"（1997，p. 20）

学习风格

从学习风格——让学生高效学习的方法——来看，学生之间有很大的不同。这种不同也被称作学习风格偏向或认知风格。全美学习风格和脑行为研究工作组（The National Task Force on Learning Style and Brain Behavior）指出："在个体的教育经历取向上，有一直稳定的行为和操作模型。它是个性化的认知、情感和生理行为的复合物。它可以作为一种稳定的指标来说明学习者会怎样认识学习环境，并与其相互作用，对其作出反应。"（引自 Bennett，1990，p. 94）

学生的学习风格是由遗传因素和环境影响共同决定的。有些人能很快记住他们所听到的东西；有些人可能看着写出来的文字材料能够学得更快。有些人需要精心组织和安排；有些人可能自己独立学习或跟着感觉走能学得更好。有些人在正式的环境下学得最好；有些人则在非正式的、比较轻松的环境下会学得最好。有些人是直觉性的学习者，而有些人则喜欢按照逻辑的、系列的步骤学习。

没有一种关于学习风格的"正确的"观点可以引导老师作出日常决策。学习风格基于文化的不同是微妙的、多变的、很难描述的（Zhang & Sternkerg，2001），而且随着一个人的成熟，学习风格也会改变。此外，也有批评指出很少有证据证明，这几十种学习风格概念模型以及与之配套的评估工具的有效性。但是，你还是应该了解到学习风格这个概念，认识到任何班级活动都可能对一些学生比对另一些学生更有效。你对你自己和学生学习风格的了解将帮助你更好地进行个性化的指导并激发学生的学习动力。为了追踪了解学生的学习风格、学术进步和个体学习需要，有些老师利用了一种学习管理系统（LMS）。本章的"行动中的技术"就给大家介绍了这样一种系统。

根据风格学习 （Learning with style）

这里提供了伊利诺伊州利伯蒂维尔高中的案例，说明学校如何调整其教育项目。利伯蒂维尔的所有新生都要在午饭时间的第二阶段参加一个为期五周的课程，名叫根据风格学习。课程开始时，学生需要填写学习倾向清单 *303*（Hanson & Silver，2000）来帮助学生和老师了解他的个人学习风格。

在课程学习期间，学生了解各种不同的学习方法，开始思考他们自己的学习行为。在教师、指导顾问（guidance counselors）和父母的帮助下，每个学生都会掌握一系列与其个人兴趣相适应的技巧和学习方法。

学生也了解每种风格的优势和不足。学生要提出"个人成长计划"并探索适合他们学习风格的职业。学生要规划出他们的高中生涯（their high school careers），经常与指导顾问交流，以便根据他们新的学习和经历，讨论并修订他们的目标。

这所高中中的所有老师都受过学习风格训练。他们要与根据风格学习项目组的老师和指导顾问密切合作。学校也鼓励父母晚上参加成人版的学习风格课程。这样，父母就可以帮助孩子和学校对孩子的教育和未来职业作出最好的决策。

在成人学习风格课程中，老师要评论学生的档案，并向父母介绍他们的孩子是怎样学习的，他们要成功还需要什么支持，以及在哪些领域需要特别注意。父母了解到孩子的学习风格，可以影响到他们的大学和职业选择，并成为终身学习者。风格学习课程的老师总结出的学生学习风格的知识可以帮助老师在班里创建可靠的学习共同体："它帮助我们不断更新学习环境，让我们记住每个孩子都有独特的兴趣、天赋和需要，作为教育机构，我们实际上可以通过设计他们需要并适合的个性化的学习项目来帮助他们。"（Strong，Silver，& Perini，2001，pp. 92-93）

学生的能力和缺陷怎样各不相同？

从学生的各自需要和天赋看，他们也是各不相同的。有些人一生下来就有特殊的能力或者缺陷，有些人的后天遭遇显著地改变了他们的能力，还有一些人挣扎在医学家们还没有完全弄明白的情况中。在美国，要尽最大可能给所有有特殊性的儿童和青年人以公共教育。本章的"教师之声：**走适合我的路**"是由一位高中老师迈克尔·克雷默写的。他致力于满足所有学生的学习需要——从资优生（advanced placement student）到有自闭症的学生。

特殊学习者

"那些要实现其全部潜能就需要特别教育和相应服务"（Hallahan & Kauffman，2006，p. 8）的孩子被称为特殊学习者。他们接受特殊教育教师和他们被编入的那个普通班的教师的共同教育。教师们在课堂上遇到的这些特殊孩子可能有身体上的、精神上的、情绪上的缺陷，或者有特殊的天赋或能力。

有特殊需要儿童通常是残障儿童的同义语。但是，对老师们来说，记住下面这段话很重要：

> 许多有残疾的人相信，残疾或残障这个术语可以有很不相同的意思和解释。他们相信正是因为他们的缺陷（如疾病、天生受损），社会才把他们残障化了（如为他们制造了挑战和障碍）……因此，社会和其他人对待这些人的方式才是给他们的最大障碍，并影响了他们的成就。这些人的困难处境不是因为疾病或者残障，而是他们被取消了充分参与社会的机会，结果处于边缘地位。（Smith，2007，pp. 9-10）

例如，天才的物理学家斯蒂芬·W·霍金（Stephen W. Hawking）就患有肌萎缩性侧索硬化症（也被称为卢伽雷氏病），这使他必须靠轮椅行走，借助音响合成器与人交流。如果霍金要进一幢只能走楼梯的建筑物，或者如果计算机病毒侵入了他的电子音响合成器程序，他的疾病就会成为障碍。就像霍金在他那本广为流传的书《时间简史：从大爆炸到黑洞》（*A Brief History of Time：From the Big Bang to Black Holes*，1988）中指出的那样："我是幸运的，我选择了理论物理，因为这些都在我的脑子里。因此，我的缺陷就不是一个严重的障碍。"

此外，作为教师，你应该知道当前的语言习惯强调的是"以人为本"的观念。换句话说，一种致残的疾病不应该用来作为描述人的形容词。例如，你应该说"一个有视觉障碍的孩子"，而不能称他们"瞎子"和"视障儿"。

你也应该意识到，对残疾的定义总体上是在不断变化的，它显著地受当前的文化认识状态的影响。例如美国智障协会（American Association on Mental Retardatio）1950 年至今已经 7 次修改了对智障的定义，反映了人们对认知缺陷不断变

304

化的认识。

也不要随便给那些有特殊天赋的孩子贴标签。遗憾的是，人们普遍对有特殊天赋或才能的年轻人有负面看法。就像在许多民族那里，有天赋的孩子是"不同的"，因而成为很多神话和原型的目标。但是，刘易斯·特曼等（Terman, Baldwin & Bronson, 1925；Terman & Oden, 1947）在1926年开始了一项具有里程碑意义的研究，该研究一直持续到2010年，共研究了1 528名天才男性和女性。该研究"打破了高智商的人往往头脑发达，但身体和社会发展方面笨拙的说法。特曼发现有着高智商的孩子比其他的孩子更高大、更强壮，身体的协调性也更好。他们也能长成更善于自我调节、情绪稳定性更强的成人"（Slavin, 2003, p. 429）。

行动中的技术：班级中的学习管理系统

瑞普先生打算接下来的秋天外出旅行。当他不在时，校长找到了一个能干的 305 代课教师。但瑞普先生发现，回来后他需要花很长时间才能赶上：重新批改自己落下的作业，评估学生的进度，接收班级讨论的更新，花大量时间给作业评分。瑞普先生决定试一试学校新采用的学习管理系统——Moodle（一种在线课程管理系统）。这种学习管理系统可以让他在一个地方就完成组织学习资源、学生评估、讨论、安排活动日程等工作。只有他的学生能进入这个课程系统，因为这个地址有密码保护。也只有他的学生能参与讨论，看到他给他们写的作业评语。

瑞普先生意识到要在Moodle上建立起一门课程还是需要花点力气的。这个夏天，很早他就开始工作了。他先建立了课程日历，列出了下个学期所有的活动和作业。他又做了所有讲座的PPT，还写了详细的作业指导、参考资源和评分标准。他将每个作业都和一个讨论话题链接起来，并对每个讨论提出了特定的操作标准。然后，他把这些文件上传到Moodle上。他还创建了一个作业下拉框——通过这个学生可以把他们的作业上传到Moodle上。这样，瑞普先生可以把他的笔记本电脑连接到这个网址，在任何地方都可以进入这个系统。他可以在任何时候、任何地方打开作业、批改作业，评分并反馈给学生。他的学生也可以评论他的评语，看他给的分数。他们也可以要求瑞普先生更明确地解释批语——在线上。

秋季学期开始了，瑞普先生带着所有学生在Moodle网址上浏览了课程。他教给学生如何利用讨论、作业下拉框、日历表以及课程网站内的其他内容。不管他是否在班里，他都把使用Moodle网站作为他日常活动的一部分。

学期结束后，他发现，他再也没有落下作业——它们都在线解决了。即使他还在路上，他也可以成为在线讨论的一部分。他可以从系统的home部分就进入学生的讨论板块并评论学生的发言。他的学生也可以这样。

瑞普先生喜欢上学习管理系统的一个没有想到的好处是课程追踪系统。他可以看到谁登录了，他们去了哪里，他们待了多久，以及他们做了什么。这就使他可以评估每个学生的课程参与程度。另外一个有利于学生评价的好处是以测验为基础的在线课程讨论。所有的讨论都可以存档，这就让瑞普先生可以准确评估学生的讨论成绩。这种异步讨论对学生也非常有吸引力。学生说在线讨论的自定步调，比起当场讨论，可以让他们有时间去思考其他同学的评论，从而提出更深思熟虑的想法。

学习管理系统：学习管理系统或内容管理系统（CMS）是一系列链接的软件工具，可以让老师通过安排好一系列交流工具，管理学生活动，创建学习共同体，可以利用自动的等级测试或小测验评估学生的表现，可以上传作业，追踪导航。学习管理系统是一个有密码保护的在线课程网址。

　　访问：http://www.moodle.org。Moodle 的网址可以帮助你理解 Moodle 系统的使用要求。在这个网址，你可以下载大量 Moodle 免费版本；阅读、浏览和听 Moodle 支持的各种资源；参与 Moodle 共同体讨论；了解大量的例子、小贴士，以及对那些有兴趣在课堂上使用 Moodle 的老师的建议。

　　可能的应用：老师们利用学习管理系统来协调学生的活动，让学生通过电脑上传作业，也可以随时随地参与学生们的讨论。

　　尝试：感受 Moodle 的最好方式是通过课程示范（Demo Course）链接到 www.moodle.org。在演示区内你可以找到好几种选择。你还有机会下载你可以通过自己的电脑运行的 Moodle 项目的免费版本。但是，在你做之前，你需要注册为会员。只要点击创建新账户链接，根据指导操作即可。

306

教师之声： 走适合我的路

　　迈克尔·克雷默从事教师职业 38 年，在教授各种各样不同的学生和课程方面有丰富的经验，他能在独特的情况下工作，并能扮演好领导者的角色。他看重每个学生，相信满足学生个性化需求的关键是教他们做一个完整的人。

　　迈克尔最初是在加利福尼亚州的慈善机构——加利福尼亚州科罗纳的一个惩教机构——教妇女。他教阅读、英语和半天的文学课，同时，兼任这一拘留所的图书管理员。他的学生有的修读了普通教育发展（GED）课程来完成高中学业。有的来上课是因为这里提供了一种自由的感觉，有些人来学习是因为她们认识到不知道如何阅读让她们哪儿也去不了。对当时只有 23 岁的迈克尔来说，在拘留所教书是一份重要的学习经历，也为他提供了很好的栖息之地。他的学生让他"获得了大量关于如何做一名老师以及人都有什么需要的知识"。

　　接下来的职业变化很大。他教过高中英语、戏剧、计算机编程、人文、大学英语和戏剧。他当过 5 年蒙特克莱尔高中英语系的主任，当过 18 年的足球教练，5 年的学术十项全能（academic decathlon）教练，编导过 100 多部戏剧。过去 20 年，他一直全职教戏剧，并有一个"有两名全职教师执教的大课程项目"，目前该项目的学生超过了 350 人。

　　他在蒙特克莱尔高中教了 18 年，在爱提万达高中教了 13 年，自 2002 年洛斯奥斯高中（Los Osos high school）开办以来，他一直在这里任教。在迈克尔的领导下，戏剧系已经成为南加利福尼亚地区最好的系，赢得了很高的威望和认可度。

　　迈克尔对教育的热情非常高。无论他教什么课，担任什么领导职务，他都说："那时候我热爱每一件事情；每一次新的经历都是令人愉悦的。在这个阶段，我热爱教戏剧，因为它能让学生在很多方面受益。"

　　作为一名戏剧老师，满足学生的学习需要是必须的。"我会安排好班上的每一个学生，从优班生中的第一名到有自闭症的孩子，当这样的孩子能够站在很多人面前表演的时候，他们的父母都很惊讶。"他用小团体、对学生的个别教育，安排好合作者，"确保学生能和其他各种各样的孩子，在各种各样的能力状态下工作。满足每个学习者的需要就是建立在这一基础上的；我格外幸运"。

迈克尔相信，对学生来说，戏剧应该是能让他们感到情绪上安全的地方。"作为观众，学生们必须尊重其他人的能力，必须尊重他们所做的工作，必须为他们欢呼。"各种类型的学生都会怯场。"我需要提供一个安全的环境，在这里学生敢于尝试新事物，而不必担心受到责备。"

迈克尔对新老师的建议是"花时间了解孩子"。这话是他的高中英语老师告诉他的，那时他聘请迈克尔回母校教书。"这里的孩子不是英语老师的学生；你需要走出教室，看看他们在别的课堂上的表现；你需要加入他们的足球游戏和其他的表演。"

他相信"当学生看到你是对他作为一个人而感兴趣，而不仅是因为他是你英语课堂的一部分，他们就开始不只把你看作他的六个学科老师之一——你开始和学生建立信任了。这种舒服的感受开始于你把学生当成一个人而感兴趣时"。由迈克尔带到舞台上的学生的数量和类型，以及他的喜剧项目的日渐壮大证实了他的建议是有道理的。

他的能力是对他的学校获得杰出声誉的最佳诠释。对迈克尔来说，最重要的是他有机会丰富学生的生活。就像他在"亲爱的导师特质"中写给詹姆斯的信中所说的那样，"你不是在和一个可以简单塑形的产品一起工作；你正在帮助一个鲜活的、会思考的、有情感的生物，他的生命是独一无二的，他的需要要求老师必须不断即兴创作……每个学生都是一种珍贵的人性榜样，你可以成为他发展的重要因素"。

残障学生

表9—6显示，参加政府支持的面向残障学生的教育项目的学生比例已经从 *307* 1976—1977年的8.3%增长到2006—2007年的13.5%。2008年接近670万学生参加了这些项目。（National Center for Education Statistics，May 29，2008）。

表9—6 在《残疾人教育法》（IDEA）保护下接受服务的3～21岁的儿童和年轻人的百分比。各种残障疾病选择的年份从1976—1977年到2006—2007年

年龄和残障	1976—1977	1980—1981	1990—1991	1994—1995	1996—1997	1998—1999	2000—2001	2002—2003	2004—2005	2006—2007
所有残障	8.3	10.1	11.4	12.2	12.6	13.0	13.3	13.5	13.8	13.5
特定学习障碍[1]	1.8	3.6	5.2	5.6	5.8	6.0	6.1	5.9	5.7	5.4
说话或语言障碍	2.9	2.9	2.4	2.3	2.3	2.3	3.0	2.9	3.0	3.0
智力发育迟缓	2.2	2.0	1.3	1.3	1.3	1.3	1.2	1.2	1.2	1.1
情绪躁动	0.6	0.8	0.9	1.0	1.0	1.0	1.0	1.0	1.0	0.9
听觉障碍	0.2	0.2	0.1	0.1	0.1	0.2	0.2	0.2	0.2	0.2
肢体障碍	0.2	0.1	0.1	0.1	0.1	0.1	0.1	0.1	0.1	0.1
其他健康障碍	0.3	0.2	0.1	0.2	0.4	0.5	0.6	0.8	1.1	1.2
视觉障碍	0.1	0.1	0.1	0.1	0.1	0.1	0.1	0.1	0.1	0.1
多元障碍	—	0.2	0.2	0.2	0.2	0.2	0.3	0.3	0.3	0.3
聋或盲	—	#	#	#	#	#	#	#	#	#
自闭症	—	—	—	#	0.1	0.1	0.2	0.3	0.4	0.5

续前表

年龄和残障	1976—1977	1980—1981	1990—1991	1994—1995	1996—1997	1998—1999	2000—2001	2002—2003	2004—2005	2006—2007
创伤性脑损伤	—	—	—	#	#	#	#	#	#	0.1
发育迟缓	—	—	—	—	—	#	0.4	0.6	0.7	0.7
有残障的学前儿[2]	↑	↑	0.9	1.2	1.2	1.2	↑	↑	↑	↑

— 没有数据

↑ 不适用

四舍五入到零

1. 一种或多种基本的心理进程紊乱，包括理解或使用语言、说或写，它自身明显表现为听力、思维能力、说话、阅读、写作、拼写或者做数学计算题等能力不足。包括这样一些疾病，如感觉障碍、脑部损伤、轻微脑功能障碍、诵读困难症、发展性失语症。

2. 开始于 1976 年，根据障碍类型收集了学前儿童的数据；这些数据和上述 6～21 岁的数据合在一起。但是 1986 年的《残疾人教育法》（现在被称为 IDEA）规定根据残疾类型收集的数据不包含 3～5 岁的儿童。因此，从 1990—1991 年到 1999—2000 年，那些数据被单独报告出来。从 2000—2001 年开始，政府又要求根据残疾类型报告学前儿童情况。

注：由于四舍五入的关系，各部分细节加起来不一定等于总数。通过《残疾人教育法》提供的特殊教育服务提供给所有符合要求的年轻人（eligible youth），他们是由一个具有专业资质的团队鉴别出来的。这些人被鉴定为因残障而不利地影响了他们的学习成绩，需要特殊教育和相关服务。总数包括所有通过《残疾人教育法》接受特殊教育服务的儿童。他们来自 50 个州的早期教育中心、小学和中学，和华盛顿特区的学校，以及 1993—1994 年的印第安事务管理局管辖的学校。1994—1995 年开始，估算数据已不再包括印第安事务管理局管辖的学校。

资料来源：National Center for Education Statistics. (2008). *The Condition of Education*. 2008. Washington, Dc: Author. Retrievrd from http://nces. ed. gov/programs/coe/2008/section1/table. asp? tableID=868.

各种测试方法和评估形式被用来鉴别有各种类型的残障的人。下面简单的定义性特征是根据《残疾人教育法》和各种致力于满足不同类型的人的需要的专业组织的定义总结的。

1. **特定学习障碍（LD）**——在听、说、读、写、推理和计算等方面存在困难，使学习明显受阻。

2. **说话或语言障碍**——说话不清或语言混乱导致与人交流明显困难。

3. **智力发育迟缓**——认知能力明显不足。

4. **情绪躁动（SED）**——不适应社会或情绪失调导致明显降低其学习能力。

5. **听觉障碍**——一只或两只耳朵的听觉永久性地或间歇性地微弱，直至完全失去听力。

6. **肢体障碍**——有身体上的致残性疾病严重影响其运动功能。

7. **其他健康障碍**——由慢性或急性健康问题导致的力气有限、活力不足，以及警觉性降低。

8. **视觉障碍**——失去视觉导致明显限制学习。

9. **多元残障**——有两种或以上相互联系的残障。

10. **聋或盲**——视觉或听觉有残障，严重影响了交流。

11. **自闭症和其他**——明显的交流、学习和互惠性的社会互动存在障碍。

接受特殊教育的 670 万残障儿童中有接近一半是特定学习障碍（National Center for Education Statistics，September 2007）。虽然特定学习障碍这个术语于 20 世纪 60 年代初期即被提出，但是并没有普遍接受的定义。全国学习障碍联合委员会（National Joint Committee on Learning Disabilities，2008）宣布：

特定学习障碍是一种神经系统疾病。简单地说，学习障碍来自人的大脑"线路组合"方式的差异。有些有特定学习障碍的孩子和其他孩子一样聪明，甚至更聪明。但是如果任其自生自灭或者用传统的方式教育他们，他们可能有

308

阅读、写作、拼写、推理、记忆或组织信息方面的困难。

一些学生可能在记住语言指令或识别打印出的文字方面有困难（诵读困难症），而另外一些人可能在处理数字方面有困难（计算障碍）。特定学习障碍无法治愈或修正，这是一个伴随终生的问题。但是，借助恰当的支持和干预，有特定学习障碍的孩子也可以在学校里取得成功，成为人才，通常后半生是出色的工作者。父母可以通过鼓励他们的长处，了解他们的不足，了解教育系统并和专业人士合作，了解解决特殊困难的方法来帮助有特定学习障碍的儿童取得成功。本章的"独立教学"介绍了罗达·斯尔沃博格，她学会了如何满足有学习障碍的学生的学习需要。

设想，你正在关注两个新学生——玛丽和比尔。玛丽词汇量丰富，敢于表达自己，但她的阅读和数学成绩并没有达到你认为她可以达到的水平。经常是当你对全班下达指令时，玛丽好像很困惑，不知道要做什么。与她进行一对一教学时，你注意到她经常像很小的孩子那样，把字母或数字写反——把 b 看成 d，或把 6 看成 9。玛丽可能有一种特定学习障碍，导致她在接收、组织、记忆和表达信息方面有困难。有特定学习障碍的学生经常像玛丽一样，其估计的智力水平和她在班级中的实际成绩之间有明显差距。

比尔则给你带来一系列不同的挑战。他明显地很聪明，但他经常看起来不能与课堂活动步调一致。当他轮候回答问题的时候，经常会显得很不耐烦。有时候会在你还没有问问题的时候，他就不假思索脱口而出说出答案。他不停地摆动脚趾、敲打铅笔，还经常没带书包或作业就来上学了。比尔可能有注意力缺陷多动障碍（ADHD），这是一种儿童中最常见的残障。据估计，美国大约有3％～5％的儿童有注意力缺陷多动障碍。平均在一个有 25～30 名学生的班级中，就至少有一个注意力缺陷多动障碍的儿童。那些有注意力缺陷残障（ADD）的学生在长时间集中注意力方面是有困难的。患有 ADD 和 ADHD 的儿童不必接受特殊教育，除非他们同时还有另外一种联邦定义的残障类型。

治疗 ADD/ADHD 儿童的办法有行为矫正法和药物治疗法。自 20 世纪 80 年代早期以来，利他林（Ritalin）一直是对 ADD/ADHD 儿童最常用的处方药，目前估计，大约有 100 万的美国儿童服用利他林来增加他们的冲动控制和注意力时间。

教师应该对学生的下述学习和行为上的特点保持警觉，以便帮助人们早一点识别出有学习障碍的学生，让这些学生能早日接受适应性的教学或者所需的特殊教育服务。

- 在潜能和成就之间明显不符。
- 无力解决问题。
- 学习成绩严重落后。
- 不能投入学习任务中。
- 语言和认知发展缓慢。
- 缺少基本的阅读和解释技巧。
- 在课堂讨论和听课时总不能集中注意力。
- 好动。
- 冲动。
- 运动协调性和空间关系能力差。
- 积极性不高。

309

独立教学

发现秘密

尽管教了好几年有特殊需要的儿童的阅读课，但我总是感觉好像不知道我正在干什么。想象一下这多么有挫败感！作为一名语言艺术教师，我想别人都知道教阅读的秘密，只有我是唯一一个不知道的人。我挑选出大量优秀的文学作品，和学生一起学习，让他们预测接下来会发生什么，让他们利用开头和背景来设想一个好像他们不知道的世界。我让他们记住拼写表。他们那个星期可能会记住这些词语，但不会持续太久。在这一年结束时，我告诉父母们斯科特、约翰或海泽正在取得不错的进步。但是我怎么确认这个的？我没有证据。

有一年，我和一个指导教师共享了我的课堂，她需要一个地方来教一个有诵读困难的学生。她高度评价了她采用的项目——奥顿—吉灵汉姆基础方案（Orton-Gillingham-based program），一个以研究为基础的、系列化的、结构化的语音方案。看到了她的学生取得的进步后，我和两个同事请求主管部门让我们接受这个项目的培训。经过一年严格的培训后——为期 2 天的概论学习、一年 5 次研讨会、60 节课的一对一教学——我知道我找到秘密了。11 年后，我不再有那种我那时经常感觉到的挫败感了。我现在可以看到并测试出学生的进步。能够通过前一次测试和后一次测试，与学生及其父母分享可以测试出的进步，这让我们都很高兴。

但，对不起，斯科特和海泽，我多年前教过的学生！我多么希望在我教书生涯的最初几年，我就接受了这样的培训，当他们能够译出和拼出越来越复杂的单词时，我多么希望我也能在他们的脸上看到这种喜悦之情。我努力不让自己为此事懊悔不已，我有了一条新的箴言：如果你没有工具，那就找到它！

分析

教得好意味着找到了对学生最有效，并能持续不断地学习的新方法、新策略和新项目来帮助他们。它意味着一个接一个地试验新方法，直到最后"秘密"被发现，然后坚定地寻求新的训练和资源。就像斯尔沃博格在这个专题中所说的那样，这也意味着为了获得新知识和新技能而付出时间和精力。

反思

● 在教师完成了他们的资格认证课程学习后，还可以通过什么方式继续学习？

● 什么专业技能要求教师不断学习？

罗达·斯尔沃博格

资优生

310

资优生，通常能在智力水平、学术成就、创造力，或视觉与操作艺术等方面达到很高的水平，他们平均分布在所有的种族、文化群体和社会经济阶层中。虽然你可能认为满足资优生的需要很容易，但你会发现事实并不总是这样的。"有特殊天赋或才能的孩子经常挑战学校系统，他们可能言辞尖刻。他们的超凡能力和不同寻常的或前卫的兴趣需要那种高智力的、有创造力的、高动机的教师。"（Hallahan & Kauffman，2000，p. 497）美国教育部最近的研究反映出这种学生挑战教育系统的能力，研究发现小学里那些资优生在学年开始之前，在五门基础学科领域中，就已经掌握了这一年课程的35%～50%。

天赋可以表现为很多形式。例如，康涅狄格大学国家资优生研究中心主任，约瑟夫·S·任祖里（Joseph S. Renzulli，1998），指出了两种天才："学校家庭天才（schoolhouse giftedness），也可以叫作考试天才或课堂学习天才"，和"创造性－生产性天才"。过去20年的发展拓宽了我们对天才特征的认识。

从各个州报告的天才儿童比例可以看出，用来识别资优生的标准是很不相同的。例如，马萨诸塞州和佛蒙特州只鉴别出0.8%的学生是资优生，而俄克拉何马州则鉴别出14%的资优生（National Center for Education Statistics，May 2007）。综合考虑所用的各种鉴别标准，估计资优儿童的数量应该占总人口的3%～5%。下面列出的是资优生的一些特点：

● **早熟**——言语早熟。

● **感知灵敏**——善于批判性地发现相关的、重要的线索；能注意到别人没有注意到的东西。

● **注意力持久**——能高强度地投入到任务中，不会因环境的嘈杂而分散注意力。

● **记忆力超群**——可能局限于他特别擅长的领域。

● **高超的协调能力**——能协调好两个或更多的任务。

● **压缩化的学习和推理**——不经一步步推理，直觉到解决办法；通过"直觉性的跳跃"解决问题。

● **灵活变通的思维**——知道什么时候利用内部资源，以及哪些资源可以利用以获得最好的结果。

● **元认知意识**——对自己的思维有意识，清楚自己理解问题的思维过程。

● **快速处理**——能快速处理信息。

● **哲学思维**——关注"大问题"，比如，人类的未来或宇宙。（Hoh，2008，pp. 57-83）

优秀的资优生教师有很多和他的学生相同的特点。"对优秀的资优生教师的研究发现，有一些特点是反复出现的：偏爱理智，学科专业知识强，与能力高的学生的人际关系融洽，享受教育他们的过程。"（Robinson，2008，p. 676）为了满足资优生的教育需求，有四种革新性的方法：加速、自我指导或独立学习、个别化教育项目（IEPs）和选择性学校或磁石学校。

加速

311

加速项目对智力超常的学生的效果是"惊人的"（Gross，2008，p. 248）。例如，库里克综述了上百项教育研究结果后，发现"找不到任何教育对策能比加速项目产生更高的效果（也就是积极结果）"（Kulik，2004，p. 20）。下列一些加速选择被证明在不同的年级水平是最有利的：

● **小学**——提早入学、跳级、不分级编班、课程压缩（改编课程从而用更快的速度教学）。

● **初中**——跳级、年级压缩（缩短读完一个年级的时间）、同时在一所高中或学院入学、学科加速和课程压缩。

● **高中**——同时入学、学科加速、进阶先修班（advanced placement classes）、导师制、通过考试获得学分和提早进入大学。

加速项目的一个例子是芝加哥郊区的一所学校，在这所学校里，处境不利的高潜能学生可以按照他们自己的节奏在高科技课堂中学习。他们参与到一种整合的加速学习中，这种学习提供高级课程，鼓励学生的创造性，积极强化和放松。在国家资优生研究中心，教师在实验教室里上专题性的压缩课程，鼓励聪明的孩子在常规课程上突飞猛进，充分发挥学生的长处，而能力稍差的学生仍可以把时间和精力放在他们需要关注的地方。有一些大学或学院现在也参与到加速项目中，在这里，一些学完了高中课程的资优生，可以同时注册选修大学的课程。

自我指导或独立学习

有一个时期，自我指导或独立学习，对教师来说也是一种维持班上有天赋的学生学习兴趣的适当方式。资优生往往有这样的知识背景和动机，在不受监督和等级评分影响的情况下，自己学得很好。

个别化教育项目（IEPs）

自从公共法94—142条（the passage of PL94—142），以及针对特殊教育儿童的个别化教育项目（IEPs）实施以后，个别化教育项目逐渐发展成一种教授资优生的合适的方式。对资优生的大多数个别化教育项目包括各种各样丰富的经历；自我指导学习；在选拔项目（pullout programs）中，给个别学生或小组以特殊的、集中的教学。例如，在纽约的哥伦比亚师范学院，经济处境不利但被鉴定为资优的学生，可参加"增效计划"。该计划为每个学生配备了指导教师，负责培养他们的天赋，并指导他们通过更高级的课程学习。

选择性学校或磁石学校

好几个大城市的学校系统已经发展出磁石学校，这类学校围绕一些特定学科组织起来，比如科学、数学、工艺美术、基本技能，等等。这些学校的这些特色项目被设计用来吸引本地区各个地方的优秀学生。这些学校中有很多为天才青少年提供了让其大显身手的项目。

什么是特殊教育、随班就读和全纳教育？

20世纪前，残障儿童通常被从日常班级中分出来，在公立的或私立的学校，由专门的教师教他们。今天在普通班级和特殊教育班级所安排的一系列项目和服务的目的是要发展这些特殊学生的潜能。为了促进这些特殊学生的成长、天赋和创造力，人们提出了三个概念：特殊教育、随班就读和全纳教育。

特殊教育是指"专门设计用来满足这些特殊孩子的特殊需要的指导"（Hallahan & Kauffman，2006，p. 13）。那些接受过特殊教育培训的教师熟悉为残障学生准备的特殊材料、技术、装备和设施。例如，有视觉障碍的孩子需要阅读用大号字或点字写出的材料；有听觉障碍的孩子可能需要助听器或手语指导；有身体残障的孩子可能需要特别的装备；情绪躁乱的孩子可能需要小一点但高度结构化的班级；有特殊天赋的孩子可能需要多接触一些工作中的专业人士。"特殊教育要想有效果，一系列相关的服务——特殊的交通工具、心理评估、身体和职业方面的治疗、药物治疗，以及辅导建议——是必需的。"（Hallahan & Kauffman，2006，p. 13）

特殊教育法规

直到1975年，主要是通过在常规学校内设立自成体系的特殊教育班来满足残障学生的教育需求。但是，这一年，国会通过了《全体障碍儿童教育法》（公共法 94—142 条）（*Education for All Handicapped Children Act* ［*Public Law 94—142*］）。该法确保所有的残障儿童都应享受免费的、适合的公共教育。这一适用于国内每一个教师、每一所学校的法律设计了一系列的程序确保每一个 3～18 岁的特殊儿童都有权享受鉴定、安置和教育服务等。作为公共法 94—142 条的结果，残障学生进入所有班级、所有学校项目中成为常规。

1990 年，公共法 94—142 条被《残疾人教育法》取代。《残疾人教育法》包含了公共法 94—142 条的主要条款，并将可以享受免费、适合的教育的残障青少年的年龄扩大到 3～21 岁。《残疾人教育法》作为一项在国内通过的最重要、但还远未达到目标的教育法规，其中的好多条款是所有的教师都应该熟悉的。1997 年《残疾人教育法修正案》通过。《残疾人教育法修正案》以及 2004 年它的重新授权，不像以前关注的是保证残障儿童接受公共教育的机会，而是强调教育的结果、修改达标的要求、个人教育项目的指导方针、公共和私人的教育安置、学生纪律指南和程序保障等。

《残疾人教育法》要求所有的残障儿童都能在最少限制的环境下接受教育。换句话说，只要安排在一起是可行的、合适的，学生就必须到普通教育班级中随班就读，他们会从这样的安排中受益。图 9—3 就展示了残障儿童从最少限制到最多限制的教育选择机会。有些学校招收的是发病率高的残障学生（得这种残障的孩子人数超过 10 万），如有说话或语言障碍，或听力障碍，他们在学校的大多数时间应该在常规班里接受教育。有情绪障碍、精神发育迟滞，或典型多元残障的学生，要有超过 60% 的在校时间是在常规学校之外接受特殊教育（President's Commission on Excellence in Special Education，2002）。

313

水平	教育传输系统	人数	专业责任
限制最少		人数最多	
I	在普通班级中学习；没有额外或特殊的辅助		普通教育为学生的教育项目承担首要责任。特殊教育是旨在方便学生在教育主流中获得成功的支持性服务
II	在普通班级中学习；咨询专家为课堂教师提供帮助		
III	大多数在校时间在普通班级中学习；为有需求领域的特殊教学设立特殊教育资源室		
IV	大多数在校时间在特殊教育班级中学习；参与与其能力相符的普通班级的学科学习		
V	在普通学校中的全日制特殊教育班级中学习		特殊教育为学生的教育项目承担首要责任
VI	在为具有特殊需求的孩子而设立的隔离学校中学习		
VII	限制最多　通过家庭或医院教学项目接受教育　人数最少		

图 9—3　残障学生的教育服务选项

资料来源：Michael L. Hardman, Clifford J. Drew, and M. Winston Egan, *Human Exceptionality*：*Society*，*School*，*and Family*，*7th ed*. Boston：Allyn and Bacon，2002，p. 29. Copyright © 2002 by Allyn and Bacon. Reprinted by Permission.

个别教育项目

每一个残障儿童都有一个纸质的个别教育项目（IEP）表来满足其需要，实现特殊教育的目标，指明达到教育目标的方法，以及为其提供的特殊教育服务的数量和质量。个别教育项目每年都必须经由五方审阅、修改：（1）父母或监护人；

（2）儿童；（3）教师；（4）新近对该儿童进行过评估的专业人士；（5）其他，通常是校长或本学区负责特殊教育资源的人。图 9—8 提供了一个个别教育计划案例。

表 9—7　　　　　　　　　　　　　　**个别教育计划样本**

学生的主要类型：严重的情绪躁动 **第二类型：无** **学生姓名：**黛安妮 **出生日期：**1996 年 5 月 3 日 **主要语言：** **家庭：**英语　**学生：**英语 **IEP 约见日期：**2009 年 4 月 27 日 **加入项目日期：**2009 年 4 月 27 日 **服务项目持续期：**一学年 **要求的服务：**具体指明每天或每周教育或相关服务的时间量 **普通教育班：**每天 4～5 小时 **资源教室：**每天 1～2 小时 **普通教育班中的特殊教育咨询** 根据年度目标和短期目标，与普通教育教师的合作教学和咨询会主要集中在学术领域和适应技巧上。 **独立的：**无 **相关服务：**与指导顾问进行每周两次的团体咨询会议。咨询焦点如年度目标和短期目标所描述的那样集中在适应技巧的发展上。 **娱乐项目：**每天在普通教育的体育班中活动 45 分钟，但必须在适合的体育老师的帮助下进行。 **评估** **智力方面：**WSC—R **教育方面：**关键数学 Woodcock 阅读 **行为/适应性方面：**Burks **说话/语言：**_____ **其他：**_____ **视力：**正常范围内 **听力：**正常范围内 **已做的课堂观察** **日期：**2009 年 1 月 15 日至 2 月 25 日 **执行观察的人：**学校心理专家、特殊教育教师、普通教育教师 **需要特殊指导和帮助的领域** **1. 适应技巧** ● 与同伴和成人相处的有限的互动技巧 ● 经常做鬼脸、出怪样 ● 难以跟上学科进度，特别是阅读和数学 ● 表达感情、需要和兴趣困难 **2. 学术技巧** ● 数学方面显著低于年级水平—3.9 ● 阅读方面显著低于年级水平—4.3 **年度评论：**　　　　　**日期：** **评论/建议：**_____ _____ _____ _____ _____ _____	**目前的优势表现：** ● 对待老师和同伴有礼貌 ● 在班上乐于助人、与人合作 ● 能自己洗漱 ● 善于体育运动 **进入普通教育课程** 黛安妮可以参加普通教育课程各学科的学习。将会在数学和阅读方面接特殊的教育或服务。 **疾病对进入普通教育课程的影响** 情绪上的缺陷使戴安妮很难在普通教育课程的数学和阅读两个方面达到期望的成绩。预计当她升入初中后这会进一步影响到她在普通教育课程的某些学科的学习（如历史、英语）。 **参与州或地区的评估** 戴安妮可以参加所有州的或地区的成绩评估。不需要为了参与评估而进行改变和调整。 **从普通教育班撤出的正当理由** 戴安妮的目标要求是将她安排在普通教育班，但在学校的绝大多数时间要接受特殊教育。基于对她的适应性评估和观察。戴安妮将在资源教室里每天接受 1～2 个小时的社会技巧方面的指导。 **向父母汇报朝向年度目标的进步** 父母每周都会获得通报戴安妮在短期目标上的进步情况；每个月，普通教育教师、特殊教育教师和学校心理专家都会给父母打电话；每个学期末都会有定期的汇报卡片。 **团队签名**　　**IEP 评论日期：**_____ **LEA 代表：**_____ **父母：**_____ **特殊教育教师：**_____ **普通教育教师：**_____ **学校心理专家：**_____ **学生（合适时）：**_____ **相关服务人（合适时）：**_____ **观察标准和评估程序人：**_____

IEP 年度目标和短期目标	负责人	观察标准与评估程序
♯1. **年度目标**：戴安妮将会提高与同伴和成人互动的技巧。 **短期目标**：戴安妮在没人指导的情况下将每天两次主动与同伴交往。 **短期目标**：当需要帮助时，80%的情况下戴安妮会不需要提示，主动举手向老师或同伴说出自己的需要。	普通教育教师和特殊教育教师（资源教室） 学校心理专家 顾问	课堂观察和根据观察目标作的记录
♯2. **年度目标**：戴安妮会增强控制手部和面部动作的能力。 **短期目标**：在学术活动中，80%的情况下戴安妮会把手放在合适的地方，正确运用写作材料。 **短期目标**：80%的情况下，戴安妮能在老师的提示下保持放松的面部表情。老师的提示会随时间的推移越来越少。	普通教育教师和特殊教育教师（资源教室） 学校心理专家 顾问	课堂观察和根据观察目标作的记录
♯3. **年度目标**：在学习方面，戴安妮会跟上学习任务安排。 **短期目标**：在老师的提示下，80%的情况下，戴安妮会独立完成布置的任务。 **短期目标**：90%的情况下，戴安妮会完成学习任务。	普通教育教师和特殊教育教师（资源教室） 学校心理专家 顾问	课堂观察和根据观察目标作的记录
♯4. **年度目标**：戴安妮会提高表达感情的能力。 **短期目标**：至少80%的情况下，当询问她的感受时，戴安妮能在老师的提示下用准确的词描述她的感情或情绪。 **短期目标**：置于冲突或问题情境中时，80%的情况下，戴安妮会向老师或同伴说出自己的感受。	普通教育教师和特殊教育教师（资源教室） 学校心理专家 顾问	课堂观察和根据观察目标作的记录
♯5. **年度目标**：戴安妮的数学技能会提高一级水平。 **短期目标**：戴安妮会提高口述一位数和两位数除法口诀的速度和准确性，并且每分钟毫无差错地解决 50 个问题。 **短期目标**：戴安妮会提高解决字母问题的能力，包括 t—x—v。	普通教育教师和特殊教育教师 通过共同教学和顾问合作	准确教授埃迪森·韦斯利数学项目 范围和顺序 地区性的学术成绩评估
♯6 **年度目标**：戴安妮的阅读技巧会提高一级水平。 **短期目标**：在指定的阅读技巧项目中，戴安妮会逐渐回答更多较为困难的理解性问题。 **短期目标**：戴安妮会提高词汇表单词的拼写速度和准确率，达到每分钟 80 个单词且没有错误。	普通教育教师和特殊教育教师 通过共同教学和顾问合作	准确教授 Barnell & Loft 范围和顺序 地区性的学术成绩评估

资料来源：Michael L. Hardman, Clifford J. Drew, and M. Winston Egan, *Human Exceptionality: Society, School, and Family*, 7th ed. Boston, Allyn and Bacon, 2002, pp. 123-125. Copyright © 2002 by Allyn and Bacon. Used With Permission。

相关服务

《残疾人教育法修正案》确保每个残障儿童都能接受相关服务，包括"交通，以及一些发展性的、修正性的或其他支持性的服务，以帮助残障儿童能从特殊教育中受益"（IDEA97）。

记录保密

《残疾人教育法》要求儿童的所有记录都必须保密。任何官方机构要查看儿童的记录必须首先取得父母的许可。如果父母认为记录信息有误导、不准确或侵犯了孩子的权利，他们可以修改孩子的记录。

程序正当

《残疾人教育法》给了父母否决个别教育项目或评估他们孩子的能力的权利。如果产生分歧，可以通过州委派的一名官员主持的公正的听证程序解决分歧。听证会上，父母可以派律师作代表，提供证据，进行盘问，他们有权要求提供听证会记录和案例的最终判决书。如果父母或学校不服判决结果，该案例可以交由中央法庭裁决。

满足随班就读的挑战

为了更好地满足《残疾人教育法》的服务要求，作为教师你可能有机会参与在职的培训项目，以便更熟悉残障学生的需要。此外，你的教师教育项目可能需要修习一门教授有特殊需要孩子的课程。

316

《残疾人教育法》的指导大纲要求学校必须做出显著努力以接纳班上所有的孩子，或保证他们随班就读。但是，学校到底应该在多大的程度上满足随班就读的要求还不清楚。例如，那些残障极为严重的、不能学习的孩子应该安排在普通教育班吗？最近法庭裁决案例规定，如果随班就读有潜在的好处，能刺激孩子的语言发展，或者班里的其他孩子可以成为这些孩子的合适榜样，那么那些有严重残障的学生必须被接纳。在一个判例中，法庭命令学校要安置一个智商只有44的孩子在普通班2年级就读，并拒绝了学校所谓承担不起安置这样一个孩子的费用的夸张说法（Board of Education, Sacramento city unified school District v. Holland, 1992）。在另外一个判例中，法庭拒绝了学区声称接收一个有严重残障的孩子会引起骚乱，这显然对其他孩子不公平的说法（Oberti v. Board of Education of the Borough of Clementon School District, 1992）。

要满足随班就读的挑战，你必须了解各种类型的残障，并知道针对每一种类型合适的教学方法和材料。因为教师对有特殊需求的孩子的负面态度会影响班上所有其他同学的感受，因此会降低随班就读的效果（Lewis & Doorlag, 2006），教师必须对接受特殊教育的学生有积极的态度。一种接纳、支持的态度会显著提升残障学生的自信。

317

此外，你应该做好准备参与对特殊学习者的教育。应该愿意照如下要求去做：

（1）尽最大努力使学校设施能满足学生的需要。

（2）评估学术能力和缺陷。

（3）在适当的情况下，推荐这些学生进行评估。

（4）参加特殊教育资格研讨会。

（5）参加制定个别化教育项目。

（6）与父母和监护人交流。

（7）参加听证会或协商会。

(8) 与专业人士合作鉴定特殊学生的能力，并最大化地开发他们的能力。(Hallahan & kauffman, 2006, pp. 19—20, 22)

关于全纳教育的争论

根据公共法 94—142 条的条款，随班就读指的是最大化减少对残障学生的环境限制，而全纳教育超越了随班就读，是要在特殊教育者、其他专家和服务提供者的积极帮助下，借助辅助技术和适应性软件（adaptive software）等，将所有残障学生整合到普通教育班或学校生活中。全纳教育的提倡者相信"残障学生不再是'其他人'——如特殊教育教师——的责任，也不再是在'其他地方'——如特殊学校——接受教育的学生。教育残障学生是每个人共同承担的责任"（Smith, 2007, p. 33）。

全面全纳教育走得更远，它坚持"普通教育班级对所有的残障学生来说都是最适合的全天安置的地方——不仅是那些有轻度学习和行为问题的学生，而且对那些有严重残障的学生来说也是如此"（Lewis & Doorlag, 2006, p. 4）。根据全面全纳教育方法，如果一个孩子需要支持性服务，那么应该把这些服务带到孩子身边来，而不要让孩子参加一些选拔性的项目去接受支持性服务。全面全纳教育的提倡者坚持认为选拔性项目侮辱了参与的学生，因为他们被从正常班级中分出来，而且选拔性项目阻止了普通教育教师与特殊教育教师的合作。那些反对全面全纳教育的人士认为，教师可能会因为大的班级规模而加重负担，而且学生可能被分配到的学校没有足够的支持性服务，经常缺乏满足所有特殊学生需要的训练和指导材料。

此外，有些残障学生的父母认为全面全纳教育意味着我们所知道的那种特殊教育的消除，相应地，目前联邦特殊教育法规所保证的服务范围也会消失。他们的理由是，全面全纳教育会使他们更加依赖各个州，而不是联邦政府来满足他们的孩子的需要。有些父母相信，特殊教育班级能给孩子提供重要的帮助。

普通教育班上的学生对自己的残障同学的感受如何？杰西卡是一个不能说话，不能自由活动，不能自己吃饭穿衣、照顾自己的孩子，她的 5 年级同学们作出了下面的评论（以他们的原话呈现）：

● 我感觉杰西卡改变了我的生活。我感到看到残疾人的时候我真的已经改变了……我过去常常认为残疾人非常虚弱，如果我碰到他们就会伤害他们，但现在我不这么想了。

● 我确实喜欢我们班里的杰西卡。在我遇到她之前，我从来没有关注过残疾人。杰西卡真的非常好，我很喜欢她。杰西卡就像我的一个姐妹。我喜欢课间休息时和她玩。过去我认为残疾孩子绝不会是我生活中的一部分，但现在她是而且不仅仅是我生活的一部分。

● 我觉得杰西卡成为我们班上的同学真是太好了。杰西卡很有趣，她会经常大笑或微笑。有时候她也会哭，但那没关系。我了解到残疾人就像其他人一样。我过去常常说"天哪"看那个人，但现在我不怕残疾人了，因为他们也很有趣，他们能做别人做不了的事情。我想杰西卡也变了，因为她可以和其他许多孩子在一起。（Lewis & Doorlag, 2006, p. 12）

8 年级的教师常琳认为，在一个全纳班里，普通教育的教师也有大量的资源

318

可以用来帮助他们取得成功：

> 起初，我担心那将全是我的责任。但是遇到了那个特殊教育教师后，我意识到，我可以和他一起工作。如果我需要他们的时候，我会得到更多的资源。（Vaughn, Bos, & Schumm, 1997, p. 18）

下面是 9 年级的英语老师奥克塔维奥·冈萨雷斯的话。他的英语课程的五部分中有两部分针对的是三个残障学生。他也表达了教师们在全纳教育班上的经历是令人满意的。

> 起初我很担心班上的残障学生。一个有学习障碍，一个有严重的运动神经障碍，坐在轮椅上，第三个学生有视力问题。现在我不得不说我为了满足这些特殊学生做的改变确实帮助了班上所有的学生。我想，我是一个更好的老师了，因为我现在思考容纳的问题了。（Vanghn, et al, 1997, p. 18）

上面提到的两位老师的态度在教师对全纳教育的态度的研究中是持肯定态度的。例如，两项研究发现有过全纳教育经历并有专业发展机会的教师对全纳教育的态度是积极的，在完成学生的个别化教育项目中对自己的能力也更加自信（Avramidis, Bayiss, & Burden, 2000；Van Reusen, Shoho, & Barker, 2000）。

给特殊学习者平等的机会

就像我们社会中的很多团体一样，特殊学习者经常不能得到那种最能满足他们学习需要的教育。3~21 岁的人中，大约有 10% 是某种类型的特殊人群，也就是说，"他们需要特殊教育，因为他们在下面一方面或多方面明显与大多数孩子不同：他们可能精神发育迟滞，学习有障碍，情绪或行为紊乱，身体残障，有交流障碍，有自闭症，有创伤性脑损伤，听力受损，视力受损，或有特别的天赋与才华"（Hallahan & Kauffman, 2006, p. 8）。

就像没有简单的答案能告诉我们教师应如何满足来自不同的文化背景的学生的学习需要一样，对教师而言，也没有简单的方法可以使他们确保让所有特殊的孩子都受到适合的教育。但是，关键在于不要无视这样一个事实："特殊儿童最重要的特质是他们的能力，而不是他们的缺陷。"（Hallahan & Kauffman, 2006, p. 7）

为了发挥学生的优势，班级教师必须与特殊教育教师通力合作，一定不能把特殊教育项目的学生从他的同伴中孤立出来。同时，教师必须理解有些人是如何因为他们的外表或身体条件，而被认为"不同"或认定为"残障"的。例如，有证据表明，有些矮小、肥胖或没有魅力的人通常被歧视，那些有艾滋病、癌症、肌肉硬化或癫痫的人同样被歧视。具有重要意义的一点是，许多临床上被诊断为或归类为损伤的人并不把自己看成是"残障"。这个术语本身就意味着"永远不能被平等地对待"。

319　　　根据给特殊儿童提供教育和相关服务的法律，官方性地给学生贴标签是必须的。这种分类标签帮助我们确定哪些学生有资格接受根据法律所赋予他的特殊服务、教育项目和个别化指导。它们也有助于教育者认识到许多特别的孩子或年轻人的教育需求被漠视了、忽略了或者没有得到足够的服务。不利的方面包括：类别系统是不完美的，以及包含一些武断的观点，这些观点有时会引起不公平。这种贴标签也有不利的方面，分类系统本身不完善及有主观观点导致某些人受到不公正的对待。贴标签也可能引起负面效应，使某些老师逃避或不努力教这些学生，他们的同伴会孤立或拒绝他们，因而使他们受到歧视，这种伤害有时候是一辈子的。但是，最为不利的地方是，被贴了标签的学生会感觉能力不够、低人一等或者成长机会有限。

如何在你的全纳班里教好所有的学生？

教师有责任满足所有学生的发展性的、个别化的和特殊的学习需求。虽然在全纳班里满足学生广泛的差异化需求是一个挑战，但这同样也可以成为奖赏。看一下三位老师反思自己教授具有差异化需求的学生时写下的评论：

这是我在她的最终报告卡片底部注上的话："萨拉是一个甜美的、聪明的孩子。"尽管她对于我而言确实是一个很大的挑战，但是她也使我尽自己最大的可能成为一名好老师。我真的会想念她！（一个特纳氏综合征学生的老师。）

这是令人满意的一年。起初，我根本想不到我们会取得这样的进步……易瑞娜在参观日回来了。她直接跑向我，给了我一个拥抱。一年以前，如此明显的情绪表达是不可想象的！（一名依恋障碍学生的老师。这名学生在罗马尼亚的一所孤儿院里待过几年，因为缺乏与人交往而得了此症。）

在那些复杂而困难的日子里，有时候会感觉如果班上没有这些有特殊需要的孩子，日子可能会好过一些……但是，你知道，我真的为学年结束时不得不离开丹尼尔而感到遗憾。我和那个孩子已经建立起了特殊的联系，我想确信他的下一个老师也会有同样的感觉。（一个患有唐氏综合征的孩子的老师。）（Kostelnik, Onaga, Rohde, & Whiren, 2002, pp. 55, 92-93, 149）

注意到三个关键地方将会确保你能组建一个真正的全纳班级：与其他专业人士的合作咨询会、与父母的合作关系，以及针对特殊学习者的辅助技术。

与其他专业人士的合作咨询会

一种满足所有学生学习需求的方法叫合作咨询会——班级教师会见一位或多位其他专业人士（例如特殊教育教师、学校心理专家或资源教师）以便关注一名或更多学生的学习需要。合作咨询会是建立在互助和互惠的基础上（Hallahan & Kauffman，2006），参与者认为自己在满足学习者需要方面承担同样的责任。当和顾问合作时，普通教育教师应该"为会面做好准备，应该对顾问的建议持开放态度，系统地运用顾问的方法，并记录下他们打算尝试的方法的效果"（Friend & Bursuck，2002，pp. 95-96）。

为了实现学生个别化教育项目的目标，常规教育教师必须成为个别教育项₃₂₀目团队的一员，团队的其他成员还包括特殊教育教师、其他支持人员和父母（再次参考图9—8）。常规教育教师需要向下列特殊教育专业人士咨询，与之合作。

顾问教师——一种提供技术支持，比如布置教室环境、帮助设计指导计划，或者发展评估学生学习的方法的专门的教育者。

资源教室教师——一种在资源教室里为有残障的学生提供指导的特定教育者。

学校心理教师——向普通教育教师提供咨询服务，安排组织适合的心理的、教育的、行为的评估工具，也可以在课堂上观察学生的行为。

说话和语言专家——评估学生的交流能力，和普通教育教师合作设计针对有说话或语言障碍的学生的教育项目。

身体治疗师——对那些有身体残障的学生提供物理治疗。

职业治疗师——指导残障学生为照顾自己的日常生活或与工作相关的活动做准备。

与父母的合作关系

除了和教育专业人士合作来满足所有学生的学习需要外，好老师还会与父母建立起良好关系。下面一位患雷特氏综合征（Rett syndrome）女孩的母亲的话表明了残障儿童的父母多么希望老师们能满足他们孩子的需要："我的女儿永远不会成为明星一样的孩子。她也不会给专业人员取得巨大进步的满足感，她的社会性问题也不是非常严重。但是，我像那些没有残障孩子的父母一样，需要专业人士同样的投入。作为教育者，能为我做的最重要的事情就是爱我的玛丽。"（Howard et al，2001，p.123）特殊孩子的父母是帮助教师获得孩子的特质、能力和需要等方面信息的重要资源。他们也可以帮助我们为他们的孩子提供所需的服务，他们可以帮助你评估孩子在家里的表现，表扬孩子的进步。

针对特殊学习者的辅助技术

随着大量帮助残障儿童学习和交流的先进技术的引入，教师组建一个全纳班级的能力显著提升了。但是，只有不到 35% 被诊断为残障的孩子正在接受由联邦政府授权的个别教育项目的技术辅助（Bran, Gray & Silver-Pacuila 2008. 6.10）。

321

对残障学生的技术辅助可以拓展他们的能力。例如，PDA、黑莓和苹果手机使学生能使用互联网，发送和接收电子邮件，接收学校作业。有些设备有无线功能，以及存储、播放电子书、音乐和播客的功能。其他一些例子，如以计算机为平台的单词程序和数学指导软件可以极大地帮助残障学生锻炼识字能力和计算技巧。有听力障碍的学生可以通过电子通信设备和其他学生交流，有肢体残障的学生可以通过声音指令或简单敲击来操作电脑。

技术辅助也可以帮助残障人士用一种新的方式表达自己。例如，一名年轻的自闭症患者在 YouTube 上发布了一段视频讲述她的情况。通过设备，可以帮她与人交流，她解释了她的行动和手势背后的想法与情感。下面列出了辅助技术方面的一些最新发展：

- 言谈处理器（Talking word processor）。
- 语音电子音响合成器。
- 触屏计算机。
- 计算机屏幕影像放大器。
- 电传打印机（Teletypewriter）（与电话连接，可以在另外一台电传打印机上打印出口述的信息）。

- 特别定制的计算机键盘。
- 超声波脑部控制计算机（Ultrasonic head controls for computer）。
- 声音识别计算机。
- 电视隐藏式字幕（Television closed captioning）。
- 卡兹威尔（Kurzweil）阅读机（扫描印刷文字并大声读出来）。

辅助技术也包括一些增加残障人士移动能力和日常活动能力的设备（轮椅、升降机、自适应驾驶控制系统［adaptive driving controls］、滑板车、激光手杖、喂饭仪等）。

互联网上有许多与技术辅助相关的特殊教育资源和课程材料。其中一个网址是国家通过技术、媒介和材料改进特殊教育实践中心：http://www2. edc. org/NCIP，其中也包括一些教师与残障学生的讨论论坛。微电子技术方面令人眼花缭乱的革新将继续推出新的设备来提升所有学生的学习。

小　结

学生的需要如何随他们的发展而变化？

- 发展是指一个人生命周期中可以预见的变化。
- 人的生命过程在认知、心理和道德等方面都经历了不同的发展阶段。
- 皮亚杰坚持认为随着儿童的成熟，他们经历了四个认知发展阶段。好的教师应该意识到学龄儿童所处的三个阶段的认知特点：前运算阶段、具体运算阶段和形式运算阶段。
- 根据埃里克森的心理发展模型，人一生的情绪和社会性发展经历了八个阶段。每个阶段都以具有积极和消极两极对立性的"危机"为根本特点。健康的发展建立在积极地、令人满意地解决每个阶段危机的基础上。
- 科尔伯格相信道德发展——人们用来决定对和错的理由——经历了三个发展水平。证据表明，男性和女性的道德推理侧重的是不同的方面。
- 品德教育强调教学价值观和道德推理。
- 马斯洛认为人的成长和发展有赖于他们的生理和心理需要是否得到了很好的满足。

322

学生在智力方面如何各不相同？

- 智力的定义从"IQ 测试所得"到"目标导向的适应性行为"，各不相同，相互矛盾。有些理论家认为智力是一种单一的、基本的能力，而最新的研究则认为有很多种智力形式。
- 根据加德纳的多元智力理论，至少有八种（或者是十种）人类智力。
- 虽然关于学习风格的概念还有矛盾之处，但好的教师必须意识到，在学生的学习活动倾向方面，他们之间存在很大不同。

学生的能力和缺陷怎样各不相同？

- 有些学生被称为"特殊"是因为他们有明显不同于其他学生的能力或缺陷。那些在生理上、认知上或情绪上有缺陷的学生或者极有天赋的学生都有自己独特的学习需要。
- 学习障碍是残障学生的共同缺陷，注意力不集中多动症和注意力缺失紊乱症是最主要的学习障碍。

什么是特殊教育、随班就读和全纳教育？

● 特殊教育包括满足特殊的学生需要的大量教育服务。《残疾人教育法》提供的主要服务包括：最少限制的环境、个别教育方案、记录保密和程序正当。

● 随班就读是把残障学生编排到一个常规班级学习。

● 全纳教育是把所有残障学生编排到常规班级中，并提供必要的特殊教育服务。全面全纳教育是全天候地把残障学生编排到普通教育班中，而不管这个学生的残障有多么严重。

如何在你的全纳班里教好所有的学生？

● 通过合作咨询会议——一种常规班级教师与其他教育专业人士合作的安排，教师可以满足特殊学生的需要。合作咨询是建立在互助和互惠的基础上的，所有参与人员都认为自己有责任满足学生的需求。

● 有大量辅助技术和资源用来帮助全纳班里特殊学生学习和交流。

专业反思与活动

教师日志

（1）那些成功的教授残障学生的教师有什么特点？你自己如何获得或进一步发展这方面的特点？

（2）IQ测试的作用或局限是什么？教师应该了解学生的IQ分数吗？如果那样做，应该如何利用这一信息？

教师研究

（1）利用你喜欢的搜索引擎，在互联网上搜索普通教育教师可以用来帮助班上特殊学生学习的资源。

（2）选择两个关注你准备教的那个学科和年级水平的重要教育杂志。收集那些对你改变自己的教学方式来适应有特殊需要的学生有提示作用或资源价值的文章。此外，你可以看一些关注特殊教育的杂志——例如《教育特殊的学生》（*Teaching Exceptional Children*）——关注小学和中学教育。

观察与访谈

（1）采访两位或更多普通教育教师，了解他们对全纳教育的看法。如果他们班上有那种有特殊需要的学生，他们是怎样改变对这些学生的教学方法的？他们是如何认识全纳教育的优点和不足的？

（2）参观当地一所为特殊学生提供服务的学校。有哪些团队为这些有特殊需要的学生服务，谁在这些团队里服务？他们多长时间会一次面，他们又是如何和普通教育教师一起工作的？如果可能，观察他们的一次团队会议。这个团队的成员都有谁？他们在多大的程度上对学生的个别教育方案有共同认识？又在多大程度上认识有所不同？

第十章
为建立学习者共同体而开设的真实性教学与课程

什么能使辛勤的教学工作对学生的学业成绩产生预期的效果？听听教师们是 怎么讲的吧，一线的教师对此最有发言权……教师们知道哪些工作有效，哪些工作无效，哪些工作有助于学生成绩预期效果的达成，哪些需要开展，学生是怎样学习的以及学生需要怎样学习。

——基恩·巴比奇，亨利克莱高中教师，莱克星顿市，肯塔基州
《仅有教师知道的教育》一书的作者
What Only Teachers Know About Education，2008，p. 178

课堂案例：教学的现实 ▶▶▶

挑战：在课堂营造积极有效的学习环境，包括计划周详的课程和有效的课堂管理实践。

康奈尔女士今年5月拿到了她的教学资格证，很快，她被双松树小学聘用，成为一名5年级教师。她用整个暑期来设计课程，确定年度教学目标，并开发了许多帮助学生达成学业目标的教学活动。她认为自己已经为第一年的教学工作做好了充分准备。

一段时间以后，正值盛夏，康奈尔女士的学生回到学校上课，他们看起来都很开心。上课第一天，康奈尔直接进入了她事先设计好的课程环节，但是，很快问题就摆在了她的面前——问题主要来自伊莱尔、杰克和瓦内萨三名学生。

这三名学生利用一切可能的机会对课堂进行破坏，他们在未经允许的情况下在教室里走来走去，反复走到卷笔刀或废纸篓那儿，以引起其他学生的注意并干扰他们的学习。这三名学生随意讲话，不尊重老师和其他同学，有时还很粗鲁，无视康奈尔女士精心设计的教学活动。他们几乎从不完成课内作业，而是大声玩闹或搞恶作剧。他们特别喜欢在每天的日程安排间隙捣乱——比如刚上学或即将放学的时候、休息时间或午餐前后，还有康奈尔女士全神贯注于其他学生时。

康奈尔女士继续推进她每日的课程计划，不理会这些问题学生并希望他们可以有所改善。然而这三个学生依然继续他们的破坏行为，更糟糕的是，这种行为影响到了其他学生。10月中旬，康奈尔的班级变得十分吵闹和混乱，很少有教学目标能够完成。极少数仍想学习的学生也很难在这个环境里继续学习（Ormrod，2006，p. 303）。

焦点问题：

1. 什么决定了课堂文化？
2. 如何营造积极有效的学习环境？
3. 成功实施课堂管理的关键因素是什么？
4. 经验丰富的教师用哪些教学方法？
5. 学校教什么？
6. 学校课程是如何开发的？

这个开放的课堂教学案例强调了在课堂上营造积极有效的学习环境的重要性——一个有凝聚力的学习者共同体。康奈尔女士设计了课程和教学目标，但是她却没有想好如何管理她的课堂，因为她没有想好如何吸引学生参与到学习任务中来，使得伊莱尔、杰克和瓦内萨的不良行为在 10 月最终蔓延至整个课堂。康奈尔女士认识到成功的教学不仅需要知道教什么，而且要知道如何去教。

作为教育专业的学生，实现从学习教学到实际教学的过渡是一项挑战，当然，如果你理解怎样建立一个有凝聚力的学习者共同体，你将顺利完成这种过渡。"教师们必须（1）获得学生的尊敬和喜爱；（2）言行一致，让学生感觉到可靠和可信；（3）对学生的学习负责；（4）重视和喜欢学习，并且希望学生们也能这样做。"（Good & Brophy，2008，p. 77）本章前面 2/3 的内容主要探讨建立学习者共同体，后面 1/3 的内容主要探讨开发和完善课程。

什么决定了课堂文化？

一个学习者共同体有着显著的积极文化。就像你在第八章了解到的那样，文化的一种定义就是一个群体的共同生活方式。同样，以类似的方式，每个课堂形成了自己独特的文化。课堂文化由老师和学生的共同参与和活动方式决定。

作为教师，你和你的学生所进行的课堂教学活动会受到一些因素的影响，你将采取很多措施来营造课堂的物理环境和社交环境。从座位的安排到制定满足课程需要的课堂规则与程序等，你（教师）将在课堂上逐渐显现的文化中发挥举足轻重的作用。你将要做出许多方法上的选择——什么时候转换教学活动，什么时候用课堂讨论比讲授更好，如何应对不良行为，或是提出适宜的教学要求。

课堂气氛

课堂文化的一个维度是课堂气氛，即课堂上的氛围或生活质量。你的课堂的气氛由你和学生的互动方式决定，同时也取决于"你如何确立课堂权威，展现教学热情和提供学习支持，鼓励竞争与合作，并允许学生独立思考判断和选择"（Borich，2007，p. 167）。

为了进一步促进学习，你的课堂的气氛应该让学生们相信你关心他们并且坚信他们能够学好，可以感知他们的不同需要和能力，了解主题，并且能有效地维持课堂纪律。图 10—1 显示了这些教学维度的重要性，数据来自大约 2 000 名学生的调查结果，并且在每个维度里，这些学生都为自己的老师评定了等级。

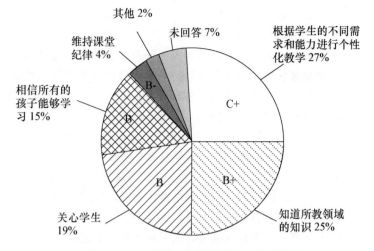

图 10—1 教学最重要的方面及学生的评定

资料来源：*The MetLife Survey of the American Teacher* 1001：*Key Elements of Quality Schools.* New York：Harris Interactive，Inc，2001。

你的课堂的气氛将会是复杂的和多维度的；它的特征由一系列广泛的变量决定，很多是你难以控制的。当然，也有许多变量是在你的控制范围内的，你能够 *327* 采取具体的步骤来营造一种课堂气氛，使其具有以下八种特征：

(1) 一个有效的、目标导向的关注点。

(2) 团体凝聚力。

(3) 师生之间开放、亲切的伙伴关系。

(4) 学生之间的合作，互相尊重的交流。

(5) 较低的紧张度、焦虑度和矛盾度。

(6) 幽默。

(7) 高期望。

(8) 给予学生经常性的参与课堂活动的机会。

你的课堂上呈现出来的这些课堂气氛各个维度的情况将影响你与学生交流的方式和你对待学生的方式。下面的案例说明，营造同时具备这八种特征的课堂气氛并非易事。教师们每时每刻做出的关于如何应对课堂活动的决定，可以增强也可以削弱团体的凝聚力和学生的学习积极性。

达里感到不安，因为从她的课桌到教室后面的饮水机看起来像是一条无尽的旅途，如果她可以选择，她宁愿不去那里。她明显意识到同学们不喜欢她可以随时去接水的这种特权，而他们却要等到休息或午餐时才能接。他们虽然知道达里每天早晨服用的药物会使她口渴，但他们仍然取笑达里成为了"教师的宠物"。"为什么其他同学不能随时去接水？"达里很想知道。"这没什么大不了，而且，帕特森老师也经常喝咖啡。她拿着那个笨拙的咖啡杯转来转去，仿佛那个杯子粘在了她身上一样。"

"嗨，帕特森老师，我可以去接点水喝吗？"克雷格问道，"今天天气真 *328* 热，我很渴。"

"当然不行，克雷格，你知道我的规定。"帕特森老师明显被他的问题惹恼了。

克雷格坚持说："这不公平，你却可以随时喝咖啡。"

"我从来没有说过生活是公平的，"帕特森老师回答道，"我是老师，所以我有特权，我需要喝点东西因为我讲了很多课，嘴巴很干了。而且，我的工作是确保你们每个孩子学习，如果你们随时跑到饮水机那里去的话，我就没法做好我的工作。等到休息时间再去接水喝并不会要了你的命。"

"但是我们可以用水壶。"胡恩提议道。

"不行，那不管用。两年前，我让我的学生带着水壶来学校，他们整天用水壶喷来喷去。你们什么时候能学会理解'不就代表着不行'？"

"但是你允许达里随时去饮水机那里。"谢尔比指出。

"达里要服药，"帕特森老师回答道，"而且，我知道她只会在确实有需要的时候才会去接水喝，对吗，达里？"

达里不自然地点点头，试图蜷缩起身子使自己变得不显眼一些。

"耶，她是特殊的，好吧，"盖尔嘲笑道，"她是老师的宠物。"(Ormrod & McGuire，2007，p. 111)

你将怎样运用上文提到过的八个维度来描述这样的课堂气氛？帕特森老师应该让她的学生在上课的时候去接水喝吗？她在学生面前喝咖啡公平吗？帕特森老师可以帮助达里更好地与其他同学交往吗？

你的重视程度和对待学生的方式会影响课堂气氛，你在课堂上做出的每个教学决策都会对它产生影响。你的决策会形成三种类型的课堂成员关系：合作与积极的互相依赖关系，竞争与消极的相互影响关系，个人主义或无相互影响关系(Johnson & Johnson，1999)。一个测量教室中的设施的团队项目可以促进合作型的相互依赖关系，一个比赛谁第一个测量好教室设施的竞赛项目可以称为竞争型的相互影响关系，让一个学生独立完成测量教室设施的工作则可以作为一个无相互影响关系的案例。很明显，你需要根据教学目标同时培育和有策略地利用好这三种类型的课堂成员关系。当然，在大多数情况下，你首先要促进合作与互相依赖的成员关系。

课堂活力

老师和学生之间的互动是教学的核心。作为一名教师，你与学生教学互动的质量显示出你对学生的了解程度。如果你重视学生，真正尊重他们，并期望他们能够好好学习，也许你能够营造出一个没有管理问题的课堂气氛。在有着积极群体活力的课堂上，老师和学生都朝着学习这一共同目标努力。在消极互动的课堂上，老师和学生的精力被更多地引到了矛盾冲突中，而不是学习。

没有哪一种方式可以确保课堂教学成功，然而，具备以下四种特征的课堂气氛可以强化学生的学习动机，并促进师生之间、学生之间的积极互动。

(1) 组织良好、进展顺利的学习活动，并且不存在注意力分散和被打扰的情况。

(2) 教师关心学生，有耐心，能够提供适当的学习支持，并且不会嘲笑或苛责学生们的学习努力。

(3) 课程具有挑战性，但又不至于困难到让学生们感到泄气并放弃学习。

329

（4）学习活动是真实的，学生们所能达到的程度与他们的兴趣和经历有关。

交流技能

成功的教师具备灵活有效的交流技能，他们通过清楚、简明和风趣的语言、动作（和书面）等方式表现自己。他们"能够清楚、直接地与学生沟通，在学生的理解能力范围内表达"（Borich，2007，p. 10）。此外，成功的教师还是很好的倾听者，学生可以感受到教师不仅在听，而且理解并懂得他们。

经验丰富的老师喜欢相互交流，他们自发地交流和讨论课堂问题，并对那些破坏教学计划的因素给予适当的回应，这些因素包括学生的不良行为、广播系统的公告、其他教师或家长的干扰、学生之间的争论以及特定时间的课堂气氛等。

学生之间的相互作用

经验丰富的老师除了建立自己与学生之间积极的、成功导向的交互作用外，还十分注重引导学生相互之间积极的合作与交互作用。学生们因此可以感受到来自同伴的支持，并且可以全力以赴地投入学习。这样的课堂气氛是"成熟"的和"自我更新"的（Schmuck & Schmuck，2001）。一般来说，这样的课堂气氛的形成要经过四个发展阶段（见图10—2）。

第一个阶段是学生们行为习惯最好的时期，教师可以充分发挥这段时期的优势，和学生讨论课堂规则和程序，确立学习目标，并且明确对学生的学习期望。第二阶段，教师可以鼓励学生积极参与和互相交流，并且预防"小团体"现象。

达成第二阶段目标的团队可以进入发展的第三阶段，这个阶段也许会持续至整个学年。在第三阶段，团队有明确的目标，分工合作，共同遵守任务期限的规定。在此基础上，团队发展进入第四阶段，在这个阶段，每个成员承担起改善团队生活质量的责任，并且不断为此而努力。

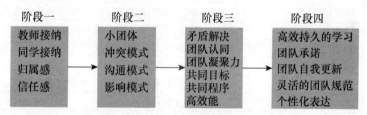

阶段一	阶段二	阶段三	阶段四
教师接纳 同学接纳 归属感 信任感	小团体 冲突模式 沟通模式 影响模式	矛盾解决 团队认同 团队凝聚力 共同目标 共同程序 高效能	高效持久的学习 团队承诺 团队自我更新 灵活的团队规范 个性化表达

图10—2　团队特征的四个发展阶段

致力于促进课堂团队学习进程的教师认识到，学生和教师一样在课堂上发挥着一定的领导作用，经验丰富的教师可以识别这些学生领袖并通过影响这些学生的行为，借助他们的领导力和领导作用帮助整体团队达成目标。 *330*

如何营造积极有效的学习环境？

积极的课堂气氛和课堂动力是营造良好学习环境的基础，发展并保持这样一种环境面临许多挑战。没有哪一种方法可以保证在每种环境里都能获得成功，然而，教育研究者们还是总结出了可以促成学生高效学习的几种教师行为，经验丰富的老师知道怎样做以及为什么这样做是最合适的。下面的内容指出了营造积极的学习环境的三个重要维度：关怀课堂，课堂物理环境，以及课堂管理，包括对学生团体的教学指导和时间管理。 *331*

关怀课堂

当你即将成为一名教师，也许你会怀疑自己是否有能力营造一种积极的课堂气氛来应对课堂上出现的各种各样的情况，使你和你的学生成为有凝聚力的、高效率的、成熟的互相支持的团队。在你追求发展这种能力的时候，要记住真正的关怀是一个有效的学习环境的核心。"关怀教育可以建立或恢复在课堂上积极参与分享学习机会的自信，并且有助于形成公民责任感的道德基础，提升团队的领导阶层和成员的创造力，使他们致力于终生学习。"（Paul & Colucci，2000，p. 45）

如何建立一个关怀的课堂？首先，你能够通过努力帮助所有学生挖掘自己最大的潜力，你需要尽可能地了解学生的能力水平以及促使他们全力以赴学习的动机。你需要成为学生的学习者（a student of your students），如同一名 10 年级学生声称的那样：好的老师"了解（他的）每一位学生"（Harris Interactive，2001）。此外，就像本章"教师之声：对现实的研究"所描绘的那样，你可以使你的课堂成为一个随时欢迎学生家长和监护人的地方。

你需要认识到，你如何与学生对话和倾听他们的意见决定了他们对你关怀程度的认定，一项促进学生学习的关于课堂环境的综合调查发现："学生在满意的、有挑战性的、友好的课堂上学习收获更大，并且他们可以在课堂决策中发表自己的意见。当课堂变得不和谐、四分五裂时，会让学生感觉到被排斥，并且因此妨碍他们学习。"（Walberg & Greenberg，1997，p. 46）表 10—1 就是基于此的研究，它提出课堂生活的 15 个维度以及每个维度如何影响不同年级学生的学习。

表 10—1   课堂环境的 15 个维度

维度	调查结果	积极影响
满意度	100%（17）	学生喜欢课堂学习，并发现它是令人满意的。
挑战	87%（16）	学生发现学习的困难和挑战。
凝聚力	86%（17）	学生彼此了解，并且相互之间友好互助。
物理环境	85%（15）	足够可用的书籍、设备、空间、照明。
民主	85%（14）	学生平等地制定决策和影响整个班级。
目标方向	73%（15）	学习的目标明确。
竞争	67%（9）	学生之间的竞争最小化。
形式上的措施	65%（17）	课堂是形式上的，很少有正式的规则来指导行为。
速度	54%（14）	学生有足够的时间来完成他们的工作。
多样性	31%（14）	学生的兴趣不同，但都能得到满足。
冷漠	14%（15）	学生不在乎班级做些什么。
偏袒	10%（13）	并非所有的学生都享受特权；教师有偏袒。
小集团	8%（13）	一些学生只与亲密的朋友一起学习而拒绝与他人互动。
缺乏组织	6%（17）	活动是杂乱无章的、混乱的，而不是组织良好和高效的。
摩擦	0%（17）	学生在课程中不安和争吵。

注：百分比表示在研究报告中该维度对学习产生积极影响的百分率，圆括号中的数字表示该维度调查的人数。

资料来源：Herbert J. Walberg and Rebecca C. Greenberg, "Using the Learning Environment Inventory," *Educational Leadership*, May 1997, p. 47.

如果学生们要在关怀课堂上能够最好地学习，那他们还必须学会关心他人。基于此，斯坦福大学的内尔·诺丁斯教授建议根据"关怀理论"重新组织学校课程，并且建议所有学生都接受普通教育，引导他们关心自我，亲近他人，整体看待世界，包括植物、动物、环境、目标、工具和创意（Nel Noddings，2002，p.99）。此外，诺丁斯指出：关怀和信任的关系可以提高（或者至少不会有损）学业成就，而且它也有助于提供更强的安全感，建立更稳定的社会联系，培育更优秀的公民，并且提高教师和学生的满意度（2007，p.83）。

教师之声：对现实的研究 ▶▶▶

教室里欢迎的声音

丽莎·丽格

想象一下，1 年级入学第一天，接下来的一年对于学生、家长和教师来说都是充满了各种期待的一年。通常称为神秘的一年，1 年级时小学生们想要去学习、去实践、去独立地运用特殊的策略使他们有效地与人交往，创新地解决问题，灵活地思考问题。我热情地欢迎许多学生和他们的父母、兄弟姐妹们来到我的办公室，我意识到父母们都急切地想要了解我的教学方式。我敏捷地把学生对此的各种反应记录下来，但我并不确定他们认同这是一种合适的做法，很多父母想当然地认为那是 11 月中旬第一次家长会前唯一能引起我的注意、与我私下聊天的、反馈相关信息的机会。我认为这种想法需要改变。

我为逐渐把我们班级打造成主动的、积极的、果断的团队而感到十分兴奋。我相信用一种渗透式的方式与我的学生和他们的父母沟通会有价值。在许多方面，这是一种非典型的学校文化。教师通常避免纠缠于贫穷或有攻击性的家长，因为经常感到太忙，使我们无法真正倾听家长的心声，学校里时钟的滴答声竞相阻碍着我们。我们通过礼貌地要求安排一个合适的会面时间或安排家长去与学校医生、顾问、校长会面的方式来打发家长。很多时候，我们自己的各种不适感和我们压倒性的感觉使我们的肩膀耸到耳朵的位置，使我们的手紧紧地攥着教室的门把手。我们不断扩散的焦虑使我们想要迅速关上大门，远离我们学生生活周围的混乱。我们是过于急切地想让学生符合我们的规则和学校的期许，然而结果对教师、家长和学生都很不好——关系不断疏远，引起不必要的对抗，抱怨和不快很快在彼此间产生。事实是教师确实需要家长来帮助支持他们刚上小学的孩子。

我尝试用身体语言和眼神交流，在不同类型的课堂中表达我的期望。尤其是今天不会有父母或家庭离开，对于我来说弄清他们的姓名，和他们握手、微笑、直视他们的眼睛是重要的，正如我将与他们的孩子做的一样。我提醒自己我想要并且需要多次问父母"你好吗？"许多父母渴望同我分享他们的生活，如果他们觉得我对这有兴趣。这种交流是丰富而深刻的，这会在父母们意识到班级的气氛是安全和自由的时候发生。

欢迎孩子们和他们的家庭加入我的班级中来，这要求教育者要批判地检查现今学校的文化和氛围。如果我不相信那里有符合孩子们需求的优秀的人员、方案、项目与资源的话，我是不会成为公立学校系统的一员……我们必须欢迎我们的学生和家庭，尽可能地向对方学习，共同工作，创造机会，庆祝我们的成就。

个人反思

1. 结合你准备教学的各个年级和科目，你如何向所有的学生和他们的家庭展示一种欢迎的声音？

2. 教师在他的课堂上表示欢迎的时候会遇到哪些挑战，如何才能克服这些挑战？

丽莎·丽格是纽约宾厄姆顿学区的一位经验丰富的小学教师。以上摘自她写的 *Other kinds of Families：Embracing Diversity in Schools*. Reprinted by permission of the publisher. From Tammy Turner-Vorbeck and Monica Miller Marsh（Eds.）. *Other Kinds of Families：Embracing Diversity in Schools*, New York：Teachers College Press, Copyright © 2008, pp. 64－80, by Teachers College, Columbia University. An rights reserved。

课堂物理环境

333 　　当你成为一名教师，你所在的学校的物理环境也许和你当年学习的学校是类似的。不管怎样，在学生们的帮助下，你也许能改善周围的环境。新鲜的空气，植物，干净、粉刷一新的墙壁，陈列的学生作品，一个舒适的阅读或资源区域，还有一些有助于形成积极学习环境的印刷品或海报。座位的安排和教室其他设施的布局对营造课堂环境也起到一定作用，行列式的座位排列非常适合整体教学活动或考试，其他的座位排列方式则相对于另一些教学活动来说会更有效。举例来说，你可以通过将学生的课桌椅分别置于教室不同位置的方式，来提升分组教学的效果。图10—3展示了一个典型的小学教室的布局，这间教室的设计理念主要是鼓励学生通过教室四周的学习中心进行探索和学习。

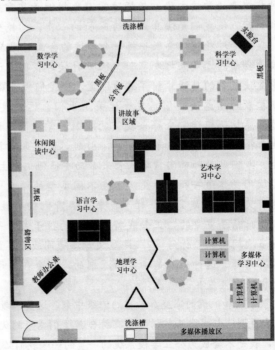

图10—3　一个小学教室里的学习中心

不管怎样，你要对你的课堂进行设计，确保座位的排列不会影响部分学生的学习机会。举例来说，课堂上坐在活动区域内的学生往往会受到更多的关注，活动区域一般指前排的中间和中间过道，教师们经常会站在这些区域并且不自觉地给予坐在这些位置的学生更多的发言机会。

课堂管理

营造积极学习环境的一个关键因素是课堂管理——教师和学生如何分组进行教学活动、学习任务如何构成以及如何使用其他教学资源等。下面我们就来讨论有关课堂管理的相关内容。

学生根据能力分组

基于共同特性的两种通用的学生分组方法分别是跨班级按能力分班和班级内按能力分组。就读于按能力分班的学校的学生根据他们的能力或学业成绩（通常由标准化的测试成绩决定）被分配到不同的班级。另一种按能力分班的形式就是基于学生毕业后的目标，这种形式在高中阶段比较常见，例如，大学预科班、职业预备班、商业教育班。

在大多数情况下，按能力分组并不能有效提高学生的学业成绩（Good & Brophy，2008）。但是支持者们声称，同类质的分组形式可以使教师更好地满足学生的需求。按能力分组的另一种选择是异类质（学生智力水平参差不齐）分组，根据主题范围、乔普林计划（Joplin Plan，按照阅读能力进行跨年级重新分组）、合作学习等对学生进行重新分组。

班级内按能力分组通常用于阅读和数学教学，教师将学生按类型分成不同的小组，班级内按能力分组在小学里十分常见，你也许可以回想起学习阅读时被分到称作"雄鹰队"、"红鸟队"、"野马队"的一些小组。观察证明，班级内按能力分组可以使学生之前的学业成绩差异更为明显，特别是当教师给予成绩好的学生组更多关注的时候。而且，学生一旦被划分到不同的小组，他们并不愿意被调整，即使这种学习成绩的差异越来越不明显。

最好的情况下，支持学生分组的证据也是喜忧参半，当学生根据能力、课程兴趣或者某种缺陷被分到不同的小组后，有些分类标准（标签）会导致对小组成员的负面预期，使得教师不愿意尽力教这样的学生，同伴疏远和拒绝他们。最严重的后果是，被贴上这类标签的学生认为自己能力不足，自卑，进而限制了他们的成长选择。

合作式学习分组

合作式学习是对学生以小组或小队进行教学的一种方式，在这样的小组里，学生分享他们的学习成果并彼此帮助，共同完成任务。团队式学习，是教师用来提升处于危险中的学生基础能力和学习成绩的一种合作方法。在合作式学习中，通过对整个学习小组及其每位成员分别进行奖励的方式来激励学生的学习动机。合作式学习包括以下几个核心要素：

- 较小的团队（4~6 名学生）基于学习活动进行合作。
- 团队的任务需要学生相互帮助，共同完成。
- 在竞争性的环节，团队之间会互相竞争。
- 团队成员通过他们的天赋、兴趣和才能共同推进团队目标的达成。

此外，合作式学习是一种可以增强学生人际交往能力的教学方式。当来自不同人种、族群、文化背景和需求的学生为一个共同的团队目标而努力的时候，他们之间的友谊与日俱增，团队成员的地位和价值趋向于更加平等。研究证明，合作式学习有助于形成一种课堂文化，并指出："在一个多种族参与的学习团队中，

334

有色人种的学生和白人学生更倾向于建立跨种族的友谊，而且不论是在合作还是在竞争的学习环境中，有色人种的学生成绩都得到了提升，白人学生也能保持相同的水平。"（Banks，2008，p. 99）

合作式学习也能让学生了解团队中的各种角色和主要职责，入职第一年的4—5年级教师艾瑞克·克伯说：

335

> 开始时，我把学生分成两人一组，让他们从事一些简单的、简短的活动，例如让这些小团队共同解决他们已经熟悉的数学问题，这样做可以让学生把注意力从理解问题转移到相互合作上来，然后，我逐渐加大任务的难度和团队的规模，稳定学生的积极行为并指出成功团队的互动形式。渐渐地，学生认识到他们需要更多（形式）的互动（举例来说，有效地沟通、倾听、授权责任、关注每位成员的努力和贡献等）来促进团队的成功。（Oaks & Lipton，2007，p. 193）

本章"行动中的技术"部分描述了一位 5 年级的社会学教师将播客技术与合作式学习用作学生学习当地历史的一种方法。

提供指导

提供指导是营造积极学习环境的关键因素，老师和学生都对课堂生活的质量和学习活动有着重要的影响。一般的小学教学活动形式有做课堂作业、听老师讲授、参加全班的背诵活动等。此外还有学生参加阅读小组、游戏、讨论活动、参加考试、检查作业、看电影、作报告、通过互联网搜集信息、帮助打扫教室、参加实地考察旅行。

336

作为一名教师，你必须知道哪些能够让自己完成教学目标，你需要认识到学习活动要满足学生的目标，也就是说，教学活动对学生来说必须是真实可信的和有意义的。真实可信的学习活动可以使学生看到课堂学习和课堂外真实世界的联系——不管是现在还是未来。例如，图 10—4 展示的是 12 岁的玛丽·莲绘制的一

图 10—4　一次绘制地图活动

资料来源：Jeanne E. Ormrod. *Essentials of Educational Psychology*，*1e*. Published by Merrill, an imprint of Pearson Education. Copyright 2006 by Pearson Education. Reprinted by permission. All rights reserved.

幅从她家到学校的区域地图。在本章"独立教学"部分描述了一个教师如何使他的课程内容变得有意义和与学生相关的案例。

要了解真实的学习任务是如何激发学生的学习动机的，可以回想一下你自己的学校学习经历，你记住知识与事实仅仅是因为它们将会出现在考试中吗？你有没有想过为什么老师要求你完成一个学习任务？你有没有觉得，老师要求你做的是无用功？什么样的学习任务最能激发你的学习热情？你多久会参与一次如下的真实学习活动？

- 在你进行的研究基础上作一次口头报告。
- 为学校或当地的报纸写一篇社论。
- 辩论中代表支持或反对的一方。
- 做试验，然后记录结果。
- 创建一个模型来说明诸如光合作用、日食或发动机燃烧汽油的过程。
- 完成一个艺术项目，然后参加社区的艺术展览。
- 辅导年幼的孩子学习阅读、数学或科学。
- 开发一个网站来记录课堂项目。
- 设计一个试用品广告视频编辑软件，然后搜集学校其他班级对试用品广告的反馈。
- 开发一个科学网络，然后发布网络评估。

一个全国范围内关于成功改制学校的研究报告说，"真实的教学方法"帮助学生（1）通过运用较高层次的思维"建构知识"；（2）（通过理解相对复杂的主题或题材）取得"深刻的认识"；（3）与老师和同学进行"实质性对话"；（4）建立实质性知识和外在世界之间的联系（Newmann et al.，1996；Newmann & Wehlage，1995）。此外，研究发现，高度真实的教学可以有效促进各个年级学生的学业成绩。

行动中的技术：播客在 5 年级社会学中的应用 337

沃伦女士在梅丽青小学教 5 年级的社会学，她是学生需要紧密联系社区的坚定支持者。每年她都会要求她的学生针对他们的社区做出历史性事件及时事的研究，并且详细记录他们所披露和发现的事件。以前她将这些学生写的故事发布在校园网站上，并正反面打印成报纸形式，或用截屏图进行编辑。今年她打算尝试一些不同的方式，决定播客学生们的故事。首先，她将学生分为四组，每组都需要完成一系列的技能训练，每组学生都必须各有所长，一人要擅长运用播客技术，一人要有扎实的写作技能，一人要熟练掌握用麦克风说话，还有一人要有研究技能。这些小组都有各自想揭露和辨别的社区的某个方面，他们需要针对一个历史事件和一件时事去做研究报告。

一次，沃伦女士提出了一些课题，学生们开始研究这些课题。他们改进了研究笔记、脚本以及故事架构，当他们有了这些素材后，他们开始制作音频文件了，沃伦女士允许学生们直接在电脑上录音，或者用移动录音设备，选择哪种设备，取决于每个小组的实际需要。有的小组以团队方式呈现，一个学生念完后再换一个学生。有的小组选择将历史事件演绎出来，小组成员都会扮演其中一个历史人物，就像老式的收音机广播一样。还有的小组则用新闻报道。有的学生采访社区成员，有的担任新闻主播，还有的担任记者。沃伦女士对学生报道的创造力和准确性印象极为深刻，而且她十分高兴这种创造力就来自学生。

是什么使这项活动取得了成功？沃伦女士公开了播客的方法，自第一次播客开始之后，沃伦女士在学校公共地址系统中发布通知，提醒整个学校可以登录播客，而且该从哪里获取播客上的信息。更重要的是，她通知学生们这也是一场竞赛。如果学生能够回答出播客中故事的问题，她将会在校园商店免费提供商品。

无论何时、何地，沃伦女士都会提问，每次回答正确的学生可以加入活动中来。每周五的早上沃伦女士都会从名单中将获胜的名字通过公共地址系统公布。

到第二周，学生可以从校园网将这些播客下载到他们的 MP3 上、学校电脑上，以及家里的电脑上（她要事先与家长说明，允许下载），毫无疑问，学生们从他们的社区学到了很多东西。

播客：播客就是通过互联网将音频文件进行传输，企业联合组织使播客统一。企业联合组织允许订阅用户通过网络接收信息并定期更新网站内容。

访问： http://www.mypodcast.com；http://www.podbeam.com。有几种方法可以用来创建播客和学习播客。在这里列出的这两个网站提供免费的播客创建和托管服务。他们还提供了一些关于播客的有趣的文章。

可能的应用：教师用播客把课程材料提供给学生，通过学习与专业发展相关的材料来提高自己的教学，通过学生创建的材料来提高学生的阅读理解能力和学习效果，促进学生学习，以及更新每天发生在教室里的活动。

尝试：要创建一个播客，你需要一台电脑、一个麦克风，以及一个 Web 服务器。第一步是创建一个音频文件。你可以用任何录音软件创建的文件，如 Audacity 工作计划。音频文件创建后，你需要转换到 MP3 格式。一旦你的音频文件转换为 MP3，你需要上传文件以及一个非常简单的整合（RSS）文件到一个 Web 服务器。如果你熟悉基本的 HTML，那么创建一个 RSS 文件是很简单的。如果你不熟悉基本的 HTML，快速教程将让你在很短的时间内做好准备。一旦 MP3 和 RSS 文件被上传到你的 Web 服务器，注册的听众就可以访问了。

如何利用时间

338

教师如何利用时间会影响学生的学习。时间分配是指教师分配在课程教学中不同内容上的时间，教师在教学时间的使用上差别很大。例如，"在同一年级同一个主题的学习中，有些学生可能需要花上其他学生四倍的时间"（Good & Brophy，2003，p.29）。

研究人员发现，学习时间——学生积极地参与学习活动的时间——直接关系到学习成效。正如每个人都曾有过貌似很专注其实是在做白日梦的时候，这种情况说明，准确的学习时间是很难衡量的。为应对这个困难，研究人员引入了学术学习时间的概念，也就是一个学生用在学术任务上并取得较高成效（80%或更高）所花的时间总量。毫不奇怪，学习时间，课堂与课堂之间存在着很大的差别。例如，图 10—5 显示了为何绝大多数的州要求的小学阶段超过 1 000 小时的教学时间，实际只有大约 300 小时学生是在真正进行着适合的、有意义的学习。

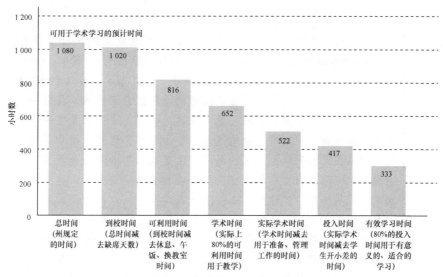

图 10—5　有多少时间用于教学?

资料来源：Carol Simon Weinstein and Andrew J. Migano Jr. *Elementary Classroom Management*：*Lessons From Research and Practice*，4*th ed*. Boston McGraw-Hill，2007，p. 175. Copyright © 2007 by the McGraw-Hill Companies. Adapted with permission of the McGraw-Hill Companies.

　　另外一个有助于理解教师在课堂上如何利用时间的概念被称为"学习机会"（opportunity to learn）。"学习机会"基于这样一个前提，即教师应该用一定时间，通过适当的教学方式来为所有学生提供具有挑战性的学习内容。许多国家正在发展"学习机会"标准，指导教师应如何在课堂上利用时间。

　　克劳迪娅·米克是加利福尼亚州的一位 3 年级教师，她在文章中指出，学生准备和参加各州指定的统一考试占用了教师可用于教学活动的时间。在一年的时间里，她的班级大约有 32 小时课堂教学时间用于这场考试。就在同一年，大约有 262 小时用于进行筹款、备灾、社会活动、节假日、集会、常规性的打扰以及杂项损失时间。两者合计，超过 1/3 的课堂教学时间用于这些活动。她的观察结论一方面基于国家教育统计中心的一项大型调查研究，另一方面基于针对自己的课堂所搜集的数据的分析（Meek，2003）。

　　为了增加可用于主动学习的时间，许多学校已经采用了时段排课方式，时段排课方式给每节课安排更长的时间，减少每天的课节数。较长的课内时间可以使学生更全面地了解主题，促进学生更深入地理解和更高水平地应用。时段排课方式也让教师有更多的时间讲授复杂的概念和让学生有更多的时间去将这些概念应用于实际的问题。

独立教学

提问和回答

　　我必须承认，在我的 12 年级英国文学课上，我并非对于看到白眼不是特别惊讶，我的几个学生插嘴打断了我充满感情地吟诵对莎士比亚的赞歌，他们悲伤地喊道："哈姆雷特太复杂和混乱了！"我想他们觉得在这事失控之前用自己悲哀的喊声来抑制我过分的热情是有必要的。

我努力克服那种想要捍卫莎士比亚文学的诱惑，我意识到这可能是最好的机会，现在从头改变那新生的犬儒主义。所以我立刻说出了汤姆·斯托帕德（Tom Stoppard）的《罗森格兰兹与吉尔登斯顿已死》（*Rosencrantz & Guildenstem Are Dead*）的主题——一部当代喜剧，它是基于来自《哈姆雷特》这部戏剧中的两个小角色的视角，我要求我的批评者把它读出来。我引导他们进行一问一答的情景练习，文字来回跳跃，快速连续，就像他们是在一个网球场里。罗森格兰兹与吉尔登斯顿拼命地想从《哈姆雷特》这部戏剧中找到一些答案，因为他们试图深入研究他发疯的原因。但是他们所涉及的是没有答案的问题，很有讽刺意味的是当他们思考自己的存在和目的或缺失时，这变成了他们的自我反思。我用清脆的发音和有力的阐述继续推进阅读，他们的脸上慢慢呈现出微笑甚至咧嘴一笑，因为他们沉浸到了不断升级的洪流中。

交流终于结束了，我故意用坚定的眼神与我的学生们交流，并真诚地挑战棘手的难题，解决我们作为人类自然本质的问题是很有价值的。当我们阅读一部伟大的文学作品如《哈姆雷特》时，我们应该永远不满足于简单而迂腐的答案。《哈姆雷特》是值得我们致以最高敬意的，因为，就算在今天，它仍能唤起巨大力量，引发人们深刻的、讽刺的甚至荒谬的沉思。

我的学生几乎是异口同声地点头同意，在他们的眼中，我看到他们真正欣赏他们学到的重要课程。并没有那么多的"哈姆雷特"本身的优点，而是我们能够而且应该把价值归因于那些艰难的、具有挑战性的东西，因为这种内嵌式的问题将会始终伟大和有意义。

分析

有时，教师们会陷入一种思维误区：他们需要一套系统的过程和方法对学习进行评估。他们是否使用视频资料、学习指南或苏格拉底圈子，他们迟早会意识到这些技术都是可能突然减少到零的灵丹妙药，因为学生往往很容易感到无聊，只是走走过场，或者公开质疑课程的价值。

经验丰富的教师应该用一种创新的、深刻的洞察力，寻找一切让学生感到惊奇，并引起他们兴趣的时机。

在一个相当独特的基础上能完成这一壮举的天才不多，大部分教师需要仔细考量，机遇来临时我们准备好，使预期持怀疑态度的学生完全转变观念。

反馈

● 我们怎样做好更充分的准备来灵活回应学生的质疑，而不是通过对抗和争论的方式。

● 我们手头有什么特定的材料或资源来扩展或增强课程的标准吗？

● 我们所教的内容应该如何把握灵活度、适应性和舒适度？如果我们感觉有限或缺乏，我们应该如何提高我们的专业知识范围？

埃尔默·李

英语教师（9—12 年级）

鹰峰学校（复兴高中）

成功实施课堂管理的关键因素是什么？

对于大多数新教师来说，课堂管理是首先需要考虑的一个问题。你该如何防止发生违纪问题，并让学生高效地学习？有效的课堂管理并不是一个简单的方案。但是，你可以在你的课堂上采取明确的步骤来营造一个有效的学习环境。

请考虑以下情形，在两个中等水平的课堂上——同一批学生与两个不同的教师——哪个课堂更可能出现不当的行为？

在课堂 1 中，每个人都非常忙碌，学生们在科学课上研究全球变暖问题。学生们在 4 个多媒体中心以小组形式学习，每个中心配备一个台式电脑。每个小组都在提出问题，他们会将问题发布在有驻扎在南极洲的科学教育工作者参与的班级博客上。"你们在南极吃什么？""现在有多冷呢？""你有没有看到任何海豹、企鹅或其他野生动物？"教师以小组为单位，倾听，要求明确问题，并鼓励各组努力。有些学生提出一些问题，另一些学生明确小组的观点和思考——显然，这些学生都深入地参与到了教学活动中。

课堂 1 里到处都是教学材料，学生在研究墙壁架子上的圆顶建筑黏土模型和企鹅等。在教室墙壁上是学生绘制的南极洲，在每个学习中心用打印机打印出一些南极洲的彩色照片和南极洲的幻灯片介绍演示文稿。

科学课结束了，现在学生来到课堂 2——语言课。学生一排排地坐着，阅读了两段教科书上的内容后开始看自己的课本。教师坐在教室前面的桌子后面，偶尔问一个问题或评论一下刚才阅读的材料。几张商业海报贴在教室墙壁上——"小说的元素或短篇故事"、"标点符号规则"和"读者应该做什么"。在教室的一侧，窗户下面，平装书和精装书整齐地排列在两个书柜的架子上。教室里很安静，只有学生的阅读声，教师偶尔的评论或提问以及教室门口上方的时钟滴答作响的声音。

以上这两种情况说明了一个事实，即良好的课堂管理的重点在"营造一个高效的学习环境，而不是控制不当行为"。本章前面提到的课堂管理技巧的指导原则是营造一个有效的学习环境。换句话说，（1）营造一个关怀课堂，（2）组织安排好课堂的物理环境，（3）基于教学对学生进行分组，（4）提供真实的学习任务，（5）合理安排时间，最大程度地促进学生学习。因此，积极的领导和预防措施是有效的课堂管理的核心。

此外，你应该记住，课堂管理是指教师如何营造他们的学习环境，以预防或尽量减少行为问题。纪律是指学生出现不良行为以后教师的处理方式。课堂管理是预防为主，而纪律是控制事态的。课堂管理的目标是有组织的课堂环境，以最大程度地提高学生的注意力，最大程度地减少破坏性的行为。以下方法将有助于你创建一个管理良好的课堂环境：

● 安排教室设施（办公桌、桌子、椅子），让你可以轻松地监控学生的举动，比如注意力不集中的迹象、无聊以及教室里任何角落的不当行为。

● 安排教室设施，使学生可以自由地活动而不会干扰同学。

● 让一些非常有趣的教学材料（例如，一副骨骼复制品、一个太阳系的模型、收集的大量昆虫标本）在不用的时候远离大家的视线，以免对学生造成干扰。

● 把关系要好的学生座位分开，防止他们因为坐在一起而相互影响和违反纪律，把座位相近又彼此讨厌的学生座位也分开，防止他们因为坐得太近而引发矛盾。

● 将经常违反纪律的学生座位安排在靠近你的地方。

民主的课堂

教师让学生参与课堂环境的布置，课堂规则和程序的制定，为课程的修改提供建议，并拥有学习活动的选择权，这样课堂纪律问题就会减少。在民主的课堂上的学生比传统教室的学生拥有更多的权利和更多的责任。如果学生生活在一个民主的环境中，他们必须学习在享受自由的同时承担责任；教师一般通过给予学生更多的课堂活动选择权和控制权来实现民主。

威廉·格拉瑟（William Glasser）是著名的精神病学家和《优质学校》（*Quality School*，1998）、《优质学校教师》（*The Quality School Teacher*，1998）、《选择理论》（*Choice Theory*，1998）[与卡伦·道森（Karen Dotson）合著]、《课堂上的选择理论》（*Choice Theory in the Classroom*，1998）的作者，建议教师在民主原则的基础上完善"高质量"的课堂。与格拉瑟的理论针锋相对，许多教师在刺激反应理论指导下进行课堂管理，他们试图通过奖励或惩罚的手段强迫学生，或得到许多教师认为合乎逻辑的结果。格拉瑟认为，教师应基于选择理论营造"高质量"的课堂环境。选择理论认为，人类做出选择，使他们能够创建"高质量的世界"并满足四种需求：归属的需求、能力的需求、自由的需求、乐趣的需求。

从选择理论的角度来看，当学生在学习过程中不能为自我构建高质量的世界的时候，就会出现不当行为。因此，教师必须放弃指导而转向"引导"（Glasser，1997，p. 600）。格拉瑟说，我们跟随引导者，因为我们相信他们关心我们的利益。为了使学生有质量地学习，教师必须与学生之间建立温暖的、非强迫性的关系；教给学生有意义的技能，而不是让他们记住的知识，使他们在小组工作中体验到满意和兴奋，将评价的方式由教师评价转换为学生自我评价。

营造一个民主的课堂环境并不容易，然而，这样做的好处是巨大的。下面是入职一年的6年级教师简·阿什福德对此的看法，他是这样阐述的：

> 随着时间的推移，我和我的学生开始认识到需要营造一个民主的课堂。把以教师为中心的控制型环境转变为由学生建立并巩固的环境是一个令人难以置信的、十分困难的过程。从"猜猜老师希望做什么"（假民主）到"我们应该做些什么"，从由我来规定指导到"我不能/不必指导，你们自己认为应该做什么"。在接下来的几个月里，我和我的学生共同创建和维系了一个奇妙强大的课堂。（Oakes & Lipton，2007，p. 284）

预防规划

你有其他方法来防止违反纪律的情况发生吗？预防的关键是对课堂的良好规划和对课堂生活的理解。此外，如果你掌握了基本的教学技能，你的课堂也会减少纪律问题，因为学生们会认识到，你的课堂准备充分，组织良好，有明确的目标。你会更有信心来教好所有的学生，你的任务导向的方式将有利于防止不当行为。

在一项教师如何预防违纪问题的研究中，雅各布·库宁（Jacob Kounin）观察了两组教师：（1）一些教师顺利且高效地管理他们的课堂，很少有干扰；（2）另一些教师似乎受到纪律问题困扰，处于混乱的工作状态中。他发现，成功管理课堂的教师的教学行为有一些共同之处：（1）及时地告知大家众所周知的道理，这是一种有效的警示，库宁称之为赶潮流（with-it-ness）；（2）利用个别学生及其相互影响作为样板对班上其他学生的行为做出预期——库宁称之为连锁效应（ripple effect）；（3）监控几种一次见效的情况；（4）善于（处理好）平稳地过渡（Kounin，1970）。

除此之外，库宁发现，有效的课堂管理原则包括两个关键性的预防规划要素：（1）建立规则和程序；（2）组织和规划教学。

建立规则和程序

成功的课堂管理者精心设计他们的规则和程序，他们在刚开始教学时即运用明确的解释、例子和实践（Evertson & Evertson，2009；Evertson & Emmer，2009；Good & Brophy，2008）。你的课堂规则应清晰、简洁、合理，且数量较少。例如，给小学阶段的学生制定的规定可以包括以下五条：（1）有礼貌和乐于助人；（2）尊重他人的财产；（3）其他人讲话时安静地倾听；（4）不打、推或伤害别人；（5）遵守所有的学校规则（Evertson & Evertson，2009）。第二阶段的规定可以包括以下内容：（1）把所有需要的材料带到课堂；（2）当上课铃声响起的时候在自己的座位上准备上课；（3）对每个人尊重和有礼貌；（4）尊重其他人的财产；（5）当别人说话时，在座位上安静地倾听；（6）遵守所有的学校规则（Emmer & Evertson，2009）。

执行课堂规则的一致性和公平性非常重要。"一致性是规则是否有效的关键因素，规则不能有效执行或在执行过程中不能保持一致，随着时间的推移，就会对制定并负责执行规则的人的声誉和威望造成不良影响。"（Borich，2007，p.174）

步骤——学生遵循的参与学习活动的例行步骤——也是顺利实现课堂功能和减少违纪行为出现的基本要素。家庭作业将如何收？物资将如何分配？家务劳动将如何完成？如何出席活动？学生如何获得离开教室的许可？如何维护课堂规则和程序的部分明确了学生不遵守这些规则时的做法，学生必须意识到不遵守规则或程序的后果。例如，违反规则的后果可能是教师批评，直至实施剥夺权利、放学后留校、找家长或监护人、暂时离开小组等处罚措施。

组织和规划教学

组织教学时间、材料和教学活动使你的课堂能够顺利地保证学生进行学习活动，从而减少纪律管制的需求。学习活动的时间规划，能满足学生的需求、兴趣和能力，使你获得课堂组织高效的满足感。

下面的例子说明了一个8年级的教师如何在学年开始的时候，精心组织和设计教学活动。然而，在执行过程中却未能有条理地开展，因此，随着时间的推移，她在课堂上很可能会遇到违纪行为。

唐娜·亚历山大在门口边准备讲义边等着她的8年级学生回到教室，她把讲义分发给学生，说道："快坐到自己的座位上，桌上有你们的名字，上课铃声还有不到一分钟就要响了，在这之前你们每个人要坐在自己的座位上并安静下来，在等候上课的时候阅读刚才发的讲义。"当铃声响起的时候，她站在教室前面，环视全班。铃声停止，她开始讲课："大家早上好。"

维琪·威廉姆斯也是一名教8年级学生的教师，当学生进教室的时候她正在整理讲义，学生进教室后有些人坐到了自己的座位上，还有一些在毫无目的地打转，几个人在说话。当上课铃声响起的时候，她抬起头看看并大声说道："每个人坐到自己的座位上，我们将在两分钟内开始上课。"然后她又转身继续整理她的材料。（Eggen & Kauchak，2007，p. 380）

343

学生行为的有效回应

当学生违纪的时候，经验丰富的教师可以从很多方面借鉴问题解决措施，这些措施往往依据他们自己的经验和常识，他们对学生与教学过程的了解，以及他们的人类心理学知识。

课堂管理的方法有很多，有些是基于心理学理论的人的动机和行为，而另一些反映了与教育目的有关的不同的哲学观点。然而，没有哪一种方法适用于所有情况、所有的教师或所有的学生。某个方法的实用性，在某种程度上取决于教师的个人性格和领导风格，以及其分析复杂的课堂活动的能力。此外，什么起作用不应该是评估课堂教学和纪律的唯一标准，教给学生有关他们的自我价值、负责任的行为和解决问题的方法也很重要（Curwin & Mendler，1988，p. 1989）。

违纪行为的严重性

教师对学生违纪行为的处理方式，一定程度上取决于这种违纪是轻微、中等还是严重的，还取决于这种违纪是第一次出现还是经常出现。例如，一个学生第一次出现向另一个学生扔纸卷这样的违纪行为可能会收到一个警告，而其他的学生再犯向同学扔东西这样的违纪行为时可能会受到课后留校的惩戒。对于违规行为严重性的定义，在学校与学校之间、各州之间差别很大。图10—6显示了按学校招生规模分类的公立学校的不同类型的纪律问题的比例。请注意，规模较小的学校的纪律问题明显较少。

零容忍

在应对涉及暴力、毒品和武器等违纪行为方面，一些学校已实行零容忍政策。零容忍的目标是告诉学生，这类违纪行为将直接导致停课或被开除。零容忍政策是基于这样的假设，认识到这些违纪行为的严重后果将阻止这些不良行为发生。然而，有证据表明，这些政策对于倾向于严重违纪的学生收效甚微，这些政策并不有助于创造制止违纪行为的条件（National Association of School Psychologists，2008）。根据这些证据，全国学校心理学家协会总结认为："系统的学校暴力预防方案、社会技能课程和积极的行为支持可以改善所有学生的学习并使学校环境更为安全。"（2008，p. 3）

建构性明示

应对学生违纪行为的有效性，在某种程度上取决于你采用建构性明示的能力（Emmer & Evertson，2009；Evertson & Emmer，2009）。建构性明示"取决于一系列导致部分学生侵犯教师和其他学生权利的好斗霸道、傲慢粗鲁、胆小、无用、顺从等行为及其社会反应的关系"。明示可以向学生传递你对教学以及保持良好的课堂非常重视的信息，在这样的课堂上，每个人的权利都得到尊重（Emmer&Evertson，2009；Evertson &Emmer，2009）。基于建构性明示的沟通不是敌视的、讽刺的、防御性的或斗气的，而应该是明确的、坚定的、简洁的。建构性明示包括三个基本要素：

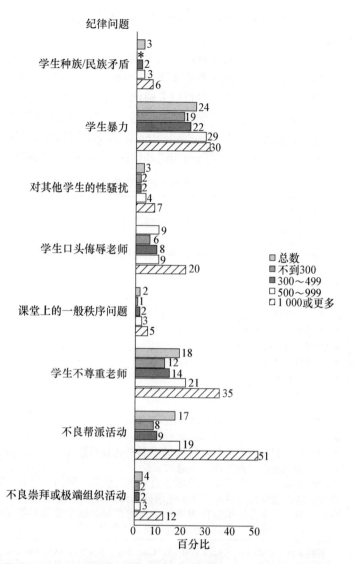

图 10—6　公立学校发生各类纪律问题的百分比（2005—2006 年）

资料来源：U. S. Department of Education and U. S. Department of Justice. （December 2007）. Indi-cators of School Crime and Safety：2007. Washington, Dc：Author, p. 27。

- 直接的、明确的问题声明。
- 明确的肢体语言（如眼睛直视学生、直立站着、面部表情和声调与声明的内容保持一致）。
- 坚定地毫不动摇地坚持正确的行为。

李·康托（Lee Cantor）在教师明示的基础上开发出一种纪律管理方法。方法 *344* 要求教师确立一套坚定的、明确的指导方针来应对学生的不当行为所引起的后果。康托（1989，p. 58）是这样解释如何达成建构性明示的："我发现，最重要的是，能做到这点的教师是坚决的，也就是说，他们教导学生如何遵守纪律。他们确立课堂教学的明确纪律，他们将这些纪律传达给学生，并教导学生如何遵守。"明示纪律要求教师做到以下几点：

（1）明确指出，他们不会容忍任何人妨碍他们教学、不学习或从事其他与课堂无关的事情。

（2）指导学生清楚在具体条款中哪些行为是要做到的，哪些行为是不容许的。

（3）明确可接受的或不可接受的行为的积极或消极后果。

（4）强化积极承诺，包括口头确认、记录、课后谈话和适当的奖励。

（5）制定一系列的步骤，以惩罚违纪行为，包括公布违纪名单，直至把这些学生带到校长办公室。（MacNaughton & Johns，1991，p. 53）

表10—2显示了堪萨斯州切诺基学区6—8年级严明的纪律政策。

表 10—2　　　　　　　　　　严明的纪律政策（6—8 年级）

亲爱的家长们： 为了给予您的孩子一个良好的学习氛围，我们将启动以下的纪律计划。 **我们的理念** 我们相信，所有的学生都能够在课堂上表现良好。我们不会容忍任何学生妨碍我们教学或其他学生学习。 **课堂行为** 学生将： ● 遵守一开始就告诉他们的教学和行为准则。 ● 获得允许才可以讲话。 ● 管理好自己的手脚、胳膊。 ● 待在自己的座位上，未经允许不得离开。 **每天纪律的结果** 如果学生违反纪律： ● 第一次：检查—警告 ● 第二次：二次检查—延迟放学 30 分钟 ● 第三次：三次检查—延迟放学 60 分钟 ● 第四次：四次检查—延迟放学 60 分钟并送校长办公室 ● 一天中剩余的时间停课——通知家长 **严重的条款**——当有严重的破坏行为发生时生效，例如：打架、说脏话、严重违抗/不尊重。这些违规行为将导致学生立即被送到校长办公室。 **积极行为**——学生的积极行为可能会获得奖励。这个奖励是给予学生个人和整个班级的。例如：看电影、聚会、迷你高尔夫、下午休息等。

资料来源：USD 247 School District；Cherokee，KN. Retrieved on June 29，2008，from http：//www，usd247，com/vnews/display，v/ART/2005/ 03/30/424aebbfa0b08.

研究表明，严明的纪律所带来的效果是综合的："大量的证据表明，给予良好的行为奖励，实际上可以降低学生模仿坏行为的内在动机，或对课堂行为规范自觉遵守。"（Oakes & Lipton，2007，p. 258）在下文，入职一年的幼儿园教师哈维尔·埃斯平多拉，解释了为什么他最终决定不执行严明的纪律：

当我的学生静静地坐着，听我讲课或是在写笔记的时候，我会给他们一个表扬的标签或快乐的表情，以鼓励他们继续保持。当我看到他们与同伴说话而不认真学习的时候，我就会把他们的名字写在黑板上，或给他们一个悲伤的表情。

起初，这些办法很有效。然而，随着时间的推移，我发现一些负面的影响。学生……如果没有得到奖励的话，他们开始不遵守课堂的指示，不主动学习，不尊重教师和同伴。

在我的课堂上，去除严明纪律的第一步是我和学生对这个问题进行讨论。我告诉他们，他们将不再因为表现良好而收到快乐的表情、星星、贴纸和糖果等奖励，也不会因为行为不良被标注、收到悲伤的表情或在黑板上写上姓名。我撤走了记录学生不良行为的黑板和图表，也撤走了记录学生良好行为的星星。

我不再觉得学生需要严格的控制，我已经实现了集体活动，鼓励我的学生与他们的同伴互动，分享经验……每个人都能够在舒适的环境里改善他的学术和社会技能。（Oakes & Lipton，2007，p. 260）

教师问题解决

如果你制止学生行为不端的努力总是不成功，那么与学生一起召开一个解决问题的会议是必要的。解决问题的会议可以使你对形势有更多的了解，并为问题的解决铺平道路。会议还可以帮助你和学生了解彼此的想法，并建立一种更积极的关系。

解决问题的会议的一个目标是让学生认识到自己的行为责任并承诺改变它，解决问题的会议并没有确切的召开方式，格拉瑟的选择理论认为这样的会议程序是灵活的，在大多数情况下是适合的。当学生体验到成功和知道教师关心他们的时候，通常会做出正确的选择（以一个可接受的方式表现）。以下步骤旨在帮助那些行为不端的学生看到他们的选择可能不会得到他们想要的结果：

（1）对行为不端的学生进行评价，并对他的行为承担责任。通常情况下，教师采取的第一步是询问："你在做什么？"然后是，"它对你有帮助吗？"

（2）让学生选择一个可接受的行为方式，如果有必要，学生和老师可以集体 346 讨论解决方案，以达成关于学生未来行为方式的协议，协议也包括学生不遵守的一系列后果。

（3）要求学生按照计划做出承诺。

（4）不接受任何不遵守计划的借口。

（5）不要使用惩罚手段，或对行为不端的学生以一种惩罚性的方式作出反应。相反，指出学生未能按照计划执行的后果。

（6）不要放弃你的学生。如果有必要，提醒学生对于自己行为的承诺，并定期问："怎么样了？"

完善自己的课堂管理方法

没有一种课堂管理在任何时候对所有学生都是有效的，在课堂上你如何应对不当行为取决于你的个性、价值和儿童观，课堂管理有一系列的方法，从程度最轻的如非语言性暗示到程度最重的如物理干预等。

课堂管理专家查尔斯·沃尔夫冈（Charles Wolfgang）指出，教师通常会对行为不当的学生呈现出以下三种理念（或态度）之一：

（1）倾听关系（relationship-listening）的理念，这种理念对于课堂管理权的使用最少。它反映了这样一种观点，学生有能力改变自己的行为，如果学生行为不端，是因为内心的情绪混乱，行为失控，或感觉空虚。

（2）正视—约定（confronting-contracting）的理念："我是成年人，我知道不当的行为，当我看到它，会正视它并让学生停止这种行为，我将授予学生权利决 347 定他将如何改变，并鼓励和影响学生共同遵守行为改变的约定。"

（3）规则和后果（rules and consequences）理念是一种沟通的态度："这是我想要的规则和行为，我将果断地执行。"（Wolfgang，2001，pp. 4-5）

在你成长为一名专业教师的过程中，你会开发出最拿手的课堂管理方法，当你遇到一个课堂上的纪律问题，你可以分析形势，并采取有效的策略。这样的能力会给你信心，就像下面这位新教师：

> 我走进教室的时候有一些信心，并且在离开教室时拥有更多的信心。我对接下来发生的一切感觉良好，我与孩子们建立了更轻松舒适的关系，每个星期，我都变得更有信心。当你第一次去，你不知道该怎么做。当你知道自己做得很好的时候，你的信心就提升了。

经验丰富的教师用哪些教学方法？

对于教学、学习、学生、知识的认识，以及应该了解的影响教师教学方法使用的因素、教师的风格、学生的特点、学校和周围社区的文化、可利用的资源等，都会影响你采用的方法。所有这些都有助于构建你在课堂上采用的教学模式。一种教学模式可以为你提供法则，并遵循它来创建一个特定类型的学习环境。正如《教学模式》（*Models of Teaching*）的作者指出的那样，教学的真正模式是学习的模式，是帮助学生获取信息、理念、技能、价值观、思维方式和手段、表达自己的方式，还要教他们如何学习（Joyce，Weil，& Calhoun，2008，p.7）。表10—3简要描述了四种应用广泛的教学模式。

表 10—3　　　　　　　　　　　　四种教学模式

	目标和理念	方法
合作学习	如果同时给予小组及其每个成员团队奖励和个人奖励，学生能够主动地在小组中进行合作式学习。	● 小团队（4～6个学生）一起学习。 ● 任务要求学生互相帮助，共同完成一个团队项目。 ● 在竞争激烈的安排中，团队之间可能会互相竞争。 ● 成员根据他们的天赋、兴趣和能力为团队目标作出贡献。
理论指导实践	教师要在三个主要方面做出决定：内容如何讲授，学生如何学习，教师在课堂上采用的行为。教师教学的有效性与这些决策的质量有关。	教师在课堂上的七个步骤如下： 1. 主导学生的学习材料。 2. 告诉学生他们将学习和为什么它是重要的。 3. 展示组成学生所学习的知识、技能或过程的新材料。 4. 将对学生的期望模型化。 5. 检查学生的理解情况。 6. 给学生在教师指导下实践的机会。 7. 布置任务，让学生有机会实践自己所学到的知识。
行为修正	教师可以主导学生的学习，通过各种形式的强制手段。据悉，人的行为是可以学习的，那些明确增强（奖励）的行为有上升的趋势，而那些没有增强的行为则趋于下降。	● 教师通过新材料激发学生的学习。 ● 教师观察学生的行为。 ● 教师尽可能迅速地强化学生的适当行为。
非定向教学	如果教师注重学生的个人发展和为学生创造机会，提高他们的自我理解和自我概念，可以促进学习。有效教学的关键是教师了解学生的能力，并让他们参与到教与学的伙伴关系中来。	● 教师是学习的促进者。 ● 教师创造学习环境，支持个人成长和发展。 ● 教师是行为角色的一个顾问，帮助学生认识自己，明确自己的目标，并对自己的行为承担责任。

经验丰富的老师根据他们的情况、他们希望达到的目标采用自己拿手的（独特的）教学模式和评估方法，你在课堂上的教学方法将很有可能是不拘一格的，也就是说，整合几种模型和评估方法。此外，随着课堂教学经验增加，并不断获得新的技能和理念，你将不断发展自己的教学模式，使你能够合理地应对更广泛的教学情境。

基于学习新行为的方法

许多教师采用的教学方法产生于我们对于人们如何获得或改变他们的行为的认识。举例来说，直接教学是一种系统的教学方法，侧重于将知识和技能通过教师（和课程）传递给学生。直接教学是基于可观察到的学习行为和有实际效果的学习。一般来说，直接教学最适合逐步获取的知识和基本技能的发展，但它并不适合非结构化、高级技能的教学，如写作、社会问题分析、解决问题等。

20 世纪七八十年代对直接教学进行了广泛的研究（Gagné，1974，1977，Good & Grouws，1979；Rosenshine，1988；Rosenshine & Stevens，1986）。以下八个步骤 *348* 是对于直接教学的一项综合研究，它适用从小学至高中的学生：

（1）通过告诉学生将要学习的内容，指导学生学习。

（2）回顾与新材料有关的学习过的技能和概念。

（3）展示新的材料、使用的例子和示范。

（4）通过提问了解学生的理解情况；纠正误解。

（5）让学生实践新技能或应用新信息。

（6）为学生实践提供反馈和更正。

（7）家庭作业中包含新学的内容。

（8）定期检查材料。

有一种称为掌握式学习的直接教学方法，它基于两个学习假设：（1）如果给 *349* 他们足够的时间和适当的引导，几乎所有的学生都可以学习材料；（2）学生学习时，最好参加一个系统化的学习项目，使他们能够稳步地发展（Bloom，1981；Carroll，1963）。以下五个步骤呈现出学习的过程：

（1）设定目标和掌握标准。

（2）将教学内容直接教给学生。

（3）对学生的学习给予积极的反馈。

（4）提供额外的时间，并帮助纠正错误。

（5）按照周期进行教学、测试、再教学，并重新测试。

在掌握式学习中，学生们参加检查性测试，然后被指引完成纠正练习或活动，以提高他们的学习效果。这些可能需要程序化教学的形式、手册、计算机演练和实践，或教育游戏，纠正课之后，学生们将参加另外一个测试，并很有可能已取得掌握式学习的效果。

基于儿童发展的方法

正如你在第九章中了解到的，儿童进入到认知、心理和道德发展的阶段，有效的教学应该包括发展适当的方法，满足学生不同的学习需求，并认识到在社会环境中学习的重要性。例如，一个学生达到更高水平的发展方式是观察，然后模仿他们的父母、老师和同伴，把他们作为榜样。"设立学习的榜样为学生提供了学习内容的具体示范……教师可以明确地给学生示范如何成功地学习。"（Dell'Olio & Donk，2007，p. 79）

经验丰富的老师也会通过自言自语（thinking out loud）的方式利用榜样，以下是设置心智榜样的三个基本步骤：（1）给学生示范涉及任务的思维方式；（2）使学生认识到运用思维；（3）观察学生运用思维。在这种方式中，教师可以帮助学生了解自己的学习过程，提高他们的学习能力。例如：有一位老师将在下一节课演示如何把图画纸切割成直角。作为数学教学的一部分，她也许会在课堂上"自言自语"地说："我在切割这个直角的时候需要非常小心，因为我们将用它来组合形状。我需要直角的两边是非常整齐的，较小的一部分尺寸需要十分准确。"（Dell'Olio & Donk，2007，p. 80）

20 世纪 80 年代中期以来，教育研究人员已经研究了学习者如何理解新材料。"建构主义的学习观提出，重点关注学习者如何理解新信息——他们如何在已知的基础上建构意义。"（Parkay，Anctil & Hass，2006，p. 168）教师的这种建构主义观点，使他们更关注学生对于已学知识的思考，通过精心设计的线索、提示和问题，帮助学生加深对材料的理解。建构主义教学的共同要素包括以下内容：

● 教师引出学生基于材料的已有知识，并以此作为教学的出发点。

● 教师不仅给学生展示材料，而且对学生努力学习做出回应。在教学过程中，教师要了解学生的学习情况。

● 学生不仅学习如何吸收信息，同时也积极利用这些信息来建构意义。

● 教师在课堂上营造一个社会化的环境、一个学习者的社区，可让学生彼此反思和讨论，建构意义和解决问题。

350   崇尚建构主义的教师当学生在学习新材料时通常会提供支持的平台。通过观察和用心倾听学生，教师会给他们提供支撑的线索、鼓励、意见或其他帮助，从而达到学习的目标。基于学生理解能力的不同，教师提供不同的帮助，如果学生不是很理解，教师多给予些支持和帮助；如果学生一点就通，教师提供的帮助也随之减少。总体来说教师提供的帮助平台要使学生有能力通过自己的发现来理解材料内容。

维果茨基的创新术语"最近发展区"是关于在什么临界点学生需要帮助来继续学习，经验丰富的老师对学生的最近发展区十分敏感，他们能够确认课堂的教学既不能超过学生现有的理解水平，也不低估学生的能力。

基于思考过程的方法

有些教学方法来源于心理过程，包括学习、思考、记忆、问题解决以及创造力。比如说信息处理，就是关于人们如何利用长时或短时记忆实现信息处理和问题解决的认知科学的一个分支。在信息处理的观点上，电脑经常被用来作为类比：

> 好像电脑一样，人脑接收信息，处理操作，转换形式和内容，储存信息，当需要时再检索，或者产生反馈，从而处理过程就包括信息收集与组织，或者重新编码储存信息，或者在需要时检索信息。整个过程就是控制过程的指导，它来决定怎样以及何时信息会从系统中流通。

尽管几种系统方法都是基于信息处理——教学生如何记忆，如何用归纳法和演绎法来思考，获取观念，或者运用科学方法。举例来说，基于人们是如何获取和使用信息的，心理学家将信息处理的记忆存储分为三类：

　　（1）**感官记忆**（sensory memory）——信息处理前的简要信息储存，感官记忆对于看到的信息可以储存 1 秒，对于听到的信息可以储存 2～4 秒。（Leahey & Harris，2001；Pashler & Carrier，1996）

　　（2）**内存记忆**（working memory）——对信息进行处理时保留的记忆，内存记忆是信息处理系统中有关意识的部分。

　　（3）**长期记忆**（long-term memory）——永久存储的信息；内存记忆仅限于约七个项目的信息，储存时间仅为几秒钟，但是，长期记忆的量很大，并且可能会伴随一生。（Schunk，2004）　　　　　　　　　　　　　　　　　*351*

　　表 10—4 介绍了基于这三类记忆类型的一般教学指导方针。

表 10—4　　　　　　　**关于课堂上信息存储方式的理解与应用**

感官记忆	内存记忆
1. 为了保持学生的感官记忆，在呈现其他事实前让他们接受一个刺激。 **小学**：2 年级的老师问一个问题，并在问第 2 问题之前先让学生给出答案。 **中学**：初级代数老师先提出两个问题，等学生们抄写下题目后再开始讲。 **高中**：在地理课上，老师把地图铺开，说：我给你们一分钟的时间来看教室前面的这张地图上的各国地理情况。然后我们继续上课。	2. 为了避免学生内存记忆超负荷，上课时要注意提问。 **小学**：1 年级的老师通过缓慢展示的方式指导学生的课堂作业，每次开始之前都要求不同的学生重复他的指导。 **中学**：一位木工课的老师说："尽管是同一种树，但其硬度和密度也是不同的，它取决于降雨量和树的生长速度。"然后，她等了一会儿，举起两块木头，说："看看这些木块。你们注意到它们的年轮了吗？" **高中**：一位高等代数老师通过让不同的学生描述答题步骤的方式来教学生解题。
3. 提供更多的实践机会去发展自觉性，通过语言和视觉的形式共同呈现信息。 **小学**：1 年级的老师要求完成一个写作练习：根据前一天晚上发生的事情造两个句子。 **中学**：为了充分利用内存记忆的双重功能，一位 8 年级的历史老师准备了一幅导致革命战争的事件流程图。当她问学生们关于这个话题的问题时，她希望流程图每一个重要的点都能鼓励学生使用图表来组织他们的笔记和语言。 **高中**：一位物理老师讨论力和加速度之间的关系，他展示了一个恒定的力拉着一个小车沿着桌面行进，让学生可以看到车的语言。	**长期记忆** 4. 发展模式，鼓励学生探索思想之间的关系以及新的想法和已有知识之间的关系。 **小学**：在讲故事的时候，一个小学 2 年级的老师要求学生来解释故事中的事件如何导致故事的结果。 **中学**：开发用代入方式解答方程式的规则，一位代数老师提问：如何将这个过程和我们通过加法来解决的方程式相对照？我们的做法有何不同？为什么？ **高中**：为帮助学生在古希腊的研究中理解因果关系，一位世界历史老师问了这样的问题："为什么航运在古希腊如此重要？""为什么特洛伊的位置如此重要，它的位置与今天的大城市的位置有何关联？""为什么希腊以城邦的形式存在（而不是更大的民族国家）？"

在探究式学习、发现式学习中，给予学生机会去探究主题，让他们发现知识。当教师要求学生越过信息做出推论，得出结论，或进行形式的概括时，如果教师不回答学生的问题，而是让学生自己去找答案，他们所采用的教学方法就是基于探究和发现的学习。这些方法最适合于概念的教学、关系和理论抽象的教学和验证假设。下面的例子演示了如何在 1 年级的课堂上运用探究和发现式学习培养学生积极参与和思考。

> 孩子们都围在一张放着蜡烛和罐子的桌子旁，杰基·怀斯曼老师点燃了蜡烛，燃烧了一两分钟后，在蜡烛上仔细地罩上罐子。烛光变得暗淡、闪烁，最后熄灭。然后，她拿出另一支蜡烛和一个更大的罐子，又做了一遍实验，蜡烛熄灭，但过程更慢了。杰基老师拿更多的蜡烛和不同大小的罐子，孩子们点燃蜡烛，用不同的罐子罩住蜡烛，火焰慢慢熄灭。"现在我们要对刚才发生的事情发表看法，"她说，"我希望你们基于刚才观察到的现象，问我一些问题。"（Joyce，Weil，& Calhoun，2004，p. 3）

基于同伴关联指导的方法

学生同伴团体（peer groups）会阻碍学术表现（Sternberg, Dornbusch & Brown, 1996），但是也能鼓励学生表现得出类拔萃。因为学校的学习发生在社会环境中，同伴关联指导给教师提供了一种促进学生学习的选择。本章前面所述的合作型学习，就是一种典型的同伴关联指导。

另一个例子是小组调查，教师的作用是营造一个环境，让学生知道他们将研究什么以及如何研究。学生呈现出这样的情况："他们对于发现的彼此之间的态度、想法和感知模式之间的冲突做出反应，并在这些信息的基础上，找出问题进行调查，分析解决这个问题所需的角色，并分别扮演这些角色，采取行动，报告并且评估这些结果。"（Thelen, 1960, p. 82）

在小组调查活动中，教师的作用是多方面的，他是组织者、引导者、资源提供者、辅导者、顾问、评价者。这种方法在提高学生成绩（Sharan & Sharan, 1989/1990, pp. 17-21）、培养积极的学习态度和提高课堂凝聚力方面是非常有效的。该模型还允许学生探究感兴趣的问题，它使每一个学生根据他的经验、兴趣、知识和技能等，为整个小组做出有意义的、实际的贡献。

其他同伴关联指导常见的形式包括同伴辅导和跨年级辅导，在同伴辅导中，学生由同班或同年级的其他学生进行辅导。跨年级的辅导，例如，6 年级的学生辅导 2 年级的学生阅读。通过适当的指导和培训，跨年级的辅导可以使辅导者和学习者都受益匪浅（Henriques, 1997；Schneider & Barone, 1997；Utay & Utay, 1997；Zukowski, 1997）。这个试点项目对于面临辍学危险和有特殊需要的配对学生是特别成功的。

学校教什么？

回想一下你在小学、初中、高中的学习经历。你学到了什么？当然，你学习过的课程包括阅读、计算、书法、拼写、地理、历史。不过，除了这些科目，你是否学习过关于合作、竞争、压力、足球、电子游戏、电脑、人口和异性的知识？

或者你也许曾经喜欢化学，讨厌英语语法。

你在学校学习过的数不清的知识，共同组成了课程。课程理论家和研究者已经提出了几种不同的课程定义，但是没有一种统一的、普遍接受的定义。下面是一些目前使用的定义：

（1）一门课程的学习，来自拉丁语"currere"，意思是"执行过程"。

（2）学生学习的课程内容、信息或知识。

（3）有计划的学习经验。

（4）预期的学习成果，教学的结果与教学的手段（活动、材料等）相区分。

（5）学生在校期间所有的经历 。

这五个定义没有任何一个是完全正确的定义，我们定义课程这个词的方式取决于我们的目的和自己意识到的情况。例如，我们在辅导一名为上大学做准备的高中学生，我们对课程的定义很可能是"一门课程的学习"。但是，如果我们采访刚从小学毕业的 6 年级学生，我们可能将课程定义为"学生们在校期间的所有经历"。让我们给课程假设一个附加定义：课程是指能促进（有时会妨碍）学生教育和成长的经历，包括计划内和计划外的。

课程的种类

埃利奥特·艾斯纳（Elliot Eisner）是一位著名的教育研究人员，他曾说过："学校实际教的比他们想要教的多得多——同时也比他们想要教的少得多。虽然很多教学内容是可以看到的和明确的，但也有很多并非如此。"（2002，p. 87）基于此，我们需要审视学生学习的四类课程，我们更好地了解这些课程以及它们是如何影响学生的，有助于我们更好地完善教育方案，确切地说，更好地进行教育。

显性课程

显性课程，或称公开课程，是指一所学校计划向学生开设的课程。这类课程由几个部分组成：（1）目的，学校要求全体学生达到的学习目标；（2）每个学生的课程学习过程组成实际的课程；（3）教师要让学生获得的具体的知识、技能和态度。如果我们请一个小学生描述他所在学校的教育计划，我们会提及或参考显性课程。同样，如果我们要求教师形容他希望完成的一个特定课程，我们将给出一个显性课程的描述。

总之，显性课程体现了公众对于学校培养学生的预期。这些期望包括学习如何读、写和计算，学习欣赏音乐、艺术和文化。在大多数情况下，显性课程是以书面计划或指导的形式呈现给学生的。举例来说，这类书面文件是对课程的描述，提出学校或学区目标和学习目标的课程指南、文本和其他需要准备的学习材料、教师的教案等。然后，通过一所学校的教学计划，将这些课程内容带到生活中。

隐性课程

隐性课程，来源于行为、态度和学校文化对于教师和学生的无意识影响（Parkay et al.，2006）。学生隐性课程的学习可以是积极的，也可以是消极的，取决于他们一天又一天的学校学习经历。例如，从一位知识渊博、条理清楚、有风度的老师那里，学生有可能发展积极良好的习惯和能力——与他人合作，承担责任，提前计划，放弃满足当前的欲望以获得长期目标的实现等。与之对应，在一位准备不足、精神萎靡或孤傲的老师那里，学生可能获得的学习习惯和态度都是消极的，阻碍个人的成长和发展——不喜欢学习，欺骗或者蔑视权威（教师），养成拖沓的习惯。

在下面的例子中，4 个学生描述了他们在学校经历的隐性课程。例 1 和例 2 摘录了学生给教师写的信件的部分内容，隐性课程让学生对自己的能力更有信心。在例 3 和例 4 中，隐性课程削弱了学生对学习的信心和欲望。

例 1

我是您 10 年级英语教学班中的一名学生，我现在确信选择您的班让我感到安全，我真的非常努力，我知道我可能失败，但我有足够的信心去应对。(Paul，Charistensen & Falk，2000，p. 23)

例 2

我是您 9 年级教学班的一名学生，你曾经称赞过我的创意写作，在那之前，我从来没有认为自己是一个有创意的人，您给我的信心促使我选择英语作为我的大学专业。(Paul et. al.，2000，p. 23)

例 3

老师只是把（材料）放在黑板上，如果你不知道怎么回事，老师就会生气。当我来到学校时，我希望能得到帮助，但是他们去了别的地方，并没有人帮助我，当我请求别人帮我的时候，只是因为有一些孩子不需要帮助，他们就认为其他孩子也都不需要，总有一些孩子更聪明。(Wilson & Corbert，2001，p. 38)

例 4

我是您 11 年级生物课上的一名学生。在上您的课以前，我热爱科学和生物学，您让我感觉到您对这门学科极大的轻视。您的教学方法让全班无聊得发慌。我们在每周开始的时候大声朗读每个章节，然后用剩下的时间安静地做每个章节后面的习题，并且不断重复着这样的过程。你从来不和我们讨论任何问题，也从来没有告诉我们什么。我们的成绩取决于我们多大程度上能给出您认为正确的答案，如果我们的作业没有采用"正确"的方式就惨了，我想我在您的课堂上学到的唯一东西是顺从。(Colucci，2000，p. 38)

学校的隐性课程让学生学到的东西比教师想象得更多。作为一名教师，你不可能知道你的学生通过隐性课程学到的所有内容，但是，你可以通过让学生参与制定显性课程的内容，邀请学生协助制定课堂规则，给学生提供适合他们发展阶段的合理挑战等方式使教学变得更积极，以确保隐性课程的结果正面多于负面。

不可见课程

讨论不能被直接观察到的课程，就像是在谈论暗物质或黑洞，宇宙中看不见但必定存在的现象，它们难以置信的密度和引力场不允许光遁入。以同样的方式，我们可以考虑，那些我们没有看到的学校课程也许和我们已看到的同样重要。埃利奥特·艾斯纳指出了不可见课程（null curriculum）的智力过程和内容，这是一种学校不教的课程。"不可见课程——学生没有选择的能力，其观点学生也许永远不知道，因为很难看到，实施这类课程的观念和技能不会成为学校知识技能的一部分。"(2000，pp. 106—107)

例如，学校培养学生主要是基于对文字和数字的运用，对想象力、主体性、诗意很少强调。同时，学生很少学到关于人类学、社会学、心理学、法学、经济学、电影制作或建筑学的知识。

艾斯纳指出："某些学科历来是学校教学的内容并不是在可选择的范围内仔细分析的结果，而只是因为它们历来都是教学的内容。我们的教学很大程度上是出于习惯，而在这个过程中忽视一些已证明对学生非常有用的研究领域。"（2002，p. 102）

课外/辅助课程

该课程包括学校组织的活动——音乐、戏剧、特殊兴趣俱乐部、体育、学生政府和荣誉社团等——学生追求的学科领域研究之外的活动。这样的活动被视为额外的学术课程，称为课外课程。当这些活动具有重要的教育目标，而不是仅仅作为额外的学术课程时，则称为辅助课程。为了反映这两类课程经常应用于相同的活动，我们采用课外/辅助课程活动这个术语。虽然课外/辅助课程项目在中学应用最广泛，但在许多小学的中级和初级高阶水平，也为学生提供了各种各样的课外/辅助课程活动。对于那些选择参加这类活动的学生，课外/辅助课程提供了一个在不同的环境中运用社会和学术技能的机会。

学校越大，学生参加课外/辅助课程活动的可能性越小，与此同时，参与这类活动的学生比那些不参与的学生表现出更强的自我意识（Coladarci & Cobb，1996），关于课外/辅助课程活动对学生的发展的实际效果，目前尚不完全清楚。

参与课外/辅助课程活动的学生往往比没有参与的学生取得更好的成绩，并且经常被认为是有才能的（Gerber，1996；Jordan & Nettles，1999；Modi，Konstantopoulos & Hedges，1998）。然而，目前尚不清楚它是否影响了学业成绩，或者是学业成绩影响了其参与程度。尽管如此，参与活动对于学生决定继续升学（Mahoney & Cairns，1997）、教育抱负（Modi et al.，1998）、树立理想并最终实现（Brown，Kohrs & Lanzarro，1991；Holland & Andre，1987）有着积极的影响。此外，学生本身往往倾向于认为参加课外/辅助课程是学校生活的更高起点。

哪些学生可能会从参与课外/辅助课程的活动中受益最大是显而易见的——那些学习成绩低于基准要求和处于危险状态的学生往往倾向于不参与这类活动，此外，底层社会经济背景的学生也较少参与课外/辅助课程（National Center for Education Statistics，2008）。

课程内容

学校教给年轻人社会上认为应该学习的内容。例如，表10—5，A 显示了1970—2006 年间，公众认为"学校的课程需要改变以满足今天的需求"的人数比例显著增加。B 显示了1979—2006 年间，认为公立学校应该教授"各种各样的课程"的公众的比例呈现同样的增长趋势。

以下是两位家长关于学校课程应该包括哪些内容的观点，在公众中具有一定的典型性：

今天的教育从原来的关注阅读、写作和算术转变为更关注社会问题，这

356 种改变有一定好处，但我认为学校需要保留基本的知识。……如果你连加减法都不会，是无法理解商业世界和社会问题的。

他们所有的人一直在讨论"全面的儿童教育过程"……培训"全面的儿童"不是你们的工作，你们的工作是教这些学生怎么读、怎么写，并教给他们基本技能，以平衡他们的付出，而不是要在他们中发现新的爱默生。（Johnson & Immerwahr，1994，p. 13）

表 10—5　　　　　　　　　　　学校应该教什么

A. 你认为你所在的社区中的学校课程需要根据今天的需求调整吗，或者你认为它已经符合今天的需求了？

	全国总计			没有孩子在学校			公立学校家长		
	'06%	'82%	'70%	'06%	'82%	'70%	'06%	'82%	'70%
需要调整	47	36	31	46	33	31	50	42	33
已经符合需求	44	42	46	43	38	36	48	50	59
不知道	9	22	23	11	29	33	2	8	8

B. 公立学校可以为学生提供各种各样的课程，或者他们可以集中精力在较少的基础课程上，如英语、数学、历史和科学。你认为这两项政策哪种更适合当地的高中——各种各样的课程还是更少但更基本的课程？

	全国总计			没有孩子在学校			公立学校家长		
	'06%	'01%	'79%	'06%	'01%	'79%	'06%	'01%	'79%
各种各样的课程	58	54	44	56	50	44	63	64	44
基础课程	41	44	49	44	48	47	35	35	53
不知道	1	2	7	*	2	9	2	1	3

注：＊表示少于1%。

资料来源：Lowell C. Rose and Alec M. Gallup. (September 2006). The 38th Annual Phi Delta Kappa/Gallup Poll of the Public's Attitude Toward the Public Schools. Phi Delta Kappan，Vol. 88，No. 1。

学校课程是如何开发的？

虽然目前还没有易于遵循的既定的课程开发程序，但芝加哥大学的教授拉尔夫·泰勒（Ralph Tyler，1902—1994）在1965年协助政府制定的《中小学教育法案》（Elementary and Secondary Education Act）中，提供了基于对四个基本问题回答的课程或教学设计方案。以下这四个问题，被称为泰勒原理（Tyler，1949，p. 1）：

（1）学校应寻求达到什么样的教育目的？

（2）提供哪些教育经验有助于达到这些目的？

（3）怎样才能有效地组织这些教育经验？

（4）我们怎样才能确定是否达到了这些目的？

一些教育工作者认为，泰勒原理低估了课程开发的复杂性，因为它倡导一种简单的、一步一步的过程，在真实的课堂中是难以遵循的。不过，泰勒的经典原理仍被大量的学校所采用，使其课程开发过程有秩序、有重点地推进。

357 ### 课程设计的重点

讨论课程发展，将有助于阐明课程设计的重点。图10—7显示了设计过程的两个维度：课程重点和时间取向。课程设计的重点可能是在宏观或微观层面。在宏观层面上，课程内容的决策将适用于大批学生。国家的教育目标和州政府的课程指导就是宏观层面的课程决策的例子。在微观层面，课程决策适用于某个特定的学校或班级的学生群体。在一定程度上，你会成为一个微观层面的课程开发者，也就是说，你会做出许多决定，在你的课堂上为学生提供相关课程。

课程设计的另一个维度是时间取向——课程设计关注当前还是未来？国家的教育目标和州政府的课程指导，整学期或每月计划或单元计划是教师面向未来进行课程设计的例子。以当前为取向的课程设计，通常会出现在教室里，并影响特定学生群体的独特需求。每天或每周的课程决策和课程计划，是教师以当前取向进行课程设计的典型。

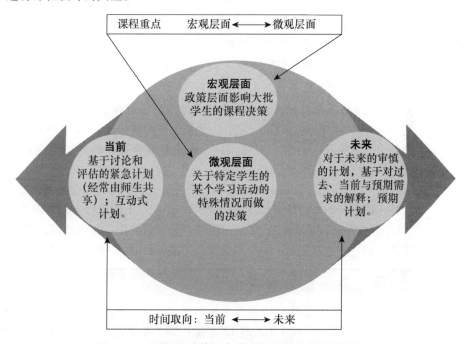

图10—7 课程设计的两个维度：课程重点和时间取向

以学生为中心 vs 以学科为中心的课程

358

课程发展的一个关键问题是，应该更加重视学科的需要还是学生的需求。想象一所学校的课程可能被设置在下面的连续过程中是有帮助的：

以学生为中心的课程 ←——→ 以学科为中心的课程

虽然没有完全以学生为中心或者以学科为中心的课程，但是课程在相当大的程度上会强调它们中的某一项。以学科为中心的课程主要强调学生学习这门学科的逻辑顺序，教师是学科专家，主要关注的是帮助学生理解事实、规律、规则和原则。高中阶段的教育是比较典型的以学科为中心的教育。

一些教师开发课程主要考虑学生的需求，虽然这些教师也教授课程内容，但更多地表现出对学生的关注，强调学生的成长和发展，这类课程在小学阶段更为典型。

综合课程

为学生提供更多有意义的学习经验，你可能会采用综合的方法来开发课程。这样的课程在小学阶段最为常用，综合课程引入了几个不同学科的知识，专注于一个主题或概念，而不是某个单一的学科。儿童早期教育专家苏珊娜·克罗（Suzanne Krogh, 2000）认为，基于主题知识网络的综合教学方式更适用于孩子学习的自然取向：

> （儿童）并不适合彼此分离的特定科目的学习，这些都是由成年人定义的。儿童自然状态的学习更可能发生在一个感兴趣的主题中：建造一个堡垒，探索一个沙箱，与冬天的第一场雪互动等。教师可以设计很多这样的课程，建立一个由这些学生感兴趣的主题组成的网络。这样的网络集成了大部分——甚至是所有的——需要的和想要的课程，教给学生知识和他们关心的内容。（Suzanne Krogh, 2000, p. 340）

一项关于小学教师对综合课程看法的全国性调查显示，89％的人认为，综合是"最有效"的呈现课程的方式。一个被调查的教师说："我对呈现孩子们可能会记住或忘记的孤立的事实不感兴趣，我希望能帮助学生正确地理解每一节课。"（Boyer, 1995, p. 8）在《预备学校：一个学习者共同体》（*The Basic School*：*A Community for Learning*）中，美国教育专员、卡内基教学促进基金会的总裁欧内斯特·博耶（Ernest Boyer, 1928—1995）建议，小学课程应根据以下八个主题或"核心共性"进行课程整合："生命周期，符号的使用，团队意识，时间和空间感，审美认知，自然的联系，生产和消费，生活的目的。"（Boyer, 1995）

教师之声：走适合我的路

作为一所幼儿园到 12 年级学校合唱活动的导演，克里斯蒂娜一直忙于一个大型学习社团——从 4 年级到 12 年级共 202 名学生。她还教排球，带领她的学生参加表演和比赛，并创作一个改编自百老汇的年度音乐剧。在第四年的教学生涯中，她开始了博士阶段的学习，以不断加快的速度来完成课程。为了保证工作效果，克里斯蒂娜制定了几条关键原则，通过整合有效教学、课堂管理和人际关系策略等方式创建了一个强大的学习者共同体。

克里斯蒂娜首先开始了她音乐双专业的学习，在她大四那一年，她以前的学校让她去那里教学，她接受了，决定推迟声乐表演专业研究生的学习。经过一年与学生的接触，她知道自己想成为一名教师。"我意识到作为一名教师，可以比在舞台上更能影响别人的生活。"

她发现把学生组织起来，使他们变得有组织和有规矩是一种有效的方式。上课前她在黑板上写下了学生需要做的：

步骤 1：我们需要完成什么。

步骤 2：完成这些工作需要什么材料。

步骤 3：规划好时间。

当她的学生走进教室时，要做的第一件事是看黑板。如果最后一个步骤没有规定时间，"那么他们就知道他们有时间来讨论一下，"克里斯蒂娜说，"他们可以在上课之前先讨论出一种合适的方式"。

制定规章制度是克里斯蒂娜组织工作的一部分，但是她认为应该综合使用各类方法来保持课堂的趣味性：她会采用不同的方式来让学生的注意力集中在课堂任务上，保持学习状态。"如果听到我的声音请拍手"或"5、4、3、2、1，拍"，学生将一起拍。她有时会说，"如果你准备好了，请告诉我"，然后摸摸鼻子或双臂交叉，有时她会唱出一个注意事项，学生也会用歌唱来回应，她还会使用三种小韵律。"我不想通过提高我的声音来吸引他们的注意。"

第三个指导原则是发展一个团队来协助她，并把任务分配下去。当克里斯蒂娜改编她的年度百老汇音乐剧时，她有一个志愿者负责灯光，另一个负责音响，一位教师指导编排，一个工作人员来设计服装，几个家长提供和检查道具。"如果每个人都负责一小块工作，就可以产生出令人难以置信的效果。我不想也不需要事事亲为。"

克里斯蒂娜是一个成功、专业的教师，除了采用这些原则外，她的教学技巧和能力可以营造一个积极的学习环境，她不再需要上合唱课，她的节目在校内外仍然获得了更多的发展和认可。在一些音乐节上，她的学生在四年里九次被选为"荣誉唱诗班"、"荣誉小组"或"荣誉歌手"。克里斯蒂娜持续营造着一种积极的、创造性的、有凝聚力的团队氛围。这个社团的发展始于开学前，8月的一次露营活动。所有唱诗班成员和那些有兴趣加入合唱团的人被邀请参加活动，一起游戏，并学习一些歌曲。在上学的第一天，学生们已经认识了80～100名其他同学了，克里斯蒂娜在学年结束时会带着大家去旅游以奖励他们的努力学习。

在课堂上，她发现调动学生的积极性让他们相互交流是十分有效的课程组织方式。她可以教一个概念，然后让学生解释给他的一个伙伴听，通过不同的观点来对他们进行指导。"这种方式建立起一种团队的感觉，我也能够评估是否他们真正掌握了这个概念。"

克里斯蒂娜试图将学生情绪和她的音乐鉴赏课上的音乐建立一种联系，她可能演奏一段著名的音乐并要求学生"写下或者画出当他们听到音乐时脑子里浮现的东西"。在圣桑的《动物狂欢节》中，她有一些学生聆听音乐中描绘的动物。

她给所有教师的建议是按轻重缓急合理安排事情。确定你的目标，组织好你的时间和精力并予以实施。对于未来的音乐教师，她建议，如果你需要精通某一主题，"你应该认识到，一些错误的音符或节奏难免会发生，构建学生的自我效能感、职业道德、团队精神和个性最重要"。

显然，这位年轻的教师凭借她的才华和丰富经验，把所有工作都完成得十分到位。她通过运用她的智慧和热情，也通过应用合理的教育实践建立了一个积极的、充满凝聚力的学习者共同体。

谁来设计课程？

各种机构和教育人士在学校参与课程设计，例如教科书出版商通过许多教师将教材作为课程指南来影响教什么。联邦政府通过设置国家教育目标，帮助进行课程设计，各州教育发展部门制定了学校课程主要目标和学生需要掌握的某方面的最低能力。

在一个学校，学生上的课程由设计团队和任课教师来设计。作为一名教师，你会从其他人的准备中获取一系列的课程设计，从而在课程设计过程中发挥至关重要的作用。当你决定在你的教学中运用哪些材料，如何按顺序安排内容，以及在某些材料上花多少教学时间的时候，你正在设计课程。

课程决策受什么影响？

从最早的殖民地学校到 21 世纪的学校，课程已经广泛受到宗教、政治、功利主义的影响。图 10—8 说明了社会压力的影响、法院决定、学生的生活状况、测试结果、国家报告、教师专业组织、研究的结果和其他因素。图中内圈中的因素相对更直接影响课程开发（如学生的需求和兴趣以及学校政策）。外圈中的因素相对远离学校或影响不太明显。不同的学校应对这些影响也是不同的，这进一步影响了他们的课程。让我们来研究一下其中的一些影响，对此进行更详细的描述。

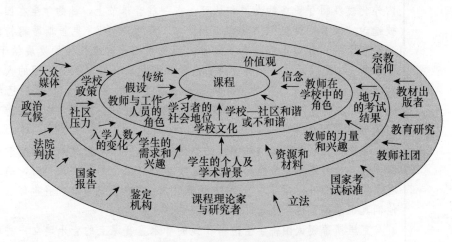

图 10—8　对学校课程的影响

社会问题和价值观的变化

价值观影响课程设计，包括现行教育理论和教师的教育哲学。此外，课程设计者回应着社会议题以及在更广泛的社会中的价值变化。因此，当前社会问题通过各种途径融入教材、教学用具和课程计划，通过课程改变学生的学习将帮助解决社会问题或实现本地、全州乃至国家的目标。

因为美国文化非常多元，促进了课程的变化，也反映了不同的利益和价值观。这导致争议的课程内容和相互冲突的改革要求。例如，在第七章讨论的关于法律的问题涉及一些团体的要求，基督教教义和仪式被包含在公共学校课程或材料中被视为令人反感的，基于宗教的材料被禁止或受到审查。又如第八章讨论的各州推行只讲英语的法律和加利福尼亚州爆发的黑人英语教学的论战，要求附加课程取消与宗教有关的活动和符号的呼声越来越高，包括已经世俗化和商业化的活动和标志，比如万圣节、复活节兔子。课程改革在促进社会整合或种族平等问题时表现出不合时宜的抱怨或反向歧视，传统主义者可能会反对课程的变化反映了女权主义的观点。

你可以想象，对于许多课程改革，达成共识是永远不可能的。然而，因为负有公共责任，学校必须考虑如何应对这些问题。一项研究表明，在一年的时间里，佛罗里达州学区有一半的学校收到过关于课程内容的抱怨，包括投诉学校破坏家庭价值观，强调全球主义，忽略了爱国主义，允许亵渎和淫秽，教授禁忌话题如恶魔崇拜和性（Sheuerer & Parkay, 1992, pp.112–118）。结果，选择和开设课程内容这件兼具创造性和评价性的任务不仅成为了对教师的一种授权，也成为了他们的困扰。预算限制、社会和法律问题，以及州和地方课程要求，常常决定课程的选择。

教科书出版

教科书极大地影响着课程，毫无疑问，绝大多数老师的课堂教学和作业是以教科书为基础的。此外，出版商还通过提供教学目标、学习活动、测验、视听材料和其他补充材料的方式来影响学校课程。

课程设计者、教科书作者和出版商都会受教育趋势和社会问题的影响。作为对批评的回应，举例来说，出版商现在倾向于避免在性别、宗教、性取向、阶级、种族和文化等方面表现出偏见，因为商业的目标是获取利润，出版商最关注的还是市场趋势和客户的偏好。他们往往不愿冒着损失销售额的风险去涉及有争议的主题，也许这样做会冒犯他们的大客户。他们也可能修改教科书，以吸引人口较多的州的决策者在全州采用此教科书，如加利福尼亚州和得克萨斯州。一个大型出版社的编辑透露："某个议题的教科书出版，只有22个州正式采用，其他28州没有采用——包括人口众多的纽约州、宾夕法尼亚州、俄亥俄州等——因为他们允许所有的出版商竞标，直接面向当地学区。"（Ansary, 2004, p.35）此外，加利福尼亚州和得克萨斯州等几个州系统地检查了国家批准的教科书的准确性，书中暴露出很多错误，出版商由于未能改正错误而被罚款。

教育者批评教材人为地降低了阅读水平（称为简单化），以及用教学法上可疑的噱头来保持学生的注意力。出版业不断回应这些批评，你会明智地遵循系统化的指导方针来评价和选择教材和其他课程材料。

小　结

362

什么决定了课堂文化？

● 从座位安排到课堂纪律、程序、内容和相关的课程，教师做出许多决定，影响课堂的文化。

● 课堂气氛关系到课堂上有品质的学习生活和氛围。营造一种积极的学习环境的重要因素是关怀课堂。

如何营造积极有效的学习环境？

● 教师通过提供支持、结构和适当的预期来表达对学生的关怀。

● 物理环境，例如教室的座位安排和其他的教室布置，可以对学生的学习产生积极的作用。

● 课堂组织——学生们如何分组教学和如何利用时间——是有效的学习环境的一个重要因素。

成功实施课堂管理的关键因素是什么？

● 教师在问题发生之前进行预防，促进有效、和谐的人际交往，理解他的领导风格对学生的影响，促进并发展课堂组织，使它变得更具凝聚力和支持力。

● 当管理出现问题时，经验丰富的老师基于自己责任的建设性决策包括三个要素：直接的、明确的问题声明；明确的肢体语言；坚定地毫不动摇地坚持正确的行为。

经验丰富的教师用哪些教学方法？

● 最有效的课程和学习是基于这样的观点：学习是新行为的一种习得。

● 模型化、建构主义、脚手架理论等这些学习理论主要是基于对学生学习新事物时如何建构意义的理解。

● 心理学家们发现在信息处理过程中，有三种类型的信息存储方式：感觉记忆、内存记忆和长期记忆。

● 同伴关联指导，它认为学习是发生在社交场合，包括合作学习、小组调查和同级—跨年级辅导。

学校教什么？

● 课程的一般定义是指体验，包括计划内和计划外一切促进或阻碍教育和学生成长的事件。

● 学生体验四种类型的课程：教师打算教什么（显性课程），隐性课程，不可见课程，课外/辅助课程。

● 课程内容反映社会的信仰，以及社会上大部分人认为年轻人应该学习的内容。

● 课程是基于学生的需求和兴趣，也反映了各种专业、商业、地方、州、国家以及国际社会的影响。

学校课程是如何开发的？

● 许多学校系统通过解决泰勒原理的以下四个问题开发课程：1. 学校应寻求达到什么样的教育目的？2. 提供哪些教育经验有助于达到这些目的？3. 怎样才能有效地组织这些教育经验？4. 我们怎样才能确定是否达到了这些目的？

● 课程设计的两个维度，一个是介于宏观和微观，另一个是介于当前和未来。

● 课程不同程度地反映了以学生为中心或者以学科为中心。

● 综合课程反映了对几个不同学科领域的关注，不再只关注于一个主题或概念，不再是单一的主题。

363 ● 社会压力、法院判决、学生的生活状况、测试结果、国家报告、教师专业组织、教材出版、教育研究等因素影响学校课程。

专业反思与活动

教师日志

（1）在小学到高中阶段，回忆一下两门你最喜欢的课。简要描述每个老师的教学方法。老师通常是如何提供新材料的？在本章中讨论的哪种教学方法这些老师曾经采用过？

（2）参考你在第一题中提及的两位教师，描述他们的课堂管理方法。哪种在本章中讨论的管理策略他们曾经采用过？他们通常是如何处理教室里的不当行为的？

教师研究

（1）访问以下在互联网上的教育研究出版物的主页。

- 美国教育研究（*American Educational Research Journal*）
- 认知和建构（*Cognition and Instruction*）
- 当代教育心理学（*Contemporary Educational Psychology*）
- 教育心理学家（*Educational Psychologist*）
- 教育心理学评论（*Educational Psychology Review*）
- 教育研究者（*Educational Researcher*）
- 教育心理学杂志（*Journal of Educational Psychology*）
- 教学杂志和教师教育杂志（*Journal of Teaching and Teacher Education*）
- 教育研究讨论（*Review of Educational Research*）
- 教育研究报告（*Review of Research in Education*）
- 社会教育心理学（Social Psychology of Education）

根据兴趣选择一篇促进学生学习的文章，总结这篇文章，在课堂上作一个简短的口头报告。这篇文章中的研究，透露了教学中的什么问题？

（2）在互联网上查找讨论课堂管理和课堂纪律的相关网站。具体来说，找出网站相关的主题，如民主课堂、选择理论、建构性决策、严明的纪律、关怀课堂和零容忍。收藏你有最大发现的网站。此外，访问几个学区网站来调查他们的纪律政策。注意在政策上有什么异同。

观察与访谈

（1）花半天时间，观察一个你打算教的年级的课堂，记录这所学校的隐性课程。在显性课程之外，学生怎样学习？如果可能的话，与班主任、其他教师、学生简短地谈谈你的印象。与班上其他人分享你的观察。

（2）与你的同学合作一个项目，进行一项非正式调查，利用表10—4的两个调查问题。比较你收集的数据和表中提供的数据，你看到有什么差异？怎么解释这些差异呢？

专业档案

准备包含课堂规则的一份讲义，针对你准备教的年级和学科，你可能希望根据以下类别来组织这些规则：

- 学术工作规则。
- 课堂行为规则。
- 你的第一个教学日必须告诉学生的规则。
- 沟通后的规则。

第十一章

课程标准、评估及学习

教师们必须理解教育评估及评估措施的重要性……在这个时代，教育者要忽视这一时代精神是不可能的。

——Robert J. Wright，*Educationd Assessment：Tests and Measurements* in the *Age of Accountability*，2008

课堂案例：教学的现实 ▶▶▶

挑战：在课堂教学和学生准备参加国家考试之间保持平衡。

在教学的第二年，早晨 7:30 到达学校，会见教师领导小组，被选为教师领导小组中的一员，与校长及其管理团队一起开发学校的课程。在上一次会议中，为了准备 4 月全州统一的学生学习评估（ASL），教师领导小组讨论了构建一种适合全校学生的方法的可能性。

会议开始前的几分钟，参观了教师领导小组另外一名成员的课堂。在上次教师领导小组会议上，你毛遂自荐通过网络查找州教师协会和州内其他学校教师对学生学习评估的看法。你也同意查找州内学校是如何让学生准备学生学习评估的。

"有什么发现？"你走进房间后问，"我昨晚在线两个小时，发现了很多关于学生学习评估的争论。"

你的朋友回答说："我有了一些好主意……然而，不能像我预计的那样花太多的时间来查找。我一直在为下周开始的基于项目的学习活动整合资源。"

你说："没有问题……依我说，规划基于项目的学习比准备学生学习评估更重要。"

她接着说："我答应今天给他们这些讲义，讲义有对制定项目大纲、时间表和 PPT 演示的建议。另外，还包括了一份优秀的项目报告……让他们知道一份项目报告应是这样完整的。"

你的朋友坐在桌边，装订基于项目的学习活动讲义。她从桌子上纵横交错着排放的资料中取出一份装订。她将装订好的讲义递给你，而不是将它放在她左边的一堆资料上。

你翻阅了 12 页讲义，说："这看起来很不错，很多工作需要这样的材料。"

你朋友问："你了解学生学习评估吗？"

你回答说："教师真正关心的是'应试教学'。"

"太奇怪了，太奇怪了，"你朋友的声音中带有明显的讽刺意味，"再多跟我说一些。"

"网站对州教师协会很有帮助。总的来说，教师应着眼于促进学生的学习，而不是提高测试成绩。"你强调了两种不同的教学观点。

"是的，我完全同意，"你的朋友说，"就像我们忽视了一个事实：学校教学的

342

目的是学习，而不是在测试中获得好成绩。"

"没错，"你说，"我从国家公平与公开测试中心（National Center for Fair & Open Testing）的网站得到一些很好的信息。"

你翻开本子，大声读道："国家公平与公开测试中心通过促进对学生、教师和学校进行公平、开放、有效的和有益的评价，推进素质教育和机会均等，致力于避免阻碍目标实现的测试手法的误用和缺陷。我们将特别强调消除种族、阶级、性别和文化对机会均等的标准化测试的阻碍，阻止其对教育质量的损害。"

你的朋友说："太好了。"

"我该走了，让你完成讲义，"你说，"我们5分钟后在三层会议室见。"

你在去往会议室的走廊中，思考着测试对教学的影响：教师为学生准备测试需要花多少时间？准备测试是否干扰教学？

焦点问题

1. 在课堂上标准发挥怎样的作用？
2. 什么是标准本位的教育？
3. 关于努力提高标准存在哪些争论？
4. 用什么方法评价学生的学习？
5. 如何建立高质量的课堂评价？

开放的课堂案例作为这一章和报纸的标题提醒我们，公众关注于很低的测试成绩、美国学生在国际比赛中的表现，以及美国在竞争激烈的全球经济中的地位。家长、社会团体和政治家呼吁教师对学生的学习负责，这引发了对高标准和学生学习评价有效方法的研究。显然，在教师的职业生涯中，标准和测试将成为不可避免的内容。

标准和评价是使教育工作者对学生的学习富有更多责任的关键要素。家长和监护人想知道他们的孩子正在学校接受良好的教育，社会团体想知道在学校建筑、教师工资和课程资源方面的投资正返还教育红利。

在课堂上标准发挥怎样的作用？

作为成年人，我们很了解标准。为了获得驾驶证，必须证明具有开车所需的知识和技能。在工作中，我们必须符合公司标准。就这一点而言，标准所涉及的知识或技能水平，是公认的完成特殊任务或者在社会中发挥特殊作用时所必须掌握的。例如，在教育方面，标准代表了学生必须达到等级A，然后进入下一年级或者从小学或中学毕业。

教育标准有不同的形式。标准的类型最终取决于标准制定者是学校的管理者、教师还是学生。例如，管理者关注与学生在标准化测试中的表现相关标准。在这个例子中，管理者（学校教育委员会）更关注以下标准："在今后5年中，学生成绩高于平均数的比例每年至少增长2%。"

当然，教师也关注与学生在标准化测试中的表现相关的标准。此外，教师理解另外一个重要的标准是对学生在课堂中行为和表现的期望。教师通过给学生严格的读写任务，提供对学生作品广泛的、颇有见地的反馈意见，以及提供有挑战性的课程，表明对高标准的态度。

367

下面是一个教师如何向学生传达高标准的例子，伊娃·贝内文托在 6 年级教学中如何运用"严格星期一"：

> 每一周，我用"严格星期一"专注于不同类型的作品。9 月学生记笔记。每周一晚上，他们修订完善笔记内容以符合标准的准确性、组织和平衡。10 月集中于复述，11 月是作者研究月。今年，我们正在做有关契诃夫的内容，主题是"作者作为教师"。因此，周一晚上的论文关注我读的四个故事中契诃夫试图帮助我们理解什么。下周一，选择最好的论文读给其他小组，收集反馈意见，并在周二进行修改。这是非常有规律的，而且可预知性对学生有帮助。由于学生每个月需要完成四次同类的作品，因此知道每周一对他们的期望。他们能看到自己的进步，在写作或记笔记方面更加优秀。(Strong，Silver & Perini，2001，p. 2526)

学生往往对标准有不同的看法。对他们来说，学校课程应当符合个性化、有趣的、有意义的标准；学校课程应当帮助学生应对从童年向成年转变中的挑战，同时应当帮助学生实现自己规划的目标。

大多数教师和校长认为他们的学校具有较高的学术标准。例如图 11—1 显示，72% 的中学校长和 60% 的教师认为他们的学校具有较高的标准，其中包括大都会人寿保险调查的美国教师（MetLife Survey of the American Teacher）。但是，这些学校的中小学生对学术标准有不同的看法，仅有 38% 的学生认为标准很高。似乎许多高中生都赞成在人寿保险调查（MetLife Survey）中一个 11 年级男生所说的内容："我不记得最后一次所学的新内容……我只是厌倦了繁忙的工作，通常将它扔到一边不予理睬。我想学习。"（Harris Interactive，2001，p. 44）

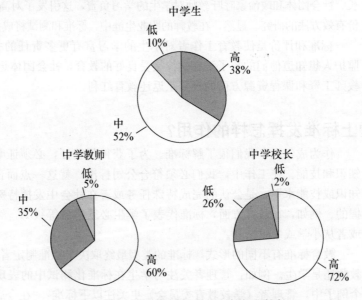

图 11—1　学术标准：学生、教师和校长

问题 240：如何评价你所在学校的学术标准？
对象：中学生（2 049 人）
问题 305：如何评价你所在学校的学术标准？
对象：中学教师（430 人）、中学校长（383 人）

资料来源：The MetLife Survey of the American Teacher，2001；Key Elements of Quality Schools. New York：Harris Interactive，2001，p. 46。

对标准而言，管理者、教师、学生和家长通常有不同的观点。然而，近十年来，教育标准（有时称为内容标准、目标、期望、学习结果或学习效果）已经被看成是基本的表述，反映了学生在特定学科或特定年级水平应该知道并具备的知识或技能。

什么是标准本位的教育？

美国当前的教育改革强调标准本位的教育（SBE），即基础课程、教学、严格评价学生学习、世界级标准。标准本位的教育基于这样的信念：所有的学生都能达到高标准。在过去，对家庭贫困的学生和少数族裔的学生的期望有时 *368* 低于其他学生。如今，标准本位的教育被看成是确保卓越和平等的一种方式，成为国家公立学校体系的一部分。约翰·麦凯恩作为 2008 年共和党总统候选人，表示"不再接受对一些学生实行低标准而对其他学生实行高标准。通过这个阶段的真实报道，最后明白了对以前缺少关注的学生做了什么"。同样，奥巴马作为 2008 年民主党总统候选人，强调高标准"缩小城市和农村之间的学业成绩差距是正确的，更多的问责是正确的，更高的标准是正确的"（Fair-Test，June 2，2008）。

为了满足高标准的要求，每个州都制定了学生应该知道和能够做到的州标准。例如以下三条有关几何方面的标准：

科罗拉多州：学生在实际问题中运用几何概念、几何性质和几何关系，并对问题解决过程中的推理过程进行沟通交流。

北达科他州：学生理解、应用几何概念和空间关系来表征和解决数学情境问题和非数学情境问题。

怀俄明州：学生应用几何概念、几何性质和几何关系解决情境问题。学生对解决问题中的推理过程进行沟通交流。

正如上述例子所示，州标准对学习成果的描述是比较概括的，而不是具体可测的学生成就。

内容和绩效标准

由州教育局、地方学区和专业协会制定的标准主要包括两类：内容标准和 *369* 绩效标准。内容标准作为专业术语，主要是指内容（或者知识和技能）——学生应该在各学科中学到的。在内容标准中常见的用语是"学生应该知道什么，能够做什么"。

内容标准常常被细分为基准（经常称为指标）。基准是关于学生在特定年级水平或发展阶段应该理解什么以及能够做什么的说明。以下是艾奥瓦州核心内容基准中的三条：

- **阅读，3—5 年级**：学生能得出结论，进行推理，推断含义。
- **数学，6—9 年级**：学生能理解和应用代数的概念和程序。
- **科学，9—12 年级**：学生能理解和应用科学探究的技巧和过程。

此外，许多标准文件指的是绩效标准。绩效标准的特定用语是"怎样好才足够好"。绩效标准用于评价学生在学科领域已经达到标准的程度。绩效标准需要教师根据表现质量或熟练程度进行判断。与内容标准不同，绩效标准是反映能力水平的学术标准。例如，艾奥瓦州绩效标准指定了以下水平：高水平（杰出的、娴熟的），中水平（熟练的、中等的），低水平（临界的，差的）。以下是艾奥瓦州有关阅读、数学和科学的绩效标准。

3 年级阅读标准

- **杰出的**：理解语境中的事实信息和新词汇；能推理和理解新语境中的非字面语或信息；能确定选择的主要思想并分析其风格和结构。
- **中等的**：通常能理解语境中的事实信息和新词汇；通常能推理和理解新语境中的非字面语或信息；有时能确定选择的主要思想并分析其风格和结构。
- **差的**：很少能理解语境中的事实信息和新词汇；很少能推理和理解新语境中的非字面语或信息；很少能确定选择的主要思想并分析其风格和结构。

8 年级数学

- **杰出的**：理解数学概念，并能解决问题；通常能运用估算的方法；能解释图表中的数据。
- **中等的**：通常能理解数学概念，有时能解决问题；有时能运用估算的方法，解释图表中的数据。
- **差的**：很少能理解数学概念或解决问题；很少能运用估算的方法或解释图表中的数据。

11 年级科学

- **杰出的**：能根据数据进行推理或预测，判断信息的关联性和充分性，识别科学程序的基本原理和局限性。
- **中等的**：有时能根据数据进行推理或预测，判断信息的关联性和充分性，通常能识别科学程序的基本原理和局限性。
- **差的**：很少能根据数据进行推理或预测，有时能判断信息的关联性和充分性，很少能识别科学程序的基本原理和局限性。

专业协会制定的标准

除了国家、州、地区对提高标准做出的努力外，专业协会在标准本位教育中也发挥了关键作用，制定了学科主题标准。在许多情况下，专业协会已经制定了特定的年级水平的绩效预期——如确立成就、质量指标或能力水平——从而推荐学科标准以及课堂教学相关的标准。

专业协会制定的标准用于以下方面：

- 州教育部、学区和学校将标准作为开发课程和评估学生学习的指导。
- 教师利用标准（1）制定单元和课程目标；（2）评价教学；（3）开发教学活动和课堂评价的理念。
- 家长和协会成员可以利用标准来评价本地区学校的教学质量，并能掌握孩子的成绩水平。

图 11—2 表明，专业协会已经推荐了不同学科的课程标准，可以从协会的网站获得这一套完整的标准。

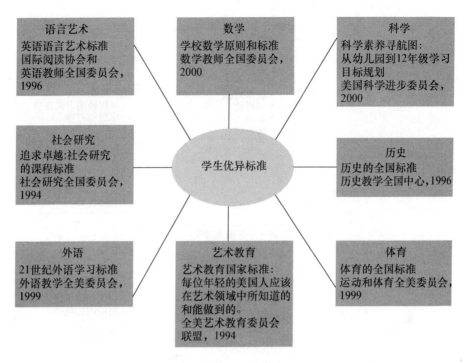

图11—2 专业协会开发的课程标准

课程和教科书要与标准和课程结构一致

371

　　美国标准本位教育的一个重要组成部分就是学校课程和教科书与国家、州标准以及课程结构相一致。课程一致性可以采取两种形式。水平一致性发生的情境是，特定年级水平的教师通过跨学科调整教学和检查学校课程的方式，确保课程内容和教学在学科领域内或跨学科间是相吻合的。垂直一致性发生的情境是，如果学科内容是跨年级的，那么随着年级的增加，学生要面对越来越复杂的教学计划。

　　课程结构通常由州教育局制定，当教师根据国家标准和州标准进行课程设计时，为教师提供指南、教学和评价的策略、资源以及模式。课程结构通常由教师和州立机构人员组成的团队编写完成，他们在国家、州标准与地方课程和教学策略之间起到衔接作用。例如，在阿拉斯加州，课程结构以只读光盘（CD-ROM）的形式存放，特定学科的结构资源包由教育和早期发展部（Department of Education & Early Development）为教师提供。只读光盘通过多种形式提供了最新的信息，其中包括教育家解释标准本位课程的视频。图11—3取自阿拉斯加州的课程框架，呈现了写作的语言艺术技能的发展。

　　与教师一样，教科书的编写者和出版商受全国学术标准发展的影响非常明显。许多出版商正在修订教科书，使教科书与州标准和课程架构一致，特别是在加利福尼亚州、得克萨斯州等人口稠密的州，都编写了全州通用的教科书。

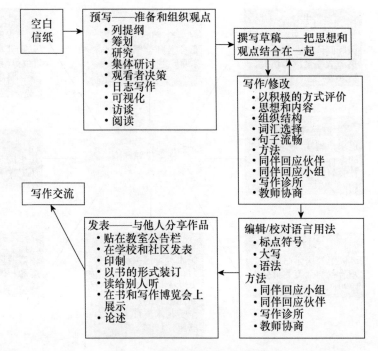

图 11—3　英语/语言艺术过程技能

注：此图形象地图解了写作过程，近十年已经被阿拉斯加州的教育者开发、修订和利用。也就是说，此图是说明性的，而不是规定性的。

写作过程是思考引导写作、写作引导思考反复多次的循环过程。并不是每一个作者都需要将流程中的每一个步骤写在纸上，也不是每一个想法或写作片段都贯穿整个过程。只有完成这个过程的片段——并不是所有的——应进行评估。

资料来源：Used with permission of the Alaska Department of Education & Early Development's Curriculum Frameworks Project Retrieved from www.educ.state.ak.us/tls/frameworks/langatrs/30content.htm。

关于努力提高标准存在哪些争议？

提高标准这个话题的提出使有关教育改革中标准作用的争论成为一个广泛的热点话题。毫无疑问，对于更高标准要求的反应喜忧参半，有许多问题仍未解决。可接受的最低标准是什么？应由谁来制定标准？如何对学生达到标准的程度进行评估？对没有达到标准的学生，学校应该采取哪些措施？提高标准可以不增加辍学率吗？如果标准提高了，能有良好的、平等的机会吗？基于高标准，扩大测试项目会排斥测试得分比较低的少数学生吗？

支持提高标准的论据

卡内基教学促进基金会主席博耶尔认为："我们的教育观正从局部转向国家，需要更好地组织来加以引导。"正如博耶尔的评论所暗示的，美国与其他国家一样，需要国家目标和标准激励他人超越，否则，人们可能自满和流于平庸。在这个越来越相互依存的世界，美国与其他国家一样需要与其他国家的学生进行成就比较。就像当一个运动员有比赛对手时会跑得更快一样，与其他国家教育制度的比较会使美国教育制度变得更有效。

黛安娜·拉维奇（Diane Ravitch）是提高标准和评价学生标准达标的倡导者，他认为："州测试中成绩较低只是暂时的难堪，但不良教育会为一生打上烙印。" *372* (1997，p.106) 在美国的国家教育标准《公民指南》（*A Citizen's Guide*）中，拉维奇概述了支持努力提高标准的几个论据：

● 明确界定教什么和预期的表现是怎样的，有利于促进标准的达成。

● 标准（国家的、州的、地方的）是机会均等所必需的。

● 国家标准提供了宝贵的协调功能。

● 通过向学生和家长提供准确的信息，标准和评价为他们提供了保护。 *373*

● 对于学生、家长、教师、雇主和大学，标准和评价起到了重要信号指示的作用。(1996，pp.134-135)

除以上所述，美国——作为一个种族、宗教、民族和语言群体丰富的国家——需要统一的严格标准。随着移民的增加，市区、郊区和农村新增了不同的群体，学校需要提供有关国家民主遗产的核心知识和基于高学术标准的公共课程。

美国作为一个流动性的社会，需要共同的教育标准，以便学生从一个地区迁移至另一个地区时不会落后。来自明尼苏达州农村地区的学生移民至达拉斯后，不会发现自己落后于或领先于学校的其他同学。来自西雅图一所学校的学生能转学到辛辛那提的学校，以前所学的课程得到认可。

对提高标准的担忧

反对以努力开发世界级标准作为教育改革的核心的人士指出，许多学校没有达到《不让一个孩子掉队法案》要求的适当的年度进步，显然需要一种新的教育改革途径。我们应该充分认识到全国各地的学校缺乏统一性，学校也不能提供学生所需要的。乔纳森·科泽尔的著作《野蛮的不平等》（*Savage Inequalities*，1991）和《国家的耻辱》（*The Shame of the Nation*，2005）生动地阐明了，在美国教育公平是一种幻想。将芝加哥贫困住房项目中的学生表现与富裕郊区的学生表现进行比较，就可以看出整个教育体系中都存在着"野蛮的不平等"。

此外，由于标准运动而获得的测试成绩已被证实不能真实反映知识和技能的掌握情况。这一现象称为分数膨胀，结果是高风险测试中学生得分比同一时间同一学科进行的其他标准化测试得分提升得要快。仅基于高风险测试成绩，与其说是学生实际掌握的，不如说是我们认为学生已经掌握的。事实上，标准运动也会导致测试成绩比增加高风险测试之前更加不准确（Stecher & Hamiton，2002）。

对低绩效学校采取的制裁不能确保这些学校的学生不掉队。学校人员调动和学校合并综合实施时，制裁才有效。对于低绩效学校的学生，制裁不但没有帮助，反会有受到伤害的风险（Stecher & Hamiton，2002）。因此，高标准会进一步使教育机会倾向于具有得天独厚条件的学生，强化美国社会的阶级等级结构，加大资金充足学校和资金不足学校之间的差距。

反对美国学校开发世界级标准的人士已经提出了很多令人担心的问题。以下是有关内容提要：

- 提高标准会导致形成国家课程，扩大联邦政府在教育领域中的作用。
- 提高标准是由利益集团推动的，他们试图取消传统弱势群体的教育收益。
- 注意力会从更有意义的教育改革转向高标准。
- 对强化测试内容的关注会导致对非测试内容关注的弱化。
- 世界级标准通常是模糊的，没有有效的评估和评分准则。
- 标准通常描述的是学习活动，而不是希望学生学习的知识和技能，例如"学生将学习各种各样的文学形式"。
- 依据标准和基准，学生所学内容的范围和顺序一直不清楚，换句话说，学生应该学到怎样的程度，按照怎样的顺序进行学习？
- 年级基准是人为制造出来的，是不切实际的，不适合某些学生的发展；学生通常会匆匆忙忙地学习，而没有足够的时间和教学指导来获得基本的知识和技能。
- 基于这些标准的标准本位的教育和高风险测试，导致了应试教育，优先学习测试考察的内容，不强调考试不涉及的课程内容。例如，肯塔基州评估系统的研究发现（1997），与测试有关的惩罚和奖励使教师"更关注怎样提高测试成绩而不是如何通过教学解决个别学生的需求"。

作为一名教师，你和你的同事将毫无疑问要参加学校正在进行的有关学术标准的讨论。因此，标准在教师职业生涯中的作用是非常显著的。以下八个问题也许能帮助你决定学校标准本位的教育的性质。

(1) 从哪里获得标准？

(2) 由谁来制定标准？

(3) 包括哪些类型的标准？

(4) 用什么样的模式呈现标准？

(5) 在怎样的水平确立基准？

(6) 如何评估标准和基准？

(7) 如何报告学生的进展？

(8) 如何对学生负责？（Marzano，1997）

标准、测试和问责

正如第一章所指出的，现在的学校和教师要负责学生掌握州教育标准。作为推动问责制的一部分，许多州——例如佛罗里达州和南卡罗来纳州——的学校按学生的学习情况进行排名。在佛罗里达州，学校等级从 A 到 F，那些低等级的学校面临关闭的危险。例如，2001—2002 学年结束时，彭萨克拉市的一所小学虽然从等级 F 上升至 D，但仍然被教育官员关闭（Sandham，2002）。

在南卡罗来纳州，学校按好、一般、较差、不符合要求划分等级。南卡罗来纳州排名靠前的学校的教师和校长每人会得到高达 1 000 美元的奖金，而排名低的学校将面临被州政府收购或员工重组（Richard，2002a）。

每个州已经规定了标准化测试来评估学生掌握学术标准的情况，大部分地区协助学校将标准本位的改革融入课堂。州标准本位改革的结果是，教师教什么和怎么教正在发生变化，并且在许多情况下学生的成绩也在提高。

高风险测试

通过测试评价学生的学习情况已不是新鲜事。但正如第一章指出的，州规定的测试往往对学生、教师和管理者产生高风险。例如，高风险测试也许能确定一个学生是否能参加课外活动、是否有资格毕业，或者是否能增加教师和管理者的绩效工资。

23 个州要求学生通过英语和数学的毕业或结课考试，在某些情况下要求从事社会研究和科学的学生获得高中文凭。（Lloyd，June 22，2006）在 15 个州，没有通过毕业考试的学生可以通过另一种可选择的途径来获取标准文凭，例如展示系列作品或填写申请。

高风险测试的结果

2003—2004 学年结束时，许多州扣留了数以千计的高中文凭。例如，佛罗里达州有约 12 000 名毕业生没有通过毕业所需的佛罗里达综合评估测试（FCAT）。佛罗里达州的毕业生有很多参加考试的机会，第一次参加考试是在 10 年级（Associated Press，2004）。

在某些情况下，大量学生没有通过考试促使州更改了毕业要求。在一项新的数学测试的通过率远低于前一年之后，纽约取消了这项测试的结果。当地官员允许给那些没有通过考试但通过数学课程的学生文凭。在一项研究预测约 20% 的毕业生拿不到文凭之后，加利福尼亚州将毕业考试从 2004 年推迟至 2006 年（Feller，2003）。

在马萨诸塞州，2003 年没有通过马萨诸塞州综合评估测试（MCAS）的 4 800 名学生没有获得文凭。那一年，一些学生在父母的支持下走出校园，拒绝参加测试。马萨诸塞州综合评估测试是从 1998 年开始的，2003 年是要求学生必须通过考试才能毕业的第一年。尽管全州 92% 的毕业生通过了测试，但一些学校毕业生的比例要低得多。例如，那一年，劳伦斯有不足 60% 的 437 名学生毕业（USA Today，2003）。没有通过考试的学生可以获得证书，但是，对于想上大学的学生以及获得州和联邦政府对高中以上教育资金援助的资格的学生来说高中文凭还是需要的。

高风险测试和教育问责

测试结果经常与教师和管理者的绩效奖金挂钩，或者增加奖金，或者予以处罚。一些州和大学区为高绩效的学校提供额外的资金，或为这些学校的教师提供奖金。例如，加利福尼亚州有很多为教师、学生、管理者设立的以业绩为基础的激励计划，其中包括州长绩效奖，根据学校的学业成绩指数进行拨款。同样地，纽约市教育系统给在学校测试成绩中表现突出的校长和其他管理者的奖金高达 15 000 美元。学校系统的管理者将学校的绩效水平分为三类——低、中和高，这考虑到了学生的经济情况。对于高绩效学校，辍学率等因素要求考虑在内。

另一方面，学校甚至整个学区在测试中表现比较差，将会由州来接管或者在某些情况下被关闭。当前，20 多个州赋予州教育委员会权力去干预学生成绩太低的学校进行学术破产，其中 10 个州允许学生离开低绩效学校，同时带走属于他们的州资金资助，其中 4 个州通过撤回资金资助来对低绩效学校进行直接惩罚。州将测试成绩作为问责指标之一，甚至仅仅依靠测试成绩。 376

当根据州或者学区绩效目标的完成情况进行学校排名时，测试也会有明显的后果。通常，学校排名报道涉及学校的规模和人口统计数据，因为测试结果与学生的经济背景紧密相连，通常最贫困的学生就读于得分最低的学校（Fetler，2001；Lindjord，2000）。

高风险测试和推动教师对学生学习负责已经使许多学区和学校将重心放在学生备考上。事实上，批评者断言学校课程的重心正由学术内容转向应试。如同本章开放课堂案例所暗示的，许多教师感到不得不进行应试教学，或者强调项目教学而不是课程教学。

显然，基于州统一标准，有关测试项目的有效性的争论将持续一段时间。但专业教师知道参加这些项目只是责任评定的一部分，他们必须开发高质量的课堂评价应用于日常课堂教学。教师具备开发和实施高质量的学生学习评价的能力，是当今教师职业问责的基本组成部分。教师必须知道评价学生学习的方法是否能真正提高学生的学习能力。

用什么方法评价学生的学习？

对学生学习的评价既可以判断学生的表现也可以评估教师的表现。根据赖特（Wright，2008，p. 243）的理论，最好的评价可以为我们提供明确的指示。

评价是指通过观察学生行为来判断学生的知识和能力的一系列过程（Ormrod，2006，p. 338）。作为一名专业教师，要随时关注最新的学生评价方法。你将会理解评价在教学中的关键作用，以及"建立可信的表现指标，与学生交流指标，以及为学生的进步提供反馈"的重要性（McMillan，2001，p. xiii）。在发展课堂评价能力时，遵循以下四个指导原则：（1）课堂评价要促进和明确学生的学习；（2）清楚合适的评估目标是必要的；（3）保证课堂评估的准确性；（4）顺利的评价需要有效的交流（Stiggins，2005，pp. 21-28）。

对学生学习的评价可以采用定性和定量两种方法。定量的方法是利用测量和评价技术——比如教师自制的课堂测试，包括多项选择、对错判断、连线、文章主题——或者基于表现的评价。定性评价是用分数评估学生的学习，同时判断教师教学的有效性。

定性的方法包括正式和非正式地观察学生在不同任务中的表现，学生在完成任务过程中采用的方法，或者能反映学生兴趣和态度的自我报告。比如，教师通常会评估学生的学习习惯。学习习惯是由重点学校联盟（Coalition of Essential School）提出的，学生的学习习惯因性格而异，对有效的思考和学习十分重要。它包括了带有好奇心的阅读，对自己作业的评判性反思，发展独立、清晰和深入的思考能力，努力学习的愿望，时间管理的能力，意志力，准确性，合作学习。定性评估比定量评估要主观，但由于教师要解释分数的意义，因此定量评估也受到主观的影响。

评价学生学习面对的挑战

评价学生的学习效果是困难的。教学的最终目的是使学生更好地理解世界。但是正如对人性最随意的评价所证实一样，准确地判断一个人是不是理解了是非常困难的，甚至是不可能的。就如下面这位中学教师所言，尽管教学的意图和目

377

的已经表述得很明确，但教学的现实是学生所学的一些内容是不可确定或者无法直接测量的。

> 这里没有确定的最终答案，这使我十分沮丧。我想把我对教学的爱整齐地捆起来，这样我就可以爱不释手地看着它。我想看到我取得成功，不管怎样，颁给我证书，或者徽章，或者果冻豆。这样我就可以把我取得的成功堆起来，数着它们，而且明确了我作为一个教师的价值。（Henry et al.，1995，pp. 68-69）

尽管如《不让一个孩子掉队法案》等对 3-8 年级的学生的阅读和数学提出各州范围的年度测试要求，而且提出学校对学生表现的责任，但是教师通常的想法是他们不能确定学生所学的东西。我们有大量的数据，但是不了解隐藏在学生书面答案背后的信息，不理解学生是如何体验课程的。正如一位教育研究人员总结说："数据的不便利在科学和学习中是一样的。我们不能直接看到亚原子粒子，同样我们也看不到孩子的思想和情绪。这一切都需要推理：受限于人类的主观解释。"（Costa，1984，p. 202）一方面，教师要看到他们判断学生真实学习效果的局限性；另一方面，应关注评价学生学习的最新方法。

课堂评价的目的

对大部分人来说，课堂评价包括四个步骤：（1）教师准备一份试题（或者选择一份之前的试题），这份试题必须包括教师所教的内容；（2）学生进行考试；（3）教师批改试卷；（4）根据学生在测验中的表现评出等级。然而，课堂评价还包括更多，它可以为教师提供信息，用来：（1）判断学生对你教的知识学得如何；（2）确定哪种反馈有利于学生的进步；（3）找到合适的方法帮助学生；（4）确定学生是否达到了特定水平。

评价学生学习，可以采用测量和评价技术。测量需要收集大量的有关学生掌握的知识和技能的数据。测量指分数、排名或等级等，教师可以用来决定学生达到特定标准的程度。

评价是对学生学习的测评做出判断或者赋予价值。当教师通过学生知识技能 378 的表现而对自己的教学作出评价时，这个过程就是形成性评价。比如，中学科学教师克里斯·怀特用流行的游戏的模式（本章"教师之声"中将详细介绍），根据学生对教材的理解，得到关于学生学习的及时反馈。

在一个单元或者学期，或者学年最后，教师通过测试来决定学生的等级，以此判断学生是否可以进行下一阶段的学习，这个过程叫作总结性评价。图 11-4 阐释了有效课堂评价的重要成分以及引导教师在重要教学领域中作出决定所要思考的问题。

标准化评价

标准化评价（或叫标准化测试）是对大部分学生进行的纸上测试，采用统一的评分标准。考试的项目、学生接受测试的条件、如何评分以及如何解释分数对所有参加测试的人都有统一的标准。正因有这个标准，才能使教育者对全国不同学校不同学生进行比较。标准化评价受区、州、国家三级水平的管理。

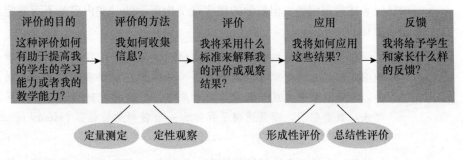

图 11—4　有效的课堂评价

在 18 世纪中期，霍勒斯·曼（Horace Mann，1796—1859）在美国实行了第一次标准化测试。霍勒斯·曼（在第五章有相关介绍）想根据能力将学生分类，同时为州立学校系统的教学效率收集一些数据。他希望这个州测试的结果可以推进他的教育改革。在采用这个标准化测试之前，教师对自己的课堂教学进行自评。

最近的标准化测试的例子有艾奥瓦州基本技能测试（ITBS）、加利福尼亚州成绩测试（CAT）、城市水平测试（MAT）、斯坦福能力测试（SAT）、学术能力评估测试（SAT）和 ACT 评估。另外，还有联邦政府资助的国家教育进步评估（NAEP）。国家教育进步评估会周期性地进行，以评估全国学生的成绩水平。9 岁、13 岁以及 17 岁的学生基本上一年要测试两次。教育政策的制定者会利用这个结果——标明地区、性别和种族背景——指导他们进行决策。1969 年国家教育进步评估第一次进行，对课程各个领域中学生的学习情况进行了评估。

379

教师之声：走适合我的路

克里斯·怀特对自己的生活做了评估，他的职业生涯也发生了一个巨大的转变：从一名军人变成了一位教师。他是海军学院毕业的现役军人。克里斯认识到他最喜欢军人的是，可以成为他指挥的那些人的教官和导师。作为一名海军军官，他学习如何教："你必须能非常快地训练入伍军人。"过去，他志愿去教会和学校当老师，带领年轻人踏上使命之旅。他向往与年轻人一起工作，成为一名教师是最好的方式。

克里斯成为一名教师的方式很独特，他没有教师资格证，最终成为了一名私立中学的科学教师。他最初的成功可归结为三个因素：作为一名军官时的训练，个人精神和动力，参加的支持性学校共同体。

海军学院从一开始就教导他要适应环境，要利用现有资源来做支撑，并教给他教学的基本要领。他们给他安排了一位导师，导师鼓励他要利用校外组织的教师培训研讨会。在这个过程中，他的干劲儿来源于一个值得追求的目标："帮助学生用发展的眼光来看世界——理解科学不仅仅是死记硬背知识，更是一个提出问题的过程，要用批判的眼光来看世界。"

克里斯这样描述他参加的学校共同体："我见到过的最有支持性的专业团体。"团队教师欢迎他投入、反馈和补充。教师发展总监、主管要求第一年的新教师每周听课两次或三次，要通过电子邮件发布课堂案例、有用的网址和当地科学活动的公告等内容。"没有她，我将会错过很多。"学校的设备对他也有所帮助。克里斯把新的科学中心和设备称为"最佳的教学环境"。

克里斯发现教学可能是"我做过的最费力的事情，其中包括在海军学院和在中东的船上所做的事情"。满足具备各种能力和理解水平的学生持续不断的需求是一种挑战。此外，"经常需要准备教你在教的专题"。在精神方面也有压力：他发现需要自己"不仅是一个教育者，也是一个激励者、教练和顾问"。但他又指出："就像其他工作一样，这是永远不能满足的。我很累，但是很值得。"

他对学生学习的评价包括获得来自学生的反馈意见的途径。他的学生用小白板来玩速度训练的危险型（Jeopardy-style）游戏，"Swat"是学生最喜欢的训练游戏。克里斯在教室的白板上写了很多可能的答案，并把学生分成两组，给每组一个拍子。当克里斯提出一个问题时，每组的代表互相追赶来拍打正确答案。克里斯为不愿意冲到前面的害羞的学生改编了游戏，要求他们将答案写在自己的小白板上。

在克里斯所回忆的最喜欢的课中，他的游戏精神和创造性是非常明显的。按照一个单位的聚合物，学生在实验室制作凝胶，然后他要求学生解释凝胶的特性，解释为什么会发生所看到的现象，同时说明在分子水平上发生了什么。动手制作无毒的凝胶是非常麻烦的，学生们参与其中并获得很多乐趣。克里斯也喜欢在热能源实验室进行教学，在那里学生从热能源角度理解制作冰激凌过程中所发生的一切。

克里斯给老师提了两方面的建议——如何帮助学生学习和教师如何学习。帮助学生学习：设计核心主题帮助学生明确教学的方向；通过设计一个突出更大主题的有条理的课程帮助学生理解重要的问题。帮助教师学习：教师作为终身学习者，在别人的学习过程中能提供帮助——能够倾听和提出批评的人。同时，通过参加教师培训研讨会和会议来获得新知识和新技能。

对职业生涯的重新评估，使克里斯获得了个人满足感，而真正受益的是学生和教育共同体。克里斯将海军军官的正直、乐观进取、足智多谋的品格融入教学，再加上对学习的热爱，渴望给学生提供一个新的角度去看待世界。

国际性评价

380

1991年第一个国际教育进步评估（IAEP）实施，把美国学生的成绩与其他30个国家的学生成绩进行比较，结果显示，美国学生的学习水平通常低于其他国家的学生。美国也参与了其他的国际性测试，如国际数学与科学趋势研究（TIMSS）和国际阅读素养促进研究（PIRLS），这些都是由国际教育成就评价组织（IEA）指导进行的。

国际阅读素养促进研究2006年的测试结果显示（见图11—5），美国4年级学生的阅读理解得分高于参与这次评估的44个国家和22个教育行政区的平均分，10个国家和教育行政区的学生的平均分高于美国，12个国家和地区的学生的平均分与美国相差不大。

行政区	阅读素养的平均分	行政区	素养分量表的平均分	行政区	信息分量表的平均分	
俄罗斯联邦	565	加拿大、阿尔伯塔	561	香港特别行政区[1]	568	平均分高于美国
香港特别行政区	564	俄罗斯联邦	561	俄罗斯联邦	564	
加拿大，阿尔伯塔	560	加拿大，不列颠哥伦比亚区	559	新加坡	563	
加拿大，不列颠哥伦比亚区	558	香港特别行政区[1]	557	卢森堡	557	平均分与美国相差不大
新加坡	558	匈牙利	557	加拿大，阿尔伯塔	556	
卢森堡	557	加拿大，安大略区	555	加拿大，不列颠哥伦比亚区	554	
加拿大，安大略区	555	卢森堡	555	加拿大，安大略区	552	平均分低于美国
匈牙利	551	新加坡	552	保加利亚	550	
意大利	551	意大利	551	意大利	549	
瑞典	549	德国	549	瑞典	549	
德国	548	丹麦	547	荷兰[2]	548	
比利时（佛兰德斯）[2]	547	瑞典	546	比利时（佛兰德斯）[2]	547	
保加利亚	547	荷兰[2]	545	德国	544	
荷兰[2]	547	比利时（佛兰德斯）[2]	544	丹麦	542	
丹麦	546	加拿大，新斯科舍区	543	匈牙利	541	
加拿大，新斯科舍区	542	保加利亚	542	拉脱维亚	540	
拉脱维亚	541	立陶宛	542	加拿大，新斯科舍区	539	
美国[2]	540	美国[2]	541	中国台北	538	
英格兰	539	英格兰	539	英格兰	537	
澳大利亚	538	拉脱维亚	539	美国[2]	537	
立陶宛	537	澳大利亚	537	澳大利亚	536	
中国台北	535	斯洛伐克共和国	533	新西兰	534	
加拿大，魁北克区	533	中国台北	530	加拿大，魁北克区	533	
新西兰	532	加拿大，魁北克区	529	立陶宛	530	
斯洛伐克共和国	531	新西兰	527	苏格兰[2]	527	
苏格兰[2]	527	苏格兰[2]	527	斯洛伐克共和国	527	
法国	522	波兰	523	法国	526	
斯洛文尼亚	522	斯洛文尼亚	519	斯洛文尼亚	523	
波兰	519	法国	516	波兰	515	
西班牙	513	以色列	516	摩尔多瓦	508	
以色列	512	西班牙	516	西班牙	508	
冰岛	511	冰岛	514	以色列	507	
比利时（法国）	500	挪威[1]	501	冰岛	505	
摩尔多瓦	500	比利时（法国）	499	比利时（法国）	498	

挪威[1]	498	罗马尼亚	493	挪威[1]	494
罗马尼亚	489	摩尔多瓦	492	罗马尼亚	487
格鲁吉亚	471	格鲁吉亚	476	格鲁尼亚	465
马其顿	442	马其顿	439	马其顿	450
特立尼达和多巴哥	436	特立尼达和多巴哥	434	特立尼达和多巴哥	440
伊朗	421	伊朗	426	伊朗	420
印度尼西亚	405	印度尼西亚	397	印度尼西亚	418
卡塔尔	353	卡塔尔	358	卡塔尔	356
科威特	330	科威特	340	科威特	335
摩洛哥	323	摩洛哥	317	摩洛哥	327
南非	302	南非	299	南非	316
平均分：	500	平均分：	500	平均分：	500

图 11—5 2006 年参加国际阅读素养促进研究的 4 年级学生在阅读
素养量表、素养分量表和信息分量表的平均分

1. 香港特别行政区是中华人民共和国的一个特别行政区。
2. 更换学校之后，样本参与率符合指导方针。
3. 更换学校之后，样本参与率不符合指导方针。

注：教育行政区按平均成绩从高到低进行排列。标记美国和其他行政区分数之间的不同，表示显著水平 0.05 的统计学意义（P<0.05）。

资料来源：National Center for Education Statistics，November 2007. The Reading Literacy of U. S. Fourth-Grade Students in an International Context Washington，DC：Author，P. 7。

基准参照评价（Norm-Referenced Assessments）

一些标准化评价属于基准参照评价，也就是学生的分数会跟其他相似情况的同学进行比较。作为比较对象的这个组被称为基准参照组，他们通常来自相同年龄和年级。学生的分数会跟整个组的平均分数进行比较。基准参照可以确定学生处在相似群体中的位置。因此，基准参照评价可以使教师根据学生表现排出名次。

为了理解分数在基准参照中的意义，可以想象一个学生在一次以 100 分为满分的基准参照评价中得了 75 分，假如同质小组的学生的平均分数是 75 分，可以知道这名学生处于 50 百分位。也就是在整个同质群体中 50% 的学生比他的得分高，50% 的学生比他的得分低。然而，如果这个群体的平均分是 90 分，那这名学生处在 30 百分位的位置。也就是在这个群体中有 70% 的人比他得分高，30% 的人比他得分低。

接下来的例子也可以阐释如何解释基准参照评价中的分数。基准参照评价中分数会被错误解释，比如，假如因为学生的分数处在 30 百分位，便判定这个学生的表现是差的，这种判断是错误的。这个学生很可能是在基准参照测试题目中表现不佳，但是他有可能在测试题没有考到的方面表现非常好。以下是解释基准参照评价分数的例子：

（1）阿尔弗雷德赢得了一英里赛跑的冠军。

（2）在基本技能测试中，吉玲的分数接近平均值。

（3）在地区范围的化学测试中，我们学校表现最好。

（4）在体质测试中，苏珊处在 90 百分位。

标准参照评价（Criterion-Referenced Assessments）

另一些标准化评估属于标准参照评价，也就是学生的学习与特定的标准比较而不是与其他同学的表现比较。标准参照评价不能显示相同年龄和相同年级的学

生群体的平均水平，它可以说明学生在特定的科目中学到什么，可以做到什么。学生的分数不跟其他同学比较。

教师可以应用标准参照评价来评定学生的能力，比如计算数的平方根、写一段有条理的文字或一分钟内可以用电脑打出 60 个字。也就是说，评定与一个明确的指导目标有关，而不是与其他同学的表现有关。以下是四个用标准参照来评定学生表现的例子：

（1）在化学实验室，玛丽可以正确地点燃煤气喷灯。

（2）胡安可以识别周期表中的每一个元素。

（3）伊明可以计算角的正弦、余弦和正切。

（4）拉珊迪拉可以在世界地图上指出参与二战的国家。

383

课堂评估的新趋势

如之前提到过的，越来越多的测试被应用到课堂评价中来。最近，新的评价方式在不断被尝试。应用新的评价方式主要是回应批评者对标准测试（包括艾奥瓦州基本技能测试、学术能力评估测试和 ACT 测试）的公平性和客观性的怀疑。教育家和公众批评这些测试不仅在内容上存在等级和性别的偏见，而且不能准确测量学生真正掌握的知识、技能和成就水平。基于这些原因，教育者正努力突破传统的纸上测试、口头问题、正式和非正式的观察实验等。另外，他们采用了一系列新的测量工具——个人和小组工程、学习档案、展览、录像带中的技能演示和基于群体的活动等。

显然，教师正在采用选择性评价，也就是各种评价形式需要主动建构评价意义，而非各个孤立事实的被动"反刍"（McMillan，2001，p. 14）。下面解释几种选择性评价的方法，包括真实性评价、档案袋评价、同伴评价、自我评价、绩效评估、替代性评价和基于项目的学习。

真实性评价

真实性评价（有时亦称为选择性评价）要求学生运用高水平的思维能力去表征、创建或解决一个现实生活中的问题，而不是在多项选择中选择答案。教师可能会采用真实性评价来评估个人能力及小组工程的质量、录像带中的技能演示、在群体活动中的参与情况等。比如，以科学学习为例，学生可以设计和进行一个实验来解决问题，之后还可以用书面的形式解释解决问题的方式。

真实性评价要求学生解决问题或处理尽可能与他们在课堂之外所遇到的情况相类似的任务。比如，真实性评价可能允许学生自主选择评价项目，诸如写一本活动手册、制作一张地图、设计一份菜谱、编写和指导一部话剧、评论一次表演、发明一种工作机器、制作一段视频、创建一个模型、写一本儿童书等。另外，真实性评价允许学生选择相关信息，并组织和运用有用的信息，所以真实性评价鼓励学生针对问题给出自己的创造性答案。

当教师运用真实性评价来评估学生所学以及掌握程度的时候，学生的成绩以及对学习的态度会提高。比如，一个针对 11 组 1—12 年级科学和数学教师的研究显示，当教师尝试在解决现实问题过程中评价学生学习的时候，学生的学习以及对学校的态度都有所提高（Appalachia Educational Laboratory，1993）。同样地，许多对成功重组学校的综合研究（Newmann & Wehlage，1995）显示，这些学校的教师更强调真实性评价，他们更关注学生的思考能力，促进学生深刻理解，同时重视学术知识的应用和现实问题的解决。

档案袋评价

档案袋评价基于对所收集的学生作业的分析，这些作业可以表现出学生在特定领域中熟练程度上的进步、长期的学习成绩以及重大的技能进步（Borich，2007，p. 428）。简言之，档案袋提供了学生所做工作的证据，同时它呈现了学生最好的作品。比如，高中物理课的学生档案应该包括：（1）一份用矢量和牛顿定律解释二维世界中物体运动的物理实验报告；（2）实验进展的照片；（3）在当地科学展览中获奖的证明；（4）一份有关矢量和牛顿定律网站的列表。对学生而言，最重要的部分是，根据指标来选择要放入档案中的作品，然后组织和呈现这些作品给教师，以备评价。

同伴评价

一个学生评价另一个学生的学习，叫作同伴评价，通常以非正式的方式在课堂上进行。有时，学生会更容易接受来自同伴而非教师的批评意见。同时，同伴之间更倾向于使用符合他们年龄的表达方式（比如语言的选择），这使对方更容易理解同伴的反馈。

最后，正如下面这位教师所说的，同伴评价中教师的角色只是观察学生之间的评价，在必要时给予一定指导：

> 我们会定期进行同伴评价——我发现那很有用。许多被误解的概念会被指出，然后在检查作业时，我们讨论这些问题。之后，我会再检查同伴评价的记录，当我在教室中巡查时，会跟学生进行单独交流。（Black et al.，2004，p. 14）

独立教学

同伴评价的好处

尽管一天中我给出了教学计划，从文本中提出了建议，列举了很多的例子，但看上去没有起到作用——6 年级学生不理解形容词。我需要找到一种新的教学方法。

这一切让我突然惊醒。让学生描述在卧室里或者每天下午从学校回家的路上所看到的东西。如此，晚上的家庭作业是观察周围环境，为第二天的描写做准备。我没有告诉学生要与其他同学分享他们的作品。

第二天，学生准备分享他们观察到的情况。在学生描写之前进行了 5 分钟的集体讨论。在进行 20 分钟不间断的写作后，与旁边同学交换作品，要准确画出交换后作品中所描写的内容。

我给学生 20 分钟进行绘画，然后把画作归还给同学。这时候我听到："公园里没有草，我告诉你阳光是很灿烂的！""颜色在哪？我的被子是蓝色的，并带有白色的装饰。你没有表现出来。"

这就是我希望听到的反应。因为学生没有使用形容词，同伴的画作无法描绘。梅丽莎在问："老师，是你说使用形容词能帮助读者明白你所描述的内容吗？""现在我明白了，形容词是颜色和大小，它使事物生动、准确。我们能再试一次吗？"

他们最后理解了形容词，当天晚上的任务是重写所描述的内容，第二天将再

一次在班级中分享。

　　第二天，学生渴望分享他们的作品，看同学的绘画作品。结果非常好——最后，学生理解了使用形容词的重要性。

分析

　　戈尔老师的课说明了有时教师将课程由抽象变得形象是非常有帮助的。当她的学生不能掌握形容词这一抽象概念时，戈尔老师把课程变得更为形象具体——描写在卧室或回家路上看到的事物。

　　此外，戈尔老师运用熟悉的学习材料，通过与学生自己的经验相联系使课程个性化。

　　最后，戈尔老师通过同伴评价使学生能及时得到反馈，能及时明白写作是否传达了想表达的内容。

反思

- 在学科领域中，如何使所要教的课程体现个性化？
- 还有其他什么方法能得到学生的及时反馈？
- 还有哪些例子说明教师如何采用具体的方法教授一个抽象概念？

莱斯利·V·戈尔

识字教师

霍勒斯·曼中学

自我评价

　　学生对自己的作品以及完成作品的思考过程进行的评价，叫作自我评价。自我评价被认为是课程评价中使用率最低的评价方式，但它作为一项与其他评价结合的评价或学习工具，具有最大的灵活性和作用力（Tileston，2004，p.99）。学生自我评价时，会对促进或阻碍他们的因素特别注意。比如，学生在自我评价时会思考以下问题：通过这次活动我学到了什么？在学习过程中我遇到了什么障碍？将来，我应该如何克服这些困难？

　　作为一名教师，应该帮助学生尤其是成绩差的学生发展自我评价的能力。正如下面这位教师所说的，学生一旦掌握了自我评价的能力，学习会有奇迹般的提高。

　　　　学生并不善于做我要求他们做的（自我评价）。我认为长期训练一定会更有效果。如果你愿意花时间在这上面，它会带给你更大的回报。这个过程使学生在学习中更加独立，而且学会对自己负责。（Black et al.，2004，p.14）

　　教师把分析红绿灯的方法类推到学生自我评价的教学中。根据学生对知识理解的不同程度，为其标注不同颜色，绿色表示理解得非常好，黄色表示部分理解，红色表示理解得很少。教师将黄色和绿色的学生组成小组，互相帮助学习，同时教师会特别为红色组的学生辅导。

绩效评价

　　简言之，绩效评价要依靠观察和判断（stiggins，2005）。我们观察学生进行某个任务，检查学生工作的成果，最终判断它的质量。我们可以观察一个学生的物理实验，判断有关思维的能力，或者我们读学生的历史研究报告，判断他论证和写作的能力。基于绩效评价可以判断学生可以做的和他知道的内容。在某些情况下教师观察并评价学生的实际表现或技能应用，其他情况下教师会评价学生的作品。

绩效评价通过学生在自认为有意义的和全身心投入的工作任务中的表现，关注学生应用知识的能力、技能和学习习惯。传统的评价可以回答"学生了解内容了吗"，绩效评价可以回答"学生如何应用他们所学到的知识"。 *385*

学生应该认为所展示的任务是有趣的，并能反映课程强调的知识技能和学习习惯。适当地，学生可以帮助教师进行绩效评价。比如，以下是小学和中学阶段学生帮助教师进行绩效评价的例子，每一个例子都需要学生制作图表。 *386*

例一：小学阶段——在学校的不同时间，学生观察和统计每隔 15 分钟经过一个没有交通灯的十字路口的车流量。同时需要收集另一个有交通灯的十字路口的车流量。学生用图表说明统计结果。如果这个数据显示在十字路口有设置交通灯的必要，那么这份图表会被送到当地交管局。

根据学生在表现性任务各环节中的工作，教师观察并给出学生工作的评价。车流量的统计数字准确吗？图表很好地阐释了统计结果吗？学生的决定是否有数据的支持？

例二：初中阶段——学生在网上收集关于他所在州的交通事故的数据。根据所得数据，学生制作图表来显示司机的年龄、不同种类的事故、死亡情况、车速等。典型的图表可以在驾校课上展示。

与小学阶段一样，教师判断学生工作的质量。一般地，这些评价会反映教师关于初中阶段典型学生工作特点的理念。所利用的网站可以提供翔实可靠的数据吗？学生有无透彻分析网站数据？图表能不能达到较高的准确度？图表是否专业？

替代性评价

替代性评价，指测量不能正常参与州或区举行的大范围评价的学生的表现。这种评价方法最早出现在 1997 年《有缺陷个人教育法案》的复审案中。它倡导 2000 年各州实行替代性评价。替代性评价是一种收集学生信息的变通方法，而不考虑他们的残疾程度、知识水平和能力。收集数据的方法包括观察学生的在校活动、询问学生的表现情况、注意其任务完成的水平，或者通过家长和监护人了解学生的课外活动情况。

替代性评价的主要目的是收集各学校、各地区、各州所有学生表现情况的信息。采用替代性评价收集信息要求我们重新考虑传统的评价方法。

替代性评价并非传统的大范围评价，也不是针对个人的诊断性评价。主要面对能力有缺陷的学生，实施替代性评价针对的是一些有独特教育目标和经验的人，针对在回应刺激、解决问题和作出回应等方面有很大不同的人。

美国现在许多州都在推进为特殊需要学生设计替代性评价。在明尼苏达大学教育成果国家中心，为发展包容性评价和可靠的评价体系提出了六条原则：

原则一，使所有学生，包括特殊学生，参与到评价系统中。

原则二，注重评价中的连续参与、调试和替代性评价决策的步骤，这些都影响到特殊学生该如何参与到评价体系的决定。

原则三，无论学生是否有能力不足，也无论在参与中有没有经过调试， *387* 或者是否参加了替代测试，都要用相同的频率和方式公布所有学生的成绩。

原则四，无论学生是如何参与评价的（或者经过调试，或者参加了替代测试），特殊学生的表现对最终评价指标的影响与普通学生一样。

原则五，在新兴最佳研究和实践的背景下，通过正式监督、持续评价和系统训练，可以提高评价系统和责任系统。

原则六，所有的政策和实践，都要反映使所有学生参与到州以及地区评价和责任系统中的信念。（Guenemoen，Thompson，Thurlow&Lehr，2001）

基于项目的学习

越来越多的研究支持采用基于项目的学习作为激励学生、减少逃课、提高合作学习能力和提升考试分数的一种方式。在项目学习中，学生以小组形式探寻真实世界的问题，并通过展示来分享他们所学的知识。与仅仅通过书本学习相比，这种方法让学生受益良多，包括对事物更深刻的理解，增强自我方向感和学习动机，并且能提升科研和问题解决能力。

学生们都觉得基于项目的学习非常有激励性，就像教育基地的创始人、《星球大战》的导演乔治·卢卡斯指出的那样："项目学习、学生合作学习、学生与热情的专家联系，以及多种形式的评价方式可以奇迹般地促进学生学习。新的数字多媒体和远程通信手段支持这些方式并且激励了我们的学生。"（George Lucas Educational Foundation，June 2008）就像在本章中描述的科技应用那样，通过网络进行项目学习是教师提高他们专业知识和技能的一种方式。

项目学习，由教师教转变为学生做，包括以下五个因素：

（1）应用学习经验，包括从复杂的现实世界中获得并应用的技能和知识。

（2）意识到重要学习可以开发学生内在的学习动机、做重要工作的能力和被认真对待的要求。

（3）学习通识课程的结果可以预先就被估计出来，而学生学习的具体结果既不能预先决定也不能完全预设。

（4）要求学生利用许多信息来源和学科来解决问题。

（5）学会管理、分配时间和材料等资源。

这五个因素在以下项目学习的例子中有很好的体现。

- 在华盛顿的 Mountlake Terrace 高中，学生在化学课上以分组形式设计了一所 2050 年的州立艺术高中。这些学生创办了网站，画出了简单的建筑草图并制作了实际的模型，他们还计划了预算，并且写出了一份叙述性的报告。学生们把他们的成果交给了建筑师评价，建筑师评价了这个项目并签订了合约。

- 在纽波特纽斯的 Newsome Park 小学，2 年级的学生对同班同学吃药的数量和去看医生的频率感到好奇——在同学的允许下，这些小学生对囊包性纤维症的原因也感到了好奇。他们请教了专家，知道了关于这个疾病的知识，写出了研究报告，利用图表和 PPT 讲述了这个故事，承诺参加关注囊包性纤维症的步行马拉松活动。

- 在纽约哈勒姆的 Mott Hall 学校，一个 5 年级有关风筝的项目提到了有关风筝主题的诗歌和故事，这些诗歌和故事用到了富有创造性的写作技巧。学生们在电脑上设计他们自己的风筝，之后又亲手做了出来。他们学习了关于电磁学的知识以及比率和比例的原理。一个学生所做的非正式评论引发了对在不同文化的庆祝活动中风筝的作用的深入研究。

本章"教师之声：对现实的研究"表明了基于项目学习是怎样适合像幼儿园孩子这样小的学生。

行动中的技术：5 年级社会研究教师获得在线学位

弗利克女士是一所偏远小学的 2 年级教师。她在那里已经执教了三年多。大家都说她教得很好。她唯一的抱怨就是学校比较偏远。她喜欢小城镇的安静，但是她渴望大城市的机遇，包括接受更高等的教育的机遇，因为她想攻读研究生学位。问题是最近的大学也远在 100 英里之外。如果她打算在这所大学中攻读研究生学位的话，要么她不得不离职并且搬到大学所在的城市居住，要么就要每周开车几百英里去上夜校和暑期课程。基于她课外的责任负担和她对家庭和社会的职责，哪个选择都是不现实的。 *388*

去年，弗利克女士的一个同事在教师评价系统中选择了网上课程。对于这次经历他有许多积极的建议。

在对在线课程和学位做了一些研究后，弗利克很吃惊地发现有很多可供选择的内容。通过互联网，现在她可以在世界的任何地方上大学，无论是否离开她的社区，她都可以上国立大学甚至国际性大学的课。

她发现了一所似乎很棒的大学，这所大学可以为其在专业领域提供研究生学位。事实上，这种学费比当地大学低。最让她感兴趣的是，这个项目有着高度的交流性。换句话说，这并不是在自己所在的地区由自己来完成的项目。根据项目描述，网校的学术严谨性不亚于全日制学校。

尽管不太确信上述描述，但弗利克还是参加了这个项目。在第一学期，她只选择了一门课，为的是考察项目描述的准确性和确定为了成功需付出多少努力。首先，这是一个艰难的开始，这种学习方式对她来说是全新的。在线学习最困难的是留出时间完成课程作业。弗利克意识到，她需要根据课程要求做一个个人日程表，那样她就能为具体的任务分配时间。

随着课程的深入，弗利克发现项目的描述非常准确，课程的交流性也很强。她不断地与同学联系，开展小组学习，合作项目并且进行个人展示。她已经开始期待下个学期了。

在线学位：在线学位是美国发展最快的教育方式之一，是通过网络媒体来获得学位。在全日制课程，学生体验取决于大学、专业以及导师。大部分在线学位课程都通过学习管理系统进行传递。在这种系统中，学生们可以交流，提交作业，发言，遵循课程指导。

访问：http://www.petersons.com。这里有大量可供选择的课程。可通过上述网址找到在线学位的教育程度、主题或具体章程。

可能的应用：教师可通过在线课程和学位考试来提升自己，获得更高的学位，并且不用搬家、跑很远的路或是离职就能提高教学水平。

尝试：大部分提供在线学位的大学都会为有潜力的学生提供示范课。在

http://petersons.com 中，访问一所你感兴趣的大学，并且尝试一下示范课。

如何建立高质量的课堂评价？

你应该利用各种标准将学生完成的作业和他们的考试进行评级。在这些标准中，你也许会考虑努力度、整洁度、正确度、与其他学生相比的优秀程度，或是与自身过去相比的进步程度，以及学生在这章内容上所花的时间。当然，这些标准应聚焦于学生做了什么，从而展示出他们所学的知识。然而，为了进一步开发高质量的课堂评价，你必须集中思考怎样做才能确保公平地、准确地测试出学生的知识、技能和成就水平。为了更好地评价学生的学习，你必须做到以下几项：

- 选择或提升评价方法，使之适合教学目标的达成。
- 管理、评定并且解释外部作出的和教师作出的评价结果。
- 利用评价结果为学生个人做决定、规划教学、开发课程和进行教学改进。
- 建立基于学生学习高质量评价的有效的分级程序。
- 与学生、家长、非教学人士和其他的教育者交流评价结果。
- 识别不道德的、非法的、不适当的评价方法和评价信息的运用。

有效性和可靠性

无论是教师实施还是商业化操作，课堂评价的两个重要的指标是有效性和可靠性。因为高质量的评价可以直接影响教学的有效性，所以，评价就必须是有效的和可靠的。有效性是指评估能在多大程度上反映预期的测试。如果评价无法做到这点，那么它就是无用的。然而，有效的教学评价确保了要求学生完成的内容正是国家标准、国家目标、国家期望或是目标学习结果的直接反映。如果评价是有效的，教师就可以利用其结果改进教学，学生也可以利用其结果促进学习。

令人惊讶的是，在学生的州统一测试中可以发现一些缺乏有效性的评价案例。比如说，贝弗莉·福克观察到：

390

> 众多的问责制都采用与原本应该评估的标准毫无关系的测试。最近到
> 1999 年，至少 25 个声称要实行新标准的州仍然使用着旧版本，基准参照测验
> 衡量学生的进步。尽管在讨论测试应测试什么时已经使用了新标准中的措辞，
> 但实际的内容却包含很少的行为项目，新标准版本为学生提供很少的机会去
> 表达对新标准的深入思考。（Beverly Falk，2002，p. 614）

可靠性是指一个评价提供的结果在多大程度上随着时间的推移还具有一致性。换句话说，如果整个测试（或是个体测试项目）在不同的时间和不同的情况下都出现相似的结果，那么这个测试就是可靠的。比如，假设赫尔南德斯先生想要通过 40 分的测试题去评估他的学生在整数范围内乘除法的水平（20 分的乘法题目，20 分的除法题目）。在对测试题评分后，赫尔南德斯先生不确定是否应该教更难

391

的分式乘除法的知识。他决定要收集更多相关的信息，3 天后，他给学生们安排了运用同样的乘除法知识的测试。表 11—1 展示了一些学生在两次测试中的成绩：

表 11—1   学生成绩表

学生	乘法		除法	
	测试 1	测试 2	测试 1	测试 2
卡洛斯	20	18	17	9
吉姆	14	13	13	17
肖恩	11	11	12	17
农	16	17	16	12
玛丽	20	19	15	14

赫尔南德斯先生指出，那些评测学生乘法知识的项目是一致的（或可靠的）。在测试 1 和测试 2 中，对全部 5 名学生进行了分数比较，其中卡洛斯和玛丽在两项考试中都得了最高分，肖恩和吉姆都得了最低分。另一方面，这些测评学生除法知识的项目是不可靠的。在测试 1 中，卡洛斯和农在除法测试中得了最高分，然而在测试 2 中得到最高分的则是吉姆和肖恩。

从这点来看，赫尔南德斯先生必须对他所收集的有关信息的可靠性作出判断。因为乘法的评价结果几乎是可靠的，而除法的评价结果几乎不可靠。因此，他决定再多花一节课的时间去巩固整数的除法，然后再循序渐进地讲授分数的乘除法。

教师之声：对现实的研究 ▶▶▶

基于项目的学习：建房子
玛丽·拉塞尔

我在幼儿园刚教完孩子们建造房子。通过鼓励孩子协作参与项目，可以帮助他们理解整个单元的框架结构。

- 房子是用不同的材料建成的。
- 房子有多种形状和大小。
- 气候影响房子的类型。
- 建一所房子需要多种工作技能。
- 设计和材料影响了房子的质量。

为了理解"设计和材料影响了房子的质量"，我让他们用棉花糖和牙签做房子。学生有了很多有趣的设计，但可惜的是，其中只有部分房子可以立起来。我们分析了原因，并且在木板房上试验相同的理论。

先前的活动完成了整个单元的第一阶段和第二阶段。第三阶段是分享和游戏。学生与家长以及别的班级同学进行分享。游戏是对整个班级辛苦工作的奖励。我帮助学生们理解概念的重要性，我认为这与学生的现实生活息息相关。任何主题中的概念，你都可以找到它们在现实生活中的应用。让学生与现实生活联系起来，让他们扮演规定的角色。这点对小学生来说尤其重要。在任何时候一个孩子扮演成人角色对他都是重要的。

扩大项目的规模也会有所帮助。我观察过 6 年级学生看我们的房子。他们立刻钻进房子并想在里面玩耍。我开始思考他们会做怎样的房子，他们会设计怎样的细节。我几乎想再上升几个等级！教师需要让学生尽可能通过动手实践来学习。如果教师要求学生用不同的方式展示他们对概念的理解，学生会自然地阅读、书写、利用数学技巧等。

个人反思

1. 你能根据年级水平和正准备教的学科领域，列举一些如何开展基于项目的学习吗？

2. 基于项目的学习允许学生更深层次地学习知识，但几乎没有时间拓宽知识的广度。关于所能涉及的知识量，基于项目的学习有哪些优点和不足？

玛丽·拉塞尔是华盛顿斯波坎谷庞德罗莎小学的一名教师。以上内容摘自她给 H. Lynn Erickson 的投稿，*Stirring the head*，*heart and soul*：*Redefining Curriculum*，*Instruction*，*and Concept-Based Learning*，3rd ed.，Thousand Oaks，CA：Corwin Press，2008，pp. 200−201。

评分准则

评价量表是课堂质量评估的一项重要因素。评分准则有时被称为评分导向，它是一种由预先确立的标准组成的评价量表。作为教师，你可以利用这种评价量表区分学生的水平，学生也可以利用这种方式去指导自己的学习。评分准则可被用来说明多种学习活动的行为标准，这些活动包括写论文、做科学实验或是做演讲等。

学生们从看到适合他们等级和能力水平的优秀作品中获益。"给出成功所需要的明确的需求，学生可以更好地评测自身准备的合理性，因此他们就能把握自己的学业。那些感到自己能把握成功机遇的学生才更有可能去追求卓越。"

除了开发评分标准之外，你应该从学生中搜集典型表现和作品的样式。应用评分准则去了解评估作品质量中的特定元素，学生必须明白质量看上去像什么（或是听上去、感到、闻起来或是尝起来）。久而久之，你应该收集一些学生优秀的作业，比如图表、非科幻作品、开放式数学问题的解答和科学实验的设计。在教学生如何使用评分准则的过程中也可以使用不太典型的案例。

当教师评价学生在完成任务时的表现和结果时，评价准则被用作一种典型的分数评测工具。评价准则有两种类型：整体量规和分析量规。整体量规要求教师将整个过程或是结果作为一个整体进行评分，而不是分别评价每一个组成部分（Nitko，2001）。表 11—2 展示的是整体量规的通用框架。

表 11—2　　　　　　　　　　整体评价量表的通用框架

分数	描述
5	表现或作品反映了对评价任务或问题的全面理解。表现和作品达到了任务或问题的全部要求。
4	表现或作品反映了对评价任务或问题的合理理解。表现和作品达到了任务或问题的全部要求。
3	表现或作品反映了对评价任务或问题的片面理解。表现和作品差不多达到了任务或问题的全部要求。
2	表现或作品反映了对评价任务或问题的不甚理解。表现未达到任务或问题的许多要求。
1	表现和作品反映了对评价任务或问题的不理解。
0	没有开始任务或问题。

比如，一所高中的英语老师也许会用表 11—2 的框架对学生写出一篇清晰的结构良好的文章的能力进行整体评估。5 分意味着文章结构清晰，用词准确精练，思想丰富，主题分析深刻，段与段间的过渡自然。3 分的文章意味着有一些语法上的错误、逻辑上的问题、模糊不清的语句以及缺少段与段之间的过渡。1 分文

章通常是词不达意的，只有几句清楚的可以被理解的句子。

与整体量规不同，分析量规要求教师为每个学生的每一项分别评分，然后再 *392* 将每一项的分数相加得到总分（Moskal，2000；Nitko，2001）。表11—3描述的就是分析量规的通用框架。

表 11—3   分析量规的通用框架

标准	初级水平	发展水平	完成水平	高度完成水平	分数
标准 1	表现或作品达到初级水平	在新兴表现中达到掌握水平	表现或作品达到掌握水平	表现或作品达到最高掌握水平	
标准 2	表现或作品达到初级水平	在新兴表现中达到掌握水平	表现或作品达到掌握水平	表现或作品达到最高掌握水平	
标准 3	表现或作品达到初级水平	在新兴表现中达到掌握水平	表现或作品达到掌握水平	表现或作品达到最高掌握水平	
标准 4	表现或作品达到初级水平	在新兴表现中达到掌握水平	表现或作品达到掌握水平	表现或作品达到最高掌握水平	

让我们继续以高中英语文章的写作为例。老师也许会根据以下四个标准去评价学生的文章，每个标准都分为四个水平：初级水平、发展水平、完成水平、高度完成水平。

● **标准 1**：文章结构清晰——在引入部分已经为后面的内容做好铺垫，结论总结全文中心思想。

● **标准 2**：文章没有语法错误。

● **标准 3**：文章的中心思想清晰并且易于把握。 *393*

● **标准 4**：段与段之间过渡自然，并且为思想的转换提供良好的过渡。

为了帮助你在实际中应用评分准则，图11—6展示了设计整体量规和分析量规的步骤。

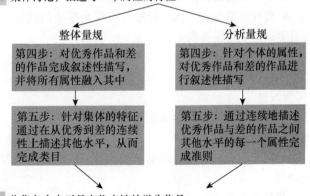

图 11—6 设计评分准则：分步过程

资料来源：Craig A. Mertler, "Designing Scoring Rubrics for the Classroom," *Practical Assessment, Research & Evaluation*, 2001, 7 (25). Used with permission.

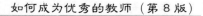

学生学习的多种评价方式

在评价学生学习时不可能只用一种方式。显然，为学生提供多种机会去表达他们知道什么并且能做什么是很重要的。如果学生知道可以有不同的途径证明自己的成功，那么他们会对于作为学习者产生积极的看法。他们会发现学习是一种很愉快的经历。

如果学生知道有不同的方法可以展示自己的学习，那么先前因为在某个领域获得失败评价而讨厌这门学科的学生就会产生积极的看法和态度，换句话说，有多种机会才会成功。就像评价专家里克·斯蒂金斯指出的那样："我们现在明白了如何利用班级评价保持学生的信心，确保目标的达成。我们必须营造一种评价环境，让学生明白成功是怎样的并且知道如何下次做得更好。"

小　结

在课堂上标准发挥怎样的作用？

- 州和国家水平的标准让老师和学校对学生的学习更为负责。
- 学校管理者、教师和学生从不同角度看待标准。管理者主要关心学生在学业标准化测试中的表现；教师主要关心学生在课堂的表现和行为；学生主要关心学习与个人的相关度、学习的有趣性和意义性。

什么是标准本位的教育？

- 标准本位教育的关键要素在于建立严谨的学术标准，评价学生对那些标准的掌握度，增强学生和教师对达标的责任感。
- 专业机构已经开发了标准，主要反映学生在学科领域中应该具备的知识、技能和态度。
- 好的校本课程既能横向水平拓展又能纵向垂直拓展。
- 课程框架提供课程指南、教学指导和评价策略，推荐资源以及教师在开设符合国家和州课程时使用的模型。

关于努力提高标准存在哪些争论？

- 高标准的支持者认为标准可以提高学生的成绩。反对者认为高标准会导致没有测试的学科得不到重视。
- 作为《不让一个孩子掉队法案》的项目的一部分，学校要提供证据证明每个学生在每年都有适当的进步。没有为"年年进步"提供证据的学校将会被认为"需要改进"。
- 州统一测试对学生来说有高风险性，比如决定可以参加课外活动的资格，或是决定毕业的资格。
- 对于教师、管理者以及学校，测试成绩将与绩效奖励相关，也将增加奖励或处罚。

用什么方法评价学生的学习？

- 课堂评价让教师对学生的表现作出评价，也对自己的行为作出评价。
- 教师用定量和定性的方法、测量和评价技术以及形成性评价和总结性评价来评价学生的学习。
- 标准化评价包括基准参照评价和标准参照评价。

● 在各种各样的评价中有真实性评价、档案袋评价、同伴评价、自我评价、绩效评估、替代性评价和基于项目的学习。

如何建立高质量的课堂评价？

● 有效性和可靠性是高质量课堂评估的两个特征。

● 两种可用于评价学生的评分标准是整体量规和分析量规。

● 没有任何一种单独的评价方法可以评价学生的学习，当学生知道有多种方法可以表现他们的学习时，他们对于作为学习者的看法将有很大的改善。

专业反思与活动

教师日志

（1）测试是教学中的重要部分。你认为当下标准化测试在某种程度上是否促进了应试教育？应试教育是否对促进学生的学习有效？解释你的答案。

（2）回想你从小学到高中所经历的评价方法。描述一到两个促进你继续学习的评价方法，这种评价方法正确反映了你的知识和能力。同样地，描述一两个不能准确反映你的知识和能力的评价方法。作为一名教师，将来你会使用什么样的评价方法？

教师研究

（1）上网搜索你所在州教育部门的主页，并找到州评价标准。然后比较你所在州和其他州的标准。它们在哪些方面是相同的，哪些方面是不同的？是否有一套标准更为清晰？

（2）访问 www.glef.org，并且根据你预备执教的学科和年级，找出在网站上列出的两个基于项目学习的案例。在这些活动中如何评价学生的学习？当你成为老师后，你将如何适应或是调整这些评价方法？

观察与访谈

（1）至少访问一位你要教的年级和学科的老师，采访他们对标准化教育的看法。教师认为标准对教育有害还是有利？

（2）观察你要执教的班级，教师是如何向学生展现学习标准的？

专业档案

当学生准备采取标准化测试时，准备一些指南或策略给学生。这些策略也许包括以下几方面：

● 检查试卷是否有缺页。

● 仔细阅读指导。

● 注意使用双重否定。

● 注意使用总是、从不、最好等词。

● 读完选择题的所有选项。

● 检查答案。

第十二章

将科学技术融合到教学中

在数字化时代，电子媒体的吸引力、影响力和普及性正逐渐增加，然而，许多学校仍将书面语言作为学习中具有交流价值的唯一途径。

——乔治·卢卡斯教育基金会，2008

课堂案例：教学的现实 ▶▶▶

挑战： 学会如何将科学技术手段整合到教学中，从而使学生完全参与其中并促进他们的学习。

皮尔斯初级中学的教师刚参加了由州教育部门提供的在职培训。培训的重点是为学生提供新的州立技术标准。教师们得知，除了科学技术在教学内容方面的标准和年级水平的指标外，州政府要求所有教师在整个课程中应用技术标准。在此次培训期间，主持人提供了一个资源列表，该列表包含了许多供教师们使用的纸质和电子资源，从而帮助他们了解这些技术标准，并将其整合到自己的教学当中。

帕特里夏·莫雷略是一名8年级的英语教师，她经常将技术手段运用到课堂教学中，尤其是文字处理技术。她的学生将自己的文章打印出来，在网上寻找资料，有时还会通过图表工具展现文章的结构。帕特里夏觉得这可以满足大多数标准而不需做太多变化。为了确保工作有明确的指向，她决定学习"技术配置工具"，该工具是培训期间主持人在 www.ncrtec.org/capacity/profile/profwww 网站上推荐的资源。当得到了图表形式的回应时，她感到失望，她无法使用更多的技术从而使学习者参与其中。同时，她也知道她在课堂上使用的技术对于学生而言，既没有挑战性也没有实效性。帕特里夏明白了为何需要制定出标准，并且认为她需要学习更多技术使用方面的知识从而达到这个标准，但她不知从何入手，也不清楚如何将技术上的专业发展融入本就繁忙的工作中（Egbert，2009，p.239）。

焦点问题

1. 技术是如何改变教学的？
2. 哪些技术能够融合到教学中？
3. 教师在何种程度上能够将技术融合到教学中？
4. 如何看待技术融合和学生学习的研究？
5. 将技术融合到教学中的挑战是什么？

正如在第一章中所指出的，当今的教师面临着一项挑战：如何使精通技术的 *398*
学生参与到课堂学习的活动中来。本章的"课堂案例"表明了使用技术去吸引这
些学生并非易事。当今通常被称为"数字原住民、网络一族、千禧一代，或者技
术一代"的学生生活在一个相互联系并且不断被技术所改造的世界。对于他们而
言，网络密码比社会安全系数更为重要。

　　除极少数情况外，学生接触网络比他们的老师更多。几代以前，学生带着笔
记本、铅笔和钢笔来到学校；现如今，他们来学校时携带着手机、笔记本电脑和
音乐播放器。此外，他们"成长于高科技浸润的环境中，这使他们接收和处理信
息的方式截然不同"（McHugh，2005）。例如，3—12 年级的学生每天平均花 6
小时 21 分钟在几种媒体的使用上。由于当今的学生能够熟练完成复杂的任务，
该数字已上升至 8.5 小时，其中包括了几乎 4 小时的看电视时间和 50 分钟的电
子游戏时间。然而，他们花费在家庭作业上的时间仅有 50 分钟（Rideout，Ro-
berts & Foehr，2005）。在本章"教师之声：对现实的研究"中，梅里·赫伯特
描述了她的那些 7 年级学生对一些技术领域的理解是如何促使她成为一名熟练的
博客、播客和即时通信工具的使用者。仅仅是一部分技能，便使她能够跟得上她
的学生。

技术是如何改变教学的？

　　对于今天的学生而言，随时随地学习已成为现实。他们可以选择多种学习方
式，包括在线指导、各种形式的网络学习以及混合式学习，也就是说，融合了传
统的面授学习和网络学习的学习方式。通常所有的或多数的学习材料和资源都能
够从互联网上获得，一天 24 小时，每周 7 天，资源都持续不断。

　　本章的引言中指出，许多学校在技术上落后于时代。例如，超过一半的高中
生对使用移动设备来辅助学习感到兴奋；然而，只有 15% 的学校领导支持这种理
念（Prensky，2008，p.35）。此外，65% 的教师认为具有教育性的电脑游戏可以
帮助他们吸引学生参与到学习中，46% 的教师喜欢将游戏技术整合到教学中的培
训，但只有 11% 的教师在课堂中实际使用。以下这些学生的评论提供了额外的、
令人信服的证据，即传统的课堂讲授与被多媒体和技术主导的活力四射的氛围相
比，前者有大量无聊的情境（Prensky，2008，p.33）：

- "我对 99% 的时间都感到厌烦。"（加利福尼亚州）
- "学校是真的非常无聊。"（弗吉尼亚州）
- "课程没有意义。七门课中我只参与了两门课程。"（佛罗里达州）
- "我整天都感到无趣，因为老师只是在不断重复叙述。"（5 年级学生）
- "我希望老师不是只与我们不停地讲授，而是与我们融入一起。"（西弗吉尼
亚州）
- "她仅仅在不断地赶进度。"（Detroit）
- "别仅是站在我们面前说。"（Albany，NY）（Prensky，2008，p.35）

　　无论如何，上述学生的评述表明，技术已经改变了教学。每天，学生通过互
联网与世界上的其他学生进行交流。学生们在网上搜索关于鲸鱼、巴西热带雨林 *399*
和火星的信息。他们到为孩子们准备的聊天室去，和其他国家的孩子交流，或者
参与到为孩子们准备的全球化网络项目。

技术使学生能够进行活动体验和现象研究，这些都是他们不曾目睹的一手资料。通过将技术融合到不同的学习任务和学科领域中，教师能够为学生提供几年前看来几乎不可能的学习体验。最重要的是，对教育技术谨慎和有目的地运用转变了老师和学生的角色，提高了学生的高级思维关联能力和问题解决能力。当你阅读下面的三个小片段时，请思考一下教育技术的使用如何转变了教师和学生的角色。

片段 1：

首先，看起来似乎是学生们在参加毕业典礼，然而当他们列队穿过位于缅因州法尔茅斯奥杜邦协会的主席台，并与校长和教师握手时，他们带走的并不仅仅是一纸文凭，而是学习中实实在在的成绩。

在这个案例中，85 名来自波特兰海伦国王中学的 7 年级学生都收到了一份"消逝的足迹"的光盘拷贝，这是他们制作的关于缅因州濒危物种的光盘。在毕业典礼上，学生对曾经在该项目上给予帮助的教师和专家表示了谢意，一些学生为我们解释了这个过程。"我确信所有的环节都能运行。"还有人谈到了他们所学的东西。"你可以就任何有关（杂色）丑鸭的问题向我提问。"然后他们到院子里去吃蛋糕和点心了。

马克·麦克洛认为："州立网站或许不如这里的网站有这么多好的信息。"他是一位美国鱼类和野生动物服务专家，关于濒危物种他已向学生们提出了倡议。"我希望和区域办事处分享这些。"

学生们对这些知识感到兴奋，外界很欣赏他们的工作，并且这或许会被专业人士所采用。（杂色）丑鸭的研究专家阿米利亚脸上洋溢着笑容谈道："深入至其中的艰辛工作——人们正注意到它。"另一个 7 年级的学生米兰达说："我知道我要再努力一些，因为我相信它将会被世人看见。"

在国王中学，与父母和社区成员分享庆典也是重要的学习过程，这个过程采用了远程学习拓展训练模型，该模型具有个性化和课题研究的特征。学生们与同组的老师在两年时间里，一起进行所谓的"连环构思"。学生们至少每年参加两次为期 4～12 周的跨学科项目。除了综合运用艺术、科学和语言艺术等学科知识外，项目还包括熟练使用电脑技术。缅因州政府做出了为所有 7 年级和 8 年级的学生提供阅读星和笔记本电脑的决定，增强了该项目的效果。（George Lucas, Educational Foundation, 2004b. © 2004, The George Lucas Educational Foundation. Edutopia. org. All rights reserved.）

片段 2：

在火奴鲁鲁岛努阿努小学教师琳达·米歇尔的 3 年级语言艺术的学生的故事中，从不缺乏栩栩如生的故事描述。同时，米歇尔认为，快乐的情景或许和给予她的学生一些方法（包括技术的使用）进行写作有一定的关系。

塔姆林和奎因进行描述性写作之前，他们设计了分镜头。分镜头显示了关于他们描绘"扩大时刻"（expanding the moment）任务的行为——通过详细描绘短暂的瞬间，使故事更加有趣。他们利用故事板制作了关于行为的电脑动画。通过逐帧地制作，动画引发了他们的想象力，帮助他们构建了词汇图。奎因认为"它给了你看得见的点子"。在这个电脑项目中使用了超级演播室和创意空间等工具。

400

"动画使孩子们的活动变得可视化，"教授语言艺术浓缩课程的米歇尔解释道，"动画是开发图片的一种方式，因此孩子们将动画与写作，与他们的所听、所见、所感联系起来。技术在教学上让你多了一条途径。"

在图书馆里，1 年级学生跟着 Junie 2 一起前进，Junie 2 是他们花 85 美分从加勒比保护公司购买的濒危海龟。Junie 2 从哥斯达黎加的托土盖罗开启它的旅程，学生们通过访问加勒比保护公司的网站，通过卫星追踪来确认它的移动轨迹，并在期刊上发表关于它的旅行状况与海洋生命的文章。艾琳老师将社会研究、语言艺术、科学、数学、美术以及技术整合到项目中，将其作为一种帮助学生提高关于海洋生命的意识的途径，并达到夏威夷州的特定课程标准。(George Lucas, Educational Foundation, 2004a. © 2004, The George Lucas Educational Foundation. Edutopia. org. All rights reserved.)

401

片段 3:

9 年级和 10 年级的学生参加了一个虚拟的天文学社团，它是"天文学村:宇宙调查"项目的一部分，由美国航空航天局（NASA）提出。"天文学村"拥有广泛的多媒体资源和复杂的研究工具，它要求由三名学生组成的团队选择以下十项调查中的一项作出计划，并予以执行:

- "搜寻一颗超新星"——利用中微子数据对一颗超新星进行定位。
- "寻找一个恒星摇篮"——查看使用不同波长的欧米茄星云。
- "变星"——识别一颗在另一星系的造父变星。
- "寻找附近的恒星"——如同地球围绕太阳旋转一般，绘制恒星运行轨迹的图表。
- "银河系外的世界"——探索不同的星系和星团。

402

- "楔形的宇宙"——在两片楔形的天空间观察空间的广度。
- "搜索一个摆频信号发生器"——寻找在恒星运动中的摆动痕迹。
- "搜寻一个行星构建块"——为行星圆盘检验猎户座大星云。
- "寻找一个穿越对象"——寻找穿越地球轨道的小行星。
- "天文台选址"——选择一个地方作为天文台。(Jonassen, Howland, Moore & Marra, 2003, pp. 215-216)

包括恒星生命周期模拟器、轨道模拟器和 3D 恒星模拟器是"天文学村"项目的一部分。除此之外，这群学生可以使用的资源包括该项目的数字化视频剪辑，来自哈勃太空望远镜和其他工具的图片，天文学家们在讨论工作时的音频剪辑，相关专著的章节，美国航空航天局的出版物，以及来自天文学期刊上的文章。

教师之声: 对现实的研究 ▶▶▶

学习是教学的一半

梅里·赫伯特

"你有用户名吗?"学生们将信将疑地问道。用户名、即时通信工具、博客、DVD、iPod、播客、YouTube、MySpace、高清电视、手机短信、苹果电脑……这都是千禧一代（我的 7 年级学生们）的术语。他们的世界充满了技术，他们接受并期待它。他们使用技术来交流、联系和创造。他们一直自信地使用着这些技术。

是的，我告诉他们，我有一个用户名……mrsheebz。我也上博客，进行即时通信，搜索谷歌，使用音乐播放器，出版在线图书以及发送手机短信。我访问 My Space、Facebook、You Tube。我使用 Garageband、Comic Life、iPhoto、iTunes、Frontpage iMovie、keynote、Noteshare 等软件。我喜欢技术的世界。当然，当我告诉他们我成长于一个使用旋转拨盘式电话和只有三个雪花频道的黑白电视机时代时，他们以为我在开玩笑。没有微博，没有网络，没有移动电话……当然也没有电脑。但我的家中有一台打印机和一套完整的《世界百科全书》。我拥有能让我在学校生存的所有必需的工具。

40 年如过眼云烟，面对年仅 12 岁的学生们，我在教学中仍以百科全书作为了解世界的最好窗口。老式打印机早已不用了，取而代之的是第四代苹果电脑的世界百科全书，这仅仅是手上诸多有用的程序之一。对于我和学生们而言，这是一个强大的工具，它让我们在学习上具有优势。

没有一个工具如便携式电脑般改变了我的教学实践。缅因州 7 年级和 8 年级的学生每 24 人中就有 7 人有自己的笔记本电脑。2001 年，缅因州教学计划投票通过。因此，1% 的缅因州教育基金用在一对一的计算机配备上，即该州每一位 7 年级的学生都能拥有自己的便携式电脑。到下一年，8 年级的学生也纳入该政策的范围内，总计提供 35 000 台便携式电脑。这是一个远大的目标，旨在通过为主要的农业州的所有学生提供网络来缩小数字鸿沟。这是一个真实的民主理想：不同的经济水平下拥有平等的机会。此时，它是世界上同类型项目中的第一个……教师的陈词滥调犹如土豆发芽的眼睛：它喜忧参半，犹如向风中撒钱般不切实际，是一把双刃剑，更如同 7 月的圣诞节般不现实，它不能教会一只年老的狗掌握新的技巧。该项目被一些老师接受了，但也被其他人所嘲笑。我选择接受。我们选择学习，或者至少试着去学习它。教学是"第二次学习"（Joseph Joubert）。这已经使作为教师的我在自我认同上发生了变化。

技术的使用使我的课程和教学风格发生了转变。尤其是一对一的计算机授课在我 27 年的教学生涯中产生了很大的影响。不仅是由于便携式电脑的出现，更因为便携式电脑被引入到我的课堂中后，我的整个信念体系已被检验和加强。我不再是一名专家、一个知晓所有需要的传播者，我是一名学习者，和我的学生、同事共同成长。我们组成了在缅因州教学计划的座右铭推动下的真实的探索团队："如果你知道如何去做，那么去教会其他人；如果你不知道如何去做，那么就向他人请教。"这是一个充满活力的学习环境，它是一个跨越代际的学习环境。

我在缅因州南部一个沿海的小镇上教 7 年级的语言艺术。我的大部分学生来自职业家庭，他们拥有假期旅行的财力，拥有愉悦的家庭，能够支付高等教育费用。它是一个同质性社群，贫穷和少数族裔的学生极少。在学区中 92% 的家庭在缅因州教学计划开始时便能在家中接触互联网，因此数字鸿沟对于我的学生从未成为大问题。但是在学校使用电脑进行文字处理和研究却很少有机会。在便携式电脑项目之前，我很幸运能为我的学生争取到每周有一小时的时间在计算机实验室里学习。笔记本电脑为我们提供了一个便携式写作实验室，可以进行即时研究并提供技术辅助。

我的教育哲学很简单。我努力去营造一个民主的课堂——一个关注人们在学习中积极参与并充满活力的组织。笔记本电脑是一个工具，而且是一个强有力的交流工具，它提高了我基于日常经验构建民主化理想的能力。参与度、活力、关注度，这些远比我教授的内容更为重要。

笔记本技术已经为我们的创造、发现和探索提供了多元化途径。在我们学校，学生们用他们的便携式电脑去制作关于全球变暖和美国内战的网络影片。他们正在使用诸如苹果系列的软件去制作与研究问题有关的小册子，用 Comic Life 来设计图形，用 Keynote 了解著名的人物和地区，用 Noteshare 在教室讨论板上开展合作。他们可以访问在线博物馆，通过视频会议与大屠杀的幸存者进行交流。通过数码相机和幻灯片捕捉实地考察旅行和服务学习的场景。传统的纸笔性任务在不同的项目（它们能以不同的方式吸引学生和教师）之下已淡出生活。在我们的学校里，我们中的许多人已经在特殊项目中具备专业技能，因此逐渐成为"大厅里的专家"。通过相互学习这些计划，我们的学习共同体已变得越来越民主，大家能够在相互合作中独立学习。

个人反思：

1. 赫伯特所说的"学习是教学的一半"是什么意思？你同意这个观点吗？

2. 学校中技术的使用使教师的生活简单化还是复杂化了？或者二者兼有之？你可以举出什么例证来支持你的观点？

梅里·赫伯特在缅因州的一所中学教 7 年级的语言艺术。先前的文章摘自她对全国网络教育创新中"教师故事案例收集"的贡献。此次收集"致力于提供一个公共平台，让教师们分享自己的故事"。National Center for Educational Renewal © 2008. Retrieved and adapted from http：//www. nnerpartnerships. org/stories/index. htm＃。

随时随地学习

正如之前提及的，随时随地学习已经成为现实。越来越多的教师采用面授指导和在线教学的混合式教学法。教师们根据课程的目的来分配在线学习和面授指导的时间比例。以下描述了 5 年级学生的混合式学习经验：

一组 5 年级的学生进行了一系列对当地水源的实地考察，在所到之处他们用手头的电脑采集水样。回到课堂后，他们将数据结果上传到校园的门户网站，将各自的发现汇总。接着，他们登录维基百科记录他们的探险经历，让教师和管理员评估他们的工作，浏览其他班级在该区域的发现，并且和父母、团队的其他成员分享整个过程。

当地大学的一名科学家负责统计污染项目研究的结果，最终数据表明污染不是来源于任何一个工厂，而是源于花园和小河附近的车道。他发送了一个即时信息给学生、教师和行政管理人员以表谢意。"如果没有你们的帮助，数据收集几乎不可能完成，"他说，"我并没有员工。如今我拥有了所需的证据，可以递交给当地政府一份报告，防止我们的河流受到污染。"

学生们为自己感到兴奋，这源自他们为拯救海滩和自己热爱的河流而做出的努力。他们建立了一个博客公布他们的发现。这件事最终成为一个新闻

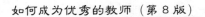

事件，它加强了对当地污染问题的认识，获得了当地政府的回应，并使污染最终得以减少。这些学生为他们的成功所鼓舞。他们学到了大量关于政府、科学研究和生态系统信息的知识，这些都从测试分数上得到了证明。学校的相关人员，即使处于关联不大的岗位，也能在项目合作中感受到乐趣。(Consortium for School Networking, 2008)

以下是对教师和学生关于混合式学习活动优势的看法：

- **虚拟的实地考察**——学生和教师可以去世界上任何地方。
- **开放式讨论**——在线讨论可以反思，讨论可以被评估后存档。
- **可访问性**——学生可以获得学习资源和任务，只要有电脑和互联网连接，评估活动可以在任何地方进行。
- **客座讲授**——来自全球的专家可以参与到课堂活动中。
- **大量的资源**——几乎没有资源的限制，包括数字银行、出版商的材料、在线实验室和虚拟世界。
- **学习风格的调整**——在线活动兼容音频、视频、文本、图表以及交互式动画，从而实现各种各样的学习方式。
- **评估和追踪**——许多在线互动可以存档并且教师可以在任何时间审阅。

技术及其对学校的挑战

毫无疑问，互联网以及相关的通信技术可以改变我们的教学。然而，对于未来的一个教育问题是，教师、行政人员、决策者、父母和监护人以及普通民众如何让所有学生认识到技术在他们的学习中带来的全面影响？正如下面这段话所表明的，未来的学校或许要依靠教育者来回应这些挑战：

> 自20世纪90年代以来，技术的双重力量使我们得以转变，进入一个高速运行的高科技社会。因此，我们都经历了人类历史上前所未有的加速变化。我们中的许多人对教育中的这种变化毫无准备，其结果是我们无法尽可能迅速地对外界教育的变化做出回应。我们必须迅速跟上这一步伐，否则将会落后于时代潮流。(McCain & Jukes, 2001, pp. 58-59)

教育者必须开发新的评价技术来评估学生的学习能力，这种学习发生在互联网等先进通信工具的使用上。测验、作业和考试中的正确率不足以衡量学生的学习能力。

在线学习和虚拟学校

在马萨诸塞州哈德逊市的哈德逊高中，10名学生在一个写着"VHS实验室"的小屋里的电脑前学习。其中一名学生正利用在线媒体学习课程完成一门功课，这门课程由一名马来西亚的教师讲授。另一个学生正在学习一门由格鲁吉亚教师讲授的"课程中的技术与多媒体"。他们的同学包括了来自美国、亚洲、欧洲和南美的学生。

哈德逊高中是使用在线学习（e-learning，或称为在线教育）数量逐渐增加的国立高中学校之一，这种在线学习对学校课程是一种补充。哈德逊高中是一所

— 376 —

有 880 名学生的学校，有 128 门在线课程，多数课程不在传统课程之列。校长说，在线学习"拓展和超越了我们通常可以提供的课程学习方式"（Trotter，2002）。

哈德逊高中通过虚拟高中（Virtual High School）来获得在线课程，它是由 VHS 公司（一个非营利性的基金会）主管的一个高中财团。受联邦政府五年的资助，哈德逊学区在 1995 年与康科德联合体（Concord Consortium，一个非营利性研究和发展组织）共同创立了这个计划。VHS 的成员遍及 28 个州和 8 个国家的 200 所学校。每一所成员学校必须派一名教师去教授至少一门有 20 名学生学习的课程。

VHS 是美国为中学设定的两个首批教育在线计划中的一个，另一个是由夏威夷　*404* 教育部门主管的在线学校。从那时起，在互联网上而非是传统教室进行指导的虚拟学校，已迅速遍及美国。图 12—1 显示了 2005 年超过半数的州拥有州立虚拟学校，或者至少一所网络学校。

AL—阿拉巴马州　　AK—阿拉斯加州　　AZ—亚利桑那州　　AR—阿肯色州
CA—加利福尼亚州　CO—科罗拉多州　　CT—康涅狄格州　　DE—特拉华州
FL—佛罗里达州　　GA—佐治亚州　　　HI—夏威夷州　　　ID—爱达荷州
IL—伊利诺伊州　　IN—印第安纳州　　IA—艾奥瓦州　　　KS—堪萨斯州
KY—肯塔基州　　　LA—路易斯安那州　ME—缅因州　　　　MD—马里兰州
MA—马萨诸塞州　　MI—密歇根州　　　MN—明尼苏达州　　MS—密西西比州
MO—密苏里州　　　MT—蒙大拿州　　　NE—内布拉斯加州　NV—内华达州
NH—新罕布什尔州　NJ—新泽西州　　　NM—新墨西哥州　　NY—纽约州
NC—北卡罗来纳　　ND—北达科他州　　OH—俄亥俄州　　　OK—俄克拉荷马州
IY—俄勒冈州　　　PA—宾夕法尼亚州　RI—罗得岛州　　　SC—南卡罗来纳州
SD—南达科他州　　TX—得克萨斯州　　UT—犹他州　　　　VT—佛蒙特州
VA—弗吉尼亚州　　WA—华盛顿州　　　WV—西弗吉尼亚州　TN—田纳西州
WI—威斯康星州　　WY—怀俄明州　　　DC—华盛顿特区

图 12—1　美国的网络学校

资料来源：Education Week Research Center，"Technology Counts 2005：Technology Transfer：Moving Technology Dollars in New Directions，" *Education Week*，May 5，2005，p. 22. Used with permission.

伴随虚拟学校和课程的传播，一些教育家、政策制定者和研究者表达了对在线学习效果夸张化的担忧。此外，他们担心当学生们不再面对自己的同学和老师时，他们将会失去什么。作为一名已从全美专业教学标准委员会获得资格证书的洛杉矶高中英语教师，艾伦·瓦哈提认为存在一个"整体弱化的概念，即在线学校可以取代学校环境"。他怀疑在线课堂是否能提供"眼神交流"，因为这是教师了解学生对一门课的理解程度或学生对课程感觉如何的因素（Trotter，2002）。类似地，2005 年卡潘和盖洛普的民意调查（Rose & Gallup，2005，p. 53）中公立学校的家长以 64％对 34％的比例不赞成这种方式，他们要求每一所高中的学生至少参加一门在线课程学习。

电子学习和虚拟学校毫无疑问仍会继续发展。同时，一些问题也需要注意，以确保学生有较高的在线学习素养：

- 虽然在线学习或许适合高中学生，但是小学生和初中生是否也应该采用在线学习的方式？
- 在线课程是否应该符合州立的学术标准？
- 当学生们学习在线课程时，谁该为学生提供技术上的保障？
- 在线教师能否通过互联网进行有效的教学？
- 孩子们注册一门在线课程前是否需要征得父母的同意？
- 学生们应该像面对面的互动式课堂一样，接受在线课程的学分吗？
- 学校官员如何确保在线课程的质量，尤其对于那些由其他国家或州的教师提供的课程？

哪些技术能够融合到教学中？

今日的教师能够将一系列足以令人眼花缭乱的技术融合到他们的教学中。直到 20 世纪 70 年代，对于想使用除黑板之外的媒介的教师而言，可用的技术仅限于一台投影仪、一台 16 毫米的电影放映机、一台磁带录音机。在一些具有前瞻性的学区，还有一台电视机。今天，"新型交互式的、具有多媒体效果的、超链接的、网络化的技术提供了无数的可能性……远远超越了由传统的材料（如书本、纸张和黑板）所带来的可能性"（Wiske，Rennebohm Franz & Breit，2005，p. 20）接下来的部分介绍了教师将技术融合到教学中的一些激动人心的方式。

在线社交网络

在线社交网络是一个拥有相同兴趣的人组成的在线共同体。在线社交网络的参与者以不同的方式进行互动；闲聊、电子邮件、博客、语音聊天、讨论组等都是组内成员的交流方式。

社交网络允许使用者通过使用文本、音频、图表、视频和图画来创设自己的文件配置；然后其他人员或小组可以访问配置文件。随着用户"朋友圈子"的扩大，其团体意识也在增强。许多社交网络都有安全设置，允许用户选择谁可以访问他们的配置文件或者与他们交谈。一些社交网络的服务对教师和学生是开放的。接下来要讨论的社交网络服务是在互联网上采用的一个小案例。

FaceBook 和 MySpace

根据 FaceBook 的网站介绍，"FaceBook 是一个允许个人或小组与朋友、同事、同学和邻居联系的工具。FaceBook 允许你和朋友保持联系、上传照片、分享链接和视频，以及从遇见的人中得到更多的收获"。类似地，MySpace 的网站指出："MySpace 是一个在线共同体，它能够让你遇见你朋友的朋友。在 MySpace 创建一个共同体，你可以在上边与和你越来越多的使用共同网络的朋友分享图片、杂志和兴趣。"教师们已成功运用 FaceBook 和 MySpace 使小组项目更加便利、强调典型的工作、建立课堂外的社群意识，以及展示学生创造性的表现。

406

作为一名使用 FaceBook 和 MySpace 的教师，要始终记得你处于公众的眼皮底下。有时，会有一些媒体报道教师因为对 FaceBook 和 MySpace 的使用不当导致其被开除或处分。例如，教师持有关于学生的个人观点，将教师在活动参与中不适合的照片上传，以及师生之间不恰当的交流。

YouTube

当今学生们常访问的另一网站是 YouTube。YouTube 是一个在线的视频交流中心，在网站上学生们可以观看、上传或分享在线的视频。视频的种类从手机镜头捕捉的画面到高端的影视作品，各有不同。用户可以建立配置文件并和朋友分享喜爱的视频。除了作为观看视频的网站，YouTube 还是社交网络的一种形式，因为它可以为用户建立共同体意识。教师们以各种各样的方式使用 YouTube：观看国际新闻报道、政治争论和不同的观点，以及通过刺激性的内容加强课堂教学。

博客

博客是一个由个人创建的在线杂志，它能对访问博客的人进行回应。博客通常由文本构成，也可以包括图像、其他网页的链接，以及支持作者不同主题观点的媒体来源。撰写博客是一种互动行为，因为访问者可以提出与作者陈述相关的观点。图 12—2 呈现了一名高中学生在英语课上所写的博客。

课堂案例：桑切斯先生在 7 年级的课堂上使用专门的博客去回顾一天的教学。他鼓励学生和他们的父母或监护人参与到他的课堂对话活动中来。他发现撰写博客是教师与学生父母或监护人进行交流的一种有效途径，从而促使他们参与到孩子的教育中来。

文学讨论 约拿的博客	我是河缘高中的一名高中生。该网站概述了我的想法，并使我在艾热迪老师的高中英语课堂的阅读和讨论环节得以进行学习。
文学论文	目前它是一项正在进行的工作。我会一直更新链接和增加信息，直到 6 月。访问我的博客，评论我关于当前小说的看法。
比较回顾 角色分析	**工作包括：** 《白鲸记》、《简·爱》、《玉米饼窗帘》、《愤怒的葡萄》、《哈姆雷特》、《失乐园》。
支持性链接 主页	

图 12—2　约拿·特洛普的高中英语概述

资料来源：Timothy D. Green, Abbie Brown, and LeAnne Robinson. *Making the Most of the Web in Your Classroom: A Teacher's Guide to Blogs, Podcasts, Wikis, Pages, and Sites.* Thousand Oaks, CA: Corwin Press, 2008, p. 12.

维基百科

维基百科是一个由很多人来创建、编辑并进行维护的网站。维基百科的网站基于我们的创意而产生，并由用户评论来验证。不同于社交网络的运转模式，维基百科遵循的逻辑是多种声音优于单一的声音，它允许不同的作者进行合作。维基百科的网站允许任何人或一群指定的成员去创建、删除以及（或者）编辑网站的内容。

课堂案例：瑞尔斯利用维基百科完成一项以"创作你自己的故事"为主题的写作任务。她将学生分成五组，要求他们在课堂的维基百科空间上写一个可供分享的故事。学生们需要提出主题、勾勒故事主线、创作并编辑——所有这些都在他们的维基空间上完成。当学生们在维基百科上写作时，瑞尔斯检查了对故事情节的不同描述，检查他们的进展，提供反馈，并与父母和同事分享故事。

3D 虚拟现实世界

3D 虚拟现实世界是在线社交网络最有活力的一部分。3D 虚拟现实世界可以作为活动式和参与式学习强有力的学习工具，这种学习的特点是具有丰富的视觉效果、亲身实践的体验、反复试验的活动以及事件的虚拟参与。例如，一名教师或许会设定某个人的阿凡达身份（一个在线的虚拟形象），并带领学生到博物馆、活火山、化学实验室、宇宙飞船或其他行星和星系去进行虚拟实地考察。参与者可以自由浏览、交流和获取资源，在某些情况下他们可以操控所选择的环境。在互联网上有数十种虚拟现实世界。在教育从业者中，最流行的一个虚拟世界是"第二人生"（http://www.secondlife.com）。

课堂案例：教历史的王老师利用"第二人生"来帮助学生了解过去的事件，并使学生的理解与当下的生活相符合。例如，在学习古希腊的历史时，她在"第二人生"网站上查找到一个类似于古代雅典的"岛屿"。接着她提出学生可以假定的一些角色和所面临的问题——这或许与斯巴达是相矛盾的。学生根据自己的角色穿着化身的服装并将自己表现得如同在古希腊社会的人一般。当然，王老师扮演宙斯的角色并以此在"第二人生"的虚拟世界中引导孩子们的行为。

播客

播客（podcast）是一个通过互联网传送的数字媒体文档。这些文档可以在电脑或 MP3 播放器、手机等移动设备上使用。播客可以实现同步推送，即当有新的内容加载，便可以自动向用户提供数字化档案。与通过网站传输的在线广播相比，播客的接收者能够决定他能收听到的内容和时机。

课堂案例：潘德格拉斯先生在他的化学课上使用了播客。在课堂教学开始时，他拿起一个小的无线麦克风。麦克风与他的电脑连接以便录音。当他展示教学内容以及回答学生们提的问题时，这些互动交流被录在一个电子文档中。当讲课结束时，潘德格拉斯先生打开音频文件，寻找长时间静音的部分，并对其进行编辑。之后他将这些文档发布在他的播客网站上。学生可以对他一周前、一个月前或者一年前上传的材料下载和倾听。

电子档案袋

电子档案袋（E-Portfolio）具备许多功能。然而，最为人所知的是作为评估工具的功能。电子档案袋可以让学生将他们已经完成的工作、他们已经收集的资源放置在一个网站档案袋中。电子档案袋使教师和学生能够审视他们成长和理解的轨迹。

课堂案例：苏珊娜是一名高中生。她开始使用电子档案袋是在大一。最初的时候，她将电子档案袋看作可以储存在线艺术品的地方。然而，当她开始将自己的成果发布在电子档案袋空间时，她增加了发布的内容，其中包括自己所有创造性的学术成果。苏珊娜获得一所著名大学的奖学金，她将这归功于电子档案袋的使用。在她的电子档案袋里，她把为卡特里娜飓风的受害者服务的培训活动照片和日志等高级项目的内容存入档案袋中。此外，还有她成为大一学生以来工作的故事，以及她在音乐创作中的音频文件和艺术工作的图形。最令人印象深刻的是，她的个人反思描述了她的生命哲学和未来的专业目标。正如她所说："如果你想知道我是谁，我可以做什么，我可以去哪里，去查看我的电子档案袋吧。"

408

教学中的数字化资源

网站上可获取的教学中的数字化资源几乎是无穷无尽的。的确，网络对于教师而言就像一家巨大的糖果店，可获取的资源如此之多，因此使用哪种资源便难以取舍。懂得如何去寻找有意义的材料与寻找材料本身同样重要。在进入这家糖果店之前，了解学习目标和免费资源材料是必要的。

学习目标

学习目标（learning objects）是一种数字化资源，它可以循环使用来支持学习活动开展。学习目标是一种小型的数字化资源：它是

独立的——每一个学习目标都可以独立使用。

可重复使用的——一个学习目标或许可以使用在多种情境中。

可以聚合的——学习目标可以被分为几个大的模块，包括传统的课程结构。

可被元数据所标记——每一个学习目标都有描述性信息，从而方便搜寻。（Beck，2008）

学习目标隐含的理念很简单。大量的信息被分解成小块的信息。例如，关于内战的课程或许会由几个小部分组成：内战期间铁路运营的视频，一幅葛底斯堡战役的动画地图，或者与内战时代服饰相关的活动创意。教师可以使用这些目标。他们或许会通过排序的方式选择适合自己的教学目标。

一些在线资源用于创建和存储学习目标。有一些有专门的规定，例如由国家科学基金会资助的国家科学数字图书馆。其他的资源则非常广泛，例如 PBS 教师，以下是从 PBS 网站上摘录的一些描述：

PBS 的教师是 PBS 的国家网络终端，其目的在于提供高质量的幼儿园到12 年级教育资源。在这里你会发现课堂材料适用于很多的科目和年级。我们提供了几千种课程计划、教学活动、按需服务的视频资源和互动游戏以及模拟实验。这些资源与州立和国家的教育标准相关，并且与 PBS 获奖的实况转播和在线程序链接［例如 NOVA、《自然》（*Nature*）、《数学小先锋》（*Cyber chase*）、《狮子之间》（*Between the Lions*）等］。（PBS Teachers，2008）

课堂案例：过去一年里，邓塔先生一直在三个地方担任当地中学的代课教

师。作为一名准备教任何科目的教师，他正为自己寻找一个恰当的名字。最近，一所高中的生物教师染上了流感。该学区在下午 5 点时给邓塔先生打电话，要求他代替这位教师上课。邓塔先生了解到这位教师正在教有关 DNA 的内容。

为了准备一堂关于 DNA 的课，邓塔先生登录 MERLOT 网站（学习和在线教学多媒体教育资源）搜索资料，在过去的一年里他已经做过几次。在 merlot. org 页面，他将 DNA 放置到搜索栏中。他找到了高中 DNA 教学的优质课。这堂课包括了 DNA 形成过程的动画演示以及 DNA 评估的拖放动画。

409

开放资源

20 世纪 90 年代的时候，开放资源（open source）最初源于开放软件和共享软件，是一种通过社区用户传播软件的方法。开放资源材料由一个社区的程序员开发，并在互联网上免费分享。材料的使用者也可以修改和进行重新分配。开放资源常与软件开发相关联，开放资源的活动范围已扩展到教育领域，例如公开课程创新计划。麻省理工学院的开放式课程项目就是一个例子。麻省理工学院已有 1 800 门课程资源可在网上免费获取。教师可以检查教学大纲、教课笔记、资源、评价和教学材料。

课堂案例：据说，巴纳里老师痴迷电脑。她希望她所教的高中生和她一样喜爱电脑。几年来她开设了选修的计算机课程和高等数学课程。通常情况下，一些资优生会选这些课程。在访问了麻省理工学院的开放式课程网站后，她决定将麻省理工学院的一门计算机数学课程作为选修课开设。报名修这门课的学生会了解麻省理工学院的高级程序，并希望在这个高水平课堂上检验他们的能力。

不同学科领域的数字化资源

正如以上的课堂案例所表明的，互联网包含了大量免费的、高质量的学习材料，它们都可以运用到你的教学之中。接下来的部分展示了以各种方式运用在不同的学科领域的简单案例。

艺术

艺术——美术、音乐、戏剧和舞蹈——提供了大量的机会将技术融合至艺术课堂中。教师在艺术课堂中使用技术可以为学生提供下列机会：

- 欣赏世界各地博物馆里的著名艺术片段。
- 创作和分享美术、音乐、戏剧和舞蹈。
- 欣赏不同艺术家的精彩演出。
- 体验不同文化形式的艺术作品。
- 艺术化地表达。
- 与他人分享关于艺术的观点和想法。

课堂案例：在比较小的学区，与其他音乐家同台表演是有所限制的。然而，技术的使用克服了艺术家之间相互分隔的状态。例如，音乐技术通过互联网使人们一起演奏生动的音乐成为可能。一名表演者在一个地方将吉他、键盘、麦克风或其他电子乐器接入电脑，并与对无线电感兴趣的其他乐手联系。教师们创建了全球爵士乐队、弦乐四重奏乐队以及来自世界各地伙伴院校的摇滚乐队。除了音频的链接，音乐技术还包括视频链接，这种链接允许演奏者观看在同一时间演奏的其他人员的表演。

语言艺术

语言艺术——阅读、写作、口语交际——为教师的技术融合提供了很多机会。语言艺术的教师在课堂中使用技术，从而：

- 获取文学巨著中的特藏或典藏。
- 向学生展示著名的演讲视频。
- 使用在线写作实验室，提高学生的写作水平。
- 使用在线剽窃检测程序，防止剽窃。
- 存取难以寻找的期刊。
- 使用动画和音频，提高学生的词汇认知和发音。
- 使用音频教材或电子教材，提高学生的阅读理解能力。

410

"教师之声：走适合我的路"描述了一名 9 年级和 10 年级的英语教师如何将技术融合至自己的教学中，从而提高学生的技术使用能力。

　　课堂案例：《好的读者》是一部由圣迭戈高地牧场小学的 1 年级教师佩恩于 4 月拍摄的电影，它是一个将技术融合到语言艺术课堂中的典型例子。根据一个载有这部电影的链接显示："这些让人吃惊的 1 年级学生导演了这部电影，告诉每个人好的读者应该做些什么。学生们被分配到各个小组中，每个小组有一名摄影师、一名导演和一名发言人。每一位学生都有机会尝试每个角色。一周后，他们都写了脚本，突出强调伟大读者的六个策略。接下来，他们背下台词，练习说得更加洪亮和清晰，拍摄场景，用 DV8 编辑了一段影片。接下来的一周，他们准备观看成品。这些学生不仅是优秀的读者，也是优秀的电影制作者。自从这部电影创作以来，佩恩注意到学生们更加认识到好的读者所采用的策略，并在阅读新材料时运用这些策略。制作这部电影帮助学生通过一个新的视觉过滤器'发现'这些策略。很显然，正是他们需要在策略上提供帮助。"（Poway Unified School District，2008）

数学

几个世纪以来，技术已经成为数学的一部分——从算盘时代到超级计算机时代。长期以来，数学家们依靠技术去解决复杂的数学问题。同样，数学教师将技术融合到教学中是为了：

- 帮助学生理解数值关系。
- 进行数学计算，例如加法、减法、乘法和除法；求平方根；解三角函数和线性方程。
- 帮助学生估计和测量。
- 帮助学生解决在代数和微积分中所需要的符号操作。
- 减少学生在记忆几何和三角函数复杂公式时的焦虑。
- 帮助学生理解更加复杂的数学概念和思想。
- 将数学方法运用到现实生活中解决问题。

　　课堂案例：石老师在当地的小学 3 年级任教。她用数学电脑游戏来巩固学生对基本数学概念的理解，并引入更多的高级概念。例如，《时光攻击》*412*（*Timez Attack*）游戏让学生经过地牢，试着避开可怕的野兽，从狭窄的地方

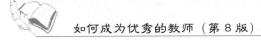

走出去，所有这些都要通过求解乘法来解决。

科学

从小学到高中的科学教师已经在课堂教学中充分利用了技术手段。技术整合使他们能够：

- 和学生一起遨游太阳系。
- 变得很小，可以在人体中遨游。
- 参观海底。
- 体验地震。

课堂案例： 一所农村高中的学生在生物课上使用《第二人生》（*Second Life*）来学习人类大脑。学生和老师将会与一位神经外科医生举行一个虚拟会议，这名医生来自位于"第二人生"公共岛上人类大脑虚拟模型的大型城市医院。在预设的时间里，他们见到了脑干。在简短的医生讲座和问答环节之后，医生带领着他们到大脑解剖图中去，在这里她介绍了脑叶基本功能。学生们可以对脑叶进行操作，并观察脑叶是如何反应的。在大脑解剖图中，他们将会从参观中获得相似的体验。

社会研究

社会学科教师使用技术来探索经济、地理、政治科学、心理学和社会学。例如，社会学科的教师使用技术来：

- 让学生在华尔街股票市场成为场内交易者。
- 使学生成为国家领导人，懂得他们的政治决定如何影响他们所领导的国家。
- 解决贫穷、饥饿和政治腐败等许多国家的人民生活问题。
- 帮助学生体验犯罪和暴力是如何影响受害者生活的。

课堂案例： 穆拉莉娅老师的学生在过去的一周里一直在研究以色列和巴勒斯坦的冲突。他们已经阅读了教材，观看了视频，听了在线的历史讲座，研究了文章和近期的事件，并在课堂上讨论了当下的处境。然而，直到学生们体验了一个电脑游戏，允许他们扮演这场历史性冲突中的不同角色，他们才了解形势是如此复杂和艰难。在这个电脑游戏中，学生们扮演了以色列总理、巴勒斯坦的地方政治领袖、以色列的居住者、在加沙工作的巴勒斯坦人或以色列士兵等角色。每个学生的角色要求反应之后伴随行动，然后是另一个行动，等等。在各种角色中允许学生审视这个复杂的政治格局，使他们开始思考和理解不同的观点形成的巴以局势。

教师之声： 走适合我的路

　　布拉德·卡马迪特到亚利桑那州的弗拉格斯塔夫探险，这是他第一次对城市生活和教师职位的转变。虽然芝加哥和洛杉矶的学习与工作更加适合他，但他仍然为到更小的地方、为选择弗拉格斯塔夫般的易于管理的生活方式做准备。在这个地方布拉德不认识任何人，他的第一年教学生活在一名指定导师、一名非正式导师和其他刚移居到弗拉格斯塔夫的新手教师的支持下变得轻松许多。这三个人从资源介绍、实践建议和熟悉学校环境等方面给了布拉德很多帮助。

另一位新教师与布拉德更多地在心理和情感层面相互辅导。"没有他们，去年将会是一次更大的难关。"布拉德在他教学第二年的前夕反思道。

布拉德在芝加哥西北大学、德保罗大学和伊利诺伊大学的学习经历为他的高中英语教育、写作和交流方面的教学奠定了良好的基础。伊利诺伊大学（在那里他进行了实证研究）强调多元文化和都市教育。在芝加哥市中心学校的一系列教学实践以及在郊区私立天主教学校的一学期教学经历，丰富了布拉德的课堂经验。当他被分配到弗拉格斯塔夫的科科尼诺高中时，这次经历给了他很大帮助，科科尼诺高中有较强的文化多元性，很多学生享受免费或低价的午餐，很多学生并不想上大学。

作为一名9年级和10年级的英语教师，布拉德对于英语课程在范围和顺序上的相对不足表示惊讶。各个学区的英语教师只专注于自己的课程，与同事之间很少甚至几乎没有合作。布拉德认为他需要开发自己的课程。学校之间的孤立引起了布拉德足够的重视，从而使他进入领导岗位。学区开始制作课程地图，朝着标准化和统一的学校课程发展，布拉德参与其中予以协助。他缩短了所有在城市三所高中的英语教师专业发展所需的时间。"我从一个持久发展的资深教师群体那儿获得了转变，"他总结道，"我今年想要继续这项工作。"

"新手教师需要为自己和学生倡议。"布拉德建议说。在设备、书籍和材料上，他们常常得到的是"残羹剩饭"。如果他们不作为专业人士提出要求，告诉其部门主席和主管人员他们需要什么，那么就没有任何改变。布拉德为自己的主张所做的努力感到满意，他争取到的电影、书籍和其他资源促进了他第二年的教学。

布拉德重视技术的作用，他担心他的学生在计算机方面有什么不足："如果他们想要在当今的世界竞争，他们需要在技术上有更高的能力。"对我来说，技术是至关重要的；它改变了我们交流的方式。英语是一门交流的学科，学生们需要了解技术是如何告知我们世界的交流方式的。布拉德在这个领域有高超的能力，因为在他决定成为一名教师前，他曾在多媒体领域工作，他建立过公司的网站，刻录过光盘。在他第一年的教学中，他要求学生提交文档处理作业，并让学生尽可能到计算机实验室去，从而促进技术在教学中的应用。在他第二年的教学中，他计划将学生的学习进展放到这学期的网站页面。

布拉德对新手教师的建议是做独特的自己，并让他们的学生也找寻到自我。他已经和学习困难的学生建立了良好的关系，并将他的成功归因于对待学生的真诚。"当你装模作样时，学生们是知道的。如果你想要他们变得真实，你自己便要真实。他们越将你看作一个真实的人，他们便越愿意为你付出以及和你一起工作。"

教师在何种程度上能够将技术融合到教学中？

正如之前的部分所阐释的，教师可以将令人眼花缭乱的数字化技术融合到教学之中。然而，教师实际在何种程度上使用新技术？如同图12—3所示，百分比数据显示教师使用互联网来开展教学的比例从1999年的54%上升到2004年的 *413* 77%。然而，学校里并未在《不让一个孩子掉队法案》中指出"中学生赴美交流项目"，2004年教师使用互联网的比例仅有69%（Education Week，2005）。

为了确定教师是如何使用电脑以及如何发现电脑的效果，美国教育部做了关于教学、学习和计算（Teaching，Learning，and Computing）的调查，该调查的数据收集源于：（1）2 250 名来自公立和私立学校的 4—12 年级的教师；（2）1 800 名高级技术学校和参与教育改革计划的学校教师；（3）1 700 名校长和学校间的技术合作者（Anderson & Ronnkvist，1999；Becker，1999，2001；Ravitz，Wong & Becker，1999）。

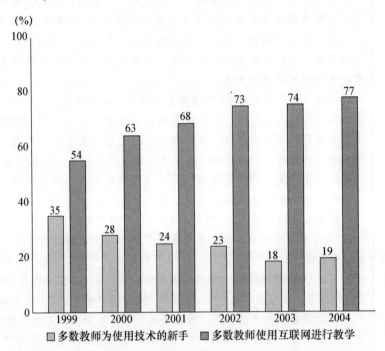

图 12—3　教师的技术使用情况

资料来源：Data from Market Data Retrieval，Technology in Education 2001 and Technology in Education 2004. As first appeared in Education West，Technology Counts 2005，May 5，2005. Used with permission。

课程准备

互联网已被称为"世界上最大的图书馆"，因此，它可以成为一门标志性的资源规划课程。根据 TLC 的调查，28％的教师每周或更为频繁地利用互联网收集信息和资源，以便为他们的教学做准备，40％的人偶尔使用。在家和在学校都能上网的教师中，46％的教师说每周一次甚至更为频繁。例如，在华盛顿州的肯特学区，教师学习使用当地的员工工具箱网站（Staff Toolbox website）（见图 12—4），在网站上他们分享课程计划，并收集其他班级关于学生发展的信息。肯特的教师也使用该工具箱去完成先前繁重的案头工作，以及注册在职培训。

与其他教育者的交流

根据 TLC 的调查，与利用互联网来准备课程和收集资源相比，教师较少利用互联网与其他教育者进行交流。仅有 16％的教师经常利用电子邮件与其他学校的教师交流，23％的教师偶尔如此。然而，"迄今为止，在预测教师互联网使用上最重要的变量是教师的课堂衔接水平"（Becker，1999，p. 29）。例如，有人做了

414

一个关于教师的电子邮件使用情况的比较，即在家中和学校都能上网的教师和只能在家中上网的教师。结果显示，在教室中可以上网的教师与其他学校的教师互通电子邮件的频率比只能在家上网的教师使用电子邮件的频率高出三倍。不足为奇，如果教师在日常的工作中没有做好使用互联网的准备，那么他们使用电子邮件的频率会更少。

Staff Toolbox

Communication Tools

- Outlook Web Access Check your e-mail and calendar online
  - Outlook Web Access Tutorial
- Groupwise is no longer available

Information Sources

- Staff Directory - phone, building, and e-mail search form
- Calendar - district and school activities
- EduPortal - district policies and procedures plus state and federal resources
  [password required - call Customer Support Center at x7030]
- Employee Newsletter - staff news and information
- Community Connections - newsletter, events, and cultural information
- Human Resources - applications, benefits, and human resources information
- Risk Management - workers' comp and safety program
- School Web Pages - view school maps, information and Web pages
- Staff Web Pages - directory of staff members' Web sites
- Technology - district technology resources and information
- Athletics and Activities - sports schedules and information
- Kent School District Library - search for school or district materials
- King County Library - catalog and other information online
- News Sources - ProQuest & other magazines, newspapers, radio & television
- Room to Learn - Moving Forward - Follow the progress on KSD's secondary school reconfiguration

Interactive Tools

- Staff Development - sign up online for classes, view transcripts and more
- Student Information - Star Gazer, online IEPs, attendance and grading
- Lunch Menu - order a sub sandwich or view the menu
- Mileage Manager - track your KSD mileage and print out a report
- InformAGENT - sign up for automatic e-mail from KSD sources
- Medicaid Administrative Match - Forms and assistance for Medicaid Match
- Warehouse Support Services Order Form - order tables, chairs, equipment, supplies, basically anything that needs to be moved from one location to another
- Debit Card - Review your Debit Card transactions

Classroom Tools

- Curriculum Resources - lesson plans and resources for teachers

District References

- Kent School District Policies - school board policies
- Kent School District Student Learning Objectives (SLOs)
- Copyright Information - copyright guidelines for educators

State and Community Resources

- Washington State Essential Learnings (EALRs)
- Office of the Superintendent of Public Instruction - OSPI in Olympia
- Emergency Information - school closure information
- Qwest Dex Directory

Site Search: [ ]
Advanced Search   Search Tips

图 12—4　员工工具箱，肯特学区

资料来源：Kent School District，Kent，Washington. Copyright © 1995—2005 by the Kent School District. Used with permission。

　　虽然将技术整合至学校的尝试需要一些关于教师访问范围和互联网使用情况的信息，但是询问教师"是否相信互联网对于他们的教学是个有价值的工具"其

实更为重要。为了回答这个问题，TLC 调查数据显示 49％的教师相信在自己的办公桌上有一台能够收发电子邮件的电脑是"必要的"，47％的人认为在课堂上能够上网是"必要的"。此外，另有 38％的教师相信，电子邮件的使用是"有价值的"，41％的人认为上网是"有价值的"。这些结果回应了一位 6 年级教师的评论，他鼓励教师将技术作为日常生活的一部分："作为专业人员，我们（教育者）需要相信新的技术。我已做好准备！"（Egbert，2009，p. 17）

将信息和学生工作放到网站上

除了用电子邮件与其他的教育者进行交流外，18％的教师至少一次将信息、专业理念或学生工作放到网站上。例如，随着电子邮件的使用，教师将信息、观点或学生工作放到网站上的可能性与教室是否有网络紧密相关。随着课堂上对互联网的使用持续增加，教师与其他教育者之间通过互联网进行交流和发布材料也随之增加。

许多学区已采取措施利用互联网增加教师间的专业化交流。作为"重塑教育"（Reinventing Education）资助项目的一部分，圣荷西联合学区的教师一直保存着"将技术融合到教学中"的进展的期刊，并将它与其他的教师分享。为了确保教师能够应用他们的技术培训，费城希尔·弗里德曼中学的校长接受了只通过电子邮件和在互联网上专门发布日常通知的课程计划。

通过电脑和网络空间使学生学习更为便利

在本章之前的部分，我们已经给出了一些关于教师如何将技术融合到教学中的例子。基于 TLC 的调查数据，图 12—5 展示了这些技术在教师中使用的程度，他们的学生一般在学年内使用电脑都超过了 20 次。在文字处理之后，使用网络搜

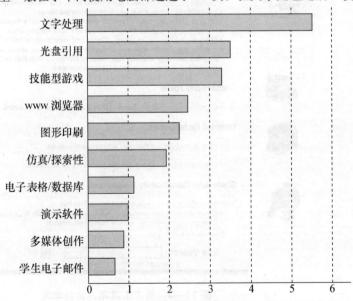

"使用"规模（范围：0~8）

图 12—5　教师经常使用电脑软件的情况

资料来源：Henry Jay Becker, *How Are Teachers Using Computers in Education*? Paper presented at the Annual Meeting of the American Educational Research Association, Seattle, April 2001, pp. 4, 12.

索引擎成为教师指导学生使用电脑最常见的方式。例如，许多教师都让学生们进行网络探究——这是一种在线调查研究项目，由五个部分组成：

（1）关于激发学生探索兴趣的介绍。

（2）对探索目的和结果进行描述和解释的任务。

（3）在探索和资源使用期间遵循的步骤。

（4）由评估准则和评价指南构成的评价体系。

（5）得出结论，结束研究。

随着教师对互联网的使用，学生对技术的使用与教室中有网络直接相关；教室中如果有互联网，几乎有一半的教师让学生至少三次使用搜索引擎来获取信息。相比于慢得多的宽带连接，在课堂中能够直接连通高速网络的教师有 25％会让学生进行网络搜索的次数达到十次乃至更多。在以下的描述中，一名科学教师对学生在网络上搜索信息的优势评论如下：

> 相比主要依靠教材来学习，我认为网络为孩子们提供了更多的机会。我认为网站允许他们走出课堂，看到书本上无法给他们呈现的东西。如果他们愿意，他们可以走出去，看到丰富的人类细胞结构图。他们可以到外边看到丰富的细胞图片。他们可以在显微镜下花上一整天的时间，看见连接如此完美的细胞结构。这是他们从未看到过的，因为它们把最好的结构图呈现在那里。（Wallace，2004，p. 462）

越来越多的教师要求学生利用互联网和他人进行交流，与其他学校进行项目上的合作，并将其成果发布到网上。TLC 的调查显示，大约 5％的教师会让学生参与到课堂外的项目研究和网络发布活动中（Ravitz et al.，1999）。 *416*

如何看待技术融合和学生学习的研究？

自 20 世纪 90 年代早期以来，将技术融入教学已经有显著的增长趋势。现在，教师和其他教育者想知道技术融合是否促进了学生学习。关于技术对于学习的影响，研究结论现今才刚刚开始出现。

明日苹果课堂项目（Apple Classroom of Tomorrow Project，ACOT）

基于 1986 年 7 个幼儿园到 12 年级的教学班启动的明日苹果课堂项目，是最具信息量的研究之一。参与该项目的学生和教师每人都收到两台电脑——一台在学校用，一台在家里用。八年后，研究显示，所有 ACOT 的学生表现得与没有电脑时对他们所期望的一样，而且其中一些人表现得更好。也许，更为重要的是，ACOT 的学生一般没有进行就业调查、合作、技术化和问题解决能力的培养（Mehlinger，1996，p. 405）。此外，90％的 ACOT 学生在高中毕业后上了大学，非 ACOT 学生上大学的比例仅为 15％。而且，ACOT 教师也发生了改变——他们的工作"更多的是作为指导者而不是信息的呈现者"（Mehlinger，1996，p. 404）。

关于 ACOT 的研究另一个积极的发现是，教师如何逐渐地以新的方式在课堂上使用电脑。"当 ACOT 的教师普遍能够改变'教师中心'的教育观时，学生和教师作为学习共同体，能够从这一整体所表现的个人专业领域范围受益。"（Bitter & Pierson，2005，p. 95）教师重新组织他们的课堂，从而使学生能够开展合作学习，而且他们经常为那些愿意在课后留下来继续从事多媒体项目工作的学生重新安排。通常，"学生和教师一起合作，学生经常扮演专家和资源人的角色"（Schwartz & Beichner，1999，pp. 33–34）。

技术整合

参与 ACOT 研究的教师都是志愿者，他们中的许多人几乎没有在教学中使用科技手段的经验。如同学到任何新的教学策略的教师一样，ACOT 的教师经常努力去调整他们新的电脑室。研究者发现，教师在将技术融入教学的时候，要经历五个明显的阶段。

（1）**导入阶段**——对于许多教师而言，这是一个痛苦不断增长和不适应的时期；学习使用电脑所带来的挑战类似于新手教师所面临的挑战。

（2）**接受阶段**——对于电脑整合所产生的挑战变得更加积极主动，教师开始教学生如何使用电脑和软件。

（3）**适应阶段**——教师从教授技术转变为将技术作为教授内容的工具来使用。

（4）**灵活运用阶段**——教师脱离仅仅在日常工作中适应使用电脑的状态，通过技术的使用，自己探索新的教学可能性。

（5）**创造阶段**——渴望超越教师中心的教学，教师开始与同伴在开发真实的、探究取向的学习活动等方面进行合作。

尽管 ACOT 的研究提供了很多的信息，但重要的是要记得它是由电脑制造商资助的一个项目，因此，结果可能受到以下因素的影响：商业中的偏见以及/或者电脑对于教学只有显著和积极影响的期待。事实上，施瓦茨与贝希纳认为，ACOT 项目或许会成为在教育技术领域采用"皇帝的新装"这一视角的缩影。根据 ACOT 报告进行判断，我们必须接受一种观念，即技术是万能的，教育中的技术运用已探寻多年。

其他调查研究的发现

要证实某些教育实践是否对学生学习有实质的影响，一种有效的途径便是进行元研究（meta-analyses），即提取个别研究中的结果，并通过推断一种途径，进行相互间的比较。研究的目的是为了整合统计结果，确定当所有的结果进行验证时研究所揭示的内容（Kirkpatrick & Cuban，1988）。这样的一项元研究回顾了从 1990 年到 1994 年间 133 项关于教育技术的调查研究。研究的结论有：

● 教育技术对于所有的学科领域、所有层次的学校、所有的常规课堂以及特殊需求学生的课堂学业都有显著的积极影响。

● 教育技术对学生态度有积极的影响。

● 效能的程度受学生群体、教学设计、教师角色、学生组合方式以及学生的技术水平等因素的影响。

● 技术使教学更加以学生为中心，鼓励合作学习并促进师生互动。

● 学习环境中的积极转变随着时间推移而不断发展，不会立即产生。（Mehlinger，1996，p. 405）

由希瑟·柯克帕特里克和拉里·库班在斯坦福大学从事的元研究揭示了决定电脑在学习过程中发挥效果的复杂性和困境，尤其该领域的许多研究在方法上存在明显的缺陷。他们指出，除非他们能够详细说明孩子的年龄、主题、软件的使用情况、需要的结果以及学习是如何开展的，否则研究性学习便是无效的。考虑到这些限制性因素，以下是对两位学者的发现作的简单总结：

● 针对中小学生的七项单独研究产生了与成绩和态度转变相关的积极结论，然而三项研究产生了消极或"积极与消极兼有"的结论。

● 关于核心学科教学（例如数学、阅读、科学和社会学科）中电脑有效性的十项单独研究产生了从"非常积极"向"谨慎的消极"变化的结果。

● 十项元研究发现优秀学生的成绩出现在使用电脑的课堂中。

● 五项元研究发现学生的态度有所发展，并且在使用电脑的课堂上，学生能在更短的时间里学会更多的东西。

元研究基础上的研究由于缺乏科学的控制，多数研究被认为在方法上存在缺陷。柯克帕特里克和库班总结道："我们无法确定电脑在课堂上是否实际成为或将会成为他们所希望的那种福利。" *418*

除去电脑指令研究的模糊之处，很明显，教育技术对教学有积极的影响，并且有迹象表明，尤其当我们进入 21 世纪的第二个十年时，技术将会影响教育的所有方面。因此，关于教育技术有效性的问题并不是关注它是否有效，相反地，这个问题应是教育技术如何以及在何种情形下能够提高学生的学习？随着越来越多的资金用来购买硬件和软件，以及对教师进行培训和提供技术支持，教育技术的优势将会更明显。

将技术融合到教学中的挑战是什么？

将技术融合到教学中也存在挑战。无法（在教学中）应对这些挑战会对学生造成欺骗，也会阻碍他们全面参与到数字化时代的活动中。目前有四项最重要的挑战，它们是：所有学校都能连接互联网，使用技术需要的资金支持和技术支持，所有学生都能使用技术，以及高质量、持续性的教师技术培训。

所有学校都能连接互联网

互联网连接是学校地位的重要部分，这种地位得益于在网络空间发现的大量资源。正如我们在本章中所见，互联网使教师和学生能够从世界上最好的图书馆、博物馆、大学和其他文化资源中获取知识。1995 年，比尔·克林顿总统提出创立国家信息基础设施（NII），鼓励所有的学校、图书馆、医院和执法机构能够与"信息高速公路"相连接。一年后，教育折扣（E-rate）项目得以立项，帮助学校和图书馆与互联网连接。教育折扣项目基于学生的家庭收入水平以及他们的居住地是城市还是乡村，来提供学校与互联网接入的优惠比率（农村社区有 10% 的折扣）。随着教育折扣项目购买力的增加，学校可以订购升级的电话服务和更宽的带宽，从而允许更多的数据穿越网络以便使用互联网和电子邮件。

能够连接互联网的国家公立学校比例自 20 世纪 90 年代中期以来已大幅上升。35% 的公立学校在 1994 年时便能连接互联网；到 2005 年，"几乎没有贫困学校和富裕学校的区别"（*Education Week*，2005，p. 40）。

在教育折扣项目实施前，在最富有的学校里，几乎有超过 50% 的教室可以联网，并各自配有一名教师。这种差异在教育折扣项目开始之后便逐渐消失了。到

2000 年，一些贫穷的地区比富裕的地区实现了更多的网络连接（Goolsbee & Guryan，2002）。然而，从 1996 年至 2000 年对加利福尼亚州所有学校的技术使用情况的研究表明，互联网连接的增加并未带来学生在数学、阅读和斯坦福大学成绩测试的科学部分等分数的提升。研究结果指出，从增加的互联网访问量来发现效果的积极性还言之尚早，因为许多教师对于电脑都是"新手或完全没有经验"（Goolsbee & Guryan，2002）。图 12—6 显示了约 7% 的公立学校课堂直到 2003 年也无法连接互联网。

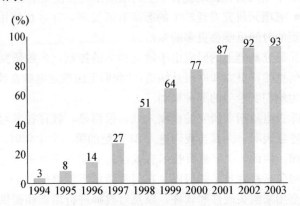

图 12—6　公立学校中连接互联网的教室（1994—2003 年）

注：这些百分比基于所有的公立学校。连接互联网的教室信息是结合学校信息教室的总数来计算连接互联网教室的百分比。报告中的所有估值都使用相同的计算算法对原始数据文件进行重新计算。因此，2001 年公布的结果估值在此处会有所不同。

资料来源：National Center for Education Statistics，*Internet Access in U. S. Public Schools and Classrooms*：1994—2003. Washington, DC：Author, February 2005, p. 4。

使用技术需要的资金支持和技术支持

依据《不让一个孩子掉队法案》第二条和 D 部分提供的资金在帮助州内教育技术一体化过程中扮演了关键角色。近 1/4 的州立报告称《不让一个孩子掉队法案》设立的基金是技术资金的唯一来源，有一半的州立报告称这些基金是他们为教育技术提供资金的"主要"来源（State Educational Technology Directors Association，2005）。只有 10 个州有固定的项目基金来定期替换或更新所有学校的技术（*Education Week*，2005，p. 50）。随着学校持续地与技术融为一体，大约 69% 的全部技术花费用于购买硬件，15% 用来购买软件，9% 提供外部服务，6% 支持员工发展（*Education Week*，2005，p. 8）。

虽然学校获得越来越多的电脑硬件，但大多数学校没有足够的技术支持人员。大约 30% 的学校聘用全职的技术协调员，约 40% 聘用兼职的协调员，约 30% 没有现场的技术支持人员（Furger，1999）。因此，多数学校依赖于中心学区的人员或精通电脑的教师和/或学生来提供支持。

所有学生都能使用技术

在美国贫穷和富裕学校之间，数字鸿沟的减少已经成为一个显著的进步。1999 年，仅有 25% 的中小学校是"高端技术学校"，其学生拥有电脑比例为 6：1 或更高（Anderson & Ronnkvist，1999）。然而，到 2004 年，全国平均每 3.8 名学生便有一台教学计算机，在极其贫困的学校，每 3.9 名学生拥有一台电脑（超过半数的学生有资格获得免费或优惠的午餐）。在多民族学校（超过半数的学生属于少数族裔），每 4.1 名学生拥有一台电脑（*Education Week*，2005，p. 46）。

虽然学校里每台电脑对应的学生数量已减少，但如果基于学校和家中都能使用电脑的基本条件，在家庭收入和少数族裔群体的地位间做比较，有证据表明数字鸿沟依然存在。《国家在线：美国人如何拓宽对互联网的使用》（*A Nation Online：How Americans Are Expanding Their Use of the Internet*）指出，美国商务部（2002）的报告称使用电脑的孩子（10～17 岁）中，仅有 33.1% 的处于低收入水平家庭的孩子使用电脑，这与处于高收入水平家庭的孩子的 91.7% 的高水平数据形成对比。然而，学校力图在各种收入水平的儿童中平衡其使用计算机的差异；根据《国家在线》（*A Nation Online*），80.7% 在学校使用电脑的孩子处于最低收入水平，与 88.7% 的孩子处于最高收入水平形成对比。

独立教学

在有限的技术中释放学生无限的创造力

当我们开始将教学录像融入课程设计时，"赖老师，我们已经准备好拍摄了"成为我的课堂上经常听到的一句话。在这个强调基于项目和以学生为中心的学习的时代，这似乎是件了不起的事情。遗憾的是，这句话后面还常常跟着下面这些话："赖老师，没有多余的摄像机了"，"赖老师，没有为这个摄像机准备的麦克风了"，"赖老师，我没找到三脚架"。当一名教师想要将合作、交流和创造力等 21 世纪的学习技能进行整合，而许多课堂和学校在资源上有所限制时，我们该怎么办？

事实是：几乎没有哪个课堂能够无限地使用多媒体设备。我关注的主要问题是视频设备，但也涉及文章的照片或项目的音频。当我拥有三台或四台摄像机但却有 6～7 个学习小组时，我考虑如何继续开展多媒体项目的教学，这一现实成为我课堂教学的要害。我知道扩大小组容量不是一个有效的解决办法，因为经验和教师的职前培训告诉我，当学生更加主动地参与到其中时，学生的学习才会提高。

正如许多好的解决方案源于我的课堂，该问题的解决来自学生本身。我在下一堂的 4 年级班会课上解释了这个情况。在对技术项目学习的喜爱程度上，我们达成了一致，并且我们都意识到我们没有资金购买更多的设备。同时，我们也清楚，在如此多的课程目标需要完成的情况下，我们不可能在一个项目上花上几周的时间。在简短的头脑风暴和大量的讨论之后，一个学生问了一个简单的问题："我的小组可以做一个非视频的项目吗？或许我们可以制作一本漫画书来代替照片。"另一个小组接着说："我们可以像广播节目那样，只需要录音。"

随着更多的想法涌现，我发现这些都是很好的解决方案。与其锁定在一个特殊类型的项目上，不如让学生选择自己的方式完成这项任务。真正的变化是每个小组是如何创造性地表达它们所知的参数。一些人仍然可以制作视频，其他人可以选择播客、图片文章或多媒体呈现。

分析

教师通常会形成"他们认为这是最简单的选择"的思维定式。从一直存在的州立标准的高风险考试来看，教师总感觉没有足够的时间去思考和计划。许多教师基于教学的便利所做的选择是可以理解的。虽然不存在固有的错误框架或思维，但关注增强学生学习的因素而不仅仅是教学生通常会更有意义。

在这个例子中，我相信全班都需要制作视频，因为这是一个视频项目。但是在每个学习小组中，及时制作自己的视频是不可行的。唯一有可能的一种思维方式转变的解决方案是，我相信自己以一名教师的角色而存在。如果我没有答案来决定"这样就好"，学生便会提出一个更好的解决方案，我们便会在学习中建立伙伴关系。不仅仅是"可以"，允许学生选择他们完成的项目类型对我来说很理想的。我们最大程度地利用设备，同时让参与的学生有更多的选择，它包含了不同类型的多元智能。

在学习中建立伙伴关系，证明了这是在我的课堂上将技术融合到课程中的重要步骤。如同一个雪球，我的学生帮助我发展了项目的想法并成为在特定软件、硬件和故障排除方面的专家。我的思维方式有所转变。我只做认为可以做到最好的事：设计课程。学生们做他们可以做到最好的事：利用技术进行创造和学习。

反思

1. 你还知道其他哪些方法来解决设备限制的问题？
2. 描述一个你经历或观察到的学生对课堂问题自己解决的例子。
3. 在课堂中若想获得更多设备，教师可以采取哪些步骤？

泰德·赖

之前是罗斯密学区詹森小学的 3 年级教师

现在是富勒顿学区的技术和媒体服务主管

高质量、持续性的教师技术培训

使用技术加强学生的学习比投资最新的硬件、软件及其与互联网的联系要求更高。发送电子邮件给学生、家长、同事；课堂展示中增加多媒体的使用；利用图形演示来满足学生多样化的学习风格；设计课程要求学生将互联网作为可查询的资源来使用，所有这些都是教师次要的素质。正如新的技术能力在工作场所是必需的，课堂需要高水平的技术素养。因此，在技术转变前达到熟练，发展评估软件和网站的能力应成为新手教师和资深教师专业发展的重要部分。然而，教师经常抱怨缺乏"如何使用技术来达到课程目标"的训练。为了帮助你评估基于电脑的教学材料，图 12—7 呈现了评估软件程序的标准，图 12—8 是评估网站的标准。高水平技术的缺乏，使得将技术融合到教学中的培训仍会持续，一些学生将会继续进行观察。例如，以下便是两个高中学生引用了 2002 年名为《数字的断裂：精通互联网的学生与学校之间日益扩大的鸿沟》（*The Digital Disconnect：The Widening Gap Between Internet-Savvy Students and Their Schools*）的报告：

	缺乏的	中等的	极好的
用户便捷度			
启动这个程序有多容易？	☐	☐	☐
该程序是否有概述或站点地图？	☐	☐	☐
学生能够轻易地控制这个程序的进度吗？	☐	☐	☐
学生能够轻易地退出程序吗？	☐	☐	☐
学生通过程序可以创建自己的路径，发展他们与要素间的联系吗？	☐	☐	☐
首次使用后，学生可以绕过介绍性或指向性的材料吗？	☐	☐	☐
该程序是否包含了有效的热门链接网站？	☐	☐	☐
包容性			
学生在充分利用该程序的过程中有听力或视觉障碍吗？	☐	☐	☐
学生能够通过单手简单击键操控程序吗？	☐	☐	☐
这些材料是否避免了陈规陋习并反映出敏感的种族、文化和性别差异？	☐	☐	☐
文本材料			
内容如何保证准确性和严谨性？	☐	☐	☐
内容是否得到良好的组织和清晰的呈现？	☐	☐	☐
是否可以搜索到文本材料？	☐	☐	☐
这些内容是否可以整合到课程中？	☐	☐	☐
图像			
图像的分辨率是否为高质量的？	☐	☐	☐
布局是否具有吸引力、用户友好性和整齐性？	☐	☐	☐
图形和色彩是否增强了教学？	☐	☐	☐
图像的色彩在多大程度上是真实的？	☐	☐	☐
图像的大小是否足够？	☐	☐	☐
程序是否具有变焦功能来显示放大的能量？	☐	☐	☐
该程序是否有效利用了视频和动画？	☐	☐	☐
音频			
音频的剪辑是高质量的吗？	☐	☐	☐
音频是否增强了教学？	☐	☐	☐
技术			
安装程序是简单和可靠的吗？	☐	☐	☐
说明是否清晰和易于遵循？	☐	☐	☐
是否可以获得在线的用户友好性？	☐	☐	☐
是否能轻易接触到有益的、彬彬有礼的技术支持人员？	☐	☐	☐
激励性			
该程序是否吸引并维持学生的兴趣？	☐	☐	☐
学生渴望再次使用这个程序吗？	☐	☐	☐
该程序是否给予了合适的、鼓励性的反馈？	☐	☐	☐
该程序是否提供了提示或暗示，从而促进学生的学习？	☐	☐	☐

图 12—7 软件程序评估的标准

我们的教师总是……不知如何使用互联网。

我从未真正接到一项具体任务要求必须使用互联网。（Levin & Arafeh，2002，p.16）

不足为奇，对全国学校联合会（National School Boards Association）所做的一项调查给予回应的学校领导中，有54％的人指出在使用互联网方面，他们依靠学生来提供电脑上的帮助和建议。本章"独立教学"描述了一位教师的学生如何组成合作学习小组提出解决方案，在缺乏设备的情况下完成多媒体项目的过程。

	缺乏的	中等的	极好的
权威性			
作者受到该研究领域权威的尊重。	☐	☐	☐
作者是知识渊博的。	☐	☐	☐
作者提供了一系列的证书或/和教育背景。	☐	☐	☐
作者代表了受尊敬的、可信的机构或组织。	☐	☐	☐
提供了全部的参考信息或信息来源。	☐	☐	☐
提供了作者和网络管理员的联系方式。	☐	☐	☐
全面性			
学科的所有方面都有所涉及。	☐	☐	☐
站点上提供了足够的细节。	☐	☐	☐
信息提供是准确的。	☐	☐	☐
政治、意识形态和其他偏见不明显。	☐	☐	☐
陈述性			
图形是为教育而服务，而非为了装饰。	☐	☐	☐
提供与站点相关的链接。	☐	☐	☐
图标所表示的内容是清晰的，而非含糊不清的。	☐	☐	☐
网站加载较快。	☐	☐	☐
该网站比较稳定，如果有过不稳定，极少是由非功能性因素引起的。	☐	☐	☐
及时性			
最初的网站最近才开发出来。	☐	☐	☐
网站经常更新和/或修改。	☐	☐	☐
网站的链接是最新的、可靠的。	☐	☐	☐

图 12—8　网站评估的标准

423

为了应对专业发展和技术支持过程中质量的不平衡，一些州的教育部门、学区和个别学校采取了一些措施确保教师能够获得他们所需要的帮助，以便将技术完全融入教学之中。目前，有14个州要求对持有初任教师许可证的教师进行技术和/或课程培训，有9个州要求一项技术检测（*Education Week*，2005，p.50）。此外，国际教育技术协会（ISTE）提出了与教学中的技术融合相关的教师专业标准

（2008）。这些标准呈现在图 12—9 中。国际教育技术协会同时提出了针对学生的国家教育技术和性能指标（ISTE，2007）。

1. 促进和激发学生的学习与创造性

教师运用他们的学科知识、教学和学习知识，以及技术知识使体验更加便捷，从而提高学生的学习能力、创造性以及在面授和虚拟环境中的创造力。教师：

a. 促进、支持和以身作则地创造性思考和发明。

b. 吸引学生对现实生活中的问题进行探索，使用数字化工具和资源解决现实中的问题。

c. 促进学生使用合作工具进行反思，从而揭示和分类学生的概念理解、思考、计划以及创造性过程。

d. 通过吸引学生，同时和其他处于面对面和虚拟环境中的人学习，建构合作模型知识。

2. 设计和发展数字时代的学习体验与评价

教师设计、发展和评估真实的学习体验，结合当下的工具和资源进行评价，从而使文本的内容学习最大化，并且提高知识、能力和由 NETS·S 认可的态度。教师：

a. 对融合了数字化工具与资源的相关学习体验进行设计和改编，从而促进学生的学习和创造性。

b. 提供技术丰富的学习环境，使所有学生追求自己的好奇心，并成为解决自我的教育目标、管理自我的学习和评价自己进步的主动参与者。

c. 量身定制，使学习活动个性化，指出学生的多样化学习风格、工作方法以及使用数字化工具和资源的能力。

d. 为学生提供符合学习内容和技术标准的多元化形成性和终结性评价，并使用数据结果作为学习和教学的参考。

3. 模拟数字时代的学习与工作

教师展示了知识、技能，代表着在全球化和数字化时代专业创新的工作过程。教师：

a. 证明在技术系统和当下知识向新技术和新情境转化时的流畅性。

b. 与学生、同伴、家长和社区成员使用数字工具和资源进行合作，支持学生的成功和创新。

c. 交流相关的信息和想法，这些信息和想法对学生、家长和同事而言，在数字时代使用各种媒体和格式都是有效的。

d. 以身作则地对新兴的数字化工具进行有效利用（该数字化工具可以进行定位、分析和评估），使用信息资源从而为学习和研究提供支持。

4. 促进和以身示范数字公民与责任

教师在自己的专业实践中包含了不断发展的数字文化以及法律和道德行为的表现，从而理解地区性和全球性的社会问题与社会责任。教师：

a. 倡导、模拟以及教授安全、合法和道德地使用数字信息和技术，包括尊重版权、知识产权以及寻求合适的文档来源。

b. 通过使用学习者中心的策略，满足所有学习者不同的需求，提供平等恰当的途径访问数字工具和资源。

c. 促进和以身示范数字化的道德规范，通过使用相关的技术和信息，实现可靠的社会互动。

d. 使用数字化时代的交流与合作工具，参与其他文化背景下的同事与学生的互动中，从而发展与以身示范文化理解和全球化意识。

5. 参与专业成长与领导力中

教师不断提升他们的专业实践，以身示范终身学习，通过提高和展示对数字化工具和资源的有效利用来显示其在学校和专业团体中的领导力。教师：

a. 参与当地和全球的学习共同体，探索创造性的技术应用从而提高学生的学习能力。

b. 通过注入视觉技术、参与和分享决策制定和进行社区共建来显示领导力，从而发展领导能力和其他人的技术能力。

c. 基于惯例对当前的研究和专业实践进行评估和反思，从而使现存和新型的数字化工具和资源在学生学习的支持上能够更为有效地得到使用。

d. 为促进学校和社区教学专业化中的有效、活力和自我更新作出贡献。

图 12—9 教师的国家教育技术标准（NETS），2008

资料来源：© International Society for Technology in Education. Retrieved from http://www. iste. org/Content/NavigationMenu/NETS/ForTeachers/2008standards/NETS-for-Teachers-2008. htm. （accessed August 25，2008）.

同时，许多教师教育项目已经采取了创新步骤，例如，以下便是为确保毕业生拥有将技术融合到课堂的能力的相关表述：

● 在华盛顿州立大学，学生们开发了一种在线的知识组合策略，这种策略受到了来自周围的州立教师的批判。

● 在弗吉尼亚大学，学生利用互联网与其他 11 所大学的学生建立联系，基于课堂上共同关注的问题进行案例分析研究；同时，学生写下他们的案例并发布到网上。

● 在圣迭戈州立大学，师范生、正式教师和学校领导参与了由大学教师和往届的师范生每周进行一次研讨的多媒体学术团体。

● 在北艾奥瓦大学，学生们通过电视媒介，通过观察设置了幼儿园到 12 年级的实验学校的"生动课堂"模式进行学习，并与实验学校的教师进行对话和问答。

425

● 在印第安纳大学，学生和世界各地的访问者都在"卓越教育中心"学习教学技术。这是一处配备了 700 台电脑的新的州立艺术服务机构、一间"加强技术的套房"、一个能容纳所有视频分配系统的建筑和一间双向的远程学习视频教室。

● 在博伊斯州立大学，学生们在一所公立学校课堂与一名教师完成了一项 15 小时的技术田野工作实习，该教师能够有效地将技术融合到课程中。

尽管将技术融合到学校中取得了一定的进展，但随着教师不断地努力面对本节中所提及的挑战，学校需要更广泛的支持。教师、专业协会、私营部门、州和联邦政府，以及当地社区必须继续通力合作，从而使数字化技术能够促进每位学生的学习。

426

幸运的是，教师以及其他对教育感兴趣的人，在理解技术作为一个工具促进学习方面的优势和缺陷时，逐渐趋于复杂化。他们充分意识到，如同其他的教育工具——书籍一般，如果他们仔细反思如何使它更好地实现目标和产生激励，那么电脑和相关的技术在教学方面可以成为一个强有力的、几乎无所限制的媒介。

小 结

技术是如何改变教学的？

● 今日的学生成长在一个充满多种技术的环境中，他们几乎毫无例外地觉得技术比他们的老师更让人感到舒适。

● 随时随地学习对于今天的学生来说已经成为现实。

● 许多老师正运用混合式学习法——面对面指导与在线学习活动相互融合。

● 尽管多数公立学校不认为高中生应至少学习一门在线课程，但数字学习和虚拟学校的数量正逐渐增加。

哪些技术能够融合到教学中？

● 越来越多的教师正在将在线社交网络（例如 FaceBook、MySpace、You-Tube、博客、维基百科、3D虚拟现实世界、播客和电子学习档案）的方法整合到教学中。

● 所有学科的教学数字化资源，包括大量的互联网和开放资源材料中的学习主题。

教师在何种程度上能够将技术融合到教学中？

● 教师经常使用互联网为教学搜集信息和资源。在文字处理之后，光盘引用、技能游戏和在网站上开展研究等是最常见的教师指导学生使用电脑的形式。

● 能够在课堂上使用网络的教师比无法通过电子邮件进行交流的教师更有可能将信息和学生工作放到互联网上。

如何看待技术融合和学生学习的研究？

● 虽然电脑和其他技术在各个学校中使用的方式和程度差别较大，但研究表明技术对学生的成绩和态度有积极的影响，公众相信电脑能够提高学生的学习。

● 当他们将技术融合到教学中时，教师发展经历五个阶段：进入、接纳、适应、灵活应用和创造。

将技术融合到教学中的挑战是什么？

● 一些挑战必须面对所有能够参与"高端技术学校"的学生：

（1）所有学校都能连接互联网；（2）使用技术需要的资金支持和技术支持；（3）所有学生都能使用技术；（4）高质量、持续性的教师技术培训。

● 虽然各学区在教师的技术培训上的经费总是不足，培训的质量也参差不齐，但州教育部门、学区和个别学校正寻找新的途径为教师的技术整合提供支持。

● 许多教师教育项目已经研发出创新性方法，为培养技术上称职的教师做准备。然而，许多教师仍然坚信他们还没做好将技术融合到课程中的准备。

● 国际教育技术协会已经提出了将技术融合到教学中的相关教师专业标准。

专业反思与活动

教师日志

427

（1）当技术融合到他们的学习活动中时，除了学生学习的内容和过程，他们从教育技术所创造的隐性课程中还能学到什么？

（2）基于你准备教授的学科和年级，将技术融合到教学中的优势和劣势是什么？

教师研究

（1）对于你准备教的学科和年级，找一些或许会在你的教学中使用的在线学习主题。讲一下你会如何利用它们。

（2）基于学生的年级和你准备教的学科，构建一项将技术融合到教学中的网络任务。

观察与访谈

（1）访问当地的小学、初中或高中两位或更多的教师，了解他们是如何将技术融入教学中的。请他们描述一下技术融合过程中最大的成功之处。在他们看来，在课堂中有效运用技术的最大挑战是什么？

（2）访问当地的一所小学、初中或高中，记录课堂内外技术使用的类型。

专业档案

创建一个电子档案，至少包括你提出的使用三种不同教育技术的学习主题。在你的电子档案中包括一项声明，呈现两个或更多能够有效地将学习主题融合到教学中的原则。

第四部分

你的教学未来

尊敬的导师：

我目前是附近一所大学的成人提升项目（adult accelerated program）的学生。我正在攻读我的人力发展方面的学士学位，而且作为一名教学助理我已经在一个特殊班级（一个为特殊需求的孩子而办的班）工作了八年。尽管我在学校环境中工作，但是我仍有许多未解的问题。

第一，一名教师如何应对那些对其孩子的教育几乎或根本没兴趣的家长？在特殊教育领域工作之后，我认为家长的积极参与很重要，甚至比普通课堂中的学生的家长参与更为重要。

第二，在您的课堂中，您采用什么样的奖励或激励措施？似乎许多教师采用奖励或激励措施来鼓励学生做得更好。然而，也有一些教师不相信奖励机制。

第三，什么样的课堂管理技术对你有用？您有什么关于组织课堂的建议吗？任何避免行为问题的策略都是非常有用的。

对于您对我的问题的关注及您付出的时间和精力，我不胜感激。

盖尔·夏普　谨上
教学助教，6、7、8 年级的特殊教育班
拉斯·帕尔马斯中学

亲爱的盖尔：

感谢你的来信。有经验的教育工作者通过不断问问题来促进他们的实践。你提到要争取更多父母的关注。缺乏学生父母的参与，是大多数教师在他们的职业生涯的某些时候都可能面临的问题。作为教师，我们不应该对父母是否参与作出批判，不应该强调父母能在家里做什么来帮助孩子学习。

在课堂上采用奖励措施，对一些学生可能是一个强大的动力，但是，奖励不一定是实物。例如，一组一直工作的学生可能会首先选择自由阅读时间。同样，学生可以获得一些额外的艺术或电脑时间，或者他们可以被安排特殊的责任。一个奖励制度的成功取决于是什么激励你的学生。

课堂管理是教学的另一个重要方面。设计课堂管理程序，需要考虑你的个性和教学风格，学生很容易被淹没在课堂管理的不必要的复杂的方法中。哈里·王在《开学第一天》（*The First Days of School*，1998）这本书中建议：对课堂行为，抱有 3~5 个基本的预期始终是最好的。

课堂教学过程是必要的，超越了关于什么是不该做的传统的教室规则。课堂的每一个部分，从收集文本资料到合作，你都应该有一个清晰的、结构化的程序。一旦学生掌握了适宜课堂行为的程序，你的课堂应该运行得非常顺利。学生渴望一致性，他们想知道对他们的期望是什么。

你选择了一个非常有益的和有价值的职业。当你继续你的职业生涯，就会发现你想扩展你的经验。除了做一名任课老师，还有另外一种选择，考管理证书成为管理层。此外，获得硕士学位可以为你提供很多机会，不管你的兴趣在于课程开发还是成为一个阅读专家。

我获得了教育学硕士学位，这使我能教大学水平的教育培训和高级研修项目的课程。目前，我正在攻读教育学博士学位，这样我就可以成为一个全职教授，继续我的教育研究的梦想。记住，作为一名教师，你永远不要停止学习！不管不断的专业发展是来自与学生的日常互动，还是追求额外的教育，一名有经验的教师始终是开放的，随时学习新策略，并最终使学生受益。

我希望我的回答会对你有所帮助，祝工作顺利！

此致

梅利莎·达比莉
（拉斯·帕尔马斯中学原 11 年级语言文学教师）

第十三章

成为专业教师

如果真实的改革将要发生，教师在课堂中必须明确教学目标、设计、实施以 431 及评价。改革作为一种在教师间传递的产品，必须被重新设计成为一种过程，而在这个过程中，教师是至关重要的贡献者。

——彭妮·安·阿姆斯特朗：《教师在改革中期待什么：让他们的声音被听到》
What Teachers Expect in Reform: Making Their Voice Heard，2008，p.142

课堂案例：教学的现实 ▶▶▶

挑战： 成为一名专业教师的同时，也要为担负领导使命做好准备。

你是一个领导型教师，同时也是你们学校校本委员会（site-based council）成员之一。当你三年前成为一名教师时，你可能从未想过自己将欣然接受去扮演一个领导角色。然而，去年年初，你决定去争取领导教师的职位，并想在 SBC 取得一席之地。现在，成为教师领导者一年多以后，你意识到全身心地投入领导者的角色是令人兴奋并且令人满意的。实际上，你计划着明年报名参加一个校长资格认证项目。

在学年结束的两个星期前，SBC 的成员聚在一起讨论接下来一年的活动。SBC 的所有成员包括校长、两名校长助理、五名教师和两名家长。当你走进会议室坐下的时候，SBC 的主席，一位数学老师说道："今天，我们将为下一年做计划。正如我们上次会议决定的，今天的会议将致力于确定明年各项活动开展的优先顺序。"

一个活跃的老师，同时也是教师委员会中直言不讳的成员，对此点头表示赞成，说道："想想那些隶属于教师委员会，并期望 SBC 明年继续代表他们利益的大多数教师。作为专业教师，所有人都在学校领导机制的发展中扮演着关键的角色。这有必要成为我们的指导原则。"

"我同意，"另一位教师附和道，"我们已经努力工作了三年，并开发了一个服务于新教师的指导项目——同伴辅导项目。我们已经取得了很大的进步。"

坐在你旁边的教师也回应道："教师必须成为这个变革的中心。如果我们想要像前几年那样，不断取得发展，教师领导力是非常必要的。"对教师领导力持支持态度的几个小组成员，包括校长在内，都对此点头表示赞同。

想想自三年前你从事教学以来拥有的领导机会，你沉浸在一种满足感之中。理所当然地，继续提高所有在校生的教育质量将是一个挑战。然而，每个 SBC 成员承担新的领导角色所应负有的责任，并为此目标的实现而作出贡献的意愿是令人印象深刻的。你因能够从事教学工作而感到自豪，同时也会因和 SBC 成员分享你关于学校改革的想法而感到焦虑。

焦点问题

1. 为何教师的入职阶段很重要？
2. 你能够从课堂观摩中学到什么？
3. 你怎样获得成为一名优秀教师的实践经验？
4. 怎样丰富你的专业档案？
5. 你将会获得怎样的持续的专业发展机会？
6. 教师呈现出的是何种新的领导角色？
7. 教师怎样致力于教育研究？
8. 教师怎样领导学校重组和课程改革？
9. 作为一名新入职教师，你能期待从中获得什么？
10. 作为教师，你的表现将会被如何评价？

正如开放的课堂案例呈现的那样，对于一个教师而言，为学校发展所做的努力引起了持续的巨大改变。教学专业化（professionalization of teaching）在美国稳步地进行着。全国委员会认证、国家支持的教师网络、共享决策、同行互审以及教师—导师项目都处在变化之中，这些变化为教师在课外承担领导角色提供了从未有过的机会。与此同时，教师作为一种职业也受到更大的政治影响，在公众眼中赢得了更高的地位。

此外，学校管理也变得越来越具有协作性和参与性，教师在学校治理中扮演了重要的角色。比如，全美教育管理政策评议会（National Policy Board for Educational Administration）根据 2008 年颁布的教育领导政策标准（Council of Chief States School Officers, 2008, p. 8）强调了"学校领导的合作本质"。

在教师教育项目的尾声，你将开始考虑从学生到教师，最终再到教师领导者的转换。当你想到这种转变的时候，你会感到兴奋和些微的紧张，这是很自然的。作为一名教师，你将扮演一个全新的角色，你将会花一些时间去适应它，以至让你觉得舒服。在这一章中，你将学习怎样组织有效且令人满意的最初几天和前几星期的教学，也将学习怎样成为专业的、协作的学习共同体中的一员。接下来的部分集中讨论学习成为一名专业教师的诸多重要阶段之一：入职阶段。

为何教师的入职阶段很重要？

在美国，公立学校教师的留任已经成为一个主要问题。每年，大批初任教师充满活力和信心地进入教室，遗憾的是，很多人很快离开了这个岗位。在美国，高达 50% 的新教师在入职的最初五年内选择了离开（National Commission on Teaching and America's Future, 2003）。很显然，新教师需要支持、引导和鼓励来使他们变得自信和具有专业技能。

一些初任教师因为个人的困难和担忧，最终放弃了他们选择的职业。富有经验的教师回忆起他们早期作为初任教师的努力，通常对刚入职时面对的困难持一种成败在于个人的态度（Glickman, Gordon & Ross-Gordon, 2007）。"既然我学会了以自己的方式处理刚入职时的挑战，那么，对于今天的教师而言，其成败也在于个人。"他们说道。此外，初任教师可能会认为他们应该和有多年经验的老教师一样富有技巧。

新任教师的反馈表明，他们希望就他们在工作中遇到的问题进行讨论，也希望得到帮助来使他们在教学的最初几年取得成功。相反的是，他们可能感到是被孤立的，并且很少有机会与同事分享这些经历。

初任教师的困难和担忧

初任教师遇到的困难和担忧范围很广。致使他们考虑离职的问题有很多，比如：维持课堂纪律，激发学生的学习动机，对个体差异的回应，对学生功课的评价，和家长保持积极的关系，组织课堂活动，保证足够的教学材料和物品以及处理与学生之间的矛盾。

在一些案例中，教师之所以经历挫折，与缺乏准备时间、和校长发生冲突、处理学生不端行为困难以及不满教学任务（比如，比有经验的教师带更大规模的班级）相关。与同事缺少关于教学的对话，较少机会参与学校范围内关于课程和教学的决策，以及共享技术文化的缺失，都是教师离职的原因（Glickman，Gordon & Ross-Gordon，2007）。

专业入职

教师离职问题的解决方案之一是为初任教师提供能为他们入职前几年辅以支持的项目。然而，"在大多数学区，并没有什么方法去鉴别、培养和奖励最有效率的老师，以保证他们能够选择继续留任"（Olson，2008，p. 12）。纵使高质量的教学在学生成就上拥有最大的影响已经成为一个事实，但一些观察者认为"现有的招募、发展、配置和保护全美教师教学才能的系统是坏掉的"（Olson，2008，p. 12）。

然而，全美半数的州政府要求和提供基金以支持新入职教师的教学辅导项目（Olson，2008）。很多经常与大专院校合作的学区，已经开始了教师入职项目。这些项目中，已经获得全国关注的是佛罗里达州的初任教师项目、加利福尼亚州的导师教师项目、弗吉尼亚州的初任教师援助项目以及肯塔基州的初任教师实习项目。图 13—1 表明，22 个为新教师辅导项目提出了要求和提供支持基金的州，都开展了导师项目，大多数要求了绩效评价，仅有 5 个州要求提供个体成长计划。

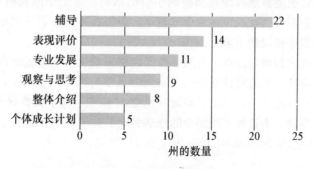

图 13—1　各州的教师入职项目基本要素

资料来源：Lynn Olson.（2008）. Human resources a week spot. Quality counts：Tapping into teaching. Bethesda, MD：*Education Week*，p. 19。

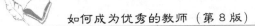

434　　　　入职项目至少在入职的第一年为初任教师提供了持续的援助。大多数的入职项目服务于以下目的：

- 改善教学能力。
- 在入职的这些年增加有前途的初任教师留任数量。
- 通过改善教师对自我和职业的态度来培养初任教师个体的和专业的幸福感。
- 满足与入职和认证相关的强制性要求。
- 向初任教师传播学校系统的文化。

为了实现这些目的，入职项目提供了诸如基于教师认同需要的工作坊，个体而非上级关系的观摩和随访会议，来自导师教师（或者密友）的支持，以及针对初任教师的小组支持会议。

你能够从课堂观摩中学到什么？

课堂观摩是一种丰富教学知识的极佳方式。大多数教师教育项目要求学生参与包括课堂观摩在内的实地体验。学生指出，这些体验帮助他们做出了自己决心成为教师的最终决定。其中，大多数教师变得更加富有教学激情和更加主动，以获得重要的知识和技能。但是，也有少数人认为教学并不适合他们。

意识到观摩的价值，很多教师教育项目正在增加实地体验的数量，并且将类似的实地工作安排到学生培养的项目中。比如，在华盛顿州立大学，准备成为小学教师的学生要完成一个星期的课堂观摩，并以此作为他们的第一个教育课程的一部分。在项目的后期，华盛顿州立大学的学生完成了两个以 45 小时为一个模块的，针对从幼儿园到 8 年级课堂的观摩和一个 5 周的高阶教育实习（或实地体验），而这个实践也需要每周几个小时的课堂观摩。

技术和课堂观摩

远程学习——视频传输技术的应用，能够允许学生在多样化、远距离的地点接受指导，现在也能够使得大学中的职前教师对校外的课堂进行观摩。比如，在内布拉斯加大学，一个叫作全视通（pictureTel）的录音—录像互动会议技术系统，在互联网连接的情况下，能够允许在任何一个课堂中进行远程视频（Austin & Adcock, 2002）。大学教师能够进行远程控制以便于学校的照相机能够在教室中追随教师，也能够通过变焦捕捉到小组的活动。这个小照相机几乎不发出任何声音，所以它不会干扰到正常的课堂教学。通过巧妙地安置卫星电话，教师和学生的声音也能够被录制下来。

相类似地，远程学习能够确保在德州农工大学和孟菲斯大学的学生观摩市中心的课堂，也方便针对他们观摩到的现象与教师进行讨论。孟菲斯互动影像机项目的设计者之一在评论其益处时说道："以前，每个人参观不同的学校并且观察迥异的事物，而这种实践经验的分享引发了关于教学方法的更加聚焦的讨论。"（University of Memphis, 1994/95, p. 2）

聚焦的观摩

当观摩因具有目的性而更加聚焦和可操作的时候，它们往往就拥有了较丰富的意义。观摩的人可能聚焦在学生、教师二者之间的指导、课程结构或者背景。更具体地讲，比如说，观摩的人可能记录课堂中男生和女生之间的差异或者拥有不同宗教背景的小组成员交流和行为的差异。他们可能记录课堂讨论中学生的兴趣和能力水平，研究学生对于特殊教学策略的反应，或者分析课堂讨论中的提问一反馈模式。 *435*

观摩可能也会被与具体领域相关的一系列的问题引导。比如，初任教师经常因缺乏激发学生学习、质疑的成功体验而受挫，尤其是当这些问题与动机相关的时候，会使得观摩更加有意义和有指导性。图 13—2 呈现了一组与动机相关的有帮助作用的聚焦问题，类似的问题也会出现在其他的关注领域，比如课堂管理、学生投入、提问技巧、评价以及亲密的师生关系。

说明：当你观摩的时候，记录下学生的内部动机（来自内部的激励因素）和外部动机（来自他们外在的激励因素）。

内部动机	外部动机
哪些事情看上去是这个年龄段的学生感兴趣的？	教师是怎样表达他们对学生的认可的？
哪些活动和任务能够给予他们自豪感？	在教师的表扬中，他会使用什么短语？
他们何时看上去是困惑的？无聊的？受挫的？	教师会给予何种奖励（比如等级、分数、有形的奖励）？
他们谈论哪些话题时是充满激情的？	你注意到了哪些奖励项目（比如指出可累计的自由时间）？
在课堂讨论中，他们何时是反应最敏捷的，并且是最积极的？	教师给予哪种警告？
使他们满意的、愉快的、开心的，或者兴奋的是什么？	教师给予哪些惩罚？
他们通常会开什么玩笑？他们认为的幽默是什么样子的？	怎样引起学生对教师的关注？学生之间是如何互相激励的？
他们最喜欢的科目是什么？最喜欢的任务是什么？	你观察到的来自同伴之间的压力形式有哪些？
他们所说的最不喜欢的科目和任务是什么？	教师是怎样激发学生对一个任务的激情的？
他们对于个性化的课程（比如在练习中使用他们的名字）是怎样回应的？	教师怎样让学生打起精神？
他们对于活动导向的课程（比如田野工作、工程进度）是怎样回应的？	教师是怎样在一堂课的最初几分钟引起学生的兴趣的？
他们对于需要小组在课外（比如家庭中、另一个班级中、商业会议室中）进行展示的任务是怎样回应的？	哪种问题能够获得更多的答案，回忆式的还是开放式的？教师是怎样让安静的学生参与课堂讨论的？
他们对分配任务中给予选择的权利是怎样回应的？	教师是怎样让不活跃的学生投入他们的功课的？教师采用了哪种方式对完成任务的学生给予认可？

图 13—2 动机观摩的引导问题

观摩工具 *436*

很多方法都能够用于课堂观摩的实施：从非正式的定性描述到正式的定量检查表。伴随着提高全美教育改革的尝试，促进教师教学能力的评价工具也得到了开发，这也是广泛地被学校管理者赋予要求的任务之一。那些准备从教的学生能够通过在观摩中使用这些评价工具而获益。一个工具的例子就是图 13—3 呈现的佛罗里达行为表现测量系统（Florida Performance Measurement System）筛查/整体观摩工具。

基本信息框架（请打印）
教师姓名_____（姓）_____（名）_____（中名）
社会保险号_____
毕业院校_____院校代码_____
是否毕业于教育学院　□1. 是　□2. 否
教龄_____
区域名称_____区域编号_____
学校名称_____学校编号_____
观摩者姓名_____（姓）_____（名）_____（中名）
社会保险号_____
职位：□1. 校长　□2. 校长助理
□3. 教师　□4. 其他
班级_____年级（仅详细说明一个年级水平，成人教育填写13，幼儿园或者学前教育填写00）

观摩科目

□1. 语言艺术	□9. 家庭经济
□2. 外语	□10. 其他职业教育
□3. 社会科学	□11. 美术
□4. 数学	□12. 音乐
□5. 科学	□13. 特殊学生教育
□6. 体育 ROTC	□14. 其他（详细说明）
□7. 商业教育，DCT，CBE _____	
□8. 工业艺术/教育 _____	

教室/设备类型

- □1. 常规教室——自足的，开放的
- □2. 实验室或者商店
- □3. 实地，球场，体育场
- □4. 多媒体教室或者图书馆

学生总数_____

观摩信息　日期_____/_____/_____

观摩者身份　□1. 教授　　□2. Dis. Assess
　　　　　　□3. 其他（详细说明）_____

筛选观摩　□1. □　2. □　3. □　4. □

总体观摩　□1. □　2. □　3. □　4. □

观摩开始时间_____：_____

观摩结束时间_____：_____

测试开始时间_____：_____

测试结束时间_____：_____

被观摩的课堂中教师的授课方式

- □1. 讲授
- □2. 互动/讨论
- □3. 独立学习/实验或者工作坊

教师签名_____

观摩者签名_____

没有投入的学生数量 1. □　2. □　3. □　4. □

437

领域	有效的教学		不频繁	频繁	频繁	不频繁	无效的教学
3.0 教学组织和发展	1. 立刻开始教学						1. 延迟
	2. 有顺序地组织材料						2. 不系统地组织材料
	3. 引导学生专注于课堂作业或者对学术焦点问题持续关注						3. 允许与学科无关的谈话和活动
	4. 对教学的开始过程和结束进行回顾						4.
	5. 提问：学术理解/课程进展	a. 单一事实（领域5.0）					5a. 允许齐声应答
		b. 需要分析和解释					5b. 针对一个学生提出很多问题
							5c. 提出非学术的问题/非学术程序的问题
	6. 认可回应/详述/给予正确的反馈						6. 忽视学生的反应/表现出挖苦、嫌恶、冷酷
	7. 给出详细的学习关联						7. 使用泛泛的、不具体的表扬
	8. 提供练习						8. 在没有联系的情况下延伸对话，改变话题

	9. 给出家庭作业/课堂作业的分工说明/分工/检查，给予反馈					9. 布置很多家庭作业的说明，没有反馈
	10. 激励和帮助学生					10. 总是在讲桌旁，不经常巡视
4.0学科内容的展示	11. 探讨概念——定义/原因/举例/不举例					11. 仅仅给出定义或者例子
	12. 讨论原因—结果/使用关联词/应用法律或者规则					12. 既不讨论原因，也不讨论结果/不使用关联词
	13. 陈述和应用学术规范					13. 不陈述/不使用学术规范
	14. 为有价值的判断建立标准和证据					14. 在没有标准和证据的情况下采用价值判断
5.0交流：语言和非语言	15. 强调要点					15.
	16. 口头有激情地陈述/改变学生					16
	17					17. 采用模糊的或者纠缠的对话
	18					18. 采用高声的、刺耳的、高调的、单调的或者听不见的对话
	19. 使用肢体行为来表示兴趣——微笑，手势					19. 皱眉，面无表情或者毫无情感的
2.0学生行为管理	20. 阻止错误的行为					20. 延迟阻止/不阻止错误行为/阻止惩罚
	21. 维持教学动力					21. 缺少动力——零碎的非学术说明，考虑过度

观摩者笔记：_____

_____

图 13—3 佛罗里达行为表现测量系统筛查/整体观摩工具

资料来源：Florida Department of Education，Division of Human Resource Development，Tallahassee，FL. Copyright © 1989 State of Florida Department of State. Used with permission。

这个佛罗里达工具的开发基于高效能教师行为界定的教育研究。佛罗里达行为表现测量系统是第一个在全美范围内实施的基于行为表现研究的系统。佛罗里达的初任教师必须展示出其在以下六个领域的行为表现：计划，学生行为管理，教学组织和发展，教学材料的呈现，言语和非言语的交流以及测试（学生课堂展示、课堂行为管理和反馈）。图13—3呈现了这些领域中"有效"和"无效"的四种行为指标。

你怎样获得成为一名优秀教师的实践经验？

教师教育项目设计的目的在于最大程度地给予你在真实教师世界中去实践的机会。通过实地体验和严谨且结构化的体验活动，你将短暂地接触到教学的方方面面，从课程开发到课堂管理。观摩、辅导、小组指导、分析视频案例、操作教学媒体、执行学生教学以及完成各种非教学型任务，都是最常见的活动。

课堂经验

在教学之前将理论运用于实践的机会是非常重要的，因此，许多教师教育项目确保学生参与微格教学、模拟教学、视频案例分析、实习以及助教项目。

微格教学

引进于19世纪60年代的微格教学（microteaching），在那时迅速流行起来，并且在今天被广泛应用。在进行微格教学时，实习教师会给一个小组的学生（5～10人）授课，课程的内容是讲授简明的单一概念，这种方式给了实习教师实践具体教学技能的机会，比如正强化。通常情况下，微格教学会被录下来用于日后的学习。

随着最初的发展，微格教学包括以下六个步骤：

（1）识别一个具体的教学技能，学习并且实践。

（2）学习几本小册子中的一本里的技能。

（3）通过微电影或者录影带观摩教师技能的呈现。

（4）准备3～5分钟的课来展示这种技能。

（5）向同龄的小组成员授课，而且该过程是被录像的。

（6）和指导教师、同龄的师范生一起评论这个录制的课程。

模拟教学

模拟教学（simulation）能够为多种多样的教学技能尝试提供机会。在教学模拟中，学生将要对那些纸笔记录、拍摄或者刻录到录影带的教学环境进行分析。具有特色的是，学校或课堂以及他们将教的学生的假想背景信息都将被提供给师范生，并且这些师范生必须以此作为教学准备。在此指导下，师范生扮演实习教师或者遇到问题情境的教师。接下来，师范生将讨论解决方案的可行性，并且提高其问题解决能力，以及自身对教师扮演复杂情境中决策者这一角色的理解。

一些教师教育项目是通过基于计算机模拟的实验进行的，这能够帮助师范生完善他们的课堂学习计划，同时提高制定决策的能力。以佛罗里达州的诺瓦东南大学的学生为例，他们通过计算机模拟案例的分析，学习如何在小孩子和青少年中诊断有学习障碍的学生。在一些案例中，计算机模拟也被用于教师专业发展，比如一个三维虚拟现实（virtual reality）模拟模型提供针对幼儿园教师对学生需求和感知的理解训练的方法，比工作坊更加有效（Katz，1999），并且，基于计算机的模拟已经用于危机管理中对学校教员的培训（Degnan & Bozeman，2001）。

在VR技术发展过程中已经取得了一些成就，"很难说教师教育领域到底有多大的潜能"（Brown，1999，p. 318）。目前的模拟对于诸如课堂管理或者辅导高动机个体的具体的技巧是有限的。然而，随着VR技术的改进，总有一天我们会看到课堂模拟向我们展现出有着多样需求的学生。

视频案例分析

通过观察、分析并且记录视频案例（video case），教师教育专业的学生能够有额外的机会去观摩课堂实际情境中的模棱两可和复杂性，懂得"教师所面对的事件是没有清晰、唯一的答案的"（Wasserman，1994，p. 606）。观察真实的视频案例能够使学生明白"教学权衡和两难境遇在视频'文本'中呈现时，教师使用何种策略，经历怎样的挫折，做出明智或者不明智的决策"（Grant，Richard & Parkay 1996，p. 5）。

实习

教学实习（practicum）是短期的实地经历（通常为两周时间），借此，教师教育专业的学生将用一定的时间在观摩和协助课堂教学。尽管实习因时间长短和目的而不同，但师范生通常能够对个体或者小组的学习进行指导。比如说，一个善于合作的教师可能让实习教师指导一个小组的学生，给全班学生读故事，教拼写课程，监控学生的课间休息，辅导学生完成家庭作业，教学生歌曲或者是游戏。

助教（classroom aides）项目

在授课前成为助教，是另一种非常流行的提供实践经验的方法。助教的角色主要依赖于学校和学生的特殊需求。一般来讲，助教的工作是在具有资格证书的教师的监督下进行的，并且要尽职尽责以支持教师的教学。课堂中的助教和学院中有课程安排的师范生是相类似的，对学生的学业表现水平和进程进行记录，并且为观摩提供大量的机会。作为交换，教师获得了更多迫切需要的帮助。

教学实习

在职前教师项目中最广泛和值得纪念的现场经验是教学实习（student teaching）。"教学实习为教师教育专业的学生提供了作为未来教师的优势和不足的评价，以帮助他们增强在课堂管理中的能力。"（Wentz，2001，p. 73）而这段时期也需要实习教师承担起相应的责任。当一个实习教师说"我不想让我的学生被教得一团糟"时，这既是一个成长的机会，同时也是一个掌握关键技能的机会。

国家要求师范生在获得教师资格之前要有五个星期到一个学期的时间来进行教学实习。教学实习的本质在教师教育项目中是各不相同的。一些项目甚至会在教师教育专业的学生教学实习的过程中付给其报酬。你被分配给学校中善于合作（或有经验）的教师，而来自大学的督导对你进行阶段性的观察，都是很有可能的。

在你的教学实习任务中，你将很可能花费一半的时间在你的教学上，剩下的时间你将用于观摩和参与课堂活动。用于教学的大部分时间实际上并不是如你所期望的那么重要，真的能够去反思你的经历。两个不错的用以提高教学实习反思的方式是坚持撰写教学实习日志和教学反思日志。

教学实习日志

你的督导可能要求你在课堂实习期间坚持写日志，这样的话你就可以进行教学反思。下面要说的两个案例——第一个出自一位 4 年级的实习教师，第二个出自于一位高中英语实习教师，他们阐述了教学实习日志是如何帮助实习教师丰富对现实教学的处理策略的。

案例 1：今天我教了一堂关于东北部地理的课，孩子们看起来对所教的内容不感兴趣。我叫一个学生朗读社会研究的课文，并且解释一下它。一些学生对这些课文理解非常困难，H 先生说我填鸭式的内容太多了。所以，明天我将把学生分成小组，并让他们自己回答问题，而不是给他们答案。这种方式可能会使学生对学习的投入多一点，在没有对整个课堂进行观察的情况下，确保他们当中优秀的阅读者帮助那些有阅读困难的学生。当我看到学生们呆呆的表情的时候，我感觉糟糕极了。（Pitton，1998，p. 120）

案例 2：针对学生关于老鼠和男人的问题讨论，我在小组内做了反馈。他们找到了可能暗示主题的一个段落，并且也找到了两个可作为征兆的例子。我们感到很兴奋！

在开始讲这个小故事前的四个小时情况是很糟糕的。孩子们几乎没有回应。我快速地调整了接下来一个小时的讲授内容。第五个小时看起来确实好了些。（我想很可能是自己准备过度，并且用一个班级试讲过的原因）我能够意识到什么样的经验是真正有帮助的。现在，我尝试着写了"老虎或者美女"的故事，我将利用同样的材料，但我知道怎样使用它更有效！(Pitton, 1998, p. 143)

像这样无结构、开放式的日志能够使实习生反思他们的教学实习经历。

教学反思日志

为了增强更多可分析性的反思，一些督导要求实习生采用结构化的形式完成日志写作。在教学反思日志中，学生简要描述日常的教学活动，选择一个片段进行分析并解释原因，讨论从中学到了什么、怎样能够将其运用到日后的教学中。为了阐述教学反思日志，下面列举了一个片段的部分记录。这个记录向我们展示了大专院校的学生与督导教师对课堂问题的反应是如何发生分歧的。

12月的日志——艾琳·汤普金斯

事件顺序

1. 到场——第八阶段结束。
2. 第九阶段——帮助莎拉德学习科学。
3. 学校项目之后，和里奇、皮克、汤姆一起学习科学。
4. 后来和索托老师负责校车晚班车的监督。
5. 下班。

片段

我帮助里奇和皮克填写了一个关于不同细胞位置和功能的表格。皮克问了我一个问题，另两个学生嘲笑他。我开始解答他的问题，正在这时，索托老师走到我们坐着的桌子旁，朝着皮克喊。她说："皮克，我不允许你在其他学生做功课时分散他们注意力。"皮克正准备告诉索托老师他向我询问的问题，索托老师说："我不关心。如果你没有什么要说的，你可以离开这个房间了。做你的作业并且保持安静，或者出去！"然后她向我道歉，接着转身帮助另一个学生去了。

分析

这一幕过后我感到很受挫。这是我第一次见到索托老师对学生提高嗓门并且责备他制造麻烦，而这个学生完成了功课，其他学生因为皮克向我问了一个正当的问题而受到打扰。然而，嘲笑他的学生才是真正的问题所在。我感到非常受挫，因为里奇和皮克学习非常努力，并且问了我一个非常棒的问题。令我气愤的是，皮克因询问与主题相关的问题而受到责备。我也感到非常无助，因为我想告诉索托老师这不是皮克的问题。我认为在她的学生面前纠正她不是我应该做的，于是我保持了沉默。我认为我的话将会使事情变得更糟糕，因为这将鼓励皮克继续与索托老师争论，他也因此会陷入更大的麻烦。(Posner, 2005, p. 122)。

尽管教学实习将会成为教师教育项目的顶级经历，但这些经历应该被看作最初的而不是最终的学习机会——这是你后期进行反思和自我评价的第一次机会。这些反思的益处将在接下来的评论中呈现出来："成为一名优秀的教师意味着……以一种长期的、系统的方式考虑教学。通过询问正确的问题，持续不断地批评、改进你的经验，不断检验你在课堂中做的工作，以及它是怎样与更广阔的世界联系在一起的，你能够实现你的目标，成为你期望成为的那种教师。"（Salas，Tenorio，Walters & Weiss，2004，p. 8）

代课（substitute teaching）

除了完成教师教育项目和获得全职教学任务外，你还可以通过选择代课来获取额外的实践经历。如果你得不到一个全职的职位，你可以去代课，要知道当全职的职位空缺的时候，很多学区更偏向于从他们的人才储备库中雇用人员。

代课教师替代了那些因生病、家庭原因、个人原因、专业工作坊或一般会议而缺席的正式在编教师。在美国，每天有接近27万名代课教师被学校雇用。幼儿园到12年级制的学生一整年都在由代课教师教（Substitute Teaching Institute，2008）。

代课教师的质量因州与州之间以及地区与地区之间的差异而不同。对代课教师有着苛刻要求的地区通常放宽其对整个课堂的要求。在很多地区，没有正式资格的代课教师是可以接受的。一些地区对于短期的、以天为单位的代课要求较低，相反，对长期的、全职的代课却要求较高。

在很多地区，代课教师的申请程序同全职教师是一样的；在另一些地区，程 441 序可能会更简单。通常，在代课教师所在的地区，证书是有用的。然而，学校尝试着去避免责任范围外的任务。如果你决定去代课，那么，联系你所在地区的学校以了解雇用代课教师的资格要求哪些相关程序。

尽管代课教师在学校日常运作中扮演着重要角色，然而"研究表明，他们得到的支持是较弱的，没有专门的训练，也很少被评估……总之，代课教师将被期望及时地出现在每堂课上，在没有支持、鼓励或者承认的情况下，维持秩序、点名、上课，给有正式编制的教师留与班级事件相关的便签"（St. Michel，1995，pp. 6—7）。当这些工作情境真正发生变化时，代课就可以成为被给予奖励的、专业的、令人满意的经历。图13—4呈现了代课的优缺点。

作为代课教师的优势和劣势	
优势	**劣势**
● 能够在不用整晚工作和准备的情况下获得经验 ● 能够比较不同学校以及它们所处的环境 ● 通过与管理者和教师会面，能够为面试做更好的准备 ● 教授和学习多种多样的教学内容 ● 从这样的网络中结交朋友 ● 在浏览招聘海报的同时，了解可能的职位空缺 ● 在教学能力方面增强自信 ● 为教学管理技巧提供练习机会 ● 了解学校和学区的政策——得到"内部消息" ● 选择可以工作的日期——灵活的时间表	● 代课教师不像全职教师那样有那么多的报酬 ● 没有诸如医疗保险、养老金计划或者是病假的福利 ● 缺乏有组织的利益表达来提高工资或者改善工作环境 ● 会在一些学校吃闭门羹 ● 必须快速适应不同学校的氛围 ● 缺乏连续性——可能一整天都教语言，接下来教发音

图13—4 代课的优缺点

资料来源：John F. Snyder, "The Alternative of Substitute Teaching," in *1999 Job Search handbook for Educators*. Evanston, IL: American Association for Employment in Education, p. 38.

怎样丰富你的专业档案？

既然你已经踏上了成为教师的旅程，你应该养成评估自己在知识、技能和态度上成长的习惯。为此，你可能希望把你反思和自我评价的结果收集在一个专业档案里。专业档案是用文件证明个体在专业领域的成果的集合。比如说一个艺术家的档案，可能包括了展览的摘要、概括、画作、幻灯片或者照片，以及艺术家作品的评论、奖项和表现其他成就的文件。

近日，新的教师评价方法已经包括了专业档案。比如，全美专业教学标准委员会（National Board for Professional Teaching Standards）使用申请者准备的档案和其他表明成就的证据作为评估教师是否达到委员会认证的高标准的一种方式。几所大学中的教师教育项目正在把档案作为评估候选教师证书获取能力的一种手段。同时，很多学区开始让申请者提交能够证明他们执教能力的档案。

档案内容

你的档案将包括哪些内容？除了本书在专业档案活动方面提出的建议之外，还可能包括如下手写材料：教学计划和课程材料，对自身专业发展的反思，日志，指导教师分配给你的写作任务，你准备的测试样卷，教科书的评论，对学生学业是否达到你预期的教学水平的评价，写给家长的信件样本以及你的简历。非打印的材料可能包括以你为主角的、促进教学和角色扮演活动的录影或录音带，视听材料（PPT 展示、图表，或者其他教学辅助材料），布告栏的照片，描述合作学习或者其他指导性策略的空间安排的图表，成绩册样本，专业组织机构的成员证书，以及获得的奖励。

你的档案应该呈现你最好的成果，并且能够给你提供一个对成为教师具有支持作用的机会。因为专业档案的首要目的是激励反思和对话，你可能希望和你的导师以及其他师范生去讨论在你的档案中放进什么记录。此外，第四版《怎样丰富专业档案：教师指南》（*How to Develop a Professional Portfolio：A Manual for Teachers*）（Campbell et al.，2007）中的下列问题能够帮助你选择合适的档案内容：

> 我将会因我未来的雇主和同行看到我的档案而感到骄傲吗？这是我未来的工作样貌的例子吗？这些展示出了我是支持该职业的教育者吗？如果不是，我怎样修改或者重新安排以便于其呈现我最佳的努力呢？(p.6)

使用档案

除了给教师教育项目提供评价其效能的方法，档案还能够被学生用于各种各样的目的。档案可能被用作：

- 随着时间的变化，建立定性或定量的成就表现和成长记录的方式。
- 反思和设置目标，同时展现你解决问题和达成目标的能力的证据。
- 综合各种零散的经验的方式，换句话说，就是获得整体经验的方式。
- 在个性化指导方面帮助你与教授和建议提供者合作的辅助工具。
- 从课外经历，比如说志愿者经历中获得的知识和技能的展示工具。
- 提供分享自我学习管理和负责的方式。

- 专业教育项目中可供选择的评价手段。
- 国家、地区和州的资格审核的潜在准备。
- 专业雇用程序中的面试工具。
- 将在教育实习中作为介绍用途的扩展性简历。

你将会获得怎样的持续的专业发展机会？

专业发展是一生的过程，任何教师在任何发展阶段都有提升的空间。确实，"知识和技能的持续深化是任何职业完整性的一部分，教师也不例外"（Garet et al.，2001，p. 916）。为了满足专业发展的需求，很多学校系统和大学提供教师的持续专业发展项目。 *443*

专业成长的反思和自我评价

反思和自我评价是为专业成长寻求机会的必要的第一步。而且，这两个过程的延续是真正教学专业化的标志。比如，下面三个教师对于反思和自我评价是怎样使他们获得全美专业教学标准委员会证书作了如下表述：

全美标准认证程序是一个有力且有价值的专业经历。它彻底改善了我作为教育者的尝试。它改变了我对于课程的想法。（吉姆·奥利弗）

全美标准认证程序是一个在最高水平上调查教和学的发展项目，其目标是为学生提供他们能够得到的最好的教育。（迈格·格雷纳）

我告诉教师们，不论他们是否取得了证书，全美标准认证都是他们将会经历的唯一的最有力的程序。这个程序使得教师变得更好。这是伟大教学意义的最终测试。（帕特·格拉夫）（National Board for Professional Teaching Standards，2007，pp. 3，10-11）

关于教师专业发展，有几个问题能够帮助你做出正确的决定。我能够胜任哪些领域？在哪些领域我需要进一步发展？怎样获得我所需要的知识和技能？我怎样应用新知识、锻炼新技能？这些问题的答案将带领你接触专业成长的各种资源：教师工作坊、教师中心、专业发展学校、对实习教师的监督和指导、研究生学习项目以及网络资源。图13—5呈现了这些专业发展经历与你的教师教育项目之间的关系。

寻找一个指导教师

当被问及"能够采取什么措施吸引优秀的人才成为教师并且鼓励优秀教师留任"的时候，在"美国教师的大都会调查"（MetLife Survey of the American Teacher）的被调查者中，有82%的人说"为新教师提供指导和不间断的支持"将会有很大的帮助（Harris Interactive，2001，p. 125）。下面的指导教师解释了她是如何为初任教师提供帮助和支持的：

我经常到他们的课堂进行观摩，并对他们要求或需要得到反馈的那些方面给予反馈。大多数情况下他们会问"我的提问策略怎么样"或者是诸如此类的问题。

他们将给我一个他们希望了解的问题的核心。我让他们知道，我是站在 *444*

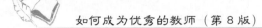

他们这边的，并且想要帮助他们。我将会尽我所能来帮助他们成长。（Peck，2008，p.123）

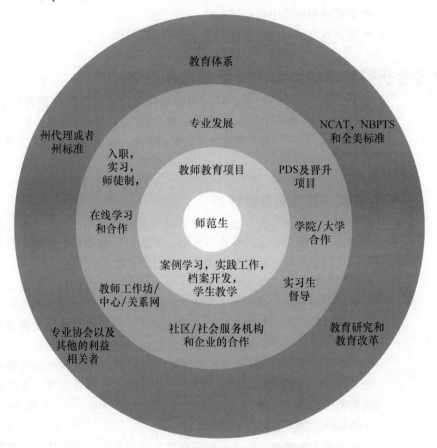

图13—5　专业发展：从师范生到实践者

弗雷斯特·W·帕克在反思指导教师怎样有助于他的专业成长时，对指导（mentoring）做了如下定义：

> 指导是一种集中的、一对一的教学形式。在这个过程中，智慧的、有经验的教师引导有抱负的徒弟（被指导的人）进入一个特别的、尤其是专业的生活方式…徒弟从指导教师身上学到的不仅是客观的专业知识和技能，还有对怎样以及何时在专业实践领域中运用所学的主观的、非隐晦性知识的鉴别力。总而言之，指导教师帮助徒弟"摸清门道"以促进专业的社会化。（Parkay，1988，p.196）

一个城市中学的实习生对于他的指导教师是怎样帮助他发展有效的课堂管理技能的描述为我们提供了他"摸清门道"的例子："你应该形成你自己的个人权力感，"（我的指导教师）一直这样说，"这不是我能教给你的东西。我能够做的就是向你展示你要做什么。我能够做个示范，但是我不知道它是否就是你所具有的。"（Henry et al.，1995，p.14）

那些已经取得很高成就的教师经常指出指导教师在其职前的重要性。一个指导教师能够为学生专业准备的各个阶段提供精神上的支持、指导和反馈。此外，指导教师也能够为徒弟做出可供分析的课堂问题解决的途径的示范。

教师工作坊（teacher workshops）

在职工作坊（in-service workshops）的质量是不均衡的，随学区预算多少、负责安排的管理者和教师的知识和想象力的不同而变化。最具效能的在职项目成为一种趋势，这种趋势意味着由教师请求、设计和实施，就这一点来看具有深远意义。此外，全国针对 1 027 名数学和自然科学教师的研究表明，如果他们能够"(a) 聚焦于科学知识，(b) 提供积极学习的机会，(c) 展现与其他学习活动的连贯性"，像诸如工作坊这样的专业发展活动将会是最有效的（Garet et al.，2001，p.916）。

445

一些工作坊将注意力放在所有教师（不考虑学科和年级）都能受益的主题上，比如课堂管理、跨学科写作、多元文化教育，以及对有学习障碍的随班就读学生的教学方法。为在某一特定学科水平的教师设计的其他的工作坊更关注比如为中学生准备的整体语言技术，高中科学科目中学生的发现学习，以及高中课堂以学生为中心的教学写作，通过这些来观察教师对正式和非正式专业发展经历的描述，这些经历能够确保其在教学中使用整体性的技术。

教师中心（teacher centers）

教师中心"增强学科间的教师团队协作"以及"提供空间和氛围以激励教师间分享和增进对资源、思想、方法、途径、信息和资料的理解"（New York State Teacher Center，2008）。与在职工作坊不同的是，教师中心更加具有开创性，并且是由教师管理的。一些教师中心与地方的或者相邻的教育学院合作，把一些教员纳入计划委员会中。

很多教师发现教师中心具有促进作用，因为它们为学院互动提供了平和的、专业导向的机会。教师们常常发现，许多学校中忙碌甚至近乎狂热的生活节奏几乎没有给同行之间进行专业交流留有时间。此外，在教师中心，教师们通常更乐意开放地去讨论他们在教学中的不足，正如一个教师告诉本书的第一作者的那样：

> 在教师中心，我能够寻求帮助，我不会被评价。给予我很多帮助的教师有过同样的问题。我尊重他们，并且我也愿意向他们学习，对我来说他们是可信赖的。

专业发展学校

在美国，专业发展学校（professional development schools）是学校重建和教师教育改革的一种连接方式。这些学校—大学合作伙伴关系为教师提供了如下的机会：

- 为不同学生提供好的教学项目。
- 为新手教师提供实践的、发人深思的准备。
- 为有经验的教师提供新的理解和专业职责。
- 面向所有教师的研究项目，而这些项目是关于怎样增加使学校更具生产力的知识的研究。（Holmes Group，n. d.，p. 1）

比如说，专业发展学校的教师可能和教师教育领域内的教授组队，教授大学水平的课程、参与合作研究项目、为其他教师提供专业发展的研讨会、安排教师教育者在其课堂上展示教育策略，或者连带地为有前途的教师积累相关的实地教学经验。

对实习教师的监督和指导

通过几年的课堂教学，教师可能准备好了尽自己最大的努力监督实习教师。这样做的一些潜在益处是教师必须重新思考他们做的事情，以便他们能够解释以及证明他们的行为，在这个过程中了解他们自己。此外，因为他们是实习教师的榜样，所以他们不断努力以争取成为更好的榜样。作为交换，他们获得了课堂中的助手——另一双眼睛，做记录的助手——很自然地，他们还获得了独树一帜的想法和激情。

研究生学习

成为具有效能的专业人士的最具挑战的方式之一是在附近的学院或者大学报名研究生项目。很多州现在要求教师通过上一些研究生课程来保证他们的证书和知识不断更新。

研究生水平的班级时间表通常被教师记在脑中，大多数课程都是在夏季周日的晚上进行的。如果你想进行研究生学习，你不仅会发现教师和学生之间的专业性对话是令人兴奋的，还能够获得下个工作日在你的课堂用得上的理论和实践方法。同时，你也可能发现其他的你想要在你长期的职业生涯发展中追求的教育领域——管理和监督、指导和咨询、特殊教育或者课程开发。本章的"教师之声：走适合我的路"描述了一名教师通过研究生学习，最终成为一名教学辅导教师、行动研究者、职员培训者、校长和大学副教授的故事。

教师之声：走适合我的路

教育为教师提供了很多成长的机会和服务的方式。谢里尔·邦纳的专业发展历程很好地说明了这一点。她是一名授课教师、夏季学校的校长、教学辅导教师、行动研究者、技术顾问、职员培训者、成人教育教师、校长，以及大学副教授。谢里尔生涯发展的动力来自于她想要寻求自身知识和技能的扩展，以及抓住一些需要她尽职尽责但有时使她感到不舒服的机会。

她出色地完成了教学实习，因此被邀请去担任另一所学校的长期代课教师。就在她结束在那个学校15年的执教生涯时，她的学区得到了一笔技术拨款。谢里尔参加了职位面试，成为五个脱颖而出的人之一。这个项目的目标是帮助教师、学生和家长提高计算机素养，并且学会把计算机当成学习工具。

谢里尔和其他四名教师在办公室的在职工作坊上课，然后每个人到指定的学校协助教师实践他们所学到的东西。他们帮助其他教师把几种课程教学设计的方法整合进他们的教学中：基于项目的学习，结构主义和"后退计划"。

谢里尔追求的最令人满意的机会之一是在成人教育学校讲授英语，作为公民资格需要掌握的第二语言。这是她的第二份工作，也是一个好工作。"那里的

每个人都在努力工作从而改善生活，更好地交流从而获得更好的工作。他们原本从事着卑微的工作，一周来上四个晚上的课。"有时谢里尔也会在上完一整天的课之后感到很疲惫，并且没有热情给她的班上一周两晚上的课。尽管她的学生白天要做需要耗费很多体力的工作，然而他们依然坚持上课，渴望学习。"我的学生年龄是从 15 岁到 84 岁。84 岁的夫妇在汉堡王做管理员，他们学习英语是为了和他们的外孙交流。"谢里尔很感激在成人学校教课时所获的额外收获：在成人教育中得到了额外的锻炼，和成人一起工作，她发现了她工作所在的社区的不同一面。

她成为夏季学校的校长 7 年了。"我每个夏天都会在夏季学校教书，但是获得这份工作越来越困难了。"她看到夏季学校校长所做的一切，心里想："我能够做那个。"所以她决定申请做夏季学校的校长并且被选中了。

谢里尔同时也决定成为一个需要承担三年义务的教学辅导教师。这类教师将他们 75% 的时间用于同新教师一起工作，以及人员培训，25% 的时间用于新的项目上。她帮助新教师为他们在学校的第一周做准备，引导他们进行课堂管理。她从事的这个项目在进行到第三年的时候发展成为一个她和大学教授共同开展的行动研究，这个研究关注持续默读以及对读者反应进行记录。在大会和学术报告会上，他们公布了自己的发现。这个经历使得谢里尔意识到，自己想在高等教育领域有所作为。

她申请并被选中在附近的一所大学担任研究生学位的课程助教。至此，谢里尔又一次推动了自身的成长，给致力于获得研究生学位的成人上课。考虑她在学校中各种管理岗位的全职教学时间，她成为辅导教师已经有 10 年了。

作为卡伦基础学校的校长，谢里尔带领她的员工申请了一个特殊的认证。"每个想要作贡献的人都可以加入。我们通过头脑风暴，然后被选中的小组要在各种各样的主题中进行选择，写下 17 页申请。"这个出色的项目成果是一篇精彩的报告，卡伦基础学校也因此被选为 2006 年的杰出学校。

现在，处于招聘教师的职位上的谢里尔寻找这样一个人："他看上去尊重孩子，对教孩子富有激情，并且想要使孩子们的生活有所不同"，她也希望他们"成为课堂管理人，担负起相应的责任，理解课堂，帮助学生相信自己"。她同样寻找有着积极态度的人。"教育经常受到抨击，教育的功能也经常遭受质疑。我们不希望教育在新闻中被负面宣传，而是希望它能够点亮人们的生活。"能够独立思考是她进行人才选拔的另一个标准。

谢里尔建议新教师充分利用培训机会，并且留意他们可能获得成长的途径。"有的教师可能一生都想从事教学工作，有的则想要扮演额外的角色，成为学区或者一个特殊项目的培训者。"她注意到还有人可能决定离开课堂成为校长、这个学区的管理者，或者大学教员。谢里尔还在担任学校校长，同时，她也会继续完成博士学位。

这个有天赋的教师、管理者、兼职教授的转换实现过程是惊人的。她的生涯发展路径以及她的谦逊、脚踏实地的考虑对他人具有激励作用，并值得他人效仿。

447 ## 教师呈现出的是何种新的领导角色？

本章提到的开放课堂案例为今天的专业教师是如何回应领导力需求提供了例子。正如本章伊始指出的，教师必须成为教育改革的"核心贡献者"。教师角色将会在21世纪以基础和积极的方式持续变化。

在制定教育政策时，更多的自主权和角色扩展将会提供给你在课堂外延伸领导力角色的机会。为了为这样的未来做准备，你需要在一定程度上培养过去不需要的领导技能。本章的"教师之声：对现实的研究"呈现了一个学校校长讲述的教师领导型学校发展案例。

教师在教师教育、证书认证和人员培训方面的投入

448 教师关于职前准备、证书认证以及人员培训方面的投入是逐年增长的。通过加入全美专业教学标准委员会、州专业标准委员会，以及各州许多地方和全美教育委员会，职前和在职教育的特点正发生着变化。比如，在美国国会组织的全美专业教学标准委员会评价中，有声望的全美研究委员会指出："经过标准认证的教师可以作为教学辅导教师、团队的领导者，以及专业发展活动的组织者；标准认证被看作提高专业发展以及满足教师更高水平的标准保证的一部分。"（National Research Council，2008，p. s-8）

此外，全美专业教学标准委员会建立了一个网络，这个网络设计的目的是为了使全美250万名教师中7%的人能够参与全美专业教学标准委员会认证系统的不同实地试验。全美专业教学标准委员会拨款100万美元用于形式上的教师酬金，以及实地测试的评估材料费用。该实地试验的第一次尝试反映了教师参与全美专业教学标准委员会后是怎样对其专业教学产生积极影响的：

> 我很自豪地说，我是这个国家参与全美专业教学标准委员会项目的首批教师中的一个。处在最好状态，全美专业教学标准委员会能够帮助检验我们所具有的教师技能；能够帮助我们将注意力集中在需要发展的方面；能够鼓励我们对思考型教师做出承诺……当越来越多的教师参与并且得到认证的时候，我们聆听了来自我们自己的声音。我们能够就对于我们和学生来说什么是重要的清晰地表达自己的观点。同时，我们也能够被倾听。（Hletko，1995，p. 36）

教师之声：对现实的研究 ▶▶▶

教师领导型学校的发展案例
拉昆达·布朗

留住骨干教师并且将他们培养为领导者对于学校的发展来说十分重要。校长必须在每一个年级、每一个学科安排一个发挥领导作用的骨干教师。教师领导者以及学校领导团队的成员应该具有与生俱来的服务愿望、对学校运作的高水平承诺，以及专注的志愿精神。

教师必须在各种被提供的教师领导者培训中有发言权。因此，教师领导者能够提供和实施有质量的培训体系，这能够为课堂教师提供一个平衡，这不仅对数据进行了回应，同时也对教师的要求进行了回应。

当人们团结在一起工作时，教师和学校领导能够实现学校发展的惊人壮举。

在全美最具挑战性的一些学校中，教师和学生都是生机勃勃的，因为教师会在识别问题、思考解决方案以及实施针对挑战的解决方案时感到游刃有余。

教师和校长必须是具有创新能力的系统的思考者和合作学习者。他们必须乐于尝试非常规的解决方案，明确教师和学生的需求和利益，描述总结性和形成性的数据，这些数据回应了州和联邦的命令和指导方针——对成功学校职责的概述。加布里埃尔（2005）认为教师领导力"无论对教师而言还是对学生而言，都能够推进学校改革从被动留下到主动关注的变化"。为了使得这个项目圆满完成，管理者必须对新的想法保持开放的、负责的以及理解的态度，意识到最有效的策略和建议通常是来自学校建设中的资源。

问题

1. 教师领导者怎样帮助学校完成"对学生和教师双方而言的、从被动留下到主动关注的改革"？

2. 你曾有过的能够帮助你成为教师领导者的教育、专业或者工作经验是什么？

拉昆达·布朗是加利福尼亚州梅肯市金·丹佛小学的校长。上文摘录和改编于他发表在 *Principal*，March/April 2008，pp. 29-32 的文章。

自从1993年全美专业教学标准委员会的认证项目实施，到2007年为止，大约 *449* 99 300名教师申请了认证，63 800名教师获得了认证（National Research Council，2008，p. s-5）。得到认证的教师不仅在他们所在的学校被视为专业，而且在他们所在的学区及学区外也是如此。比如，这些教师在得到证书后将享有以下专业机会：

• 纽约州杨克斯的海伦·阿洛洛夫（青少年初级/英语艺术证书），被曼哈顿维尔研究生教育学校聘为副教授。

• 加利福尼亚州圣迭戈市的桑德拉·布莱克曼（青少年初级/英语艺术证书），被提拔为55所学校人文科学系资源教师，在那里，她进行基于标准系统的人员培训。

• 亚拉巴马州河谷市的爱德华·威廉·克拉克·金（幼儿初级/全科证书），帮助州教育局和亚拉巴马州教育协会改进全美标准认证训练模式以辅助亚拉巴马州的教师获得该证书。

• 堪萨斯州兰克顿市的琳达·里加（幼儿中级/全科证书），被邀请成为全美名师殿堂特别小组中的一员。

• 北卡罗来纳州谢尔比市的唐娜·W·帕里什（青少年初级/全科证书）被任命为中学课程专家。

教师领导者

"促进全美学校发展的一个重要的行业强调，教师要在他们工作的组织中或者所谓的教师领导层中扮演更多的领导角色。"（Murphy，2005，p. 3）2005年以来出版的以教师领导力为名的一些书已经暗示，教师领导者这个名词已经成为教育改革词汇的一部分：

• 基于学校改进的教师领导概念重构（*Reframing Teacher Leadership to Improve Your School*）（Reeves，2008）。

• 培养教师领导者：教师领导力何如提高学校成功几率（*Developing Teacher*

Leaders：How Teacher Leadership Enhances School Success）（Crowther，Ferguson，& Hann，2008）。

● 实际情景中的教师领导力（*Teacher Leadership in Context*）（Gigante，2008）。

● 教师领导策略（*Leadership Strategies for Teachers*）（Merideth，2007）。

● 教师领导力的最佳实践：获奖教师为他们的专业学习委员会做了什么（*Best Practices for Teacher Leadership：What Award-Winning Teachers Do for Their Professional Learning Communities*）（Stone&Cuper，2006）。

● 搭建教师领导力和学校改进之桥（*Connecting Teacher Leadership and School Improvement*）（Murphy，2005）。

桑德拉·马克奎因是一位教师领导者，他同笔者以及为华盛顿州斯波坎市罗杰斯高中重组而努力的同事一起共事，对他本人从事的专业活动简介说明了教师领导者角色扮演涉及很广的范围。除了教学，这还有一些体现马克奎因领导力的活动：服务于学校—大学合作现场的联络员和协调员，这里的合作是发生于罗杰斯高中和华盛顿州立教育学院之间的：

● 撰写教师发展项目的申请书。

● 帮助其他教师撰写申请书。

● 帮助开发完整的学校—工作课程。

● 准备简讯以保证教员招聘信息是实时更新的。

● 组织和促成人员培训。

● 与区域商业建立联系，并且为学生安排工作实习单位。

● 和社区大学一起来为罗杰斯高中的学生接受大学教育提供可选择的学校。

● 安排代课教师以保证罗杰斯高中的教师有时间从事学校重组工作。

● 在州和区域会议上报告罗杰斯高中的重组情况。

● 安排罗杰斯高中的学生参观华盛顿州立大学。

● 会见校长、校长助理、华盛顿州立大学的教授以及其他人相关人员，以制定短期和长期的校本管理实施计划。

● 主持校本委员会，重组监督委员会，以及其他的与重组相关的委员会会议。

360位教师参与了2002—2007年间的基于科学教育的教师领导的研究（TLRBSE），这个项目是由全美科学基金会资助的。TLRBSE确保有经验的教师领导获得对初任教师进行辅导的职位，上为期一年的在线课程，完成基于研究的课堂科学教育。教师领导者也参与到了坐落于基特峰（Kitt Peak）的国家天文台（National Observatory）以及美国国家太阳天文台（National Solar Observatory）的常驻的工作坊。参与者获得了奖学金、机票费用、住宿费、膳食费，同时也得到了出席全美科学教师联合会议的资助（Rector，Jacoby，Lockwood & McCarthy，2002）。

课堂外的教师领导力维度

近期，有17个州鼓励教师在课堂外扮演领导的角色（Swanson，2008，p. 38）。图13—6呈现了教师课外领导力的11个维度。在过去的几年中，和我们一起从事学校重组项目的许多教师已经运用了这些技能，并实现了一系列的教育目标。教师领导者"视他们的责任为课堂教学外的延伸，包括参与由教师和管理者组成的大团体"（Becker，2001）。在学校，教师和校长都采用"合作的、自然发生的"方式来实现领导。也就是说，全校范围内的特殊计划或者活动的领导者是面向所有 *451* 教师的，它既可能是，也可能不是校长或者管理团队的成员（Parkay, Shindler & Oaks, 1997）。

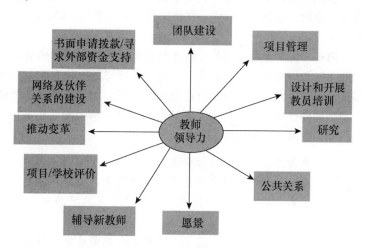

图 13—6　课堂外的教师领导力的 11 个维度

教师怎样致力于教育研究？

今天的教师在教育研究中扮演着日益重要的角色。通过应用教育研究来解决实际的课堂问题，教师检验了教育研究的准确性和有效性，并且帮助研究者识别其他有待调查的领域。作为教育研究的受益者，教师提高了其教学水平，为教育改革作出了贡献，同时也提高了教学的专业地位。

此外，越来越多的教师已经有能力在他们的专业范围内做研究，并且为我们理解教学作出了突出贡献。直到最近，教师才在教育研究中拥有发言权。几十年来，我们已经开展了对教师的研究，如今，我们也见证了由教师自己开展的研究。我们看到了教师研究者的出现，即那些通过开展课堂研究来提高教学水平的专业教师。

决定何时以及如何利用研究指导教学，是专业教师必备的能力之一。比如，在向考特尼·罗杰斯（Courtney Rogers）——一名高中英语教师，同时也是《为了建设更好的学校的教师研究》（*Teacher Research for Better Schools*）的合著者——解释的过程中，一个小学教师讲述了她是如何从教师研究者这个身份中获益的：

> 它让我意识到孩子学习和思考的不同方式……开展研究使得你有时间来思考你正在做什么，通过课堂中发生的、你注意到的以及学生的反馈和回应来跟踪整理整个过程。（Mohr et al., 2004, pp. 66, 69）

开展课堂行动研究

40 多年前，罗伯特·谢弗（Robert Schaefer, 1967）在《作为研究中心的学校》（*The School as the Center of Inquiry*）这本书中提出了如下问题：

> 为什么我们的学校不能渐渐地由学者型教师来运用其掌握的概念性工具和研究所必需的方法来调查他们自己课堂上的学习过程呢？为什么我们的学校不能培养学者型教师这种持续的智慧和力量呢？（p. 5）

452

谢弗的教学愿景如今已经成为了现实。今天，数以千计的教师投入到行动研究中来提高其教学能力。通过把课堂作为实验室，这些教师研究者应用各种研究方法系统地探讨分析了他们的教学成果。此外，他们的研究成果也通过专业会议或者出版物［包括《互联网：在线的教师研究期刊》（*Networks*：*An On-line Journal for Teacher Research*）］得到了传播。

简单来说，无论通过单独的还是合作的形式，行动研究都是教师以课堂为基础的关于如何提高教学的研究。在行动中反思的方法在本章的前面部分已经有所描述，行动研究开始于教师自己发现的问题。比如说，中学教师劳拉·乔丹阐述了她是如何针对她的学生在课堂活动中不集中精力的问题来设计行动研究的［发表在《互联网》（*networks*）］：

> 我的那些6年级高级语言艺术课堂上的学生在参与讨论上尤其有困难，并且他们经常不努力完成任务。经过思考，我发现自己将大多数的教学时间用于讲解和管理学生，而很少安排让学生自己表达创意和独特学习风格的任务。
>
> 意识到这点，我得出了一个结论，就是我需要找到一种新的方式来吸引学生，使得学习经验对学生来说是有意义且有创造性的，能够激发其学习的兴趣。当我开始这个研究的时候，我的目标是判断：如果学生能够选择与其学习风格相适应的活动，他们是否愿意提高学习自主性并且更高质量地完成功课？（Jordan & Hendricks，2002）

运用与乔丹相类似的行动研究的方法，教师勾画出了行动中的技术特征的轮廓，本章提供了一个方法以提高学生对复杂概念的理解。课堂研究的结果和反馈是，他开始利用万兴在线测试生成软件（Wondershare QuizCreator）为学生生成能够自动评分的自我评价方式。

行动研究使得"教师研究者为学生和同事进行概念学习做出了示范，包括开放提问和系统调查那些关乎教学的问题"（Mohr et al.，2004，p.81）。图13—7呈现了以课堂为基础的行动研究五步循环。

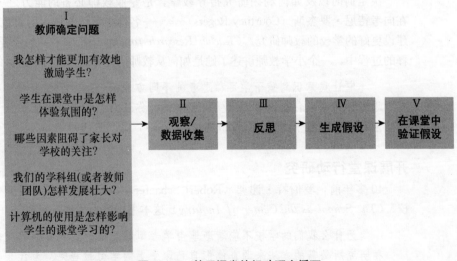

图13—7 基于课堂的行动研究循环

行动中的技术：8年级社会学习中应用的自动评分的小测试和测验

温切尔先生已经在过去的几年中使用了万兴在线测试生成软件生成自动评分的自我评价方式（自动评分的测验工具允许学生形成他们自己的评价）。这个在线测试使得温切尔先生发明了动画驱动的测试，包括音频、动画和文本。这个测试可以是真实的，也可以是虚构的，可以是简短的答案、可点击的地图、多项选择，以及其他的自动回复格式。这个工具让他开发了对课堂讨论、小组项目以及当前实践的评估，并且它能够快速容易地把结果置于一个格式中，这个格式允许学生看到评价结果并且得到及时的反馈，这个反馈不仅仅是对答案正误的简单判断，而且有关于正确答案的详细解释。

在每一堂课的末尾，温切尔先生让他的学生提交与今日之事相关的问题。学生们提交了问题，还有正确和几个不那么正确的答案选项。如果温切尔先生在日常小测试中选用了学生的问题，这个学生将会得到额外的加分。温切尔先生然后就会把这个问题以及正确和不正确的答案选项输入测试软件。其他的学生就可以看到这些问题，进行测试，看看他们的表现如何。只要学生愿意，他们可以重复测试。

温切尔发现，和自动评分的测试工具一样有效的是让学生写下问题的练习，这样的方式也能够帮助学生保留这门课特有的课程信息。年末，温切尔先生就有了涵盖整个学习体系的问题和答案，只要学生需要，他们就能够在任何时间进行回顾。最好的一点是，他们从不用为任何一个问题评分。

自动评分工具：有几个测试生成工具是可供教师使用的。这些工具中的大多数允许教师输入其他的问题和答案，这些问题和答案的来源类似于 excel 或者 word；插入屏幕截图、动画、音乐和声音；随机的问题—答案设置；为每道题提供自动的正确答案的反馈；为教师提供细节报告。

访问：http://www.sameshow.com/quiz-creator.html。这个网站为访问者提供了如下机会：尝试测验生成工具，浏览自动评估工具的具体案例，以及对工具进行操作的技术要求。

可能的应用：教师使用自动评分的评估方式提高学生的学业成绩，省时，并且为不同的学生进行自我评价提供了机会，同时也帮助学生管理自己的学习经验。

尝试：访问 http://www.sameshow.com/quiz-creator.html。下载免费的万兴在线测试生成软件测试版本。一旦软件在你的电脑上安装，你将能够自行设置判断题、填空题、多项选择题、连线题或者小论文题目作为自评工具。

毋庸惊讶的是，考虑到每日的教学工作，成为教师研究者是十分困难的。然而，越来越多的学校重新定义了教师角色，这种定义将开展行动研究也涵盖在内。这些学校意识到，行动研究能够为教育项目的有效性提供数据，提高学生的学习能力，也能为教师的专业成长注入能量。芝加哥附近的海兰·帕克高中行动研究实验室的四名教师对行动研究的益处做了评价： *453*

到目前为止，绝大多数从事行动研究的团队的部分奖励是与教师小组一起学习和成长的机会。这个相互承诺的经历为人员开发提供了一个不错的尝试；通过与这些同事整年地共事，我们能够发现新的想法，在有"安全网"的课堂教学中冒险。除此以外，我们探求新问题和挑战的渴望也通过我们的研究点燃了，我们将会继续在教学和评分尝试中开展行动研究。（Mills，2000，p.97）

454 教师怎样领导学校重组和课程改革？

今天的教师对学校重组和课堂改革提供领导力是抱有积极开放的态度的。尽管教师可能在过去的学校管理中扮演一个受限的角色，但是现在，他们拥有很多机会成为课外的教育领导。图13—8呈现了五种教育改革，每一种都为教师在未来参与政策制定提供了机会。

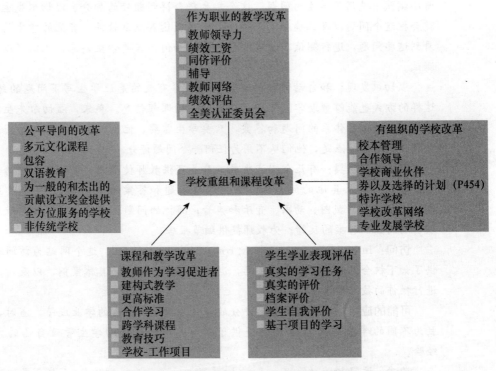

图13—8 在学校重组和课程改革中教师发挥领导力的机会

促进学校改革的领导和合作

成功的学校重组和课程改革的关键在于教师的领导和合作。在美国教育部所赞助的全美教师领导力论坛上，与会教师界定了几种方式，通过这些方式教师可以领导学校改革并为其展开合作。为了呈现每种领导力的形式，我们以教师运用的数以千计的相似的领导力之一为例来做说明。

● 加入专业的教师组织——作为威斯康星州科学教师协会的主席，沙伦·纳尔逊与科学教师协会一起工作，目标是向该州的2 000人普及全美科学教育

455

标准。

● 参与学校决策——堪萨斯州的小学教师梅利莎·汉考克，成为了堪萨斯州立大学的一个实践指导者，并且在与大学建立合作关系中扮演了重要的角色，这使得她的学校成为了一所专业发展学校。

● 建立评价标准——特拉华州的教师简·帕森斯是几名在特拉华任务中扮演领导角色的教师之一，这个任务是为数学、科学、社会学习以及语言艺术制定标准；教师也撰写和试用州范围的评价，这些评价是与新的标准相一致的。

● 和同事分享想法——汤姆·豪和其他的威斯康星州教师开发了一个共享网络项目，这个项目使得教师以有效的指导性实践向同事做正式的陈述。

● 成为新教师的辅导教师——科学教师菲·巴金斯凯在康涅狄格州担任教学辅导教师，这是对她职业生涯初期接受另一个科学教师迪克·里根指导的回报。

● 帮助做人事决定——北加利福尼亚教师玛丽·奥斯特沃特在筛选委员会任职，这个委员会是为了帮辞职教师寻找接任教师而组成的，她任职地区的其他教师是遴选校长委员会的成员。

● 改善设备和技术——雷·汉萨特和其他教师是新技术设备发明创造的动力源泉，这个设备在俄勒冈州雷蒙德市的一所高中，价值 350 万美元。来自西海岸的人们也常来参观。

● 和家长一起合作——在新墨西哥州，马丁纳·马克斯和一个由同事组成的团队参观了原始美洲村庄，在社区推广数学和阅读活动，这些活动是家长和孩子可以一起进行的。

● 和社区建立合作关系——北加利福尼亚的教师斯科特·格里芬成为他所在社区的消防志愿者，并且成为重新设计安全课程的先锋，这个课程在社区学校中展示过。

● 与商业组织建立合作关系——佐治亚州的教师斯蒂芬妮·布莱克尼在与教育项目形成系统性合作关系中起带头作用，这个项目催生了食物银行的诞生，并且亚特兰大的可口可乐公司资助了该学校。

● 与学院和大学建立合作关系以培养未来教师——堪萨斯州前年度教师克里斯蒂·麦克纳利和其他获得奖励的教师同堪萨斯州的教师教育项目建立了合作关系。

● 成为社区领导——杰奎琳·奥姆兰德是南达科他州阿伯丁保留地的校长，他的一个同事是该地区的主席。

● 参与政治活动——华盛顿州的教师艾维·陈担任了公共教育监督机构的财务主管。

● 通过努力使教师的地位更加凸显并且传递正面信息——高中教师拉里·托里斯在新墨西哥州社区报纸上开设了每周新闻专栏，这份报纸将关注正面的教育文章，现在这个专栏占了整版。

以合作为基础的学校改革网络

通过所在学校参与改革的合作网络，很多教师参与到重组和课程变革当中。

这种网络为学校重组提供了培训和资源，同时也为处于网络之中的学校教师帮助那些没有处于网络学校的教师进行教育改革创造了机会。在众多的合作改革网络中有基要学校联盟、全国教育革新网络、跃进学校和各州之间的教育合作关系。

基要学校联盟

基要学校联盟（coalition of Essential Schools）是由布朗大学的西奥多·R·赛泽（Theodore R. Sizer）开创的，它由19个提供直接支持的区域中心组成，这些直接支持包括面向该区域内的上百所学校的学校组织、课堂实践、领导力以及社区联合。这个区域中心在全美基要学校联盟的支持下，通过一个系统性的程序改变校园网以实现控制。没有任何两所联合的学校是相似的，每一所学校都会建立适合自己学生、教员以及社区的重组路径。然而，建立学校联盟以实现重组的目的的努力由十条规则指导着，这些规则是赛泽（1997a，1997b，1997c；Sizer&Sizer，1999）书中对美国学校重构的扩展，书中自上而下的改革信念和标准化方案对学校问题的解决已经不起作用了，教师必须在学校运行中扮演一个重要的角色。最近，由于联盟成立了资源中心，联盟学校中的教师能够对非联盟学校的教师重组给予帮助。

全国教育革新网络

华盛顿大学教育革新中心创建了全国教育革新网络（National Network for Educational Renewal）来为初任教师提供新的机会支持，从而让这些教师投身学校重组、课程改革，以及教师职前准备。全国教育革新网络由来自18个州的19个项目组成，它的成员包括41所学院和大学、100多个学区，以及750多个伙伴学校。全国教育革新网络基于20个教师教育改革的假设，这些假设最初是由约翰·古德拉德（John Goodlad）在《教育革新：更好的教师，更好的学校》（*Educational Renewal*：*Better Teachers*，*Better Schools*，1994）一书中提出来的。"全国教育革新网络成员称为项目，包括大学教员与公立学校教育者之间的伙伴关系，这种关系可能是建立在艺术、科学、教育上的。所有人就像网络中平等的伙伴一样，努力追求民主意义上的教育安排。"（National Network for Educational Renewal，2008）

跃进学校

斯坦福经济学家亨利·M·莱文（Henry M. Levin）创建了一个全国性的跃进学校（accelerated schools）网络，以提供丰富的、严格的课程来提高学生学习速度。与将处于不利处境的学生安排进补习班级相反，跃进学校为学生提供富有挑战性的学习活动，这些活动以往是为那些有天资和才能的学生准备的。跃进学校基于这样的理念：与管理者、教师和社区成员合作的教师必须能够做出重要的教育决定，并且能够为这些决策的实施及其后果负责。全美跃进学校PLUS（Powerful Learning Unlimited Success）的中心现在位于康涅狄格大学，控制着全国13个区域中心。区域中心为想要根据跃进学校模型实现学校重组的教师和管理者提供了帮助。

各州之间的教育合作关系

很多州已经建立了各州之间的合作关系，这个关系是在州立大学或者学院与公立学校间联合的。这些关系中的几种相似专业学校联盟后来被复制，专业学校联盟是由佐治亚大学的卡尔·格里克曼（Carl Glickman）创立的。联盟的目标是提高学生的学业水平，这种提高是通过使用共享的管理以及行动研究聚焦教学和课程专题事件来实现的。根据格里克曼在《学习领导力》（*Leadership for Learning*，2002）和《在神圣的大地上：学校中的领导力、勇气以及耐力》（Holding Sacred Ground：Leadership，Courage，and Endurance in Our Schools，2003）中提出的指导原则，联盟学校通常是重组过程的开始，这种开始是以订立盟约为标志的。这些理念上的相互认同包括：一系列关于学生怎样学得最好，一个特许，一系列关于共享管理怎样在学校中运行的民主发展指南。目前，已有近 100 个联盟学校交换了资源和想法，并且为其他学校的重组提供支持。

作为一名新入职教师，你能期待从中获得什么？

一旦你接受了教师这个职业的挑战，在到学校的第一天前，做好准备是十分重要的。除了复习你将要教授的材料，还应该利用这段时间找出你能够找到的关于这个学校的一切信息：学生、周围社区环境以及学校运行的方式，同时也要思考你的期待。

第一天

当你第一天来到来学校时，可能会感到害怕，正如下面这位新入职教师所描述的：

> 我第一天的课堂教学是孤独的！其他所有教师看上去都很平静并且面带微笑。对于适应这所学校、与同事交朋友以及被我的学生尊重这些事情，我感到非常紧张。万一学生做错了事情而我没有处理得当怎么办？或者万一校长在没有告知的情况下走进来了怎么办？（Hauser&Rauch，2002，p.35）

即使是有经验的教师，当其第一天来到学校时也会感到焦虑，但是，他们的焦虑能够用在为该学年中剩下的时间奠定一个积极的基调，正如下面这位有经验的教师所指出的：

> 在开学第一天，老师和学生的焦虑程度都比较高。充分利用这种感觉能够营造一个好的开端。
>
> 学生希望老师就课程将要怎样开展以及学生在学业上要有怎样的表现这两个方面给予指导。我总是以欢迎学生来到我的课堂开始，并且立刻让他们做一些事情。我将课本和一个索引卡片发给他们，在卡片上，他们写下自己的名字、地址、电话号码和书号。
>
> 当学生填好他们的卡片、翻看课本的时候，我就安排座位表，检查出席情况。在与学生见面的十分钟内，我开始了我的第一节课。通过控制板书的量，我试图在完成任务环节分配更多的时间。在一个活动结束后，我在课堂的中间阶段用几分钟解释他们的分数是如何被评定的、课堂的规则以及额外的帮助机会在什么时候是可以使用的。
>
> 接下来，我们处理了一些课程内容，然后我布置了家庭作业。我告诉学生我会将每次家庭作业写在黑板上的同一个位置。
>
> 如果在第一天设置高标准，就会使得接下来的几天更加容易。我们需要经常关注和调整这一标准，但是这是在第一天设置的框架之内进行的。

458

(Burden&Byrd, 2007, p.177)

就如同这位教师所做的那样，在第一天营造一个愉快的、学习导向型的氛围，将会为你第一年的成功作出重要的贡献。在第一天，学生渴望学习并且希望这一年有所收获。此外，几乎所有的学生都会自然地接受你所说的。对于他们而言，你是一个未知数，他们首先关心的一个问题是你将会是怎样的老师。因此，重要的是你要组织得有条理，并且做好接管的准备。本章中，"独立教学"部分讲述了一位教代数1的老师是怎样利用课堂教学的第一天来对积极的期望进行沟通的，还讲述了其鼓励一个对自己的代数能力有怀疑的学生的故事。

来自经验丰富的教师的建议

我们与学校和老师合作收集了为第一天做准备的建议，这些建议来自城市、郊区以及农村的经验丰富的幼儿园到12年级的教师。教师的建议集中于制定计划、进行有效的管理以及将决定坚持到底这些方面。

这里有一些你能做的小事情，比如在铅笔上粘贴个性化的便签来欢迎每一个孩子。你最好在科学课上搞一些小恶作剧或者是把你最喜欢的儿童故事读给他们听。但是不要将你所有的精力放在第一天，并且不要把那天作为一年中最精彩的一天。做好要完成很多事情的充分准备。不要担心你完不成某些事情。记住，你有一年的时间来完成它。

——中学科学教师

第一天上课时有丰富的资料和待做的事情是非常有帮助的。我推荐携带两份与你的计划相关的资料。多带一点总比用完了没得用要好。你可以在第二天继续使用在第一天没有用完的东西。只需要片刻时间你就能感受到学生进步的速度。

——3年级的教师

第一天是为这一学年制定课堂规则和程序的好时机。但是不要过分强调课堂规则。对于你所期望的学生在课堂中的行为要解释得非常清晰和具体。

——6年级的教师

对于开始而言，重要的是做你在那里应该做的事——教学。交给学生们一些东西，比如复习他们去年学过的内容。这会让他们知道你在掌控这个班级，你希望他们学习。他们将会向你寻求指导——只要你给予他们指导，你就是很好的。

——初中语言艺术教师

459

独立教学

"我现在相信我能够飞翔！"

那是8月中旬炎热的一天，又一个学年将要开始了。每个阶段，当我向来到代数1课堂的9年级新生问好时，我都情不自禁地思考自己为这一年做了哪些准备。看到前一年的学生来到我的课堂我很惊讶，我所能想到的就是："他又留级了吗？"

我喜欢这个年轻的孩子，我想看着他成功。我知道他很聪明，但是去年，他的不成熟以及缺乏自信导致他没有通过考试。我告诉他，因为他去年没有通过我的课，他应该慎重考虑今年换一个老师。因为采用不同方法的老师可能会是他成功的关键。

　　当然，我也清楚地表明了我欢迎他继续留在我的课堂中。我告诉他我对他的看法是：他是一个聪明的男孩，并且我坚信他能够通过代数1的考试。他低下了头，说道："我就是听不懂。"

　　我说："我觉得你可以，并且我也很乐于去做任何能够帮助你通过代数1的事情。"

　　他选择了留在我的班级里，所以我和他谈了一些今年他需要做出改变的方面，但是我并没有强制要求。我希望他有自主选择的权利。我主要的目标是帮助他能够在一开始轻松地面对一些简单的任务。我希望这能够增强他的自信心，这样他就能够理解代数1的概念了。

　　所以，在这一学年开始的时候，我确信他是理解学习过程和学习意义的。最初，他声称："这个问题很简单，奎因老师。"他开始先于其他人完成自己的功课，并且他的功课成为了范本。我每天以恰当的方式鼓励他，希望帮助他建立自信，并且和他建立起一种关系。为了让他知道我对他是多么的关心，当他每天来到课堂的时候我都会和他打招呼，也会和他谈论代数1之外的事情。

　　现在，他体验到了成功，所以他选择做那些我建议他做的事情。比如说，他开始坐在教室中的某个地方，在这里，他不会被其他人打扰到。当我给出一道题时，无论何时他都会努力地解出来，并且总是问我一些他不理解的问题。如果他在某个测试中没有发挥好的话，他总是会复习并且再次做测验。这是我对每一个人使用的方法，但并不是每一个人都能利用这个机会。不久之后，他就成了每天第一个来到课堂的学生。他的成绩从这一年开始的C和D，到下一个季度提高到了A和B。他做得太好了，以至于他不需要进行其他额外的测试。

　　在第三个季度的中期，我开始区别对待他，给他更具挑战性的问题。我知道他能够胜任，并且我希望他能一直有成就感。我也会因为他的新态度而鼓励他。在接近第四季度中期的时候，我开始给他做几何题，为下一年的学习做铺垫。一天，他问我："奎因老师，我明年能够上你的几何课吗？我现在相信我能够做到！"

　　分析

　　像道格·奎因这样有经验的教师懂得教师的期望是如何对学生的学习产生巨大的正面影响的。在代数1这门课之初，奎因的学生坚信他"就是不能理解"代数，然而，他的老师则不然。这名学生被奎因的信念所鼓励，这个信念是他有能力学习，他逐渐体验到了成功，并且开始把自己看作有能力的学习者。此外，奎因对学生的学习负责。换句话说，他把精力集中在了他作为一名教师能做的事情上来提高学生的学习。此外，学生知道他的老师是真的关心他，所以会做任何使他成功的事情。

　　反思

　　● 当一个学生有失败的经历并且认为自己不能够理解某一学科时，老师应该做什么去鼓励这位学生？

● 教师怎样帮助学生理解抽象的概念？

● 教师应该使用何种策略或者方法使学生在学业方面有所成长从而让他们能够取得进步？

道格·奎因

西尔维拉多高中的 9 年级代数教师

460 作为教师，你的表现将会被如何评价？

绝大多数教师定期接受评价来判断他们的表现是否符合令人接受的标准，是否能够为学生创造和维持有效的学习环境。评价标准用于评价教师的变化并且通常是由学校校长、学区官员、学校委员会或者州教育局制定。在大多数学校中，教师是由校长或者领导小组的成员进行评价的。

教师评价有很多目的：决定教师是否留任，确定任期或者评定绩效工资。教师评价也帮助教师评估他们的表现并且提出自我提高的方案。事实上，"获得最多课堂反馈的教师对教学也是最满意的"（Glickman, Gordon & Ross-Gordon, 2007，p. 301）。

定量和定性的评价

一般来说，督导采用定量或者定性的方式（或者是两者的结合）来评价教师的课堂表现。定量评价包括纸笔记录评分表，督导用它可以以数字或者频率的方式客观地记录课堂上的事情和行为。比如说，督导可能关注教师的语言行为——提问、回答、表扬、给予指导以及批评。

表 13—1 呈现了一个督导用于关注学生分心与否的观察工具。这位督导每五分钟扫视全班一次，集中关注每一名学生近 20 秒，然后根据表格底部的要点记录下学生的行为。在 9:00—9:35 之间的扫视结果表明，约翰经常走神玩游戏；马克经常打扰他人；G. 肖恩总是注意力集中。

表 13—1　　　　　学生集中注意力和分心的行为记录表

学生	扫视开始的时间							
	9:00	9:05	9:10	9:15	9:20	9:25	9:30	9:35
安德鲁	A	C	D	E	E	A	B	B
G. 肖恩	A	A	D	E	E	A	C	B
玛丽亚	A	A	D	E	E	C	B	B
萨姆	I	F	F	E	F	A	B	C
芭芭拉	H	F	D	E	E	F	F	B
安吉	C	G	G	C	E	G	G	G
杰夫	A	A	C	E	E	A	B	B
杰西卡	F	F	D	E	E	A	B	E
L. 肖恩	A	A	D	E	H	H	B	B
克里斯	F	F	D	E	E	A	B	C

米歇尔	A	A	D	E	H	H	B	B
马克	A	I	I	F	I	I	I	F
梅利莎	C	A	D	E	E	C	H	B
约翰	J	A	J	I	J	J	J	J
罗兰达	A	C	D	E	E	A	B	F

Key
A＝集中，听/看 F＝分心，被动的
B＝集中，写 G＝分心，做另一门课的作业
C＝集中，说 H＝分心，听别人讲话
D＝集中，阅读 I＝分心，打扰他人
E＝集中，动手活动 J＝分心，游戏

资料来源：Glickman，Carl D.，Ross-Gordon. *Supervision and Instructional Leadership：A Developmental Approach*，7e. Published by Allyn & Bacon, Boston, MA. Copyright © 2007 by Pearson Education. Reprinted by permission of the publisher。

　　从 20 世纪 80 年代晚期开始，一些州还有一些大城市已经开发了各自的观察能力清单，这些能力是新入职教师必须展现出来的，它们源于对有经验教师的行为研究。一般来说，州政府为每个能力都开发了行为指导。来自大学和学区的接受过培训的观察员使用这些来判断教师在课堂中的目标行为的表现情况。在图 13—3 中呈现的佛罗里达行为表现测量系统（FPMS）是观察研究工具的一个例子。

　　相反地，定性评价包括手写的开放式的课堂事件的定性描述。这些更加主观的评价在界定教师优缺点时是同样有价值的。此外，定性评价能够捕捉到课堂中复杂而微妙的东西，而这些可能不会反映在定量的评价方法中。比如，阅读下面来自一位督导的开放性描述的摘录，教师 X 是怎样提高他的教学的？

　　　　学生从 10:13 开始进入教室，教师在桌子旁批改文章。10:15 铃声响起，开始上第三节课。学生仍旧陆陆续续地进入教室。10:25 分，X 老师从桌旁站起来开始上课。这时，除了后面的三个女孩——她们在交谈、梳头发、将钱包里的东西倒在课桌上——其他学生都把他们的书包放好，等待老师的指令。在 X 老师开始后五分钟，他与这三个女孩进行了沟通，然后，她们把梳子和钱包收了起来。X 老师先介绍了这天的活动，却没找到他事先准备好的讲义。找了两分钟后，他在讲台抽屉里找到了讲义。

　　　　在 10:30，校长用对讲机宣布了两个公告。X 老师分配了任务，然后全班在 10:33 开始阅读。两个学生因为讲话而受到批评，在 X 老师走动着给学生们复习昨天的家庭作业时偶尔有谈话声。在 10:45 正式上课之前，他和 12 名学生进行了谈话。然后他做了关于昆虫分类的讲授。黑板上的投影对于坐在后面的学生来说，看不太清楚。一个学生问他是否能够把光线调暗。（Glickman et al.，2007，pp. 256-257）

实践督导

　　很多督导遵循四步实践督导模型：首先，督导与教师们一起进行观摩前的交流，然后再进行课堂观摩，分析和解释观摩数据，最后与教师们一起进行观摩后

461

的交流（Acheson & Gall，1997；Glickman et al.，2007；Goldhammor，Anderson，& Krajewski，1993；Pajak，1999；Smyth，1995；Snyder & Anderson，1996）。在观摩前的会议上，教师和督导一起做课堂观摩的计划、确定目标和关键点以及具体的观摩方法。在观摩后的会议中，教师与督导们分析数据、一同制定提高教学质量的计划。例如，帕姆·约翰逊——一位教数学的老师——讲述了她与 4 年级老师一起组织的观摩前会议和观摩后会议：

462

> 在观摩前的会议中，为了澄清目标，我们讨论了造成封闭式问题与开放式问题得到矛盾答案的原因。我们一起设计了用于判断问题是否直接针对全班、小组或者个体的表格。这个简单的手写表格让我可以标记出问题的种类，它也为我提供了编写我所观察到的开放式问题和封闭式问题案例的空间……

> 在我们观摩后的会议中，罗杰斯老师注意到，仅需要简单地加一个"为什么"或者"解释你的想法"这样的短语，我记录的一些封闭式问题就可以被改成开放式问题。当我们讨论这些数据的时候，我们就不同的问题发生了争论，并且就封闭问题和开放问题发生矛盾的原因进行了深入讨论。作为观察员和督导，我也学到了很多。我们有相同的兴趣点，同时就学生的参与情况进行了交流。（Glickman et al.，2007，p. 315）

完成实践督导步骤是非常耗时间的，而且时间紧迫的管理者们必须经常修正这个方法。例如，金·马歇尔是波士顿小学的校长，这所小学共有 39 名教师。他会随机而且不提前通知地走进不同的教室，每天四次，每次五分钟。这个安排让他在两周的时间内观摩了每一位教师，而每一位教师在一年中会有 19 次机会被观摩。据马歇尔说：

> 一个常规的五分钟课堂观摩及随后的交流，对于校长来说是最有效的班级管理和发现以下问题的答案的方法：
> - 教师是否是按照正常课程安排教学？
> - 学生是否在学习？
> - 就教师的工作和生活来说，他们是否快乐？
> - 是否有一些教师需要特别表扬？
> - 是否有一些教师需要指导，给予紧急的帮助或者负面评价？（Marshall，2003，p. 703）

无论学区采取何种方法进行初任教师的绩效考核，这种方法都会促进初任教师专业化的成长和发展。据经验丰富的教师反映，来自知识渊博而具有敏感性的督导们的定期反馈及帮助，有助于教师的专业化发展，这样的评价促进了"教师反思能力的提高以及更高水平的思考，教师间更多的权力共享、开放性的交流，教师留任率的提高，教师职业焦虑及职业倦怠感的降低，教师自主性和自我效能感的增强，教师态度和行为的改善，以及学生更好的学业成绩和心态"（Glickman et al.，2001，p. 329）。

小 结

为何教师的入职阶段很重要？
- 为了应对教师流失的问题，许多州和学区为初任教师提供了入职项目，为他们入职的第一年提供支持。

● 入职项目为初任教师提供了各种支持，包括基于教师需求的工作坊、课堂观摩以及来自有经验的教师、教学辅导老师和支持小组会议的反馈。

你能够从课堂观摩中学到什么？

● 通过实地体验你能够获得实践经验，这些经验集中表现为课堂观摩和各种观摩工具的使用。

● 观摩工具包括非正式的定性描述和定量的核查表。

你怎样获得成为一名优秀教师的实践经验？

463

● 微格教学、模拟教学、视频案例分析、实习和实践体验、课堂辅助项目、教学实习以及代课都是师范生能够获得实践经验的方式。

怎样丰富你的专业档案？

● 教师档案用于证明随着时间变化，教师的专业成长和发展，并且能够用于教师评价、自我评价和雇用。

你将会获得怎样的持续的专业发展机会？

● 在追求专业成长机会的过程中，反思和自我评价是非常必要的第一步。

● 教学辅导教师是有经验的教师专业成长的来源，能够使研究生了解这个职业。

● 专业发展机会包括教师工作坊、教师中心、专业发展学校、对实习教师的督导和指导、研究生学习。

教师呈现出的是何种新的领导角色？

● 当教育体系变得更加分散、学校领导力变得更加具有协作性和实践性的时候，教师将在课堂外扮演新的领导角色。

● 通过他们在专业发展学校的投入，全美专业教学标准委员会，地方的、州的和全美教育委员会，使得教师在职前准备、证书获取以及人员培训的决策制定中起到重要作用。

● 与校长合作致力于学校改革的教师，其课堂外的领导力被划分为 11 个维度：团队建设，项目管理，设计和开展教员培训，研究，公共关系，愿景，辅导新教师，项目/学校评估，设施改善，建立网络及伙伴关系，书面申请拨款/寻求获取外部资金支持。

教师怎样致力于教育研究？

● 教师检验了教育研究的精确性和有用性，并且确定将研究应用于实践的其他领域。

● 很多教师已经成为了教育研究者，他们通过行动研究提高自己的教学。

● 基于课堂的行动研究五步循环是：（1）教师确定问题；（2）观察/数据收集；（3）反思；（4）生成假设；（5）在课堂中验证假设。

教师怎样领导学校重组和课程改革？

● 教师有很多为学校改革发挥领导作用的机会，包括如下方面：像专业教师那样教学，实现公平，参与学校组织，学生学业评价以及通过课程和教学实施。

作为一名新入职教师，你能期待从中获得什么？

● 初任教师应该准备指导性的策略和材料以很好地在第一天上课前了解他们的学生和学校所在的社区。

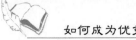

● 有经验的教师建议初任教师将关注点放在学年计划、组织实施以及贯彻执行方面。

作为教师，你的表现将会被如何评价？

● 评价教师的标准是由学校校长、学区、学校委员会或者州指定的，包括定量和定性的方法。

● 教师表现的评价方法之一是四步实践督导模型，第一步是督导与教师召开观摩前的会议，然后进行课堂观摩，分析和解释观摩数据，最终召开观摩后会议。

464 专业反思与活动

教师日志

（1）想象一下你成为教师的第一天，描述一下你看到了什么。

（2）你认为除了图13—6中提供的教师应该具有的11种领导力之外，还有其他的补充吗？解释你的答案。作为一名教师，你可能会参与哪种领导活动？

教师研究

（1）用你最喜欢的搜索引擎去收集网上关于教师互联网和教学辅导的信息和资源。在你的教师入职过程中，网络将会为你提供怎样的辅导支持和资源？

（2）用你最喜欢的搜索引擎寻找教师的例子，这些例子要展示图13—6中所列举的一种或者多种教师领导力。从这些教师身上，可以用于借鉴发展你自身领导力的有哪些？

观察与访谈

（1）再度查阅学生是否分散注意力的观察表，这个表格就是表13—1。观察你所要授课的课堂中的两名学生。被记录下来的这两名学生，有什么差异？两名学生都同等程度地投入到了学习活动中了吗？

（2）采访两位或者更多的教师，了解他们对课外领导活动的参与情况。图13—6中呈现出的11种教师领导力活动中哪一种是他们参与的？从这些活动中他们收获了什么？

专业档案

将你准备教的这个年级的水平作为参考，编写与课堂行为有关的规则和作业，这些东西是你第一天就想向学生呈现的。课堂行为规则可能包括以下方面：座位安排；食物、饮料以及口香糖；去卫生间的请求；课堂中的交谈。关于作业的规则可能包括诸如每堂课要求准备的材料、家庭作业、待完成的作业、缺考、迟交作业以及补考。

术语表

A

academic freedom 学术自由：教师教学的权利，免于外在的约束、审查和干涉。

academic learning time 学术学习时间：学生在高度成功的状态中（80％或更高）用于学术任务上的时间量。

academies 学院：与之前年代的文法学校相比，具有更广更多实践课程的早期中学。

accelerated schools 跃进学校：一个全国性的学校网络，提供丰富的、严格的课程以加快处境不利的学生的学习。

acceleration 加速：提供学术性的丰富的项目以满足智力超群学生的要求的过程——例如，提早入学、跳级、严格的课程、通过考试获得学分，以及提早进入大学。

accountability 问责制：让教师对保持高度的专业和道德标准以及为所有学生创造有效学习环境负责的实践。

achievement gap 学业成就差距：白人学生和西班牙裔、非裔美国人以及美国印第安/阿拉斯加土著学生之间在学业成就中存在的持续性差距。

action research 行动研究：由教师进行的关于如何改进其教学的基于课堂的研究。

adequate yearly progress（AYP）适当年度进步：2001年的《不让一个孩子掉队法案》中的一项规定，要求学校每年提供学生正在达到"适当年度进步"的证据。

aesthetics 美学：价值论的分支，指与美和艺术相关的价值。

Afrocentric schools 非洲中心主义学校：为非裔美国儿童开设的关注非裔美国人历史和文化的学校。

allocated time 分配时间：在各种课程领域中，教师为教学分配的时间量。

alternate assessment 替代性评价：一种选择性的评价学生表现的方式，用于测评那些不能参加传统方法评价的学生。

alternative assessments 选择性评价：评价学生完成真实生活任务而不仅仅是"反刍"事实的能力的方法。

alternative school 选择性学校：与正规学校相区别的，一种小的、高度个性化的学校，旨在满足处境不利的学生的需求。

alternative teacher certification 选择性教师资格认证：允许完成了大学学业但不是教师教育专业的人成为认证教师的一种规定。

Amendments to the Individuals with Disabilities Education Act（IDEA 97）残疾人教育法修正案：IDEA 的修正案，强调残疾学生的教育结果并通过在资格要求、个别化教育计划指南、公募和私募、学生纪律指南和程序保障等方面的改革为残疾学生提供更大的准入渠道。

American Federation of Teacher（AFT）美国教师联合会：一个全国性的教师专业协会，隶属于美国劳工联合会—产业工会联合会（AFL-CIO）。

analytic rubric 分析量规：为评价学生的部分成果或表现的一种等级量表或评分标准。

assertive discipline 明示性纪律：一种课堂纪律方法，要求教师为学生行为确立严格的、清楚的指南并让学生为不当行为承担后果。

assessment 评价：收集关于学生学到多少信息的过程。

assistive technology 辅助技术：帮助特殊学生学习和交流的技术进步（经常基于计算机）。

Association for Supervision and Curriculum Development（ASCD）督导和课程开发协会：对所有水平的学校改进感兴趣的教育者的一个专业组织。

attention deficit disorder（ADD）注意力缺失症：一种学习障碍，以难以集中精力学习为特征。

attention deficit hyperactivity disorder（ADHD）注意障碍性多动症：一种学习障碍，其特征是因难以保持平静而无法集中精力学习。

authentic assessment 真实性评价：一种评价学生学习的方法，要求学生解决问题或处理尽可能与他们在课堂之外所遇到的情况相类似的任务。

authentic learning tasks 真实性学习任务：能使学生看到课堂学习和课堂之外世界之间联系的学习活动。

axiology 价值论：关于价值的研究，包括对于决定什么是有价值的标准的确认。

B

back-to-basics 回归基础运动：始于 20 世纪 70 年代中期的一场运动，确定了阅读、写作、演讲和计算的基本技能作为学校课程的核心。

behaviorism 行为主义：基于行为主义心理学，这种哲学取向认为环境因素塑造人们的行为。

benchmarks 基准：关于学生在特定年级水平或发展阶段应该理解什么以及能够做什么的说明。

between-class ability grouping 能力分班：为基于学生能力或学业进行教学而将中学和高中水平的学生分组的实践，经常被称为"跟踪"。

bicultural 二元文化能力：在两种或更多种语言和文化群体中有效发挥作用的能力。

bilingual education 双语教育：为非英语口语和英语口语学生开设的一种课程，在这种课程中使用两种语言教学，而且强调二元文化原则。

blended learning 混合式学习：一种在线教学和面对面教学的结合。

block grants 固定拨款：一种联邦补助形式，直接给予各州，各州或地方教育部门可以按其意愿而几乎不受限制地使用。

block scheduling 时段编课方式：一种高中排课安排，为每个课时安排更长的时间，而减少每天的课时数。

blog 博客：一种由个人建立的在线日志并对访问博客的人做出反应（简称为网络日志）。

Brown v. Board of Education of Topeka 布朗诉托皮卡教育委员会：1954 年的一个标志性的美国最高法院案例，反对过去禁止非裔美国人与白人同校的规定。

Buckley Amendment 巴克利修正案：一部 1974 年的法律，家庭教育权利和隐私法案，赋予 18 岁以下学生的父母以及 18 岁以上的学生检查其学校成绩的权利。

C

caring classroom 关怀课堂：指教师清楚地传达了一种对学生的学习及其全面成长关心的态度的课堂。

categorical aid 无条件援助：各州拨经费以覆盖拥有特殊需求学生的教育经费。

censorship 审查：禁止被判定为有损名誉的、粗俗的或淫秽的印刷材料流通的行为。

character education 品德教育：一种教育方法，它强调价值、道德理性以及"优秀"品德的培养的教学。

charter 特许状：特许学校的成立者与其资助者之间的一种协议，具体规定学校如何运转以及学生将掌握什么样的学习成果。

charter schools 特许学校：经常由教师成立的独立学校，由一个学区、州或国家政府赋予特许状以保障学校运转，特许状规定了学生必须表明掌握了预先决定的成果。

chief state school officer 首席公立学校长官：州教育部门的行政长官以及州教育委员会的首长，经常被称为教育局长或者州教育厅长。

choice theory 选择理论：一种由心理学家威廉·葛拉瑟提出的课堂管理方法，这种方法基于这样的信念，即如果学生在课堂中体验到成功并知道教师关心他们，那么学生将总会做出好的选择（例如，以受欢迎的行为表现）。

classroom climate 课堂气氛：课堂中的气氛或生活质量，由个体间如何互动决定。

classroom culture 课堂文化：课堂群体的生活特征的方式；取决于群体的社会维度以及环境的物理特征。

classroom management 课堂管理：日常的教师对学生行为和学习的控制，包括纪律。

classroom organization 课堂组织：一个学校中的教师和学生如何为教学而分组以及课堂中的时间如何分配。

clinical supervision 实践督导：督导者在进行教师绩效评价中所遵循的四步模式。

Coalition of Essential Schools 要素学校联盟：一个全国性的公立和私立高中网

络，这些高中都根据九条一般原则进行了重组。

code of ethics 伦理规范：为专业人员界定恰当行为的一组指南。

cognitive development 认知发展：获得从与环境的互动中学习的智能的过程。

cognitive science 认知科学：关于学习过程的研究，关注于个体如何使用符号和处理信息。

collaboration 合作：在专业人员中一起工作、共同决策与解决问题的实践。

collaborative consultation 合作咨询：一个课堂的教师与一个或者更多的其他专业者（如一位特殊教育家、学校心理学家或者资源教师）去关注一位或者更多学生的学习需求。

collective bargaining 集体谈判：雇主和雇员在协商工资、时间和工作条件中所遵循的过程；在大多数的州，学校委员会必须与教师组织洽谈合同。

collectivistic cultures 集体主义文化：强调群体成员关系以及一种"我们"而不是"我"的感觉的文化——与强调个体和他的成功和成就的个体主义文化相对。

collegiality 共治：专业人员之间的一种合作和相互有益的精神。

collegial support team（CST）合作支持团队：一种教师团队——根据学科领域、年级水平或教师兴趣与专长而建立的——互相支持彼此的专业成长。

Commission on the Reorganization of Secondary Education 中等教育重组委员会：一个提倡一种高中课程的全国教育协会的委员会，即课程要适应个体在学力上的差异并基于七项教育目标或者"主要原则"（1913 年）。

Committee of Fifteen 十五人委员会：一个全国教育协会的委员会，该委员会建议一种针对小学生的学术性的严格课程（1895 年）。

Committee of Ten 十人委员会：一个全国教育协会的委员会，该委员会建议一种针对高中生的学术性的严格课程（1893 年）。

common schools 公立学校：免费的州立学校，为所有学生提供教育。

compensatory education programs 补偿教育计划：联邦资助的教育计划，旨在满足从低收入家庭来的低能力学生的需求。

concrete operations stage 具体操作阶段：由皮亚杰提出的认知发展的阶段（7—11 岁），在该阶段中，个体发展了使用逻辑思维去解决具体问题的能力。

constructive assertiveness 建构性明示：一种课堂管理方法，要求教师传达给不当行为的学生的一种直接的、清晰的问题陈述；与学生保持直接的眼神交流；并且坚持正确的行为。

constructivism 建构主义：一种视学习为活动过程的心理取向，在活动过程中，学习者建构了他们所学习的材料的理解——与那种教师一部分一部分将学术内容传输给学生的观念相对。

constructivist teaching 建构主义教学：一种教学方法，基于学生对学习主题的先在知识以及他们用以建构意义的过程。

content standards 内容标准：内容——或者知识和技能——学生应该在各种学术科目中获得的。

cooperative learning 合作学习：一种教育方法，学生小组或团队工作，共同承担任务并帮助其他人完成任务。

copyright laws 版权法：限制使用影印、录像和电脑软件程序的法律。

corporal punishment 体罚：学校雇员对学生进行的体罚，作为一种纪律措施。

cost of living 生活成本：在某个地区的住房、食物、交通、工具和其他生活费用等金钱的平均需要量。

co-teaching 合作教学：两个或更多的教师一起在同一课堂内教学的一种安排。

criterion-referenced assessments 标准参照评价：将学生的表现与清晰界定的标准相比较而进行的学业评价。

critical pedagogy 批判教育学：一种教育取向，该取向强调教育作为一种为社会中没有享有权利和影响位置的人而促进社会公正和平等的途径。

cross-age tutoring 跨年龄辅导：较大年龄学生辅导较小年龄学生的一种辅导安排；证据显示跨年龄辅导对辅导者和被辅导者的态度和学业都有积极的影响。

cultural identity 文化认同：一种整体的自我感觉，源于一个人在各种亚文化中的参与度，这些亚文化又处于国家性的宏观文化中。

cultural pluralism 文化多元主义：保持一个社会中的各种群体之间的文化差异。这种观点与主张种族文化应该融合为一的文化熔炉理论相对。

culture 文化：一群人共有的生活方式；包括认为重要的知识、共享的意义、标准、价值、态度、理念以及世界观。

curriculum 课程：强化（有时妨碍）学生的教育与成长的学校经验，既有计划的也有非计划的。

curriculum alignment 课程校准：确保课程的内容和教科书反映了对于学生的预期的学习成果或者学术标准的过程。

curriculum framework 课程结构：当教师在根据学术标准设计课程的时候而为教师提供指南、教学和评价策略、资源以及模式的一种文件。

cyberbullying 网络欺凌：使用信息以及/或者通信技术去侵扰或者威胁个人或集体。

D

dame schools 妇孺学校：经常由寡妇或家庭主妇举办的殖民地学校，为了教孩子基本的阅读、写作和数学技能。

democratic classroom 民主课堂：教师的领导风格鼓励学生为其学习掌握更多权力和责任的课堂。

departmentalization 部门化：学校的一种组织安排，在这种学校中，学生为了不同学科领域的教学从一个课堂转到另一个课堂。

desegregation 废除种族歧视：消除基于种群隔离的学校教育实践的过程。

Digital Millennium Copyright Act（DMCA）数字千年版权法：1998 年版权法的修正案，该法案使复制受版权保护的数字格式的材料成为违法。

direct instruction 直接教学法：一种系统化的教学方法，关注于从教师到学生的知识和技能的传输。

discovery learning 发现式学习：一种教学方法，即给予学生探究主题的机会以使他们自己"发现"知识。

dismissal 解雇：教师聘用的非自愿终止；终止必须基于合法的、站得住脚的理由并接受正当程序的保护。

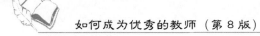

distance learning 远程学习：使用诸如视频传输等技术使学生在多样的地点，经常是远距离的接受教学。

diversity 多样性：人们在性别、种族、民族、文化和社会经济地位等方面的差异性。

due process 正当程序：一组必须遵守的以保护个体免于被当局者专断的、任意对待的具体规定。

<h1 style="text-align:center">E</h1>

early childhood education 儿童早期教育：为从新生儿到8岁儿童进行的教育计划，也被称为学前教育。

educational malpractice 教育渎职：由于教师、学校或者学区无法为学生提供恰当的教学、指导、咨询以及/或者监督而造成的伤害责任。

educational philosophy 教育哲学：一套关于教育的理念和信仰，用以指导教育者的专业行为。

educational politics 教育政治学：在一个学校或学校体系内，人们运用权力、影响力和权威去影响教学和课程实践的方式。

educational reform movement 教育改革运动：20世纪八九十年代中所做的改进学校和教师教育的综合性努力。

Education Consolidation and Improvement Act（ECIA）教育巩固与促进法：1981年的一个联邦法案，在使用联邦教育资助上给予了各州广泛的选择。

Education for All Handicapped Children Act（Public Law 94-142）残疾儿童教育法：1975年的联邦法案，确保为所有残疾儿童提供免费的和合适的教育（经常称之为主流法律或公共法律94-142）。

e-learning 电子学习：通过互联网、卫星广播、互动电视或者光盘而提供的教育。

Elementary and Secondary Education Act 中小学教育法：林登·约翰逊总统"伟大社会"改革的一部分，这一法案基于学区的贫困儿童的数量而分配联邦经费。

emergency certification 临时证书：为回应教师短缺而由州所设定的暂时的、不合标准的认证要求。

emotional intelligence 情商：意识并管理个人感觉的能力。

English-language learners（ELLs）英语语言学习者：第一语言不是英语的学生。

entitlements 福利：满足特殊群体教育需求的联邦计划。

epistemology 认识论：哲学的分支，关注于知识的本质以及知识对认识事物的意义。

e-portfolio 电子学习档案：一个在线地址，个人能够将其感兴趣的某领域的成果展示在上面。

e-rate 学校和图书馆全球服务支持计划：一种存在争议的项目，资金来自电信公司，用于为学校和图书馆的电信和宽带服务提供折扣。

essentialism 要素主义：部分表述为对进步主义的回应，这种哲学取向认为关于真实世界的普遍知识的核心应该以系统化的、有条理的方式传给学生。

ethical dilemmas 伦理困境：难以决定道德反应的情境。也就是说，没有任何一种回应能被称为"对"或"错"的。

ethics 伦理学：一种哲学分支，关注于行为的原则，并决定人类行为中的好与坏、对与错。

ethnic group 族群：在一个较大的文化中享有一个种族或文化认同以及一套信仰、价值和态度，并认为他们自己是一个独特群体或亚文化的成员。

ethnicity 族群性：一种共同身份的共有感觉，部分源于共同的祖先、共同的价值和共同的经验。

evaluation 评价：对学生学习的测评做出判断或者赋予价值。

exceptional learners 特殊学生：那些成长和发展偏离了标准的学生以至于他们的教学需求需要通过对常规学校计划的修改才能更为有效地得到满足。

existentialism 存在主义：一种哲学取向，强调个体的经验并主张每个个体应决定其自身的存在意义。

expenditure per pupil 生均经费：一个学校、学区、州或国家在每个孩子身上所花的经费数，根据平均日出席率而计算。

explicit curriculum 显性课程：一个学校想要教会学生的行为、态度和知识。

extracurricular / cocurricular programs 课外课程：被视为学术课程辅助的活动。

F

FaceBook 脸谱网：一种流行的在线社交网络，人们可以与有相同爱好的朋友进行在线交流。

fair use 正当使用：个体在没有获得版权持有者的同意的情况下，以合理的方式使用受版权保护的材料的权利，前提是满足特定的标准。

female seminaries 女性修习院：在19世纪早期设立的为高等教育和公共服务在外培训妇女的学校。

feminist pedagogy 女性主义教育学：一种强调关怀、尊重个体差异以及合作以达到一个民主和公正社会的目标的哲学取向。

field experiences 实地经验：为培训中的教师提供的通过观察、辅导和指导小组学习来亲身体验教师世界的机会。

formal operations stage 形式运算阶段：由皮亚杰提出的认知发展的阶段（11—15岁），在该阶段中认知能力达到了最高发展水平。

formative evaluation 形成性评价：为计划教学而设的对学生学习的评估或分析。

for-profit schools 营利学校：由私人教育公司为了利润而经营的学校。

Freedmen's Bureau 自由民局：一个为内战后的前奴隶提供帮助的美国政府机构。

freedom of expression 言论自由：宪法第一修正案赋予的表达一个人信仰的自由。

fringe benefits 附加福利：基本工资之外给予教师的福利（如医疗保险、退休

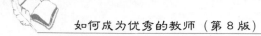

金、延期纳税的投资机会）。

full-funding programs 全额拨款项目：通过为所有学校和学区设定同样的生均经费水平来保证州范围内的财政平等的项目。

full inclusion 完全全纳：将特殊学生纳入普通教育课堂的政策和程序。

full-service community schools 全方位服务的社区学校：除其正常的教育项目外，提供给学生及其家庭医疗、社会和人道服务的学校。

G

gender bias 性别偏见：基于性别的不易察觉的偏见或歧视，减少偏见的可能性将最大程度发展他的能力。

gender-fair classroom 性别平等课堂：无性别偏见或歧视的教育。

G. I. Bill of Rights 退伍军人权利法案：一项 1944 年的联邦法律，为老兵支付在学院、大学和特殊学校的学费和食宿费；正式名称是《军人再调整法案》。

gifted and talented 资优生：展示出高智力、高创造力、高学业成就或者特殊才华的杰出学生。

grievance 申诉：雇员控诉其雇主或监管者所提交的正式投诉。

group investigation 小组调查：一种教学方法，即教师通过创设一个允许学生决定他们将学什么以及怎样学的环境来促进学习的教学方法。

H

hidden curriculum 隐性课程：学校文化无意中教给学生的行为、态度与知识。

hierarchy of needs 需求层次：由马斯洛提出的从生存和安全的基本需求到自我实现的需求等激励人类行为的七个需求层次。

highly qualified teachers（HQTs）高质量教师：满足《不让一个孩子掉队法案》中规定的如下资格的教师：学士学位、全面的州认证、所教的学科知识。

High school：A Report on Secondary Education in America《高中：美国中等教育报告》：博耶在 1983 年写的一本书，书中呼吁应强化高中学术核心课程。

high-stakes tests 高风险测试：对学生、教师和管理者而言，拥有高风险结果的学业成就测试，例如，一个决定学生是否能够毕业或教育者绩效工资是否增加的测试。

holistic rubric 整体量规：为评价一个学生的整体成果或表现的等级量表或评分标准。

horn book 角贴书：纸页上印有文字，上覆透明牛角片。

humanism 人文主义：一种基于个体通过他们智力的运用和学习来控制其自身命运的信念的哲学。

humanistic psychology 人文主义心理学：一种强调个人自由、个人选择、个人意识和个人责任的人类行为取向。

I

inclusion 全纳：将所有残疾学生整合进普通教育班级中的实践。

Indian Education Act of 1972 and 1974 Amendment 印第安人教育法案及其

1972 年与 1974 年修正案：一个联邦法律和随后的修正案，旨在为土著印第安部落和民族提供直接的教育帮助。

individualistic cultures 个人主义文化：强调个体的、他的成功和成就以及"自我"感的文化——与强调群体关系和"我们（群体）"感的集体主义文化相对。

individualized education plan（IEP）个别化教育计划：为满足特殊学习者的教育需求、指定目标、服务和评价进步的程序的计划。

individual racism 个人种族主义：一种带有偏见的信念，即某个种族或族群优于其他种族或族群。

Individuals with Disabilities Education Act（IDEA）残疾人教育法案：1990 年的一个联邦法案，为 3—21 岁的残疾青年提供一种免费的、合适的教育。该法案取代了较早的残疾儿童教育法案（Public Law 94-142）。

induction programs 入职项目：为初任教师提供支持的项目，经常在其从教的第一年进行。

information processing 信息处理：关于个体如何使用长期与短期记忆去获得信息和解决问题的认知科学的一个分支。

inquiry learning 探究性学习：一种给予学生机会去探求或者探究学科以使他们找到他们自己的对问题情境的答案的一种教学方法。

in-service workshops 在职工作坊：教师学习新技术、设计课程材料、分享观点或解决问题的在职专业发展项目。

institution 机构：一个社会建立的，用于维持和改进生活方式的任何组织。

institutional racism 机构性种族主义：导致种族不平等的机构性政策和实践，不管是有意的还是无意的。

integrated curriculum 综合性课程：从两个或更多学科领域提取的，并关注于一个主题或者概念而非一个单一学科的学校课程。

intelligence 智力：学习能力；思维的认知能力。

International Assessment of Educational Progress（IAEP）国际教育进步评估：1991 年确立的一个项目，旨在比较美国与其他国家的学生的学业。

internship programs 实习项目：帮助和培训初任教师的项目，通常是为了那些没有完成教师教育项目的人。

Interstate New Teacher Assessment and Support Consortium（INTASC）州际新教师评估和支持联盟：1987 年建立的一个州际间的组织，旨在为初任教师应该知道什么和应该能做什么提出基于表现的标准。

K

Kentucky Education Reform Act（KERA）肯塔基州教育改革法案：综合性的学校改革立法，要求所有肯塔基州的学校都要组织基于学校的管理委员会，该委员会有权在八个领域设定政策。

kindergarten 幼儿园：在儿童开始小学水平的正规学校教育之前的学校；基于德国教育家福禄贝尔的理念，幼儿园意味着"孩子们成长的花园"。

L

Lanham Act 兰哈姆法案：美国政府在二战期间的一项计划，为训练军工厂中的工人、建设学校提供经费，并为工作中的父母照顾孩子。

latchkey children 钥匙儿童：指那些由于家庭环境因素，每天一定有部分时间处在没有父母和监护人照看情况下的孩子。

Latin grammar school 拉丁文法学校：为男性学生提供大学预科而设立的殖民地学校，与今天的高中类似。

learning disability（LD）学习障碍：人在吸收、组织、记忆和表达信息方面的能力缺陷。

learning management system 学习管理系统：能使教师组织和管理各种类型的与其教学相关的信息和数据，例如，学生的考试分数、个性化学习需求——的软件工具。

learning objects 学习对象：包含少量能被重复使用以支持学习的信息的数字资源，例如，储存在国家科学数字图书馆或者公共广播公司教师中的学习对象。

learning styles 学习风格：一个人最有效学习的认知的、情感的和心理的行为；由遗传和环境影响共同决定。

least restrictive environment 最少限制环境：以尽可能与普通教育课堂完全相同的方式，满足残疾学生的特殊需求的一种教育计划。

Lemon test 莱蒙测验：基于"莱蒙诉库兹曼案"，决定一个州是否违反了宗教和国家原则分开的一个三方测验。

lesbian，gay，bisexual，and transgender（LGBT）students：同性恋、双性恋及变性学生：那些因其性取向可能使其在学校环境中遭受歧视以及/或者骚扰的学生。

limited English proficiency（LEP）有限英语能力：对于理解、阅读或表达英语能力有限并且其第一语言非英语的学生的一种称谓。

local school council（LSC）地方学校理事会：一个被赋权为当地学校的运行提出政策的社区成员组织。

local school district 地方学区：在区域内有权经营学校的地方层次的机构。

logic 逻辑学：一个哲学分支，关注于推理过程以及使思想者达到合理结论的规则认同。

M

magnet school 磁石学校：能提供聚焦具体领域课程的一种学校，这些具体领域比如：行为艺术、数学、科学、国际研究或者技术学。磁石学校，通常比普通学校能从更大的范围吸引学生上学，它们通常会促进自愿废除种族隔离的发展。

mainstreaming 随班就读：使有缺陷的学习者或特殊学习者到常规课堂与正常学生一起学习的政策和过程。

Massachusetts Act of 1642 马萨诸塞州 1642 年法案：一项需要每座城镇确定是否年轻人具备读写能力的法案。

Massachusetts Act of 1647 马萨诸塞州 1647 年法案：一项强制建立和支持学校的法案：通常被称为"老迷惑者撒旦条例"，因为教育被视为人们免受诡计和恶魔侵害的最好保护。

mastery learning 掌握学习：一种建立在以下这些假设上的教学方法：（1）如

果给予充足的时间，并且教学得当，几乎所有的学生都能学会材料；（2）如果学生的学习能够以一系列小步骤不断前进，学习就会提高。

McGuffey readers 麦古菲读物：1 年级到 6 年级学生非常流行的系列读物，由牧师威廉·霍姆斯·麦古菲写于 19 世纪 30 年代。

McKinney-Vento Act 麦金尼·文托法案：国家第一个给无家可归的人提供帮助的法案，包括给孩子的免费公共教育。

measurement 测量：数据收集，从而可以知道学生学了多少。

mentor 导师：一个智慧的、博学的人，给其他人提供指导和鼓励。

mentoring 指导：一种集中的教学形式，其中一位智慧的、有经验的教师（导师）引导学生（徒弟）进入一种专业的生活方式。

metaphysics 形而上学：哲学的一个分支，关心现实的属性。

microcomputer-based laboratories（MBLs）微机实验室：利用电脑收集、分析学生在学校实验室或田野中采集的数据。

microteaching 微格教学：一种简明的、单一概念课程，由一名师范生为一个小组的学生上课，通常此类课程旨在为教育类学生提供机会去实践具体教学技能。

minorities 少数族裔：一群拥有特定特征的人，在人口数量上比人口多数的人要少。

modeling 模型化：出声思维的过程，教师用来使学生意识到在学习新材料中的推理过程。

Montessori method 蒙台梭利法：一种教学方法，由蒙台梭利发明，以规定的系列教材、身体练习为基础来发展儿童的知识和技能。

moral reasoning 道德推理：人在做出正确或错误的决定时遵循的推理过程。

Morrill Land-Grant Act 莫里尔赠地法案：一项 1862 法案，提供联邦土地，各州可以出售或者租用以便筹措资金来建立农业大学和机械学。

multiage classrooms 复式课堂：由不同年级学生组成的小学课堂。

multicultural curriculum 多元文化课程：一种针对所有学生需求和背景的学校课程，不论学生的文化身份，并且包含了之前处于沉默或边缘化人群的文化视角和声音。

multicultural education 多元文化教育：给所有学生提供平等教育机会的教育——不论他们的社会经济地位、性别、种族、文化背景——致力于减少偏见，赞颂美国丰富、多样的生活。

multiculturalism 多元文化主义：一套建立在从不同文化参考框架审视世界和重视全球共同体中文化多样性基础上的系列信念。

multiple intelligences 多元智能理论：一种关于智力能力的观点，由霍华德·加德纳提出，他认为人类至少有八种也可能十种智能类型。

MySpace 聚友网：一种流行的在线社会网络形式，人们使用它与网络上有共同兴趣的朋友交流。

N

NASDTEC Interstate Agreement /NASDTEC 州际协定：一项在大约 47 个州和哥伦比亚特区的互惠协议，由全美教师教育资格认证委员会颁发，凭借此协议在一个州获得教学资格在另一州也将得到认可。

National Board for Professional Teaching Standards（NBPTS）全美专业教学标准委员会：一个成立于 1987 年的组织，在 1994—1995 年间开始给拥有丰富专业知识和高水平教学实施能力的教师颁发专业资质证。

National Council for Accreditation of Teacher Education（NCATE）全美教师教育认证委员会：一个机构，以自愿为基础评审了几乎全国一半的教师教育项目。

National Defense Education Act 美国国防教育法：一项 1958 年由联邦政府资助的项目，旨在促进科学、数学、现代外国语、导航等领域的研究和革新。

National Education Association（NEA）全美教育联合会：教师和管理者最古老、最庞大的专业协会。

National Governor's Association（NGA）全美州长协会：一个州长的联合会，影响包括教师教育和学校改革在内的诸多领域的政策制定。

National Information Infrastructure（NII）美国国家信息基础设施：一项为了把所有学校、图书馆、医院、执法机构连接到网络和万维网的远程通信基础设施的联邦计划。

National Network for Educational Renewal（NNER）全美教育革新网：一个学院、大学与学区和伙伴学校合作的全国网络，依照约翰·古德莱德的"我们国家学校的教师"（1990）中的 19 条原理开展教育改革。

A Nation at Risk 处于危机中的国家：一份 1983 年美国全国教育危机报告。

NEAFT Partnership 全国教育协会和美国教师联合会：一个在全国教育协会和美国教师联合会之间的协议，它们协同工作以便获得彼此满意的教学专业目标。

negligence 疏忽：给他人提供安全时无法做到合理、谨慎地关注。

No Child Left Behind（NCLB）Act of 2001 不让一个孩子掉队法案 2001：一项联邦法案，规定全国对 3—8 年级的学生每年在阅读和数学方面进行测试，并认为学校应对学生在国家水平测试中的表现负责。

nondiscrimination 不受歧视：以不受歧视的情形为特征，例如，员工接受补偿、免责特权及晋升的机会而不论他们的民族、肤色、信仰、性别或种族起源。

normal schools 师范学校：专门培养教师的学校。

norm-referenced assessments 规范性比较评价：成绩测试，即把学生的成绩与其他相似学生的成绩进行比较。

null curriculum 虚无课程：学校不教授其知识过程和学科内容的课程。

O

observations 观摩：在现场经验中，一名师范生观摩课堂生活的一个具体方面，如学生、教师及其之间的互动，课堂结构或者课堂设置。

Office of Educational Research and Improvement（OERI）教育研究与改进办公室：一个联邦政府的机构，改进教育研究，并通过运用教育研究结果改进学校。

online social networking 在线社交网络：一个在线共同体，人们共享相同的兴趣，使用诸如电子邮件、聊天室、博客、语音聊天和讨论组的方式进行交流。

open source materials 开放资源库：可以通过网络免费获得的软件、学习材料和其他数字资源。

open-space schools 开放空间学校：一种拥有巨大的教学区域，配备很容易重组的活动墙和设备的学校。

opportunity to learn（OTL）学习机会：一位教师给学生提供的具有挑战性的内容和学习此内容恰当教学策略的时间。

outcome-based teacher education 结果本位的教师教育：一种强调结果的教师教育方法（教师应该能做，思考、感受到什么）而不是他们应该上的课程。

out-of-school time（OST）activities 课外活动：学生成长取向的活动，发生在学校之外，通常称为课外活动。

P

Paideia Proposal **派迪亚计划**：一本由哲学家莫蒂默·埃德勒所呼吁的，以名著为基础的永恒主义核心课程的书籍。

parochial schools 教会学校：学校建立在宗教信仰的基础上。

pedagogical content knowledge 学科教学知识：优秀教师所拥有的，关于如何运用类比、隐喻、实验、展示和例证以及其他教学策略向学生呈现学科内容的知识。

peer assessment 同伴评价：让学生评价另一个人的学习实践，通常在学期中以非正式的方式进行。

peer coaching 同侪互助：一种教师专业成长的方式，通过观察另一个人的教学，提供建设性的反馈。

peer counseling 同伴辅导：学生被一所学校的指导教师或教师监督，在诸如低学业成就、人际问题、滥用药物和职业规划等领域进行辅导的方式。

peer-mediated instruction 同伴关联指导：教学的方式，如合作学习和小组调查，利用学生之间的社会关系来改善学生学习。

peer mediation 同伴调解：一种体验式活动，例如角色扮演和模仿，鼓励学生接受差异，培养同情心、社会技能和自觉意识。

peer tutoring 同伴辅导：在同一个班级中或同一年级学生指导其他学生的方式。

perennialism 永恒主义教育：一种哲学取向，强调包含在经典著作中的思想，坚持认为教育的真正目的是发现普遍的、永恒的、生命的真理。

performance-base assessment 绩效评估：确定学生运用知识、技能和工作习惯于具体学习任务的行为过程；确定学生知道什么、能做什么。

performance-based teacher education 基于绩效的教师教育：强调教师绩效的一种教师教育模式，即教师应该能够去行动、思考和感觉的，而不是关注他们应该参与的课程。

performance expectations 绩效预期：确立成就水平、绩效指标或能力水平。

performance standard 绩效标准：反映能力水平的学术标准，例如，"1＝杰出，2＝典型，3＝熟练，4＝进步，5＝未达标"。

Phi Delta Kappa（PDK）卡潘：一个专业的、荣誉性质的教育工作者团体，有 650 个分会，130 000 名成员。

philosophy 哲学：利用逻辑推理来探究关于存在、知识、行为的基本真理。

podcast 播客：通过互联网传递数字媒体文件，可在便携式媒体播放器上播放，如 iPods。

portfolio assessment 档案袋评价：通过考察汇集了学生长时间学习成果的文档确定学生学习进度的过程。

postmodernism 后现代主义：一种哲学取向，坚持认为没有绝对真理；相反，有许多真理和声音需要倾听。

practicum 实习：一段短时的现场经历，在此期间师范生花费时间观摩和协助课堂。

Praxis Series：Professional Assessment for Beginning Teachers 普瑞克西斯考试体系：初任教师的专业评估，适用于初任教师的一组州级专业测试。由三个领域中的评估组成：学术技能、学科知识、课堂表现。

pre-K education 学前教育：孩子从出生到 8 岁的教育项目，也被称为早期教育。

preoperational stage 前运算阶段：由皮亚杰提出的认知发展阶段（2—7 岁），在此阶段个体开始使用语言和符号思考客观事物和直接的外部环境中的人。

privatization movement 私有化运动：改革倡议寻求公共学校变为私利企业的涵盖性术语。

problem-solving orientation 问题解决导向：一种教学方式，主要强调教师作为决策者、问题解决者的角色。

profession 职业：一个需要高水平的专业知识和技能的工作，包括专门领域的高级研究、遵守道德法典，没有密切监督的自觉工作能力。

professional development schools（PDSs）专业发展学校：与学院或大学形成伙伴关系，以改进学校、改善教师培养项目为目的。专业发展学校中的活动包括合作研究、小组教学、教师教育学院的展示课及教师和教师教育者各种专业成长的机会。

professionalization of teaching 教学专业化：教学作为一门专业的政治影响和地位稳定增长；教学日益增长的政治影响和地位反映了各种变化，如教师领导机会、全国性认证机构、同行评审、共同决策制定、教师指导项目等各方面的增加。

professional portfolio 专业档案：各种类型证据的集合（如项目、文字工作、技能展示视频），记录个体在专业实践中的成就和表现。

professional standards boards 专业标准委员会：管理和改善教师、管理者、其他教育员工专业实践的国家机构。

Progress in International Reading Literacy Study（PIRLS）国际阅读素养促进研究：一项在 44 个国家进行的国际性学生阅读和识字技能评估。

progressive movement 进步主义运动：为了建立强调民主、儿童兴趣、需求和学校与社区之间密切联系的学校，在 20 世纪 20 年代到 30 年代期间开展的运动。

progressivism 进步主义：一种哲学取向，以生命是在积极的方向上进化的信念为基础，我们可以相信人类按照自己的兴趣行动，教育应该关注学生的需求和兴趣。

project-based learning（PBL）基于项目的学习：一种学习方式，在此方式中学生以小组的形式在复杂的、现实项目中工作，这些项目允许学生发展、使用他们的技能和知识。

property taxes 财产税：地方通过评估房地产收税，一些地区，通过评估个人财产如车、家具、器械、股票和债券征税。

prosocial values 亲社会价值观：推进社会的健康幸福的价值观如诚实、爱国主义、公平、礼貌。

psychosocial crisis 社会心理危机：它是人生发展与成长中八个不同阶段的一种生命危机。依照心理学家埃里克森的观点，个体为了达到下一个阶段必须解决每一个危机。

psychosocial development 社会心理发展：个体经历各种心理和社会发展阶段的系列。

Q

qualitative assessments 定性评估：对学生学习的主观评价，如学习任务中的表现或他们完成这些任务时的态度进行正式和非正式的观察。

qualitative evaluation 定性评价：通过利用书面的、大量关于教师素质方面课堂事件的描述来鉴定教师的行为表现。

quantitative assessments 定量评估：学生学习评估，教师依据分数来评价学生学习及他们的教学效能。

quantitative evaluation 定量评价：通过对课堂事件（如教师在提问、表扬和批评时的言语行为）的数量和频次进行记录，从而评估教师的行为。

R

race 种族：一种人类分类的概念，它是以生物特征和特性为基础来区分人。

reading and writing schools 阅读写作学校：殖民学校，由公共基金和家长提供费用来支持此类学校，使用宗教取向的课程教男孩阅读和写作技能，偶尔教数学。

recertification 重新认证：一些州需要有经验的教师经历定期的测试维持他们的教学资格。

redistricting 重划学区：通过减少学区资助教育能力的变化范围，重划区域界线，从而平衡教育资金的实践。

reflection 反思：对个体的教学实践效果进行仔细地、缜密地思考的过程。

reflection-in-action 行动中的反思：当卷入个人专业实践认真的、反思性思维的过程中，那么这个人就在那种实践中行动。

reflective teaching log 教学反思日志：一种课堂观察的日志，在其中师范生系统分析了具体的教学片段。

Regional Educational Laboratories 地区教育实验室：九大由联邦政府支持的、非营利性的机构，为国家的一个区域服务，并且直接与教育者一起工作去改进学校。

Regional Educational Service Agency（ERSA）地区教育服务部：一个给两个

或者更多的学区提供支持性服务的州教育机构；在一些州被称为教育服务中心、中间学区、多区域教育服务部门、合作性教育服务组织或者教育服务区。

reliability 信度：一个评价的结果在多大程度上随着时间的推移还具有一致性。

Research and Development Centers 研发中心：14 个由联邦政府支持的、以大学为基地的中心，每一个中心都在不同的教育领域组织研究和发展活动。

research-based competencies 研究为本的能力：一种将教育研究作为有效教师特征的具体行为。

restructuring 重建：在地区一级重组学校被管理的方式，从而教师、校长、家长和社区成员拥有更大的权力。

S

scaffolding 脚手架：一种以学生目前的理解水平和能力为基础的教学方法；教师基于学生对学习材料的每一时刻的理解，不断变化他们给予学生帮助的数量（如例子、线索、鼓励或者建议）。

school-based interprofessional case management 跨专业的校本案例管理：一种教育方式，在这种教育中专业的培训案例管理者直接与教师、社区、家庭一起工作，从而协同给予处境不利的学生和他们的家庭恰当的服务。

school-based management（SBM）校本管理：在各种学校改进的方式中，教师、校长、学生、家长、社区成员管理各自的学校，分享决策过程。

school-based teacher education 校本教师教育：教师培养的一种模式，在这种模式中，专业课程呈现在学校现场，且通常面向具有学士学位的学生。

school board 学校董事会：一个地方学区的主要管理机构。

school choice 择校：允许家长为孩子选择所上的学校的各种可能提议。

school culture 学校文化：一所学校集体生活方式的特征；一系列和其他学校相区别的信念、价值观、传统和思维方式、行为方式。

school traditions 学校传统：一所学校年复一年传递积淀下来的那些文化因素。

school-within-a-school 校中校：一所常规学校中的选择性学校，被设计来满足处境不利的学生的需求。

scientifically based research（SBR）基于科学的研究：满足以下科学标准的研究：使用科学的方法、证实结果、概括能力、严格的标准、同伴评审和结果的一致性。

scientific management 科学管理：运用管理原则和技能经营大企业和巨大的校区。

scoring rubrics 评分规则：为了评估学生在学习任务上的表现，由预先确立的标准组成评分量表。

screen capture 屏幕截图：允许用户从电脑屏幕上截获图像的软件，把它保存为文件，然后可以通过电子邮件发送，或者在一个报告中或者打印的文件中使用。

search and seizure 搜查与扣押：搜查个人——他的财产的过程，如果那个人被怀疑有非法行为，必须提供合理的或产生怀疑的理由。

self-assessment 自我评价：测量专业教师在个体成长中拥有的知识、技能和态度的过程。

self-contained classroom 包班教室或自足式教室：一所学校的一种组织结构，在这种组织结构中教师在一个单一的课堂教一组学生（尤其是 20～30 名）。

service learning 服务学习：一种教学方式，在该教学方式中学生参与基于社区的服务活动，然后反思这些经历的意义。

sex role socialization 性别角色社会化：社会期望的行为模式基于性别传递给个体。

sex role stereotyping 性别角色刻板印象：不论能力和兴趣的情况下，微妙地促使男性或女性遵从特定的行为模式的信念。

sexual harassment 性骚扰：不论是同性还是异性之间，直接对另一个人发生的其不需要的、不受欢迎的性行为。

social justice 社会公正：一种哲学取向，强调给所有个体和群体平等和公平的社会利益。

social reconstructionism 社会重建主义：一种哲学取向，建立在这样的信念之上，社会的问题可以通过变化或重建社会的方式解决。

Socratic questioning 苏格拉底式提问：以苏格拉底使用的问题策略为基础设计引导学生审视他们思维中的错误和非连续性的一种提问方法。

special education 特殊教育：一种专门满足特殊学习者的特殊教育需求的教学。

stages of development 发展阶段：当个体在人生中前行时所经历的预期阶段。

standardized assessments 标准化评估：由大批学生参与的并以一种统一的方式评分的纸笔成绩测试，如艾奥瓦州的基本技能测试、加利福尼亚成就测试、学术能力测试。

standards 标准：反映学生在一个特定的学科中或者特定的年级应该知道和能够做什么的陈述。

standards-based education（SBE）标准本位的教育：将课程、教学、学生学习的评估建立在一个严格的学术标准之上。

state aid 美国州政府补助：由一个州提供给其城镇的用于必要服务的资金，包括公共学校的运作。

state board of education 州教育委员会：一个国家最高的教育机构，承担一个国家教育系统的管理。

state department of education 州教育部：政府机构的分支，由主要公立学校的高级职员领导，承担实施国家教育政策。

state takeover 州接管：由州接管一个长期成就低下的学校或者区。

stereotyping 刻板印象：把行为特征归于所有群体成员，这些行为特征是以对群体成员有限的经验和信息为基础而形成，同时不愿审视偏见的过程。

student-centered curriculum 学生中心课程：围绕学生的需求和兴趣组织的课程。

student diversity 学生多样性：在性别、民族、种族、文化、社会经济地位方面学生的不同。

student mobility rates 学生流动率：在一个学年中，一所学校或一个区域的学生流动的比率。

students at risk 处境不利学生：由于生活条件和背景影响，有辍学危险的学生。

　　students with disabilities 残障学生：需要特殊教育服务的学生，因为他们有一个或更多的残疾：学习障碍、语言障碍、智力缺陷、严重的精神困扰、听力障碍、骨骼障碍、视觉障碍或者其他健康障碍。

　　student variability 学生多样性：学生在发展需求、兴趣、能力方面的差异。

　　subject-centered curriculum 学科中心课程：一种强调学习学术性科目的课程。

　　substitute teaching 代课：由临时教师提供的教学，代替正规教师教授因生病、家庭责任、个人原因或者参加专业工作坊及会议时缺席的课程。

　　summative evaluation 总结性评价：为了在一个单元、学期或学年结束时通过评估学生的学习来分级决定学生是否已经准备好进入下一个阶段的教育。

　　superintendent 督导：一个学区的主要管理者。

T

　　teacher accountability 教师问责制：社会对教师能遵守专业和道德上的高标准，给所有学生创造有效的学习环境的期望。

　　teacher centers 教师中心：教师提供给其他教师教学材料和新方法的中心，在这里教师可以交流思想。

　　teacher-leader 教师领导者：在学校改进或日常运转中承担关键领导角色的教师。

　　teacher-researcher 研究型教师：经常开展课堂研究，从而改进他的教学的教师。

　　teachers' craft knowledge 教师技艺知识：教师形成的关于来自他们课堂经验的教学知识，尤其是他们针对实践中具体问题的特定行为。

　　teachers' thought processes 教师思维过程：指导教师课堂行为的思想。这些思想是由跟计划、理论和信念、交互思想和决定相关的思想组成。

　　teacher-student ratios 师生比：体现教师数量与学生数量的数字比例。

　　teacher supply and demand 教师供需：学龄儿童的数量与可用教师之间的数量对比；也可以根据预期估计的师生数量为基础。

　　Teach for America 为美国而教：一个让新近毕业的大学生在没有教学资格的情况下在极其缺乏教师的地区从教的项目。参加项目的大学生在参加专业发展课程的基础上，由州和学校权威机构指导、监督之后，取得教学资格。

　　teaching certificate 教学资格证：由一个州或者在一些情况下由一个大城市发行的教学执照。

　　teaching contract 教学合同：在教师和教育机构之间的一项协议，教师提供具体的服务，获得一定的报酬、利益、特权。

　　teaching simulations 模拟教学：一种师范生参与设计的与真正教师遭遇的情形相似的角色扮演活动。

　　team teaching 团队教学：通过一组教师教一群学生，这些学生的数量与教师在他们独立班级中所教学生的数量相当的一种计划。

　　Tenure 终身教职：一种雇用政策，教师在试用期之后，获得他们无期限的职位，只有依照法律条文才能被解雇。

text-to-speech（TTS）program 文本—语音程序：一种计算机软件程序，把语言转换成文本。

3D virtual reality worlds/ 3D 虚拟现实世界：计算机模拟环境，即用户通过使用一个化身、自身的代表来生活；一个流行的 3D 虚拟现实项目是"第二生命"。

time on task 任务时间：学生积极地、直接地投入学习任务的时间量。

Title IX 教育法修正案第九条：1972 年教育修正案规定禁止在教育项目中有性别歧视。

tort liability 侵权责任：此类情形即允许合法指控专业人士违反职责或者怠懈行为的备案。

Trends in International Mathematics and Science Study（TIMSS）国际数学和科学趋势研究：41 个国家中 4 年级、8 年级、12 年级学生的数学、科学成绩的国际评估。

Tyler rationale 泰勒原理：课程开发的四步模型——教师确定目标、选择学习经验、组织经验、评价。

V

validity 效度：评估能在多大程度上反映所要测量的内容。

vertical equity 纵向公平：通过以学区内的经济需求为基础提供不同程度的资金支持，在一个州内努力提供平等的教育机会。

virtual labs 虚拟实验室：一种计算机化的、在线的科学实验模拟，它能够使学生们在一个虚拟环境中进行科学探究。

virtual schools 虚拟学校：通过网络或者基于网络的方法给幼儿园到 12 年级学生提供课程的教育机构，一种教师和学生互动的在线学习空间。

voucher system 教育券制度：资金分配给家长，他们可以用其来为自己的孩子从区域中的公共或者私立学校中购买教育。

W

webconferencing 网络会议：一个在互联网上举行的聚会、报告或者会议，参与者和其他参与者通过网络相连。

WebQuests 网络探究学习模式：学生的在线探索研究项目，需要学生从网络收集材料。

wiki 维基：由一组有共同兴趣的人共同创建、编辑和维持的网站。

within-class ability grouping 班内能力分组：为了教学目的，在一个单独的班级中建立一个小的、同类的学生小组，通常是在小学阶段的阅读或数学课中。

Women's Education Equity Act（WEEA）妇女教育公平法：一个 1974 年的联邦法，保障妇女教育机会平等。

work habits 工作习惯：对于有效思考和学习非常重要的气质，如带着惊奇和意愿勤奋地阅读。

Y

YouTube/ YouTube 视频网：一种在线的视频交换空间，在这里人们可以观看、下载、分享视频。

Z

zero tolerance 零容忍：与纪律和安全相关的学校政策，给特定不端行为提供的自动的、严肃的结果，不端行为涉及毒品、暴力、性骚扰、恐吓等。

Abernathy, S. F. (2007). *No Child Left Behind and the public schools*. Ann Arbor: University of Michigan Press.

Abrahamsson, B. (1971). *Military professionalization and political power*. Stockholm: Allmanna Forlagret.

Acheson, A. A., & Gall, M. D. (1997). *Techniques in the clinical supervision of teachers: Preservice and inservice applications* (4th ed.). New York: Longman.

Achieve, Inc. (2005). *America's high schools: The front line in the battle for our economic future*. Retrieved April 30, 2008, from http://www.achieve.org

Acton v. Vernonia School District, 66 F.3d 217 (9th Cir.), *rev'd*, 515 U.S. 646, 115 S. Ct. 2386 (1995).

Adler, M. (1982). *The paideia proposal: An educational manifesto*. New York: Macmillan.

African American Academy. (2008, June 9). Retrieved from http://www .seattleschools.org/schools/aaa/ mission.htm

Agostini v. Felton, 521 U.S. 203 (1997).

Aguilar v. Felton, 473 U.S. 402 (1985).

Alan Guttmacher Institute. (2006). *Facts on American teens' sexual and reproductive health*. New York: Author.

Alexander, K., & Alexander, M. D. (2009). *American public school law* (7th ed.). Belmont, CA: Wadsworth, Cengage Learning.

Alfonso v. Fernandez, 606 N.Y.S.2d 259 (N.Y. App. Div. 1993).

Alvin Independent School District v. Cooper, 404 S.W.2d 76 (Tex. Civ. App. 1966).

American Academy of Child and Adolescent Psychiatry. (2004, July). *When children have children, No. 31*. Retrieved May 1, 2008 from http://www.aacap.org/cs/ root/facts_for_families/when_children_ have_children

American Association of University Women (AAUW). (1991). *Shortchanging girls, shortchanging America*. Washington, DC: Author.

American Association of University Women (AAUW). (1992). *How schools shortchange girls: The AAUW report*. Researched by Wellesley College Center for Research on Women. Washington, DC: The AAUW Educational Foundation.

American Association of University Women. (2002). *Harassment-free hallways: How to stop sexual harassment in schools: A guide for students, parents, and teachers, Section III for schools*. Washington, DC: Author.

American Association of University Women. (May 2008). *Where the girls are: The facts about gender equity in education*. Washington, DC: Author.

American Federation of Teachers. (1998). *Student achievement in Edison schools: Mixed results in an ongoing experiment*. Washington, DC: Author.

American Federation of Teachers. (2002, July). *Do charter schools measure up? The charter school experiment after 10 years*. Washington, DC: Author.

American Institutes of Research. (2003). *Effects of the implementation of Proposition 227 on the education of English learners, K-12, year 3 report*. Submitted to the California Department of Education, October 29, 2003.

Anderson, R. E., & Ronnkvist, A. (1999). *The presence of computers in American schools*. University of California, Irvine, and University of Minnesota: Center for Research on Information Technology and Organizations.

Annie E. Casey Foundation. (2007). *Lifelong family connections: Supporting permanence for children in foster care*. Baltimore, MD: Author. Retrieved May 1, 2008, from http://www.kidscount.org/ datacenter/db_07pdf/essay.pdf

Ansary, T. (2004, November). The muddle machine: Confessions of a textbook editor *Edutopia*, 30–35.

Anyon, J. (1996). Social class and the hidden curriculum of work. In E. Hollins (Ed.), *Transforming curriculum for a culturally diverse society* (pp. 179–203). Mahwah, NJ: Lawrence Erlbaum.

Appalachia Educational Laboratory. (1993). *Alternative assessment in math and science: Moving toward a moving target*. Charleston, WV: Author.

Ariza, E. N. W. (2006). *Not for ESOL teachers: What every classroom teacher needs to know about the linguistically, culturally, and ethnically diverse student*. Boston: Pearson.

Armour, R. (2006). *We can finally close the achievement gap*. Retrieved August 9, 2008, from http://armourachievement .blogspot.com/

Armstrong, P. A. (2008). *What teachers expect in reform: Making their voices heard*. Lanham, MD: Rowman & Littlefield Education.

Aronson, E., & Gonzalez, A. (1988). Desegregation, jigsaw, and the Mexican-American experience. In P. A. Katz & D. A. Taylor (Eds.), *Eliminating racism: Profiles in controversy*. New York: Plenum Press.

Artz, S. (1999). *Sex, power, and the violent school girl*. New York: Teachers College Press.

Ashton-Warner, S. (1963). *Teacher*. New York: Simon & Schuster.

Asian Americans/Pacific Islanders in Philanthropy. (1997). *An invisible crisis: The educational needs of Asian Pacific American youth*. New York: Author.

Associated Press. (2004, June 10). *Study: High school exit tests flimsy*. Retrieved from www.cnn.com/2004/EDUCATION/06/10/ graduation.tests.ap/

Avramidis, E., Bayliss, P., & Burden, R. (2000). A survey into mainstream teachers' attitudes towards the inclusion of children with special educational needs in the ordinary school in one local education authority. *Educational Psychology, 20*(2), 191–211.

Ayers, W. C., & Miller, J. L. (Eds.). (1998). *A light in dark times: Maxine Greene and the unfinished conversation*. New York: Teachers College Press.

Babbage, K. (2008). *What only teachers know about education*. Lanham, MD: Rowman & Littlefield Education.

Baker, B. D., Green, P., & Richards, C. E. (2008). *Financing education systems*. Upper Saddle River, NJ: Pearson.

Ballantine, J. H. (1997). *The sociology of education: A systematic analysis* (4th ed.). Upper Saddle River, NJ: Prentice Hall.

Banks, J. A. (2008). *An introduction to multicultural education* (4th ed.). Boston: Allyn & Bacon.

Banks, J. S. (2006). *Cultural diversity and education: Foundations, curriculum and teaching* (5th ed.). Boston: Allyn & Bacon.

Banks, J. S. (2009). *Teaching strategies for ethnic studies* (8th ed.). Boston: Allyn & Bacon.

Battles v. Anne Arundel County Board of Education, 904 F. Supp. 471 (D. Md. 1995), *aff'd*, 95 F.3d 41 (4th Cir. 1996).

Beck, R. J. (2008). *What are learning objects?* Retrieved from http://www.uwm.edu/Dept/CIE/AOP/LO_what.html

Becker, H. J. (1999). *Internet use by teachers: Conditions of professional use and teacher-directed student use.* University of California, Irvine, and University of Minnesota: Center for Research on Information Technology and Organizations.

Becker, H. J. (2001, April). *How are teachers using computers in instruction?* Paper presented at the annual meeting of the American Educational Research Association, Seattle, WA.

Bennett, C. I. (1990). *Comprehensive multicultural education: Theory and practice* (2nd ed.). Boston: Allyn & Bacon.

Bennett, C. I. (2003). *Comprehensive multicultural education: Theory and practice* (5th ed.). Boston: Allyn & Bacon.

Bennett, C. I. (2006). *Comprehensive multicultural education: Theory and practice* (6th ed.). Boston: Allyn & Bacon.

Bennett, L. (1997). Break the silence: Gay and straight students in Massachusetts team up to make a difference. *Teaching Tolerance, 6,* 24–31.

Bennett, W. (1987). *James Madison High School: A curriculum for American students.* Washington, DC: U.S. Department of Education.

Bernstein, B. B. (1996). *Pedagogy, symbolic control and identity: Theory, research, critique (critical perspectives on literacy and education).* New York: Taylor and Francis.

Bertocci, P. A. (1960). *Education and the vision of excellence.* Boston: Boston University Press.

Besner, H. F., & Spungin, C. I. (1995). *Gay and lesbian students: Understanding their needs.* Washington, DC: Taylor and Francis.

Bitter, G. G., & Pierson, M. E. (2005). *Using technology in the classroom* (6th ed.). Boston: Allyn & Bacon.

Black, P., Harrison, C., Lee, C., Marshall, B., & Wiliam, D. (2004, September). Working inside the black box: Assessment for learning in the classroom. *Phi Delta Kappan,* 9–21.

Blair, K. (2005, November/December). Teacher diary #2: A chronicle of a first-time ELL teacher. *The ELL Outlook.* Retrieved April 17, 2008, from http://www.coursecrafters.com/ELL-Outlook/2005/nov_dec/ELLOutlookITIArticle4.htm

Blau v. Fort Thomas Pub. Sch. Dist., 401, F.3d 381, 395–96 (6th Cir. 2005).

Bloom, B. S. (1981). *All our children learning: A primer for parents, teachers, and other educators.* New York: McGraw-Hill.

Board of Education of Oklahoma City Public Schools v. Dowell, 498 U.S. 237, 249–250 (1991).

Board of Education of Westside Community Schools v. Mergens, 496 U.S. 226 (1990).

Board of Education, Sacramento City Unified School District v. Holland, 786 F. Supp. 874 (E.D. Cal. 1992).

Borich, G. D. (2007). *Effective teaching methods: Research-based practice.* Upper Saddle River, NJ: Pearson Education.

Boser, U. (2000, May 3). States stiffening recertification for teachers. *Education Week on the Web.*

Boyer, E. (1983). *High school: A report on secondary education in America.* New York: Harper & Row.

Boyer, E. (1995). *The basic school: A community for learning.* Princeton, NJ: Carnegie Foundation for the Advancement of Teaching.

Bradley, A. (1998, February 4). Unions agree on blueprint for merging. *Education Week on the Web.*

Brameld, T. (1956). *Toward a reconstructed philosophy of education.* New York: Holt, Rinehart and Winston.

Bran, A., Gray, T., & Silver-Pacuila, H. (2008, June 10). Berberi's tools: Technology can level the learning field. George Lucas Educational Foundation. Retrieved from http://www.edutopica.org/assistive-technology-devices-visually-impaired

Brock, B. L., & Grady, M. L. (2001). *From first-year to first-rate: Principals guiding beginning teachers.* Thousand Oaks, CA: Corwin Press.

Broudy, H. S. (1979). Arts education: Necessary or just nice? *Phi Delta Kappan, 60,* 347–350.

Brown, A. H. (1999). Simulated classrooms and artificial students: The potential effects of new technologies on teacher education. *Journal of Research on Computing in Education, 32*(2), 307–318.

Brown, F. B., Kohrs, D., & Lanzarro, C. (1991). *The academic costs and consequences of extracurricular participation in high school.* Paper presented at the Annual Meeting of Educational Research Association.

Brown v. Board of Education of Topeka, Kansas, 347 U.S. 483 (1954).

Brown v. Hot, Sexy and Safer Productions, Inc., 68 F.3d 525 (1st Cir. 1995), *cert. denied,* 516 U.S. 1159 (1996).

Brown v. Unified School District No. 501, 56 F. Supp. 2d 1212 (D. Kan. 1999).

Brunelle v. Lynn Public Schools, 702 N.E.2d 1182 (Mass. 1998).

Buckney, C. (2004). A final word: Ten questions for Paul Vallas' right-hand woman. In A. Russo (Ed.), *School reform in Chicago: Lessons in policy and practice* (pp. 151–162). Cambridge, MA: Harvard Education Press.

Bucky, P. A. (1992). *The private Albert Einstein.* Kansas City: Andrews and McMeel.

Burch v. Barker, 651 F. Supp. 1149 (W.D. Wash. 1987).

Burch v. Barker, 861 F.2d 1149 (9th Cir. 1988).

Bureau of Justice Statistics and National Center for Education Statistics. (2007). *Indicators of schools, crime and safety, 2007.* Washington, DC: Author.

Burns, J. (2003, September 20). Immersion aims to undo damage of assimilation policies. Associated Press.

Burton v. Cascade School District Union High School No. 5, 512 F.2d 850 (9th Cir. 1975).

Bush v. Holmes, 767 So. 2d 668, 675 (2006).

Button, H. W., & Provenzo, E. F. (1983). *History of education and culture in America.* Englewood Cliffs, NJ: Prentice Hall.

Button, H. W., & Provenzo, E. F. (1989). *History of education and culture in America* (2nd ed.). Englewood Cliffs, NJ: Prentice Hall.

Cantor, L. (1989). Assertive discipline—more than names on the board and marbles in a jar. *Phi Delta Kappan, 71*(1), 57–61.

Carnegie Corporation of New York. (2008). *Teachers for a new era.* Retrieved February 28, 2008, from http://www.teachersforanewera.org/index.cfm?fuseaction=home.home

Carnegie Council on Adolescent Development. (1989). *Turning points: Preparing American youth for the 21st century.* New York: Author.

Carroll, J. (1963). A model of school learning. *Teachers College Record, 64.*

Cauthen, N. K., & Fass, S. (2007). *Measuring income and poverty in the United States.* New York: National Center for Children in Poverty. Retrieved from http://www.nccp.org/publications/pdf/text_707.pdf

Center for Educational Reform. (2007, April). *Annual Survey of America's Charter Schools 2007.* Washington, DC: Author.

Center for Immigration Studies. (2007). *Immigrants in the United States, 2007: A profile of America's foreign-born population.* Washington, DC: Author.

Center for Research on Effective Schooling for Disadvantaged Students. (1992). *Helping students who fall behind,* Report no. 22. Baltimore: Johns Hopkins University.

Centers for Disease Control and Prevention. (2008, Summer). *Suicide: Facts at a glance.* Atlanta: Author.

Chicago Public Schools. (2008, April 30). *Guidelines: Service learning.* Retrieved from http://servicelearning.cps.k12.il.us/Guidelines.html

Cohen, S. (Ed.). (1974). *Massachusetts school law of 1648. Education in the United States.* New York: Random House.

Coladarci, T., & Cobb, C. D. (1996). Extracurricular participation, school size, and achievement and self-esteem among high school students: A national look. *Journal of Research in Rural Education, 12*(2), 92–103.

Coleman, J. S., Campbell, E. Q., Hobson, C. J., McPartland, J., Mood, A. L., Weinfeld, F. D., et al. (1966). *Equality of educational opportunity.* Washington, DC: U.S. Government Printing Office.

Collier-Thomas, B. (1982, Summer). Guest editorial: The impact of black women in education: An historical overview. *The Journal of Negro Education 51*(3), 173–180.

Colucci, K. (2000). Negative pedagogy. In J. L. Paul & K. Colucci (Eds.), *Stories out of school: Memories and reflections on care and cruelty in the classroom* (pp. 27–44). Stamford, CT: Ablex.

Comer, J. P. (1997). *Waiting for a miracle: Why schools can't solve our problems—and how we can.* New York: Dutton.

Commager, H. S. (1958, October). Noah Webster, 1758–1958. *Saturday Review 41*, 18.

Commager, H. S. (1962). *Noah Webster's American spelling book.* New York: Teachers College Press.

Consortium for School Networking. (2008). *Executive summary: Collaboration in K-12 schools: Anywhere, anytime, any way.* Washington, DC: Author. Retrieved from http://www.cosn.org/resources/emerging_technologies/collaboration.cfm

Cosby, B. (2004). Where do we start to sweep? In C. Glickman (Ed.), *Letters to the next president: What we can do about the real crisis in public education* (pp. xi–xiv). New York: Teachers College Press.

Cossentino, J., & Whitcomb, J. A. (2007). In D. T. Hansen (Ed.), *Ethical visions of education: Philosophies in practice.* New York: Teachers College Press.

Costa, A. L. (1984). A reaction to Hunter's knowing, teaching, and supervising. In P. L. Hosford (Ed.), *Using what we know about teaching.* Alexandria, VA: Association for Supervision and Curriculum Development.

Coughlin, E. K. (1993, March 24). Sociologists examine the complexities of racial and ethnic identity in America. *Chronicle of Higher Education.*

Council of Chief State School Officers. (2008, May 26). *Chief state school officers: Method of selection.* Retrieved from http://www.ccsso.org/chief_state_school_officers/method_of_selection/index.cfm

Council of the Great City Schools. (2005, October). *Urban school board survey.* Washington, DC: Author.

Counts, G. (1932). *Dare the school build a new social order?* New York: John Day.

Crawford, J. (2004). *Education of English learners: Language diversity in the classroom* (5th ed.). Los Angeles: Bilingual Education Services.

Crawford, J. (2007). The decline of bilingual education: How to reverse a troubling trend. *International Multilingual Research Journal, 1*(1), 33–37.

Cremin, L. A. (1961). *The transformation of the school: Progressivism in American education, 1876–1957.* New York: Alfred A. Knopf.

Crowther, F., Ferguson, M., & Harm, L. (2008). *Developing teacher leaders: How teacher leadership enhances school success* (2nd ed.). Thousand Oaks, CA: Corwin Press.

Cuban, L. (2003). *Why is it so hard to get good schools?* New York: Teachers College Press.

Cunningham, C. (2003). *Trends and issues: Social and economic context.* Eugene: University of Oregon, Clearinghouse on Educational Management.

Curtis, D. (2000, October 1). Treating teachers as professionals. *Edutopia.* San Rafael, CA: George Lucas Educational Foundation. Retrieved from http://glef.org/orlandpk.html

Curtis v. School Committee of Falmouth, 652 N.E.2d 580 (Mass. 1995), *cert. denied,* 516 U.S. 1067 (1996).

Curwin, R., & Mendler, A. (1988). Packaged discipline programs: Let the buyer beware. *Educational Leadership, 46*(2), 68–71.

Curwin, R., & Mendler, A. (1989, March). We repeat, let the buyer beware: A response to Canter. *Educational Leadership, 46*(6), 83.

Davis v. Meek, 344 F. Supp. 298 (N.D. Ohio 1972).

Deal, T. E., & Peterson, K. D. (1999). *Shaping school culture: The heart of leadership.* San Francisco: Jossey-Bass.

Degnan, E., & Bozeman, W. (2001). An investigation of computer-based simulations for school crisis management. *Journal of School Leadership, 11*(4), 296–312.

Dell'Olio, J. M., & Donk, T. (2007). *Models of teaching: Connecting student learning with standards.* Thousand Oaks, CA: Sage.

DeRoche, E. F., & Williams, M. M. (2001). *Character education: A guide for school administrators.* Lanham, MD: Scarecrow Press.

Dewey, J. (1900). *The school and society.* Chicago: University of Chicago Press.

Dewey, J. (1902). *The child and the curriculum.* Chicago: University of Chicago Press.

Dewey, J. (1916). *Democracy and education: An introduction to the philosophy of education.* New York: Macmillan.

Dewey, J. (1955). Quoted in *Organizing the teaching profession: The story of the American Federation of Teachers.* Glencoe, IL: Commission on Educational Reconstruction.

Doe v. Renfrow, 631 F.2d 91, *reh'g denied,* 635 F.2d 582 (7th Cir. 1980), *cert. denied,* 451 U.S. 1022 (1981).

Dryfoos, J. G. (1998). *Safe passage: Making it through adolescence in a risky society.* New York: Oxford University Press.

Dryfoos, J. G., & Maguire, S. (2002). *Inside full-service community schools.* Thousand Oaks, CA: Corwin Press.

Dubuclet v. Home Insurance Co., 660 So. 2d 67 (La. Ct. App. 1995).

Dunklee, D. R., & Shoop, R. J. (2002). *The principal's quick-reference guide to school law: Reducing liability, litigation, and other potential legal tangles.* Thousand Oaks, CA: Corwin Press.

Durkheim, E. (1956). *Education and sociology* (S. D. Fox, Trans.). Glencoe, IL: The Free Press.

Eamon, M. K. (2001, July). The effects of poverty on children's socio/emotional development: An ecological systems analysis. *Social Work, 46*(3), 256–266.

Edelman, M. W. (April 11, 2008). *Child watch column: Celebrating young people who beat the odds.* Retrieved May 1, 2008, from http://www.childrensdefense.org/site/MessageViewer?em_id=7901.0

Edison Schools, Inc. (2004). *Annual report.* New York: Author.

Education Commission of the States. (April 20, 2007). *High school-level assessments: Purpose(s) of exams.* Retrieved from http://mb2.ecs.org/reports/Report.aspx?id=1163

Educational Testing Service. (1995). Bringing volunteers into teacher education programs. *ETS Policy Notes,* pp. 8–9.

Educational Testing Service. (2007, December 17). *Teacher quality in a changing policy landscape: Improvements in the teacher pool.* Princeton, NJ: Author.

Education Trust. (2002). *All talk, putting an end to out-of-field teaching.* Washington, DC: Author.

Education Week. (2005, May 5). *Technology counts 2005: Electronic transfer: Moving technology dollars in new directions.*

Educators with Disabilities Caucus, Council for Exceptional Children. (2008). CEC's Educators with Disabilities Caucus (EDC). Retrieved April 27, 2008, from http://www.cec.sped.org/Content/NavigationMenu/AboutCEC/Communities/Caucuses/EducatorswithDisabilities/default.htm

Eduventures. (2003, August). *Learning markets and opportunities 2003: New models for delivering education and services drive pre–K and postsecondary sector growth.* Boston: Author.

Edwards v. Aguillard, 482 U.S. 578 (1987).

Egbert, J. (2009). *Supporting learning with technology: Essentials of classroom practice.* Upper Saddle River, NJ: Pearson Education.

Eggen, P., & Kauchak, D. (2007). *Educational psychology: Windows on classrooms* (7th ed.). Upper Saddle River, NJ: Pearson Education.

Eisner, E. (2002). *The educational imagination: On the design and evaluation of school programs* (3rd ed.). New York: Macmillan College.

Eisner, E. (March 2006). The satisfactions of teaching: How we teach is ultimately a reflection of why we teach. *Educational Leadership,* 44–46.

Eisner, E. W. (1998). *The kind of schools we need: Personal essays.* Portsmouth, NH: Heinemann.

Emmer, E. T., & Evertson, C. M. (2009). *Classroom management for middle and high school teachers* (8th ed.). Boston: Pearson Education.

Engel v. Vitale, 370 U.S. 421 (1962).

Enlow, R. (2004). *Grading vouchers: Ranking America's school choice programs.* Indianapolis: Milton and Rose D. Friedman Foundation.

Epperson v. Arkansas, 393, U.S. 97 (1968).

Erickson, H. L. (2008). *Stirring the head, heart, and soul: Redefining curriculum, instruction, and concept-based learning.* Thousand Oaks, CA: Corwin Press.

Erikson, E. H. (1963). *Childhood and society* (2nd ed.). New York: Norton.

Erikson, E. H. (1997). *The life cycle completed: Extended version with new chapters on the ninth stage of development by Joan M. Erikson.* New York: W. W. Norton.

Essex, N. L. (1999). *School law and the public schools: A practical guide for educational leaders.* Boston: Allyn & Bacon.

Essex, N. L. (2008). *School law and the public schools: A practical guide for educational leaders* (4th ed). Boston: Pearson.

Etzioni, A. (1969). *The semi-professions and their organization: Teachers, nurses, social workers.* New York: The Free Press.

Etzioni, A. (1999, June 9). The truths we must face to curb youth violence. *Education Week on the Web.*

Evans, L. (2002). Teacher attraction: Are magnet school teachers more professionalized than traditional schoolteachers in urban secondary schools? *Education and Urban Society, 34* (3), 312–333.

Evertson, C. M., & Emmer, E. T. (2009). *Classroom management for elementary teachers* (8th ed.). Boston: Pearson Education.

Fagen v. Summers, 498 P.2d 1227 (Wyo. 1972).

FairTest. (June 2, 2008). *What the presidential candidates are saying about NCLB.* Retrieved from http://www.fairtest.org/what-presidential-candidates-are-saying-about-nclb

Falk, B. (2002, April). Standards-based reforms: Problems and possibilities. *Phi Delta Kappan,* 612–620.

Falvo v. Owasso Independent School District, 233 F.3d 1203 (10th Cir. 2000).

Fashola, O. (1999). *Review of extended-day and after-school programs and their effectiveness.* Baltimore: Johns Hopkins University, Center for Research on the Education of Students Placed at Risk.

Fass, S., & Canthen, N. K. (2007, November). *Who are America's poor children? The official story.* New York: Columbia University, Mailman School of Public Health, National Center for Children in Poverty.

Feistritzer, C. E., & Haar, C. K. (2008). *Alternate routes to teaching.* Upper Saddle River, NJ: Pearson Education.

Feistritzer, E. (1999). *A report on teacher preparation in the United States.* Washington, DC: National Center for Education Information.

Feistritzer, E. (2002). *Alternative teacher certification: A state-by-state analysis.* Washington, DC: National Center for Education Information.

Feller, B. (2003, August 14). High school exit exams are here to stay. *The Detroit News.* Retrieved from www.detnews.com/2003/schools/0308/14/a02-244824.htm

Ferguson, C. (2003, August 30). Gay high school draws criticism from conservatives and civil libertarians. Associated Press.

Ferris, S. (2008). A teacher's voice: Lost and found in paradox. *Curriculum in Context, 35*(1), 16–17.

Fetler, M. (2001). Student mathematics achievement test scores, dropout rates, and teacher characteristics. *Teacher Education Quarterly, 28*(1), 151–168.

Firestone, D. (2008). Alternative schools: When teachers unite to run school. *New York Times.* Retrieved April 12, 2008, from http://query.nytimes.com/gst/fullpage.html?res=990CE1DF1039F937A15756C0A963958260

Flores vs. Morgan Hill Unified School District, 324 F.3d 1130 (9th Cir. 2003).

Fong, T. P. (2007). *The contemporary Asian American experience: Beyond the model minority* (3rd ed.). Upper Saddle River, NJ: Prentice Hall.

Franklin, B. (1931). Proposals relating to the education of youth in Pennsylvania. In T. Woody (Ed.), *Educational views of Benjamin Franklin.* New York: McGraw-Hill.

Franklin v. Gwinnett County Public Schools, 503 U.S. 60 (1992).

Freeman v. Pitts, 503 U.S. 467 (1992).

Freire, P. (1970). *Pedagogy of the oppressed.* New York: Continuum.

Freire, P., & Macedo, D. (1987). *Literacy: Reading the word and the world.* South Hadley, MA: Bergin & Garvey.

Friedman, M. (2003, March 24). Milton Friedman interview on CNBC: Friedman on school vouchers.

Friend, M., & Bursuck, W. D. (2002). *Including students with special needs: A practical guide for classroom teachers.* Boston: Allyn & Bacon.

Fulton, K. P., & Riel, M. (1999, May 1). Professional development through learning communities. *Edutopia, 6*(2), 8–9. San Rafael, CA: George Lucas Educational Foundation.

Furger, R. (1999, September). Are wired schools failing our kids? *PC World.*

Gagné, R. M. (1974). *Essentials of learning for instruction.* Hinsdale, IL: Dryden.

Gagné, R. M. (1977). *The conditions of learning* (3rd ed.). New York: Holt, Rinehart and Winston.

Gaines, G. F. (2007). *Focus on teacher pay and incentives: Recent legislative action and update on salary averages.* Atlanta: Southern Regional Education Board.

Gandara, P., & Fish, J. (1994, Spring). Year-round schooling as an avenue to major structural reform. *Educational Evaluation and Policy Analysis,* p. 16.

Garbarino, J. (1999). *Lost boys: Why our sons turn violent and how we can save them.* New York: The Free Press.

Gardner, H. (1983). *Frames of mind.* New York: Basic Books.

Gardner, H. (1997, September). Multiple intelligences as a partner in school improvement. *Educational Leadership,* pp. 20–21.

Gardner, H. (1999). *The disciplined mind: What all students should understand.* New York: Simon & Schuster.

Garet, M. S., Porter, A. C., Desimone, L., Birman, B. F., & Yoon, K. S. (2001). What makes professional development effective? Results from a national sample of teachers. *American Educational Research Journal, 38*(4), 915–945.

Gates, B., & Gates, M. (May 28, 2008). Letter from Bill and Melinda Gates. Retrieved from http://www.gatesfoundation.org/AboutUs/OurValues/GatesLetter/

Gaylord v. Tacoma School District No. 10, 599 P.2d 1340 (Wash. 1977).

Gebser v. Lago Vista Independent School District, 524 U.S. 274 (1998).

George Lucas Educational Foundation. (2004a, February 9). *From hula to high tech.* Retrieved from www.glef.org/php/article.php?id=Art_1126&key=137

George Lucas Educational Foundation. (2004b, January 19). *Laptops on expedition.* Retrieved from www.glef.

org/php/article.php?id=Art_
1127&key=137

George Lucas Educational Foundation. (2005,
September 26). *Synching up with the
iKid: Connecting to the twenty-first
century student.* Retrieved February 6,
2008, from www.edutopia.org/node/
1335/print

George Lucas Educational Foundation. (2008,
February 9). *Visual acuity: From
consumers to critics and creators.*
Retrieved from http://www.edutopia
.org/media-literacy-skills

George Lucas Educational Foundation. (2008,
June). *A word from George Lucas:
Edutopia's role in education.* Retrieved
from http://www.edutopia.org/lucas

Gerber, S. B. (1996). Extracurricular activities
and academic achievement. *Journal of
Research and Development in Education,
30*(1), 42–50.

Gigante, N. (2008). *Teacher leadership in
context.* Saarbrücken, Germany: Vdm
Verlog.

Gill, B., Zimmer, R., Christman, J., & Blanc,
S. (2007). *State takeover, school
restructuring, private management, and
student achievement in Philadelphia.*
Santa Monica, CA: Rand Corporation.

Gilligan, C. (1993). *In a different voice:
Psychological theory and women's
development.* Cambridge, MA: Harvard
University Press.

Gipp, G. (1979, August–September). Help for
Dana Fast Horse and friends. *American
Education,* p. 15.

Glasser, W. R. (1997, April). A new look at
school failure and school success. *Phi
Delta Kappan,* 596–602.

Glasser, W. R. (1998a). *Quality school* (3rd
ed.). New York: Harper Perennial.

Glasser, W. R. (1998b). *The quality school
teacher: Specific suggestions for teachers
who are trying to implement the lead-
management ideas of the quality school.*
New York: Harper Perennial.

Glasser, W. R. (1998c). *Choice theory: A new
psychology of personal freedom.* New
York: HarperCollins.

Glasser, W. R., & Dotson, K. L. (1998).
Choice theory in the classroom. New
York: Harper Perennial.

Glickman, C. (2002). *Leadership for learning:
How to help teachers succeed.* Alexandria,
VA: Association of Supervision and
Curriculum Development.

Glickman, C. (2003). *Holding sacred ground:
Essays on leadership, courage, and
sustaining great schools.* San Francisco:
Jossey-Bass.

Glickman, C. (Ed.). (2004). *Letters to the next
president: What we can do about the
real crisis in public education.* New
York: Teachers College Press.

Glickman, C., Gordon, S. P., & Ross-Gordon,
J. M. (2001). *SuperVision and
instructional leadership* (5th ed.).
Boston: Allyn & Bacon.

Glickman, C., Gordon, S. P., & Ross-Gordon,
J. M. (2004). *Supervision and
instructional leadership* (6th ed.).
Boston: Allyn & Bacon.

Glickman, C., Gordon, S. P., & Ross-Gordon,
J. (2007). *Supervision and instructional
leadership: A developmental approach*
(7th ed.). Boston: Allyn & Bacon.

Gmelch, W. H., & Parkay, F. W. (1995).
Changing roles and occupational stress
in the teaching profession. In M. J.
O'Hair & S. J. Odell, *Educating teachers
for leadership and change: Teacher
education yearbook III.* Thousand Oaks,
CA: Corwin Press.

Goldhammer, R., Anderson, R. H., &
Krajewski, R. J. (1993). *Clinical
supervision: Special methods for the
supervision of teachers* (3rd ed.). Fort
Worth: Harcourt Brace Jovanovich.

Gollnick, D. M., & Chinn, P. C. (2009).
*Multicultural education in a pluralistic
society* (8th ed.). Upper Saddle River, NJ:
Merrill.

Good, T. E., & Brophy, J. E. (2003). *Looking
in classrooms* (9th ed.). Boston: Allyn &
Bacon.

Good, T. L., & Brophy, J. E. (2008). *Looking
in classrooms* (10th ed.). Boston:
Pearson Education.

Good, T. E., & Grouws, D. (1979). The
Missouri mathematics effectiveness
project: An experimental study in fourth-
grade classrooms. *Journal of
Educational Psychology, 71,* 355–362.

Goodlad, J. (1994). *Educational renewal:
Better teachers, better schools.* San
Francisco: Jossey-Bass.

Good News Club v. Milford Central School,
533 U.S. 98 (2001).

Goolsbee, A., & Guryan, J. (2002). *The impact
of Internet subsidies in public schools.*
Working Paper 9090. Cambridge, MA:
National Bureau of Economic Research.

Goss v. Lopez, 419 U.S. 565 (1975).

Graham, P. A. (1967). *Progressive education:
From Arcady to academe: A history of
the Progressive Education Association,
1919–1955.* New York: Teachers College
Press.

Grant, G., & Murray, C. E. (1999). *Teaching
in America: The slow revolution.*
Cambridge, MA: Harvard University
Press.

Grant, P. G., Richard, K. J., & Parkay, F. W.
(1996, April). *Using video cases to
promote reflection among preservice
teachers: A qualitative inquiry.* Paper
presented at the annual meeting of the
American Educational Research
Association, New York.

Green, T. D., Brown, A., & Robinson, L.
(2008). *Making the most of the Web in
your classroom: A teacher's guide to
blogs, podcasts, wikis, pages, and sites.*
Thousand Oaks, CA: Corwin Press.

Greene, M. (1995a). *Releasing the
imagination.* San Francisco: Jossey-Bass.

Greene, M. (1995b). What counts as
philosophy of education? In W. Kohli
(Ed.), *Critical conversations in
philosophy of education.* New York:
Routledge.

Greenfield, P. M. (1994). Independence and
interdependence as developmental
scripts: implications for theory, research,
and practice. In P. M. Greenfield & R. R.
Cocking (Eds.), *Cross-cultural roots of
minority child development* (pp. 1–37).
Mahwah, NJ: Lawrence Erlabaum.

Gross, M. U. M. (2008). Highly gifted
children and adolescents. In J. A. Plucker
& C. M. Callahan (Eds.), *Critical issues
and practices in gifted education: What
the research says* (pp. 241–251). Waco,
TX: Prufrock Press.

Guenemoen, R. F., Thompson, S. J.,
Thurlow, M. L., & Lehr, C. A. (2001). *A
self-study guide to implementation of
inclusive assessment and accountability
systems: A best practice approach.*
Minneapolis: University of Minnesota,
National Center on Educational
Outcomes.

Gurian, M., & Stevens, K. (2007). *The minds
of boys: Saving our sons from falling
behind in school and life.* San Francisco:
Jossey-Bass.

Hakuta, K. (2001a). Follow-up on Oceanside:
Communications with Ron Unz.
Retrieved June 10, 2008, from
http://www.stanford/edu/~hakuta/SAT9/
Silence%20from%20Oceanside%202.htm

Hakuta, K. (2001b). Silence from Oceanside
and the future of bilingual education.
Retrieved June 10, 2008, from
http://faculty.ucmerced.edu/khakuta/
research/SAT9/silence1.html

Hale-Benson, J. E. (1986). *Black children:
Their roots, culture, and learning styles.*
Baltimore: Johns Hopkins University
Press.

Hallahan, D. P., & Kauffman, J. M. (2000).
*Exceptional children: Introduction to
special education* (8th ed.). Boston:
Allyn & Bacon.

Hallahan, D. P., &, Kauffman, J. M. (2006).
*Exceptional learners: Introduction to
special education.* Boston: Pearson
Education.

Hansen, D. T. (1995). *The call to teach.* New
York: Teachers College Press.

Hanson, J. R., & Silver, H. F. (2000).
Learning preference inventory.
Woodbridge, NJ: Thoughtful Education
Press.

Hardman, M. L., Drew, C. J., & Egan,
M. W. (2002). *Human exceptionality:
Society, school, and family* (7th ed.).
Boston: Allyn & Bacon.

Hardman, M. L., Drew, C. J., & Egan,
M. W. (2005). *Human exceptionality:
School, community, and family* (8th ed.).
Boston: Allyn & Bacon.

Hardman, M. L., Drew, C. J., & Egan,
M. W. (2007). *Human exceptionality:*

Society, school, and family (9th ed.). Boston: Houghton Mifflin.

Harrington, M. (1962). *The other America: Poverty in the United States*. New York: MacMillan.

Harris Interactive, Inc. (2001). *The MetLife survey of the American teacher: Key elements of quality schools*. New York: Author.

Harris Interactive, Inc. (2006). *The MetLife survey of the American teacher: Expectations and experiences*. New York: Author.

Harry A. v. Duncan, 351 F.Supp 2d 1060 (Mont. 2005).

Hart, P., & Teeter, R. (2002). *A national priority: Americans speak on teacher quality*. Princeton, NJ: Educational Testing Service.

Hartman, A. (2008). *Education and the cold war: The battle for the American school*. New York: Palgrave Macmillan.

Hauser, M., & Rauch, S. (2002). *New teacher! An exciting and scary time. 2002 job search handbook for educators*. Columbus, OH: American Association for Employment in Education.

Hawking, S. W. (1988). *A brief history of time: From the big bang to black holes*. New York: Bantam Books.

Hawkins-Simons, D. (2008, May 8). Where Clinton, Obama, and McCain stand on education. *U.S. News and World Report*. Retrieved from http://www.usnews.com/articles/news/campaign-2008/2008/05/08/where-clinton-obama-and-mccain-stand-on-education.html

Hazelwood School District v. Kuhlmeier, 484 U.S. 260 (1988).

Heath, S. B. (1983). *Ways with words*. Cambridge, UK: Cambridge University Press.

Hedges, L. V. (1996). Quoted in Hedges finds boys and girls both disadvantaged in school. *Education News*. University of Chicago, Department of Education.

Heffter, E. (2007, August 27). Seattle's African American Academy gets one more try. *Seattle Times*. Retrieved from http://seattletimes.nwsource.com/html/localnews/2003855108_aaa22m.html

Heilman, E. (2008). Hegemonies and "transgressions" of family: Tales of pride and prejudice. In T. Turner-Vorbeck & M. M. Marsh (Eds.), *Other kinds of families: Embracing diversity in schools*. New York: Teachers College Press.

Hendrie, C. (1999, May 5). Battle over principals in Chicago: Administration vs. local councils. *Education Week on the Web*.

Henriques, M. E. (1997, May). Increasing literacy among kindergartners through cross-age training. *Young Children*, pp. 42–47.

Henry, E., Huntley, J., McKamey, C., & Harper, L. (1995). *To be a teacher: Voices from the classroom*. Thousand Oaks, CA: Corwin Press.

Herndon, J. (1969). *The way it spozed to be*. New York: Bantam Books.

Hess, F. M. (2002). *Revolution at the margins: The impact of competition on urban school systems*. Washington, DC: Brookings Institution Press.

Hess, F. M. (2004, March). The political challenge of charter school regulation. *Phi Delta Kappan*, 508–512.

Hess, G. A. (2000). *Changes in student achievement in Illinois and Chicago, 1990–2000*. Chicago: Northwestern University, Center for Urban School Policy.

Hiebert, J., Gallimore, R., & Stigler, J. W. (2002). A knowledge base for the teaching profession: What would it look like and how can we get one? *Educational Researcher, 31*(5), 3–15.

Hills, G., & Hirschhorn, J. (2007, May). *Best in class: How top corporations can help transform public education*. New York: Ernst & Young.

Hirschfelder, A. B. (1986). *Happily may I walk: American Indians and Alaska Natives today*. New York: Scribner.

Hletko, J. D. (1995). Reflections on NBPTS. *Voices from the Middle, 2*(4), 33–36.

Hoekstra, M. (Ed.) (2002) *Am I teaching yet? Stories from the teacher-training trenches*. Portsmouth, NH: Heinemann.

Hofstede, G. (2001). *Culture's consequences: Comparing values, behaviors, institutions and organizations across nations* (2nd ed.). Thousand Oaks, CA: Sage.

Hoh, P. S. (2008). Cognitive characteristics of the gifted. In J. A. Plucker & C. M. Callahan (Eds.), *Critical issues and practices in gifted education: What the research says* (pp. 57–83). Waco, TX: Prufrock Press.

Holland, A., & Andre, T. (1987, Winter). Participation in extracurricular activities in secondary schools. *Review of Educational Research*, pp. 437–466.

Holmes, M., & Weiss, B. J. (1995). *Lives of women public schoolteachers: Scenes from American educational history*. New York: Garland.

The Holmes Group. (n.d.). *Tomorrow's schools: Principles for the design of professional development schools*. East Lansing, MI: Author.

Holt, J. (1964). *How children fail*. New York: Delta.

Holt v. Shelton, 341 F. Supp. 821 (M.D. Tenn. 1972).

Holt-Reynolds, D. (1999). Good readers, good teachers? Subject matter expertise as a challenge in learning to teach. *Harvard Educational Review, 69*(1), 29–50.

hooks, b. (1989). *Talking back: Thinking feminist, thinking black*. Toronto: Between the Lines.

hooks, b. (1994). *Teaching to transgress: Education as the practice of freedom*. New York: Routledge.

hooks, b. (2003) *Teaching community. A pedagogy of hope*. New York: Routledge.

Hopson, J. L., Hopson, E., & Hagen, T. (2002, May 8). Take steps to protect latchkey children. Knight Ridder/Tribune News Service.

Hortonville Joint School District No. 1 v. Hortonville Education Association, 426 U.S. 482 (1976).

Howard, V. F., Williams, B. F., Port, P. D., & Lepper, C. (2001). *Very young children with special needs*. Upper Saddle River, NJ: Merrill Prentice Hall.

Hoxby, C. M. (2004). *Achievement in charter schools and regular public schools in the United States: Understanding the differences*. Cambridge, MA: Harvard University and National Bureau of Economic Research.

Hoy, A. W., & Hoy, W. K. (2009). *Instructional leadership: A research-based guide to learning in schools*. Boston: Pearson.

Hoy, W. K., & Miskel, C. G. (2001). *Educational administration: Theory, research and practice* (6th ed.). Boston: McGraw-Hill.

Hoyt, W. H. (1999). An evaluation of the Kentucky Education Reform Act. In *Kentucky Annual Economic Report 1999* (pp. 21–36). Lexington: University of Kentucky, Center for Business and Economic Research.

Hurwitz, S. (1999, April). New York, New York: Can Rudy Crew hang tough on vouchers and pull off a turnaround in the nation's biggest school system? *The American School Board Journal*, pp. 36–40.

Idol, L. (1998). Optional extended year program, Feedback, Publication No. 97.20. Austin, TX: Austin Independent School District, Office of Program Evaluation.

Igoa, C. (1995). *The inner world of the immigrant child*. New York: Lawrence Erlbaum.

Imber, M., & van Geel, T. (2005). *A teacher's guide to education law* (3rd ed.). Mahwah, NJ: Lawrence Erlbaum.

Indiana University. (2008, March 14). *Teaching without distractions*, news release. Bloomington, IN: Author. Retrieved from http://info.iu.edu/news/page/print/7733.html

Ingraham v. Wright, 430 U.S. 651 (1977).

Inlay, L. (2003, March). Values: The implicit curriculum. *Educational Leadership 60*(6), 69–71.

Institute for Educational Leadership. (2002). *Community schools: Improving student learning/strengthening schools, families, and communities*. Washington, DC: Author.

Institute for Government Research: Studies in Administration. (1928). *The problem of Indian administration: Report of a survey made at the request of Honorable Hubert Work, Secretary of the Interior, and submitted to him, February 21, 1928.* Baltimore, MD: Johns Hopkins Press.

Institute for Social Research. (2006). *Monitoring the future: National results on adolescent drug abuse.* Ann Arbor: University of Michigan, Institute for Social Research.

International Society for Technology in Education. (2007). *National educational technology and performance indicators for students.* Eugene, OR: Author.

International Society for Technology in Education. (2008). *National educational technology standards (NETS) for teachers 2008.* Retrieved from http://www.iste.org/Content/NavigationMenu/NETS/ForTeachers/2008Standards/NETS_for_Teachers_2008.htm

Jackson, P. (1965). The way teaching is. *NEA Journal.*

Jackson, P. (1990). *Life in classrooms.* New York: Teachers College Press.

Jeglin v. San Jacinto Unified School District, 827 F. Supp. 1459 (C.D. Cal. 1993).

Jencks, C., et al. (1972). *Inequality: A reassessment of the effect of family and schooling in America.* New York: Basic Books.

Jencks, C., & Phillips, M. (Eds.). (1998). *The black-white test score gap.* Washington, DC: Brookings Institution Press.

Johanningmeier, E. V. (1980). *Americans and their schools.* Chicago: Rand McNally.

Johnson, D. W., & Johnson, R. T. (1999). *Learning together and alone: Cooperative, competitive, and individualistic learning* (5th ed.). Boston: Allyn & Bacon.

Johnson, J., & Immerwahr, J. (1994). *First things first: What Americans expect from the public schools, a report from Public Agenda.* New York: Public Agenda.

Johnson, M. J., & Brown, L. (1998). Collegial support teams. In D. J. McIntyre & D. M. Byrd (Eds.), *Strategies for career-long teacher education: Teacher education yearbook VI.* Thousand Oaks, CA: Corwin Press.

Jonassen, D. H., Howland, J., Moore, J., & Marra, R. (2003). *Learning to solve problems with technology: A constructivist perspective.* Upper Saddle River, NJ: Merrill Prentice Hall.

Jones, K., & Whitford, K. (1997, December). Kentucky's conflicting reform principles: High-stakes accountability and student performance assessment. *Phi Delta Kappan,* 276–281.

Jordan, L., & Hendricks, C. (2002, March). Increasing sixth-grade students'

engagement in literacy learning. *Networks: An on-line journal for teacher research.*

Jordan, W. J., & Nettles, S. M. (1999). *How students invest their time out of school: Effects on school engagement, perceptions of life chances, and achievement.* Baltimore: Center for Research on the Education of Students Placed at Risk.

Jorgensen, O. (2001). Supporting a diverse teacher corps. *Educational Leadership 58*(8), 64–67.

Joyce, B., Weil, M., & Calhoun, E. (2000). *Models of teaching* (6th ed.). Boston: Allyn & Bacon.

Joyce, B., Weil, M., & Calhoun, E. (2004). *Models of teaching* (7th ed.). Boston: Allyn & Bacon.

Joyce, B., Weil, M., & Calhoun, E. (2009). *Models of teaching,* (8th ed.). Boston: Allyn & Bacon.

Karr v. Schmidt, 401 U.S. 1201 (1972).

Katz, Y. J. (1999). Kindergarten teacher training through virtual reality: Three-dimensional simulation methodology. *Educational Media International, 36*(2), 151–156.

Kaye, E. A. (Ed.). (2001). *Requirements for certification of teachers, counselors, librarians, administrators for elementary and secondary schools—66th edition, 2001–2002.* Chicago: University of Chicago Press.

Kelly, M. (2000, September 8). Indian Affairs head makes apology. Associated Press.

Kellner, D. (2000). Multiple literacies and critical pedagogies. In P. P. Trifonas (Ed.), *Revolutionary pedagogies—cultural politics, instituting education, and the discourse of theory.* New York: Routledge.

Kennedy, M. (1999). Ed schools and the problem of knowledge. In J. D. Raths & A. C. McAninch (Eds.), *Advances in teacher education: Vol. 5. What counts as knowledge in teacher education?* (pp. 29–45). Stamford, CT: Ablex.

Kentucky Institute for Education Research. (2001). *KIER 2000 review of research.* Georgetown, KY: Georgetown College Conference and Training Center.

King, M. (2008, February 3). Tribes confront painful legacy of Indian boarding schools. *Seattle Times.* Retrieved from http://seattletimes.nwsource.com/html/localnews/2004161238_boardingschool03m.html

Kirkpatrick, H., & Cuban, L. (1998). Computers make kids smarter—right? *TECHNOS Quarterly, 7*(2), 26–31.

Kitzmiller v. Dover Area School District, 400 F. Supp. 2d 707 (2005).

Kleiner, B., Porch, R., & Farris, E. (2002). *Public alternative schools and programs for students at risk of education failure: 2000–01* (NCES 2002–04). Washington,

DC: U.S. Department of Education, National Center for Education Statistics.

Kleinfeld, J. (1998). *The myth that schools shortchange girls: Social science in the service of deception.* Washington, DC: Women's Freedom Network.

Kohl, H. R. (1968). *36 children.* New York: Signet.

Kohlberg, H. (2006). The cognitive-developmental approach to moral education. In F. W. Parkay, E. J. Anctil, & G. Hass, *Curriculum planning: A contemporary approach* (8th ed., pp. 136–148). Boston: Pearson.

Kosciw, J. G. & Diaz., E. M. (2006). *The 2005 national school climate survey: The experiences of lesbian, gay, bisexual, and transgender youth in our nation's schools.* New York: Gay, Lesbian and Straight Education Network.

Kostelnik, M. J., Onaga, E., Rohde, B., & Whiren, A. (2002). *Children with special needs: Lessons for early childhood professionals.* New York: Teachers College Press.

Kounin, J. (1970). *Discipline and group management in classrooms.* New York: Holt, Rinehart and Winston.

Kozol, J. (1967). *Death at an early age.* Boston: Houghton Mifflin.

Kozol, J. (1991). *Savage inequalities: Children in America's schools.* New York: Crown.

Kozol, J. (2005). *The shame of the nation: The restoration of apartheid schooling in America.* New York: Three Rivers Press.

Krashen, S., & McField, G. (2005). What works? Reviewing the latest evidence on bilingual education. *Language Learner, 1*(2), 7–10.

Krizek v. Cicero-Stickney Township High School District No. 201, 713 F. Supp. 1131 (N.D. Ill. 1989).

Krogh, S. L. (2000). Weaving the web. In F. W. Parkay & G. Hass (Eds.), *Curriculum planning: A contemporary approach* (7th ed., pp. 338–341). Boston: Allyn & Bacon.

Kulik, J. A. (2004). Meta-analytic studies of acceleration. In N. Colangelo, S. G. Assouline, & M. U. M. Gross (Eds.), *A nation deceived: How schools hold back America's brightest students* (Vol. 2, pp. 13–22). Iowa City, IA: The Connie Belin and Jacqueline N. Blank International Center for Gifted Education and Talent Development.

Ladson-Billings, G. (2005). Is the team all right? Diversity and teacher education. *Journal of Teacher Education, 56*(3), 229–234.

LaMorte, M. W. (2008). *School law: Cases and concepts* (9th ed.). Boston: Pearson.

Lange, C. M., & Sletten, S. J. (2002). *Alternative education: A brief history and research synthesis.* Alexandria, VA: Project Forum at National Association of

State Directors of Special Education. Retrieved April 12, 2008, from http://www.nasdse.org/forum.htm

Larry P. v. Riles, 793 F.2d 969 (9th Cir. 1984).

Lau v. Nichols, 414 U.S. 563 (1974).

Laurence, D. (2000). *NEA: The grab for power: A chronology of the National Education Association*. Hearthstone.

Le, C. N. (2008). *Population statistics & demographics, Asian-nation: The landscape of Asian America*. Retrieved from http://www.asian-nation.org/population.shtm

Leahy, T., & Harris, R. (2001). *Learning and cognition* (5th ed.). Upper Saddle River, NJ: Merrill/Prentice Hall.

Learning in Deed. (2004). *Learning in deed: Service learning in action*. New York: National Service-Learning Partnership, Academy for Educational Development. Retrieved from http://www.learningindeed.org/tools/examples.html

Lee, V. E., Chen, X., & Smerdon, B. A. (1996). *The influence of school climate on gender differences in the achievement and engagement of young adolescents*. Washington, DC: American Association of University Women.

Leinhardt, G. (1990). Capturing craft knowledge in teaching. *Educational Researcher, 19*(2), 18–25.

Lemon v. Kurtzman, 403 U.S. 602 (1971).

Levin, D., & Arafeh, S. (2002). *The digital disconnect: The widening gap between Internet-savvy students and their schools*. Washington, DC: The Pew Internet and American Life Project.

Lewis, C. (2003, August 13). Is it time for cameras in classrooms? *Philadelphia Inquirer*. Retrieved from www.philly.com

Lewis, R. B., & Doorlag, D. H. (2006). *Teaching special students in general education classrooms* (7th ed.). Upper Saddle River, NJ: Pearson Education.

Lickona, T. (2008). *A 12-point comprehensive approach to character education*. Cortland, NY: SUNY Cortland School of Education, Center for the 4th and 5th Rs. Retrieved August 10, 2008, from http://www.cortland.edu/character/12pts.asp

Lightfoot, S. L. (1978). *Worlds apart: Relationships between families and schools*. New York: Basic Books.

Lindjord, D. (2000). Families at the century's turn: The troubling economic trends. *Family Review, 7*(3), 5–6.

Lindsay, D. (1996, March 13). N.Y. bills give teachers power to oust pupils. *Education Week*.

Lipsman v. New York City Board of Education, 1999 WL 498230 (N.Y.).

Littky, D. (2004). *The big picture: Education is everyone's business*. Alexandria, VA: Association for Supervision and Curriculum Development.

Little, P. M. D., & Harris, E. (2003, July). A review of out-of-school time program quasi-experimental and experimental evaluation results. Cambridge, MA: Harvard University, Harvard Family Research Project.

Lloyd, S. C. (June 22, 2006). A road map to state graduation policies. *Education Week, 25*(41S), 25, 29.

Lortie, D. (1975). *School teacher: A sociological study*. Chicago: University of Chicago Press.

Louis Harris and Associates, Inc. (1995). *The Metropolitan Life survey of the American teacher, 1984–1995: Old problems, new challenges*. New York: Author.

MacKinnon, C. (1994). Quoted in bell hooks, *Teaching to transgress: Education as the practice of freedom*. New York: Routledge.

Mack-Krisher, A. (2004). *Powerful classroom stories from accomplished teachers*. Thousand Oaks, CA: Corwin Press.

MacLeod, J. (1995). *Ain't no makin' it: Aspirations & attainment in a low-income neighborhood*. Boulder, CO: Westview Press.

MacNaughton, R. H., & Johns, F. A. (1991, September). Developing a successful schoolwide discipline program. *NASSP Bulletin*, pp. 47–57.

Mahoney, J., & Cairns, R. B. (1997). Do extracurricular activities protect against early school dropout? *Developmental Psychology, 33*(2), 241–253.

Mailloux v. Kiley, 323 F. Supp. 1387, 1393 (D. Mass.), *aff'd*, 448 F.2d 1242 (1st Cir. 1971).

Mann, H. (1848). Twelfth annual report. In L. A. Cremin (Ed.), *The republic and the school: Horace Mann on the education of free men*. New York: Teachers College Press, 1957.

Mann, H. (1868). Annual reports on education. In M. Mann (Ed.), *The life and works of Horace Mann* (Vol. 3). Boston: Horace B. Fuller.

Mann, H. (1957). Twelfth annual report. In L. A. Cremin (Ed.), *The republic and the school: Horace Mann on the education of free men*. New York: Teachers College Press.

Marcus v. Rowley, 695 F.2d 1171 (9th Cir. 1983).

Markus, H., & Kitayama, S. (1991). Conflictways: Culture and the self: Implications for cognition, emotion, and motivation. *Psychological Review, 98*, 224–253.

Marshall, K. (2003, May). Recovering from HSPS (hyperactive superficial principal syndrome): A progress report. *Phi Delta Kappan*, 701–709.

Martinez, M. E. (2006). What is metacognition? *Phi Delta Kappan, 87*(9), 696–699.

Marzano, R. J. (1997). *Eight questions you should ask before implementing standards-based education at the local level*. Aurora, CO: Mid-Continent Research for Education and Learning.

Maslow, A. (1954). *Motivation and personality*. New York: Basic Books.

Maslow, A. (1962). *Toward a psychology of being*. New York: Basic Books.

Maslow, A. H. (1959). *Toward a psychology of being* (3rd ed.). New York: John Wiley & Sons.

Maslow, A. H. (1987). *Motivation and personality* (3rd ed.). Boston: Addison-Wesley.

Mayhew, K. C., & Edwards, A. C. (1936). *The Dewey School: The University Laboratory School of the University of Chicago, 1896–1903*. New York: D. Appleton-Century.

McCain, T., & Jukes, I. (2001). *Windows on the future: Education in the age of technology*. Thousand Oaks, CA: Corwin Press.

McCourt, F. (2005). *Teacher man: A memoir*. New York: Simon & Schuster.

McHugh, J. (2005, October). Synching up with the iKid: Connecting to the twenty-first-century student. *Edutopia Magazine*.

McMillan, J. H. (2001). *Classroom assessment: Principles and practice for effective instruction* (2nd ed.). Boston: Allyn & Bacon.

Meek, C. (2003, April). Classroom crisis: It's about time. *Phi Delta Kappan*, 592–595.

Mehlinger, H. D. (1996, February). School reform in the information age. *Phi Delta Kappan*, 400–407.

Metcalf, K. K. (2003, March). *Evaluation of the Cleveland scholarship and tutoring program*. Bloomington: Indiana Center for Evaluation.

Michie, G. (1999). *Holler if you hear me: The education of a teacher and his students*. New York: Teachers College Press.

Miller, S. R., Allensworth, E. M., & Kochanek, J. R. (2002). *Student performance: Course taking, test scores, and outcomes*. Chicago: Consortium on Chicago School Research.

Mills, G. E. (2000). *Action research: A guide for the teacher researcher*. Upper Saddle River, NJ: Merrill.

Missouri v. Jenkins, 515 U.S. 70 (1995).

Mitchell v. Helms, 530 U.S. 793 (2000).

Modi, M., Konstantopoulos, S., & Hedges, L. V. (1998). *Predictors of academic giftedness among U.S. high school students: Evidence from a nationally representative multivariate analysis*. Paper presented at the annual meeting of the American Educational Research Association, San Diego. (Eric Document No. ED422 356).

Mohammed ex rel. Mohammed, v. School District of Philadelphia, 355 F. Supp. 2d 779 (Pa. 2005).

Mohr, M., Rogers, C., Sanford, B., Nocerino, M. A., MacLean, M. S., & Clawson, S.

(2004). *Teacher research for better schools*. New York: Teachers College Press.

Molino, F. (1999). My students, my children. In M. K. Rand & S. Shelton-Colangelo, *Voices of student teachers: Cases from the field* (pp. 55–56). Upper Saddle River, NJ: Merrill.

Molnar, A., Wilson, G., & Allen, D. (2004). *Profiles of for-profit education management companies: Sixth annual report*. Arizona State University: Education Policy Studies Laboratory, Commercialism in Education Research Unit.

Montagu, A. (1974). *Man's most dangerous myth: The fallacy of race* (5th ed.). New York: Oxford University Press.

Moran v. School District No. 7, 350 F. Supp. 1180 (D. Mont. 1972).

Morris, J. E., & Curtis, K. E. (1983, March/April). Legal issues relating to field-based experiences in teacher education. *Journal of Teacher Education*, 2–6.

Morris, V. C., & Pai, Y. (1994). *Philosophy and the American school: An introduction to the philosophy of education*. Lanham, MD: University Press of America.

Morrison v. State Board of Education, 461 P.2d 375 (Cal. 1969).

Moskal, B. M. (2000). Scoring rubrics: What, when, and how? *Practical Assessment, Research, & Evaluation, 7*(3).

Mozert v. Hawkins County Board of Education, 827 F.2d 1058 (6th Cir. 1987), *cert. denied*, 484 U.S. 1066 (1988).

MTV and American Psychological Association. (n.d.) *Warning signs: A violence prevention guide for youth from MTV and APA*. New York: MTV; Washington, DC: American Psychological Association.

Mueller v. Allen, 463 U.S. 388 (1983).

Mukhopadhyay, C., & Henze, R. C. (2003, May). How real is race? Using anthropology to make sense of human diversity. *Phi Delta Kappan, 84*(9), 669–678.

Murphy, J. (2005). *Connecting teacher leadership and school improvement*. Thousand Oaks, CA: Corwin Press.

Murray v. Pittsburgh Board of Public Education, 919 F. Supp. 838 (W.D. Pa. 1996).

National Association of School Psychologists. (2008). *Zero tolerance and alternative strategies: A fact sheet for educators and policymakers*. Bethesda, MD: Author. Retrieved from http://www.nasponline.org/educators/zero_alternative.pdf

National Association for Year-Round Education. (2008). *Statistical summaries of year-round education programs*. Retrieved February 28, 2008 from http://www.nayre.org/

National Board for Professional Teaching Standards (NBPTS). (2002). *What teachers should know and be able to do*. Arlington, VA: Author.

National Board for Professional Teaching Standards. (2007). *Making the commitment to accomplished teaching: Q & A for 2007 National Board Certification*. Arlington, VA: Author.

National Board for Professional Teaching Standards. (2007, December 3). *Largest one-year gain of National Board certified teachers advances teaching quality movement in the U.S.*, [press release]. Arlington, VA: Author.

National Catholic Education Association. (2008, April 11). *Catholic education questions*. Retrieved from http://www.ncea.org/FAQ/CatholicEducationFAQ.asp

National Center for Children in Poverty. (2008). *Who are America's poor children: The official story*. Retrieved from http://www.nccp.org/

National Center for Education Statistics. (1980). *High school and beyond study*. Washington, DC: U.S. Department of Education.

National Center for Education Statistics. (2002, July 2). *The condition of education 2002*. Washington, DC: Author.

National Center for Education Statistics. (2002, August). *Public alternative schools and programs for students at risk of education failure: 2000–01*. Washington, DC: Author.

National Center for Education Statistics. (2006, February). *Public elementary and secondary students, staff, schools, and school districts: School year 2003–04*. Washington, DC: Author.

National Center for Education Statistics. (2006, September). *Projections of education statistics to 2015*. Washington, DC: U.S. Department of Education.

National Center for Education Statistics. (2006, October). *State profiles: The nation's report card*. Washington, DC: Author.

National Center for Education Statistics. (2007, January). *Projections of education statistics to 2016*. Washington, DC: U.S. Department of Education.

National Center for Education Statistics. (2007, May). *Digest of education statistics 2007*. Washington, DC: Author.

National Center for Education Statistics. (2007, September). *Private school universe survey*. Washington, DC: U.S. Department of Education.

National Center for Education Statistics. (2007, September). *Status and trends in the education of racial and ethnic minorities*. Washington, DC: Author.

National Center for Education Statistics. (2007, December). *Indicators of school crime and safety*. Washington, DC: Author.

National Center for Education Statistics. (2007, December). *Projections of education statistics to 2016*. Washington, DC: U.S. Department of Education.

National Center for Education Statistics. (2008). *The condition of education 2008*. Washington, DC: U.S. Department of Education.

National Center for Education Statistics. (2008, February 28). *Fast facts*. Retrieved from http://nces.ed.gov/fastfacts/display.asp?id=372

National Center for Education Statistics. (2008, March 25). *Digest of Education Statistics, 2007*. Washington, DC: Author.

National Center for Education Statistics. (2008, April). *Revenues and expenditures for public elementary and secondary education, school year 2005–06*. Washington, DC: Author.

National Center for Education Statistics. (2008, May 29). *The condition of education 2008*. Washington, DC: Author.

National Clearinghouse for English Language Acquisition. (2008). *The growing numbers of limited English proficient students: 1995/96–2005/06*. Washington, DC: Author.

National Clearinghouse on Child Abuse and Neglect. (2002). *National child abuse and neglect data system (NCANDS): Summary of key findings from calendar year 2000*. Washington, DC: Author.

National Coalition for the Homeless. (2008). *Who is homeless?* Retrieved August 9, 2008, from http://www.nationalhomeless.org/publications/facts/Whois.pdf

National Commission on Excellence and Education. (1983). *A nation at risk: The imperative for educational reform*. Washington, DC: U.S. Government Printing Office.

National Commission on Teaching and America's Future. (2003). *What matters most: Teaching for America's future*. New York: Author.

National Council for Accreditation of Teacher Education (NCATE). (2002). *Professional standards for the accreditation of schools, colleges, and departments of education—2002 edition*. Washington, DC: Author.

National Council for Accreditation of Teacher Education (NCATE). (2008, February 28). *About NCATE*. Retrieved from http://www.ncate.org/public/aboutNCATE.asp

National Education Association. (2002). *Status of the American public school teacher*. Washington, DC: Author.

National Education Association. (2003). *Status of the American public school teacher*. Washington, DC: Author.

National Education Association. (2007, December). *Rankings and estimates: Rankings of the states 2006 and estimates of school statistics 2007*. Washington, DC: Author.

National Education Association. (2008). *Attracting and keeping quality teachers*. Retrieved February 28, 2008, from http://www.nea.org/teachershortage/index.html

National Education Association. (2008, April 29). *About NEA*. Retrieved from http://www.nea.org/index.html

National Governors' Association and NGA Center for Best Practices. (2002). *After-school plus (+) program: Hawaii*. Washington, DC: Author.

National Joint Committee on Learning Disabilities. (2008). *LD basics: What is a learning disability?* Retrieved from http://www.ldonline.org/ldbasics/whatisld

National School Boards Association. (2002). *Are we there yet? Research and guidelines on school's use of the Internet*. Alexandria, VA: Author.

National trade and professional associations of the United States 2008. New York: Columbia Books.

Navarro, M. (2008, March 31). New dialogue on mixed race: Many of mixed parentage feel Obama's path similar to theirs. *New York Times*. Retrieved from http://www.msnbc.msn.com/id/23875822/

NEA Today. (2003, May). New federal rule supports school prayer, p. 13.

NEAFT Partnership. (2002, April 23–24). *NEAFT Partnership Joint Council communique*. Washington, DC: Author.

Neill, A. S. (1960). *Summerhill: A radical approach to child rearing*. New York: Hart.

Nelson, J. L., Carlson, K., & Palonsky, S. B. (2000). *Critical issues in education: A dialectic approach* (4th ed.). New York: McGraw-Hill.

New Jersey v. Massa, 231 A.2d 252 (N.J. Sup. Ct. 1967).

New Jersey v. T.L.O., 469 U.S. 325 (1985).

Newmann, F. M., et al. (Eds.). (1996). *Authentic achievement: Restructuring schools for intellectual quality*. San Francisco: Jossey-Bass.

Newmann, F. M., & Wehlage, G. G. (1995). *Successful school restructuring: A report to the public and educators by the Center on Organization and Restructuring of Schools*. Madison: University of Wisconsin, Center on Organization and Restructuring of Schools.

Nieto, S. (2002). *Language, culture, and teaching: Critical perspectives for a new century*. Mahwah, NJ: Lawrence Erlbaum.

Nieto, S. (2003). *What keeps teachers going?* New York: Teachers College Press.

Nitko, A. J. (2001). *Educational assessment of students* (3rd ed.). Upper Saddle River, NJ: Merrill.

Noddings, N. (2002). *Educating moral people: A caring alternative to character education*. New York: Teachers College Press.

Noddings, N. (2007). *When school reform goes wrong*. New York: Teachers College Press.

Nord, C. W., & West, J. (2001). *National household education survey: Fathers' and mothers' involvement in their children's schools by family type and resident status*. Washington, DC: U.S. Department of Education, National Center for Education Statistics.

Null v. Board of Education, 815 F. Supp. 937 (D. W. Va. 1993).

Oakes, J., & Lipton, M. (2007). *Teaching to change the world* (3rd ed.). Boston: McGraw-Hill.

Oberti v. Board of Education of the Borough of Clementon School District, 789 F. Supp. 1322 (D.N.J. 1992).

Obiakor, F. E. (2007). *Multicultural special education: Culturally responsive teaching*. Upper Saddle River, NJ: Pearson Education.

Oh Day Aki. (2008). *Oh Day Aki Charter School, school information*. Retrieved from http://www.americanindianeducation.org/school_information.htm

Ohman v. Board of Education, 93 N.E.2d 927 (N.Y. 1950).

Orfield, G., & Yun, J. T. (1999). *Re-segregation in American schools*. Cambridge, MA: Harvard University, Civil Rights Project.

Ormrod, J. E. (2003). *Educational psychology: Developing learners* (4th ed.). Upper Saddle River, NJ: Merrill Prentice Hall.

Ormrod, J. E. (2006). *Essentials of educational psychology*. Upper Saddle River, NJ: Pearson Education.

Ormrod, J. E., & McGuire, D. J. (2007). *Case studies: Applying educational psychology*. Upper Saddle River, NJ: Pearson Education.

Ortiz, M. G. (1999, April 19). Urban schools lag in technology. *Detroit Free Press*.

Ovando, C. J., Combs, M. C., & Collier, V. P. (2006). *Bilingual and ESL classrooms: Teaching in multicultural contexts*. Boston: McGraw-Hill.

Owasso Independent School District v. Falvo, 233 F.3d 1203 (10th Cir. 2002).

Ozmon, H. W., & Craver, S. M. (2007). *Philosophical foundations of education* (8th ed.). Upper Saddle River, NJ: Prentice Hall.

Paglin, C., & Fager, J. (1997). *Grade configuration: Who goes where? By request series*. Portland, OR: Northwest Regional Educational Laboratory. (ERIC Document Reproduction Service No. ED 432 033).

Pajak, E. (1999). *Approaches to clinical supervision: Alternatives for improving instruction*. Norwood, MA: Christopher-Gordon.

Parkay, F. W. (1983). *White teacher, black school: The professional growth of a ghetto teacher*. New York: Praeger.

Parkay, F. W. (1988, Summer). Reflections of a protégé. *Theory into Practice*, pp. 195–200.

Parkay, F. W., Anctil, E., & Hass, G. (2006). *Curriculum planning: A contemporary approach* (8th ed.). Boston: Allyn & Bacon.

Parkay, F. W., Potisook, P., Chantharasa-kul, A., & Chunsakorn, P. (1999). *New roles and responsibilities in educational reform: A study of Thai and U.S. principals' attitudes toward teacher leadership*. Bangkok: Kasetsart University, Center for Research on Teaching and Teacher Education.

Parkay, F. W., Shindler, J., & Oaks, M. M. (1997, January). Creating a climate for collaborative, emergent leadership at an urban high school: Exploring the stressors, role changes, and paradoxes of restructuring. *International Journal of Educational Reform*, 64–74.

Parker, L., & Shapiro, J. P. (1993). The context of educational administration and social class. In C. A. Capper (Ed.), *Educational administration in a pluralistic society* (pp. 36–65). Albany: State University of New York Press.

PASE (Parents in Action on Special Education) v. Hannon, 506 F. Supp. 831 (E.D. Ill. 1980).

Pashler, H., & Carrier, M. (1996). Structures, processes, and the flow of information. In E. Bjork & R. Bjork (Eds.), *Memory* (pp. 3–29). San Diego, CA: Academic Press.

Patchin, J. W., & Hinduja, S. (2006). Bullies move beyond the schoolyard: A preliminary look at cyberbullying. *Youth Violence and Juvenile Justice, 4*(2), 148–169.

Patchogue-Medford Congress of Teachers v. Board of Education of Patchogue-Medford Union Free School District, 510 N.E.2d 325 (N.Y. 1987).

Paul, J. L., Christensen, L., & Falk, G. (2000). Accessing the intimate spaces of life in the classroom through letters to former teachers: A protocol for uncovering hidden stories. In J. L. Paul & T. J. Smith (Eds.), *Stories out of school: Memories and reflections on care and cruelty in the classroom* (pp. 15–26). Stamford, CT: Ablex.

Paul, J. L., & Colucci, K. (2000). Caring pedagogy. In J. L. Paul & T. J. Smith (Eds.), *Stories out of school: Memories and reflections on care and cruelty in the classroom* (pp. 45–63). Stamford, CT: Ablex.

Paul, R., & Elder, L. (2006). *The thinker's guide to the art of Socratic questioning*. Dillon Beach: Foundation for Critical Thinking.

PBS Teachers. (2008). *About*. Retrieved from http://www.pbs.org/teachers/about/

People for the American Way. (2008, May 25). *Schools and censorship*. Retrieved from http://www.pfaw.org/pfaw/general/default.aspx?oid=10038#

Peter Doe v. San Francisco Unified School District, 131 Cal. Rptr. 854 (Ct. App. 1976).

Pew Forum on Religion & Public Life. (2008, February 25). *The U.S. religious landscape survey*. Washington, DC: Author.

Picarella v. Terrizzi, 893 F. Supp. 1292 (M.D. Pa. 1995).

Pitton, D. E. (1998). *Stories of student teaching: A case approach to the student teaching experience*. Upper Saddle River, NJ: Merrill.

Portner, J. (1999, May 12). Schools ratchet up the rules on student clothing, threats. *Education Week on the Web*.

Posner, G. J. (2005). *Field experience: A guide to reflective teaching* (6th ed.). Boston: Pearson Education.

Poway Unified School District. (2008). *Ed tech central*. Retrieved from http://powayusd.sdcoe.k12.ca.us/projects/edtechcentral/DigitalStorytelling/default.htm

Power, E. J. (1982). *Philosophy of education: Studies in philosophies, schooling, and educational policies*. Englewood Cliffs, NJ: Prentice Hall.

Power, F. C., et al. (Eds.). (2008). *Moral education: A handbook* (Vol. 1). Westport, CT: Praeger.

Prensky, M. (2008). Young minds, fast times: How tech-obsessed iKids would improve our schools. *Edutopia: What Works in Public Education*, 33–36.

President's Commission on Excellence in Special Education. (2002). *A new era: Revitalizing special education for children and their families*. Washington, DC: Author.

Protheroe, N., Lewis, A., & Paik, S. (2002, Winter). Promoting quality teaching. *ERS Spectrum*. Retrieved from www.ers.org/spectrum/wino2a.htm

Rand, M. K., & Shelton-Colangelo, S. (1999). *Voices of student teachers: Cases from the field*. Upper Saddle River, NJ: Merrill.

Randall, V. R. (2001). *Institutional racism*. Dayton, OH: University of Dayton School of Law.

Ravitch, D. (1983). *The troubled crusade: American education, 1945–1980*. New York: Basic Books.

Ravitch, D. (1985). *The schools we deserve: Reflections on the education crises of our times*. New York: Basic Books.

Ravitch, D. (1996). *National standards in American education: A citizen's guide*. Washington, DC: Brookings Institution.

Ravitch, D. (1997, December 15). The fight for standards. *Forbes, 160* (13), 106.

Ravitz, J. L., Wong, Y. T., & Becker, H. J. (1999). *Report to participants*. University of California, Irvine, and University of Minnesota: Center for Research on Information Technology and Organizations.

Ray v. School District of DeSoto County, 666 F. Supp. 1524 (M.D. Fla. 1987).

RCM Research Corporation. (1998). *Time: Critical issues in educational change*. Portsmouth, NH: Author.

Rector, T. A., Jacoby, S. H., Lockwood, J. F., & McCarthy, D. W. (2002, January 7). *Teacher leaders in research based science education*. Paper presented at the 199th meeting of the American Astronomical Society, Washington, DC.

Reeves, D. B. (2008). *Reframing teacher leadership to improve your school*. Alexandria, VA: Association for Supervision and Curriculum Development.

Renzulli, J. S. (1998). The three-ring conception of giftedness. In S. M. Baum, S. M. Reis, & L. R. Maxfield (Eds.), *Nurturing the gifts and talents of primary grade students*. Mansfield Center, CT: Creative Learning Press.

Richard, A. (2002a, January 9). Report card days. *Education Week on the Web*.

Richard, A. (2002b, May 15). Memphis school board wants uniforms for all. *Education Week on the Web*.

Rickover, H. G. (1959). *Education and freedom*. New York: E. P. Dutton.

Rideout, V., Roberts, D. F., & Foehr, U. G. (2005). *Generation M: Media in the lives of 8–18-year olds*. Menlo Park, CA: Kaiser Family Foundation.

Rieger, L. (2008). A welcoming tone in the classroom: Developing the potential of diverse students and their families. In T. Turner-Vorbeck & M. M. Marsh (Eds.), *Other kinds of families: Embracing diversity in schools* (pp. 64–80). New York: Teachers College Press.

Rippa, S. A. (1984). *Education in a free society*. New York: Longman.

Rippa, S. A. (1997). *Education in a free society: An American history* (8th ed.). New York: Longman.

Ripple, R. E., & Rockcastle, V. E. (Eds.). (1964). *Piaget rediscovered: A report of the conference on cognitive studies and curriculum development*. Ithaca, NY: Cornell University, School of Education.

Roach, V., & Cohen, B. A. (2002). *Moving past the politics: How alternative certification can promote comprehensive teacher development reforms*. Alexandria, VA: National Association of State Boards of Education.

Robinson, A. (2008). Teacher characteristics. In J. A. Plucker & C. M. Callahan (Eds.), *Critical issues and practices in gifted education: What the research says* (pp. 669–680). Waco, TX: Prufrock Press.

Robinson, M. W. (2008, February/March). Scared not to be straight. *Edutopia: The New World of Learning, 4*(1), 56–58.

Rogers, C. (1961). *On becoming a person*. Boston: Houghton Mifflin.

Rogers, C. (1982). *Freedom to learn in the eighties*. Columbus, OH: Merrill.

Romans v. Crenshaw, 354 F. Supp. 868 (S.D. Tex. 1972).

Rose, L. C., & Gallup, A. M. (2005, September). The 37th annual Phi Delta Kappa/Gallup poll of the public's attitudes toward the public schools. *Phi Delta Kappan*, 41–57.

Rose, L. C., & Gallup, A. M. (2006, September). The 38th annual Phi Delta Kappa/Gallup Poll of the public's attitudes toward the public schools. *Phi Delta Kappan*, 41–56.

Rose, L. C., & Gallup, A. M. (2007, September). The 39th annual Phi Delta Kappa/Gallup Poll of the public's attitudes toward the public schools. *Phi Delta Kappan*, 33–43.

Rosenkranz, T. (2002). *2001 CPS test trend review: Iowa Tests of Basic Skills*. Chicago: Consortium on Chicago School Research.

Rosenshine, B. (1988). Explicit teaching. In D. Berliner & B. Rosenshine (Eds.), *Talks to teachers*. New York: Random House.

Rosenshine, B., & Stevens, R. (1986). Teaching functions. In M. C. Wittrock (Ed.), *Handbook of research on teaching* (3rd ed.). New York: Macmillan.

Rothstein-Fisch, C., & Trumbull, E. (2008). *Managing diverse classrooms: How to build on students' cultural strengths*. Alexandria, VA: Association for Supervision and Curriculum Development.

Rury, J. L. (2002). *Education and social change: Themes in the history of American schooling*. Mahwah, NJ: Lawrence Erlbaum.

Russo, A. (Ed.). (2004). *School reform in Chicago: Lessons in policy and practice*. Cambridge, MA: Harvard Education Press.

Salovey, P., & Feldman-Barrett, L. (Eds.). (2002). *The wisdom of feelings: Psychological processes in emotional intelligence*. New York: Guilford Press.

Salovey, P., Mayer, J. D., & Caruso, D. (2002). The positive psychology of emotional intelligence. In C. R. Snyder & S. J. Lopez (Eds.), *The handbook of positive psychology* (pp. 159–171). New York: Oxford University Press.

Salovey, P., & Sluyter, D. J. (Eds.). (1997). *Emotional development and emotional intelligence: Educational implications*. New York: Basic Books.

Sandham, J. L. (2002, February 6). Board to close Fla. "voucher" school. *Education Week on the Web*.

Sandholtz, J. J., Ringstaff, C., & Dwyer, D. C. (1997). *Teaching with technology:*

Creating student-centered classrooms.
New York: Teachers College Press.

Santa Fe Independent School District v. Jane Doe, 530 U.S. 290 (2000).

Santayana, G. (1954). *The life of reason; or, The phases of human progress.* New York: Scribner.

Sartre, J. P. (1972). Existentialism. In J. M. Rich (Ed.), *Readings in the philosophy of education.* Belmont, CA: Wadsworth.

Scales, P. C. (2001). The public image of adolescents. *Society 38*(4), 64–70.

Scering, G. E. S. (1997, January–February). Theme of a critical/feminist pedagogy: Teacher education for democracy. *Journal of Teacher Education, 48*(1), 62–68.

Schaefer, R. (1967). *The school as the center of inquiry.* New York: Harper & Row.

Schaill v. Tippecanoe School Corp., 864 F.2d 1309 (7th Cir. 1988).

Schmuck, R. A., & Schmuck, P. A. (2001). *Group processes in the classroom* (8th ed.). Boston: McGraw-Hill.

Schneider, R. B., & Barone, D. (1997, Spring). Cross-age tutoring. *Childhood Education,* 136–143.

School District of Abington Township v. Schempp, 374 U.S. 203 (1963).

Schunk, D. (2004). *Learning theories: An educational perspective* (4th ed.). Upper Saddle River, NJ: Merrill/Prentice Hall.

Schwartz, J. E., & Beichner, R. J. (1999). *Essentials of educational technology.* Boston: Allyn & Bacon.

Scopes, J. (1966). *Center of the storm.* New York: Holt, Rinehart and Winston.

Scoville v. Board of Education of Joliet Township High School District 204, 425 F.2d 10 (7th Cir.), *cert. denied*, 400 U.S. 826, (1970).

Search Institute. (2002). *Help your youth grow up healthy.* Minneapolis: Author.

Sears, J. T. (1991). Educators, homosexuality and homosexual students: Are personal feelings related to professional beliefs? *Journal of Homosexuality, 22.*

Shade, B. J. (1982). Afro-American cognitive style: A variable in school success? *Review of Educational Research, 52*(2), 219–238.

Shanley v. Northeast Independent School District, 462 F.2d 960 (5th Cir. 1972).

Sharan, Y., & Sharan, S. (1989/90, December/January). Group investigation expands cooperative learning. *Educational Leadership,* 17–21.

Sheuerer, D., & Parkay, F. W. (1992). The new Christian right and the public school curriculum: A Florida report. In J. B. Smith & J. G. Coleman, Jr. (Eds.), *School library media annual: 1992* (Vol. 10). Englewood, CO: Libraries Unlimited.

Shulman, L. (1987, August). *Teaching alone, learning together: Needed agendas for the new reform.* Paper presented at the Conference on Restructuring Schooling for Quality Education, San Antonio.

Simonetti v. School District of Philadelphia, 454 A.2d 1038 (Pa. Super. 1982).

Simpkins, S. (2003, Spring). Does youth participation in out-of-school time activities make a difference? *The evaluation exchange,* Vol. IX, No. 1. Harvard Graduate School of Education, Harvard Family Research Project (HFRP).

Sizer, T. (1997a). *Horace's compromise: The dilemma of the American high school* (3rd ed.). Boston: Houghton Mifflin.

Sizer, T. (1997b). *Horace's hope: What works for the American high school.* Boston: Houghton Mifflin.

Sizer, T. (1997c). *Horace's school: Redesigning the American high school.* Boston: Houghton Mifflin.

Sizer, T., & Sizer, N. F. (1999). *The students are watching: Schools and the moral contract.* Boston: Beacon Press.

Skinner, B. F. (1972). Utopia through the control of human behavior. In J. M. Rich (Ed.), *Readings in the philosophy of education.* Belmont, CA: Wadsworth.

Slavin, R. E. (2000). *Educational psychology: Theory and practice* (6th ed.). Boston: Allyn & Bacon.

Slavin, R. E. (2003). *Educational psychology: Theory and practice* (7th ed.). Boston: Allyn & Bacon.

Smith, D. D. (2007). *Introduction to special education: Making a difference* (6th ed.). Boston: Pearson.

Smith, L. G., & Smith, J. K. (1994). *Lives in education: A narrative of people and ideas* (2nd ed.). New York: St. Martin's Press.

Smith v. Board of School Commissioners of Mobile County, 655 F. Supp. 939 (S.D. Ala.), *rev'd*, 827 F.2d 684 (11th Cir. 1987).

Smyth, J. W. (1995). *Clinical supervision: Collaborative learning about teaching.* New York: State Mutual Book and Periodical Service.

Snipes, J., Soga, K., & Uro, G. (2007). *Improving teaching and learning for English language learners in urban schools.* Council of the Great City Schools, Research Brief. Washington, DC: Author.

Snyder, J. F. (1999). The alternative of substitute teaching. *1999 job search handbook for educators* (p. 38). Evanston, IL: American Association for Employment in Education.

Snyder, K. J., & Anderson, R. H. (Eds.). (1996). *Clinical supervision: Coaching for higher performance.* Lanham, MD: Scarecrow Press.

Sommers, C. H. (1994). *Who stole feminism? How women have betrayed women.* New York: Simon & Schuster.

Sommers, C. H. (1996, June 12). Where the boys are. *Education Week on the Web.*

Sommers, C. H. (2000). *The war against boys: How misguided feminism is harming our young men.* New York: Simon & Schuster.

Spokesman Review. (1993, June 4). Harassment claims vex teachers.

Spring, J. (1997). *The American school 1642–1996* (4th ed.). New York: McGraw-Hill.

Spring, J. (2005). *The American school: 1642–2004.* Boston: McGraw-Hill.

Spring, J. (2008a). *American education* (13th ed.). Boston: McGraw-Hill.

Spring, J. (2008b). *The American school: From the Puritans to No Child Left Behind.* Boston: McGraw-Hill.

St. Michel, T. (1995). *Effective substitute teachers: Myth, mayhem, or magic?* Thousand Oaks, CA: Corwin Press.

Stanford, B. H. (1992). Gender equity in the classroom. In D. A. Byrnes & G. Kiger (Eds.), *Common bonds: Anti-bias teaching in a diverse society.* Wheaton, MD: Association for Childhood Education International.

State v. Rivera, 497 N.W.2d 878 (Iowa 1993).

State Educational Technology Directors Association. (2005). *National trends: Enhancing education through technology: No Child Left Behind, Title IID-year two in review.* Los Angeles: Metri Group.

Station v. Travelers Insurance Co., 292 So. 2d 289 (La. Ct. App. 1974).

Stecher, B., & Hamilton, L. (2002, February 20). Test-based accountability: Making it work better. *Education Week on the Web.* Retrieved from www.edweek.org/ew/newstory.cfm?slug=23Stecher.h21

Stengel, B. S., & Tom, A. R. (2006). *Moral matters: Five ways to develop the moral life of schools.* New York: Teachers College Press.

Sternberg, L., Dornbusch, S., & Brown, B. (1996). *Beyond the classroom: Why school reform has failed and what parents need to do.* New York: Simon & Schuster.

Sternberg, R. J. (2002). Beyond g: The theory of successful intelligence. In R. J. Sternberg & E. L. Grigorenko (Eds.), *The general factor of intelligence: How general is it?* (pp. 447–479). Mahwah, NJ: Lawrence Erlbaum.

Stiggins, R. J. (2004, September). New assessment beliefs for a new school mission. *Phi Delta Kappan,* 22–27.

Stiggins, R. J. (2005). *Student-involved assessment for learning* (4th ed.). Upper Saddle River, NJ: Pearson/Merrill Prentice Hall.

Stone, R., & Cuper, P. H. (2006). *Best practices for teacher leadership: What award-winning teachers do for their professional learning communities.* Thousand Oaks, CA: Corwin Press.

Stone v. Graham, 599 S.W.2d 157 (Ky. 1980).

Stover, D. (1992, March). The at-risk kids schools ignore. *The Executive Educator,* pp. 28–31.

Strike, K. A. (2007). *Ethical leadership in schools: Creating community in an* environment of accountability. Thousand Oaks, CA: Corwin Press.

Strike, K. A., & Soltis, J. F. (1985). *The ethics of teaching*. New York: Teachers College Press.

Strong, R., Silver, H., & Perini, M. (2001). *Teaching what matters most: Standards and strategies for raising student achievement*. Alexandria, VA: Association for Supervision and Curriculum Development.

Stuckey, M. (2008, May 28). Multiracial Americans surge in numbers. Voice: Obama candidacy focuses new attention on their quest for understanding. MSNBC Interactive. Retrieved from http://www.msnbc.msn.com/id/24542138/

Sullivan v. Houston Independent School District, 475 F.2d 1071 (5th Cir.), *cert. denied*, 414 U.S. 1032 (1969).

Swanson v. Guthrie Independent School District No. 1, 135 F.3d 694 (10th Cir. 1998).

Swisher, K., & Deyhle, D. (1987). Styles of learning and learning styles: Educational conflicts for American Indian/Alaskan Native youth. *Journal of Multilingual and Multicultural Development, 8*(4), 345–360.

Teach for America. (2008). *About us*. Retrieved February 28, 2008, from www.teachforamerica.org

Tellijohann, S. K., & Price, J. H. (1993). A qualitative examination of adolescent homosexuals' life experiences: Ramifications for secondary school personnel. *Journal of Homosexuality, 26*.

Terman, L. M., Baldwin, B. T., & Bronson, E. (1925). Mental and physical traits of a thousand gifted children. In L. M. Terman (Ed.), *Genetic studies of genius* (Vol. 1). Stanford, CA: Stanford University Press.

Terman, L. M., & Oden, M. H. (1947). The gifted child grows up. In L. M. Terman (Ed.), *Genetic studies of genius* (Vol. 4). Stanford, CA: Stanford University Press.

Terman, L. M., & Oden, M. H. (1959). The gifted group in mid-life. In L. M. Terman (Ed.), *Genetic studies of genius* (Vol. 5). Stanford, CA: Stanford University Press.

Thelen, H. A. (1960). *Education and the human quest*. New York: Harper & Row.

Tileston, D. W. (2004). *What every teacher should know about student assessment*. Thousand Oaks, CA: Corwin Press.

Tinker v. Des Moines Independent Community School District, 393 U.S. 503 (1969).

Torres, C. A. (1994). Paulo Freire as Secretary of Education in the municipality of Sao Paula. *Comparative Education Review, 38*(2), 181–214.

Triandis, H. (1989). Cross-cultural studies of individualism and collectivism. *Nebraska Symposium of Motivation, 37*, 43–133.

Trotter, A. (2002, May 9). E-learning goes to school. *Education Week on the Web*.

Tyler, R. (1949). *Basic principles of curriculum and instruction*. Chicago: University of Chicago.

Unified School District No. 241 v. Swanson, 717 P.2d 526 (Kan. Ct. App. 1986).

University of Memphis. (1994/95, Winter). Technology provides field experiences. *Perspectives*. Memphis: University of Memphis, College of Education.

Urban, W. J., & Wagoner, J. L. (2004). *American education: A history* (3rd ed.). Boston: McGraw-Hill.

Uribe, V., & Harbeck, K. M. (1991). Addressing the needs of lesbian, gay and bisexual youth. *Journal of Homosexuality, 22*.

U.S. Bureau of Census. (2008). *Statistical abstract of the United States* (128th ed.). Washington, DC: U.S. Government Printing Office.

U.S. Census Bureau. (2004, June). *Educational attainment in the United States: 2003*. Washington, DC: Author.

U.S. Census Bureau. (2008). *2007 population estimates*. Washington, DC: Author.

U.S. Charter Schools. (2008, May 28). *Charter schools: Frequently asked questions*. Retrieved from http://www.uscharterschools.org/pub/uscs_docs/o/faq.htm1#8

U.S. Department of Commerce. (2002). *A nation online: How Americans are expanding their use of the Internet*. Washington, DC: Author.

U.S. Department of Education. (2001, July 27). *Ready to read, ready to learn* [news release]. Washington, DC: Author.

U.S. Department of Education. (2002a, July 28). Paige announces new "No Child Left Behind-Blue Ribbon Schools" program [news release]. Washington, DC: Author.

U.S. Department of Education. (2002b, October). *Student achievement and school accountability conference*. Washington, DC: Author.

U.S. Department of Education. (2006). *Answering the challenge of a changing world: Strengthening education for the 21st century*. Washington, DC: Author.

U.S. Department of Education. (2008, March/April). President urges Congress to reauthorize law. *The Achiever, 7*(2).

U.S. Department of Education. (2008, April 22). U.S. Secretary of Education Margaret Spellings' prepared remarks at the Detroit Economic Club, where she announced proposed regulations to strengthen No Child Left Behind [news release]. Washington, DC: Author.

U.S. Department of Education, Institute for Education Sciences, National Center for Education Statistics. (2004). *The nation's report card: America's charter school report*, NCES 2005–456, by National Center for Education Statistics. Washington, DC: Author.

U.S. Department of Education, Office of Postsecondary Education. (2005, August).

The Secretary's fourth annual report on teacher quality: A highly qualified teacher in every classroom. Washington, DC: Author.

U.S. Department of Justice. (2002). *Highlights of the 2000 national youth gang survey*. Washington, DC: Author.

U.S. Department of Labor. (2008). *Occupational outlook handbook 2008–09 edition. Teachers—preschool, kindergarten, elementary, middle, and secondary*. Washington, DC: Author.

U.S. English. (2008). *About U.S. English: History*. Retrieved August 10, 2008, from http://www.us-english.org/view/3

U.S. Secret Service. (2000, October). *Safe school initiative: An interim report on the prevention of targeted violence in schools*. Washington, DC: Author.

USA Today. (2003, June 17). Teens flunk Mass. exam, won't graduate.

Utay, C., & Utay, J. (1997). Peer-assisted learning: The effects of cooperative learning and cross-age peer tutoring with word processing on writing skills of students with learning disabilities. *Journal of Computing in Childhood Education, 8*.

Valli, L., & Buese, D. (2007, September). The changing roles of teachers in an era of high-stakes accountability. *American Educational Research Journal, 44*(3), 519–558.

Van Reusen, A. K., Shoho, A. R., & Barker, K. S. (2000). High school teacher attitudes toward inclusion. *High School Journal, 84*(2), 7–20.

Vaughn, S., Bos, C. S., & Schumm, J. S. (1997). *Teaching mainstreamed, diverse, and at-risk students in the general education classroom*. Boston: Allyn & Bacon.

Vedder, R. K. (2003). *Can teachers own their own schools? New strategies for educational excellence*. Chicago: Paul & Co.

Vygotsky, L. S. (1978). *Mind in society: The development of higher mental process*. Cambridge, MA: Harvard University Press.

Vygotsky, L. S. (1986). *Thought and language*. Cambridge, MA: MIT Press.

Walberg, H. J. (Ed.). (2007). *Handbook on restructuring and substantial school improvement*. Lincoln, IL: Center on Innovation & Improvement.

Walberg, H. J., & Greenberg, R. C. (1997, May). Using the learning environment inventory. *Educational Leadership*, pp. 45–47.

Wallace, R. M. (2004, Summer). A framework for understanding teaching with the Internet. *American Educational Research Journal, 41*(2), 447–488.

Wallace v. Jaffree, 472 U. S. 38 (1985).

Waller, W. (1932). *The sociology of teaching*. New York: John Wiley.

Walsh, M. (1999, April 14). Most Edison schools report rise in test scores. *Education Week on the Web*.

Waltman. J. L., & Bush-Bacelis, J. L. (1995), Contrasting expectations of individualists and collectivists: Achieving effective group interaction. *Journal of Teaching in International Business, 7*(1), 61–76.

Ward, C., & Griffin, A. (2006, March 21). *Five characteristics of an effective school board: A multifaceted role, defined.* San Rafael, CA: George Lucas Educational Foundation.

Washington, W. (1998). *Optional extended year program feedback.* Austin, TX: Austin Independent School District, Department of Accountability, Student Services, and Research.

Wasserman, S. (1994, April). Using cases to study teaching. *Phi Delta Kappan,* 602–611.

Watson, J. B. (1925). *Behaviorism* (2nd ed.). New York: People's Institute.

Webb, L. D., Metha, A., & Jordan, K. F. (1999). *Foundations of American education* (3rd ed.). Englewood Cliffs, NJ: Prentice Hall.

Wechsler, D. (1958). *The measurement and appraisal of adult intelligence* (4th ed.). Baltimore: Williams and Wilkins.

Wentz, P. J. (2001). *The student teaching experience: Cases from the classroom.* Upper Saddle River, NJ: Merrill Prentice Hall.

West v. Board of Education of City of New York, 8 A.D.2d 291 (N.Y. App. 1959).

Wills, K. (2007, September). The advantage of disadvantage: Teachers with disabilities not a handicap. *Edutopia.* Retrieved April 27, 2008, from http://www.edutopia.org/disabled-teachers

Wilson, B. L., & Corbett, H. D. (2001). *Listening to urban kids: School reform and the teachers they want.* Albany: State University of New York Press.

Wirt, F. M., & Kirst, M. W. (1997). *The political dynamics of American education.* Berkeley: McCutchan.

Wisconsin v. Yoder, 406 U.S. 205 (1972).

Wiske, M. S., Rennebohm Franz, K., & Breit, L. (2005). *Teaching for understanding with technology.* San Francisco: Jossey-Bass.

Wolfgang, C. H. (2001). *Solving discipline problems: Methods and models for today's teachers* (5th ed.). Boston: Allyn & Bacon.

Woodman, B. (2007, October 18). Magnet school teacher receives national recognition. *Bloomfield Journal.com.* Retrieved April 9, 2008, from http://www.zwire.com/site/news.cfm?newsid=18931594&BRD=1650&PAG=461&deptid=12156&rfi=6

Woolfolk, A. E. (2007). *Educational psychology* (10th ed.). Boston: Allyn & Bacon.

Wright, R. J. (2008). *Educational assessment: Tests and measurements in the age of accountability.* Los Angeles: Sage.

Yamamoto, K., Davis, Jr., O. L., Dylak, S., Whittaker, J., Marsh, C., & van der Westhuizen, P. C. (1996, Spring). Across six nations: Stressful events in the lives of children. *Child Psychiatry and Human Development,* 139–150.

Yap v. Oceanside Union Free School District, 303 F.Supp 2d 284 (N.Y. 2004).

Young, C. (1999). *Ceasefire! Why women and men must join forces to achieve true equality.* New York: The Free Press.

Zehm, S. J., & Kottler, J. A. (1993). *On being a teacher: The human dimension.* Newbury Park, CA: Corwin Press.

Zelman v. Simmons-Harris, 536 U.S. 639 (2002).

Zhang, L., & Sternberg, R. J. (2001). Thinking styles across cultures: Their relationships with student learning. In R. J. Sternberg & L. Zhang (Eds.), *Perspectives on thinking, learning, and cognitive styles* (pp. 197–226). Mahwah, NJ: Lawrence Erlbaum.

Zobrest v. Catalina Foothills School District, 509 U.S. 1 (1993).

Zucker v. Panitz, 299 F. Supp. 102 (S.D.N.Y. 1969).

Zukowski, V. (1997, Fall). Teeter-totters and tandem bikes: A glimpse into the world of cross-age tutors. *Teaching and Change,* 71–91.

如何成为优秀的教师（第 8 版）

Salas, K., 440
Salovey, P., 302
Sanchez, Lisa, 131
Sandham, J. L., 374
Sandholtz, J. J., 416
Santayana, George, 142
Sartre, Jean-Paul, 109, 122–123
Scales, P. C., 299
Scering, G. E. S., 127
Schaefer, R., 451
Schmuck, P. A., 329
Schmuck, R. A., 329
Schneider, R. B., 352
Schumm, J. S., 318
Schunk, D., 351
Schurz, Margarethe, 154
Schwartz, J. E., 230, 416, 417
Scopes, John, 221
Search Institute, 298
Seasam, Jenny, 167
Shade, B. J., 262
Shakespeare, William, 118, 338
Shapiro, J. P., 55–56
Sharan, S., 352
Sharan, Y., 352
Sharp, Gail, 428
Shelton-Colangelo, S., 80
Sheuerer, D., 361
Shindler, J., 451
Shoho, A. R., 318
Shoop, R. J., 223, 240
Shotley, Kristine, 159
Shulman, L., 164
Silver, H., 303, 367
Silver, H. F., 303
Silverberg, Rhoda, 308, 309
Silver-Pacuila, H., 320
Simon, Theodore, 300
Simpkins, S., 98
Sizer, N. F., 456
Sizer, T., 456
Skinner, B. F., 129, 130
Slavin, R. E., 240, 302, 306
Sletten, S. J., 38
Sluyter, D. J., 302
Smerdon, B. A., 282
Smith, D. D., 303, 306, 317
Smith, J. K., 127
Smith, L. G., 127
Smyth, J. W., 461
Snipes, J., 274
Snyder, John F., 441
Snyder, K. J., 461
Socrates, 109, 115, 117
Soga, K., 274
Soltis, J. F., 115
Sommers, C. H., 282

Spellings, Margaret, 70, 194
Spring, J., 39, 72, 74, 149, 155, 157, 161, 174, 198, 199, 261
Spungin, C. I., 93, 283
Stanford, Beverly Hardcastle, 10, 44–45, 284
State Educational Technology Directors Association, 49, 419
Stecher, B., 373
Steinberg, L., 352
Stengel, B. S., 296
Sternberg, R. J., 300, 302
Stevens, R., 347
Stevenson, Adlai, 142
Stewart, Vivien, 104
Stiggins, R. J., 376, 384, 391, 394
Stigler, J. W., 48
St. Michel, T., 441
Stone, R., 449
Stoppard, Tom, 338
Stover, D., 283
Stowe, Harriet Beecher, 152
Strike, K. A., 115, 213
Strong, R., 303, 367
Stuckey, M., 254, 258
Substitute Teaching Institute, 440
Swanson, 450
Swisher, K., 271

T

Tagore, Rabindranath, 43
Taylor, Frederick W., 153
Teach for America, 9
Teeter, R., 12, 56
Tellijohann, S. K., 283
Tenorio, R., 440
Terman, Lewis, 300
Terman, L. M., 306
Thatcher, Margaret, 205
Thelen, H. A., 352
Thomas Aquinas, Saint, 109
Thompson, Bill, 50–51
Thompson, S. J., 387
Thoreau, Henry David, 177
Thurlow, M. L., 387
Tileston, D. W., 384
Tom, A. R., 296
Torres, C. A., 127
Torres, Larry, 455
Trei, Amanda, 23
Triandis, H., 254
Trotter, A., 403
Trumbull, E., 254
Turner-Vorbeck, Tammy, 331
Twain, Mark, 214
Tyler, R., 356

U

Underwood, Julie, 223
University of Chicago Press, 28
University of Memphis, 434
University of Michigan News and Information Services, 90
Urban, W. J., 145, 146, 151
Uribe, V., 283
Uro, G., 274
USA Today, 375
U.S. Bureau of Census, 22, 83, 84, 265, 268, 270
U.S. Charter Schools, 203, 204
U.S. Commission on Civil Rights, 265
U.S. Department of Commerce, 419
U.S. Department of Education, 16, 22, 36, 40, 62, 70, 92, 193, 194, 310, 344
U.S. Department of Education, Institute for Education Sciences, 204
U.S. Department of Education, Office of Postsecondary Education, 52
U.S. Department of Justice, 89, 344
U.S. Department of Labor, 14, 34
U.S. English, 267
U.S. Secret Service, 92
Utay, C., 352
Utay, J., 352

V

Valli, L., 16, 41
Valquez, Maria, 20
van Geel, T., 216, 224, 242
Van Reusen, A. K., 318
Vaughn, S., 318
Vedder, R. K., 205
Vydra, Joan, 79
Vygotsky, L. S., 350

W

Wagoner, J. L., 145, 146, 151
Walberg, H. J., 183, 332
Wallace, R. M., 415
Waller, Willard, 155
Walsh, M., 205
Walters, S., 440
Waltman, J. L., 254
Walton, Electa Lincoln, 152
Ward, C., 180
Warhaftig, Alan, 404
Warren, Earl, 161
Warren, Terry, 20
Washington, Booker T., 154
Washington, Romaine, 77, 78, 279
Washington, W., 100
Wasserman, S., 438
Watson, John B., 129

主题索引

图书在版编目(CIP)数据

如何成为优秀的教师：第 8 版/（美）帕克著，（美）斯坦福著；朱旭东译. —北京：中国人民大学出版社，2014.7

ISBN 978-7-300-19255-0

Ⅰ.①如… Ⅱ.①帕…②斯…③朱… Ⅲ.①优秀教师-教师素质-研究 Ⅳ.①G451.6

中国版本图书馆 CIP 数据核字（2014）第 148075 号

如何成为优秀的教师 （第 8 版）

［美］ 弗雷斯特·W·帕克（Forrest W. Parkay）
贝弗莉·哈德卡斯尔·斯坦福（Beverly Hardcastle Stanford） 著

朱旭东 译

Ruhe Chengwei Youxiu de Jiaoshi

出版发行	中国人民大学出版社	
社　　址	北京中关村大街 31 号	**邮政编码**　100080
电　　话	010 - 62511242（总编室）	010 - 62511770（质管部）
	010 - 82501766（邮购部）	010 - 62514148（门市部）
	010 - 62515195（发行公司）	010 - 62515275（盗版举报）
网　　址	http://www.crup.com.cn	
	http://www.ttrnet.com（人大教研网）	
经　　销	新华书店	
印　　刷	涿州市星河印刷有限公司	
规　　格	185 mm×260 mm　16 开本	**版　次**　2014 年 9 月第 1 版
印　　张	31.75 插页 1	**印　次**　2017 年 3 月第 3 次印刷
字　　数	713 000	**定　价**　98.00 元

PEARSON ALWAYS LEARNING

为了确保您及时有效地申请培生整体教学资源，请您务必完整填写如下表格，加盖学院的公章后传真给我们，我们将会在 2～3 个工作日内为您处理。

需要申请的资源（请在您需要的项目后划"√"）：

☐ 教师手册、PPT、题库、试卷生成器等常规教辅资源
☐ MyLab 学科在线教学作业系统
☐ CourseConnect 整体教学方案解决平台

请填写所需教辅的开课信息：

采用教材			☐中文版　☐英文版　☐双语版	
作　者		出版社		
版　次		ISBN		
课程时间	始于　年　月　日	学生人数		
	止于　年　月　日	学生年级	☐专科　　　☐本科 1/2 年级 ☐研究生　☐本科 3/4 年级	

请填写您的个人信息：

学　校				
院系/专业				
姓　名		职　称	☐助教 ☐讲师 ☐副教授 ☐教授	
通信地址/邮编				
手　机		电　话		
传　真				
official email（必填）(eg：xxx@ruc.edu.cn)		email (eg：xxx@163.com)		
是否愿意接受我们定期的新书讯息通知：	☐是　　☐否			

系/院主任：＿＿＿＿＿＿＿（签字）

（系/院办公室章）

＿＿＿＿年＿＿＿＿月＿＿＿＿日

100013 北京市东城区北三环东路 36 号环球贸易中心 D 座 1208 室
电话：(8610) 57355169
传真：(8610) 58257961
Please send this form to：Service.CN@pearson.com
Website：www.pearson.com